Second Edition

Conectándonos

Máximo Rafael Salaberry ▪ Catherine M. Barrette ▪ Marisol Fernández-García ▪ Irma Celina Nevárez
Rice University   *Wayne State University*   *Emmanuel College/Tufts University*   *University of Texas–Austin*

Kendall Hunt
publishing company

An earlier edition of this book was published by: Pearson Education, Inc.

Cover image © Shutterstock, Inc.

Kendall Hunt
publishing company

www.kendallhunt.com
Send all inquiries to:
4050 Westmark Drive
Dubuque, IA 52004-1840

Copyright © 2013, 2015 by Máximo Rafael Salaberry, Catherine M. Barrette, Marisol Fernández-García, and Irma Celina Nevárez

ISBN 978-1-4652-8210-1

Printed in the United States of America

BRIEF CONTENTS

CONTENTS

PREFACE

A Culture-based, Critical-thinking Approach to Learning and Using Spanish in Context

Conectándonos-1e is a culture-based first year textbook that focuses on the analysis of language in its cultural context to achieve three main objectives:

a. develop students' communicative proficiency of Spanish as a second language.
b. develop students' understanding of various Hispanic cultures as well as of their own culture.
c. develop students' academic skills (critical thinking) that are applicable to any type of language and culture analysis.

How does *Conectándonos* achieve its objective?

1. *Conectándonos* presents learners with themes and topics that lead them to **actively contrast and compare linguistic structures and cultural perspectives** across Spanish varieties as well as between Spanish and English. This contrastive approach acknowledges the bilingual identity learners develop at the same time that it harnesses students' capacity to integrate previous knowledge of their first language to help them develop their second language.

2. *Conectándonos* promotes the **development of a learner-centered environment** in which students can analyze data, find patterns of use and structure, make tentative hypotheses, and try them out. Explicit linguistic rules and structural information are provided to accelerate the learning process by making students aware of common patterns represented in language use.

3. *Conectándonos* systematically introduces learners to **significant and systematic regional variations** that provide students with the chance to understand a wide variety of representative regional accents and uses of Spanish that students will encounter in the real world in which many varieties of Spanish are used. This is especially the case for students in the United States who will be in contact with many varieties of Spanish.

4. *Conectándonos* provides students with **strategies needed to develop useful language skills** in reading, writing, speaking, listening, pronunciation, and cultural analysis.

5. *Conectándonos* integrates cultural information throughout the majority of sections of every chapter. **Cultural similarities and differences are contrasted and explicitly analyzed** to gain understanding of Spanish-speaking cultures and the way culture is represented in language. The cultural input is embedded within activities based on reading texts and listening passages that provide information about themes and issues that are culturally relevant. Speaking and writing activities that elicit students' ideas about the cultural input complement the reading and listening activities.

Chapter Organization

Section	Short Description
1. Vocabulario en contexto	• A series of themed, sequenced tasks promote the active and critical processing of the lexicon, which helps learners remember and use the vocabulary. • The supporting activities focus on a limited range of active vocabulary that students are expected to learn and use. • Nevertheless, students are also introduced to wider range of words that are used as passive vocabulary
2. Gramática en contexto	• A series of sequenced tasks that focus on the grammatical topics most important to communicating effectively. • After an explicit explanation of each concept, activities are first introduced for the purpose of recognition and understanding of the major structural patterns represented by each topic. • Subsequently, students are asked to manipulate relevant grammatical forms and use them meaningfully to communicate orally and in writing.

3. Integración comunicativa	• An integration of structure, vocabulary and function with special emphasis on each of the four skills to develop communicative proficiency in Spanish.
	• The general section is divided into specific sub-sections:
	  1. *Conversación:* analysis and practice of speech acts supported by conversational strategies.
	  2. *Pronunciación:* analysis and practice of specific phonemes and intonation of Spanish in contrast with English.
	  3. *Comprensión oral:* analysis of strategies useful to parse speech in Spanish in a variety of oral contexts.
	  4. *Lectura:* explicit presentation and use of strategies to read in a second language.
	  5. *Escritura:* explicit presentation and practice of common genres in written Spanish.

4. Comparaciones culturales	• Selected original literary pieces from the regions highlighted in each chapter are used to contextualize the analysis of specific grammar topics or content areas introduced in the chapter. • The focus is on leading learners to experience and handle more varied uses of Spanish.
5. Diferencias dialectales	• Comparison of dialectal differences related to the theme of each chapter.

Conceptual Basis of *Conectándonos*

An approach to developing BOTH communicative competence and critical thinking:

Whereas most textbooks have focused primarily on the development of linguistic proficiency, *Conectándonos* has been conceptualized to target both linguistic proficiency and linguistic and cultural awareness. From a strategic/organization perspective, this more encompassing and ambitious project approaches the teaching of Spanish along three different lines:

  a. the teaching and learning of culture,
  b. the development of sociolinguistic skills, and
  c. the teaching and learning of vocabulary and grammar.

From a practical perspective, *Conectándonos* guides students towards noticing and discovering the richness of language use (and Spanish in particular) through the analysis of language across all three dimensions above to understand:

  • how language functions in general,
  • how their native language is shaped by social situations, and
  • how to use that knowledge to help them develop a conscious understanding of communicative proficiency.

This is an approach that attempts to lay the groundwork for continued learning in more advanced courses, as suggested by the Task Force of the Modern Language Association (cf. bridging the gap between lower and upper level language courses). It also addresses the limitations of commercial language courses that are too focused on elements of simple communication without the deeper level of understanding of language functions that is needed for successful communication.

An active approach to communicating in Spanish:

Conectándonos engages students from the very beginning in the development of productive abilities as proposed by the Council on the National Standards for Foreign Language Learning: "Active use of the language is central to the learning process; therefore, learners must be involved in generating utterances for themselves. They learn by doing, by trying out language, and by modifying it to serve communicative needs" (p. 41). This is a very concrete pragmatic-communicative objective that helps to balance the objective of analysis of the language across different structural, sociolinguistic and cultural dimensions as described above. *Conectándonos* achieves the right balance of language analysis and language use through a series of well-connected activities that build upon each other combining several objectives at once within and across activities.

A guided-induction approach to language learning:

Conectándonos asks students to use a critical-thinking approach to analyze language by way of testing hypotheses about language form, communicative functions and cultural meanings of language. For instance, students are asked to first recognize examples of a particular structure by way of searching for and underlining those examples in a text, or are challenged to guess possible meanings of a specific language function, or to analyze the multiple connections between form and function. Then, they are guided to manipulate and practice structural features, expand the use of communicative strategies in different social situations, and to analyze the variety of meanings associated with language use. The cycle is repeated several times given that we know that second language learners do not learn the grammar or vocabulary of Spanish "in one sitting" so to speak.

An explicit approach to the teaching of learning strategies:

Given the changing needs and objectives of an increasingly diverse student population, it has become more important to address the variety of learning styles and learning strategies through the development of learning tasks that address these needs. Throughout *Conectándonos*, task objectives are related to the goals and themes of each chapter and they address the students' needs as they:

- focus on both transactional and interactional purposes (conveying a message versus "face work" such as greetings, small talk),
- incorporate a wide range of genres (poetry, short stories, news reports),
- promote the development of strategic competence (circumlocution, rephrasing), and
- include authentic and minimally-adapted spoken and written texts, including natural data presented in audio and video formats.

A practical approach to the implementation of the National Standards:

Conectándonos promotes the development of the five Cs advocated by the Council on the National Standards for Foreign Language Learning (i.e., Communication, Cultures, Connections, Comparisons, and Communities) by paying attention to the development of pragmatic knowledge, the development of critical knowledge (across all aspects of the language), the expansion of content knowledge about the different cultures that comprise the Spanish-speaking world, an explicit focus on the process of acquisition through the implementation of both inductive and deductive approaches to learning, and a focus on the context of learning in academic settings through classroom-based communicative tasks.

A rational integration through systematized recycling:

Basic topics, themes, and grammar structures are covered in the first half of the program (Introduction through Chapter 6). The same topics are then addressed again at a higher level of conceptualization, and in different contexts, in the second half of the program (Chapters 7 to 12).

BIENVENIDOS

1

CAPÍTULO

BY THE END OF THIS CHAPTER YOU'LL KNOW HOW TO

- Introduce yourself to others and share contact information
- Describe and interact in your classroom
- Count to 30
- Figure out what many Spanish words mean by using helpful strategies
- Get help when you need it
- Approach reading and listening texts effectively with limited Spanish proficiency
- Use models and common phrases to write and speak with limited Spanish proficiency

YOU'LL LEARN

- The names and spellings of the Spanish-speaking countries
- Some differences in world view based on cultural perspectives
- Some phrases that convey respect and formality vs. closeness and informality
- Some similarities and differences in how Spanish and English work
- About cultural diversity in the Spanish-speaking world

Actividad 1-0. Bienvenidos

Paso 1. Write down 5–10 words that you know in Spanish. Think about the places you've seen Spanish words in your everyday life to help you brainstorm.

 Paso 2. Can you identify some of the words in the signs of these photographs? How would you translate those words to English? Where might you see them?

 Paso 3. In groups of 4, compare the words that you have with the ones collected by your classmates. Can you recognize some of the words they wrote? Are you surprised you already know some words in Spanish?

VOCABULARIO EN CONTEXTO

Actividad 1-1. Saludos y presentaciones

Paso 1. Greetings and introductions have a very predictable order: greetings, introductions, then a courtesy expression. That predictable order can help you guess the meaning of some expressions. After reading each dialogue below, classify each bolded expression as a greeting (*Hi*, etc.), an introduction (*What's your name?*, etc.) or an expression of courtesy (*Nice to meet you*, etc.).

Saludos	Presentaciones	Expresiones de cortesía
(*Greetings*)	(*Introductions*)	(*Expressions of courtesy*)
Hola	¿Cómo se llama usted?	Mucho gusto
_____	_____	_____
_____	_____	_____
_____	_____	_____

A. —¡**Hola**! **Me llamo** María José. **¿Cómo se llama usted?**
   —Me llamo Carlos. **Mucho gusto**.
   —**Es un placer**, Carlos.

B. —¡Hola! **Soy** Ángel. **¿Cómo te llamas?**
   —**Yo me llamo** Mario. Mucho gusto, Ángel.
   —**Igualmente**.

C. —**¿Qué tal? Mi nombre es** Carolina. Y tú, ¿**cuál es tu nombre**?
   —Mi nombre es Aníbal. **Encantado**.
   —**Encantada**, Aníbal.

Paso 2. Read the following translations of the dialogues above and underline the equivalent in English for each one of the bolded expressions in Paso 1.

A. —Hello! My name is María José. What is your name?
   —My name is Carlos. Nice to meet you.
   —Pleased to meet you, Carlos.

B. —Hi! I'm Ángel. What's your name?
   —My name is Mario. Nice to meet you, Ángel.
   —Same to you.

C. —What's up? My name is Carolina. And you? What's your name?
    —My name is Aníbal. It's a pleasure to meet you.
    —It's a pleasure to meet you, Aníbal.

CULTURA

When passing people we know, it is considered polite to stop, greet, and chat with them for a moment before continuing on. If pressed for time, Spanish speakers will normally acknowledge the presence of the other person with at least a nod of the head or a wave, or will just say **hola** and keep going.

 Paso 3. Listen to three dialogues that are similar to the ones above. Some expressions are replaced with synonyms in each dialogue; write down the expressions used in the tape.

1. —¡Hola! _____ María José. ¿Cómo se llama usted?
   —Me llamo Carlos. _____.
   —Es un placer, Carlos.

2. —_____ Soy Ángel. ¿Cómo te llamas?
   —Yo me llamo Mario. Mucho gusto, Ángel.
   —_____, Mario.

3. —_____ Mi nombre es Carolina. Y tú ¿ _____?
   —Mi nombre es Aníbal. Encantado.
   —_____, Aníbal.

Actividad 1-2. ¿Cómo te llamas?

Paso 1. In pairs, practice the different dialogues given above trying to achieve fluency in your exchange. Remember that greetings and introductions use many routine expressions.

 Paso 2. Now, introduce yourself to your classmate using your real name. Pair up with students from other groups, and ask them to introduce themselves. Select expressions from the ones you classified in Actividad 1, Paso 1 above.

E1: —_____.
E2: —_____.
E3: —_____.
E4: —_____.

Paso 1. Spanish marks the degree of formality (associated with age, respect, social distance, or power) by means of two different pronouns that correspond to the English word *you* (singular). With another student, find the differences in the following two versions of a similar exchange. Which words make one version more formal than the other?

Version 1 —¡**Hola!** ¿Cómo **te llamas**?
—Me llamo. Antonio Y **tú**, ¿cuál es tu nombre?
—Me llamo Julio. Mucho gusto.
—Igualmente.

Version 2 —¡**Buenos días!** (*Good morning!*) Mi nombre es Antonio Gómez Pérez, ¿cuál es **su nombre**?
—¡Buenos días! Me llamo Julio Rodríguez Menéndez. Perdón, ¿cómo **se llama usted**?
—Antonio Gómez Pérez. Mucho gusto, **Sr. (Señor)** Rodríguez.
—Igualmente. Es un placer, Sr. Gómez.

Paso 2. Read the following exchanges and identify who is speaking in each line. Then, <u>underline</u> key words that make the exchanges formal. Use information in the photos and explain why you think they are formal rather than informal.

  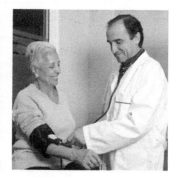

1. —¡Hola! Mi nombre es Jesús Ordóñez.
   —Mucho gusto. Yo me llamo Margarita Hernández.
   —Es un placer, Sra. (Señora) Hernández.
   —Encantada, Sr. Ordóñez.

2. —¡Hola! Soy Antonio Fernández. Mucho gusto.
   —Encantado, Profesor Fernández. Yo me llamo Brian Binnick.
   —Bienvenido a la clase.
   —Muchas gracias, Profesor Fernández.

3. —¡Buenos días! (*Good morning*)
   —¡Buenos días, doctor!
   —¿Cómo está?
   —Más o menos (*Okay.* (literally *more or less*)). Un poco cansada (*tired*). ¿Y usted?
   —Muy bien, gracias.

Paso 3. The following entries correspond to two different dialogues which have been scrambled. Put the lines in order for each dialogue.

Dialogue 1

a. —Es un gusto, **Profesor.** (*It's a pleasure, Professor.*)
b. —Mi nombre es Robert.
c. —Es un placer, Robert. Bienvenido (*Welcome*) a la clase de español.
d. —¡Hola! Soy el profesor Rodríguez ¿Cómo **se llama usted?**

Dialogue 2

a. —Hola, Robert. ¿Cómo **estás?**
b. —Bien, bien. Gracias.
c. —Hola, Alberto. Muy bien, gracias. ¿Y **tú?**
d. —Hasta luego, Robert. (*See you later, Robert.*)
e. —Nos vemos, chau. (*See you. Bye.*)

Actividad 1-4. Buenas noches

Paso 1. Use the following chart to decide which expression you would use at the following times of day:

English	Spanish	Expression
Morning	mañana	Buenos días *or* Buen día
Afternoon	tarde	Buenas tardes
Evening	tarde/noche	Buenas tardes or Buenas noches
Night	noche	Buenas noches

9:00 AM:
1:00 PM:
3:00 PM:
7:00 PM:
10:00 PM:

VOCABULARIO

Buenas noches is used both after the evening meal and after the sun sets (equivalent to *Good evening* as well as *Good night*).

Paso 2. In pairs, combine some of the greetings related to the time of the day with other expressions learned so far to create short dialogues to greet each other and exchange names.

Diálogo 3

a. —_____.
b. —_____.
c. —_____.
d. —_____.

VOCABULARIO

There are four types of clues that will help you understand and learn Spanish words. These are: (1) loan words from Spanish that we use in English (e.g.: **adiós, aficionado, tacos**), (2) cognate words that look or sound similar in both languages (e.g.: **presentación, problema, solución**), (3) word forms with recognizable patterns (e.g, verbs end with –ar, -er or –ir as in estudiar, comer, vivir), and (4) context. You will learn more about these throughout the course.

Actividad 1-5. Préstamos (*Loan words*): ¡Hola, amigo! ¡Hola, amiga!

 Paso 1. With a partner, identify the meaning of the loan words in the list below.

Palabra (*word*)/expresión	Significado (*Meaning*) en inglés
Aficionado	
Amigo	
Gracias	
Hasta la vista	
Hola	
Mi casa es su casa	
Mucho	
Nada	
(No) hablo español	
Por favor	
Señor/Señora	
Sí/No	
No comprendo	

 Paso 2. In groups of 3–5 students, can you think of other Spanish words that can be used in English? Are there any differences in the meanings associated with the cognates in each language?

el patio, la plaza, el café, el jaguar, el chocolate

Actividad 1-6. Cognados (*Cognate words*)

Paso 1. Underline all the Spanish words whose meaning you CANNOT understand and try to guess their meaning based on the category they belong to:

1. Objetos de la clase: la calculadora, el diccionario, el mapa, la computadora
2. Artes: la escultura, el cine, la ópera, el teatro, la música, la danza
3. Profesiones: el actor, el/la doctor/a, el/la estudiante, el/la líder, el/la profesor/a, el/la político/a, el piloto
4. Cursos universitarios: la antropología, la biología, las ciencias, la economía, la educación, la filosofía, las finanzas, la física, el francés, la historia, el inglés, la lingüística, la literatura, las matemáticas, la medicina, la música, la química, la psicología, la sociología
5. Conceptos abstractos: la libertad, la cooperación, el humanismo
6. Adjetivos: eficiente, excelente, horrible, importante, interesante, optimista, pesimista

VOCABULARIO

Cognates exist because many words in English and most in Spanish come from Latin. The use of words with Latin roots increased as a result of the occupation of the British Isles by the French-speaking Normans in 1099 (another Latin-based tongue). Even before that invasion, Britannia was part of the Roman Empire and Latin was clearly influential.

 Paso 2. In pairs, write short sentences combining at least two of the cognates from Paso 1 and using any of the verbs listed below to connect the elements of your sentences.

Verbs-Infinitive	Third person singular
estudiar (*to study*)	estudia (*studies*)
ser (*to be*)	es (*is*)
usar (*to use*)	usa (*uses*)

Modelo: Profesor, calculadora = El profesor usa la calculadora.

 Paso 3. Each pair of students gets together with another pair of students to play a game. A member from one group chooses two words from Paso 1 and the other group has to use both words in one short sentence.

Modelo: **Grupo 1**   **Grupo 2**
         Biología + interesante   La biología es interesante.

Actividad 1-7. Formas de las palabras (*Word forms*)

Paso 1. Note that while the Latin root remains (almost) the same in many Spanish and English words, the endings change: *culture* → cult**ura**, *optimism* → optim**ismo**. Try to give the missing translation for the following words based on these patterns.

Inglés	Español	Inglés	Español
_____	**aventura**	*capitalism*	_____
agriculture	_____	_____	**catolicismo**
_____	**arquitectura**	_____	**comunismo**
cure	_____	*materialism*	_____
pure	_____	*patriotism*	_____

Paso 2. Now study the following endings: *position* → posi**ción**; *liberty* → liber**tad** and try to give the missing equivalent of these words.

Inglés	Español	Inglés	Español
_____	**instrucción**	_____	**eternidad**
organization	_____	*university*	_____
civilization	_____	*honesty*	_____
_____	**comunicación**	*society*	_____
emotion	_____	_____	**necesidad**

Actividad 1-8. Contexto (*Context*): En el salón de clase

Paso 1. Use the vocabulary strategies you have learned so far to fill in the blanks in the drawing with the words in the word bank.

el **mapa**, la **computadora**, el **monitor**, el **libro** de geografía

la pizarra · la pantalla · la puerta · la ventana · Profesora · la tiza · la cesta · el escritorio · la mesa · el papel · la memoria USB · la mochila · el lápiz · el pupitre · el cuaderno · la silla

Paso 2. Use contextual clues of the drawing in Paso 1 and in the sentences below to figure out the meaning of the words in the list.

La profesora usa la **tiza** para escribir "Profesora" en la pizarra.
La **tiza** = _____
El estudiante usa el **bolígrafo** para escribir en su cuaderno.
El **bolígrafo** = _____

Paso 3. Finally, use contextual clues to answer the four comprehension questions below (true or false) about the following flyer.

Visita ciudades como Miami, Nueva York o San Antonio y aprende español durante tus vacaciones. Ofrecemos inmersión total en el idioma. Abandona los hoteles sin personalidad. Ofrecemos una estadía con una familia que habla español todo el día.

Es muy fácil inscribirte en nuestro programa. Lo puedes hacer de tres maneras:

Completa el formulario de este folleto y envíalo por correo.	Llama al 1-800-555-8989 (en español) o al 1-800-555-2665 (en inglés)	Visítanos en Internet: Aprende.español.com

Es un método que garantiza resultados... y mucha diversión
No pierdas tiempo. ¡Actúa ya!

1. Cierto o Falso = You can learn Spanish in several cities in the United States.
2. Cierto o Falso = The ad assumes that hotels have no personality.
3. Cierto o Falso = The ad asks you not to waste time and act right away.
4. Cierto o Falso = You can register in three different ways: fill out the form on the flyer and send it by mail, call the toll-free line, or register online.

VOCABULARIO

Some words are false cognates, so make sure the meaning of a word actually makes sense in the context in which it is used. For instance, if you hear a woman excitedly exclaim "¡Estoy **embarazada**!" while placing her hand on her belly, her excitement and hand gesture are good contextual clues that **embarazada** does not mean *embarrassed*, but in fact it means *pregnant*. In other cases, the problem is related to the scope of the meaning of the word. For instance, the Spanish word **estúpido/a** has a much stronger connotation than its English cognate *stupid*. (Usually, one uses *tonto/a* for *stupid* in Spanish.)

Actividad 1-9. Simón dice... (*Simon says...*)

Paso 1. Your instructor will give you instructions for what to do with the various items in your classroom using some common classroom commands. Use the table of commands below and your instructor's gestures to help you understand and follow the instructions you hear.

Abran el libro (en la página 5).	*Open the book (to page 5).*
Cierren el libro.	*Close the book.*
Trabajen solos/en parejas/en grupos.	*Work alone/in pairs/in groups.*
Lean el texto de la página 7.	*Read the text on page 7.*
Escriban un párrafo (sobre Martí).	*Write a paragraph (about Martí).*
Escuchen, por favor.	*Listen, please.*
Hablen, por favor.	*Speak, please.*
Presten atención, por favor.	*Pay attention, please.*

 Paso 2. Listen to several instructions in Spanish and do the appropriate action.

Los números desde 0 hasta 30

Actividad 1-10. Hay cinco sillas, una mesa,...

Paso 1. Use the list of numbers below to say how many of each one of the following classroom items you can find in your own classroom.

0	cero		
1	uno	16	dieciséis
2	dos	17	diecisiete
3	tres	18	dieciocho
4	cuatro	19	diecinueve
5	cinco	20	veinte
6	seis	21	veintiuno
7	siete	22	veintidós
8	ocho	23	veintitrés
9	nueve	24	veinticuatro
10	diez	25	veinticinco
11	once	26	veintiséis
12	doce	27	veintisiete
13	trece	28	veintiocho
14	catorce	29	veintinueve
15	quince	30	treinta

_____estudiantes	_____mapas
_____computadoras	_____mochilas
_____bolígrafos	_____ventanas
_____escritorios	_____puertas
_____sillas	_____mesas
_____libros	_____lápices
_____pupitres	_____cestas
_____borradores	_____tizas

GRAMÁTICA

Both *There is* and *There are* in English are translated to Spanish as **Hay** (pronounced like the English word *eye*). To form the negative of this verb, you place the word **no** before **hay**: **No hay sillas en la clase**. *There are no chairs in the class.*

 Paso 2. Listen to a list of items needed in the classroom. Mark whether the number of each item the teacher says matches the number of items in your classroom on the list from Paso 1. If they do not match, write the right number next to each item.

Paso 3. Your instructor will divide the class into two teams for a competition. As your instructor says a number, one member of each team will race to the board to write the number, then pass the chalk or marker to a teammate. The team with the most correct answers wins.

Actividad 1-11. **Mesa, silla,...**

 Paso 1. Now, close the book and challenge your classmate to a memory game. Take turns naming objects in the classroom and see who can say how many of each there are.

Hay ____ estudiantes, ____ profesora, ____...

Paso 2. Then, challenge another group of students to name as many objects as you can in your classroom.

Hay...

Actividad 1-12. El abecedario (o el alfabeto) en español

 Paso 1. Listen to the letters of the alphabet in Spanish. Circle the letters that you think are very different from the ones in English.

Letra	Pronunciación	Ejemplo
A	a	**A**rgentina
B	be / be larga/ be grande	**B**olivia
C	ce	**C**osta Rica; **C**iudad de México
D	de	República **D**ominicana
E	e	**E**cuador
F	efe	Teneri**f**e, España
G	ge	**G**uatemala; Ar**g**entina
H	hache	**H**onduras
I	i	Ch**i**le
J	jota	**J**erez, España
K	ka	**K**ansas
L	ele	**L**eón, España
M	eme	**M**éxico
N	ene	**N**icaragua
Ñ	eñe	Espa**ñ**a
O	o	Col**o**mbia
P	pe	**P**erú
Q	cu	**Qu**ito, Ecuador
R	ere	Puerto **R**ico
S	ese	El **S**alvador
T	te	**T**oledo, España
U	u	**U**ruguay
V	ve/uve/be corta/be chica	**V**enezuela
W	doble ve/uve doble	**W**ashington
X	equis	E**x**tremadura (España); Mé**x**ico
Y	i griega	Paragua**y**; **Y**ucatán (México)
Z	zeta	Vene**z**uela

 Paso 2. Take turns with your partner to spell out at least 3 words from the list above. Your partner reads a word, and you spell it without looking at the list.

El mapa del mundo hispanohablante
(*Map of the Spanish-speaking world*)

 Paso 1. Listen to the recording describing the location of several Spanish-speaking countries. The second country name is spelled out for you.

Al oeste de (*To the west of*) _____ está: _____

Al este de _____ está: _____

Al este de _____ está: _____

Al sur de _____ está: _____

Al norte de _____ está: _____

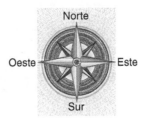

Now use the information to label the countries missing from the map of the Spanish-speaking world.

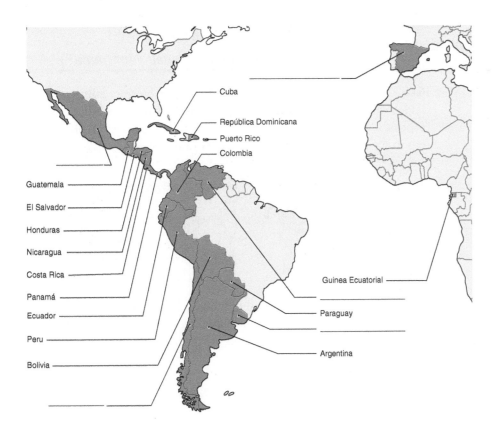

Cuba

República Dominicana

Puerto Rico

Colombia

Guatemala

El Salvador

Honduras

Nicaragua

Costa Rica

Panamá

Ecuador

Peru

Bolivia

Guinea Ecuatorial

Paraguay

Argentina

Paso 2. Read the text and mark on the map in Paso 1 where each person is from. Study the expressions for "*to be from*" in the chart below to help you, then answer the questions at the end of the text about yourself and your friends.

Soy de	I am from
Eres de	You (singular, informal) are from
Es de	He/She is from/You (singular, formal) are from
Somos de	We are from
Son de	They/You (plural) are from

Me llamo Daniela. Soy de Perú.

Mi amiga Susana es de Uruguay. Somos de Sudamérica.

Mi amigo Rafael es de México.

Mis amigos Carlos y Enrique Ochoa son de Cuba.

¿De dónde eres tú? *Where are you from?*
¿De dónde son tus amigos? *Where are your friends from?*

Actividad 1-14. **¿Cómo se escribe/deletrea su nombre? (*How do you write/spell your name?*)**

Paso 1. In the last frame of this cartoon, the person responding to Baldo's question says he cannot spell out his own name because his wife (**esposa** ~ *spouse*) always (**siempre**) helps him out. Can you replace that response with the actual spelling of one of his names?

Paso 2. Your instructor will spell the first or last names of several students, one at a time. Raise your hand if you know the name of the student, say the complete name, and point the student out. Then ask where the student is from.

Modelo: Profesor/a: —Jota, e, ene, ene, i, efe, e, ere
E1: —Jennifer
Profesor/a: —Sí, correcto.
E1: —¿De dónde eres, Jennifer?
Jennifer: —Soy de Tuskegee.

Actividad 1-15. ¿Cómo se escribe tu nombre?

Paso 1. Now, interview two classmates and find out their names and where they are from, relying only on the spelling of their names.

Modelo: E1: —¿Cómo se escribe/deletrea tu nombre? (*How do you spell your name?*)
E2: —Ese-e-a-ene.
E1: —Ah, tu nombre es Sean.
E2: —Sí, correcto.
E1: —Y... ¿Cómo se escribe tu apellido (*last name*)?
E2: —Ese-eme-i-te-hache.
E1: —Ah, sí, entonces (*then*) tu apellido es Smith.
E2: —Sí, así es.
E1: —Finalmente, ¿de dónde eres?
E2: —Eme-o-ene-te-e-be chica-i-de-e-o.
E1: —Ah, eres de _____ .
E2: —Sí, así es.

VOCABULARIO

You will not find many Spanish-speaking children engaged in any activity similar to the ever-popular spelling bee in English. Spanish words are much easier to spell because they have a more consistent match of letters with sounds, thus they do not provide as much of a challenge as English words do.

Paso 2. Your instructor will ask some students to spell some of the names of students in class. Point to the student when you recognize the name.

Actividad 1-16. Datos personales

Paso 1. You will have to complete an application form with information about a language instructor. First, check that you both understand what each word on the application in Paso 2 means.

⇆AB **Paso 2.** Now, ask your partner for the information you are missing on the form you have about the language instructor, and provide your partner with the information that you have.

Modelo:　E1: —¿El apellido?
　　　　　E2: —Lamas Gómez
　　　　　E1: —¿Cómo se deletrea "Lamas Gómez"?
　　　　　E2: —Se deletrea L – A – M – A – S – G – O con acento – M – E – Z

Estudiante A

Título: <u>Profesora</u>　*Nombre*: _____　*Apellido(s)*: _____

Dirección

Oficina _____　　*Edificio* _____<u>Lenguas Modernas</u>_____
Número ___<u>15</u>___　*Calle* _____<u>Rossland Ave.</u>_____
Ciudad: _____　*Estado*: _____　*Código postal*: __<u>55901</u>__
Número de teléfono: _____
Correo electrónico _____<u>mlamasg@umnr.edu</u>_____

Estudiante B　Information for student B is on page 665.

Paso 3. Finally, ask your partner for his/her information and complete the form below so that you can reach each other if you have questions about class assignments during the rest of the course.

Nombre: _____　Apellido: _____

Dirección: _____
　　　　　Número　　　　Calle　　　(Apartamento)

Ciudad: _____　Estado: _____　Código postal: _____

Número de teléfono: _____

Correo electrónico: _____

GRAMÁTICA EN CONTEXTO
Subject Pronouns

—¿Son **ustedes** de Paraguay?
—*Are **you** (plural) from Paraguay?*
—Bueno, **yo** soy de Paraguay, pero **él** es de Uruguay. ¿De dónde eres **tú**?
—*Well, **I** am from Paraguay, but **he** is from Uruguay. Where are **you** from?*

Subject pronouns identify who is doing an action.

Los pronombres de sujeto	
yo	*I*
tú	*you (singular, informal, usually used with family and friends)*
(vos)	*you (singular, informal, usually used with family and friends)*
usted (Ud.)	*you (singular, formal, usually used with new acquaintances, in formal contexts, and to show deference)*
él, ella	*he, she*
nosotros, nosotras	*we*
(vosotros, vosotras)	*you (plural informal in Spain only, usually used with family and friends)*
ustedes (Uds.)	*you (plural informal and formal; Uds. is also the plural formal in Spain)*
ellos, ellas	*they*

Actividad 1-17. Busca (*Find*) los pronombres

Paso 1. Underline the subject pronouns in the following dialogues.

1. Dra. (Doctora) Díaz: —¿Cómo está usted, Dr. Ramírez?
   Dr. (Doctor) Ramírez: —Muy bien gracias, Dra. Díaz. ¿Y usted?
   Dra Díaz: —Bien, gracias.

2. —Ustedes son estudiantes y ellas son profesoras, ¿no?
   —No, nosotros somos profesores y ellas son estudiantes.

3. —Hola, me llamo Marta. ¿Y tú?
   —¿Yo? Mi nombre es Eugenio. Mucho gusto.
   —Encantada, Eugenio.

Paso 2. Now, place the subject pronouns you underlined in the dialogues above in the chart below in which singular and plural pronouns are on separate columns.

	Singular	Plural
Primera persona (*I, we*)	_____	_____
Segunda persona (*you* (informal))	_____	_____
Tercera persona (*he, she, it, you* (formal), *they*)	_____	_____

Actividad 1-18. Yo soy de México

Paso 1. In *Las impresiones de Guadalupe*, the video accompanying each chapter, you will meet several characters. Read Guadalupe's introduction of the main characters. Circle each subject pronoun (*he, she, I, it*, etc.).

Hello! My name is Guadalupe and I am from Mexico. Pablo and Connie are in this picture. He is from Argentina and she is from Colombia. Jordi and Camille are in this other picture. Jordi's family is from Barcelona but he was born in Madrid. The professor's name is Ricardo Parra. He is Puerto Rican and he speaks Spanish and English. It's a very international class!

 Paso 2. Now, listen to Guadalupe's introduction of the same characters in Spanish. As you listen, circle each subject pronoun (**él, ella, yo,** etc.).

¡Hola! Me llamo Guadalupe y soy de México. Pablo y Connie están en esta fotografía. Él es de Argentina y ella es de Colombia. En esta otra fotografía están Jordi y Camille. La familia de Jordi es de Barcelona pero él nació (*was born*) en Madrid. El profesor se llama Ricardo Parra. Es puertorriqueño y habla español e inglés. ¡Es una clase muy internacional!

Paso 3. Why are there more subject pronouns underlined in the text in English?

Differences from English in Using Subject Pronouns

In English, a subject noun (e.g. **The professor** speaks Spanish) or subject pronoun (**She** speaks Spanish) must always accompany a conjugated verb. In Spanish, subjects are often omitted because verb endings help identify the subject of a sentence. Earlier in this chapter you saw examples of verb endings identifying the subject: **Soy (de)** means **I am** (from), but **Somos (de)** means **We are (from)** because of the form of the verb, even though there is no subject pronoun (**yo, nosotros**) included.

When subject pronouns <u>are</u> used, they serve the following communicative functions:

1. To indicate emphasis and/or contrast: <u>Yo</u> **soy de Paraguay, pero** <u>ella</u> **es de Uruguay.** *I'm from Paraguay, but* <u>she's</u> *from Uruguay.* (We're not both from Paraguay.)
2. To avoid ambiguity in the case of pronouns that share verb endings (e.g., **usted, él y ella** or **nosotros** and **nosotras**) <u>Ella</u> **es de Uruguay.** <u>She</u> *is from Uruguay.* (Not "**él**" or "**usted**", which are also used with "**es**".)
3. To convey politeness.—**¿Cómo está usted, Dr. Ramírez?** (—**¿Cómo está, Dr. Ramírez?** would convey the same meaning, but less formally.)

Actividad 1-19. ¿Quién es?

Paso 1. The two verbs in the following sentences are underlined. Identify the subject of the first one. Then, identify the equivalent pronoun that could optionally be used with the second verb.

Modelo: **Mi amigo** <u>es</u> **inteligente. No** <u>es</u> **tonto.**

Subject → **Mi amigo**

Optional pronoun (the equivalent of **Mi amigo**) = **Él** (as in **Él no es tonto.**)

1. Arturo y Gustavo <u>son</u> optimistas. No <u>son</u> pesimistas.
2. Gustavo <u>es</u> músico y <u>es</u> muy creativo.
3. Las profesoras de español <u>son</u> de México DF. <u>Son</u> mexicanas.
4. Mis amigos y yo <u>somos</u> de Colombia. No <u>somos</u> mexicanos.
5. María José <u>es</u> buena estudiante. <u>Es</u> muy responsable.
6. Las clases de ciencia <u>son</u> interesantes. No <u>son</u> tradicionales.

Actividad 1-20. (Yo) me llamo Guadalupe

Paso 1. Below is Guadalupe's introduction from Activity 18 with all the verbs underlined. Reread the text and place an insertion mark ⌃ where a subject pronoun has been omitted. Make sure the subject is really missing; subjects and subject pronouns can sometimes come <u>after</u> the verb instead of before it in Spanish!

Modelo: ¡Hola! <u>Me llamo</u> Guadalupe y <u>soy</u> de México

Answer: ¡Hola! ⌃ <u>Me llamo</u> Guadalupe y ⌃ <u>soy</u> de México

¡Hola! <u>Me llamo</u> Guadalupe y <u>soy</u> de México. Pablo y Connie <u>están</u> en esta fotografía. Él <u>es</u> de Argentina y ella <u>es</u> de Colombia. En esta otra fotografía <u>están</u> Jordi y Camille. La familia de Jordi <u>es</u> de Barcelona pero él <u>nació</u> (*was born*) en Madrid. El profesor <u>se llama</u> Ricardo Parra. <u>Es</u> puertorriqueño y <u>habla</u> español e inglés. ¡<u>Es</u> una clase muy internacional!

Paso 2. For each insertion mark in Paso 1, give the pronoun that has been omitted.

Ejemplo	Subject pronoun omitted
¡Hola! <u>Me llamo</u> Guadalupe. →	*Yo* was omitted

Actividad 1-21. Decide la función de los pronombres

Paso 1. Indicate the communicative function (1. Emphasis and/or contrast, 2. Avoid ambiguity, 3. Politeness) represented by the use of the subject pronouns underlined in the sentences below.

Modelo: Michael y yo estudiamos lenguas: <u>él</u> estudia español y <u>yo</u> estudio francés.

Función: **Contrast**

1. —Profesor, Marcos y yo vamos a terminar (*are going to finish*) el proyecto juntos (*together*).
   —Bueno, pero <u>él</u> debe verme (*must see me*) pronto (*soon*).

Función: _____

2. —¿Son ellos de Colombia?
   —No, <u>yo</u> soy de Colombia; <u>ellos</u> son de Argentina.

Función: _____

3. —¿Está <u>usted</u> bien?
   —Sí, sí, muchas gracias.

Función: _____

Paso 2. Look back at Guadalupe's introductions in Actividad 1-20, Paso 1. Indicate the communicative function of the subject pronouns included in each sentence. Why have the other subjects been omitted?

Actividad 1-22. Usa los pronombres en contexto

Paso 1. Using the context, fill in the blanks with the appropriate subject pronoun. If a pronoun is not necessary, leave the space blank.

1. Roberto: —¿Cómo estás _____, Ana?
   Ana: —Muy bien gracias, Roberto. ¿Y _____?
   Roberto: —Bien, gracias.

2. —María y Ana son de Colombia, ¿no?
   —¿María y Ana? No, _____ son de Perú.
   —¿Y Juan y Sara?
   —Sí, _____ son de Colombia.

The Verb Ser

Mi nombre **es** Sandra; **soy** de México. Mis mejores amigos **son** de Colombia y España. **Somos** estudiantes en la Universidad de Arizona.
*My name **is** Sandra; **I am** from Mexico. My best friends **are** from Colombia and Spain. **We are** students at the University of Arizona.*

Ser is one of two verbs that mean *to be*. It has several uses. You have seen two in this chapter:

- **Ser** is used to equate two nouns, as in "My *name* is *Sandra*" and "*We* are *students*."
- **Ser** followed by the preposition **de** is used to say where someone is from, as in "I *am from* Mexico."

You will learn about other uses of **ser** in later chapters. Here you will review its conjugation (all of its forms and how they match each subject pronoun) and practice using them.

SER (*to be*)		
yo	**soy**	*I am*
tú	**eres**	*You are*
(vos)	sos	*You are*
él/ella/Ud.	**es**	*He is/She is/You are*
nosotros/nosotras	**somos**	*We are*
(vosotros/vosotras)	sois	*You are*
ellos/ellas/Uds.	**son**	*They are/They are/ You are*

Actividad 1-23. ¿Quién es? (*Who is it?*)

 Paso 1. Listen to Guadalupe provide information about each character in the video. Write the number of the description below the picture that best matches each description. The form of **ser** that you hear in each statement will be an important clue.

Guadalupe

_____1_____

Modelo: You hear Guadalupe say: "Número 1. Soy de México"; you write 1 below the picture of Guadalupe because **soy** indicates *I am*, and Guadalupe is the speaker.

Profesor Parra

_____

Guadalupe y Camille

_____

Pablo y Jordi

_____

Connie

_____

Paso 2. Listen to the phrases in Paso 1 again. Put an X in the table to identify which character comes from each country in the table below.

País	Guadalupe	Pablo	Jordi	Connie
México				
Colombia				
España				
Argentina				

Actividad 1-24. ¿De dónde son?

Read through each dialogue to understand the context, then fill in the blanks with the correct form of **ser**. Remember that subject pronouns are optional in many cases, so you will have to pay attention to the context of each sentence to figure out which form to use.

1. Guadalupe: —Me llamo Guadalupe Fernández. Mucho gusto.
   Juan: —¿De dónde _____ (1)?
   Guadalupe: —_____ (2) de México.
   Juan: —Mi amigo y yo _____ (3) de México también.

2. Profesora Vásquez: —Hola, Juan, _____ (4) un estudiante nuevo, ¿verdad?
   Juan: —Sí, profesora.
   Profesora Vásquez: —Y ¿de dónde _____ (5)?
   Juan: —_____ (6) de Chile; y usted, profesora, ¿de dónde _____ (7)?
   Profesora Vásquez: —_____ (8) de aquí, pero mis padres _____ (9) de Chile también, ¡qué casualidad!

Actividad 1-25. ¿De dónde eres?

 Paso 1. Pretend to be a person from the map, say where you are from, and challenge your partner to guess your name.

Modelo: E1: —¿De dónde eres?   or   E1: —¿De dónde eres?
           E2: —Soy de Uruguay.   E2: —Soy de Uruguay.
           E1: —¿Eres Susana Vargas?   E1: —¿Eres Daniela Pérez?
           E2: —Sí.   E2: —No, no soy Daniela;
                                            soy Susana Vargas.

 Paso 2. You are going to play a memory game with your partner. Study the map to try to remember where the people are from. Then, write down at least four names from the map, and close your book. Take turns asking your partner where at least two people are from at a time to see if he or she can remember.

Modelo: E1: —¿De dónde son Carlos y Enrique Ochoa?
           E2: —¿Son de Chile?   or   E2: —¿Son de Cuba?
           E1: —No, son de Cuba.   E1: —Sí, son de Cuba.

Actividad 1-26. Entrevista (*Interview*)

Paso 1. Read the following dialogue in which two people introduce themselves. Then, use the dialogue format to interview four of your classmates to find out where they are from. Write their information in the table.

Modelo: —¡Hola! ¿Cómo te llamas?
—Me llamo Peter. Y tú, ¿cómo te llamas?
—Me llamo Mercedes. ¿De dónde eres?
—Soy de Belleville. ¿Y tú?
—Soy de Rochester. Mucho gusto.

Nombre	Origen	Nombre	Origen
Modelo: Peter	Belleville	Mercedes	Rochester

Paso 2. Write 1–2 sentences to summarize where you and your classmates from Paso 1 are from. Then share your summary with your classmates. They will have to remember where each person is from because after the introductions, your instructor will ask you if you remember where specific students are from.

Modelo: Peter es de Belleville, Amanda y Robert son de Clarkston, y Joan y yo somos de Rochester.

_____
_____
_____
_____

Paso 3. Write a summary of the information you and your classmates have gathered. Your instructor will ask some students to make a formal presentation of the findings to see if there are differences across groups.

_____
_____
_____
_____
_____
_____

La mayoría (*The majority*) de la clase es de _____
Algunos (*Some*) son de _____
Unos pocos (*A few*) son de _____

Actividad 1-27. ¿Cómo se llama?

↹AB **Paso 1.** Identify these famous Hispanics, their professions, and their place of birth by asking your partner for the information you are missing according to the example. You will need to use the following questions:

> **¿Cómo se llama...** (la actriz (*the actress*) or **la persona de los Estados Unidos)?**
> **¿Cuál es la profesión de...** (Jennifer López or **la persona de los Estados Unidos)?**
> **¿De dónde es...** (Jennifer López or **la actriz)?**

Modelo: E1: —¿De dónde es Jennifer López? or
¿De dónde es la actriz/la cantante?
E2: —Es de los Estados Unidos.

Jennifer López
Actriz y cantante
_____

Estudiante A

Carolina Herrera
Diseñadora de moda (*fashion designer*)
_____

_____
Cantante y actor
Puerto Rico

Shakira
_____
Colombia

Michelle Bachelet
Presidenta
_____

_____
Autor
México

Alex Rodríguez
_____
Estados Unidos

Estudiante B Information for student B is on page 666.

 Paso 2. Write statements about three of the people in the photographs using the information you have just shared, but make one of them false. Read your sentences to your classmates, and have them guess which one is not true. To make it more challenging, your classmate should close his/her book.

Modelo: E1: —Shakira es una cantante de Venezuela.
         E2: —No. Shakira no es de Venezuela. Es de Colombia.

1. _____ .
2. _____ .
3. _____ .

Gender and Number of Nouns

All nouns in Spanish have grammatical gender: they are either masculine or feminine. They also have number, which means they have different forms for the singular and plural.

> **El** libro en **la** mesa es de **la** profesora. **Las** mochilas en **las** sillas son de **los** estudiantes.
> *The* book on *the* table belongs to *the* professor. *The* backpacks on *the* chairs belong to *the* students.

You can tell whether a noun is masculine or feminine and singular or plural by **the article** that precedes it (and sometimes by the noun if the article is not present). For example, we know that **libro** is a masculine singular noun because **el** comes before it, but **sillas** is a feminine plural noun because the article **las** precedes the noun **sillas**.

		Singular		Plural
Masculine articles:	**el**	el libro	**los**	los libros
		the book		*the books*
Feminine articles:	**la**	la mesa	**las**	las mesas
		the table		*the tables*

For animate nouns, the <u>grammatical</u> gender (masculine/feminine) usually reflects their <u>biological</u> gender (male/female); in this case, the article always agrees with the biological gender:

Male/masculine gender		Female/feminine gender	
el profesor	*the (male) professor*	la profesora	*the (female) professor*
el muchacho	*the boy*	la muchacha	*the girl*
el presidente	*the (male) president*	la presidenta	*the (female) president*
el hombre	*the man*	la mujer	*the woman*
el gato	*the (male) cat*	la gata	*the (female) cat*

Not all nouns referring to people follow this pattern, however:

la persona   *the (male or female) person*
la gente   *(the) people*

Most nouns are inanimate, so have no biological gender associated with them. As a result, their grammatical gender is arbitrary. However, there are some common patterns that can help you memorize whether inanimate nouns are masculine or feminine (although there are exceptions to these patterns):

- Masculine nouns often end in **–o** and feminine nouns often end in **–a**: el libr**o**, la sill**a**
- Nouns ending in **–ión** are usually feminine: la televis**ión**, la condic**ión**
- Nouns ending in **-ad** are usually feminine: la activi**dad**, la liber**tad**
- Nouns ending in **–ma** that were borrowed from Greek are usually masculine: el siste**ma**, el idio**ma**
- Nouns ending in **–ista** or **–e** that refer to people can be either masculine or feminine, but only the article changes, not the ending of the noun: el art**ista**, la art**ista**, el estudiant**e**, la estudiant**e**

Actividad 1-28. ¿Masculino o femenino? ¿Singular o plural?

Indicate whether each underlined noun phrase is masculine (M) or feminine (F) and singular (S) or plural (P).

Modelo:	Las estudiantes estudian el arte.	M	Ⓕ	S	Ⓟ
1.	La profesora usa la tiza.	M	F	S	P
2.	Las estudiantes estudian español.	M	F	S	P
3.	Los hombres del teatro son cómicos.	M	F	S	P
4.	Las actividades en el libro son fáciles (*easy*).	M	F	S	P
5.	Los estudiantes usan el cuaderno en clase.	M	F	S	P

Actividad 1-29. ¿El o la?

Circle the right choice for the articles in the paragraph. Pay special attention to nouns that refer to people to be sure the gender of the articles matches.

GRAMÁTICA

Contractions with el: When the prepositions **de** (*of, from*) and **a** (*to, at*) are used with the article **el**, they are contracted to **del** or **al**.

el diccionario **del** profesor
the dictionary of the professor
(the professor's dictionary)
al barrio *(to the neighborhood)*

María José, (1. el/la) amiga de Sebastián

Dos amigos de Sebastián son de países hispanohablantes (*Spanish-speaking countries*): una es de México y el otro es de Perú. (2. **El/La**) estudiante de México se llama María José, es estudiante en (3. **el/la**) universidad estatal. Por (4. **el/la**) mañana, María José va (5. **al/a la**) cafetería y conversa en (6. **el/la**) cafetería con (7. **el/la**) estudiante de Perú, Carlos Rodríguez. Luego, ella estudia en (8. **el/la**) biblioteca (*library*) y lee (9. **el/la**) periódico (*newspaper*). Finalmente, María José regresa (*returns*) a su casa y mira (10. **el/la**) televisión. (11. **El/La**) programa que mira todos los días se llama *Un Nuevo Día*.

Actividad 1-30. –ma es masculino; –ión y –ad son...

Add the article or articles that correspond to each of the following nouns using the patterns you have learned. Which nouns reflect biological gender, and which have arbitrary gender?

1. ____ producción   biological   arbitrary
2. ____ condiciones   biological   arbitrary
3. ____ compañeros   biological   arbitrary
4. ____ programa   biological   arbitrary
5. ____ realidad   biological   arbitrary
6. ____ recepcionistas   biological   arbitrary
7. ____ economista   biological   arbitrary
8. ____ pizarra   biological   arbitrary
9. ____ compañera   biological   arbitrary
10. ____ participantes   biological   arbitrary

Actividad 1-31. El autor y la autora

Paso 1. Fill in the blanks with the article and noun from the word bank that best complete each sentence, being careful to use the appropriate gender. Use the pictures for clues about each person's profession; notice in the model that *el autor* from the word bank has been changed to *la autora* because the person is female.

el artista   el autor   el comediante   el investigador

Modelo:

<u>La autora</u> de Chile se llama Isabel Allende.

1. _____ de inmunología y ganador (*winner*) del Premio Nobel de Medicina en 1984 se llama César Milstein; es de Argentina.

2. _____ más famosa de México se llama Frida Kahlo.

3. _____ Carlos Mencía, de Honduras, es famoso en Estados Unidos por sus programas cómicos.

Definite vs. Indefinite Articles

Hay **un** libro en **la** mochila sobre **la** mesa. Hay **unos** libros en **los** pupitres también.

*There is **a** book in **the** backpack on **the** table. There are **some** books on **the** student desks, too.*

Just like nouns, articles have grammatical gender (masculine and feminine forms) and number (singular and plural). The articles can also be definite (*the*) or indefinite (*a, some*).

	Definite articles		Indefinite articles	
Masculine singular	el	*the*	un	*a, one*
Feminine singular	la	*the*	una	*a, one*
Masculine plural	los	*the*	unos	*some*
Feminine plural	las	*the*	unas	*some*

In general, the indefinite article (*a* boy) is used to refer to new information, whereas the definite article (*the* boy) is used to mark information already known to the speaker.

Actividad 1-32. Un poco de orden

Paso 1. Read the sentences in each section and number them to show which order they belong in. Pay attention to the use of definite and indefinite articles to give you clues.

Modelo: _2_ El estudiante es de Panamá.

  _1_ Hay un estudiante en el salón de clase.

A:

____ En el escritorio de la profesora hay dos calculadoras.

____ Las calculadoras son de Marta y Efraín.

B:

____ El estudiante más (*most*) inteligente de la clase se llama Arturo.

____ Unos estudiantes de la clase de filosofía son inteligentes.

Paso 2. With the information from the chart above, select the right choice for each one of the options below.

1. Hay (**un/el**) hombre y (**una/la**) mujer en la plaza. (**Un/El**) hombre es de Nueva York y (**una/la**) mujer es de Los Ángeles.
2. (**Unos/Los**) profesores de mi universidad son políticos.
3. En la clase de español hay (**una/la**) estudiante de Chicago y (**una/la**) estudiante de San Antonio. (**Una/La**) estudiante de San Antonio estudia economía.

Paso 1. Based on context, choose between a definite (*the*) or an indefinite article (*a, one, some*) for each blank. Fill in the blanks with the corresponding form that matches the gender (masculine/feminine) and number (singular/plural) of the corresponding noun.

Para las clases de la universidad tengo (*I have*) _____ (1) libros, _____ (2) cuadernos, _____ (3) lápices y bolígrafos, _____ (4) memoria USB, y _____ (5) mochila. En _____ (6) mochila tengo el libro de español, _____ (7) libro de arqueología, _____ (8) libro de física, y mi iPad también (*too*).

En la universidad hay muchos profesores. En general _____ (9) profesoras son creativas y _____ (10) profesores son interesantes. En la clase de español, _____ (11) profesora tiene (*has*) _____ (12) diccionario. Los estudiantes de la clase usan _____ (13) diccionario para encontrar la definición de palabras nuevas.

_____ (14) estudiantes en la clase son reservados y otros estudiantes son cómicos. Los estudiantes reservados hablan poco (*a little bit*). _____ (15) estudiantes cómicos hablan mucho.

Paso 2. Now write four sentences to describe your experience at the university, building on the description in Paso 1. Then share your sentences with a partner. In what ways are your descriptions similar and different?

1. _____.
2. _____.
3. _____.
4. _____.

Demonstrative Adjectives

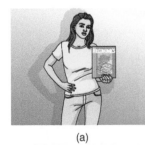
(a)

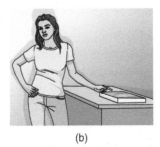
(b)

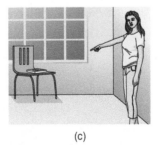
(c)

Este libro es para la clase de economía. **Ese** libro en la mesa es para la clase de griego.
Aquel libro en la silla es para la clase de computación.
This *book is for my Economics class.* ***That*** *book on the table is for my Greek class.*
That *book **over there** on the chair is for my computer class.*

Demonstrative adjectives identify which object a speaker wants to refer to. Spanish speakers have three demonstrative adjectives, **este**, **ese**, and **aquel**, that distinguish among three loosely defined zones: objects within easy reach, objects just out of reach, and objects far away. The demonstrative adjectives agree in number and gender with the noun they describe.

Este (This, nearby)	Ese (That, just out of reach)	Aquel (That over there)
Este libro	Ese libro	Aquel libro
Estos libros	Esos libros	Aquellos libros
Esta silla	Esa silla	Aquella silla
Estas sillas	Esas sillas	Aquellas sillas

Actividad 1-34. ¿Cuál es tu mochila?

 Paso 1. Each picture has the same items in it, but in different locations. Listen to Adriana talk about some of the things in her classroom, then choose the picture (A or B) that corresponds to the location of the items she mentions. Imagine that Adriana is standing at the teacher's desk facing the whiteboard on the back wall.

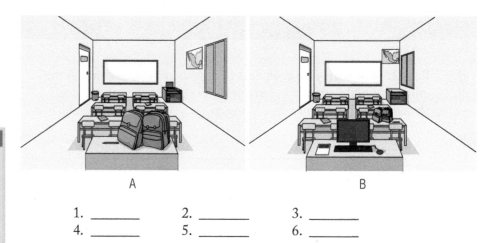

A   B

1. _____   2. _____   3. _____
4. _____   5. _____   6. _____

Paso 2. Look again at picture A in Paso 1 to complete the sentences logically with a form of este, ese, or aquel.

1. Mi examen está (*is*) en _____ cesta.
2. _____ cuadernos son de mi amiga.
3. ¿_____ memoria USB tiene tu párrafo en español?
4. ¡Es fantástico _____ monitor!

Actividad 1-35. Veo, veo un...

 We are going to play a variation of the game "Veo, veo..." (*I spy*) with a partner. Take turns saying what you see; your partner will try to identify which object you are referring to.

Modelo: E1: —Veo, veo... una mochila.
E2: —¿Es esta mochila?
E1: —No.
E2: —¿Es aquella mochila?
E1: —No.
E2: —¿Es esa mochila?
E1: —Sí.

INTEGRACIÓN COMUNICATIVA

ESTRATEGIAS

CONVERSACIÓN: Common Interactions in Spanish Class

Knowing how to get help in understanding someone or expressing yourself is essential to carrying on a conversation. Memorize and use the key phrases in this section so you can use them easily.

Asking for repetition or help

¿Cómo se dice *excuse me* en español?	*How do you say* excuse me *in Spanish?*
¿Qué quiere decir *perdón*?	*What does* perdón *mean?*
¿Cómo se escribe/deletrea *gracias*?	*How do you write/spell* gracias*?*
Profesor, tengo una pregunta.	*Professor, I have a question.*
Profesor, ¿puede repetir, por favor?	*Professor, can you repeat (that) please?*
Repite, por favor, Amanda.	*Repeat (that) please, Amanda.*
Un poco más despacio, por favor.	*A little bit slower, please.*
No entiendo.	*I don't understand.*

Asking for permission

Perdón.	*Excuse me (to attract attention/apologize).*
(Con) permiso.	*Excuse me (to come through/ to ask permission).*
¿Puedo ir al baño, por favor?	*May I go to the bathroom, please?*
¿Se puede entrar?	*May I come in?*

Working with classmates

¿Me puedes ayudar?	*Can you help me?*
¿Me prestas el libro?	*Can you lend me your book?*
¿Sabes la respuesta?	*Do you know the answer?*
¿Tienes una hoja/las respuestas?	*Do you have a piece of paper/the answers?*
¿Puedo trabajar contigo?	*May I work with you?*
¿En qué página está el ejercicio?	*On what page is the exercise?*

GRAMÁTICA

This section is designed to help you develop your communication strategies in Spanish and to communicate efficiently. Do not worry excessively in analyzing the grammatical structure of fixed phrases or of idiomatic expressions. You will analyze their structure in subsequent chapters.

Actividad 1-36. ¿Puede repetir, por favor?

Paso 1. For each one of the following scenarios, select the most appropriate phrase in Spanish from the list of expressions above.

Modelo: You would like to ask a question.   → Tengo una pregunta.

1. You do not understand a word that the professor said. → _____ _____.
2. You do not know how to say a word in Spanish. → _____ _____.
3. You need to go to the restroom. → _____.
4. You cannot understand your professor while she/he is giving instructions for an activity. → _____.
5. You need to find a partner to work with. → _____.

 Paso 2. Now, practice working with another classmate using at least four useful expressions.

Modelo: E1: —¿Qué significa *perdón*?
          E1: —Significa *excuse me*.

Pronunciación: Main Contrasts between English and Spanish

Actividad 1-37. Hablo: [*o*] or [*ou*]

 Paso 1. Listen for the main contrasts in pronunciation in the following words spoken first by an English speaker and then by a Spanish speaker.

1. The letter "o" is pronounced as [o], not [ou].   México, Puerto Rico
2. The letter "u" sounds like [u], not [yu].   Cuba, Uruguay
3. The letter "v" sounds like [b].   Montevideo, Venezuela
4. The letter "r" sounds like the double t in *latter.*   Perú, Paraguay
5. The sound "rr" has no equivalent in English.   Barranquilla, Costa Rica

6. The letters "g" and "j" sound like [h].   Argentina, Cajamarca
7. The letter "g" followed by a, o, or u sounds Guadalajara, Paraguay
   like [g] in *goat*.
8. The letter "h" is silent.   Honduras, Huelva
9. The letter "p" sounds always like [p] in *spy*, Paraguay, Perú
   spin, so it may seem to sound like a [b] to
   you.
10. The letter "t" sounds like [t] in *stay, stone* Tegucigalpa, Tampico
    so it may seem to sound like a [d] to you.
11. The [k] sound (in "ca", "co", "cu", "que", Colombia, Querétaro
    or "qui") always sounds like the [k] in
    skyscraper, so it may seem to sound like a
    [g] to you.
12. The "qu" combination is always   ¿Qué quiere?
    pronounced [k], not [kw].
13. "ll" sounds like [y].   Me llamo
14. The letter "c" (in "ce" or "ci") sounds like Ceuta, Barcelona
    [s] in city.
15. The letter "d" sounds like [th] in *either,* Ecuador, Badajoz
    bother.
16. The endings *-ción, -sión* do not begin with educación, división
    the [sh] or [zh] sound but rather the [s]
    sound.
17. The ending *–tion* does not begin with the digestión, congestión
    [ch] sound but rather the [t] sound.
18. Words tend to blend together.   Los Estados Unidos
                                                 (Lo_sEs_ta_do_sU_
                                                 ni_dos)

 Paso 2. Decide whether the words in the list are pronounced correctly for Spanish. Focus on the pronunciation of the underlined letters. Then repeat each word with correct pronunciation after your instructor.

Palabras	Pronunciación correcta	Pronunciación incorrecta
1. la televi<u>sión</u>	√	
2. la <u>g</u>ente		
3. n<u>o</u>		
4. <u>u</u>sual		
5. <u>h</u>abla		
6. por<u>gue</u>		
7. conversa<u>ción</u>		

Paso 3. Finally, repeat the words from Paso 1, trying to imitate the native speaker. Pay special attention to the main contrasts between English and Spanish reviewed above.

ESTRATEGIAS

LECTURA: Skimming a Text

Skimming a text is a useful reading technique that requires glossing over a text quickly to understand its overall meaning. While skimming, the reader may focus on some specific goals such as to (a) get the gist of the passage, (b) understand its organization, or (c) find out about the intentions or objectives of the writer.

Actividad 1-38. El español en el mundo

Paso 1. Some words in the following article are blurred. Work with your partner to guess the meaning of the ones you can see using the strategies you learned earlier in this chapter. Then decide which of the following questions corresponds to each paragraph (1–3).

a. ¿Es fácil o difícil estudiar español?   Párrafo ____
b. ¿Por qué es importante estudiar español?   Párrafo ____
c. ¿En qué países se habla español?   Párrafo ____

El español en el mundo

Hablar español [blurred] importante [blurred] muchas personas en los Estados Unidos [blurred] es importante para muchas profesiones [blurred] eres doctor o doctora [blurred] comunicación efectiva [blurred] pacientes [blurred] hospital. [blurred]

[blurred] 20 países [blurred] el idioma oficial o principal. [blurred] idioma oficial hay aproximadamente 350 millones de personas [blurred] Estados

Unidos no hay un idioma oficial [blurred] Puerto Rico es oficialmente un territorio de los Estados Unidos [blurred]

[blurred] español no es difícil [blurred] palabras en inglés y español [blurred] origen común en el latín.

Paso 2. In pairs, read the complete text and write a short statement in English of the gist of each paragraph.

El español en el mundo

Hablar español es muy importante porque hay muchas personas en los Estados Unidos que hablan este idioma. En mi opinión, hablar español es importante para muchas profesiones; por ejemplo, si (*if*) eres doctor o doctora, puedes (*you can*) establecer una comunicación efectiva con los pacientes de un hospital. También, si eres policía puedes hablar con las personas que necesitan ayuda.

_____

_____

Hay 20 países donde el español es el idioma oficial o principal. Además, si contamos a los Estados Unidos y Puerto Rico, entonces (*then*) hay 22 países donde se habla español. En los países donde el español es el idioma oficial hay aproximadamente 350 millones de personas que hablan este idioma. Mientras en los Estados Unidos no hay un idioma oficial, el censo nacional del año 2010 revela que hay aproximadamente 50 millones de hispanos y la mayoría de los hispanos habla español. Por otro lado (*On the other hand*), Puerto Rico es oficialmente un territorio de los Estados Unidos, pero tiene muchas características de un país independiente. Por ejemplo, Puerto Rico tiene una selección deportiva que participa en las Olimpíadas.

_____

_____

El español no es difícil porque hay muchas palabras en inglés y español que son muy similares. Por ejemplo, *optimist* y *optimista*, o *solution* y *solución*, son casi iguales. La causa de estas similitudes es que estas palabras en inglés y español tienen un origen común en el latín.

_____

_____

Actividad 1-39. Es, son, hay

Paso 1. Underline all the uses of **es** and **son** in the text from Activity 1-38, and identify the subject, which will indicate why you use the singular or the plural form in each case. Does focusing on whether **ser** is singular or plural change your understanding of the details of the text?

Paso 2. Now, underline all uses of **hay** and decide if there is a difference between singular or plural nouns that accompany this verb form.

ESTRATEGIAS

COMPRENSIÓN ORAL: Contextual Cues

Active listening is crucial to understand a second language. A central component of an active listening strategy is to use your **background knowledge and contextual information to anticipate** the specific information conveyed by the spoken message.

Actividad 1-40. Using what you know to help you listen

Paso 1. Use your background knowledge about the kind of information you hear in news reports to underline the words in Spanish that you think are likely to be used in a news report that has the following title:

El número de estudiantes de español en EE.UU. y en el mundo.

Alemania (*Germany*)
aproximadamente
arte
China
economía
Estados Unidos (EE.UU.)
estudiantes
Francia
hay
lengua (*language*)
millones (*millions*)
muchos
Rusia

Paso 2. Can you anticipate which of the statements will be mentioned in the news piece? Listen to the recording and confirm your prediction.

____ 1. En total, hay aproximadamente 15 millones de estudiantes de español en el mundo.

____ 2. Del total de 15 millones, casi 8 millones de estudiantes de español están en EE.UU.

____ 3. Francia y Alemania (*Germany*) son miembros (*members*) de la Unión Europea.

____ 4. Francia, Brasil y Alemania son los otros (*the other*) tres países con el mayor (*the greatest*) número de estudiantes de español.

Actividad 1-41. Listening for specific information

 Paso 1. Now that you have an idea of the topics in the recording from the last activity, listen to it again, but this time, fill in the missing information about the number of students per country on the map below. Do any of the statistics surprise you?

 Paso 2. Listen to the news piece one more time and mark the following statements as **cierto** or **falso**. Be sure you understand the statements before you listen again.

_____ 1. En las universidades de EE.UU. hay 1.000.000 de estudiantes de español.

_____ 2. EE.UU. tiene más estudiantes de español que Francia.

_____ 3. No hay estudiantes de español en Alemania.

_____ 4. Hay más de (*more than*) 1.000.000 de estudiantes de español en Brasil.

ESCRITURA: Model Writing

A good strategy for starting to write in a second language is to analyze examples from models and to identify the main components of a written text. You can then use the structure and, in many cases, typical patterned phrases in your own writing.

Actividad 1-42. Una carta modelo

Paso 1. When you encounter a written text, it is important to analyze its organization. First, read only the opening and closing of this letter in bold and identify the letter's <u>most likely</u> purpose. You'll read the other parts of the letter in later Pasos.

A. The letter is addressed to Spanish students and it outlines some of the benefits and challenges of studying Spanish.
B. The letter is addressed to college students and it outlines some of the administrative procedures to register for classes.
C. The letter is addressed to Spanish students and it outlines some of the reasons why students should not register for classes in Spanish.

Queridos estudiantes de español:

Mi nombre es Rocío y soy de Texas. Trabajo como secretaria en las oficinas de una compañía aérea mexicana. Hablo inglés y español muy bien. Pero tengo mucha experiencia estudiando otros idiomas. También hablo chino, francés y portugués. Soy estudiante de lenguas y lingüística.

<u>Al principio</u> no es fácil estudiar un idioma nuevo. <u>Por ejemplo</u>, hay muchas palabras nuevas que necesitas estudiar. Uso mi libro y un diccionario en la computadora para entender las palabras, y el libro es costoso (*expensive*). <u>Pero</u> también hay muchos beneficios. <u>Por ejemplo</u>, hablar muchos idiomas es útil para conversar con mucha gente. <u>También</u>, hay ventajas (*advantages*) para encontrar mejores trabajos o para recibir un salario más alto. <u>Además</u>, entiendo mejor (*better*) mi propia lengua y cultura gracias a (*because of*) mis estudios.

Mucha suerte con tus estudios. Aprender un idioma nuevo es una aventura emocionante y gratificante.

Rocío

Paso 2. Analyze the first paragraph of the letter and identify the sequence of information presented in it.

_____ Knowledge of other languages
_____ Competence in Spanish and English
__1__ Name and origin
_____ Job type and type of industry

Paso 3. Finally, identify the most likely translation for each of the following key linking words/expressions that head each sentence in the second paragraph.

1. Al principio
2. Por ejemplo
3. Pero
4. También
5. Además

a. Also
b. At first
c. For example
d. But
e. Furthermore/Moreover

ESCRITURA: Process Writing

You can learn to write well by envisioning the writing task as a process that requires several steps.

1. Brainstorming ideas, collecting information, etc.
2. Organizing ideas and creating an outline
3. Identifying purpose, audience and context
4. Writing a first draft with a focus on content and vocabulary
5. Writing a second draft with a focus on grammar and punctuation
6. Writing a final revision

Actividad 1-43. Tu carta de presentación

Paso 1. You are going to introduce yourself to your classmates. First, write some notes and key words to address each one of the following topics:

1. A brief description of yourself (for example, your name and origin, your personality traits, **¿eres un/a estudiante tradicional? ¿optimista? ¿eficiente?**)
2. A description of what you study
3. Your opinion about what you study (for example, **¿es popular? ¿es importante? ¿es fácil?**)

Try to express your ideas using cognates, loan words and the vocabulary and grammar you have learned throughout this chapter.

Paso 2. Write a brief paragraph based on your notes. (Two or three sentences per paragraph is enough).

_____

_____

_____

_____

_____

 Paso 3. Exchange your letter with a classmate. Do you understand what your partner wrote? What did you learn about your partner? Exchange ideas about what needs to be clarified to achieve the purpose of the letter.

COMPARACIONES CULTURALES

Learning a second language involves more than vocabulary, grammar and pronunciation. To communicate successfully in Spanish requires an understanding of cultural perspectives: different ways of interpreting reality and different ways of interacting with others. In this textbook, you are invited to discover more about yourself, your language and culture(s), and the language and cultures of Spanish-speaking people everywhere. In this chapter, we will analyze how the English word *continent* has a different interpretation from Spanish **continente**. Neither interpretation is right or wrong, but the differences are the product of different ways that language helps us define our reality. In subsequent chapters, we will see similar contrasts in math operations, poetry in translation, etc.

Actividad 1-44. ¿Cuántos continentes hay?

Paso 1. The Olympic Committee includes five rings, representing a population-based approach to defining continents. Based on the map, match the colors of the Olympic rings with the continents in the list below.

CULTURA

In the Hispanic world, children typically learn that there are five continents, whereas children in the U.S. typically learn that there are six or seven continents.

Amarillo	África
Azul	América
Negro	Asia
Rojo	Europa
Verde	Oceanía

Paso 2. Below are three possible criteria that may guide the division of the world into continents. Based on the criteria that you selected, how many continents do you count? Which continents have a significant number of Spanish speakers on them?

1. A continent is a large unbroken land mass completely surrounded by water.
2. A continent is determined by any one of the large tectonic plates.
3. A continent is any large land mass inhabited by people.

Opción A	Opción B	Opción C	Opción D
(5 continentes)	(5 continentes)	(6 continentes)	(7 continentes)
América	América	América	América del Norte
África	África	África	América del Sur
Oceanía	Oceanía	Oceanía	África
Europa	Eurasia	Europa	Europa
Asia	Antártida	Asia	Asia
		Antártida	Oceanía
			Antártida

Paso 3. Look again at the five-continent map above. How do you think Spanish speakers from other countries refer to people from the United States, as **americanos, estadounidenses,** or **norteamericanos**?

Actividad 1-45. ¿Cómo se escribe América?

Paso 1. Read the following cartoon and try to understand the following words and expressions.

© Joaquín Salvador Lavado (QUINO) Todo Mafalda—Ediciones de La Flor, 1993

1. A propósito,   a. right?
2. ¿no?   b. On that topic, By the way,
3. ¡La pregunta!   c. then,
4. entonces,   d. You're kidding me! (*literally: What a question!*)

Paso 2. Why is the cartoon supposed to be funny?

1. The student drew the mirror image of the continent, but he is concerned about the spelling of the name of the continent.
2. The student misspelled the name of the continent, but he is concerned about the drawing of the continent.
3. The student misspelled the name of the continent, and also drew the mirror image of the continent.

Paso 3. Which of the four classifications of America is taught in the school represented in the cartoon?

América es

1. _____ El país Estados Unidos de América
2. _____ Los países Estados Unidos y Canadá
3. _____ Los países Estados Unidos, Canadá y México
4. _____ Todo un continente

LITERATURA: Poesía bilingüe

Learning another language involves more than simply learning word lists and grammar rules. Language can also be used as art, as expression, and as a means to discover more about yourself. Literature, whether poetry or prose, provides us with a means to both express and understand ourselves and our cultural identities.

Actividad 1-46. Bilingual Poetry

 Paso 1. You are going to read a bilingual poem online (i.e., parts of the poem are written in English, while other parts are written in Spanish). Skim the text quickly to answer the following question: What is the central meaning of the poem? Discuss it in pairs, and then share your ideas with the rest of the class.

Where you from? http://girlgriot.wordpress.com/2008/04/22/where-you-from/ by Gina Valdés

 Paso 2. Listen to the poem and pay attention to the way the different words are pronounced in English and Spanish. Pay special attention to the word **frontera** (broken up into two lines in the poem). What meaning do you think the author is conveying with that creative use of the word?

_____

_____

 Paso 3. Guessing from context, find the words in Spanish that are equivalent to the following words in English.

> 1. here
> 2. there
> 3. South
> 4. North
> 5. left-handed
> 6. crossing
> 7. borders

Actividad 1-47. Fron... tera

Paso 1. Use your limited Spanish as an artistic advantage to express yourself bilingually. Write 3–5 extra lines to add to the poem from Valdés.

Modelo: Soy de Massachusetts
Y soy de Texas
Born in Boston
Y estudio en Austin
My memory thinks of cold
My body feels the calor
Mucho calor

_____

_____

_____

_____

_____

_____

_____

Paso 2. Read your poem to your class and ask them to write down the most significant words in your poem. Ask them to explain (in English) why they selected the words they chose.

_____

_____

_____

_____

_____

_____

Diferencias dialectales: Variaciones regionales de vocabulario

Actividad 1-48. Lad, Chap, Guy or Dude?

Paso 1. Which other words are used to refer to the following in the English language? Which ones are used or preferred in the area where you live?

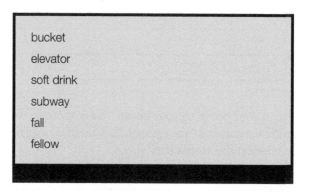

bucket

elevator

soft drink

subway

fall

fellow

 Paso 2. Compare your list of words with those of a classmate. Are they similar? If they are different, is it due to regional variation or personal preference?

Actividad 1-49. Boy, Bus and Blond

⇆AB **Paso 1.** Consult with your partner to find out as many variations as you can about the Spanish translation for the following words: *little boy, bus,* and *blond*.

Modelo: E1: —¿Cómo se dice *bus* en México?
E2: —Se dice *camión*.

Estudiante A

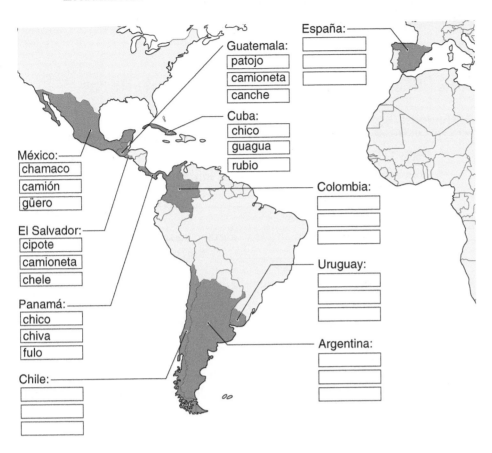

España: [   ]
[   ]
[   ]

Guatemala: [   ]
patojo
camioneta
canche

Cuba:
chico
guagua
rubio

México:—
chamaco
camión
güero

Colombia:
[   ]
[   ]
[   ]

El Salvador:—
cipote
camioneta
chele

Uruguay:
[   ]
[   ]
[   ]

Panamá:—
chico
chiva
fulo

Argentina:
[   ]
[   ]
[   ]

Chile:—
[   ]
[   ]
[   ]

Estudiante B   Information for student B is on page 667.

Paso 2. Now ask your instructor which words she/he prefers and find out which language variety she/he uses.

Los estudiantes del curso del Prof. Parra

Actividad 1-50. ¿Quiénes son los estudiantes?

Paso 1. Using phrases you learned in this chapter, try to complete the following dialogue in which students introduce themselves.

Pablo: —Mi _____ (1) Pablo, Pablo Negrini
    ... ¿Profesor...?

Prof. Parra: —Parra, Ricardo Parra, para servirle. ¿De dónde es Ud.?

Pablo: —Yo _____ (2) Argentina. De Buenos Aires,
    Argentina

Prof. Parra: —... ¿y Ud. Señorita?

Guadalupe: —_____ (3) Guadalupe Fernández y vengo
    de Guadalajara, México.

...

Prof. Parra: —¡Qué interesante! Bueno, la siguiente persona.

Consuelo: —Yo soy de Cali, Colombia y me _____
    (4) Consuelo Hernández, pero mis amigos y mi familia
    me dicen Connie.

...

Jordi: —_____ llamo (5) Jordi Berlanga-Escolar, y mi familia
    viene de Barcelona pero yo nací (*I was born*) en Madrid.

...

Prof. Parra: —¿De dónde es y cómo _____ (6)?

Camille: —_____ de (7) aquí, pero mi mamá es de
    Cuba. Mi _____ (8) Camille Franklin-
    Montemayor. Uso dos apellidos porque soy de dos
    culturas, o sea, que soy "bicultural".

 Paso 2. Now watch the scene with the introductions of the students again and confirm your best guesses. Work with another classmate to discuss the answers and why they are right.

Actividad 1-51. No entiendo

Paso 1. Can you associate one (or more) of the useful classroom expressions learned in this chapter with the following scenes presented in the video?

Paso 2. Watch the segments of the video that correspond to each picture and take note of the expressions used in each case. Were those the expressions you selected in Paso 1?

Guadalupe: —_____(1), profesor. ¿_____(2) el nombre del curso?

Prof. Parra: —Ah, sí, disculpen. Muy buena pregunta. El título del curso en español es "Producción de programas de radio local y de internet".

Pablo: —_____(3)

Prof. Parra: —Sí, cómo no, adelante. Buenos días.

Pablo: —Con permiso.

Actividad 1-52. ¿De qué diversidad cultural habla?

Paso 1. After Prof. Parra makes a comment about the cultural diversity of his students, Guadalupe appears to be puzzled. Analyze what she says to herself and select the most likely inferences that can be made on the basis of her comment. (Mark all that apply).

Prof. Parra: —Esto es excelente. En esta clase hay una variedad cultural increíble. Hay gente de muchos países: de Argentina,... de México,... España,... Colombia,... y bueno, yo soy puertorriqueño. Creo que la variedad de experiencias culturales va a contribuir al desarrollo (*the development*) del curso.

Guadalupe: —Pero ¿de qué variedad habla este señor? ¿Somos tan diferentes? Todos hablamos el mismo idioma.

Guadalupe cree que (*believes that*)...

a. _____ No hay diferencias entre las variedades del español que se habla en el mundo.

b. _____ Hay muchas diferencias culturales entre los países hispanos.

c. _____ La cultura de los pueblos hispanohablantes es una cultura homogénea.

Paso 2. In subsequent chapters you will compare several cultural characteristics that make up what is called the "Hispanic culture." For now, see if you can classify some of the immediate linguistic differences that the characters in this story have already noticed. Write the name and the country of origin (birth or family) of the person who uses each one of the following words.

bus   camión   colectivo   bondi

VOCABULARIO

PRESENTACIONES Y SALUDOS

Adiós	*Goodbye*	Hasta la vista	*See you around*
Buenos días	*Good morning*	Hola	*Hello*
Buenas tardes	*Good afternoon*	Hola, ¿qué tal?	*Hi, how is it going?*
Buenas noches	*Good evening/Good night*	Igualmente	*Likewise*
Bienvenido/a/os/as	*Welcome!*	Más o menos	*So so*
¿Cómo está usted?	*How are you?* (formal)	Amigo/a	*friend*
¿Cómo estás?	*How are you?* (informal)	Me llamo _____	*My name is _____*
¿Cómo se llama usted?	*What's your name?* (formal)	Mi nombre es _____	*My name is _____*
		Mucho gusto	*Nice to meet you*
¿Cómo te llamas?	*What's your name?* (informal)	Muy bien, gracias	*Very well, thank you*
		¿Todo bien?	*[Is] everything all right?*
¿De dónde eres?	*Where are you from?* (informal)	Soy _____	*I am _____*
		Soy de _____	*I am from _____*
¿De dónde es usted?	*Where are you from?* (formal)	Te/Le/Les presento a ____	*I would like to introduce you to ____ (inform/ sing. form/sing. form/ plural)*
Encantada/o	*Delighted*		
Es un placer	*It's a pleasure*		
Hasta luego	*See you later*	¿Y tú/usted?	*And you?*

PALABRAS RELACIONADAS CON EL SALÓN DE CLASE

el bolígrafo	*pen*	la mesa	*table*
el borrador	*eraser*	la mochila	*backpack*
la cesta	*basket*	la pantalla	*a screen*
la computadora	*computer*	el papel	*paper*
el cuaderno	*notebook*	la pizarra	*chalkboard*
el diccionario	*dictionary*	la puerta	*door*
el escritorio	*desk*	el pupitre	*student desk*
el lápiz	*pencil*	la silla	*chair*
el libro	*book*	la televisión	*television*
la llave USB/ la memoria USB	*flash drive*	la tiza	*piece of chalk*
		la ventana	*window*
el mapa	*map*		

VERBOS ÚTILES

abrir	*to open*	mirar	*to watch, to see*
aprender	*to learn*	prestar atención	*to pay attention*
cerrar	*to close*	querer (quiere)	*to want* (she/he wants)
escribir	*to write*	repetir	*to repeat*
escuchar	*to listen*	ser	*to be*
estudiar	*to study*	tener (tiene)	*to have* (she/he has)
hablar	*to speak, to talk*	trabajar	*to work*
hay	*there is, there are*	usar	*to use*
leer	*to read*	vivir	*to live*

PALABRAS ÚTILES

el capítulo	*chapter*	el idioma	*language*
la casa	*house*	juntos	*together*
la ciudad	*city*	la letra	*letter*
el/la compañero/a	*classmate*	la oración	*sentence*
el continente	*continent*	el país	*country*
la conversación	*conversation*	la palabra	*word*
la cosa	*thing*	la población	*population*
la cultura	*culture*	por ejemplo (*p.e.*)	*for example*
el edificio	*building*	la pregunta	*question*
el/la estudiante	*student*	el sujeto (de la oración)	*subject*

PALABRAS Y FRASES ÚTILES

aquí	*here*	la mañana	*morning*
calle	*street*	la noche	*night/evening*
ciudad	*city*	la tarde	*afternoon*
¿Cómo	*How*	más	*more/plus*
conmigo	*with me*	menos	*less/minus*
contigo	*with you*	mucho	*a lot*
correo	*mail*	norte	*north*
¿Cúantos/as ___ hay?	*How many___ are there?*	oeste	*west*
		poco/a	*a little*
edificio	*building*	¿Qué hay en _____?	*What's in _____?*
este	*east*	sur	*south*
hispanohablante	*Spanish speaker*		

EE.UU. EN ESPAÑOL

2

CAPÍTULO

BY THE END OF THIS CHAPTER YOU'LL KNOW HOW TO

- Describe people in terms of physical characteristics, personality, and nationality
- Describe the colors of objects
- Count from 30 to one million
- Talk about how you feel when you're in different places
- Talk about activities people commonly do
- Ask yes/no and information questions
- Specify the kind and number of objects or people you see
- Say to whom things belong
- Express thanks, make requests and apologize
- Pick key information out of what you hear or read by scanning for it
- Write basic summaries out of charts and other graphical information

YOU'LL LEARN ABOUT

- The cultural expectations for common exchanges like apologizing across cultures
- Famous Hispanics
- Spanish speaking populations in the U.S. and the world
- The styles of two world-famous Spanish-speaking visual artists, Fernando Botero and Diego Rivera
- Sandra Cisneros' "The House on Mango Street" and its translation to Spanish
- Loan words from English used in Spanish and changes in their pronunciation and spelling

Actividad 2-0. **Presentaciones en el salón de clase**

 Paso 1. Take turns describing one of the pictures (e.g. number of people, men/women, objects, etc.). Your partner points to the picture you described.

Modelo: Estudiante 1: —Hay muchos (*many*) libros en la foto.
Estudiante 2: —Points to the corresponding picture.

Paso 2. Use the strategies you learned in chapter 1 for guessing word meaning (cognates, loan words, word forms, and context) to figure out the meaning of the bolded phrases in each dialogue. What do you think the difference between **hondureña** and **hondureño** is?

VOCABULARIO EN CONTEXTO

Actividad 2-1. Las nacionalidades

Paso 1. There are several patterns for changing a country name into a nationality such as adding **-no** to some countries whose names end in a vowel (Bolivia—bolivia**no**), but not all follow a similar pattern. Complete the paragraph with country names and nationalities using the pattern seen in the examples in each section. Note the different forms for males vs. females in some cases, and for one person (singular) vs. more than one (plural).

Soy mexicana.

Soy argentino.

Soy cubano-americana.

Soy español.

Soy colombiana.

Soy puertorriqueño.

-no, -na: Si un hombre de <u>Bolivia</u> es <u>bolivia**no**</u> y una mujer es <u>bolivia**na**</u>, entonces: un hombre de Chile es (1) _____ y una mujer es (2) _____, un hombre de Cuba es (3) _____ y una mujer es (4) _____, un hombre de (5) _____ es mexicano y una mujer es (6) _____, y un hombre de la República Dominicana es (7) _____ y una mujer es dominicana.

-o, -a: Si una mujer de <u>Argentina</u> es <u>argentin**a**</u> y un hombre es <u>argentin**o**</u>, entonces: una mujer de Paraguay es paraguaya y un hombre es (8) _____, y una mujer de Uruguay es (9) _____ y un hombre es (10) _____.

-eño, -eña: Si una mujer de Panamá es <u>panam**eña**</u> y un hombre es <u>panam**eño**</u>, entonces: una mujer de Honduras es (11) _____ y un hombre es hondureño, una mujer de El Salvador es salvadoreña y un hombre es (12) _____, y una mujer de (13) _____ es puertorriqueña y un hombre es (14) _____.

-ense: Si un hombre de los <u>Estados Unidos</u> es <u>estadounid**ense**</u> y una mujer es <u>estadounid**ense**</u> también, entonces: un hombre o una mujer de (15) _____ es nicaragüense, y un hombre o una mujer de (16) _____ es costarricense.

Varios: Un hombre de (17) _____ es guatemalteco y una mujer es guatemalteca, pero (*but*) un hombre de Venezuela es venezolano y una mujer es (18) _____, un hombre de Ecuador es ecuatoriano y una mujer es (19) _____ y un hombre de (20) _____ es español y una mujer es española.

 Paso 2. One partner names a country and the other partner has to say the correct nationality term. Taking turns, see who gets most nationalities right.

Modelo:　E1: —Es de Venezuela.
　　　　　　E2: —Es venezolano/a.

País	Nacionalidad
Venezuela	venezolano/a

Actividad 2-2. **Los colores de las banderas (*flags*) del mundo hispano**

Paso 1. Using the color samples and the country flags for reference, write a sentence to describe which country's flag has the colors listed. Some color combinations could match multiple countries' flags.

Modelo: azul y blanco = Son los colores de la bandera de Honduras

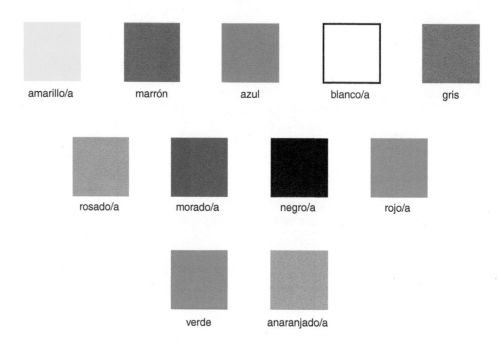

amarillo/a   marrón   azul   blanco/a   gris

rosado/a   morado/a   negro/a   rojo/a

verde   anaranjado/a

1. azul, blanco y amarillo =
2. azul, blanco y rojo =
3. azul, amarillo y rojo =
4. blanco y rojo =
5. rojo y amarillo =
6. rojo, amarillo y verde =
7. verde, blanco y rojo =

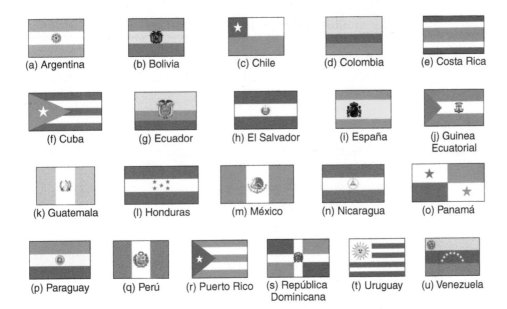

(a) Argentina   (b) Bolivia   (c) Chile   (d) Colombia   (e) Costa Rica

(f) Cuba   (g) Ecuador   (h) El Salvador   (i) España   (j) Guinea Ecuatorial

(k) Guatemala   (l) Honduras   (m) México   (n) Nicaragua   (o) Panamá

(p) Paraguay   (q) Perú   (r) Puerto Rico   (s) República Dominicana   (t) Uruguay   (u) Venezuela

Paso 2. Review your chapter 1 geography while practicing the colors by picking a flag and giving your partner clues to help him or her guess which country's (**país**) flag you are describing. Use the phrases in the model to help create clues.

Modelo: Estudiante 1: —Es la bandera de un país de Sudamérica
(o de Europa, de África, del Caribe, etc.).
Los colores de la bandera son: rojo, blanco y azul.

Estudiante 2: —¿Es la bandera de Paraguay?

Estudiante 1: —No. Es otra (*another*) bandera con rojo, blanco y azul.

Estudiante 2: —¿Es la bandera de Chile?

Estudiante 1: —Sí, esa es.

VOCABULARIO

Both the terms **América del Sur** and **Sudamérica** are commonly used. The choice is based on regional preferences. The term **Suramérica** is also valid, but it is not as widely used as the first two. To refer to the people from this region use only **sudamericano** or **suramericano** (the term *americano del sur is never used).

Actividad 2-3. Los colores en el salón de clase

Paso 1. Let's play the game "**Veo, veo...**" in groups of four students. Take turns describing the color(s) of a specific object in the room. The other students have to guess the name of the item.

Modelo: E1: —Veo, veo...

E2: —¿Qué ves?

E1: —Veo un objeto blanco. [OR] Veo una cosa blanca.

E2: —¿Es la pizarra?

E1: —Es cierto. Es la pizarra.

Paso 2. Now, we will play the game "**Veo, veo...**" with the rest of the class. Whoever guesses the right answer takes over and has to select an item in the classroom that the others will guess.

Actividad 2-4. La sicología de los colores favoritos

Paso 1. Read a transcript of an interview with Dr. Castillo about his opinion about colors and personality. Underline all the cognates that refer to personality traits.

Entrevistadora: *Buenas tardes, volvemos a nuestra emisión especial sobre lo que dicen los colores sobre nuestro temperamento y nuestras preferencias. Estamos con el Dr. Castillo, quien es un experto en este tema. Buenas tardes, Dr. Castillo.*

Dr. Castillo: *Buenas tardes. Es un gusto estar acá.*

Entrevistadora: *Dr. Castillo, vamos a comenzar (let's begin) con la pregunta más básica: ¿existe, o no existe una relación entre los colores y la personalidad?*

Dr. Castillo: *Bueno, sí y no. Hay características de la personalidad que se reflejan en nuestras preferencias con respecto a (with respect to) los colores, pero son generalizaciones y, por lo tanto, no hay necesariamente una relación estricta.*

Entrevistadora: *Bien, pero en general, si a una persona le gusta (likes) un color determinado, ¿cuáles son las características de su personalidad?*

Dr. Castillo: *En general, y recalco (emphasize) que éstas no son más que generalizaciones, si a una persona le gustan los colores brillantes y atrevidos (bold), como el rojo o el anaranjado, esa persona es probablemente muy expresiva, activa, enérgica e impulsiva, incluso podemos decir (we can even say) que es una persona probablemente agresiva. Por otro lado, si a una persona le gustan los colores oscuros como el negro, su personalidad suele ser seria y elegante, pero a veces también pesimista.*

Entrevistadora: *Y ¿qué asociaciones existen con los colores más apagados (lighter colors)?*

Dr. Castillo: *Ah, sí, claro, también se puede decir que hay características de la personalidad que pueden estar reflejadas en estos colores. Tenemos colores como el rosado y el blanco que generalmente se asocian con una personalidad ingenua, creativa y optimista. Y bueno, no nos podemos olvidar (forget) del amarillo, un color que representa a personas independientes y soñadoras (dreamers). Y claro, ... tenemos los tonos violetas o morados que generalmente corresponden a personalidades muy románticas, apasionadas y un poco egoístas.*

Entrevistadora: *¡Qué interesante! Bueno, necesitamos ir a un corte (break) comercial, pero ya volvemos con más preguntas para el Dr. Castillo.*

GRAMÁTICA

The conjunction **y** changes to **e** when the next word starts with the sound /i/. Example: *Es guapo **e i**nteligente.*

Paso 2. Work with a partner to check whether you have underlined the same cognates. Then, circle words that are not cognates, but that you think are being used to describe personality traits, and guess their meaning.

Paso 1. The person who transcribed Dr. Castillo's interview in Paso 1 made some errors in the characteristics associated with some colors. Listen to Dr. Castillo's interview and correct the mistakes in the transcript in Paso 1 of Activity 2-4 using the words below.

generosa	liberales	optimista	pesimista
rebelde	responsables	tímidas	

 Paso 2. Listen to the interview again and this time try to complete the following excerpt with a form of **ser** without rereading the transcript.

Entrevistadora: ...Estamos con el Dr. Castillo, quien (1) _____ un experto en este tema. Buenas tardes, Dr. Castillo.

Entrevistadora: Bien, pero en general, si a una persona le gusta un color determinado, ¿cuáles (2) _____ las características de su personalidad?

Dr. Castillo: En general, y recalco (*emphasize*) que éstas no (3) _____ más que generalizaciones, si a una persona le gustan los colores brillantes y atrevidos (*bold*), como el rojo o el anaranjado, esa persona (4) _____ probablemente muy expresiva, generosa, optimista y quizás impulsiva, incluso podemos decir que (5) _____ una persona probablemente rebelde.

Actividad 2-6. La personalidad a través de (*through*) los colores

Paso 1. Describe the likely personalities of the people represented in the pictures based on the colors of the clothing they wear.

1   2   3   4   5

Modelo: La persona de la foto 1 es seria porque usa el color negro.

 Paso 2. Compare your answers with the answers from a classmate and edit your sentences for any mistakes.

Actividad 2-7. La personalidad ideal

Paso 1. Interview three other students about their favorite color and their personality.

Modelo: Henry: —Angela, ¿cuál es tu color favorito?
Angela: —Mi color favorito es el amarillo.
Henry: —Y ¿cómo eres? (*What are you like?*)
Angela: —Soy paciente, extrovertida y creativa.

Paso 2. Review the answers you collected. Do they match Dr. Castillo's generalizations? Report your results to the class.

Modelo: Los resultados de mi entrevista coinciden [OR no coinciden] con los resultados del Dr. Castillo. Por ejemplo,...

Actividad 2-8. La personalidad ideal

Paso 1. Mark the characteristics in the table that you like your professors to have. Then compare your responses with a partner.

Modelo: E1: —En mi opinión, es bueno si (*if*) el profesor es responsable y optimista. No es bueno si es egoísta y soñador. ¿Cuál es tu opinión?
E2: —_____.

Característica A		Característica B	
pesimista		optimista	
egoísta		generoso/a	
responsable		irresponsable	
rebelde		conformista	
tímido/a		extrovertido/a	
liberal		conservador/a	
soñador/a		realista	

Paso 2. Now, circle the personality traits you would like to have. Underline the ones you would like your friends to have.

Paso 3. In pairs again, compare your answers to see which traits you marked most often for you, for your professors and for your friends.

Modelo: E1: —¿Qué características son importantes para ti (*for you*)?
E2: —Para mí, es importante ser generoso y responsable. ¿Y para ti?
E1: —Para mí, es importante ser extrovertido y realista. Y para (*for*) los otros (*other*) estudiantes, ¿qué características son importantes? ¿Y para los profesores?
E2: —Para los profesores, es importante ser responsable,...

Actividad 2-9. Antipático o simpático

Paso 1. Review the list of adjectives below and pair up the ones that create an opposite meaning (e.g., liberal-conservador/a).

Adjetivos para describir características emocionales y psicológicas	
1. arrogante _____	a. maleducado/a
2. simpático (*nice*) _____	b. deshonesto/a, mentiroso/a
3. impaciente _____	c. introvertido/a
4. cómico/a _____	d. humilde (*humble*)
5. educado/a (*polite*) _____	e. serio/a
6. extrovertido/a _____	f. paciente
7. honesto/a, sincero/a _____	g. trabajador/a (*hard-working*)
8. perezoso/a (*lazy*) _____	h. antipático/a
9. tonto/a (*foolish*) _____	i. inteligente

Paso 2. Now, think of two adjectives that can be grouped together and add a third one that does not belong to that category. Make three groups of words following this pattern.

Modelo: Agradable, cómico, antipático

 Paso 3. In groups of four, read the words you selected to your group and ask them to tell you which one is the odd one out. Then, select the best combination of adjectives from your group and challenge the other students in class.

Modelo: E1: —Agradable, cómico, antipático
         E2: —Antipático no corresponde a esa categoría, porque agradable y cómico son características positivas. Pero, antipático es una característica negativa.
         E1: —Es cierto. Tienes razón (*You're right*).

Actividad 2-10. Súper bien

Paso 1. Gaturro receives a bad review of his homework. With your partner, underline any adjective that is a cognate or that you can guess.

Paso 2. How would you describe the teacher? What about Gaturro? Write a sentence to describe each character.

Actividad 2-11. El cuerpo humano (*The human body*)

Paso 1. Practice naming the parts of your body using the pictures below.

VOCABULARIO

The following cognates might help you remember some of the body parts' names: nasal, labial, dental, pectoral.

el pelo

la oreja

la boca

la ceja
las pestañas
el ojo
la cara
la nariz
los dientes

el cuello
el hombro
el pecho
el brazo
la mano
el estómago
la cintura

la pierna

la rodilla
el pie

Paso 2. Close your book. Take turns challenging your partner to name the body part that you point to.

Modelo: E1: —points to his/her head
E2: —la cabeza

Paso 3. Finally, sing the song "Head, shoulders, knees, and toes" in Spanish while you touch the body parts that are mentioned in the song. Sing it by groups to see which group will be most accurate and in sync to touch the body parts mentioned. Sing it slowly first and then sing it very fast. Can everyone keep up with the song?

Cabeza, hombros, rodillas y dedos del pié,

rodillas y dedos del pié

Cabeza, hombros, rodillas y dedos,

rodillas y dedos

Ojos y orejas y boca y nariz.

Cabeza, hombros, rodillas y dedos,

rodillas y ¡dedos!

VOCABULARIO

The word *toes* in English is translated to Spanish as **dedos del pie**. Sometimes the song in Spanish uses the word **pies** (*feet*) to maintain the original rhythm in English.

Actividad 2-12. Las partes del cuerpo (*Parts of the body*) y el lenguaje corporal (*body language*)

Paso 1. Body language can give us a clue about people's personality. Use the information below to write a sentence under each photo describing your opinion about each person's personality, and the body language that leads you to that opinion.

Modelo: Creo que/Pienso que (*I think that*) el hombre es extrovertido por (*because of*) la posición de los brazos y la cabeza/por la boca cerrada/abierta (*closed/open*)/por la postura del cuerpo.

 Paso 2. In your group, take turns acting out different body language to give clues to a personality type of your choice. Your group states their guess and what body language supports their guess.

Modelo: Creo que eres tímida por la posición de la espalda y los brazos.

CULTURA

Body language varies across cultures, so be aware that gestures, facial expressions, and posture may have different associations than you are used to.

¿Cómo es tu persona virtual?
(*What is your avatar like?*)

Paso 1. Design your Spanish avatar by selecting from the options below. Add other information as needed. Then follow the model to write a description of your avatar.

Modelo: Mi persona virtual es alta y de peso mediano. También tiene una cara redonda, ojos verdes y pelo moreno, rizado y mediano. Tiene una boca grande (*big*; pequeña-*little*) y una nariz larga.

Estatura	alto	mediano	bajo	
Peso	delgado	mediano	gordo	
Cara	redonda	cuadrada	ovalada	
Ojos	azules	café	verdes	negros
Pelo	rubio	moreno	rojo	canoso
	lacio	rizado		
	largo	mediano	corto	calvo

Paso 2. Read your avatar description to a partner so that he or she can try to draw it. Did your partner draw your avatar with the right features?

Actividad 2-14. Ladrón (*Thief*) de la tarea

 Paso 1. Listen to an eyewitness describe the extraterrestrial that ate her homework. Based on the eyewitness account, determine which of the extraterrestrials in the picture matches the description by marking the physical features that match what you hear.

 Paso 2. Listen to the eyewitness account again and check your answers with your classmate by sharing the descriptions you heard.

Modelo: El monstruo tiene dos cabezas...

Actividad 2-15. Descripciones de gente famosa

Paso 1. Complete the following chart with information that describes the features of the people in these photos.

1. Sonia Sotomayor

2. Barack Obama

3. Shakira

4. Jimmy Fallon

5. Lionel Messi

Foto	Pelo	Ojos	Estatura, Peso	Personalidad
1	mediano, rizado, moreno	café	baja, mediana	_____
2	corto, rizado, negro	_____	_____	_____
3	_____	_____	mediana, delgada	_____
4	_____	azules	_____	_____
5	_____	_____	mediano, mediano	_____

Paso 2. Add one more line to the previous chart to describe yourself, and then write a sentence describing yourself and one of the famous people in the photos.

Paso 3. Compare your sentences in groups of three students to edit them for vocabulary and grammar. Your instructor will ask each group to select one sentence to share with the rest of the class.

Actividad 2-16. ¿Te gusta jugar al bingo o a la lotería?

Paso 1. Use the chart of numbers and the examples in the table to write out the remaining numbers in words.

Los números de diez a un millón y más		
10–90	100–900	1.000–9.000
diez	cien	mil
veinte	doscientos	dos mil
treinta	trescientos	tres mil
cuarenta	cuatrocientos	cuatro mil
cincuenta	quinientos	cinco mil
sesenta	seiscientos	seis mil
setenta	setecientos	siete mil
ochenta	ochocientos	ocho mil
noventa	novecientos	nueve mil

Use "y" to combine tens and ones (beyond 30), and a period instead of a comma between whole numbers (2.000 instead of 2,000):

35 = treinta y cinco	66 =
742 = setecientos cuarenta y dos	529 =
1.983 = mil novecientos ochenta y tres	5.157 =
6.918 = seis mil novecientos dieciocho	31.229 =
28.091 = veintiocho mil noventa y uno	777.555 =
152.604 = ciento cincuenta y dos mil, seiscientos cuatro	8.440.660 =
2.500.000 = dos millones quinientos mil	

 Paso 2. Complete the following bingo chart with any number you want. Cross out the numbers you have on your chart as you hear them. The first student to complete one row shouts out *bingo*, or *lotería*. After you win, read back the numbers you crossed out, so that the other students in the class can confirm your champion status.

0–9	11–19	20–29	30–39	40–49	50–59	60–69	70–79	80–89	90–99
2					51		70		
	15	23		42				85	
						68			
			39						99

Actividad 2-17. **¿Cuántos años tienes (*How old are you?*), cuándo naciste (*when were you born*), y cuánto es tu matrícula por año (*yearly tuition*)?**

Paso 1. Interview four classmates following the model.

Modelo:
E1: —¿Cuántos años tienes?   E2: —Tengo 20 años
E1: —¿Cuándo naciste?   E2: —En 1993 (mil novecientos noventa y tres)

E1: —¿Cuánto es tu matrícula por año?   E2: —Es $23.400 (veintitrés mil cuatrocientos dólares)

Paso 2. In groups of five or six, share your findings with your classmates and complete the following chart.

¿Quién es el estudiante más viejo (*the oldest*)? _____

¿Quién es el estudiante más joven (*the youngest*)? _____

Actividad 2-18. **¿Cuánto gana el presidente? (*How much does the president make?*)**

Paso 1. Write the year of birth and the age for each famous person.

Persona	Año de nacimiento	Edad
1. Lionel Messi	_____	_____
2. Shakira	_____	_____
3. Barack Obama	_____	_____
4. Jimmy Fallon	_____	_____
5. Sonia Sotomayor	_____	_____

Paso 2. Listen to the recording again and write down the salary of each person.

Persona	Sueldo/ Salario
1. Lionel Messi	_____
2. Shakira	_____
3. Barack Obama	_____
4. Jimmy Fallon	_____
5. Sonia Sotomayor	_____

Paso 3. Finally, write the salary of each person with words instead of numbers (e.g., **quinientos mil dólares**).

Persona	Sueldo/ Salario
1. Lionel Messi	_____
2. Shakira	_____
3. Barack Obama	_____
4. Jimmy Fallon	_____
5. Sonia Sotomayor	_____

Actividad 2-19. ¿Cuántas personas viven en...?

⇆AB **Paso 1.** Interview your partner to find out the population of the countries for which you do not have such data.

Modelo: E1: —¿Cuántos habitantes hay en México?
E2: —Hay cien millones de habitantes.

Estudiante A

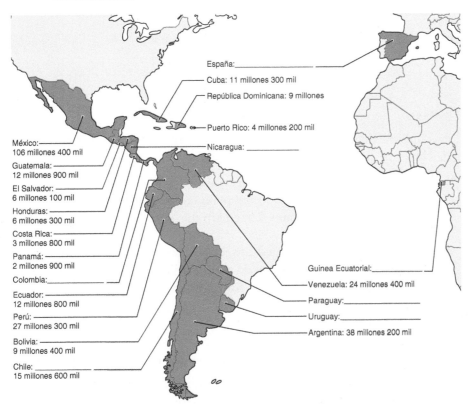

España: _____
Cuba: 11 millones 300 mil
República Dominicana: 9 millones
Puerto Rico: 4 millones 200 mil
México: 106 millones 400 mil
Nicaragua: _____
Guatemala: 12 millones 900 mil
El Salvador: 6 millones 100 mil
Honduras: 6 millones 300 mil
Costa Rica: 3 millones 800 mil
Panamá: 2 millones 900 mil
Colombia: _____
Ecuador: 12 millones 800 mil
Perú: 27 millones 300 mil
Bolivia: 9 millones 400 mil
Chile: 15 millones 600 mil
Guinea Ecuatorial: _____
Venezuela: 24 millones 400 mil
Paraguay: _____
Uruguay: _____
Argentina: 38 millones 200 mil

Estudiante B   Information for student B is on page 668.

Paso 2. Your instructor will challenge you to see if you can remember the approximate number of inhabitants of some of the countries in the drawing (but you have to close your book to answer). The person who guesses the number the closest to the right one takes over and asks the question. The person who gets the closest to the right answer twice wins.

GRAMÁTICA EN CONTEXTO
Plurals of Nouns

¿Es un **florero** (*vase*) o son dos **caras**?

¿Cuántas caras hay?

Hay dos **caras**, dos **narices**, dos **bocas** y dos **ojos**, pero hay una oreja y un cuello. Una cara es de un hombre y la otra cara es de una mujer.

florero	*vase*	floreros	*vases*
cara	*face*	caras	*faces*
mujer	*woman*	mujeres	*women*
ojo	*eye*	ojos	*eyes*
nariz	*nose*	narices	*noses*
hombre	*man*	hombres	*men*

Plurals in both English and Spanish are used to talk about more than one of a kind. These are the rules for forming the plural:

1. Add –*s* to nouns that end in a vowel (**cara-caras**)
2. Add –*es* to nouns that end in a consonant (**color-colores**)
3. Change the –*z* to –*c* in nouns that end in the letter –*z*; then add –*es* (**nariz-narices**)
4. If the noun ends in an accented vowel plus a consonant, drop the accent when adding the –*es* for the plural (**millón-millones**)
5. Family names do not change (**los Rodríguez, los Peralta**)

Actividad 2-20. El arte de Botero

Paso 1. Fernando Botero is one of the foremost contemporary Latin American artists. Write whether the statements describing his work, *Los músicos*, are *cierto* or *falso*.

Modelo: El artista colombiano de esta obra se llama
Fernando Botero. **cierto**

1. Las personas son redondas y gordas. _____
2. Hay una mujer. _____
3. Hay un instrumento musical en las manos del
   hombre bajo. _____
4. Hay un hombre calvo. _____
5. Hay personas con pelo largo. _____
6. Hay una persona con las piernas cruzadas
   (*crossed*). _____
7. Hay personas serias. _____

Los músicos

Paso 2. Botero's art is world-famous as can be seen in
this stamp from France showing one of his paintings,
and one of his sculptures on the streets of Barcelona,
Spain. Analyze these examples from Botero's work
and fill in the blanks with the singular or plural form
of the nouns in the word bank to describe the typical
characteristics of his art.

Los bailarines

El gato

WORD BANK: **color, mujer, pata** (*animal foot/leg*), **pintura** (*painting*), **vestido**
(dress)

En las (1) _____ de Botero, el artista usa (2) _____
brillantes y atrevidos como el anaranjado, el rojo y el morado; también
usa colores oscuros como el negro y el marrón.

Hay hombres, (3)_____ y niños en las pinturas. Los hombres
llevan trajes (*suits*) y las mujeres llevan (4) _____.

En su escultura, hay un gato de tamaño gigante, con una cara grande y
gorda y cuatro (5) _____ grandes también.

Actividad 2-21. El arte de Diego Rivera

Paso 1. Diego Rivera is recognized as one of the most influential muralists of all time. Fill in the blanks with the singular or plural form of the nouns in the word bank to learn a little about his work.

La vendedora de flores

Sección del mural de Diego Rivera del Palacio Nacional de México

WORD BANK: **conquistador, ejemplo, historia, representación, sección**

Las obras de Rivera
En las pinturas (*paintings*) y murales de Diego Rivera, a veces hay (1) _____ idealistas de las personas indígenas.
La vendedora de flores es un (2) _____ de este idealismo. En esta obra, Rivera usa colores de la naturaleza como el amarillo, el rosado, el verde y el blanco.
Otras obras son representaciones de la (3) _____ de México.
En las obras históricas hay muchos grupos importantes, por ejemplo los aztecas, los (4) _____ españoles y las figuras de la Revolución Mexicana.
Por ejemplo, los conquistadores y los aztecas están en una (5) _____ del mural del Palacio Nacional de México.

Actividad 2-22. ¿Tienes un artista favorito?

Paso 1. Using the paragraphs in the last two activities as examples, write three sentences in Spanish about your favorite artist. What kinds of people are in the artist's work? What colors does the artist use?

Paso 2. Show an example or two of your favorite artist's work to your classmates and share your paragraph. Can your classmates add any descriptions?

Adjectives and Articles: Agreement with Nouns in Gender and Number

Adjectives, just like nouns and articles, have number (singular or plural) and gender (masculine or feminine). Their gender and number must match, or "agree with," the number and gender of the noun they modify.

In the examples, **cara** is a feminine singular noun, so the article **una** and the adjectives **redonda** and **cuadrada** are also feminine and singular. **Simpáticos** is plural because it corresponds to the two people in the noun phrase **Ana y Marcos**; it is masculine because when you have nouns of mixed gender, the adjective (and article) are masculine.

Adjectives follow similar rules to the indefinite articles (Chapter 1) in expressing gender, although with more variations:

Ana tiene **una cara redonda,** pero Marcos tiene **una cara cuadrada.**
Ana y Marcos son **simpáticos.**

Ana has a round face, but Marcos has a square face.
Ana and Marcos are nice.

1. Adjectives that end in **–o** are masculine singular. To make them feminine, change the **–o** to an **–a**.
   Marcos es **simpático**. Ana es **simpática**.
2. Adjectives that end in **–or** or **–ón** are masculine singular. In most cases, add an **–a** to the end to make them feminine and remove the accent from the **–o**.
   Marcos es **encantador** y **juguetón** (*playful*). Ana es **encantadora** y **juguetona**.
3. Adjectives that end in **–ista, –e, –l –z,** and **-ar** use the same form for both masculine and feminine singular.
   Marcos es **optimista, independiente, liberal, eficaz, y espectacular.**
   Ana también es **optimista, independiente, liberal, eficaz, y espectacular.**

In general, adjectives follow the same rules for pluralization as nouns:

1. Add *–s* to adjectives and articles that end in a vowel (**simpático-simpáticos**)
2. Add *–es* to adjectives that end in a consonant (**encantador-encantadores**)
3. Change the *–z* to *–c* in adjectives that end in the letter *–z*, before adding *-es* (**capaz-capaces;** *capable/able*)
4. If the adjective ends in an accented vowel plus a consonant, the accent is dropped in the plural (**inglés-ingleses**)

Unlike English, adjectives do not always precede the noun in Spanish. Adjectives that express <u>quantities</u> (e.g., some, many) usually precede the noun, for example, **muchos amigos.** Adjectives that give <u>qualities</u> of people or things generally follow the noun, as in **amigos optimistas.**

GRAMÁTICA

Note that in the examples of agreement, it does not matter whether the face belongs to a man or woman; what matters is that **cara** is a feminine singular noun, so the article and adjective agree with the features of **cara**. Take the Spanish word for arm as another example: *el brazo. Brazo* and any articles or adjectives accompanying it are masculine singular even though both males and females have arms.

Actividad 2-23. Describiendo hombres y mujeres

Paso 1. How many people does each sentence describe? Use the number clues in the adjectives to mark whether the description could be for only one person or more than one.

Descripción	Una persona	Más de una persona
Modelo: Son atrevidos.	NO	SÍ
Es alta.		
Es egoísta.		
Son expresivas.		
Somos inteligentes.		
Es soñador.		
Son especiales.		

Paso 2. Now use the number and gender clues in the adjectives to decide whether the same sentences could refer to only male(s), only female(s), or a mix of male(s) and female(s) together. (Note that a masculine plural adjective may be ambiguous referring either to an all-male group or a mixed group. Context will help clarify which is meant.)

Descripción	Sólo hombre(s)	Sólo mujer(es)	Hombre(s) y mujer(es)
Modelo: Son atrevidos.	SÍ	NO	SÍ
Es alta.			
Es egoísta.			
Son expresivas.			
Somos inteligentes.			
Es soñador.			
Son especiales.			
Tiene manos delicadas.			
Tiene pelo moreno.			

Paso 3. The sentences from Paso 2 are expanded into a paragraph below. Find the errors of agreement in gender and number in the *articles, nouns, and adjectives*, and correct them. NOTE: The <u>underlined words</u> are in the correct form. After you finish, can you transform the text making reference to another person (gender), or the number of the people in the text?

Modelo: El <u>estudiantes</u> son atrevido. → **LOS** estudiantes son atrevido**S**.

<u>La</u> profesor de español es alta y tiene pelo larga y rubia. No es egoísta, pero sí, es soñador. El <u>estudiantes</u> en mi clase son atrevidos y especial. Mis compañeros de clase y yo somos inteligente.

Actividad 2-24. **Los personajes (*characters*) de las impresiones de Guadalupe**

 Paso 1. Guadalupe has met her new classmates, and is thinking aloud about how she will describe them to her friends at home. Listen for the words she uses to describe her classmates and the profesor, and place an X in the table under the names that correspond to each description. Pay close attention to the gender and number of the adjectives to know which characters are described.

Descripción	Camille	Connie	Jordi	Pablo	Prof. Parra
Modelo: educado	X	X	X	X	X
ambicioso					
apasionado					
egoísta					
expresivo					
optimista					
orgulloso (*proud*)					
paciente					
responsable					
serio					
simpático					

Paso 2. Based on your answers to Paso 1, provide a description of the characters to complete each sentence below.

Modelo: Jordi es _____orgulloso_____.

1. Todas las personas de la clase son _____.
2. Las estudiantes son _____.
3. El profesor es _____.
4. Pablo y Jordi son _____.
5. Connie es _____.
6. Pablo es _____.

Actividad 2-25. ¿Quién es?

Paso 1. Write a short description of the physical traits and personality of two characters (**personajes**) from *Las impresiones de Guadalupe*. Do not state the characters' names.

Modelo: Este personaje tiene ojos castaños y pelo corto y negro. Es alto y delgado. Es ambicioso.

Paso 2. Now, read your description aloud and ask other students to guess who the character is. If no one can guess, add more information about him or her.

E1: —Este personaje tiene ojos castaños y pelo corto y negro. Es alto y delgado. Es ambicioso.
E2: —¿Es Jordi?
E1: —No, no es Jordi. Este personaje es argentino.
E2: —¿Es Pablo?
E1: —Sí, es él.

Actividad 2-26. Tu personaje favorito de ciencia ficción

Paso 1. Think *Avatar, Aliens vs. Predators, Men in Black, Independence Day, Terminator, Aliens, Monsters, Inc., Star Wars* and describe your favorite extraterrestrial's or monster's physical features and personality. Write about five sentences, but leave out the movie or story it came from.

Modelo: El monstruo es cómico y simpático. Es bajo. No tiene pelo. Tiene un solo ojo verde y un cuerpo verde. Tiene dos brazos y dos piernas.

Paso 2. Reread your description, looking specifically for whether all articles, nouns, and adjectives agree in number (singular/plural) and gender (masculine/feminine). Exchange descriptions with a partner, and proofread for the same details. Then read your descriptions to the class to see who can guess whom you have described.

> E1: —El monstruo es cómico y simpático. Es bajo. No tiene pelo. Tiene un solo ojo verde y piel verde. Tiene dos brazos y dos piernas.
> Grupo: —¿Se llama Mike? ¿Es de *Monsters, Inc.?*
> E1: —Sí, es él.

The Verb Estar

—Hola Angela, ¿cómo estás?	—Hi, Angela, how are you?
—Estoy bien, ¿y tú, Valentina?	—Good, and you, Valentina?
—Estoy bien, gracias. Estoy en el restaurante. ¿Dónde estás tú?	—I'm well, thanks. I'm at the restaurant. Where are you?
—Estoy en la puerta de mi oficina.	—I'm at the door of my office

The verb **estar**, similar to the verb **ser** (see Chapter 1), means *to be*. In this chapter you will work with two of the uses of the verb **estar:**

- **Estar** to talk about physical and emotional states, as in **¿Cómo estás?** and **Estoy bien**
- **Estar** to indicate location, as in **Estoy en el restaurante. ¿Dónde estás tú?**

You will learn about other uses of **estar** in later chapters.

Estar		
yo	estoy	*I am*
tú	estás	*you are*
(vos)	estás	*you are*
él/ella/Ud.	está	*he is/she is/you are*
nosotros/nosotras	estamos	*we are*
(vosotros/vosotras)	estáis	*you are*
ellos/ellas/Uds.	están	*they are/they are/you are*

Actividad 2-27. ¿Cómo estás? (*Estados de ánimo*)

 Paso 1. Listen to María describe how she generally feels during the day depending on where she is and what she does there. As you listen, check the column that best describes how she may feel in a particular place.

Estados de ánimo	Por la mañana	Por la tarde	Por la noche
cansada			
contenta			
preocupada			
enojada			
relajada			
ansiosa			
triste			
emocionada			

Paso 2. As you listen to María's account again, circle the places that she mentions on the map.

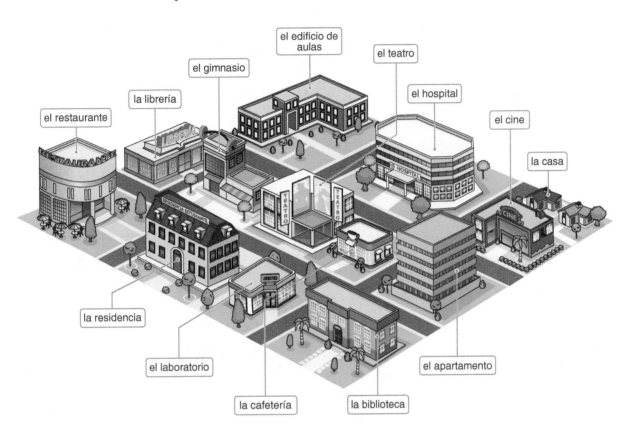

el edificio de aulas

el gimnasio

el teatro

la librería

el hospital

el restaurante

el cine

la casa

la residencia

el laboratorio

el apartamento

la cafetería

la biblioteca

Actividad 2-28. **Emociones y lugares (*places*) comunes**

Paso 1. After reading each statement, fill in the blanks with an appropriate form of **estar**.

1. Cuando mis amigos y yo _____ en el laboratorio, _____ ansiosos porque las tareas son complicadas.
2. Cuando mis profesores _____ en la oficina, _____ ocupados.
3. Cuando mi mamá _____ en el hospital, yo _____ preocupado y triste.
4. Cuando los estudiantes _____ en la librería, _____ enojados por los precios (*prices*).
5. Cuando mi profesor _____ en la biblioteca, _____ emocionado y contento.
6. Cuando mis amigos y yo _____ en el gimnasio por mucho tiempo, _____ cansados.
7. Cuando yo _____ en el teatro, _____ relajado.

Paso 2. Now reread the statements in Paso 1 and write whether you feel the same (**Yo también estoy (contento/a)**) or different (**Yo no estoy (contento/a); estoy (ansioso/a)**) when you are in those circumstances.

Actividad 2-29. ¿Quién está en la biblioteca?

⇆AB **Paso 1.** In your drawing you can see five people in five different places. Five other people are missing. Your partner has information about them. Ask him/her who else is in each place and how they are feeling. Write your answers in complete sentences in the table.

Modelo: E1: —¿Dónde está Lucio?
E2: —Lucio está en la biblioteca.
E1: —¿Cómo está?
E2: —Está contento.

Estudiante A

Manuel/la biblioteca

Marta/el gimnasio

Ana María/la clase

Alberto/el teatro

Carmen/la cafetería

¿Quién?	¿Dónde está?	¿Cómo está?
Consuelo		
Concepción		
Carlos		
Diego		
Miriam		

Estudiante B   Information for student B is on page 669.

Paso 2. Now that you have all the information, read these summary sentences and underline the information that is not accurate. Make the necessary changes to correct the information that is wrong.

Modelo: Lucio y Cecilia están en la biblioteca. Están preocupados.

Sí, están en la biblioteca, pero solo Lucio está contento. Cecilia está preocupada.

1. Manuel y Consuelo están en la biblioteca. Están preocupados.
2. Marta y Concepción están en el gimnasio. Están cansadas.
3. Ana y Carlos están en la clase. Están relajados.
4. Alberto está en el teatro y Diego está en el cine. Están ansiosos.
5. Carmen y Miriam están en la cafetería. Carmen está cansada pero Miriam está muy contenta y relajada.

Actividad 2-30. ¿Cómo estamos nosotros?

Paso 1. Choose two places and describe how you typically feel when you are there. Then, interview three peers to find out where they feel the same way.

Modelo: E1: —Cuando estoy en el hospital, generalmente estoy ansioso, ¿y tú? ¿Cuándo estás ansioso/a?
E2: —Generalmente estoy ansioso/a cuando estoy en el laboratorio de química.

Paso 2. Summarize your group's results and share them with the class. Keep track of other groups' responses and how many times students mention that they feel in a particular way in a particular place. Is there any pattern in the class?

Modelo: Grupo 1: —Cuando estamos en el gimnasio, estamos contentos. Cuando Mark y Christine están en clase están ansiosos, pero yo estoy relajada en clase.

¿Cómo estamos?	Cansados	Contentos	Preocupados	Enojados	Tristes	Relajados	Ansiosos	Emocionados	Ocupados
Lugares									
En el gimnasio									
En el edificio de aulas									
En la cafetería									
En la residencia									
En el cine									
En la biblioteca									
En el laboratorio									
En la casa/el apartamento									
En el hospital									
En el restaurante									

Present Tense: Regular Verbs

Vivo en Boston y estudio antropología. Soy alegre y extrovertida. Toco la guitarra y escucho música constantemente. ¿Y tú?

I live in Boston and I study anthropology. I am happy and outgoing. I play the guitar and listen to music constantly. What about you?

1. Present tense is used to talk about or describe what people normally do or what they are doing at the moment they are speaking.
2. Regular Spanish verbs are classified into three types based on their infinitive endings: **–ar** verbs, **–er** verbs, and **–ir** verbs. To conjugate regular verbs, remove the infinitive ending (-ar, -er, -ir), then add the bolded endings in the chart to indicate who the subject is.

Subject Pronouns	Estudiar	Comer	Vivir
	to study	*to eat*	*to live*
yo	estudi**o**	com**o**	viv**o**
tú	estudi**as**	com**es**	viv**es**
(vos)	estudi**ás**	com**és**	viv**ís**
él/ella/Ud.	estudi**a**	com**e**	viv**e**
nosotros/nosotras	estudi**amos**	com**emos**	viv**imos**
(vosotros/vosotras)	estudi**áis**	com**éis**	viv**ís**
ellos/ellas/Uds.	estudi**an**	com**en**	viv**en**

Actividad 2-31. **Actividades diarias**

Paso 1. Alberto, Ricardo, Ana and Adriana are very active people. Read what activities each one does then decide whether each statement that follows is Cierto (*True*) or Falso (*False*).

Alberto

  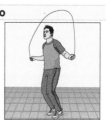 

[a] Corre en el parque   [b] Come yogur con fruta   [c] Salta la cuerda   [d] Baila en la discoteca

Ana

  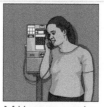 

[a] Estudia en casa   [b] Trabaja en el aeropuerto   [c] Llama a un amigo por teléfono   [d] Toca la guitarra

Ricardo

[a] Escribe en alemán   [b] Escucha alemán   [c] Viaja a Alemania   [d] Lee poesía

Adriana

[a] Lee un libro   [b] Lava los platos   [c] Toca el piano   [d] Viaja en avión

1. _____ Ana es una persona dinámica.
2. _____ Alberto es una persona muy estudiosa.
3. _____ Adriana es una persona muy trabajadora (*hardworking*).
4. _____ Ricardo es una persona muy atlética.

Paso 2. Listen to statements from the four people in Paso 1 saying what they routinely do. Write the activity they do in the first column. Then listen again and write the name of the person or people who do those activities (Alberto, Ricardo, Ana or Adriana).

	Actividad	Nombre de la persona
1.	_____	_____
2.	_____	_____
3.	_____	_____
4.	_____	_____
5.	_____	_____
6.	_____	_____
7.	_____	_____
8.	_____	_____
9.	_____	_____
10.	_____	_____
11.	_____	_____
12.	_____	_____
13.	_____	_____
14.	_____	_____
15.	_____	_____
16.	_____	_____

Actividad 2-32. **Tus actividades**

 Paso 1. Now you are going to listen to two students playing a variation of the game "Twenty Questions." The student asking the questions has to get 5 yes answers. Take note of the activities that the person interviewed does on Saturdays.

Este estudiante	
... estudia.	... camina (*walks*) por el parque.
... lava los platos.	... habla por teléfono.
... escribe cartas.	... lee el periódico (*newspaper*)/una revista (*magazine*)
... come en un restaurante mexicano.	... corre en el parque.
... toca el piano.	... escucha música.
... llama a la familia por teléfono.	... escucha música.
... vive en un apartamento.	

 Paso 2. Listen to the questions again and this time, fill in the blanks with the form of the verb for each question.

1. —¿_____ en el parque?
2. —¿_____ cartas a tus amigos?
3. —Hmm..., ¿ _____ los platos cuando comes en casa?
4. —Aha, entonces..., ¿ _____ a tu familia por teléfono?
5. —Muy bien, ¿ _____ para tus cursos?
6. —¿_____ música en tu casa?
7. —¿_____ en un apartamento?

Actividad 2-33. **Las actividades del fin de semana**

 Paso 1. Listen to a conversation about what Javier and his friends do on a typical Saturday. Focus on the verb forms he uses to identify which of the three friends does each activity that you hear. Place an X under the corresponding name(s).

Actividad	Javier	Betina	Lucas
Comer en la cafetería			
Correr			
Escribir cartas (*letters*)			
Estudiar			
Hablar por teléfono con la familia			
Leer			
Tocar un instrumento musical			
Trabajar			
Viajar			
Vivir en la residencia			

Paso 2. Use the information in Paso 1 to summarize the activities that Javier does alone (**solo**) and with his friends.

Modelo: Javier y Betina **corren en el gimnasio**.
          Solo Javier _____
          Javier y Betina _____
          Javier y Lucas _____
          Javier, Lucas y Betina _____

Actividad 2-34. Las actividades del fin de semana (*weekend*)

Paso 1. Do you do any of the activities the people in the drawings do? Write down a description of your typical activities.

Modelo: Corro por las mañanas...,

Paso 2. Now, turn your statements into questions that you will ask a partner so that you can find out which activities you both have in common. Then interview your partner.

Modelo: Corro por las mañanas → ¿Corres por la mañana?

GRAMÁTICA

To change a statement into a yes/no questions, just add question marks or let your voice rise to a higher pitch at the end of the sentence.

Actividad 2-35. ¿Qué hacen durante el fin de semana? (*What do you do during the weekend?*)

Paso 1. Using the answers that you and your partner came up with in the last activity, find another pair of students and find out what all of you have in common.

Modelo: E1: —¿Corren por la mañana?
          E2: —No, no corremos por la mañana. ¿Uds. comen en la
               cafetería?
          ...

Paso 2. With your group of four students, write up two statements of things you all do. One statement has to be true and one has to be false. Each group reads their two statements and the rest of the class has to guess which one is false.

Question Words/Asking Questions

Actividad 2-36. ¿Quién es? / ¿Quiénes son?

Paso 1. Match the following questions with their most logical answer:

1. **¿De dónde** eres? _____
2. **¿Quiénes** son tus actores favoritos? _____
3. **¿Cuántas** clases tienes? _____
4. **¿Qué** idioma prefieres, el español o el inglés? _____
5. **¿Por qué** estudias español? _____
6. **¿Cómo** se llama tu esposa? _____
7. **¿Dónde** vives? _____
8. **¿Cómo** eres? _____

a. Estoy interesada en vivir en Costa Rica.
b. Soy de España.
c. Se llama Graciela.
d. Tengo 5 clases.
e. Prefiero español, pero normalmente hablo en inglés.
f. Vivo en Artola, un pueblo (*town*) muy pequeño.
g. Soy optimista e inteligente. Tengo pelo lacio y ojos verdes.
h. Son Benicio del Toro y Johnny Depp.

Paso 2. In pairs, use the answers (**respuestas**) below to develop the questions (**preguntas**) that you need to ask about Lionel Messi, who is considered to be the among the world's best soccer players (**futbolistas**).

Modelo: Es de Argentina.   **¿De dónde es?**

Respuesta	Pregunta
Es de Argentina.	_____
Su (*his/her*) estatura es mediana. Es atlético y trabajador.	_____
Vive en España.	_____
Es interesante porque es futbolista.	_____
Se llama Lionel Messi.	_____

Actividad 2-37. **El juego de diez preguntas**

Paso 1. Now, get ready to play "10 questions." Write a list of ten yes/no questions to ask your partner about the activities she/he does.

Modelo: ¿Estudias alemán?

 Paso 2. Play the game "10 questions." Interview your classmate and see who can get five yes answers with fewer questions. NOTE: If you do not ask a complete question you lose one turn.

Modelo: E1: —¿Estudias alemán?
          E2: —Sí, estudio alemán. OR No, no estudio alemán.

Actividad 2-38. **Tus preguntas**

 Paso 1. In pairs, write ten questions to interview a person that you both know (someone famous, or someone your classmates would also know).

 Paso 2. In groups of four, use the questions you wrote in Paso 1 to take turns asking each other for clues about their famous person's identity. When it is your turn, use the answers you prepared to share clues about the person you and your previous partner picked. After you finish, your instructor will select a couple of students to be asked questions about their famous person.

Possessive Adjectives

In previous activities, you have seen several examples of possessive adjectives:

> —¿Quiénes son **tus** actores favoritos?
> *Who are **your** favorite actors?*
> —**Mis** actores favoritos son Johnny Depp y Benicio del Toro.
> *My favorite actors are Johnny Depp and Benicio del Toro*
> —Para **nuestro** grupo, las generalizaciones del Dr. Castillo (no) son correctas.
> *For **our** group, Dr. Castillo's generalizations are (not) correct.*

As you know, a noun (e.g., *friends* = **amigos**) can be qualified by an adjective (e.g., *good* = **buenos**), so you have **buenos amigos** (*good friends*). Similarly, possessive adjectives (e.g., **tu** and **tus**) modify a noun by specifying to whom or to what the noun belongs. Possessive adjectives have similar meanings in both Spanish and English.

Subject Pronouns	English Possessive Adjectives	Spanish Possessive Adjectives	
yo	my	mi	mis
tú	your	tu	tus
(vos)	your	tu	tus
él/ella/Ud.	his/her/its/your	su	sus
nosotros/nosotras	our	nuestro/a	nuestros/as
(vosotros/vosotras)	your	vuestro/a	vuestros/as
ellos/ellas/Uds.	their/your	su	sus

GRAMÁTICA

Like other adjectives, possessive adjectives match the noun, not the person it belongs to. For example, in **mis libros**, **mis** is plural to match **libros**. It doesn't matter that I'm only one person.

Actividad 2-39. **Mi color favorito es el azul**

Paso 1. Transform the following sentence according to the specifications of the subject pronoun.

Modelo: _____ color favorito es el azul. Yo → **Mi** color favorito es el azul.

1. Tú →
2. Él →
3. Nosotros →
4. Ellos →
5. Ella →
6. Ustedes →
7. Usted →
8. Ellas →

Paso 2. Now create sentences according to the information provided to state each person's favorite color(s).

Modelo: Yo / azul y verde → **Mis** color**es** favorit**os** <u>**son**</u> el azul y el verde.

1. Tú /blanco y azul →
2. Él / rojo →
3. Nosotros/ negro y morado →
4. Ellos / café →
5. Ustedes / naranja →
6. Yo / amarillo →
7. Usted / gris →
8. Ella / verde y azul →

Actividad 2-40. **Sus ojos son de color verde**

Paso 1. The following text is an adaptation of a paragraph introduced in an earlier activity. Write two adaptations of the text, one from a first person singular (**yo**) perspective and the second from the second person singular (**tú**) perspective.

> **Su** nombre es Lionel Messi. **Su** estatura es mediana. **Su** pelo es corto y moreno. **Sus** ojos son de color negro. **Sus** colores favoritos son el blanco y el celeste (los colores de la bandera de **su** país).

Modelo: **Su** nombre es Lionel Messi. → **Mi** nombre es...

 Paso 2. In pairs, use the previous paragraph to write about things that you both share (Modelo 1). Then share the information with another group (Modelo 2). Try to remember what the other group said because you will have to describe what they have in common to the rest of the class (Modelo 2).

Modelo: 1. Nuestros nombres son Robert y Samuel. Nuestra estatura es...
          2. Sus nombres son Rohan y Linda. Su estatura es...

Actividad 2-41. **Sus gustos son muy eclécticos**

Paso 1. Write a description of someone famous using as many possessive adjectives as you can. Try to use at least three adjectives.

Modelo: **Su** casa está en Washington. **Sus** personas favoritas son Michelle, Malia y Sasha. Es **nuestro** presidente.

 Paso 2. In groups of four students, take turns describing the famous person you selected to your classmates without giving out the name of the chosen person. Your classmates will have to guess who you are describing. Who was able to use the most variety and number of possessive adjectives?

INTEGRACIÓN COMUNICATIVA

CONVERSACIÓN: Giving Thanks, Apologizing, and Making Requests

Each culture develops an implicit set of expectations for common exchanges, like an apology sequence. When someone does not meet those expectations, the apology might be perceived as insincere or insufficient for the situation. Therefore, understanding those expectations in your own culture as well as in Spanish speaking communities is as important as knowing the words and expressions used in those exchanges. Throughout this section compare what you expect people from your home culture to say in the situations you will see to the customs in Spanish.

Thanking

Gracias.	*Thanks.*
Muchas gracias.	*Thank you very much.*
Muchísimas gracias.	*Thank you so, so much.*
Mil (or Un millón de) gracias.	*Thanks a million.*

Accepting thanks

De nada/Por nada.	*You're welcome.*
No es nada.	*You're welcome, It's nothing.*
No hay de qué.	*No need to thank me.*

Apologizing

Lo siento.	*I'm sorry.*
¡Ay, perdón!	*Oops, I'm sorry.*
¡Ay!, pero ¿qué hice?	*Oops, what have I done?*
Lo siento muchísimo.	*I'm so, so sorry.*
Ay, no sé cómo pedir perdón.	*I don't know how to ask for forgiveness (lit.).*

Accepting an apology

No, no es/fue nada.	*It's no problem/It was nothing. (literally)*
Oh, está bien. No importa.	*Oh, it's all right. It is not important.*
No te preocupes/se preocupe.	*Don't worry about it. (informal/formal)*

Making a request

¿Te/Le molestaría...?	*Would you (informal/formal) mind...?*
Perdón, ¿te/le importa...?	*Excuse me, do you (informal/formal) mind (is it ok)...?*
¿Me puede(s) hacer un favor?	*Can you (formal/informal) do me a favor?*
Puede(s)..., por favor?	*Can you (formal/informal)..., please?*
¿Puedo/Podemos...?	*Can I/Can we...?*

Accepting or turning down a request

¡Por supuesto!	*Absolutely!*
¡Cómo no!	*Of course.*
¡Claro!	*Of course.*
No hay problema.	*No problem.*
Muchas gracias, pero...	*Thank you very much, but...*
Lo siento, no puedo.	*I'm sorry, I can't.*

Actividad 2-42. Muchísimas gracias

 Paso 1. Listen to the following conversation and write the order for the sequence of events in the dialogue.

a. _____ Ramiro searches for Lucas' ipod in his backpack.
b. _____ Ramiro asks Lucas if he can use his phone.
c. _____ Ramiro thanks Lucas for lending him his ipod.
d. _____ Ramiro apologizes for forgetting to bring back his friend's ipod.

Paso 2. Listen to the conversation again and fill in the blank spaces with expressions from the list of the section above.

Ramiro: —Oye, Lucas, _____ por prestarme tu ipod. Me sacaste de un apuro.

Lucas: —_____. De todas formas no lo necesitaba.

Ramiro: —No, de veras (*seriously*), _____. Ya te lo devuelvo. (*I'll give it back to you now*)... A ver... lo puse en mi mochila. Tiene que estar acá... Ay, noooooo... Ay, ¡no puede ser! (*It can't be!*) Ay, Lucas, me olvidé de traer (*I forgot to bring*) tu ipod. No puede ser. Pero, _____. Lo dejé cargando (*I left it charging*) con la computadora. _____, realmente _____ _____, Lucas. Pero, ¡que increíble!

Lucas: —Ah, no te preocupes, _____. No lo necesito ahora. En serio (*seriously*), _____.

Ramiro: —¿En serio? Ay, ¡qué cosa! Oye, ¿ _____ si uso tu teléfono para llamar a mi hermano para ver si lo puede traer (*to see if he can bring it*)?

Lucas: —¡_____! _____. Mira (*look*), acá (*here*) está el teléfono.

Ramiro: —_____. Ya lo llamo. Ay, pero ¡qué cosa! ¡Qué cabeza que tengo!

Paso 3. Read the complete dialogue in Paso 2. Find an expression from the dialogue that exemplifies one of the following parts of a request/apology sequence. Write each expression next to each one of the following seven categories. NOTE: Some categories may not have examples.

1. an explanation of the reason for the apology
2. an apology expression
3. acceptance of the apology
4. rejection of the apology
5. an offer to rectify the situation
6. a thank you expression
7. a statement minimizing the importance of the situation

Actividad 2-43. ¿Me puede(s) hacer un favor?

 Paso 1. Create short dialogues making apologies, giving thanks, or making requests based on the following photographs.

1

2

3

4

 Paso 2. Role-play one of the situations with your partner and the rest of the class will have to guess which picture you are representing in your dialogue.

Paso 1. Read the Baldo cartoon. What expressions do the young men use to make a request of the older man? Which pieces below are part of the request sequence?

_____ greeting
_____ statement indicating a request will be made
_____ a request
_____ fulfillment of request
_____ refusal of request
_____ explanation of the reason for the request
_____ reason why the request should be fulfilled
_____ expression of thanks

ESTRATEGIAS

CONVERSACIÓN

As a comic strip, Baldo is meant to be funny and concise. However, note that typical request sequences are longer. For instance, often requests start with a greeting and a statement indicating a request is forthcoming.

Paso 2. Organize the revised dialogue lines below to create a longer request then add an expression the older man might use to fulfill the request, and a thanking expression the young men could use.

_____—¿Podemos usar unas sillas de esta mesa?
_____—Nosotros necesitamos estudiar, pero no hay sillas.
_____—Buenas tardes, señor.
_____—¿Me puede hacer un favor?
El señor responde: —_____
Los jóvenes responden: —_____

Pronunciación: The [o] Sound at the End of Words in Spanish

Actividad 2-45. Tu color favorito

 Paso 1. Listen to the reading of the following text in which each of the following colors is associated with some possible personality traits. Pay special attention to the final [o] sound. Then, read it aloud trying to approximate the pronunciation of the native speaker as closely as possible.

Si prefieres el color...

Blanco: eres objetivo y usas tu poder (*power*) analítico para resolver problemas.

Negro: eres reservado para tomar decisiones importantes.

Rojo: estás dispuesto a asumir riesgos (*risks*).

Naranja: eres intenso pero también metódico, dispuesto a tomar decisiones.

Amarillo: eres optimista, alegre y espontáneo.

Azul: eres una persona de temperamento estable.

Verde: tienes mucho sentido del humor y una buena perspectiva.

 Paso 2. In pairs, take turns to read the words that end with [o]. Pay attention to the pronunciation of the [o] sound. Can you identify the main difference between the non-native and native speaker?

 Paso 3. Finally, listen to the words that end with [o] as they are read by the native speaker of Spanish and try to imitate it as closely as possible. Read the entire text above keeping in mind what you discovered about the pronunciation of the [o] sound at the end of words in Spanish.

ESTRATEGIAS

COMPRENSIÓN ORAL: "Scanning" Oral Data

To be a successful listener, you need to be able to understand key words that may or may not stand out in a constant stream of speech sounds. In the following activity you will be asked to listen to the same excerpt several times while looking for different specific information each time.

Actividad 2-46. El color de tu auto

 Paso 1. Listen to the following report on the favorite car colors among 100 people (**cien personas**) who were interviewed about their preferences. First listen to the report, and take note of the favorite colors only.

 Paso 2. Listen to the report again, but this time take note of the number of respondents who preferred each specific color.

Colores (9)	Número de personas (100)

LECTURA: Scanning Written Data

Scanning a text is a very useful reading technique that requires the search for specific information (irrespective of the overall meaning of the text). Depending on your purpose for reading a particular text, it may not be important to understand more than the specific information you need. In the following activities you will be guided to scan information from a text without having to process all the information in the text.

Actividad 2-47. Pasado histórico

Paso 1. Quickly scan the text below and underline all the numbers that refer to years (e.g., 1516).

La historia hispánica de Estados Unidos

San Agustín (*St. Augustine*) es una ciudad en la Florida. Entre (*among*) las ciudades de colonización europea, San Agustín es la más antigua en los Estados Unidos. Su fundación data del año 1565. La influencia española se puede ver en la arquitectura, los nombres de las calles, la comida y el arte. La arquitectura de San Agustín es típicamente española con alguna influencia árabe. Los lugares de interés más populares son La Basílica, el monumento nacional del Castillo de San Marcos (el fuerte más antiguo en territorio estadounidense), la misión *Nombre de Dios* (construída en el siglo XVI) y la plaza de la Constitución (construída en 1598).

En San Agustín hay una estatua dedicada a Ponce de León, el explorador español que llegó a (*arrived to*) La Florida en el año 1513. El nombre de la Florida tiene origen en la frase la Pascua Florida (*Easter*). Ponce de León era (*was*) el gobernador de Puerto Rico en esa época. Él intentó establecer (*tried to establish*) una colonia española en la Florida, pero los indígenas lo expulsaron (*threw him out*). En el año 1565, Pedro Menéndez de Avilés fundó (*founded*) San Agustín.

Paso 2. Quickly, scan the text again to identify the importance of each specific year according to the following options.

1. 1513   a. La construcción de la plaza de la Constitución
2. 1565   b. La fundación de la ciudad de San Agustín
3. 1598   c. La llegada de Ponce de León a la Florida

Paso 3. Finally, scan the text one more time and find out the origin (*origen*) of the word *Florida*.

Actividad 2-48. La población hispana en los Estados Unidos

Paso 1. Read the following paragraph and fill in the missing information in the chart below.

Año	Población hispana en los Estados Unidos	Porcentaje del total
1990	_____	10%
_____	34,3 millones	_____
2010	_____	_____
2050	100 millones	_____

La población (*population*) hispana en los Estados Unidos

El español es un idioma muy importante en los Estados Unidos porque la población hispana aumenta más rápido que otros grupos de la población estadounidense. El censo del año mil novecientos noventa registra veintidós millones cuatrocientos mil hispanos, lo que representa aproximadamente el diez por ciento (%) de la población de Estados Unidos de ese año. Pero, a partir (*since*) del censo de ese año, los porcentajes de la población hispana comienzan a aumentar. En el censo del año dos mil, el número de hispanos o latinos alcanza (*reaches*) treinta y cuatro millones trescientas mil personas, lo que representa casi el doce por ciento de la población total. Y en el año dos mil diez, los cálculos oficiales del censo nacional registran una población de aproximadamente cincuenta millones de personas (equivalente al dieciséis por ciento del total de la población). Para el año dos mil cincuenta, se estima que la población de origen hispano en los Estados Unidos va a ser de casi cien millones de personas. Esto quiere decir que aproximadamente el veinticinco por ciento de la población total de los Estados Unidos sería (*would be*) de origen hispano en menos de tres décadas más.

Paso 2. Find the names of the groups that are represented by the following percentages.

Los cinco grupos de hispanos que representan la mayoría (*majority*) de la población hispanohablante en los Estados Unidos son de cultura mexicana, puertorriqueña, cubana, dominicana y salvadoreña. Estos cinco grupos unidos representan aproximadamente el ochenta y cinco por ciento del total de la población hispana en los Estados Unidos. Es importante notar que, de los cinco grupos mayoritarios, el grupo de los mexicano-estadounidenses representa aproximadamente dos tercios (o sea, el sesenta y dos por ciento) de toda la población hispana. Los puertorriqueños representan el segundo grupo mayoritario, con aproximadamente un diez por ciento.

Grupo hispanohablante	Porcentaje
_____	10%
_____	62%
_____	85%

Paso 3. Scan the final paragraph to find the names of the different Hispanic groups associated with the map by region or state. The states in green show the ones with the largest proportion of Hispanics by state.

Los cinco grupos hispanos mayoritarios se distribuyen regionalmente. La mayoría de los mexicano-estadounidenses vive en la costa oeste y en el sur de los Estados Unidos, principalmente en los estados de California y Texas, seguido por Nuevo México y Arizona. Muchos mexicanos son habitantes estadounidenses desde antes (*from before*) de la creación de los Estados Unidos. Otros mexicanos continúan llegando de (*arriving from*) México a los Estados Unidos por razones económicas. Los puertorriqueños viven principalmente en el noreste, en Nueva York y en Nueva Jersey, pero también viven en Illinois. Ellos son ciudadanos de los Estados Unidos desde el año 1917. La mayoría de los cubanos vive en el sur de la Florida, especialmente en Miami. El mayor número de cubanos llegó a los Estados Unidos, principalmente por razones políticas, después de la revolución de Fidel Castro en 1959. Los dominicanos viven en el noreste, principalmente en la ciudad de Washington. Finalmente, los salvadoreños viven principalmente en el sur y en el oeste.

ESTRATEGIAS

ESCRITURA: Writing a Summary

To write a summary report you need to gather relevant information and summarize it. In the following activity you will be guided through a series of steps to write a report about the different groups that define the category *Hispanic* in the United States.

Actividad 2-49. Breve informe sobre los hispanos en los Estados Unidos

Paso 1. Based on the information from the previous activity, write some short sentences that summarize the following topics from your own perspective. Make sure you recycle some of the structures from those paragraphs, but write simple sentences.

Grupos hispanos en los Estados Unidos

_____

_____

Distribución geográfica de los hispanos

_____

_____

Paso 2. Do research online, in the library, or through an interview with a native Spanish speaker to find out whether Hispanics students do the same kinds of things you do. Complete the paragraphs that you started to write in the previous Paso, and add the information you gathered in your own research.

Paso 3. Exchange the first draft of your report (two short paragraphs) with a partner and make suggestions to each other that can help to improve the content of the report.

Paso 4. Review your report focusing on the accuracy of use of the language. Focus your revision on the following aspects:

1. gender and number agreement between nouns and adjectives
2. gender and number agreement between articles and nouns
3. use of subject pronouns (only necessary for emphasis, clarification and politeness)
4. conjugation of present tense verbs
5. use of **ser** and **estar**

COMPARACIONES CULTURALES

Actividad 2-50. **Fechas importantes de los hispanos en los Estados Unidos**

How much do you know about Hispanics in the United States? Based on the information provided in the following text, match the dates on the left with the events on the right.

a. 1968	1. _____ El Dr. Severo Ochoa recibe el premio Nobel de Medicina.
b. 1959	2. _____ El Dr. Luis Álvarez recibe el premio Nobel de Física.
c. 1991	3. _____ César Chávez organiza una protesta no-violenta.
d. 1966	4. _____ Ileana Ross-Lehtinen es la primera mujer hispana en llegar al congreso.
e. 1989	5. _____ La Dra. Ellen Ochoa viaja al espacio.
f. 2009	6. _____ Sonia Sotomayor es jueza (*judge*) de la Corte Suprema.

Hispanos famosos

Hay muchas fechas importantes en la historia de los hispanos en los Estados Unidos. En las ciencias, el Dr. Severo Ochoa recibe el premio Nobel de Medicina en el año mil novecientos cincuenta y nueve por sus investigaciones del ARN. El Dr. Luis Álvarez recibe el premio Nobel de Física en el año mil novecientos sesenta y ocho. En el campo social, César Chávez organiza una protesta pacífica para defender a los trabajadores migratorios en el año mil novecientos sesenta y seis. Las mujeres hispanas también aportan mucho al progreso de los Estados Unidos. Por ejemplo, en mil novecientos ochenta y nueve, Ileana Ross-Lehtinen llega a ser (*becomes*) la primera mujer hispana en el congreso de los Estados Unidos. Y en el año mil novecientos noventa y uno, la Dra. Ellen Ochoa viaja al espacio. Y más recientemente, desde el año dos mil nueve, la jueza Sonia Sotomayor es una de los nueve miembros de la Suprema Corte de Justicia de los EE.UU.

Actividad 2-51. **Descripciones**

Paso 1. Use the adjectives that refer to physical and personality traits that you learned in this chapter to describe each one of the people described in the previous paragraph.

Severo Ochoa

Luis Álvarez

César Chávez

Ileana Ross-Lehtinen

Ellen Ochoa

Sonia Sotomayor

Paso 2. Take turns with your classmate to describe each one of the people in the photographs. Do not name the person you are describing so that your classmate can decide who the person is based on physical characteristics.

ESTRATEGIAS

LITERATURA: From English to Spanish and Vice Versa

In future chapters you will be able to analyze original texts in Spanish and then read their English translations. In this chapter, however, you will read an excerpt of a famous book written by a Hispanic writer in its original in English, and its Spanish translation done by another famous writer from Mexico (Elena Poniatowska).

Actividad 2-52. The House on Mango Street

Paso 1. Read the following excerpt from Sandra Cisneros' book "The House on Mango Street," first in the original English version and then in the Spanish translation by Elena Poniatowska. Compare the two versions to answer the following questions.

1. Underline all the words that refer to nationalities and languages. What is the main difference between Spanish and English in the way nationalities and languages are written?
2. Underline all the possessive adjectives in English. Before looking at the Spanish version, write the corresponding Spanish translation for each possessive adjective in English. Check your answers in the translation.
3. Why do you think the author does not appear to feel comfortable with the name Esperanza?

In English my name means hope. In Spanish it means too many letters. It means sadness, it means waiting. It is like the number nine. A muddy color. It is the Mexican records my father plays on Sunday mornings when he is shaving, songs like sobbing.

It was my great-grandmother's name and now it is mine. She was a horse woman too, born like me in the Chinese year of the horse—which is supposed to be bad luck if you're born female—but I think this is a Chinese lie because the Chinese, like the Mexicans, don't like their women strong.

. . .

At school they say my name funny as if the syllables were made out of tin and hurt the roof of your mouth. But in Spanish my name is made out of a softer something, like silver, not quite as thick as my sister's name—Magdalena—which is uglier than mine. Magdalena who at least can come home and become Nenny. But I am always Esperanza.

I would like to baptize myself under a new name, a name more like the real me, the one nobody sees. Esperanza as Lisandra or Maritza or Zeze the X. Yes. Something like Zeze the X will do.

Traducción de Elena Poniatowska

En inglés mi nombre quiere decir esperanza. En español tiene demasiadas letras. Quiere decir tristeza, [quiere] decir espera. Es como el número nueve, como un color lodoso. Es los discos mexicanos que toca mi padre los domingos en la mañana cuando se rasura, canciones como sollozos. Era el nombre de mi bisabuela y ahora es mío. Una mujer caballo nacida como yo en el año chino del caballo —que se supone es de mala suerte si naces mujer— pero creo que esa es una mentira china porque a los chinos, como a los mexicanos, no les gusta que sus mujeres sean fuertes.

...

En la escuela pronuncian raro mi nombre, como si las sílabas estuvieran hechas de hojalata y lastimaran el techo de la boca. Pero en español mi nombre está hecho de algo más suave, como la plata, no tan grueso como el de mi hermanita —Magdalena— que es más feo que el mío. Magdalena, que por lo menos puede llegar a casa y hacerse Nenny. Pero yo siempre soy Esperanza. Me gustaría bautizarme yo misma con un nombre nuevo, un nombre más parecido a mí, a la de a de veras, a la que nadie ve. Esperanza como Lisandra o Laritza o Zezé la X. Sí, algo así como Zezé la X estaría bien.

Paso 2. The author says: **"Pero yo siempre soy Esperanza."** What is the problem with being always the same person? Summarize your thoughts in English or Spanish.

Paso 3. Read the Spanish version again and write 2 to 3 sentences in Spanish describing the personality of Esperanza. Use the list of adjectives introduced in this chapter.

Diferencias dialectales: Préstamos del inglés al español

Actividad 2-53. Espanglish o español

Paso 1. The following are some Spanish words and expressions that have been influenced by the use of English in the U.S. (first column) along with equivalent words in most varieties of the Spanish language (second column). Can you guess the meaning of each expression in English?

Español en contacto	Español	English
forma	solicitud, formulario	_____
manager	gerente	_____
marketing	mercadeo	_____
parking	estacionamiento	_____
ticket	multa	_____
aplicar a un trabajo (*job*)	solicitar un trabajo	_____
chequear	examinar/comprobar	_____
completar la forma	llenar la solicitud, llenar el formulario	_____
cliquear	seleccionar/presionar	_____
hacer una decisión	tomar una decisión	_____
lonchar	almorzar	_____
MBA	maestría en administración de empresas	_____

Paso 2. The following ad, used to advertise scholarships offered by a university, contains several examples of Spanish influenced by English. Some phrases and words, however, might not be understood in other Spanish-speaking countries, where not everyone is bilingual. Rewrite the ad to make it conform to standard Spanish.

La Universidad Internacional MONTEMAYOR ofrece muchas becas para estudiar en el programa de MBA

Es muy fácil aplicar para una beca:

● Primero, chequea la información sobre la universidad en la Internet.

● Después, cliquea en la forma de aplicación.

● Finalmente, completa la forma para aplicar para una beca.

Si quieres recibir más información antes de hacer una decisión, escribe un e-mail a la siguiente dirección: información@universidad.im.edu

Actividad 2-54. ¿De qué hablan Camille y Guadalupe?

Paso 1. Camille and Guadalupe, who are classmates in the course of Prof. Parra, meet for the first time outside of class and chat for about 3 minutes. Given that context, which of the following topics do you think are likely to be discussed in this first encounter? Rank them according to the following scale.

	Muy probable	Posible	Poco probable
1. Camille le pregunta (*asks a question*) a Guadalupe sobre su familia en México.	_____	_____	_____
2. Camille invita a Guadalupe a ir (*to go*) al supermercado con ella.	_____	_____	_____
3. Camille invita a Guadalupe a tomar un café.	_____	_____	_____
4. Guadalupe le pregunta a Camille de dónde es ella.	_____	_____	_____
5. Guadalupe describe a su exnovio de México.	_____	_____	_____
6. Guadalupe le describe a Camille su proyecto para la clase del Prof. Parra.	_____	_____	_____
7. Camille y Guadalupe intercambian números telefónicos.	_____	_____	_____
8. Guadalupe describe a su perrito "Rex".	_____	_____	_____

Paso 2. Watch the video once without interruptions and take note of some scattered words or phrases that can help you decide which of the topics from Paso 1 actually happened in the scene.

Modelo: You Heard: ¿Cuál es tu número de teléfono? → *It shows that tema 7 was in the video.*

Actividad 2-55. **Perdón**

Paso 1. Can you associate one (or more) of the useful classroom expressions learned in this chapter (i.e., thanking, apologizing and making requests) with the following images from scenes presented in the video? Try to imagine what the speakers may be saying and write the appropriate lines.

Paso 2. Watch the segments of the video that corresponds to each picture and take note of the expressions used in each case. Were those the expressions you selected in Paso 1?

Actividad 2-56. Funciones comunicativas en la conversación

Paso 1. Match each one of the following excerpts from Camille with their intended communicative function in the conversation in which they took place:

- Information request
- Expressing an emotion/expressing support
- Change of topic of a conversation
- Invitation to do something

1. Camille: —¿Y eres nueva (*new*) aquí en la universidad?
2. Camille: —¿Y cuánto tiempo vas a estar aquí?
3. Camille: — ¡Ah! ¿Sólo? ¡Qué lástima! Pero, bueno, ya tienes una amiga.
4. Camille: —Cuéntame, ¿Cómo es?
5. Camille: —¿Y qué tema tienes para el proyecto de la clase?
6. Camille: —Me acompañas a tomar un café en la cafetería?

Paso 2. Select the most likely response of Guadalupe to the above-mentioned questions and statements from Camille. Then, watch the video again to verify your responses.

a: —Ay, gracias, me encantaría pero no puedo, tengo clase esta tarde.
b: —¿Por qué lo preguntas? ¿Lo parezco? (*Do I seem that way?*)
c: —¡No tengo ni idea!
d: —¡Por supuesto!
e: —Es moreno... y sus ojos... tan azules.
f: —Solo un semestre.

VOCABULARIO

LOS COLORES

amarillo	*yellow*	marrón/café	*brown*
anaranjado (naranja)	*orange*	morado (violeta)	*purple*
azul	*blue*	negro	*black*
blanco	*white*	rojo	*red*
celeste	*sky blue*	rosado (rosa)	*pink*
gris	*gray*	verde	*green*

LOS ADJETIVOS Y SUS ANTÓNIMOS

alegre, feliz – triste	*happy/sad*	muchos – pocos	*many/a few*
algún – ningún	*some/any*	perezoso/a – trabajador/a	*lazy/hard-working*
alto/a – bajo/a	*tall/short*	pobre – rico/a	*poor/rich*
barato/a – caro/a	*cheap/expensive*	rápido/a – lento/a	*fast/slow*
delgado/a – gordo/a	*thin/fat*	rizado/a – lacio, liso	*curly/straight*
enojado/a – calmo (calmado/a)	*angry/relaxed, calm*	rubio/a – moreno/a	*blond/dark hair, brunette*
		soñador/a – realista	*dreamer/realist*
grande – pequeño/a	*big/small*	viejo/a – joven, nuevo	*old/young (for a person), new (for an object)*
largo – corto	*long/short*		
lindo/a, bonito/a – feo	*pretty/ugly*		

MÁS ADJETIVOS

agradable	*nice*	orgulloso/a	*proud*
ambicioso/a	*ambitious*	pesimista	*pessimistic*
antipático/a	*unpleasant*	realista	*realistic*
conservador/a	*conservative*	rebelde	*rebellious*
educado/a	*polite, well mannered*	soñador/a	*dreamer*
egoísta	*selfish*	tímido/a	*timid*
enérgico/a	*vigorous*	tonto/a	*silly*
extrovertido/a	*outgoing*	trabajador/a	*hard-working*
liberal	*liberal*		

ESTADOS DE ÁNIMO

alegre, feliz	*happy*	emocionado/a	*excited*
ansioso/a	*anxious*	enojado/a	*angry*
calmado/a	*relaxed*	preocupado/a	*preoccupied*
cansado/a, agotado/a	*tired*	triste	*sad*
contento/a	*content*		

LAS PARTES DEL CUERPO

la boca	*mouth*	la nariz	*nose*
el brazo	*arm*	los ojos	*eyes*
la cara	*face*	la oreja	*ear*
la cintura	*waist*	el pecho	*chest*
el cuello	*neck*	el pelo	*hair*
los dientes	*teeth*	las pestañas	*eyelashes*
la espalda	*back*	el pie	*foot*
el estómago	*stomach*	la piel	*skin*
el hombro	*shoulder*	la pierna	*leg*
la mano	*hand*	la rodilla	*knee*

LOS LUGARES

la biblioteca	*library*	el hospital	*hospital*
la casa	*house*	la librería	*bookstore*
el dormitorio	*bedroom*	el aula	*classroom*
el edificio	*building*	la cafetería	*cafeteria*
la esquina	*corner*	el gimnasio	*gymnasium*
la residencia estudiantil	*dorm*		

LOS VERBOS

aprender	*to learn*	estar	*to be*
asistir a	*to attend, to go to*	estudiar	*to study*
ayudar	*to help*	ir	*to go*
beber	*to drink*	lavar	*to wash*
caminar	*to walk*	llamarse	*to be called*
comer	*to eat*	ser	*to be*
comprar	*to buy*	tener	*to have*
correr	*to run*	ver	*to watch, to see*
escribir	*to write*	vivir	*to live*
escuchar	*to listen*		

MÁS PALABRAS ÚTILES

la bandera	*the flag*	la respuesta	*the answer*
la conversación	*the conversation*	la gente	*the people*
los ciudadanos	*citizens*	los habitantes	*inhabitants*

ESTUDIANDO ESPAÑOL Y OTRAS MATERIAS

3

BY THE END OF THIS CHAPTER YOU'LL KNOW HOW TO

- Describe university courses and college majors
- Ask for and tell the time
- Describe schedules and the days of the week
- Express likes and dislikes with the verb **gustar**
- Describe present time events using stem-changing and irregular verbs
- Describe events in the future with the frequently used **ir a** + verb structure
- Use fillers and frequent expressions to develop fluency
- Guess information from context in a reading passage
- Use strategic listening with a goal in mind
- Write a letter taking into account the specific purpose and audience
- Recognize and pronounce vowels in Spanish

YOU'LL LEARN ABOUT

- Telling time using the 12-hour and the 24-hour clock
- The educational systems in Spanish-speaking countries
- Various types of polite behavior at the table
- Sor Juana Inés de la Cruz, a famous Mexican poet and writer
- The geography of Mexico
- Differences in classroom vocabulary according to regional variations

Actividad 3-0. Universidades de México

Paso 1. Escribe el nombre de la universidad (la Universidad Nacional Autónoma de México (UNAM) o la Universidad de Guanajuato (UG)) que tiene estas características:

Hay un edificio alto. _____

Hay un mural en el edificio. _____

El edificio es de color blanco. _____

La universidad está en el centro de la ciudad. _____ _____

Tiene muchas ventanas. _____

UNAM   UNAM

Universidad de Guanajuato

Universidad de Guanajuato

Paso 2. En parejas, escriban una oración falsa y una oración cierta con descripciones de las fotos. Por turnos cada pareja lee las dos oraciones. Otra pareja tiene que (*has to*) adivinar (*guess*) cuál es la oración cierta y cuál es la falsa.

Modelo: El edificio de la Universidad de Guanajuato es de color amarillo y rojo. → Falso.

VOCABULARIO EN CONTEXTO

Actividad 3-1. Mi universidad

Paso 1. Usa una escala de 1 (menos importante) a 10 (más importante) para clasificar los siguientes (*following*) factores de acuerdo a (*according to*) su importancia para tu universidad.

Me gusta mi universidad porque...

1. _____ es grande.
2. _____ tiene pocos estudiantes.
3. _____ tiene gran variedad de materias académicas (física nuclear, biología molecular, literatura china, etc.) y carreras (*majors*).
4. _____ está cerca de (*near*) mi casa.
5. _____ ofrece un horario (*schedule*) flexible con clases todo el año.
6. _____ ofrece becas (*grants or scholarships*) de estudio muy buenas.
7. _____ tiene profesores muy famosos en sus disciplinas.
8. _____ tiene profesores con mucha dedicación a la enseñanza (*teaching*).
9. _____ tiene muchos clubes deportivos y actividades extracurriculares.
10. _____ ayuda a los estudiantes a encontrar (*to find*) buenos trabajos (*good jobs*).
11. _____ tiene tecnología muy avanzada.
12. _____ prepara bien a sus estudiantes.
13. _____ tiene gimnasios modernos.
14. _____ tiene bibliotecas (*libraries*) con colecciones enormes.
15. _____ tiene residencias (*dorms*) dedicadas a grupos académicos, sociales, y atléticos.
16. _____ tiene un buen equipo (*team*) de fútbol americano, basquetbol, o hockey.

Paso 2. Compara tus respuestas (*answers*) con las de otro/a estudiante. ¿Cuáles son las tres características más (*most*) importantes que tienen los dos? ¿Cuáles son las tres menos (*least*) importantes?

E1: —Para mí, las características más importantes son...
_____ ¿Y para ti?
E2: —Para mí, _____.

Paso 3. Usen la información de la lista del Paso 1 para describir las ventajas (*advantages*) de tu universidad para un grupo de la lista. Escriban un párrafo usando el siguiente modelo.

(a) estudiantes atletas
(b) investigadores (*researchers*) de fama internacional
(c) los mejores instructores
(d) estudiantes internacionales
(e) estudiantes interesados en estudios de postgrado (*graduate study*) en el futuro

Modelo: Para un estudiante con pocos recursos económicos, la Universidad de _____ es una buena opción porque ofrece becas y ayuda a los estudiantes a encontrar buenos trabajos.

Actividad 3-2. Las carreras (*majors*) universitarias

Paso 1. Clasifica las materias (asignaturas) bajo cada una de las siguientes carreras.

el español
la historia
el inglés
el francés
la filosofía
las matemáticas
la sociología
la informática
(*computing*)

el latín
la literatura
la astronomía
la física
el alemán
la psicología
la biología
la contabilidad
(*accounting*)

la antropología
la música
el cálculo
la economía
la ingeniería
la química
la arquitectura

la geografía
el teatro
las ciencias religiosas
el arte
la mercadotecnia o el marketing
las ciencias políticas
la criminología
la zoología

Modelo: Arte y Bellas Artes: la música, el teatro, el arte

Ciencias Biológicas:

Ciencias Exactas:

Economía y Finanzas:

Humanidades:

Idiomas:

Psicología y Ciencias del Comportamiento (*Behavior*):

Paso 2. En tu opinión, ¿cómo son las asignaturas que se describen en el Paso anterior? Completa la tabla con los nombres de dos materias para cada categoría.

Asignaturas fáciles (*easy*):
Asignaturas difíciles:
Asignaturas aburridas (*boring*):
Asignaturas divertidas (*fun*):
Asignaturas muy útiles (*useful*):
Asignaturas muy abstractas:
Asignaturas requeridas (*required*):

Actividad 3-3. Las materias académicas para las carreras

Paso 1. ¿Cuántas asignaturas académicas se pueden asociar con estos símbolos? OJO: En algunos casos (*In some cases*), un símbolo puede representar más de una materia.

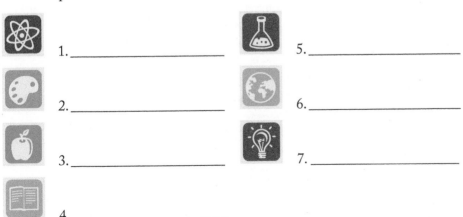

1._____

2._____

3._____

4._____

5._____

6._____

7._____

Paso 2. ¿Cuántas asignaturas académicas se pueden asociar con estas personas famosas? Escribe los nombres de las materias asociadas con cada persona. OJO: En algunos casos, una persona puede estar asociada a más de una materia.

1. Albert Einstein _____
2. Frida Kahlo _____
3. Charles Darwin _____
4. Miguel de Cervantes _____
5. Marie Curie _____
6. César Chávez _____
7. Thomas Edison _____

 Paso 3. Trabajen en grupos de cuatro estudiantes. Por turnos, un estudiante selecciona un nombre famoso de las ciencias, las humanidades o las artes y otro/a estudiante tiene que adivinar la materia con que se asocia la persona nombrada.

Modelo: E1: —Cristobal Colón (*Columbus*).
E2: —La clase de historia.

Actividad 3-4. **¿Cuándo te gusta tomar tus clases?**
(*When do you like to take your classes?*)

VOCABULARIO

English expressions of time do not correspond exactly with Spanish. To ask the question When? for days and frequency, Spanish often uses **¿Cuándo?** or **¿Qué día(s)?** To answer **¿Cuándo?** use an article with a time expression, sometimes with a preposition:

on Monday = **el** lunes / **on** Saturday = **el** sábado

on Monday**s** = **los** lunes / **on** Saturday**s** = **los** sábados

in or during the morning/afternoon/night = **por la** mañana / tarde / noche (**por la...** is used with an unspecified time)

per day = **al día** / per week = **a la semana** / per year = **al año**

today = **hoy**

tomorrow = **mañana**

yesterday = **ayer**

Paso 1. Lee el horario (*schedule*) de María y decide si las siguientes afirmaciones son ciertas (*true*) (C) o falsas (*false*) (F).

DÍA / HORA	lunes	martes	miércoles	jueves	viernes	sábado	domingo
08:00	arte		arte		arte		
09:00	matemáticas	biblioteca	matemáticas	biblioteca	matemáticas		
10:00	geografía		geografía		geografía		
11:00			inglés		inglés		
12:00	almuerzo	almuerzo	almuerzo	almuerzo	almuerzo		
12:30	antropología		antropología				
01:30		biblioteca		biblioteca			
02:30							
03:30		contabilidad		contabilidad			

1. María no tiene clases por la tarde.   C   F
2. María tiene tres clases tres días a la semana.   C   F
3. María estudia en la biblioteca los martes y los jueves.   C   F
4. Las clases de contabilidad son los miércoles y los jueves.   C   F
5. Los viernes a las 11 de la mañana María no tiene clase.   C   F
6. Tiene clase de antropología por la tarde.   C   F

VOCABULARIO

When? (meaning *At what time?*) = **¿A qué hora?**
at five o'clock = **a las** cinco / at one o'clock = **a la** una (**a la(s)** is used with a specific time)
quarter after = **y quince** or **y cuarto** (at 5:15 = A las cinco y quince / A las cinco y cuarto)
half past = **y media** (at 5:30 = A las cinco y media)
quarter to = **menos quince/menos cuarto** (at quarter to 5 = A las cinco menos quince / A las cinco menos cuarto)
in the morning / afternoon / evening = **de la** mañana / tarde/noche (following a specific time: **a las 5 de la tarde**)
at noon = **al mediodía** / at midnight = **a medianoche**

Paso 2. Contesta las preguntas con información del horario de María.

Modelo: ¿A qué hora tiene la clase de lengua? <u>Tiene la clase de inglés a las once de la mañana.</u>

1. ¿A qué hora tiene la clase de geografía?
2. ¿A qué hora almuerza?
3. ¿A qué hora tiene la clase de arte?
4. ¿A qué hora estudia en la biblioteca?
5. ¿A qué hora tiene la clase de contabilidad?

Actividad 3-5. ¡A jugar! ¿Dónde estás?

Paso 1. Observa las fotos y lee las oraciones del modelo como ejemplo. Luego, empareja las horas de la columna A con los lugares de la columna B de acuerdo a tu horario.

Modelo: A las 7 de la mañana, Gabriela está en el autobús.
A las 8 de la mañana está en el café.

1. A las siete de la mañana, (yo) estoy...	a. en el gimnasio
2. Al mediodía, estoy...	b. en la biblioteca
3. A las tres de la tarde, estoy...	c. en (la) casa
4. A las seis de la tarde, estoy...	d. en el café
5. A las nueve de la noche, estoy...	e. en la cama (*in bed*)
6. A la una de la mañana, estoy...	f. en el restaurante

 Paso 2. Trabaja con la persona que está a tu derecha o izquierda (*right or left*). Adivina dónde está a las horas que se mencionan en el Paso anterior. ¡El/La estudiante que adivina más veces gana!

Modelo: Estudiante 1: —A las siete de la mañana, ¿estás... en casa?
Estudiante 2:
—¡Sí! (Es cierto) (Es verdad) A las siete de la mañana **todavía** (*still*) estoy en casa.
—No, no estoy en casa a las siete, estoy en el gimnasio.

 Paso 3. Tu instructor va a (*is going to*) seleccionar una de las horas del Paso 1. Luego, por turnos cuatro estudiantes dicen dónde están a esa hora. ¿Quién puede repetir los lugares dónde están los cuatro estudiantes a esa hora?

Actividad 3-6. ¿Cuándo estudiamos para el examen?

 Paso 1. María le pregunta sobre su horario a otro estudiante de México, Ramón Juárez. Escucha las respuestas de Ramón y completa su horario de clases. ¿Qué día y a qué hora planean estudiar María y Ramón?

DÍA	lunes	martes	miércoles	jueves	viernes	sábado	domingo
HORA							
08:00							
09:00							
10:00	informática		informática		informática		
11:00							
12:00	almuerzo		almuerzo		almuerzo		
12:30							
01:30							
02:30							
03:30		filosofía		filosofía			

 Paso 2. Escucha la conversación otra vez (*again*). Completa los espacios en blanco con las preguntas que usan María y Ramón.

MARÍA: —Bueno, Ramón, ¿_____ (1) tienes clase?

RAMÓN: —Tengo clases todos los días:...

MARÍA: —¿_____ (2) tienes los lunes?

RAMÓN: —Los lunes, miércoles y viernes tengo clase de...

MARÍA: —Yo también tengo muchas clases los lunes, miércoles y viernes. Pero ¿tienes tiempo _____ (3) para estudiar?

RAMÓN: —Tengo más tiempo los martes y jueves. ¿Y tú? ¿Tienes tiempo _____ (4) o _____ (5) para estudiar?

MARÍA: —¿_____ (6) el martes o el jueves, entonces?

RAMÓN: —El martes. ¿_____ (7)?

MARÍA: —Me gusta estudiar por la mañana. ¿_____ (8) a las diez y media?

RAMÓN: —Bien... ¿_____ (9) estudiamos, en la biblioteca?

Actividad 3-7. ¿Cuándo tienes clase?

Paso 1. Escribe tu horario de clases en el siguiente calendario.

lunes	martes	miércoles	jueves	viernes

Paso 2. Usa las preguntas entre María y Ramón en la actividad 3-6, Paso 2 como modelo para entrevistar a otro estudiante para encontrar (*find*) dos días y dos horas para estudiar juntos (*together*).

VOCABULARIO

Use the verb **ser** in the singular (**es**) for one o'clock times, and in the plural (**son**) for two o'clock or later:

¿Qué hora **es**? OR ¿Qué hora**s son**?	*What time is it?*
Es la una de la tarde.	*It's one in the afternoon.*
Son las siete de la mañana.	*It's seven in the morning.*

To say "<u>at</u> X time"(,) you've already seen that Spanish uses the preposition **a**:
Guadalupe tiene clase **a** las siete de la mañana. *Guadalupe has class at seven in the morning.*

Actividad 3-8. ¿Qué hora es? (*What time is it?*)

Paso 1. Lee la hora de cada reloj. Luego, empareja el resto de los relojes con la hora correspondiente.

Modelos:

 Es la una (en punto) (*on the dot*)
 Son las cuatro y cuarto

 Son las dos y media
 Son las seis menos veinte

 (a)
 (b)
 (c)
 (d)
 (e)
 (f)
 (g)
 (h)

1. _____ Son las once y cinco.   3. _____ Son las nueve y cuarto.   5. _____ Son las siete menos cuarto.   7. _____ Son las diez menos diez.

2. _____ Son las doce y diez.   4. _____ Son las cinco en punto.   6. _____ Es la una y media.   8. _____ Son las ocho y veinticinco.

 Paso 2. Pregúntale la hora a tu compañero/a de clase. Tu compañero/a selecciona una de las horas del Paso 1 y tú tienes que escribir la hora en números.

Modelo: E1: —¿Qué hora es?
E2: —Son las siete en punto.
E1: —[escribe 7:00]

Actividad 3-9. ¿Es a las cuatro? Ahora son las tres de la tarde.

 Indica si cada frase expresa la hora actual (*current*) (**Es la... /Son las...**), o la hora planeada (**A la(s)...**).

Modelo: Escuchas "**Son** las tres. Tengo clase". Indicas "hora actual".
Escuchas "**A** las tres tengo clase". Indicas "hora planeada".

1. Hora actual   Hora planeada
2. Hora actual   Hora planeada
3. Hora actual   Hora planeada
4. Hora actual   Hora planeada
5. Hora actual   Hora planeada

VOCABULARIO

In Spanish-speaking countries, the use of the 24-hour clock (military time) is common in most schedules (e.g., train stations, radio and TV programs and shows, etc.) and most other written communication or formal oral interaction. In oral everyday conversations, however, it is common to use the 12-hour clock, while specifying the time of the day (**las tres de la tarde, las ocho de la mañana, etc.**).

Actividad 3-10. El reloj de veinticuatro horas

Paso 1. Escribe la hora que corresponde a cada reloj (usa la oración modelo como ejemplo).

Modelo:

Son las diecinueve quince.   Son las cero horas y quince minutos.

1.   2.

_____   _____

3.   4.

_____   _____

5.   6.

_____   _____

Paso 2. Transforma la descripción de la hora de acuerdo al horario de 24 horas a la versión del horario con 12 horas.

Modelo: Son las diecinueve quince. → Son las siete y cuarto.

1. | 13:25

2. | 15:45

3. | 17:50

4. | 00:00

5. | 16:30

6. | 18:12

Actividad 3-11. Disculpe, ¿me dice la hora?

Paso 1. Subraya las palabras clave (*key*) que determinan si la oración es informal (I) o formal (F). Una indicación de la formalidad es la conjugación del verbo (**tú o Ud.**), pero hay otras indicaciones también.

Modelo:

<u>**Señora**</u>, ¿me <u>**puede**</u> decir la hora, <u>**por favor?**</u>	Ma'am, *could you tell me the time, please?*
¿Me dices la hora?	*Can you tell me the time?*
¿Me dice la hora?	*Can you tell me the time?*
Disculpe, ¿le importa decirme la hora?	*Excuse me, would you mind telling me the time?*
¿(No) me das la hora, por favor?	*Can you give me the time, please?*
¿Tienes hora?	*Do you have the time?*

VOCABULARIO

To convey respect and courtesy use (1) the formal third person **usted, le** and verbs conjugated with that pronoun e.g. **puede** instead of **puedes**. (2) Use titles and honorifics: **Señor** = *Mister/ Sir*; **Señora** = *Ma'am*; **Doctor/a**. (3) Set phrases and expressions: ... **Si es tan amable** = *If you would be so kind*; **Perdone** = *Excuse me*; **Disculpe (la molestia)** = *Excuse me (the interruption)*.

Paso 2. ¿Cuál es la manera más apropiada de preguntar la hora de acuerdo a la información de cada imagen? Empareja la oración con la imagen.

(a)

(b)

(c)

(d)

_____ Disculpe, profesora, pero ¿me puede decir la hora?

_____ Oye, ¿me dices la hora, por favor?

_____ Señora, ¿le importa decirme la hora?

_____ Perdón, señor ¿tiene hora?

 Paso 3. Ahora, con un compañero, imaginen que Uds. son las personas en los dibujos del Paso 2. Pregunten la hora usando las expresiones en el Paso 2, y contesten las preguntas usando la hora militar (de 24 horas). Incluye las expresiones del Capítulo 2 para responder a las peticiones (*requests*):

¡Por supuesto!   **¡Cómo no!**   **¡Claro!**   **No hay problema.**

Modelo: E1: —Disculpe, profesora, pero ¿me puede decir la hora?
               E2: —¡Claro! Son las diecinueve y quince.

Actividad 3-12. ¿Me dices la hora, por favor?

 Paso 1. Con tu compañero/a, escribe un diálogo corto para preguntar la hora para cada una de las siguientes escenas. Presta atención a la descripción de las personas para decidir entre una pregunta formal o informal.

Modelo: Antonio: —Disculpe, profesora, ¿me puede decir la hora?
Beatriz: —¡Sí, cómo no! Es la una.
Antonio: —¡Ay, qué tarde! Gracias.
Beatriz: —De nada.

Escena 1: Una estudiante y una profesora.
Escena 2: Dos personas adultas que no se conocen (*do not know each other*).
Escena 3: Una estudiante y su papá.
Escena 4: Dos profesores que trabajan en la misma universidad.

Paso 2. Luego, cada grupo representa la escena frente a la clase. El resto de los estudiantes deciden cuál de las escenas representa el diálogo.

GRAMÁTICA EN CONTEXTO
The Verb GUSTAR and Similar Verbs

María: —¿**Te gusta** estudiar por la mañana? *Do you like to study in the morning?*

Pilar: —No, no **me gusta**. Estoy cansada por la mañana. *No, I don't like it. I'm tired in the morning.*

María: —¿**Te gusta** la clase de filosofía? *Do you like your philosophy class?*

Pilar: —Sí, **me gusta**. Es una de mis clases favoritas. *Yes, I like it. It's one of my favorite classes.*

Pilar: —¿**Te gustan** estos libros de literatura? *Do you like these literature books?*

María: —Sí, **me gustan**. Todos son muy interesantes. *Yes, I like them. They are all very interesting.*

Gustar is a very common way to express what you like. While it is more common in English to use the verb *to like* for **gustar**, as in *I like the class*, the expression *to be pleasing* is a more direct translation of the Spanish construction with **gustar**:

Action/Object/Person/Idea	Be Pleasing	Person
Studying/To study	is pleasing	to me.
The philosophy class	is pleasing	to me.
These books	are pleasing	to me.

The main difference between **gustar** and *to be pleasing* is in the order of the pieces:

Person	Gustar	Action/ Object/Person/Idea
Me	gusta	estudiar. [infinitive verb]
Me	gusta	la clase de filosofía. [singular noun]
Me	gustan	estos libros. [plural noun]

The verb GUSTAR always agrees with the number of objects, people or ideas the person likes, in other words, the noun(s).

Singular: Me gust**a** **la clase**.
Plural: Me gusta**n** **estos libros**.

Note that GUSTAR is always singular with actions expressed by the verb (always as the infinitive, unconjugated form): Me **gust<u>a</u> estudi<u>ar.</u>**

To identify the person who likes or is pleased by the action, object, person, or idea, use an indirect object pronoun:

English Meaning	Indirect Object Pronoun
to me	me
to you (for tú)	te
(to you (for vos))	(te)
to you (for Ud.)	le
to him/her	le
to us	nos
(to you (for vosotros))	(os)
to you (for Uds.)	les
to them	les

If there aren't enough clues in the context to determine who **le**, **les** or **nos** refers to, you can add a clarifying expression with the preposition **a**:

A David le gusta el libro. **A David y a Ana** les gusta el libro. **A David y a mí** nos gusta el libro.

Adding the prepositional phrase with **a** can also add emphasis to who **me, te, le, nos, os,** and **les** refer to:

A María le gusta el béisbol, pero **a mí** me gusta el fútbol.
Maria likes baseball, but I like soccer.

Prepositional Phrase	Indirect Object Pronoun
A mí	me
A ti	te
(A vos)	(te)
A él, a ella, a Ud.	le
A nosotros, a nosotras	nos
(A vosotros, a vosotras)	(os)
A ellos, a ellas, a Uds.	les

This prepositional phrase may appear at the beginning or at the end of the phrase:

A Pilar y a mí nos gusta bailar.   *Pilar and I like to dance.*
Nos gusta bailar **a Pilar y a mí.**   *Pilar and I like to dance.*

Actividad 3-13. Me gusta la clase de...

Paso 1. Escucha la grabación y marca "gusta" o "gustan" de acuerdo con lo que escuchas en cada oración.

    Modelo: Escuchas "Me gusta la clase de arte".   Marcas "gusta".

1. ___gusta   ___gustan
2. ___gusta   ___gustan
3. ___gusta   ___gustan
4. ___gusta   ___gustan
5. ___gusta   ___gustan

Paso 2. Escucha las oraciones de nuevo (*again*) y escribe la acción, el objeto, la persona, o la idea que a alguien (*someone*) le gusta en cada caso.

    Modelo: Escuchas: Me gusta la clase de arte   Escribes: <u>la clase de arte</u>

1. _____
2. _____
3. _____
4. _____
5. _____

Ahora confirma tus respuestas del Paso 1. ¿Por qué es singular o plural "gustar" en cada ejemplo?

Paso 3. Escucha las oraciones una vez más. Esta vez, escribe el pronombre que identifica a la persona en cada oración:

    Modelo: Escuchas: Me gusta el teatro → Escribes: Me

1. _____
2. _____
3. _____
4. _____
5. _____

Actividad 3-14. Nos gusta..., te gusta...

Paso 1. María le escribe a su mamá para describirle su rutina. ¿A quién le gusta cada actividad, a María (M), a Pilar (P), a las dos (M y P)?

_____ 1. correr en el parque
_____ 2. comer en un restaurante
_____ 3. practicar ballet clásico
_____ 4. comentarios críticos
_____ 5. limpiar la casa
_____ 6. la tarea
_____ 7. asistir a la iglesia (*church*)
_____ 8. ver televisión

De:	
A:	
Sobre:	

Hola Mamá:
¿Qué tal? Pilar y yo estamos bien. Tenemos una nueva rutina los sábados y domingos. Todos los sábados por la mañana nos gusta correr media hora en el parque. Antes de salir (*leaving/going out*), limpiamos (*we clean*) la casa, pero no nos gusta limpiar. Después de correr, tomamos el bus a nuestra clase de ballet clásico. Nos gusta muchísimo practicar ballet pero no me gustan los comentarios críticos de nuestra profesora. El sábado por la noche estoy cansada, pero Pilar tiene mucha energía. Le gusta comer en un restaurante con unos amigos. Les gusta el restaurante chino cerca del gimnasio de la universidad. El domingo a Pilar y a mí nos gusta asistir a (*to attend*) la iglesia (*church*) por la mañana y por la noche nos gusta ver televisión. También estudiamos para la universidad pero no nos gusta la tarea. Así son los fines de semana generalmente.
Un abrazo (*A hug*),
María

Responder ←   → Enviar

Paso 2. ¿Qué NO les gusta a María y a Pilar? Completa las frases relevantes del Paso 1 con **No le(s) gusta(n).**

Modelo: **(A María y a Pilar) No les gusta** limpiar la casa
1.
2.

Actividad 3-15. **Me gustan algunas (*some*) clases, pero no me gustan otras (*other [classes]*).**

Paso 1. Completa la conversación con **gusta** o **gustan,** según el contexto.

Francisco: —¿Qué tal el semestre? ¿**Les** _____ (1) sus clases?

Adalberto: —Bueno, **me** _____ (2) la clase de filosofía porque **me** _____ (3) considerar diferentes ideas, pero no **me** _____ (4) mis otras clases. Son difíciles y aburridas.

Gloria: —A mí **me** _____ (5) todas mis clases, pero no **me** _____ (6) mi horario. Trabajo por la noche y todas mis clases son por la mañana. Siempre estoy cansada en clase.

Francisco: —¿**Te** _____ (7) el café? A mí **me** _____ (8) tomar un café antes de la clase de matemáticas porque es una clase de tres horas.

Gloria: —Adalberto y yo tomamos café en la residencia antes de las clases; **nos** _____ (9) mucho.

Adalberto: —¿Por qué no tomamos un café ahora? Tenemos un descanso de una hora...

Francisco: —¡Buena idea! ¡Vamos!

Paso 2. Define la(s) persona(s) que corresponde(n) a los pronombres en negrita (*in bold*) en el Paso 1.

Modelo: Francisco: "Les" = Adalberto y Gloria
         Adalberto: "me" = _____
         Gloria: "me" = _____
         Francisco: "Te" = _____ ;
                     "me" = _____
         Gloria: "nos" = _____

VOCABULARIO

There are a few other verbs that have the same structure of **gustar** and similar meaning, although with a higher degree of emphasis:

| A Héctor le | **encanta** *(really likes, loves)* | estudiar español |
| | **fascina** *(loves, finds it fascinating)* | |

There are other verbs that also have the same structure of **gustar**, but they have different meanings. Several of these verbs will be discussed in detail in chapter 9:

A Guadalupe le	**interesa** *(wants to/is interested in)*	estudiar español
	molesta *(annoys, bothers)*	tener mucha tarea
	parece *(thinks)*	importante estudiar
	cae bien/mal	su amiga Camille
	((dis)likes (typically used with people)	
	faltan *(needs, lacks (something))*	dos libros para su clase
	queda *(has (something) left)*	una hora para estudiar
	importan *(matters, finds it important)*	las ciencias políticas

Actividad 3-16. ¿Qué te gusta hacer (*to do*)?

Paso 1. ¿Qué actividades **te gusta/te interesa** hacer durante el fin de semana? ¿Qué actividades **no te gusta/no te interesa** hacer durante el fin de semana? Usa el verbo **gustar** y verbos similares (ver información) para escribir seis oraciones con actividades de la lista o de los dibujos para cada categoría.

Modelo: Durante el fin de semana, me gusta/encanta/fascina estudiar español. Me queda media hora para estudiar para mi examen de geografía. Me molesta estudiar con música. Me parece que voy a sacar una A en mi examen. Me cae muy bien mi profesor de química.

asistir   caminar   comer   correr   escribir   escuchar   estudiar
hablar   leer   lavar   llamar   practicar   ver

ir a una exposición de arte

dormir

ir al teatro

ver un partido de fúbol

jugar al béisbol

bailar

1. _____
2. _____
3. _____
4. _____
5. _____
6. _____

 Paso 2. Entrevista a otros estudiantes para saber qué les encanta hacer, qué les molesta, quién les cae bien, que les interesa hacer, cuántos años les faltan para terminar la universidad, etc.

Modelo: E1: —¿Cuántos años te faltan para terminar la universidad?
           E2: —Me falta un año más. ¡Qué lástima! (*What a pity!*) Me
                encanta mi universidad.

 Paso 3. Cada grupo escribe preguntas para descubrir qué les gusta/ encanta/fascina/molesta hacer a otros grupos.

Modelo: Bob y Janice,
           ¿A Uds. les interesa estudiar las mismas clases?
           ¿Les gusta estudiar en la biblioteca?
           ¿Les gustan las residencias de la universidad?
           ¿Les molesta estudiar con música rock?
           etc.

Actividad 3-17. ¿Qué materias les gustan?

⇆AB **Paso 1.** Primero, lee la información para completar tu tabla. Luego, por turnos, entrevista a tu compañero/a para obtener la información que necesitas para rellenar tu tabla.

Modelo: E1: —¿De dónde son Rosalía y Mariela?
E2: —Son de Caracas, Venezuela.
E1: —¿Qué les gusta?
E2: —Les gustan las matemáticas.
E1: —¿Qué no les gusta?
E2: —No les gustan las humanidades.

Nombre y Apellido	Es/Son de	Le/Les gusta(n)	No le/les gusta(n)
Rosalía y Mariela García	Caracas	matemáticas	humanidades
Agustín Fernández			
Rafael Callejas			
Carlos/Gabriela Oviedo			
Clara Ordóñez			
Arturo y Ricardo Fuentes			
Andrea y Sebastián Ballesteros			
Carlos Aguirre			

Estudiante A

1. Me llamo Rosalía García, y tengo una hermana, Mariela. Somos de Caracas, Venezuela. Nos gusta mucho estudiar matemáticas y física, pero no nos gustan las clases de humanidades.
2. Me llamo Agustín Fernández. Soy de Tijuana, México. Me gusta mucho la clase de español, pero no me gusta estudiar física.
3. Soy Rafael Callejas y soy de Málaga, España. Me gusta mucho estudiar la biología y el cálculo, pero no me gustan las clases de filosofía e idiomas.
4. Mi nombre es Carlos Oviedo y mi hermana es Gabriela. Somos del Distrito Federal. Nos gustan las clases de ciencias exactas, pero también nos gusta mucho estudiar ciencias sociales. Las clases que no nos gustan son las clases de educación física.

Estudiante B   Information for student B is on page 670.

Paso 2. Adivina la **especialización** de los estudiantes descritos (*described*) en los párrafos anteriores. Luego, compara la información que tienes con la de tu compañero/a de clase.

Modelo: **Nombre**   **Especialización**
Arturo   Lenguas modernas

E1: —Creo que la especialización de Arturo es lenguas modernas.
E2: —¿Por qué?
E1: —Porque le gustan las clases de español y alemán.

Nombre	Especialización
Clara	
Ricardo	
Andrea	
Sebastián	
Carlos	

Stem-changing Verbs in the Present Tense

Generalmente **almuerzo** solo, pero hoy mis amigos y yo **almorzamos** juntos.

*I typically **have** lunch alone, but today my friends and I **are having** lunch together.*

Verbs are composed of a stem and an ending. The stem of a verb is like the root of the verb that precedes the traditional three endings in Spanish (i.e., **-ar, -er,** and **-ir**): **almorz-ar, entend-er, ped-ir** (*to have lunch, to understand, to order/ask for*). Stem-changing verbs are usually conjugated with the same endings as regular verbs. However, they have two stems, one with the single vowel found in the infinitive (alm**o**rzar—alm**o**rzamos) and one with a diphthong made up of two vowels (alm**ue**rzo), or a different single vowel (p**e**dir—p**i**do). These verbs are often called 'shoe' or 'boot' verbs as a way to remember which forms have a change in the stem.

yo	almuerzo	nosotros	almorzamos
tú	almuerzas	(vosotros	almorzáis)
		(vos	almorzás)
él		ellos	
ella	almuerza	ellas	almuerzan
Ud.		Uds.	

Listen to the clapping rhythm used to recite the stem-changing verb from the drawing on the previous page to identify the stressed syllables. Underline the syllables that match the clapping, and notice the pattern of stem changes. Does the stem change fall on a stressed syllable (when you hear a clap), or on an unstressed syllable?

There are four patterns of stem-changing verbs in which a single vowel is replaced with a diphthong or with a different vowel in the stressed syllable. An example of each pattern is provided in the table below.

	o → ue	u → ue	e → ie	e → i
	VOLVER	JUGAR	PREFERIR	PEDIR
	(to go back)	(to play)	(to prefer)	(to ask for, order)
yo	vuelvo	juego	prefiero	pido
tú	vuelves	juegas	prefieres	pides
(vos)	volvés	jugás	preferís	pedís
él/ella/Ud.	vuelve	juega	prefiere	pide
nosotros	volvemos	jugamos	preferimos	pedimos
(vosotros)	volvéis	jugáis	preferís	pedís
ellos/ellas/Uds.	vuelven	juegan	prefieren	piden

Actividad 3-18. Prefiero los fines de semana.

Paso 1. El texto en la página siguiente describe la rutina típica de un estudiante. Empareja las oraciones con las imágenes (OJO: Dos oraciones no tienen imagen correspondiente).

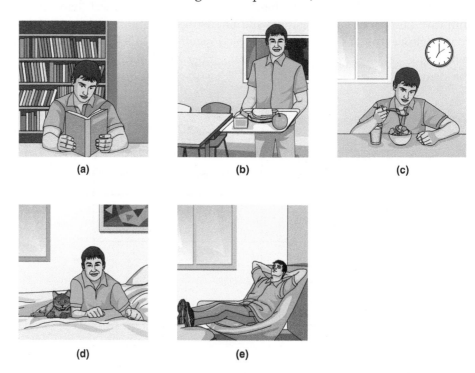

(a)   (b)   (c)

(d)   (e)

_____ (1) Tomo jugo de naranja y como cereal a las 7 de la mañana._____ (2) Llego a la universidad a las ocho menos veinte porque mi primera clase comienza (*begins*) a las 8. _____ (3) Al mediodía tomo un descanso (*rest, break*) y almuerzo en la cafetería de la universidad. _____ (4) Asisto a más clases y después estudio en la biblioteca por la tarde. _____ (5) Cuando llego a casa ceno (*I eat dinner*). _____ (6) Después de la cena siempre juego con mi gato y después me acuesto (*I go to bed*). _____ (7) Los fines de semana vuelvo a casa de mis padres, visito a mi familia y descanso. _____ (8) Prefiero los fines de semana.

Paso 2. Identifica el lugar más lógico en el texto para las oraciones A–C.

A. Generalmente pido pasta y una ensalada.
B. Finalmente a las 5 vuelvo a casa, pero generalmente pierdo (*I lose/ waste*) mucho tiempo por el tráfico.
C. Al día siguiente repito (*I repeat*) la misma rutina, pero el sábado mi rutina cambia.

Actividad 3-19. Pedir → pido

Paso 1. Todos los verbos del texto de la actividad anterior están en la siguiente tabla. Identifica cada una (*each*) de las categorías de cambios (o → ue; u → ue; e → ie; e → i) para cada verbo. Escribe **No hay cambio** cuando el verbo no tiene cambio de raíz (*stem change*).

Verbos	Forma en el texto	Cambio
1. tomar	tomo	no hay cambio
2. comer		
3. llegar		
4. comenzar	comienza	**e → ie**
5. tomar		
6. almorzar		
7. asistir		
8. estudiar		
9. llegar		
10. cenar		
11. jugar		
12. acostarse		
13. volver		
14. visitar		
15. descansar		
16. preferir		
17. pedir		
18. volver		
19. perder		
20. repetir		
21. cambiar		

Paso 2. Utiliza la información anterior para completar la siguiente tabla de conjugaciones.

Verbos	Conjugación
o → ue	
contar (*to count, tell a story*)	cuento, cuentas, (contás), cuenta, contamos, (contáis), cuentan
dormir (*to sleep*)	duermo, _____(1), (dormís), duerme, _____(2), (dormís), duermen
e → ie	
pensar (*to think*)	_____(3), _____(4), (pensás), _____ (5), _____(6), (pensáis), _____(7)
perder (*to lose*)	_____(8), _____(9), (perdés), _____ (10), _____(11), (perdéis), _____(12)
sentir (*to feel*)	siento, sientes, (sentís), siente, _____(13), (sentís), sienten
e → i	
repetir (*to repeat*)	_____(14), repites, (repetís), repite, _____(15), (repetís), repiten

GRAMÁTICA

Some other common stem-changing verbs for each category are:

    o → ue: costar (*to cost*), devolver (*to return* (an object)), encontrar (*to find*), llover (*to rain*), morir (*to die*), mostrar (*to show*), poder (*to be able to*), recordar (*to remember*), soñar (*to dream*), volar (*to fly*)

    e → ie: cerrar (*to close*), empezar (*to start*), entender (*to understand*), querer (*to want*)

    e → i: conseguir (*to obtain, to manage to*), seguir (*to continue*), servir (*to serve*)

Actividad 3-20. Empiezan las clases

Paso 1. Completa los espacios en blanco con la conjugación apropiada de un verbo lógico de la lista:

empezar   entender   pedir   poder   querer   repetir

Carlos: —¿Qué estudias este semestre?

Lucio: —Bueno, hoy _____ (1) la clase de criminología. Mañana _____ (2) matricularme (*register*) en la clase de química, pero la clase está llena (*full*). Si le _____ (3) permiso (*permission*) a la profesora, _____ (4) asistir a la clase.

Carlos: —La clase de química es difícil. La tomé antes (*I took it before*), y saqué (*received*) una F. [Yo] _____ (5) la clase de química este semestre porque no _____ (6) bien los conceptos ahora. Lo bueno (*The good thing*) es que no necesito comprar el libro. Ya tengo el libro en mi casa.

costar   devolver   perder

Lucio: —No me gusta comprar los libros de ciencia. Este semestre mis libros de química y biología _____ (7) $400.

Carlos: —¿Tú _____ (8) los libros usados a la librería después del semestre y se los vendes (*you sell them back*)?

Lucio: —Sí, y recibo poco dinero (*money*). La verdad es que yo _____ (9) mucho dinero.

Paso 2. Lee el párrafo del Paso 1 y responde a las preguntas que escuchas con una oración completa.

Modelo: Escuchas: ¿Quién pide permiso para matricularse en una clase llena?

Escribes: <u>Lucio pide permiso.</u> _____

1. _____

2. _____

3. _____

4. _____

5. _____

6. _____

Actividad 3-21. **Yo también**

Paso 1. Completa los espacios en blanco con la forma apropiada del verbo entre paréntesis. Luego indica si haces lo mismo (*you do the same thing*) o no.

Algunos (*some*) estudiantes de mi universidad...	**Sí, hago (*I do*) lo mismo**	**No, no hago lo mismo**
(1. devolver) _____ los libros a la librería después del semestre.		
(2. entender) _____ las explicaciones del profesor de español.		
(3. pedir) _____ ayuda (*help*) del profesor o de un tutor si tienen preguntas o si están confundidos.		
(4. pensar) _____ en su futuro después de la graduación.		
(5. almorzar) _____ en el salón de clase.		
(6. dormir) _____ durante las clases.		
(7. soñar) _____ con (*dream about*) sacar una A en todas sus clases.		
(8. repetir) _____ una clase antes de graduarse.		

• Estudiando español y otras materias

Paso 2. En grupos de cuatro, entrevístense (*interview each other*) usando la información del Paso 1. Escriban un resumen de su experiencia.

Modelo: Ana: —Marc, ¿tú devuelves tus libros a la librería después del
                      semestre?
          Marc: —No, no devuelvo mis libros. Y tú Andrew, ¿tú
                      devuelves tus libros a la librería después del
                      semestre?
          Andrew: —No, no devuelvo mis libros tampoco. Marta, ¿...?
          Resumen: —En nuestro grupo nosotros no devolvemos los
                      libros a la librería después del semestre.

Actividad 3-22. **Mi rutina**

Paso 1. Usa los textos y los ejemplos de las últimas actividades como modelo para escribir al menos seis oraciones para describir tu rutina diaria o tu experiencia como estudiante universitario.

Paso 2. En parejas, escriban un párrafo con un análisis de las similitudes y diferencias de sus rutinas o sus experiencias.

Modelo: Patty y yo volvemos a casa a las ocho y media, pero John y
          Anam vuelven a casa más temprano...

Irregular Verbs in the Present Tense

Hago la tarea y después **salgo** con mis amigos.

*I **do** my homework and afterwards I **go out** with my friends.*

Verbs that have more than one unpatterned stem in their conjugation (e.g., **hacer** has two stems: **hag-** and **hac-**) or that have a form with an atypical ending (e.g., **dar: doy**) are called irregular verbs. The verbs in the table below are common irregular verbs; notice the patterns in the **yo** forms ("**–oy**", "**–go**", and "**–igo**") to help you remember the conjugations.

	Dar	Ir	Salir
	(to give)	*(to go)*	*(to go out / to leave)*
yo	do**y**	vo**y**	sal**go**
tú	das	vas	sales
(vos)	das	vas	salís
él/ella/Ud.	da	va	sale
nosotros/nosotras	damos	vamos	salimos
(vosotros/vosotras)	dáis	vais	salís
ellos/ellas/ustedes	dan	van	salen

	Hacer	Poner	Traer
	(to do/make)	*(to put, place, turn on)*	*(to bring)*
yo	hago	pongo	traigo
tú	haces	pones	traes
(vos)	hacés	ponés	traés
él/ella/Ud.	hace	pone	trae
nosotros/nosotras	hacemos	ponemos	traemos
(vosotros/vosotras)	hacéis	ponéis	traéis
ustedes	hacen	ponen	traen
ellos/ellas	hacen	ponen	traen

	Decir*	Venir*	Oír*
	(to say/tell)	*(to come)*	*(to hear)*
yo	digo	vengo	oigo
tú	dices	vienes	oyes
(vos)	decís	venís	oís
él/ella/Ud.	dice	viene	oye
nosotros/nosotras	decimos	venimos	oímos
(vosotros/vosotras)	decís	venís	oís
ustedes	dicen	vienen	oyen
ellos/ellas	dicen	vienen	oyen

	Tener
	(to have)
yo	tengo
tú	tienes
(vos)	tenés
él/ella/Ud.	tiene
nosotros/nosotras	tenemos
(vosotros/vosotras)	tenéis
ustedes	tienen
ellos/ellas	tienen

*Oír has an irregular **yo** form and it is a spelling-changing verb, which means that some of the other forms are different from regular verb forms. You will learn about this kind of verb in a later grammar section. **Decir, venir,** and **tener** are irregular and stem-changing verbs, so they have two different kinds of changes in their conjugation.

Actividad 3-23. Hago la tarea todos los días.

Paso 1. Odalys es una estudiante muy responsable. En contraste, Graciela no es responsable. Bajo cada columna (Odalys o Graciela), marca con un visto/palomita (√) las acciones que probablemente describen la rutina de Odalys y las que probablemente describen la rutina de Graciela.

Actividad	Odalys	Graciela
1. Hace la tarea todos los días.		
2. No trae los libros necesarios a la clase.		
3. Dice ¡Buenos días! o ¡Buenas tardes! al entrar en la clase.		
4. Va al baño varias veces (*several times*) durante la clase.		
5. Pone atención a la explicación de sus profesores.		
6. Hace buenas preguntas para aprender más.		
7. Pone el iPod en la clase y no oye a los profesores.		
8. Trae el teléfono celular y habla durante la clase.		
9. Toma buenos apuntes (*notes*).		

Paso 2. Imagina que eres Odalys y escribe las oraciones del Paso 1 que corresponden a Odalys desde su perspectiva (usando la forma *yo*).

1. _____ la tarea todos los días.
3. _____ ¡Buenos días! o ¡Buenas tardes! al entrar en la clase.
5. _____ atención a la explicación de los profesores.
6. _____ buenas preguntas para aprender más.
9. _____ buenos apuntes (*notes*).

Actividad 3-24. Traigo el teléfono...

Paso 1. La profesora de Graciela habla con ella porque está preocupada por su comportamiento (*behavior*) en clase. Escucha la conversación y completa las respuestas de Graciela.

1. _____ mi iPod, pero con volumen muy bajo (*with very low volume*).
2. _____ bien las conversaciones en clase.
3. _____ el teléfono celular porque necesito comunicarme con mi trabajo.
4. Trabajo 40 horas a la semana y _____ poco tiempo para estudiar.
5. _____ a tomar agua para despertarme (*wake myself up*).

Paso 2. Escucha la conversación una vez más, y esta vez completa los espacios en blanco con las palabras exactas que se usan en la grabación.

Profesora: —(1) _____ muy preocupada. ¿Te molestaría explicarme por qué (2) _____ tu iPod durante mis clases?

Graciela: —(3) _____ cierto, disculpe. (4) _____ mi iPod, pero con volumen muy bajo. La música (5) _____ importante para concentrarme.

Profesora: —Tu iPod (6) _____ un problema porque tus compañeros de clase (7) _____ la música y tú no (8) _____ las conversaciones de la clase.

Graciela: —Está bien, profesora. (9) _____ bien las conversaciones en clase, pero ya no (10) _____ mi iPod.

Profesora: —Y el uso del teléfono celular, ¿cuál (11) _____ la explicación?

Graciela: —(12) _____ el teléfono celular porque (13) _____ comunicarme con mi trabajo.

Profesora: —Graciela, también observo que no (14) _____ la tarea preparada, ¿por qué?

Graciela: —(15) _____ 40 horas a la semana y (16) _____ poco tiempo para estudiar.

Profesora: —¿Y (17) _____ explicarme por qué (18) _____ varias veces durante la clase?

Graciela: —Lo siento. Generalmente (19) _____ muy cansada. (20) _____ a tomar agua para despertarme.

Paso 3. Escribe una nota a tu profesor/a con dos o tres oraciones con una descripción de las actividades de clase que te gustan/molestan o que no te gustan/molestan.

Modelo: No me gusta cuando un compañero de clase pone su iPod en clase.
No me molesta (*bothers me*) cuando los compañeros de clase no hacen las tareas.

Actividad 3-25. **Siempre traigo el almuerzo a la clase.**

Paso 1. ¿Con qué frecuencia (*how often*) haces las siguientes actividades?

Modelo: E1: —¿Con qué frecuencia traes el almuerzo a la clase?
E2: —**Siempre** (*always*) traigo el almuerzo. OR
—**A veces** (*sometimes*) traigo el almuerzo. OR
—**Nunca** (*never*) traigo el almuerzo. OR
—**Los miércoles** (*on Wednesdays*) traigo el almuerzo.
E1: —Yo traigo el almuerzo a veces también.

¿Con qué frecuencia...

1. traes el almuerzo a la clase?
2. traes una bebida (por ejemplo, un café) a la clase?
3. pones los pies sobre el escritorio?
4. vas al baño durante la clase?
5. haces preguntas a los profesores?
6. traes los libros necesarios a la clase?
7. dices "hola" y "adiós" al entrar y salir de la clase?

Paso 2. Entrevista a tres compañeros/as de clase y escribe sus respuestas a las preguntas anteriores.

¿Con qué frecuencia...	Comp. 1	Comp. 2	Comp. 3
1. traes el almuerzo a la clase?			
2. traes una bebida (por ejemplo, un café) a la clase?			
3. pones los pies sobre el escritorio?			
4. vas al baño durante la clase?			
5. haces preguntas a los profesores?			
6. traes los libros necesarios a la clase?			
7. dices "hola" y "adiós" al entrar y salir de la clase?			

Actividad 3-26. Todos somos...

Paso 1. En grupos de cuatro estudiantes, comparen sus respuestas para descubrir similitudes y diferencias.

Paso 2. Usa la información del Paso 1 para completar el siguiente párrafo.

Todos los estudiantes de mi grupo _____

_____

_____. En cambio, algunos

_____

_____. Un/a estudiante solamente

_____.

En conclusión, pensamos que _____ y

_____

son actividades comunes mientras que _____

es menos frecuente.

VOCABULARIO

Todos (all, everyone), **algunos** (some), **un estudiante solamente** (just one student), **en cambio** (in contrast), **en conclusión** (in conclusion), **mientras que** (while).

Future (ir a + verb)

Voy a estudiar en casa esta tarde, y tú y yo **vamos a estudiar** en la biblioteca después.

*I **am going to study** at home this afternoon, and you and I **are going to study** at the library later.*

To refer to the future, both English and Spanish use a very similar structure, *to go + infinitive*. In Spanish you conjugate the verb **ir**, add the preposition **a**, and leave the main verb (e.g., **estudiar**, *to study*) in the infinitive.

Actividad 3-27. ¿Qué vas a hacer?

Paso 1. Empareja la frase de la columna B con la columna A. OJO: Algunas combinaciones no tienen sentido (*do not make sense*).

Column A	Column B
1. _____ Después de la graduación, yo	a. vamos a graduarnos de la escuela secundaria.
2. _____ Este fin de semana mis padres	b. va a dormir en clase.
3. _____ El próximo año mis amigos y yo	c. vas a dejar (*quit*) tu trabajo como secretaria.
4. _____ Mañana mi profesor	d. voy a encontrar (*to find*) un trabajo como ingeniero.
5. _____ Después de ganar la lotería tú	e. vamos a graduarnos de la universidad.
	f. voy a tomar una clase de inglés.
	g. van a Puerto Plata de vacaciones.
	h. va a corregir la tarea.

Paso 2. Subraya todos los usos de **ir a + verbo** (e.g., vamos a graduarnos) en el Paso 1.

Actividad 3-28. Voy a viajar a Miami.

 Paso 1. Alberto deja un mensaje en el contestador de teléfono de su compañero de cuarto, Carlos. Escucha el mensaje una vez y decide si las siguientes afirmaciones son ciertas o falsas.

1. Alberto va a viajar (*to travel*) a Miami este fin de semana. _____

2. Los padres de su novia (*girlfriend*) van a celebrar sus 50 años de casados (*50th anniversary*). _____

3. La mamá de Alberto va a dejar (*to leave*) un libro en la puerta de su apartamento. _____

4. Alberto va a regresar (*to return*) de su viaje el sábado por la noche. _____

Paso 2. Con un/a compañero/a de clase, escuchen el mensaje una vez más y tomen notas para reconstruir el mensaje.

Hola Carlos, Soy Alberto. ¿Puedo pedirte un favor?

Actividad 3-29. **Va a visitar México.**

Paso 1. Usa los verbos de la siguiente lista para completar las oraciones 1-5 con los probables planes de vacaciones de estas personas.

estudiar más
dar conciertos en EE.UU.
tomar decisiones legales importantes
trabajar en la campaña política del candidato demócrata
escribir un libro
producir un programa cómico
actuar en un programa de televisión
trabajar como modelo

1. Blake Shelton y Miranda Lambert...
2. El presidente Barack Obama...
3. La juez de la Corte Suprema, Sonia Sotomayor...
4. Los comediantes George López y Paul Rodríguez...
5. Eva Longoria...

Paso 2. Escribe tres oraciones más con personas conocidas de tu universidad. Luego, sin decir el nombre de la persona, lee tu oración y el resto de la clase tiene que adivinar quién es la persona que seleccionaste.

Actividad 3-30. **¿Qué planes tienes?**

Paso 1. Escribe una lista de actividades que vas a hacer el año que viene (*next year*). Luego, escribe un párrafo de cinco oraciones completas.

Paso 2. Escribe al menos cinco preguntas para entrevistar a tu compañero/a sobre sus planes. ¿Tienen planes en común?

INTEGRACIÓN COMUNICATIVA

ESTRATEGIAS

CONVERSACIÓN: Fillers and Expressions to Develop Fluency in Conversation

When we talk to other people we make use of pauses—filled pauses (i.e., *um, er, uh*) and words (i.e., *you know, you see, well*)—(a) to keep the flow of conversation going while we think about what we want to say next, and (b) to show others that we are listening to and are interested in what they are saying. Most importantly, fillers are very useful to gain fluency in the language, as they are useful to "fill up" time as we are struggling to find the words to express what we are trying to say. Thus, as a second language learner it is to your advantage to memorize a few of these filler words/phrases and to start using them frequently as you thread together the few words that you know to communicate efficiently.

Muletillas (*fillers*) para confirmar y mostrar interés en la conversación.

These fillers—by definition—do not have any specific meaning. They are simply used to signal that the speaker is still trying to find the right words, to hold the floor, etc.

eeeh...	mmm...	este...
esto	bueno	a ver
vamos a ver	o sea	es decir
es que	pues	¿Qué más?

Palabras y expresiones para confirmar y mostrar interés en la conversación.

¿Cómo?/¿Qué dices?	*What did you say?*
¿En serio?	*Are you serious?*
¿No?/¿Sí?	*Is that right? Really?*
¿De verdad?	*Is that true/right?*
¡No me digas!	*No way!*
¡Qué bien!	*That's great!*
¡Qué lástima!	*That's a pity/too bad!*
¡Qué buena/mala suerte!	*What good/bad luck!*
Sí, entiendo	*I understand*
Ya veo	*I see*
¡Ah, claro!	*Of course!*
¡Oye!	*Listen!*
¡Mira!	*Look!*
¡Vaya!	*Well!/!Not bad!/Oh no!*

Actividad 3-31. ¿La mejor universidad? Bueno...

 Paso 1. Escucha una entrevista sobre las universidades y completa los espacios en blanco de la transcripción con las expresiones de la tabla anterior. La entrevista tiene un exceso de muletillas.

Speaker 1: —En su opinión, ¿cuál es la mejor universidad?

Speaker 2: —¿La mejor universidad? (1) _____, (2) _____...
(3) _____... (4) _____, la mejor, (5) _____, sí, (6) _____, es que... (7) _____, la mejor, la mejor... es queeeeeee, (8) _____, vamos, que la mejor, la mejor... (9) _____... no sé, pero... (10) _____, (11) _____... que cuando decimos la mejor, claro... uno puede decir la mejor pero, esteee, no sé...
(12) _____,

Paso 2. Ahora escucha otra respuesta a la misma pregunta (¿cuál es la mejor universidad?) y completa los espacios en blanco con las expresiones de la tabla anterior. Esta vez la respuesta es más realista (*realistic*).

¿La mejor universidad? _____..., en mi opinión, las universidades de EE.UU. son

muy buenas, _____, tengo libertad de seleccionar las materias

que quiero tomar. _____... _____

Las bibliotecas tienen casi todos los libros que necesito para hacer mi investigación. Y,

_____..., bueno, los profesores son simpáticos.

Actividad 3-32. O sea...

Paso 1. En parejas, completen uno de los dos (*one out of two*) diálogos siguientes con muletillas, palabras y expresiones adecuadas.

Modelo: E1: —Hola Alberto, ¿cómo estás? → Hola Alberto... **Oye, ¿cómo estás?**

Diálogo 1
E1: —Hola Alberto, ¿Cómo estás?
E2: —Muy bien, gracias. ¿Y tú?
E1: —Más o menos.
E2: —¿Qué pasa?
E1: —Estoy preocupado porque tengo un examen de español. ¿Puedes ayudarme, por favor?
E2: —Sí.
E1: —Muchas gracias.
E2: —De nada. ¿De qué tema te gusta hablar?
E1: —Me gusta mucho hablar de...

Diálogo 2

E1: —¡Hola! ¿Cómo estás?

E2: —Más o menos. Tengo un examen de química en 5 minutos.

E1: —¿En serio? Bueno... No te preocupes. (*Don't worry*) No es muy difícil.

E2: —¿En serio? ¡Ojalá! (*I hope*) Bueno... Nos vemos.

E1: —Sí, chau... y suerte.

 Paso 2. En parejas, escriban un diálogo original usando muletillas, palabras y expresiones para crear un diálogo natural.

 Paso 3. Presenten su diálogo al resto de la clase. Los otros estudiantes tienen que tomar nota de las muletillas y palabras que usa cada pareja.

Pronunciación: Unstressed Vowels in Spanish

In the Spanish word **nada**, both *a*'s have the same sound, like the *a* in *father* even though the second **a** is not stressed. In English it is common to relax the sound of unstressed vowels, making **nada** sound like *na-duh*, but doing so when you speak Spanish will make words unclear. No matter where vowels are in Spanish words, pronounce them strongly and clearly.

Actividad 3-33. **Las vocales**

 Paso 1. Compara la pronunciación de los sustantivos *ability*/**habilidad** y de los adjetivos *able*/**hábil**. En inglés, describe la pronunciación de la primera vocal en las palabras en inglés y español.

ability	*able*
habilidad	**hábil**

 Paso 2. Escucha las siguientes palabras, prestando atención a (*paying attention to*) la pronunciación de las vocales. Luego, lee las palabras en voz alta.

1. arquitectura
2. contabilidad
3. derecho constitucional
4. filosofía
5. literatura
6. psicología
7. actividades
8. flexible
9. internacional
10. tecnología avanzada

 Paso 3. Finalmente, escucha la lectura del siguiente párrafo. Presta atención a la pronunciación de las vocales. Luego, lee tú el párrafo tratando de imitar la pronunciación original.

Desayuno café y tostadas a las 7 de la mañana. Llego a la universidad a las ocho menos veinte porque mi primera clase comienza a las 8. Al mediodía tomo un descanso y almuerzo en la cafetería de la universidad. Asisto a más clases y después estudio en la biblioteca por la tarde. Cuando llego a casa ceno. Después de cenar siempre juego con mi gato y después de jugar un rato, me acuesto. Puedo descansar y visitar a mi familia; me gustan los fines de semana.

LECTURA: Guessing from Context

Guessing: When we read we are engaged in a constant process of guessing based on our background knowledge. Previous knowledge helps us fill in the information not explicitly mentioned in a text. Guessing, however, is inherently culture-specific. In the following activities you will notice how your own culture-specific notions of educational institutions can make reading comprehension more challenging.

Actividad 3-34. Paralelos en los sistemas educativos: Primera parte

Paso 1. Lee el párrafo siguiente para completar la tabla de equivalencias de los sistemas escolares en EE.UU. y algunos países hispanohablantes.

Edad	Estados Unidos	Países hispanohablantes
5	Kindergarten	Jardín de niños o Pre-escolar
6	Elementary School	
7	Elementary School	
8	Elementary School	
9	Elementary School	
10	Elementary School	
11	Elementary School	
12	Middle School	
13	Middle School	
14	High School	
15	High School	
16	High School	
17	High School	

Algunas diferencias entre sistemas educativos

Aunque (*although*) hay algunas diferencias, la secuencia de estudio en el sistema educativo de los países hispanohablantes es muy similar al sistema estadounidense. El proceso educativo consiste en tres ciclos de aproximadamente seis años cada uno (más el período inicial de la educación pre-escolar). A los seis años, los niños asisten (*attend*) a una escuela primaria. (En algunos países, una escuela primaria se puede llamar colegio.) Después que completan los seis años de la escuela primaria, los niños asisten a la escuela secundaria, que se llama "colegio," "liceo" o "instituto", donde estudian otros seis años más. Al terminar la secundaria, los jóvenes (*young adults*) de diecisiete a dieciocho años pueden ingresar a la universidad. También hay diferencias con respecto al vocabulario que se usa para designar a las personas que enseñan: en los países hispanohablantes, un/a "maestro/a" es una persona que enseña en la escuela primaria, y un/a "profesor/a" enseña en la educación secundaria o en la universidad.

Paso 2. ¿Cuáles de las siguientes opciones (a–c) describen mejor la palabra en negrita en la oración principal? OJO: Puede haber (*There can be*) más de una opción correcta en cada oración.

1. Los estudiantes de un **colegio** tienen aproximadamente entre
   a. 6 y 12 años.
   b. 12 y 18 años.
   c. 18 y 22 años.

2. Un **profesor** o **profesora** enseña en:
   a. una universidad.
   b. un instituto, liceo o escuela secundaria.
   c. una escuela primaria.

Actividad 3-35. Paralelos en los sistemas educativos: Segunda parte

Paso 1. Lee el siguiente párrafo e identifica posibles contrastes entre los sistemas educativos a nivel universitario (puedes usar inglés para demostrar tu comprensión de lectura).

Estados Unidos	Países hispanohablantes

Las universidades están compuestas de facultades como Veterinaria, Medicina, Leyes, Economía, etc. Las facultades ofrecen programas de estudio específico en que la mayoría de las materias que toman son obligatorias. Desde el momento en que ingresan a la universidad, los estudiantes de países hispanohablantes ya seleccionan una carrera específica (p.e., abogacía, medicina, ingeniería, literatura) y se dedican a tomar materias específicas a su especialidad desde el primer año. En contraste, en los Estados Unidos, los estudiantes pueden decidir su carrera durante los primeros años de estudios universitarios, generalmente durante los dos primeros años. Sin embargo, las diferencias existen no solamente entre países hispanos y los Estados Unidos, sino también entre los países hispanohablantes. Por ejemplo, en México, el título de bachillerato se recibe al finalizar los estudios universitarios. Sin embargo, en otros países latinoamericanos y en España, los estudiantes reciben el título de bachillerato al terminar la secundaria.

Paso 2. ¿Cuáles de las siguientes opciones (a-c) describen mejor la palabra en negrita en la oración principal? OJO: Puede haber más de una opción correcta en cada oración.

3. La **facultad** significa
   a. el grupo de profesores de una universidad.
   b. una de las divisiones académicas de la universidad.
   c. el gimnasio de la universidad.
4. El título de **bachiller** se recibe al finalizar
   a. la educación primaria.
   b. la educación secundaria.
   c. la educación universitaria.

ESTRATEGIAS

COMPRENSIÓN ORAL: Listening with a Goal in Mind

Listening tasks focus on specific objectives (e.g., filling out forms, writing down directions, etc.). To become a more efficient, strategic listener, focus your attention on pieces of information crucial to your goals. You do not need to understand every word, just the relevant ones that you need to complete the task.

Actividad 3-36. Universidades mexicanas y sus atracciones

Paso 1. Estudia el mapa de México y subraya la opción correcta (a o b) en las oraciones siguientes.

1 Universidad Nacional Autónoma de México (UNAM)
2 Universidad Veracruzana
3 Universidad de Guadalajara
4 Universidad Autónoma de Baja California Sur

1. Monterrey está cerca de a) los Estados Unidos, b) Guatemala.
2. Cancún está situado al a) este b) oeste de México.
3. Puerto Vallarta está situado al a) este b) oeste de México.
4. Ciudad Juárez está situado al a) norte b) sur de México.
5. Acapulco está situado al a) norte b) sur de México.

Paso 2. Vas a escuchar una conversación entre Francisco y Laura sobre varias universidades de México. Tu objetivo es identificar las universidades que se mencionan y la ciudad en que están ubicadas. Escribe el número de cada universidad al lado de la ciudad en el mapa.

 Paso 3. Usa la información del mapa anterior y copia la ciudad en que se localiza cada universidad en la columna 2 de la siguiente tabla. Luego, escucha la conversación de nuevo. Esta vez, presta atención a la descripción de Francisco de los diferentes programas de estudio para completar el resto de la tabla. Escucha la conversación más de una vez si es necesario.

Universidad	Ciudad, Estado	Población	El clima	Atracciones de la región
Modelo: UNAM (Universidad Nacional Autónoma de México)	Modelo: México, D.F.	Modelo: **20.000.000** de habitantes	Modelo: Temperatura media: **15° C**	Modelo: Museo Nacional de **Historia**; tiene exposiciones de varias épocas (la Conquista, la Reforma, la Independencia) y <u>arte</u> de muralistas famosos como José Clemente Orozco
1. Universidad Veracruzana	_____, Veracruz	_____ de habitantes	Temperatura promedio: _____	Museo de _____ y sus cabezas totonacas gigantes; El Tajín (ruinas prehispánicas)
2. Universidad de Guadalajara	_____, Jalisco	_____ de habitantes en el área metropolitana	Temperatura promedio: _____	Origen del tequila y _____ mariachi; centro de industria _____; _____ de diversos estilos
3. Universidad Autónoma de Baja California Sur	_____, Baja California Sur	_____ de habitantes en el área metropolitana	Temperatura promedio: _____	La naturaleza (playas, mar, desierto, montañas); ecoturismo sobre la _____ acuática

Actividad 3-37. **Mi universidad favorita**

Paso 1. Usa la información del mapa de la actividad anterior para decidir qué universidad te gusta más. Escribe tres o cuatro oraciones para justificar tu decisión.

Modelo: Me gusta más la Universidad en La Paz porque me gustan la temperatura alta y la playa. Me gusta menos la UNAM porque no me gustan las ciudades grandes.

 Paso 2. Entrevista a cinco estudiantes para saber por qué les gusta la universidad que seleccionaron. Con el resto de la clase, decidan cuál es la universidad más popular y por qué.

ESTRATEGIAS

ESCRITURA: Writing a Letter

The following activity will ask you to consider several factors that are important for writing a formal letter to request specific information about a product or a service. Remember that the writing process starts before you actually write the letter.

Actividad 3-38. **Una carta a una universidad mexicana**

Paso 1. Investiga posibles universidades mexicanas para ir a estudiar. Selecciona una universidad y toma nota de datos (*facts*) importantes.

Paso 2. Organiza una lista con los datos que tienes sobre la universidad de México que seleccionaste. Clasifícalos de acuerdo a información que tienes o que no tienes en la tabla siguiente.

Lo que sé (*what I know*) sobre esta universidad:

_____

_____

Lo que no sé sobre esta universidad:

_____

_____

Paso 3. Utiliza la información de la tabla anterior para escribir dos párrafos. En el primer (*first*) párrafo describe lo que te gusta de esta universidad. En el segundo (*second*) párrafo escribe preguntas para obtener información sobre lo que no sabes.

Actividad 3-39. Una carta modelo

Paso 1. En la siguiente carta se solicita información para ir a estudiar a una universidad mexicana. Lamentablemente (*Unfortunately*), las secciones están entreveradas (*scrambled*). En cada sección de la carta, escribe el número (1-5) de la sección que le corresponde.

1. Saludo
2. Presentación personal
3. Preguntas sobre el programa
4. Preguntas sobre la vida diaria
5. Despedida (*closing*)

_____ Quiero estudiar en una universidad en México el próximo año. Sé que (*I know that*) la Universidad Nacional Autónoma de México tiene un programa de matemáticas aplicadas y computación en la Facultad de Físico-Matemáticas e Ingeniería, pero no sé qué clases toman los estudiantes nuevos.

_____ Además de mis estudios, me gusta bailar. Por eso quiero saber si hay un grupo de baile en la universidad. También me interesa la cultura mexicana. ¿Los estudiantes estadounidenses viven con familias mexicanas durante el semestre? ¿Qué atracciones culturales hay en la Ciudad de México?

_____ En espera de su amable respuesta, la saluda atentamente,
Francisco Zapatero

_____ 24 de abril, 2012
Estimada Señora Guzmán,

_____ Mi nombre es Francisco Zapatero; soy estudiante en la Universidad de Arizona. Estudio para la licenciatura en matemáticas e informática.

Paso 2. Escribe el borrador (*first draft*) de una carta para solicitar información sobre la universidad que seleccionaste en la actividad anterior. Utiliza la carta del Paso 1 como modelo de organización.

Paso 3. Intercambia el borrador de tu carta con un/a compañero/a. Corrige errores de vocabulario, gramática y organización. Luego, utiliza los comentarios y sugerencias de tu compañero/a de clase para escribir la versión final de tu carta.

COMPARACIONES CULTURALES

Actividad 3-40. La buena educación

Paso 1. Clasifica los siguientes comportamientos (*behaviors*) de acuerdo a las categorías de bien educado (*polite*), mal educado (*impolite*), o muy mal educado (*downright rude*).

Comportamiento	Bien educado, Mal educado, Muy mal educado
1. comer durante una clase	
2. llegar tarde a clase	
3. bostezar (*yawn*) sin disimulo en la clase	
4. usar un gorro (*cap*) en clase	
5. estar en casa descalzo (*barefoot*)	
6. invitar a unos amigos a la fiesta de otro amigo	
7. visitar a otra persona sin llamar antes por teléfono	
8. no hacer cola (*wait in line*)	
9. saludar (*greet*) a los amigos o las amigas con un beso	
10. usar las manos para comer	
11. hablar mientras (*while*) otra persona habla	
12. hablar con la boca llena (*with food in your mouth*)	

VOCABULARIO

The concept of **bien educado/a** (literally *well educated*) is translated into English as *polite* or *courteous* or *well-bred*.

 Paso 2. Comparen sus respuestas con las de un grupo típico de estudiantes universitarios de México. En parejas, escriban un párrafo con el resumen de las diferencias más importantes.

Modelo: En general, comer en el salón de clase no es un ejemplo de mala educación en EE.UU. Pero en los países hispanos, la mayoría de la gente piensa que es un ejemplo de mala educación.

Categoría	Es un ejemplo de mala educación
1. comer durante una clase	18 de 20 (*18 out of 20*)
2. llegar tarde a clase	5 de 20
3. bostezar sin disimulo en la clase	15 de 20

4. usar un gorro (*cap*) en clase	12 de 20
5. estar en casa descalzo	12 de 20
6. invitar a unos amigos a la fiesta de otro amigo	10 de 20
7. visitar a otra persona sin llamar antes por teléfono	6 de 10
8. no hacer cola	16 de 20
9. saludar a los amigos o las amigas con un beso	2 de 20
10. usar las manos para comer	16 de 20
11. hablar mientras otra persona habla	8 de 20
12. hablar con la boca llena	15 de 20

Actividad 3-41. Interpretaciones culturales

Paso 1. Escucha la conversación entre Roberto, un estudiante de intercambio (*exchange*) de México, y su anfitrión (*host*) en los EE.UU. Roberto no entiende (*understand*) algunas convenciones culturales de EE.UU. Marca con un visto/palomita (√) las diferencias culturales que Roberto menciona en el diálogo. Verifica tus respuestas con otro/a estudiante y escucha la grabación una vez más.

1. _____ cuando estamos en casa ellos siempre están descalzos
2. _____ cuando vamos al cine comemos palomitas de maíz (*popcorn*)
3. _____ cuando llego a su casa no me saludan con un beso, sólo dicen ¡hola!
4. _____ cuando como pollo (*chicken*), no hay tenedores (*forks*) para comer
5. _____ cuando estamos en la mesa, no hablan

Paso 2. Escucha de nuevo el principio (*beginning*) de la conversación y rellena los espacios en blanco (*fill in the blanks*) con las muletillas y expresiones que faltan.

John: —¡Hola Roberto! ¿Vas a estudiar en la casa de tus compañeros de clase hoy?

Roberto: —¡Hola! _____ _____ _____ _____

John: —Ah, ¿no?... ¿Por qué?

Roberto: _____... _____... estudié con ellos en su casa el lunes y el miércoles _____ la situación es extraña.

John: —Ah, ¿sí? ¿Por qué?

Roberto: —_____ _____ cuando estamos en la casa ellos siempre están descalzos, creo que no están preparados para recibirme.

Actividad 3-42. Mi opinión

Paso 1. Escribe una lista de costumbres (*customs*) comunes en EE.UU. que pueden causar posibles malentendidos (*misunderstandings*) culturales con estudiantes extranjeros que vienen a estudiar a EE.UU.

En EE.UU:

...es importante llegar a tiempo a clase.

...es normal comer pollo frito (*fried chicken*) sin tenedor.

...no es común saludar con un beso.

 Paso 2. Compara tus opiniones con la de otro/a estudiante para escribir una lista de al menos seis posibles malentendidos culturales.

 Paso 3. Cada pareja comparte su lista con el resto de la clase y todos votan para seleccionar (a) los tres malentendidos más comunes/típicos y (b) los tres malentendidos más graves (*severe*).

ESTRATEGIAS

LITERATURA: Sor Juana Inés de la Cruz

Some of the great works of literature are timeless, but so are the great writers who were ahead of their times when they wrote their great works. In the following activity you will be challenged to defy traditional stereotypes about Hispanic culture and analyze a woman's perspective on higher education.

Actividad 3-43. La biografía de Sor Juana Inés

Paso 1. Completa las preguntas para cada una de las oraciones del siguiente párrafo sobre la biografía de Sor Juana Inés de la Cruz.

Modelo: 1. ¿Cuándo <u>nace Sor Juana Inés de la Cruz?</u>

2. ¿A qué edad _____?

3. ¿En qué materias _____?

4. ¿A qué edad _____?

5. ¿Adónde _____?

6. ¿Qué hace _____?

7. ¿Cuándo _____?

(1) Sor Juana Inés de la Cruz nace en 1651. (2) A los siete años quiere vestirse de niño (*dress as a boy*) para poder asistir a la universidad. (3) Durante su infancia, Sor Juana Inés demuestra su inteligencia en todas las materias: desde latín hasta matemáticas. (4) A los catorce años es seleccionada como dama de honor de la esposa del virrey. (5) Quiere entrar a la universidad pero no puede porque es mujer. (6) En el convento escribe poesía, realiza experimentos científicos y compone obras musicales. (7) Sor Juana Inés muere en 1695 durante una epidemia de cólera en México.

Paso 2. Decide en qué lugar tienes que colocar (*to place*) las oraciones (A) y (B) en el texto anterior.

(A) Sor Juana Inés es muy precoz (*precocious*) y así a los tres años de edad aprende a leer y escribir.

(B) Finalmente, como (*as*) no tiene la opción de asistir a la universidad, Sor Juana Inés decide entrar en un convento como monja (*nun*).

Actividad 3-44. La poesía de Sor Juana Inés

Paso 1. La siguiente es una estrofa (*stanza*) de un poema de Sor Juana Inés de la Cruz. Subraya y traduce cognados o palabras clave (*key words*) de cada línea del poema.

	Los cognados:
En dos partes <u>dividida</u>	<u>divided</u>
Tengo el alma en confusión	
Una, esclava a la pasión,	
Y otra, a la razón medida	

Paso 2. En parejas escriban palabras que asocian a las palabras claves del poema.

Razón = asociación con =

Pasión = asociación con =

Paso 3. ¿Pueden usar su lista de palabras del Paso 2 para escribir una estrofa de un poema? Tu profesor/a va a seleccionar dos o tres estrofas para leer en clase.

Diferencias dialectales: Variaciones en el vocabulario de la clase

Actividad 3-45. Un ratón de biblioteca

Paso 1. Marca con un visto/palomita (√) las características principales de un *ratón de biblioteca*, una expresión que usa Guadalupe en el siguiente pasaje del video. ¿Cómo puedes traducir *ratón de biblioteca* al inglés?

Pablo: —¡Ché, pero eso no es nada! Yo estoy tomando siete materias.

Camille: —¡No me digas!

Pablo: —Sí. Y además, me preocupo por mis notas. Trato de ser el mejor siempre.

Guadalupe: —O sea que eres un ratón de biblioteca.

_____ Se levanta temprano

_____ Siempre llega temprano a clase

_____ Le gusta salir (*to go out*) mucho

_____ Le gusta obtener buenas notas (*grades*) en sus cursos

_____ Le gusta estudiar mucho

_____ Le gusta dormir mucho

_____ Prefiere estudiar con otras personas

_____ Le gusta estudiar solo (*alone*)

_____ Obtiene los apuntes de clase de otros estudiantes

Actividad 3-46. ¿Aula o salón de clase?

Paso 1. Escucha a cinco personas traducir las siguientes palabras: *blackboard, classroom, homework, chalk, pencil sharpener, pen*. Marca con un visto/palomita (√) las palabras que corresponden a cada persona.

Palabra	Persona 1	Persona 2	Persona 3	Persona 4	Persona 5
1. pizarrón					
1. pizarra					
1. encerado					
2. salón de clase					
2. aula					
3. deberes					
3. tarea					
4. tiza					
4. yeso					
4. gis					
5. tajalápiz					
5. tajador					
5. sacapuntas					
6. birome					
6. bolígrafo					
6. lapicera					
6. lapicero					
6. pluma					

Paso 2. Escucha a una de las personas del Paso anterior describir las seis palabras y escribe palabras clave de cada descripción.

1. _____
2. _____
3. _____
4. _____
5. _____
6. _____

Paso 3. Escucha la grabación de nuevo y decide cuál es la palabra que se describe en cada caso.

1. _____
2. _____
3. _____
4. _____
5. _____
6. _____

Actividad 3-47. ¡Qué mala onda!

Paso 1. Antes de mirar el video, adivina cuál descripción de cada situación corresponde a cada línea del diálogo.

Diálogo

a. Guadalupe: —Este, no, gracias Pablo. Estoy ocupada ahorita.
b. Pablo: —¡Tres! ¡Ché... pero eso no es nada! Yo estoy tomando siete materias.
c. Guadalupe: —¡Híjole! ¡Qué mala onda eres Pablito!
d. Pablo: —Es sólo un modismo mexicano.
e. Guadalupe: —¿Y pues, cuéntanos, cómo es tu horario que no tienes tiempo para hacer más nada?

Descripción

1. _____ Guadalupe le pregunta a Pablo cuál es su horario de clases en tono sarcástico.
2. _____ Guadalupe critica a Pablo.
3. _____ Pablo dice que toma 7 cursos.
4. _____ Pablo dice que la expresión que usa Guadalupe es una expresión popular de México.
5. _____ Guadalupe no quiere ir con Pablo a ver al Prof. Parra.

Paso 2. Mira la primera parte del video y confirma tus predicciones. Analiza las expresiones de los personajes (*characters*) durante el diálogo. Escribe todas las palabras que puedes usar para describirlas.

Actividad 3-48. Esteeee...

Paso 1. Completa los espacios en blanco con las expresiones de la siguiente lista. Luego, mira el video para corregir tus respuestas.

Hmmmm   Esteeee   ¿no?

Es queeee   o sea

Camille: —¡Hola chico!

Pablo: —¿Qué tal, cómo les va?

Camille: —_____ ¿te acuerdas de Lupe?

         ¿de la clase del prof. Parra?

Pablo: —Sí, claro. _____ Hola.

Guadalupe: —¿Qué onda?

Pablo: —¿Qué tal?

Camille: —¿Adónde vas? Te ves muy cansado.

Pablo: —¡_____ !... _____

         _____... ayer me dormí a las 2 de la mañana.

Paso 2. En grupos de tres van a representar las líneas del díalogo anterior imitando la pronunciación de las palabras.

Actividad 3-49. ¿Qué pasa, Lupe?

Paso 1. Mira la siguiente escena del video y reconstruye (*reconstruct*) el diálogo con tus propias palabras (*your own words*).

Camille: —¿Qué te pasa, Lupe?

Guadalupe: —_____

         tiene ganas de (*feel like*) trabajar en la estación de radio.

Camille: —_____.

Guadalupe: —_____

         Pablo es un poco arrogante y no me cae bien (*I'm not keen on him*).

Camille: —_____. Si él es muy tierno (*sweet*). Cuando lo conozcas mejor me vas a dar la razón (*You'll realize I'm right*).

Paso 2. Usando la forma del futuro (**ir a** + **verb** in infinitive), adivina lo que va a pasar en el próximo capítulo: ¿crees que Lupe va a encontrar un trabajo en la radio? ¿crees que Lupe y Pablo van a ser amigos?

VOCABULARIO

LA HORA Y EXPRESIONES ASOCIADAS

¿A qué hora?	*At what time?*	menos cuarto (Son las dos menos cuarto)	*quarter to*
de la mañana/tarde/noche	*in the morning/afternoon/evening*	¿Me puede decir la hora?	*Could you tell me the time?*
en punto (Son las dos en punto)	*on the dot*	¡Qué tarde!	*How late it is!*
¡Es muy tarde!	*It's very late!*	¡Qué temprano!	*How early it is!*
¡Es muy temprano!	*It's very early!*	y media (Son las dos y media)	*half past*
la madrugada	*dawn, early morning*		
mediodía/medianoche (Es mediodía/medianoche)	*noon/midnight*	y cuarto (Son las dos y cuarto)	*a quarter after*

PARA INDICAR CUANDO

a las 5	*at five o'clock*	entre semana	*weekdays*
a veces	*sometimes*	los lunes	*on Mondays*
dos días a la/por semana	*two days a week*	nunca	*never*
el fin de semana	*weekend*	por la mañana/tarde/noche	*in the morning/afternoon/evening*
el lunes	*on Monday*	siempre	*always*

LOS DÍAS DE LA SEMANA

el lunes	*Monday*	el jueves	*Thursday*	el domingo	*Sunday*
el martes	*Tuesday*	el viernes	*Friday*		
el miércoles	*Wednesday*	el sábado	*Saturday*		

PARA SER AMABLE

Claro que sí	*Of course*	Disculpe	*Excuse me, Forgive me*	Por favor	*Please*
De nada	*You're welcome*	Gracias	*Thank you*	Señor	*Mister/Sir*
				Señora	*Madam/Ma'am*

ALGUNAS MATERIAS/ASIGNATURAS ACADÉMICAS

el alemán	*German*	la contabilidad	*accounting*	el inglés	*English*
el arte	*art*	la criminología	*criminology*	el latín	*Latin*
la antropología	*anthropology*	la economía	*economy*	la literatura	*literature*
la arquitectura	*architecture*	el español	*Spanish*	las matemáticas	*math*
la astronomía	*astronomy*	la filosofía	*philosophy*	la mercadotecnia o el marketing	*marketing*
la biología	*biology*	la física	*physics*		
el cálculo	*calculus*	el francés	*French*	la música	*music*
las ciencias de comportamiento	*behavioral sciences*	la geografía	*geography*	la psicología	*pscyhology*
		la historia	*history*	la química	*chemistry*
las ciencias políticas	*political science*	las humanidades	*humanities*	la sociología	*sociology*
		el idioma	*language*	el teatro	*theater, drama*
las ciencias religiosas	*religion, theology*	la informática	*computing*		
		la ingeniería	*engineering*	la zoología	*zoology*

PALABRAS RELACIONADAS CON LA EDUCACIÓN

los apuntes	*class notes*	la facultad (de leyes/derecho)	*(Law) school*
el bachillerato	*high school diploma*	el horario	*schedule*
la carrera	*career, major*	los jóvenes	*young adults*
el/la compañero/a de clase	*classmate*	la licenciatura	*Bachelor's degree*
los deberes/la tarea	*homework*	el/la maestro/a	*elementary school teacher*
la escuela	*school*	preescolar	*preschool*
la escuela secundaria/ el colegio/el liceo	*secondary school*	el título	*title, degree*
		el/la profesor/a	*secondary school teacher; college professor*

PARA INDICAR CUANTAS PERSONAS

algunos/as	*some*	todos/as	*all/everyone*	uno/a solamente	*just one*

PARA RELACIONAR IDEAS

antes de	*before*	cuando	*when*	mientras que	*while*
aunque	*although/ even though*	en cambio	*in contrast*	porque	*because*
		después (de)	*afterwards*		

VERBOS ÚTILES

almorzar	*to have lunch*	dibujar	*to draw*	poder	*can, be able to*
arreglar	*to arrange/to tidy up*	entender	*to understand*	poner	*to put*
		entrar	*to enter, to go in*	recibir	*to receive*
cenar	*to have dinner*	grabar	*to record*	regresar	*to return, to go back*
completar/ terminar/ finalizar	*to finish*	gustar	*to please*		
		hacer cola	*to wait in line*	repetir	*to repeat*
		hacer	*to do, to make*	sacar buenas/ malas notas	*to get good/bad grades*
crear	*to create*	ingresar	*to enroll*		
criticar	*to criticize*	interesar	*to interest*	salir	*to go out*
dar una caminata	*go for a walk*	interrumpir	*to interrupt*	saludar	*to greet*
		ir de compras	*to go shopping*	soñar	*to dream*
decir	*to say*	ir	*to go*	tomar (el bus, una clase, una bebida)	*to take (the bus, a class, a drink)*
dejar	*to lend (something to someone) or to leave (something somewhere)*	jugar	*to play*		
		llegar	*to arrive*		
		manejar	*to drive*	traducir	*to translate*
		necesitar	*to need*	traer	*to bring*
		oír	*to listen*	usar	*to use*
desayunar	*to have breakfast*	pedir	*to ask for*	visitar	*to visit*
devolver	*to return (something)*	pensar	*to think*		

BUSCANDO TRABAJO

4

CAPÍTULO

Actividad 4-0. ¿Quiénes son?

 Paso 1. En parejas, describan la apariencia física de cada una de las personas en estas fotos.

el fotógrafo   la analista   el electricista

la investigadora   la mujer policía   el mecánico

Modelo: La mujer policía es baja, tiene pelo negro, y ojos también negros.

 Paso 2. Ahora, agreguen (*add*) información sobre las probables actividades en el trabajo y las materias universitarias preferidas de cada persona:

Modelo: La mujer policía es baja, tiene pelo negro, y ojos negros. En su trabajo, camina, maneja un carro, hace investigaciones y escribe mucho. En la universidad le gusta estudiar criminología, justicia criminal y sociología.

 Paso 3. Cada pareja lee su descripción al resto de la clase. ¿Pueden adivinar qué foto se describe?

VOCABULARIO EN CONTEXTO

Actividad 4-1. Profesiones

Paso 1. Empareja el nombre de cada una de las siguientes profesiones con la descripción que le corresponde. Muchas palabras en las descripciones son cognados que te pueden ayudar a descubrir el nombre de la profesión que describen.

Profesiones		Profesiones	
a. el/la abogado/a		b. el/la bombero	
c. el/la doctor/a o el/la médico/a		d. el/la ingeniero/a	
e. el/la maestro/a		f. el/la arquitecto/a	
g. el/la secretario/a		h. el/la periodista	
i. el/la juez/a		j. el/la enfermero/a	

1. _____ defiende a sus clientes en la corte
2. _____ atiende a los pacientes en un hospital y ayuda a los doctores
3. _____ dicta sentencias judiciales en la corte
4. _____ responde en caso de emergencia y extingue incendios
5. _____ diagnostica enfermedades y recomienda tratamiento médico para las personas enfermas
6. _____ diseña casas y edificios
7. _____ enseña en una escuela primaria
8. _____ escribe para un periódico (un diario) como el *NY Times* o *El Nacional*
9. _____ hace trabajos generales en una oficina
10. _____ hace análisis de edificios, computadoras, máquinas, etc.

VOCABULARIO

Many professions are cognates, and so are very easy to guess: *actor, modelo, piloto, psicólogo,* or *recepcionista*. Names of many other professions are derived from the verbs that describe what the person does: **cocinar** *(to cook)* — **el cocinero** *(the cook)*.

 Paso 2. Escucha la descripción de cada profesión y escribe el nombre de cada una. Escucha las descripciones una vez más para verificar tus respuestas.

1. _____
2. _____
3. _____
4. _____
5. _____
6. _____
7. _____
8. _____
9. _____
10. _____

Actividad 4-2. ¿Qué haces? ¿Dónde trabajas?

SAB **Paso 1.** Usa el modelo para hacerle preguntas a tu compañero/a para descubrir la información que no tienes en la tabla. Contesta sus preguntas también.

Modelo:

Estudiante A

Descripción	Lugar	Ocupación
atiende a los pacientes que tienen problemas con su dentadura	un consultorio	el/la dentista

Estudiante B

Descripción	Lugar	Ocupación
atiende a los pacientes que tienen problemas con su dentadura	_____	_____

Estudiante B: —¿Quién atiende a los pacientes que tienen problemas con su dentadura?

Estudiante A: —El dentista o la dentista.

Estudiante B: —¿Dónde trabaja?

Estudiante A: —En un consultorio.

Estudiante B: —¿Cómo se escribe?

Estudiante A: —Se escribe C-O-N-S-U-L-T-O-R-I-O.

Estudiante A

Descripción	Lugar	Ocupación	
1. Prepara comidas	en un restaurante	_____	
2. Atiende a los clientes	en una tienda	_____	
3. _____	_____	el mecánico/la mujer mecánico	

4. Enseña a los niños	en una escuela primaria	_____	
5. _____	en el hospital	el/la enfermero/a	
6. Escribe cartas y habla por teléfono	en una oficina	_____	
7. Le corta el pelo a los clientes	en una peluquería	_____	
8. _____	en un restaurante	el/la mesero/a (en España=el/la camarero/a)	
9. Repara problemas eléctricos	en casas y edificios	_____	
10. _____	en las obras (*work sites*)	el/la obrero/a	
11. Extingue incendios	en la ciudad	_____	
12. Mantiene la seguridad pública	_____	el policía/la mujer policía	

Estudiante B   Information for student B is on pages 671–672.

Actividad 4-3. ¿Qué hacen los profesores? ¿Dónde trabajan?

Paso 1. En parejas, usando como modelo la información de la actividad anterior, escriban descripciones cortas de la ocupación y del lugar donde trabajan personas con ocupaciones que no se mencionan en el Paso anterior.

Modelo: La profesora = Enseña en una universidad y realiza investigación en su área de especialización.

Paso 2. Únanse a (*join*) otra pareja de estudiantes. Cada pareja tiene que descubrir el nombre del oficio o de la profesión que la otra pareja describe. Describan al menos (*at least*) cinco profesiones.

Modelo: E1: —Enseña en una universidad y realiza investigación en su área de especialización.
          E2: —La profesora o el profesor.

Actividad 4-4. Ocupaciones: Profesiones y oficios

Paso 1. El tipo de trabajo u ocupación (*job*) de cada persona se puede definir como una profesión o un oficio de acuerdo a la cantidad de estudio que requiere la ocupación. En parejas, clasifiquen las siguientes ocupaciones de acuerdo al tipo de educación y entrenamiento de cada una.

VOCABULARIO

In English, we also classify jobs according to the length and type of training that each job requires. We broadly define a continuum from skilled to unskilled work, with some specific terms making reference to more or less training (e.g., a career versus a job), or sometimes referring to the place in which the type of job is carried out (e.g., white-collar versus blue-collar jobs).

Ocupación	Profesión	Oficio
Modelo: Profesor/a	X	
Modelo: Dependiente		X
Abogado/a		
Arquitecto/a		
Bombero		
Cocinero/a		
Electricista		
Enfermero/a		
Maestro/a		
Mecánico/a		
Peluquero/a		
Periodista		
Secretario/a		

Paso 2. En parejas, escriban los nombres de cuatro ocupaciones más y clasifíquenlas de acuerdo al tipo de educación y entrenamiento de cada una. En la cuarta (*fourth*) columna, escriban algunas materias académicas que esta persona puede estudiar.

Ocupación	Profesión	Oficio	Materias

 Paso 3. Cada pareja comparte (*to share*) con otra pareja de estudiantes la información de las columnas 2, 3 (profesiones y oficios) y 4 (materias) para decidir si hay diferencias en las clasificaciones con otros estudiantes en la clase. ¿Por qué hay diferencias?

VOCABULARIO

A very common expression in Spanish is **tener que...** (*to have to do something*). It is used before a verb in its infinitive form: **tener que + infinitive** to express an obligation to do something.

Tengo que estudiar para mi examen.

I have to study for my exam.

Actividad 4-5. Tengo que estudiar francés y chino

Paso 1. Ana es una estudiante de Relaciones Internacionales. Marca con un visto/una palomita (√) las cosas que **tiene que hacer** (*has to do*) para mejorar sus posibilidades de encontrar un trabajo.

Probablemente, Ana...

____ tiene que estudiar francés y chino.

____ tiene que participar en programas de estudios en el extranjero.

____ tiene que practicar varios deportes.

____ tiene que trabajar como voluntaria en un hospital.

____ tiene que tomar cursos de física, química y matemática.

____ tiene que ser miembro del equipo de debates de su universidad.

____ tiene que solicitar una pasantía (*internship*) en diversas compañías.

____ tiene que obtener un título (*degree*) avanzado en negocios.

Paso 2. Selecciona otra profesión u oficio y escribe tres cosas que **tienes que hacer** para mejorar tus posibilidades de encontrar un trabajo.

Modelo: Tengo que _____.

Paso 3. Por turnos, cada uno/a lee la lista de cosas que tienen que hacer para mejorar sus posibilidades de encontrar un trabajo. ¿Qué cree tu compañero/a? ¿Hay algo más que tienes que hacer?

Actividad 4-6. ¿Qué preparaciones tienes que hacer para tu futuro profesional?

Paso 1. ¿Qué tienes que hacer para mejorar tus posibilidades de conseguir (*obtain*) un trabajo después de tu graduación? Escribe una lista similar a la lista abajo con tus planes.

Modelo: Quiero ser profesor/a de historia en una escuela secundaria. Por eso,

- tengo que estudiar dos especialidades, educación e historia.
- tengo que trabajar de voluntario/a en una escuela secundaria.
- tengo que buscar una pasantía (*internship*) de un semestre en una escuela secundaria.
- tengo que ser miembro de la Sociedad de Historia.

Paso 2. Usa la información del Paso anterior y agrega adverbios (por ejemplo, **también, además, finalmente**) para escribir un párrafo corto con tus planes.

Modelo: Quiero ser profesor/a de historia en una escuela secundaria. **Por eso** tengo que estudiar dos especialidades, educación e historia. Tengo que trabajar de voluntario/a y buscar una pasantía de un semestre **también**. **Finalmente** tengo que ser miembro de la Sociedad de Historia.

Actividad 4-7. Tu futuro profesional

Paso 1. Entrevista a otro/a compañero/a de clase para averiguar (*find out*) su futura ocupación y lo que va a hacer para conseguir un puesto (*position*) en dicho trabajo. Toma notas de las respuestas a tus preguntas.

Modelo: E1: —Hola, me llamo Alan. Voy a ser profesor de historia. ¿Qué vas a ser tú?
E2: —Hola, soy Myles. Quiero ser médico.
E1: —¿Qué tienes que hacer para ser médico?
E2: —Tengo que tomar dos clases de...

Paso 2. Describe los planes de tu compañero del Paso 1 al resto de la clase y pregúntales si saben cuál va a ser su futura ocupación.

Modelo: Myles tiene que estudiar química y anatomía, y tiene que hacer una pasantía en el hospital local. ¿Cuál va a ser su futura ocupación?

Paso 3. Completa las siguientes oraciones con la información de las futuras profesiones de tus compañeros/as de clase.

Resumen de las preferencias de la clase sobre carreras y materias

La mayoría de los compañeros de mi clase estudian para ser _____ _____.

Algunos estudian para ser _____.

Muy pocos/unos pocos estudian para ser _____.

Saber y conocer

Actividad 4-8. ¿Qué sabes? ¿A quién conoces? (*What do you know? Whom do you know?*)

Paso 1. Los verbos **saber** y **conocer** se pueden traducir al verbo en inglés *to know*. Subraya todos los ejemplos de los verbos **saber** y **conocer** en el siguiente párrafo.

Para encontrar un trabajo es importante saber hacer tu trabajo, pero también es importante conocer a personas que te pueden recomendar para el trabajo que buscas. Obviamente, ya sabes que existen redes (*networks*) sociales en el Internet como Facebook que te permiten conectarte con mucha gente en todo el mundo. Pero también existen redes sociales como LinkedIn que sirven para conocer a gente que te puede ayudar a crear contactos profesionales, y así encontrar el trabajo que te gusta. ¿Sabes conectarte a través de LinkedIn? ¿Conoces otras redes sociales que te pueden ayudar a crear contactos profesionales?

GRAMÁTICA	
SABER	CONOCER
To know	*To know*
Sé	**Conozco**
Sabes	Conoces
(Sabés)	(Conocés)
Sabe	Conoce
Sabemos	Conocemos
(Sabéis)	(Conocéis)
Saben	Conocen

VOCABULARIO: SABER Y CONOCER (*TO KNOW*)

When **saber** means to know a fact, it is followed by <u>a noun</u> or by a <u>subordinate clause</u>.

| to know a fact | **Sé la respuesta.** | *I know [the answer].* |
| | **Sé que eres estudiante.** | *I know [that you're a student].* |

When **saber** means to know how to do something, it is followed by <u>a verb in its infinitive form</u>:

| to know how to do something | **Sé hablar español.** | *I know how [to speak Spanish].* |

Conocer means to know someone, to meet someone, and to be familiar with something, someone or someplace. Note the use of **a** after **conocer** with people:

to know someone	**Conozco a Lucas, es mi amigo.**	*I know Lucas; he's my friend.*
to meet someone	**Conozco a mis compañeros el primer día de clase.**	*I meet my classmates on the first day of class.*
to be familiar with something, someone, someplace	**Conozco Miami, voy a Miami durante las vacaciones cada año.**	*I know Miami; I go to Miami during break each year.*

Paso 2. Lee el texto del Paso 1 otra vez e identifica el significado de cada ejemplo de **saber** y **conocer**.

1. es importante **saber** hacer tu trabajo
2. es importante **conocer** a personas
3. **sabes** que existen redes sociales
4. para **conocer** a gente
5. ¿**Sabes** conectarte...?
6. ¿**Conoces** otras redes sociales...?

Actividad 4-9. ¿Quién es esa joven?

Selecciona **saber** o **conocer** en las siguientes oraciones de acuerdo al contexto que se presenta. Explica por qué usas **saber** o **conocer** en cada caso.

A.—(1) ¿**Sabes/Conoces** el nombre de esa joven?

B.—No, pero (2) **sé/conozco** que es dominicana y que (3) **sabe/conoce** bailar merengue.

A.—(4) ¿**Sabes/Conoces** al nuevo estudiante?

B.—No, pero quiero (5) **saberlo/conocerlo** *(to know him).*

A.—(6) ¿**Sabes/Conoces** Cuba?

B.—Sí, (7) **sé/conozco** muy bien Cuba, chico. Yo soy cubano, pero ahora vivo en Miami.

A.—(8) Y ¿qué **sabes/conoces** de la República Dominicana?

B.—Bueno, (9) **sé/conozco** que la República Dominicana es parte de una isla que está en el mar Caribe.

Actividad 4-10. ¿A quién conoces de la República Dominicana y Cuba?

Paso 1. Completa los siguientes párrafos para describir a dos personas famosas desde tu perspectiva (yo). Uno es de la República Dominicana y el otro es descendiente de cubanos de la Florida.

Juan Luis Guerra es un músico y compositor (cantautor) con fama internacional. (1) (Yo) _____ que es de Santo Domingo, la capital de la República Dominicana. No (2) _____ todas sus canciones (*songs*) pero (3) _____ que vende muchos discos (*CDs*) —más de 30 millones— y que cuenta con más de 20 premios (*awards*) prestigiosos. También (4) _____ que tiene tres Latin Grammy Awards muy recientes. Me gustan muchas letras de las canciones de Juan Luis Guerra porque son auténtica poesía. ¿ (5) _____ (tú) alguna de sus canciones más famososas como "Ojalá que llueva café"?

Marco Rubio es un político de Florida de origen cubano. (Yo) No lo (6) _____ personalmente, pero (7) _____ su historia política. (8) _____ que es un senador de los EE.UU. que representa al estado de Florida. Es muy famoso porque en el futuro puede ser candidato a la presidencia de los EE.UU. ¿ (9) _____ el estado de Florida? Como (10) (tú) _____, en Florida hay una proporción muy grande de inmigrantes cubanos y descendientes de estos inmigrantes de Cuba. ¿Te gustaría (11) _____ a Marco Rubio durante la próxima convención del partido republicano?

Paso 2. Escriban un párrafo sobre una persona que Uds. **conocen** (personalmente o no). ¿Qué saben de la persona?

Modelo: Conocemos a una persona famosa. Sabemos que [algo]. Conocemos a su esposo/a o novio/a. Sabemos que vive en [lugar]. Esta persona sabe [hacer algo]. Etcétera.

Conocemos a una persona famosa. _____

_____

_____

_____

_____

Paso 3. Luego, lee la descripción de la persona famosa que seleccionaste sin decir su nombre al resto de la clase: ¿alguien sabe quién es la persona que describes?

Actividad 4-11. ¿Sabes qué ropa se usa en cada ocupación?

 Paso 1. Lee las descripciones de la ropa de varios profesionales. Identifica las prendas de vestir (*item of clothing*) que no corresponden a las imágenes y cambia las prendas por otras más lógicas.

Modelo: La abogada lleva un vestido con blusa de manga larga, un saco, unos zapatos tenis y un impermeable.

Tu respuesta: —No, la abogada lleva un vestido de manga corta con un cinturón. También usa lentes y un collar de perlas. No usa impermeable o zapatos tenis en la corte.

1. El político viste un traje (*suit*) de un saco, pantalones cortos, una camisa de vestir, y una corbata. Además lleva un collar.
2. El bombero usa pantalones e impermeable con sandalias.
3. El mecánico lleva jeans, botas, blusa y aretes.
4. La estudiante viste una falda, una blusa de manga larga con corbata y botas.
5. La programadora que trabaja a distancia (*telecommuter*) viste una bata, impermeable y pantuflas.

VOCABULARIO

Three common verbs for *to wear* are **usar**, **llevar** and **vestir (e-i)** and the expression **tener/llevar puesto**. In the grammar section on reflexive verbs you will learn about two others: **ponerse** and **vestirse**.

Paso 2. En parejas, describan el tipo de ropa que tienen que usar en cada una de las siguientes ocasiones sociales. Usa el vocabulario de los Pasos 1 y 2.

un abrigo
de cuero

un suéter

una sudadera

una chaqueta
de cuero

una camisa de
manga corta

un delantal

un mameluco

un uniforme de
policía

una bata médica

unos zapatos
tenis

unos pantalones
cortos/shorts

una bufanda

la ropa
interior

un gorro

unos zapatos
de tacón alto

Modelo: Para trabajar en un banco =

Los hombres: Tienen que vestir de traje y corbata y tienen que usar zapatos negros.

Las mujeres: Tienen que usar un vestido formal de color oscuro y les gusta llevar un collar de perlas blanco.

1. Una entrevista de trabajo con una firma de abogados.

Los hombres:

Las mujeres:

2. Una entrevista de trabajo con una compañía de tecnología avanzada (del tipo "punto com").

Los hombres:

Las mujeres:

3. Una cena en la casa de un colega de trabajo.

Los hombres:

Las mujeres:

4. Una cita romántica en un restaurante elegante.

Los hombres:

Las mujeres:

5. Una tarde de domingo en el parque.

Los hombres:

Las mujeres:

Actividad 4-12. ¿Sabes qué ropa lleva _____?

 Paso 1. En parejas, utilicen el vocabulario de las imágenes para escribir descripciones de la ropa que usan otros estudiantes en la clase. Mencionen el tipo de ropa (por ejemplo, pantalones), el color (por ejemplo, marrón) y otras características de las prendas (por ejemplo, largo).

Modelo: Sean lleva una <u>camiseta</u> <u>blanca</u> <u>de algodón</u> y pantalones jeans de color negro.

VOCABULARIO

Combine the following expressions with clothing and accessories to express what the items are made of, for example, **un abrigo de cuero**: *a leather coat.*

de algodón *cotton*   **de cuero** *leather*

de lana *wool*   **de lino** *linen*

de seda *silk*   **de perlas** *pearl*

de oro *gold*   **de plata** *silver*

Paso 2. Todos los estudiantes se paran (*stand up*) y forman un círculo. Un/a estudiante se da vuelta y queda mirando hacia la pared (*wall*). Los demás estudiantes van a describir la ropa de un/a estudiante cualquiera y la persona que está mirando a la pared tiene que adivinar el nombre del/ de la estudiante que lleva la ropa que se describe. Luego, la clase repite la actividad con otro/a estudiante.

Paso 1. Escribe una descripción de la ropa que estas personas tienen ganas de usar en su trabajo y la ropa que tienen que usar.

El mecánico   El doctor   La profesora   La mesera   La mujer policía

Modelo: El abogado tiene ganas de usar sandalias, camiseta, lentes de sol y traje de baño, pero tiene que usar un traje con corbata.

VOCABULARIO

Another common expression similar in structure to **tener que...** (*to have to do something*) is **tener ganas de...** (*to feel like doing something*). Just like **tener que +** infinitive, an infinitive also follows **tener ganas de...**

Tengo ganas de mirar televisión, pero **tengo que estudiar** para mi examen.

I feel like watching TV, but I have to study for my exam.

Paso 2. Ahora, escucha la descripción de la ropa que usan varias personas para descubrir la profesión u oficio de cada una. Puede haber varias opciones de profesiones/oficios para cada persona. Escribe una profesión lógica. Escucha la grabación otra vez para verificar tus respuestas.

1. _____   4. _____

2. _____   5. _____

3. _____   6. _____

Paso 3. En parejas, escuchen una vez más la grabación para poder explicar (*explain*) por qué seleccionaron profesiones/oficios específicos.

GRAMÁTICA EN CONTEXTO
Ser, Estar, and Haber (hay)

Let's review some of the functions of **ser**, **estar** and **haber**. We have already seen that **ser** is used with:

1. nationalities (**Soy mexicano**)
2. origins (**Soy de Tampico**)
3. times (**Es la una y veinte**)
4. dates (**Hoy es lunes**), and
5. as a linking verb between nouns (**Marta es mi amiga**);

Estar is used with:

1. physical and emotional states (**Estoy cansado/Estoy contento**), and
2. location (**Estamos en el salón de clase**);

Haber (**hay**) is used to:
describe the existence of something or someone (**Hay 20 estudiantes** en el salón de clase).

After practicing these uses that you've already learned, you'll learn a new contrast between **ser** and **estar**.

Actividad 4-14. La profesora es...

Paso 1. En el siguiente párrafo, subraya con una línea los usos del verbo **ser**, subraya con dos líneas los usos del verbo **estar** y dibuja un círculo alrededor de los usos del verbo ⬭haber⬭.

> Antonia Villamil es doctora. Es de Cuba. Hoy es miércoles, y son las dos de la tarde. La doctora Villamil está en el hospital desde las 5 de la mañana. Tiene que trabajar hasta las 8 de la noche. Pero todavía hay 10 pacientes más en la sala de espera. Por eso está muy cansada. Pero está contenta porque no tiene que trabajar mañana.

Paso 2. Para cada ejemplo de los verbos **ser**, **estar**, y ⬭haber⬭ del párrafo anterior, identifica la regla que justifica (*justifies*) cada uso.

Modelo:

1. Antonia Villamil **es** doctora   →   linking verb between nouns
2. _____ →
3. _____ →
4. _____ →
5. _____ →
6. _____ →
7. _____ →
8. _____ →

Actividad 4-15. ¿Es el policía?

 Paso 1. En parejas, completen los espacios en blanco con la forma apropiada de **ser**, **estar** o **haber**. Luego escriban el nombre de la profesión que se describe.

1. La ropa típica de esta persona _____ un uniforme. Por la noche esta persona _____ en la ciudad; camina o maneja por las calles para mantener la seguridad pública. ¿Quién es? _____

2. Esta persona trabaja en las obras de construcción de casas y edificios. Por eso, casi siempre _____ afuera (*outside*) de la oficina. Tiene que ser fuerte para construir casas y edificios. ¿Quién es? _____

3. Esta persona les sirve comida a los clientes. Los clientes _____ contentos si la comida y el servicio son buenos. ¿Quién es? _____

4. Cuando trabaja, esta persona _____ en su consultorio o en el hospital. Lleva una bata médica y atiende a los pacientes. Trabaja muchas horas, y por eso frecuentemente _____ cansada. ¿Quién es? _____

5. _____ domingo. Esta persona no va al trabajo, pero a veces tiene que preparar sus lecciones o calificar las tareas durante el fin de semana. ¿Quién es? _____

6. Los presidentes, los senadores y los representantes _____ miembros de esta profesión. En EE.UU. _____ un presidente, 100 senadores y 435 representantes. ¿Quiénes son? _____

Paso 2. Contesta las preguntas sobre tu ciudad con una frase completa.

1. ¿Dónde está tu ciudad?
2. ¿Hay muchos residentes en tu ciudad?
3. ¿Cuál es la profesión más popular en tu ciudad?
4. ¿Cuál es la conferencia más grande para esa profesión?

More Contrasts between Ser and Estar: Adjectives and Location

As you've seen, the verbs **ser** and **estar** differ in the distribution of their <u>functions</u> in Spanish, which means they generally are not interchangeable. They also differ in use with adjectives and location:

Function	SER	ESTAR
With adjectives	Use **ser** with an adjective when describing a generally stable, expected, normal attribute: *The sky is blue.* = El cielo **es** azul. *Susana is thin.* = Susana **es** delgada. *My family is large.* = Mi familia **es** grande.	Use **estar** with adjectives when describing a generally transitory attribute, or one that indicates a change. Oftentimes, the change is unexpected or out of the norm. *Pedro is tired.* = Pedro **está** cansado. *The sky is grey today.* = El cielo **está** gris hoy. *Felipe! You are so skinny!* = ¡Felipe! ¡**Estás** tan delgado!
With location	Use **ser** when describing the location of an event: *The party is at my house.* = La fiesta **es** en mi casa. *The meeting is in Building 5.* = La reunión **es** en el edificio número 5. *The art show is at the student center.* = La exhibición de arte **es** en el centro estudiantil.	Use **estar** when describing the location of a person or an object: *Juan is at home.* = Juan **está** en casa. *The book is in my backpack.* = El libro **está** en mi mochila. *The bank is on the corner.* = El banco **está** en la esquina.

Actividad 4-16. ¿Por qué se usa ser/estar/haber?

Paso 1. Subraya el verbo (**ser, estar,** or **haber** (**hay**)) en cada oración e indica su función.

Modelo: <u>Estamos</u> en la cafetería. → location of people

1. En Cuba, hay procesiones religiosas en honor del santo patrón de cada ciudad. → _____
2. Mi hermano es alto y muy guapo. → _____
3a. Pedro: —¿Dónde es la fiesta? → _____
3b. Marisol: —Es en el hotel Villanova. → _____
4a. Pedro: —¿Dónde está Juan? → _____
4b. Marisol: —Está en casa. → _____
5a. Pedro: —¿Cómo estás? → _____
5b. Marisol: —Estoy bien, gracias. → _____
6. ¡Qué alto está tu hijo! → _____
7. ¡Antonio está muy guapo! → _____

 Paso 2. En parejas, escriban tres oraciones originales, cada una con un ejemplo de uno de los tres verbos anteriores. Tu instructor/a va a seleccionar algunos estudiantes para leer sus oraciones y verificar si están bien escritas.

Actividad 4-17. —¿Está un error? —No, es un error.

Paso 1. En parejas, escriban las correcciones en el uso de los verbos **ser**, **estar** y **haber (hay)**. ¿Pueden explicar por qué son errores? OJO: Hay usos correctos también.

> Modelo: "La comida es fría". = <u>La comida está fría.</u>

1. "Mis amigas son enfermeras pero hoy son enfermas (*ill*)". = _____ .

2. "Nosotros estamos maestros y donde vivimos es muchas escuelas". = _____ .

3. "Mi amigo está médico. Está inteligente y trabajador". = _____ .

4. "Tú eres tenista profesional y eres muy fuerte, pero después de muchas horas de práctica eres cansado". = _____ .

5. "Mi cantante favorito viene a nuestra ciudad hoy. El concierto está a las ocho. Es en el Teatro Principal". = _____ _____ .

Paso 2. En parejas, escriban tres oraciones con errores de los usos de los verbos **ser**, **estar** y **haber (hay)**. Luego, entrevisten a otros estudiantes y pregúntenles si pueden identificar el error y explicar por qué es un error.

Actividad 4-18. Al norte de Cuba está...

Paso 1. En parejas, estudien el mapa de **Cuba** y **la República Dominicana** y completen la información sobre la ubicación (*location/placement*) geográfica de estos dos países con respecto a sus vecinos (*neighbors*).

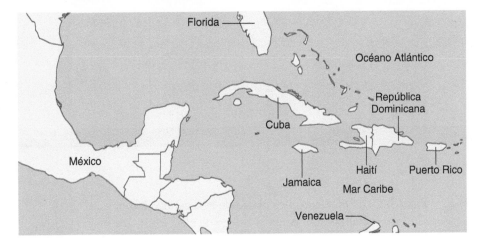

> Modelo: Al sur de Cuba está la isla de <u>Jamaica.</u>

1. Al norte de Cuba está _____ .
2. Al oeste de Cuba está _____ .
3. Al este de Cuba está _____ .
4. Al sur de la República Dominicana está _____ .
5. Al norte de la República Dominicana está _____ .
6. Al oeste de la República Dominicana está _____ .
7. Al este de la República Dominicana está _____ .

Paso 2. Lee el siguiente texto sobre **Cuba** y **la República Dominicana**. Con la información del mapa y del texto, en parejas, escriban dos oraciones (una cierta y una falsa) sobre estos dos países. Luego, lee las dos oraciones y el resto de la clase tiene que decir cuál es cierta y cuál es falsa.

Cuba y la República Dominicana son[1] dos países con muchas similitudes. Los dos están[2] en el mar Caribe y ambos son[3] mecas turísticas con playas hermosas. El clima de ambos países es[4] tropical marítimo. La población de las dos islas es[5] muy similar también: Cuba tiene casi once millones de habitantes mientras que la República Dominicana tiene aproximadamente diez millones. La tasa de urbanización es[6] casi igual: en los dos países alrededor del 70% de la población vive en centros urbanos (como comparación, en Estados Unidos la tasa de urbanización es del 82%).

Sin embargo, hay[7] diferencias importantes. En materia geográfica, Cuba ocupa una isla entera, mientras que la República Dominicana ocupa la parte occidental de una isla, La Española, que comparte con Haití. Además hay[8] diferencias políticas sustanciales entre ambos países. La diferencia más importante es[9] que Cuba tiene un gobierno comunista, mientras que la República Dominicana tiene un gobierno democrático. En materia de salud, Cuba está más avanzada que la República Dominicana. Por ejemplo, la tasa de mortalidad infantil es[10] relativamente alta en la República Dominicana con casi 26 muertes por cada 1.000 nacimientos. En cambio, Cuba registra 5.82 muertes por cada mil nacimientos. Como punto de referencia, Estados Unidos registra 6.22 muertes por mil nacimientos (*CIA Fact Book*). La tasa de mortalidad infantil está asociada al número de profesionales médicos en cada sistema de salud. Por ejemplo, en la República Dominicana hay[11] una proporción de 19 médicos por cada 10.000 habitantes, mientras que en Cuba hay[12] 59 médicos por cada 10.000 habitantes.

Paso 3. Cada pareja explica el uso de **ser, estar** o **haber** en el texto anterior (palabras subrayadas). Luego, la clase compara sus respuestas.

1. _____   7. _____
2. _____   8. _____
3. _____   9. _____
4. _____   10. _____
5. _____   11. _____
6. _____   12. _____

Present Progressive: Another Use of the Verb Estar

¡Pobre Baldo! Está en la cafetería y está muy preocupado. Hay muchos estudiantes. Algunos **están comiendo**; otros **están hablando** con sus amigos. Baldo piensa que todo el mundo lo **está mirando**. ¿Es cierto?

*Poor Baldo! He is in the cafeteria and he is very worried. There are many students. Some of them **are eating**; some **are chatting** with their friends. Baldo thinks everyone **is looking** at him. Is it true?*

Like in English, the present progressive in Spanish is used to talk about actions that take place or are in progress at the moment we are speaking. It is formed with the conjugated form of **estar** followed by the present participle of the main verb, as indicated in the table below.

To form the present participle of the **regular verbs,** substitute the infinitive ending **–ar** for the present participle ending **–ando,** and the infinitive endings **–er** and **–ir** for the present participle ending **–iendo.**

subject	estar	mir-**ar**	com-**er**	escrib-**ir**
yo	est**oy**	mir-**ando**	com-**iendo**	escrib-**iendo**
tú (vos)	est**ás**			
él/ella/usted	est**á**			
nosotros/nosotras	est**amos**			
(vosotros/vosotras)	est**áis**			
ellos/ellas/ustedes	est**án**			

Actividad 4-19. ¿Qué están haciendo?

Paso 1. Escribe el número de la descripción de lo que está haciendo cada persona debajo de la imagen correspondiente.

1. La profesora está mirando a los estudiantes.
2. Los meseros están sirviendo el aperitivo (*appetizers*).
3. La enfermera le está poniendo una inyección al paciente.
4. El cartero está repartiendo (*delivering*) el correo en mi calle.
5. La analista de sistemas está trabajando con su computadora.
6. El peluquero le está cortando el pelo a la señora.
7. La secretaria está llamando por teléfono.
8. El chofer está saludando a los pasajeros que van al aeropuerto.

GRAMÁTICA

There are three types of irregular forms of the participle.
(A) The present participle of **–er** and **–ir** verbs has a spelling change when the participle creates a sequence of three vowels and **i** is the middle vowel. Then **i** becomes **y**:
le**er** (*to read*): leiendo → le**y**endo
constru**ir** (*to build*): construiendo → constru**y**endo

(B) The present participle of **e → i** stem-changing **–ir** verbs has the same change:
d**ec**ir (*to say*) → d**i**ciendo
s**erv**ir (*to serve*) → s**i**rviendo

(C) The present participle of (very few) verbs that have the vowel **o** in their root have a spelling change that changes **o** to **u**: **o → u**
d**o**rmir (*to sleep*) → d**u**rmiendo
p**o**der (*to be able to*) → p**u**diendo

Paso 2. <u>Subraya</u> las formas del presente progresivo en las oraciones del
Paso 1, y escribe a la derecha la forma del infinitivo del verbo principal.

Modelo:

1. El profesor <u>está leyendo</u> un poema en voz alta (*aloud*).   LEER

Actividad 4-20. ¿Qué está haciendo Manolo?

 Paso 1. Escucha la descripción de lo que está haciendo Manolo en cada
una de las siguientes imágenes y escribe el número de la descripción oral
(1–8) debajo de la imagen que le corresponde.

————

————

————

————

————

————

————

————

 Paso 2. En grupos de cuatro estudiantes, representen diferentes acciones
en progreso. Los otros estudiantes del grupo tienen que adivinar la
acción que están representando con mímica.

Modelo: E1: —¿Qué estoy haciendo? (*While she/he holds book and looks
               at one page as if she/he was reading*)
          E2: —¿Estás leyendo un libro?
          E1: —¡Sí!

Actividad 4-21. Encuentra la diferencia.

⇆AB **Paso 1.** Escribe algunas oraciones para describir lo que están haciendo las personas de tus dibujos. Agrega más información sobre (1) su profesión u oficio, (2) dónde están y (3) qué ropa llevan.

Modelo: El hombre de la Escena Modelo está leyendo. Es doctor. Está en una oficina. Lleva una camisa, pantalones azules y una bata blanca.

Estudiante A

Modelo

Escena 1

Escena 2

Escena 3

Escena 4

Estudiante B   Information for student B is on page 673.

Paso 2. Hazle preguntas a tu compañero/a de clase para encontrar las diferencias entre tu dibujo y el de tu compañero/a.

Modelo: E1: —¿Qué está haciendo la persona en la escena modelo?
E2: —Está leyendo. Pienso que es doctor.
E1: —La persona de mi dibujo también. ¿Dónde está?
E2: —Está en una oficina.
E1: —En mi dibujo tambien. Lleva una camisa, pantalones azules y una bata blanca.
E2: —La diferencia es la ropa, entonces. En mi dibujo lleva una camisa azul, una corbata y pantalones azules.

Actividad 4-22.

Una ama de casa desesperada
(*A desperate housewife*)

Paso 1. Describe la acción del verbo en presente progresivo para completar la descripción de cada escena de esta tira cómica (*comic strip*).

© Joaquín Salvador Lavado (QUINO) Esto No Es Todo —Ediciones de La Flor, 2001

Escena 1. La señora _____ (sacar) la cámara.

2. _____ (preparar) la cámara para filmar.

3. _____ (pasar) la aspiradora (*vacuuming*) mientras (*while*) la cámara filma.

4. _____ (lavar) los platos mientras la cámara filma.

5. _____ (limpiar) el baño mientras la cámara filma.

6. _____ (tomar) una ducha (*taking a shower*).

7. _____ (poner) el video dentro de la videocasetera.

8. El esposo de la señora _____ (abrir) la puerta.

9. La señora y su esposo _____ (cenar) mientras miran el video sobre las actividades diarias de ella.

In English, the present progressive refers only to actions in progress (e.g., *Manolo is eating (right now)*, and the simple present refers only to habitual events (e.g., *Manolo eats (at noon)*). In contrast, Spanish uses BOTH the **present progressive** and the **simple present** to refer to an action in progress. Thus, in the description of the images from Act. 4-22, Paso 1, we can describe the same scene in two different ways:

¿Qué **está haciendo** la señora? **Está sacando** la cámara.
¿Qué **hace** la señora? **Saca** la cámara.

Whereas the present progressive has only one interpretation, that the action is currently taking place, the simple present could be habitual or could be currently taking place.

¿Qué **hace** la señora en esta escena? Saca la cámara. [present moment]
¿Qué **hace** la señora con frecuencia? Saca la cámara. [frequently, not just this moment]

Paso 2. Ahora responde a cada pregunta de las descripciones del Paso anterior usando la otra forma del español que se usa para descripciones de acciones que suceden (*happen*) en el momento.

Modelo: Escena 1. ¿Qué **hace** la señora? Saca la cámara.

Escena 2. ¿Qué **hace** la señora? _____ (preparar) la cámara para filmar.

Escena 3. ¿Qué **hace** la señora? _____ (pasar) la aspiradora (*vacuuming*) mientras (*while*) la cámara filma.

Escena 4. ¿Qué **hace** la señora? _____ (lavar) los platos mientras la cámara filma.

Escena 5. ¿Qué **hace** la señora? _____ (limpiar) el baño mientras la cámara filma.

Escena 6. ¿Qué **hace** la señora? _____ (tomar) una ducha (*taking a shower*).

Escena 7. ¿Qué **hace** la señora? _____ (poner) el video dentro de la videocasetera.

Escena 8. ¿Qué **hace** el esposo de la señora? El esposo de la señora _____ (abrir) la puerta.

Escena 9. ¿Qué **hacen** la señora y su esposo? La señora y su esposo _____ (cenar) mientras miran el video sobre las actividades diarias de ella.

Paso 3. ¿Piensan que hay amas de casa tradicionales? ¿Conocen a muchas/pocas? ¿Qué profesiones/oficios tienen las mujeres y hombres que Uds. conocen? Compartan sus opiniones.

Reflexive Verbs: Talking about Daily Routines

A las ocho y media de la mañana, **me despierto, me levanto, me baño, me pongo la ropa, me maquillo** y **me peino.** Luego mi hermano **se despierta, se levanta, se baña, se pone la ropa** y **se peina.** A las nueve desayunamos juntos.

At 8:00 in the morning, I wake (myself) up, I get (myself) up, I wash (myself), I put on my clothes, I put on makeup, and I comb my hair. Then my brother wakes (himself) up, gets (himself) up, washes (himself), puts on his clothes, and combs his hair. At 9:00 we eat breakfast together.

When the subject and object of a verb are the same, as in *I wash myself,* the verb is called a reflexive verb. In Spanish, such verbs are expressed with a reflexive pronoun and a verb.

GRAMÁTICA

Note that some of the Spanish reflexive verbs do not have a corresponding reflexive pronoun in English, for example **te peinas** is translated as *you comb your hair,* not *you comb yourself.*

To conjugate reflexive verbs, choose the reflexive pronoun that matches the subject, and then conjugate the verb normally, according to the subject and type of verb (**-ar, -er, -ir,** irregular, or stem-changing).

Subject pronoun	Reflexive pronoun		
		VESTIRSE (e-i)	*To dress oneself/To get dressed*
yo	me	visto	*I dress myself/get dressed*
tú	te	vistes	*You dress yourself/You get dressed*
(vos)	te	vestís	*You dress yourself/You get dressed*
él/ella	se	viste	*He dresses himself/He gets dressed; She dresses herself/She gets dressed*
Ud.	se	viste	*You dress yourself/get dressed*
nosotros/as	nos	vestimos	*We dress ourselves/get dressed*
(vosotros/as)	os	vestís	*You dress yourselves/get dressed*
ellos/ellas	se	visten	*They dress themselves/get dressed*
Uds.	se	visten	*You dress yourselves/get dressed*

To make a reflexive verb negative, put **no** before the pronoun:

Los estudiantes **no se bañan** por la noche; se bañan por la mañana.
La profesora **no se relaja** (*relax*) en clase; se relaja en su oficina.

Reflexive Pronouns

Reflexive pronouns can appear in two places:

1. Before the conjugated verb: **Me** lavo los dientes. *I brush my teeth.*
2. Attached to the end of an infinitive or a present participle: lavar**me** (*to wash myself*), lavándo**me** (*washing myself*)

No matter where it is placed, the pronoun always matches the person or people doing the action:

Voy a maquillar**me** después de bañar**me**. *I am going to put on makeup after I take a shower.*

Estamos lavándo**nos** los dientes. *We are brushing our teeth.*

Actividad 4-23. Levanta la mano si te levantas a las 5 am

Paso 1. <u>Subraya</u> los verbos reflexivos en las siguientes oraciones. OJO: No todas las oraciones tienen verbos reflexivos. Luego, empareja cada oración con la imagen que le corresponde a cada una.

a

b

c

d

e

f

1. _____ Paola levanta la mano.
2. _____ María se levanta.
3. _____ Pedrito despierta a su hermano (*brother*).
4. _____ Aníbal se afeita.
5. _____ Rodolfo se despierta muy temprano.
6. _____ Los estudiantes levantan la mano.

Paso 2. Indica si Calvin usa un verbo reflexivo en cada pregunta de la tabla y el sujeto de los verbos conjugados.

	Reflexive	Subject
Modelo: ¿Por qué debo ir a la escuela?	*No*	*Yo*
1. ¿Por qué no me puedo quedar en casa?		
2. ¿Por qué debo aprender?		
3. ¿Por qué no me puedo quedar como estoy?		
4. ¿Por qué las cosas deben ser de este modo?		
5. ¿Por qué no pueden ser diferentes?		

Paso 3. Escribe cinco posibles preguntas más que puede hacer Calvin y escribe la posible respuesta de su madre para cada pregunta. Escribe al menos 2 preguntas con verbos reflexivos.

Modelo: ¿Por qué me debo lavar los dientes? → Porque es importante para tu salud (*health*).

_____

_____

_____

_____

_____

Actividad 4-24. ¿Quién es más eficiente?

 Paso 1. Odalys y Graciela tienen la misma rutina todos los días. Escucha la descripción de sus actividades diarias y completa la tabla con la información que falta. Luego, escucha la descripción de las actividades por segunda vez para verificar tus respuestas.

Actividad	Odalys	Graciela
1. Se levanta a las	_____	_____
2. _____	6:45	_____
3. _____	7:00	8:45
4. Se maquilla	_____	9:05
5. Desayuna	_____	9:35
6. _____	7:25	_____
7. Toma el bus	7:30	_____

Paso 2. Escribe preguntas y respuestas sobre la rutina diaria de Odalys y Graciela.

Modelos: ¿A qué hora se levanta Odalys? Se levanta a las _____ .
¿Qué hace Graciela a las 8:45? A las 8:45, Graciela _____.

 Paso 3. Dale tu lista de preguntas a tu compañero/a de clase. Él/Ella va a leer las preguntas y tú vas a contestar sin mirar el libro. Luego, lee las preguntas de tu compañero/a.

Actividad 4-25. Mi rutina diaria

Paso 1. Responde a las siguientes preguntas sobre tu rutina.

Modelo: ¿A qué hora te levantas entre semana (lunes, martes, miércoles, jueves y viernes)? <u>Me levanto a las 8:15.</u>

1. ¿A qué hora te bañas generalmente? _____.
2. ¿A qué hora te acuestas los sábados? _____.
3. ¿Te afeitas o te maquillas todos los días? _____.
4. ¿En cuánto tiempo te pones la ropa? _____.
5. ¿Qué días se quedan en la universidad hasta tarde tú y tus amigos? _____.
6. ¿Qué días te despiertas temprano, pero te quedas en la cama? _____ _____.

Paso 2. Utiliza las preguntas del Paso anterior para entrevistar a tus compañeros/as de clase para encontrar una persona para cada una de las siguientes categorías. Escribe el nombre de la persona que encuentras para cada descripción.

1. _____ se baña antes de las 7 de la mañana.
2. _____ se acuesta después de la medianoche los sábados.
3. _____ se afeita o se maquilla todos los días.
4. _____ se pone la ropa rápidamente.
5. _____ y sus amigos se quedan hasta tarde los lunes.
6. _____ se despierta temprano los domingos de mañana, pero se queda en la cama.

Actividad 4-26. La rutina diaria

Paso 1. Escriban tres oraciones para describir la rutina típica de personas en varias profesiones u oficios.

Paso 2. En parejas, escriban oraciones para comparar las rutinas de los grupos de personas del Paso 1 con la rutina de los estudiantes.

Modelos: Los profesores de español se levantan muy temprano, **mientras que** (*while*) nosotros dos nos levantamos tarde...

Los actores de telenovelas (*soap operas*) y los estudiantes tienen rutinas muy similares. **Ambos** grupos se levantan muy temprano y trabajan muchas horas...

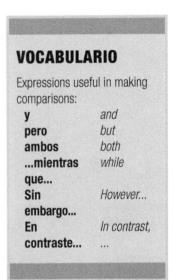

VOCABULARIO

Expressions useful in making comparisons:

y	*and*
pero	*but*
ambos	*both*
...mientras que...	*while*
Sin embargo...	*However...*
En contraste...	*In contrast, ...*

Reciprocal Verbs

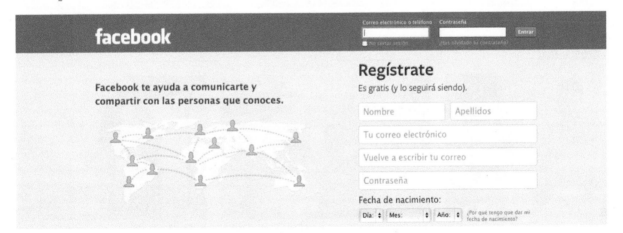

Mis amigos y yo **nos escribimos** por Facebook cuando no estamos juntos. Es fácil **mandarnos** mensajes y fotos. Muchas personas **se comunican** por redes sociales hoy en día.

My friends and I <u>write to each other</u> on Facebook when we're not together. It's easy to <u>send each other</u> messages and pictures. Many people <u>communicate with each other</u> through social networking these days.

Doing something to one another is a reciprocal action; each person does the same thing to the other people involved. Spanish uses the **plural reflexive verb forms** to express this idea:

nosotros/nosotras	**nos escribimos**	*We write to each other*
(vosotros/vosotras)	**(os escribís)**	*You write to each other*
Uds.	**se escriben**	*You write to each other*
ellos/ellas	**se escriben**	*They write to each other*

You must use context to determine whether the meaning is reflexive or reciprocal.

Reciprocal actions can be expressed with the **simple present tense** (examples above), but they can also be expressed with **infinitives** (A) and **present participles** (B):

(A) Vamos a **vernos** hoy. [infinitive] *We are going to see each other today.*

(B) Estamos **abrazándonos**. [participle] *We are hugging each other.*

Actividad 4-27. ¿Cómo se saludan los hombres y las mujeres?

Paso 1. Indica si el tipo de saludo representa una relación profesional o personal.

Modelo:

Dos hombres se dan la mano para saludarse.
<u>personal, profesional</u>

1. Dos hombres se saludan con un beso.
_____

2. Dos mujeres se saludan con un beso.
_____

3. Un hombre y una mujer se dan la mano para saludarse.
_____

4. Dos mujeres se dan la mano para saludarse.
_____

5. Un hombre y una mujer se saludan con un beso.
_____

Paso 2. Silvana explica las costumbres de saludos de la República Dominicana a su amiga Nancy. Escribe el tipo de saludos que se usan entre las siguientes personas de acuerdo a lo que dice Silvana. Escucha la conversación una vez más para verificar tus respuestas.

Los padres y sus hijos

Dos hombres amigos

Un grupo de amigas

Un profesor y su estudiante

Un jefe y su empleado

Un médico y su paciente

Paso 3. En parejas, comparen los saludos que describe Silvana con los de tu propia cultura.

Modelo: Las amigas dominicanas se saludan con un beso, pero en mi cultura hay poco contacto físico entre las amigas. Nos saludamos con "Hola" o "¿Cómo estás?".

Actividad 4-28. **Nos llevamos muy bien... (*We get along well...*)**

Paso 1. Completa la tabla para indicar cuáles costumbres son comunes en relaciones personales, cuáles son comunes en relaciones profesionales y cuáles no son comunes en ninguna (*neither*) de las dos.

Interacción	Relación personal	Relación profesional	Ninguna relación
Modelo: Nos escribimos textos con frecuencia.	X	X	
1. Nos llamamos por teléfono antes de acostarnos.			
2. No nos hablamos por días y días.			
3. Nos abrazamos y nos besamos cuando nos encontramos.			
4. Nos miramos en silencio por horas.			
5. Nos gritamos (*We yell at each other*) cuando nos hablamos.			
6. Nos damos la mano cuando caminamos por la calle.			
7. Nos peleamos (*We fight with each other*) cuando nos vemos.			

Paso 2. Escribe tres o cuatro oraciones para describir tu relación con una persona muy cercana a ti (por ejemplo, tu mejor amigo/a, tu mamá, tu papá, un hermano o hermana) usando algunos de los verbos recíprocos.

Modelo: Mi madre y yo nos mandamos textos todos los días...

Actividad 4-29. ¿A sí mismos o uno al otro?
(*To themselves, or to each other?*)

Paso 1. Usa los dibujos para decidir si las oraciones indican una acción recíproca (*one another*) o una acción reflexiva (*oneself*).

1. Se prueban zapatos.   recíproca   reflexiva
2. Se saludan antes de comenzar la entrevista.   recíproca   reflexiva
3. Se ayudan para hacer ejercicio.   recíproca   reflexiva
4. El padre y su hijo se afeitan.   recíproca   reflexiva

Paso 2. Por turnos, representen las acciones recíprocas y reflexivas de tres de los verbos de la siguiente lista. Los compañeros dicen "recíproco" o "reflexivo".

Modelo: Nos besamos

1. tocarse (*to touch*) el hombro
2. despertarse
3. lavarse la cara
4. peinarse

INTEGRACIÓN COMUNICATIVA

ESTRATEGIAS

LECTURA: Using English-Spanish and Spanish-Spanish Dictionaries

The use of both bilingual and monolingual dictionaries helps to develop your reading skills. Bilingual dictionaries can provide you with references to words and expressions common in English. Monolingual dictionaries, on the other hand, can be very useful to help you expand your vocabulary with extended descriptions of the target words and when to use them in Spanish.

Actividad 4-30. Trabajo: Oferta y demanda

Paso 1. Dos de los siguientes **Trabajos ofrecidos** incluyen un verbo reflexivo. ¿Cuál es el verbo reflexivo en cada uno?

OFERTAS DE TRABAJO

MODELOS profesionales, mínimo 1,75; desfile en pasarela en feria de moda, especialidad: ropa primaveral. 915924842

CHICAS, chicos publicidad – televisión. Posibilidad de promoción - 915945759

INMOBILIARIA necesita administrativa comercial. 20 - 35 años. Calle Martí, 5

MONITOR, monitora de aeróbic. 942242122

BOMBEROS, policía local para parque: próxima apertura. 916649166

TRABAJO OFRECIDO

CONSTRUCCIONES en gral. Revestimientos, sanitaria, albañilería, pintura, etc. Tel: 555-367-872

CHICA del interior se ofrece para cuidado de enfermos, tareas y cuidado de niños. Tel: 555-423-678

CHOFER c/experiencia libreta de conducir profesional se ofrece. Tel: 555-987-250

SEÑORA para cuidar enfermos o mayores de edad, con Ref. Tel: 555-866-521

TRABAJADORES ASOCIADOS, todas la reparaciones del hogar, pintura, electricidad, sanitaria. Tel: 555-710-987

Paso 2. ¿A qué palabras de los anuncios corresponden las siguientes definiciones de un diccionario español-español? Las abreviaciones te pueden ayudar a adivinarlas:

adj. = adjetivo   s. = sustantivo (*noun*)

f. = femenino   m. = masculino

Palabras posibles: albañilería, hogar, inmobiliaria, pasarela, primaveral, sanitaria

1. _____ = s. m. Domicilio habitual de una persona. La casa donde una persona vive.
2. _____ = s. f. Escenario largo y angosto (*narrow*) que está rodeado por los espectadores. Los modelos desfilan o los artistas se aproximan al público en este escenario.
3. _____ = s. f. Negocio que se dedica a vender, alquilar y administrar viviendas o domicilios.
4. _____ = s. f. Obra o trabajo de construcción en el que se emplean cemento y materiales semejantes.
5. _____ = s. f. Trabajo que se realiza en las cañerías (*pipes*) y aparatos de higiene instalados en el cuarto de baño (*bathroom*).
6. _____ = adj. Relativo a la primavera, una estación templada entre marzo y junio en el hemisferio norte, y entre septiembre y diciembre en el hemisferio sur.

Paso 3. En parejas, respondan a las siguientes preguntas sobre las secciones **Ofertas de trabajo** y **Trabajo ofrecido**.

Ofertas de trabajo

1. ¿Cuál de los puestos (*positions*) no es para hombres?
2. ¿Para cuál puesto es importante la apariencia física?
3. ¿Hay alguna oferta de trabajo con restricciones de edad?
4. ¿Cuál puesto incluye una oportunidad de subir a una posición de mayor responsabilidad o categoría?

Trabajo ofrecido

5. ¿Cuáles son las palabras completas de las abreviaciones: **en gral.**, **c/experiencia, con Ref.**? (Por ejemplo, **en gral.** significa "en general").
6. ¿Cuál de los trabajos ofrecidos requiere trabajo físico y manual?
7. ¿Cuál de los trabajos ofrecidos requiere cuidar a gente enferma?
8. ¿Cuál trabajo menciona la región en el país del cual viene la persona que busca trabajo?

ESTRATEGIAS

ESCRITURA: Using a Thesaurus

A thesaurus (**tesauro** o **diccionario de sinónimos y antónimos**) is a useful tool to expand your repertoire of words and expressions in Spanish. You can use a printed thesaurus, the one in your word processor, or an online thesaurus.

Actividad 4-31. Cómo escribir un buen currículum (*resumé*)

Paso 1. Un currículum efectivo utiliza palabras positivas para enfatizar tus habilidades. Subraya los cinco adjetivos que te describen mejor a ti.

Adjetivos: afable (*agreeable*), creativo/a, dinámico/a, educado/a, eficiente, emprendedor/a (*enterprising*), honrado/a, ingenioso/a, íntegro/a (*honest*), inteligente, meticuloso/a, perseverante (*persistent*), pragmático/a, puntual, sociable

Paso 2. Un currículum efectivo evita la redundancia con el uso de sinónimos. Divide la lista de palabras entre los sinónimos y los antónimos de las siguientes cuatro palabras.

1. **afable**
   accesible, agradable, amable, amigable, cordial, cortés, insociable, rígido, serio, severo, sociable

sinónimos:
antónimos:

2. **perseverante**
   abandonado, aplicado, constante, desinteresado, firme, negligente, perezoso, persistente, tenaz

sinónimos:
antónimos:

3. **puntual**
   diligente, exacto, impuntual, informal, preciso, pronto

sinónimos:
antónimos:

4. **sociable**
   abierto, afable, callado, comunicativo, extrovertido, inaccesible, introvertido

sinónimos:
antónimos:

Paso 3. Elige dos (2) de las palabras positivas que subrayaste en Paso 1 y busca tres (3) sinónimos más en un tesauro en español.

Actividad 4-32. ¡A escribir tu currículum!

Paso 1. Para preparar tu currículum, completa las siguientes líneas con tu información personal. Utiliza el modelo como guía.

Nombre y Apellido:	Marcos Pérez
Objetivo de trabajo:	Fotógrafo de diario
Ocupación actual:	Asistente técnico de fotografía
Educación:	Licenciatura en periodismo y fotografía
Cargos anteriores:	Asistente de Fotografía en el Departamento de publicidad del Banco Nacional
Talleres de capacitación profesional:	Edición avanzada de imágenes con programa Photoshop
Conocimientos de computación:	Sistemas operativos Macintosh y PC
Conocimientos de otras lenguas:	Español y portugués
Información de interés:	Soy puntual, cordial y tenaz.

Nombre y Apellido:	
Objetivo de trabajo:	
Ocupación actual:	
Educación:	
Cargos anteriores:	
Talleres de capacitación profesional:	
Conocimientos de computación:	
Conocimientos de otras lenguas:	
Información de interés:	

Paso 2. Usa palabras de la Actividad anterior y los datos del Paso 1 de esta actividad para escribir un borrador (*first draft*) de tu currículum.

 Paso 3. Intercambia tu currículum con el de un/a compañero/a de clase. Corrige su currículum en cuanto al uso de vocabulario, gramática, acentos, etc.

CONVERSACIÓN: Asking for and giving opinions requires tact to avoid offending other people. Learning a range of expressions that are less direct will help you to share opinions tactfully in different situations.

Para pedir opiniones (Formal/Informal)

¿Qué cree/s?	*What do you think?*
¿Qué le/te parece?	*What do you think?*
¿Qué opina/s?	*What is your opinion?*
¿Cuál es su/tu opinión?	*What is your opinion?*
¿Qué piensa/s de/sobre...?	*What do you think of/about... ?*

Para expresar opiniones

Creo que...	*I think/believe that...*
Pienso que...	*I think/believe that...*
Me parece que...	*It seems to me that...*
En mi/tu/su/nuestra opinión...	*In my/your/his/her/their/our opinion...*
Por un lado... por otro...	*On the one hand... on the other...*

Para expresar acuerdo

Me parece que sí.	*I believe so*
(Creo que) tiene/s razón.	*(I think) You are right*
Estoy de acuerdo.	*I agree*
¡Estoy completamente de acuerdo!	*I agree wholeheartedly!*
¡Claro!	*Of course!*
¡Cómo no!	*Of course!*

Para expresar desacuerdo

Creo que no.	*I do not think so*
Me parece que no.	*I do not believe so*
Creo que está/s equivocado/a.	*I think you are wrong*
Honestamente, no estoy de acuerdo.	*Honestly, I do not agree*
¡Claro que no!	*Of course not!*

Actividad 4-33. ¿Te puedo pedir tu opinión sobre mi currículum?

 Paso 1. Intercambia el currículum que preparaste en la Actividad anterior con el de un/a compañero/a de clase. Escribe de tres a cinco sugerencias usando expresiones para dar opiniones (ver la lista arriba).

Modelo: **En mi opinión, creo que** hay solamente una sección de tu currículum que necesita cambios.

Paso 2. Por turnos, pregúntale a tu compañero su opinión de tu currículum en general y sobre secciones específicas. Responde expresando si estás de acuerdo o no (usa expresiones de la lista para expresar acuerdo o deascuerdo).

Modelo: E1: —¿**Qué opinas de** mi currículum en general?
E2: —**Bueno, me parece que** está muy bien en general. **Pero, creo que** necesitas más información sobre tus cargos anteriores (*previous jobs*).
E1: —**Creo que tienes razón**. Tengo que explicar más mi experiencia.

Actividad 4-34. ¿Por qué le interesa este puesto?

Paso 1. Imagina que estás interesado en conseguir un trabajo de ventas (*sales*). Lee los siguientes anuncios y clasifícalos en una escala de 1 (sumamente (*highly*) interesante) a 5 (muy poco interesante). Puedes agregar dos categorías más.

EMPRESA DE DISTRIBUCIÓN de productos electrónicos necesita ejecutivo/a de ventas. Principales responsabilidades: mantener base de datos y supervisar personal administrativo. Número de vacantes: 2. Salario relativo a las credenciales del postulante, horario flexible y seguro de salud proporcionado por la empresa. Posibilidad de cuatro semanas de vacaciones para los postulantes con más de un año de experiencia. Enviar currículum a: logitec@ut.com

COMPAÑÍA INTERNACIONAL con base en Nueva York busca vendedores locales de productos electrónicos. Independencia para seleccionar lista de productos para venta con más potencial en su región. Opción de dirigir nueva sucursal (*branch*) en su ciudad en el futuro. Salario depende del número de ventas. Sin beneficios. Llame al 555-3487 para solicitar entrevista.

IMPORTANTE ORGANISMO INTERNACIONAL con sede (*headquarters*) en Washington, EE.UU., busca vendedor/a de productos farmacéuticos. No es necesario tener experiencia previa. Requisitos: Excelente inglés y manejo de la computadora. Horario de oficina, pero la compañía ofrece generosa sobrepaga por horas extras. **Salario:** U$D 76.000 anuales más beneficios.

Categorías	Ejecutivo de ventas	Vendedor: productos electrónicos	Vendedor: productos farmacéuticos
Un buen sueldo	1 2 3 4 5	1 2 3 4 5	1 2 3 4 5
Horario flexible	1 2 3 4 5	1 2 3 4 5	1 2 3 4 5
Número de horas de trabajo	1 2 3 4 5	1 2 3 4 5	1 2 3 4 5
Sobrepaga por horas extra (*extra pay for overtime*)	1 2 3 4 5	1 2 3 4 5	1 2 3 4 5
Beneficios de retiro	1 2 3 4 5	1 2 3 4 5	1 2 3 4 5
Oportunidad de conocer gente	1 2 3 4 5	1 2 3 4 5	1 2 3 4 5

Oportunidad de ser creativo/a	1 2 3 4 5	1 2 3 4 5	1 2 3 4 5
Contribución a la sociedad	1 2 3 4 5	1 2 3 4 5	1 2 3 4 5
Relaciones sociales con colegas	1 2 3 4 5	1 2 3 4 5	1 2 3 4 5
Seguro de salud (health insurance)	1 2 3 4 5	1 2 3 4 5	1 2 3 4 5
Días de vacaciones	1 2 3 4 5	1 2 3 4 5	1 2 3 4 5
_____	1 2 3 4 5	1 2 3 4 5	1 2 3 4 5
_____	1 2 3 4 5	1 2 3 4 5	1 2 3 4 5

Paso 2. Compara tus opiniones sobre los tres trabajos del Paso 1 con las opiniones de tus compañeros. Justifica tus opiniones.

Modelo: E1: —¿Qué les parece el puesto del ejecutivo de ventas?
E2: —Bueno, por un lado el puesto es bueno porque ofrece seguro de salud, pero por otro lado no hay salario específico en el anuncio.
E3: —Honestamente, no estoy de acuerdo. No es bueno porque...

Actividad 4-35. Opiniones a favor y en contra

Paso 1. Observa las siguientes fotos de varios artistas famosos y escribe una oración para expresar tu opinión sobre la vestimenta de las personas en las fotos para un espectáculo como los Emmy o los Oscar.

Beyonce   Lady Gaga   Bruno Mars

Meghan Trainor   Pitbull   Rihanna

Modelo: Pienso que ese vestido color violeta no es muy elegante...

Paso 2. Por turnos, pregúntale a tu compañero/a de clase su opinión sobre la ropa que llevan estos artistas.

Modelo: E1: —¿Qué piensas sobre la ropa que lleva puesta Beyonce?
          E2: —Pienso que ese vestido color violeta no es muy elegante.
          E3: —Sí, estoy completamente de acuerdo. En mi opinión, ¡es horrible!

Paso 3. Compartan su opinión con el resto de la clase y digan si están de acuerdo o no y expliquen por qué.

Pronunciación: The Letter "u" Sounds Like [u], Not [yu]

Actividad 4-36. Cuba se pronuncia con "u"

Paso 1. Escucha los siguientes pares de palabras leídos primero en inglés y luego en español. Luego, repite las palabras de la segunda columna prestando atención a la pronunciación de la letra "u".

computation	computación
Cuba	Cuba
curriculum	currículum
education	educación
museum	museo
occupation	ocupación
punctual	puntual

Paso 2. Lee las siguientes palabras en voz alta (*aloud*). Luego, escucha a un hablante nativo de español. Al final de cada línea, lee de nuevo las mismas palabras en voz alta tratando de imitar lo más exactamente posible la pronunciación del hablante nativo.

cubismo, cubículo, culinario, curioso, currículo

fugitivo, fulminar, furia, fusión, futuro

humano, húmedo, humildad, humillar, humor

música, mula, mucosa, municipio, mutante, mutilar

pubertad, púnico, pútrido, puro, puritano

ESTRATEGIAS

COMPRENSIÓN ORAL: Understanding Interview Routines

Interviews tend to have a formal structure in which one person (the interviewer) controls the flow of the conversational exchange because she/he is the person in the position of power. The interviewee can, however, propose topics, expand information, etc. Use the information you have about typical "routine scripts" that people follow in many conversations to anticipate the use of words you already know or to guess words you do not know yet.

Actividad 4-37. ¿Por qué le interesa trabajar para nuestra empresa?

Paso 1. Las siguientes entradas de un diálogo de una entrevista de trabajo corresponden al entrevistador (*interviewer*) solamente. Pero, ¡están mezcladas (*mixed up*)! ¿Cuál es el órden más lógico?

_____ a) —Sí, por supuesto, lo entiendo muy bien. Nos interesa contratar a una persona con ambiciones de progresar. Y realmente buscamos a una persona con sus cualificaciones.

_____ b) —Ahora bien, vamos a comenzar con la pregunta más general y obvia: ¿le puedo preguntar por qué le interesa este puesto?

_____ c) —Siéntese, por favor. Muchas gracias por su interés en nuestra empresa (*business*).

_____ d) —Ah, me alegro. Bueno, veamos (*let's see*)... aquí tengo su carta de presentación y... sí... su currículo. Pues, le voy a decir que estamos muy impresionados con sus cualificaciones y credenciales.

_____ e) —Buenos días, Sr. Álvarez. Soy Ana Isabel Fuentes Díaz, la representante legal de la clínica dental Emos. Encantada de conocerlo.

Paso 2. Ahora que tenemos las entradas del diálogo del entrevistador, selecciona las respuestas/preguntas para la persona entrevistada con la respuesta más lógica de acuerdo al contexto.

(a) —Muchas gracias.

(b) —Buenos días. Es un placer, Sra. Fuentes.

(c) —Ah, sí, sí. Bueno... es que en estos momentos de mi carrera profesional creo que estoy preparado para trabajar como director de una clínica. Y bueno... pienso que tengo la experiencia para trabajar en su empresa. Además, su clínica es muy famosa y representa una oportunidad de desarrollo profesional.

(d) —Al contrario. Tengo mucho interés en ser considerado para este puesto.

(e) —Muchas gracias. Es usted muy amable.

> SRA. FUENTES: —Buenos días, Sr. Álvarez. Soy Ana Isabel Fuentes Díaz, la representante legal de la clínica dental Emos. Encantada de conocerlo.
>
> SR. ÁLVAREZ: —(1) _____
>
> SRA. FUENTES: —Siéntese, por favor. Muchas gracias por su interés en nuestra empresa.
>
> SR. ÁLVAREZ: —(2) _____
>
> SRA. FUENTES: —Ah, me alegro. Bueno, veamos... aquí tengo su carta de presentación y... sí... su currículo. Pues, le voy a decir que estamos muy impresionados con sus cualificaciones y credenciales.
>
> SR. ÁLVAREZ: —(3) _____
>
> SRA. FUENTES: —Ahora bien, vamos a comenzar con la pregunta más general y obvia: ¿le puedo preguntar por qué le interesa este puesto?
>
> SR. ÁLVAREZ: —(4) _____
>
> SRA. FUENTES: —Sí, por supuesto, lo entiendo muy bien. Nos interesa contratar a una persona con ambiciones de progresar. Y realmente buscamos a una persona con sus cualificaciones.
>
> SR. ÁLVAREZ: —(5) _____

Actividad 4-38. La entrevista completa

Paso 1. En parejas, escuchen la grabación de la entrevista completa de la actividad anterior. Verifiquen sus respuestas de la actividad anterior y luego completen la transcripción del resto de la entrevista. Cada espacio puede tener más de una palabra. Pueden escuchar la entrevista más de una vez.

> SRA. FUENTES: —Nos gustaría también tener información de tres referencias profesionales recientes. (1) _____ solamente dos.
>
> SR. ÁLVAREZ: —Ah, sí, es que la tercera persona (2) _____ enferma y no pudo enviar (*to send*) su carta. Pero ya tengo otra persona que va a enviar su carta esta semana.

SRA. FUENTES: —Sí, (3) _____.
Bueno, (4) _____ un
poco del puesto de trabajo. Como usted sabe
nuestra clínica ofrece un sueldo (*salary*) muy
competitivo.

SR. ÁLVAREZ: —Sí es cierto, pero... dígame... ¿también ofrecen
beneficios sociales como seguro médico o
seguro de accidente?

SRA. FUENTES: —(5) _____, ofrecemos
seguro médico y de accidente con una
cobertura (*coverage*) muy amplia.

SR. ÁLVAREZ: —Me parece muy bien.

SRA. FUENTES: —Si le ofrecemos el trabajo, ¿en qué fecha
puede Ud. comenzar a trabajar?

SR. ÁLVAREZ: —Ah, bueno, en realidad puedo comenzar en forma
inmediata, porque (6) _____ dar
aviso de mi renuncia (*to give notice of my resignation*)
con catorce días de anticipación pero también
(7) _____ de vacaciones.

SRA. FUENTES: —Me parece muy bien. He redactado una lista
con las (8) _____
específicas del puesto. ¿Le interesa discutir
sus responsabilidades en detalle?

SR. ÁLVAREZ: —¡Sí, (9) _____!

Paso 2. Ahora imagina que tú eres la persona entrevistada para un
puesto en tu especialización. ¿Qué respuestas puedes dar a las preguntas
de la persona que te entrevista?

SRA. FUENTES: —Buenos días, Sr./Sra. (*tu apellido*). Soy Ana
Isabel Fuentes Díaz, la representante de esta
empresa. Encantada de conocerlo/la.

TÚ: —(1) _____

SRA. FUENTES: —Siéntese, por favor. Muchas gracias por su
interés en nuestra empresa.

TÚ: —(2) _____

SRA. FUENTES: —Ah, me alegro. Bueno, veamos... aquí
tengo su carta de presentación y... sí... su
currículo. Pues, le voy a decir que estamos
muy impresionados con sus cualificaciones y
credenciales.

TÚ: —(3) _____

SRA. FUENTES: —Ahora bien, vamos a comenzar con la
pregunta más general y obvia: ¿le puedo
preguntar por qué le interesa este puesto?

TÚ: —(4) _____

SRA. FUENTES: —Sí, por supuesto, lo/la entiendo muy
bien. Nos interesa contratar a una
persona con ambiciones de progresar. Y
realmente buscamos a una persona con sus
cualificaciones.

TÚ: —(5) _____

COMPARACIONES CULTURALES

Actividad 4-39. La ética de trabajo

 Paso 1. Clasifica los siguientes adjetivos para describir a un buen empleado usando una escala de 1 (muy importante) a 5 (poco importante).

Adjetivos	1	2	3	4	5
inteligente					
responsable					
mentiroso/a (*liar*)					
perezoso					
honesto/a					
maduro/a					
puntual					
tímido/a					
perseverante					
conservador/a					
sociable					
apático/a					
dedicado/a					

 Paso 2. Escucha una entrevista con un empresario (una persona de negocios). Toma nota de las características que el entrevistado menciona como características positivas de un buen trabajador.

 Paso 3. Escucha la entrevista de nuevo y marca las afirmaciones que hace el empresario durante la entrevista.

1. Todos tenemos defectos y podemos cometer errores.
2. Si (*if*) la honestidad y la responsabilidad están presentes, todo se puede solucionar.
3. Las personas que llegan tarde no tienen respeto al trabajo.
4. Si me gusta lo que hago, es decir si me gusta mi trabajo, hago mejor las cosas.

 Paso 4. En grupos de 4, comparen sus opiniones de las características de un buen empleado con la información del audio. ¿Son muy similares o hay muchas diferencias?

LITERATURA: José Martí

Great authors have often found inspiration for their writings in their real life struggles. José Martí (1853–1895) embodies that person as a poet, an intellectual and an armed revolutionary who fought against the Spaniards for the freedom of Cuba. Some of the verses of two of his poems are part of the popular Cuban song "Guajira Guantanamera." This song has become the unofficial anthem of all Cubans. The popular singer Celia Cruz, known as the Queen of Salsa, was among the artists who have made the song very famous.

Actividad 4-40. Los personajes históricos muy ocupados

Paso 1. Muchas personas famosas tienen muchos trabajos y actividades en su vida. Usa el modelo de Martí para calificar las diferentes profesiones de otras personas históricas famosas.

1. José Martí fue (*was*) un político, pensador, periodista, filósofo y poeta.
2. Benjamín Franklin fue _____.
3. Teddy Roosevelt fue _____.
4. _____ fue _____.
5. _____ fue _____.

Paso 2. Comparte tus oraciones con cinco o seis estudiantes. ¿Qué grupo tiene más personas? ¿Te sorprenden algunos casos de personas con muchas ocupaciones?

Actividad 4-41. Cultivo una rosa blanca...

Paso 1. La siguiente lista de palabras y frases son de un poema de Martí. Clasifícalas como positivas, negativas o neutrales.

Palabras/frases	Positiva	Negativa	Neutra
rosa blanca			
amigo sincero			
cruel			
mano franca (*honest hand*)			
julio			
enero			
corazón			
cardo (*thistle*)			
ortiga (*nettle*)			

Paso 2. Escucha la lectura del poema de Martí y completa los espacios en blanco con las palabras que faltan. ¿Evoca (*Does it evoke*) emociones positivas, negativas o neutrales?

Cultivo una _____(1)
En _____ (2) como en _____ (3)
Para el _____ (4)
Que me da su _____ (5) franca.
_____ (6) el cruel que me arranca (*rips out*)
_____ (7) con que vivo
Cardo ni ortiga cultivo:
_____ (8).

Paso 3. Ahora lee el comienzo (*beginning*) de otro poema de Martí titulado "Versos sencillos". Completa los espacios en blanco con las verbos que faltan. OJO: El poema está en primera persona del singular.

Yo (1) _____ (ser) un hombre sincero de donde crece (*grows*) la palma. Y antes de (2) _____ (morirse) (3) _____ (querer) echar mis versos del alma. Yo (4) _____ (venir) de todas partes, y hacia todas partes (5) _____ (ir): arte (6) _____ (ser) entre las artes, en los montes, monte (7) _____ (ser).

Paso 4. Finalmente, busca en Internet la canción que hizo famosa Celia Cruz con la letra de los dos poemas que acabas de leer. ¿Crees que la música representa el poema de Martí?

Paso 5. En tu cultura, ¿hay canciones, poemas o personajes que la gran mayoría de la gente conoce? ¿Cuáles son? ¿Qué importancia tienen en tu cultura?

Diferencias dialectales: Inversion of Word Order in Questions

In this chapter of *Las Impresiones de Guadalupe*, Camille asks Guadalupe the following question:

Camille: —**¿Qué tú dices**, chica? No es tu amigo de toda la vida, es tu profesor...

Note that in her question she keeps the subject pronoun with the same word order used in affirmative statements. Camille is from Cuban origin, and it is common in the Caribbean region to use this type of structure. Another noticeable feature of the Spanish used in the Caribbean region is that the second person singular subject pronoun is used more frequently than in other varieties of Spanish. The emphasis on the **tú** form compensates for the lack of pronunciation of the /s/ of the conjugated verb (**Tú toma[s]**). Other pronouns are used less often than the **tú** form, but more so than in other regional varieties of Spanish.

Actividad 4-42. ¿Qué tú quieres?

Paso 1. Selecciona la pregunta típicamente usada por los dominicanos entre las dos opciones que se presentan para cada respuesta.

Modelo: Quiero ir al parque.
(a.) ¿Qué tú quieres hacer?
 b. ¿Qué quieres hacer?

1. Me llamo Roberto Albornoz Pérez.
    a. ¿Cómo usted se llama?
    b. ¿Cómo se llama usted?

2. Quiero encontrar un trabajo con un buen sueldo.
    a. ¿Qué quieres?
    b. ¿Qué tú quieres?

3. Vamos a las 9 menos cuarto.
    a. ¿Cuándo ustedes van al cine?
    b. ¿Cuándo van al cine?

4. Te recomiendo usar tu traje negro.
    a. ¿Qué me recomiendas usar para la entrevista?
    b. ¿Qué tú me recomiendas usar para la entrevista?

Paso 2. Transforma las oraciones típicas entre los dominicanos a las oraciones más probables en el español usado en otros países.

Modelo: Cuando tú tienes una entrevista tú tienes que vestirte bien. →
             Cuando tienes una entrevista tienes que vestirte bien.

1. Si tú trabajas mucho tú vas a tener éxito.
2. Tú tienes un trabajo que tú disfrutas.
3. Yo sé que tú conoces la República Dominicana.
4. Él está en su casa, y yo creo que se va a quedar allá.

Actividad 4-43. Oye, ¡qué bonitos esos jeans!

 Paso 1. En parejas, miren las primeras escenas del video sin audio y describan la ropa que llevan puesta Guadalupe, Camille y Pablo.

Paso 2. Miren la escena de nuevo sin audio y traten de escribir el posible diálogo entre Guadalupe, Camille y Pablo.

Paso 3. Ahora miren la escena con audio y completen la transcripción de su diálogo. ¿Hay diferencias importantes con la versión que crearon en Paso 2?

Camille: —¡Hola Lupe! _____ (1)
Guadalupe: —¡Hola Camille! ¡Hola Pablo! _____ (2)
Pablo: —Bárbaro, che.
Camille: —Muy bien, muy bien, _____ (3) ...
Camille: —Oye, qué bonitos _____ (4) y esa
        camiseta. Te pareces a Shakira. ¿Dónde los compraste?
Pablo: —_____ (5) te hacen ver más flaca (*delgada*)
Guadalupe: —¿Están hablando de los _____ (6) de
        mezclilla y la playera? A mí también,
        _____(7). Me los compré en
        Guadalajara.
Camille: —¡Qué lindos! Oye, ¿_____(8) con tanta
        prisa (*rush*)?
Guadalupe: —A ver al Prof. Parra.
Camille: —¡Ah! entonces te acompaño porque yo también voy en
        esa dirección.
Pablo: —Bueno chicas yo las dejo porque _____ (9)
        en unos minutos. Y bueno, chau Camille, _____
        (10) Lupe.

Actividad 4-44. ¿Cómo saluda Guadalupe al Profesor Parra?

 Paso 1. Guadalupe no sabe cómo saludar al Profesor Parra. ¿Cómo crees que tiene que saludarlo?

a. lo saluda con un beso en la mejilla (*cheek*)
b. le da la mano
c. le dice "Buenas tardes" y asienta con la cabeza (*nods*)

Paso 2. ¿Qué consejo le da Camille a Guadalupe? Mira la escena de video y completa la transcripción de su conversación.

Guadalupe: —¡Oye! Estoy un poco nerviosa... ni se cómo saludar al
        Profesor Parra... ¿_____? ¿_____?
        Es que en México, _____ que saludo de
        beso, pero aquí no sé...
Camille: —¿_____? No es tu amigo
        de toda la vida, _____... lo saludas
        _____... ¿Por qué estás nerviosa?

Paso 3. ¿Cómo saludas a las siguientes personas en las siguientes situaciones sociales? Compara tus respuestas con las de tu compañero/a de clase.

Un compañero de clase cuando llega a la fiesta de otro amigo.

Una compañera de clase cuando llega a la fiesta de otro amigo.

Un/a compañero/a de clase en el pasillo (*hallway*) antes de entrar a clase.

Tu profesor/a de español en el supermercado.

Tu profesor/a de español al llegar a la fiesta de un compañero/a de clase.

Actividad 4-45. La entrevista de trabajo de Guadalupe

Paso 1. Guadalupe y Jordi van a ver al Profesor Parra para discutir ideas para conseguir fondos para la estación de radio. Clasifica las expresiones que usan de acuerdo a las siguientes categorías. Luego, mira el video de la escena que se menciona en el Paso 1 y pon una palomita al lado de las expresiones que efectivamente se usan en el video.

Frases que sirven para...

a. solicitar opiniones
b. expresar opiniones en general

c. expresar acuerdo
d. expresar desacuerdo

Expresión	Categoría
Modelo: ¿Qué le parece?	a
1. Pienso que para organizar una subasta...	
2. ¡Sí, es cierto! Estoy de acuerdo.	
3. Pero por otro lado...	
4. Tienes razón...	
5. Me parece que...	
6. Pues sí, creo que tiene usted razón.	
7. En ese caso creo que...	
8. Honestamente, no estoy de acuerdo.	
9. A mí me parece que...	

Paso 2. En grupos de tres estudiantes, representen la escena anterior y discutan posibles opciones para conseguir fondos para la estación.

Paso 3. Algunos grupos van a presentar su escena. El resto de la clase se divide en dos grupos. La mitad va a tomar nota de todas las expresiones útiles para expresar opiniones, acuerdo y desacuerdo que utiliza cada grupo que presenta la escena. El otro grupo toma nota de las opciones para conseguir fondos.

LOS OFICIOS Y LAS PROFESIONES

el/la abogado/a	*lawyer*	el/la juez/a	*judge*
el/la albañil o	*construction worker*	el/la maestro/a	*teacher*
el/la obrero/a		el mecánico/la	*mechanic*
el/la arquitecto/a	*architect*	mujer mecánico	
el/la bombero	*fireman*	el/la médico/a o	*doctor*
el/la cajero/a	*cashier*	el/la doctor/a	
el/la carpintero/a	*carpenter*	el/la mesero/a	*waiter*
el/la cocinero/a	*cook*	camarero/a	
el/la dentista	*dentist*	el/la modelo	*model*
el/la dependiente or	*shop assistant or*	el/la peluquero/a	*barber*
el/la vendedor/a	*salesperson*	el/la periodista	*newspaper writer*
el/la electricista	*electrician*	el/la piloto	*pilot*
el/la enfermero/a	*nurse*	el policía, la	*policeman*
el/la fontanero/a	*plumber*	mujer policía	
o plomero/a		el/la secretario/a	*secretary*
el/la ingeniero/a	*engineer*		

SUSTANTIVOS (NOUNS) RELACIONADOS CON LOS TRABAJOS

el campo (de estudios)	*field of study*	la empresa	*company*
la carta	*letter*	la entrevista	*interview*
la cita	*appoinment*	el/la jefe/a	*boss*
el/la cliente	*client*	la llamada	*call*
el/la colega	*colleague*	el puesto	*position, job*
las cualificaciones	*qualifications, credentials*	el sueldo	*salary*
(para el trabajo)			

LA ROPA

el abrigo	*coat*	el collar	*necklace*
los aretes	*earrings*	la corbata	*tie*
la bata	*bathrobe*	los cordones de zapatos	*shoelaces*
la bata médica	*white coat/scrubs*	la chaqueta de cuero	*leather jacket*
la blusa	*blouse*	la falda	*skirt*
las botas	*boots*	el impermeable	*raincoat*
la bufanda	*scarf*	el mameluco	*overall*
la camisa (de vestir/	*dress/long-sleeved shirt*	los pantalones (largos)	*pants or trousers*
de manga larga)		los pantalones	*shorts*
la camisa de	*short-sleeved*	cortos/shorts	
manga corta		el piyama (pijama)	*pajamas*
la camiseta	*t-shirt*	el reloj	*wristwatch*
la campera	*jacket*	la ropa interior	*underwear*

el saco	*suit/sport coat*	el uniforme de policía	*police uniform*
las/un par de sandalias	*sandals*	un par de vaqueros/	*jeans*
la sudadera	*sweat shirt*	los jeans/pantalones	
el suéter	*sweater*	de mezclilla	
los tacones/los zapatos	*high-heeled shoes*	el vestido	*dress*
de tacón alto		los zapatos	*shoes*
el traje	*suit*	los zapatos tenis	*sneakers*

VERBOS ÚTILES RELACIONADOS CON LAS PROFESIONES

aprender	*to learn*	enseñar	*to teach*
cocinar	*to cook*	escribir	*to write*
conocer	*to know*	extinguir	*to extinguish, put out*
cortar	*to cut*	ganar (dinero)	*to win, make money*
construir	*to build, construct*	mantener	*to maintain*
cuidar/atender	*to take care of*	reparar	*to repair, fix*
dictar (sentencias	*to pronounce* (a verdict)	saber	*to know*
judiciales)		servir	*to serve*
diseñar	*to design*	vender	*to sell*

EXPRESIÓN CON EL VERBO TENER

Tener que + infinitive	*to have to do something*

ALGUNOS VERBOS REFLEXIVOS

afeitarse	*to shave*	maquillarse	*to put on makeup*
bañarse	*to bathe*	peinarse	*to comb* (one´s hair)
despedirse	*to say goodbye*	preocuparse	*to worry*
despertarse	*to wake up*	prepararse	*to get ready*
ducharse	*to take a shower*	quedarse	*to stay*
especializarse (en)	*to specialize* (in)	relajarse	*to relax*
lavarse	*to wash* (oneself)	vestirse	*to get dressed*
levantarse	*to get up*		

LOS SALUDOS

abrazar	*to hug*	dar un apretón	*to shake hands*
el abrazo	*hug*	de manos	
el apretón de manos	*handshake*	el gesto	*gesture*
besar	*to kiss*	el saludo	*greeting*
el beso	*kiss*		

LOS LUGARES

el hospital	*hospital*	el restaurante	*restaurant*
la obra	*work site*	el taller	*workshop*
la oficina	*office*	la tienda	*store*
la peluquería	*hair salon*		

PASANDO TIEMPO CON LA FAMILIA Y LOS AMIGOS

5

CAPÍTULO

BY THE END OF THIS CHAPTER YOU'LL KNOW HOW TO

- Describe family relationships
- Talk about the weather and weather forecasts for different months and seasons
- Talk about religious and secular festivities, celebrations and parties
- Talk about what people in general vs. specific people do/are doing
- Compare your experiences to other people's experiences
- Extend, accept, and reject invitations
- Pronounce the letters "r" and double "r" in Spanish
- Understand and use the organization of textual information to improve your reading and listening ability
- Use expressions that link sentences to make your writing and speaking more cohesive

YOU'LL LEARN ABOUT

- Some of the religions practiced in parts of the Hispanic world
- Secular and religious holidays
- The geography, climate, and attractions of Puerto Rico
- The indigenous and African influences on Puerto Rican culture
- The political status of Puerto Rico
- The two-way cultural exchange between Puerto Rico and the U.S.

Actividad 5-0. **Mi familia**

Paso 1. ¿A qué persona en la foto describe cada una de estas oraciones? Selecciones posibles: el niño, la niña, el hombre joven, el hombre con bigote, la mujer con pelo corto, o la mujer con pelo largo. Compartan sus respuestas con el resto de la clase.

1. Hay una mujer con una camisa celeste de jean.
2. Hay una persona con una camiseta de color azul.
3. Esta persona viste una camiseta con rayas horizontales de colores blanco y amarillo.
4. Esta persona lleva una camiseta blanca y una blusa de color rosa.
5. Hay un hombre que viste una camiseta polo de color celeste.
6. Esta persona tiene pelo negro y cara cuadrada.
7. Esta persona tiene pelo rizado color negro.
8. Esta persona tiene pelo rubio.

Paso 2. Escribe cinco palabras que asocias con la familia.

 Paso 3. Comparte tus palabras con otro/a estudiante. ¿Qué actividades asocian con la familia? ¿Qué les gusta hacer con su familia?

VOCABULARIO EN CONTEXTO

Actividad 5-1. Las relaciones familiares y los parientes (*relatives*)

Paso 1. En el siguiente texto, Paola describe a su familia. Desde la perspectiva de Paola, escribe en las fotos el nombre de cada una de sus (*her*) relaciones familiares.

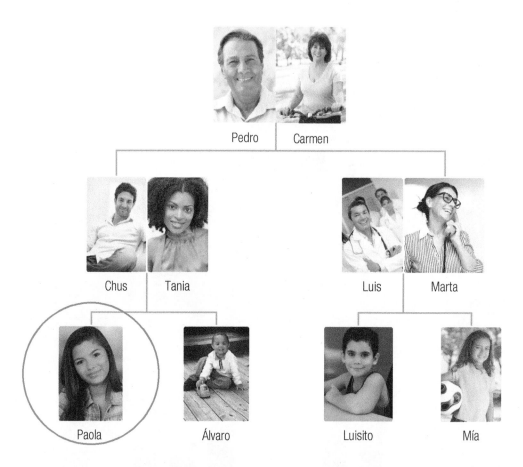

Mi nombre es Paola. Mi **hermano** se llama Álvaro. Álvaro y yo somos los **hijos** de Tania, nuestra **madre**, y Chus, nuestro **padre**. Los padres de nuestro padre son nuestros **abuelos** paternos: el **abuelo** Pedro y la **abuela** Carmen. Nuestros abuelos tienen una hija, Marta; Marta es **hermana** de nuestro padre. Marta está casada con Luis; Marta y Luis son nuestros **tíos**. Los hijos de **tía** Marta y **tío** Luis son nuestros **primos**: nuestra **prima** Mía y nuestro **primo** Luisito. Mía, Luisito, Álvaro y yo somos los **nietos** del abuelo Pedro y la abuela Carmen.

VOCABULARIO

Family words in Spanish include some false cognates, which are words that look like an English word but mean something different. Watch out for these words:

los parientes = *relatives*   (*parents* = **los padres**)
familiar = *associated with the family*   (*familiar, known* = **conocido**)
primo = *cousin*   (*prime* = **mejor, excelente, supremo**)
hijo/a único/a = *only child*   (*unique* = **único/a, singular**)

Paso 2. Categoriza las relaciones del Paso 1 que están en negrita en el texto anterior.

Modelo: Relaciones entre las generaciones: hijos, _____
_____

Relaciones dentro de una sola generación: hermano, _____
_____

Actividad 5-2. Comparando las relaciones familiares

Paso 1. Categoriza las relaciones según el género biológico de la(s) persona(s).

Relación	Sólo femenino	Sólo masculino	Fem. + masc.
los padres			
la madre			
el padre			
los abuelos			
el abuelo			
la abuela			
los primos			
la prima			
el primo			
los tíos			
la tía			
el tío			
los hijos			
la hija			
el hermano			
la hermana			
los nietos			

Paso 2. Mira el patrón (*pattern*) de las relaciones familiares y llena los espacios en blanco con las formas que faltan.

Los abuelos	Los hijos	(5) _____
el abuelo	(3) _____	el hermano
la abuela	la hija	la hermana
Los nietos	**Los esposos (*spouses*)**	**(6) _____**
(1) _____	(4) _____ (*husband*)	el sobrino (*nephew*)
(2) _____	La esposa (*wife*)	la sobrina (*niece*)

Paso 3. Usa el árbol genealógico de Paola en la página 216 para contestar las preguntas sobre la familia de Paola.

1. ¿Quién es el esposo de Tania?
2. ¿Quién es la esposa de Pedro?
3. ¿Quiénes son todos los esposos de la familia?
4. ¿Quién es la hermana de Chus?
5. ¿Quiénes son las nietas de Pedro y Carmen?
6. ¿Quiénes son los sobrinos de Chus y Tania?
7. ¿Quiénes son los primos de Luisito y Mía?

Actividad 5-3. Una familia famosa

Paso 1. Los Simpson son mundialmente famosos. Completa la descripción de la familia de Bart Simpson usando como referencia su árbol genealógico.

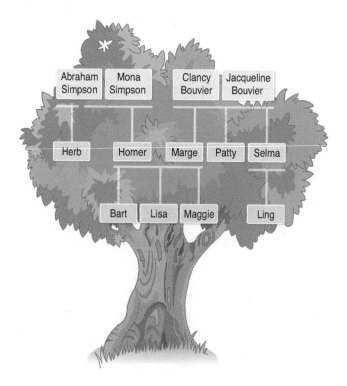

Mi nombre es Bart Simpson. Tengo dos _____(1). Se llaman _____ (2) y Maggie. Mi papá se llama _____ (3) y mi mamá se llama _____(4). Abraham Simpson es mi _____ (5) y Mona Simpson es mi _____(6). Clancy Bouvier y Jacqueline Bouvier son los padres de mi mamá, o sea que son mis _____ (7) maternos. Patty y Selma Bouvier son mis _____ (8) maternas. Ling Bouvier es la hija adoptiva de Selma. O sea que es mi _____(9). Tengo sólo un _____ (10) por parte de mi padre. Se llama Herb.

Paso 2. Escucha la descripción del texto anterior y verifica tus respuestas.

Actividad 5-4. **Tu árbol genealógico (*Your family tree*)**

Paso 1. Completa este gráfico para crear tu propio árbol genealógico. Si es necesario, agrega más espacios y/o deja espacios en blanco.

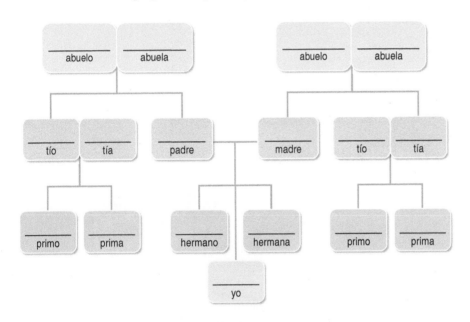

Paso 2. Escribe una descripción de tu familia basada en tu árbol genealógico.

Modelo: En mi familia hay nueve personas. Mis padres se llaman Mark y Lisa. Tengo dos hermanos, Clare e Ian. Mi tía Terry está casada con mi tío Scott. Sus hijos se llaman Sean y Kolleen. No tengo abuelos.

_____

_____

_____

_____

Actividad 5-5. ¿Cómo es tu familia?

Paso 1. Escribe cinco preguntas para entrevistar a un compañero sobre su familia.

Modelo: ¿Cuántas personas hay en tu familia?
¿Cuántos hermanos tienes?
¿Tienes abuelos o tíos?

_____

_____

_____

_____

_____

 Paso 2. Ahora entrevista a otro/a estudiante y completa su árbol genealógico en el siguiente gráfico. Usa las preguntas del Paso 1 y agrega otros espacios al gráfico si es necesario. NOTA: No puedes mirar su árbol genealógico mientras (*while*) llenas los espacios.

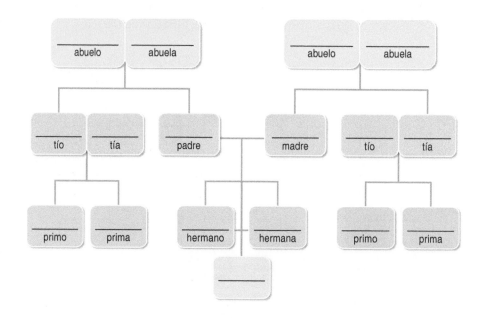

Modelo: E1: —¿Cuántos hermanos tienes?
E2: —Tengo una hermana.
E1: —¿Cómo se llama tu hermana?
E2: —Se llama Stephanie.

Paso 3. Finalmente, muéstrale (*show*) a tu compañero/a el árbol genealógico de su familia que tú llenaste. ¿Es igual al original que tu compañero/a tiene? Si es diferente, ¿qué tienes que corregir? Pide a tu compañero/a que revise/corrija la información de su familia.

Paso 1. Utiliza las siguientes palabras para completar los espacios en blanco de la descripción de la familia de Martin Sheen.

agosto	estadounidense	hermanos	hijos
madre	nieta	nombre	padre

Ramón Antonio Gerardo Estévez es un actor (1) _____ que nació el 3 de (2) _____ de 1940. Estévez es más conocido por su (3) _____ profesional: Martin Sheen. Su nombre artístico es un homenaje (*tribute*) al obispo de Nueva York, Fulton J. Sheen. Su papel más famoso es el de la película *Apocalypse Now.* Su (4) _____, Francisco Estévez, nació en Galicia, una comunidad autónoma de España. Su (5) _____, Mary Anne Phelan es originaria de Irlanda. Ramón fue el séptimo de nueve (6) _____. Ramón Estévez tiene cuatro (7) _____: Carlos, Emilio, Ramón Jr. y Renée. Carlos Irwin Estévez es más conocido como Charlie Sheen (nacido el 3 de septiembre de 1965). Charlie Sheen tiene cinco hijos y una (8) _____.

Paso 2. Adivina la relación familiar de las personas que se muestran en cada una de las siguientes fotos.

Charlie Sheen

Jennifer López

Sonia Sotomayor

George López

Modelo: En la foto están Charlie Sheen con su padre, Martin Sheen, y con sus hermanos Emilio Estévez y Ramón Estévez.

Actividad 5-7. Mi familia

 Paso 1. ¿Puedes identificar la persona que se describe en esta foto? Luego, escribe una descripción similar de otra persona en esta foto y pídele a tu compañero de clase que adivine quién es.

Modelo:

1. Edad: Esta persona tiene treinta y ocho años.
2. Apariencia física: Es de estatura mediana y complexión delgada. Tiene el pelo lacio, corto y moreno y los ojos negros.
3. Personalidad: Es extrovertido y tiene gran sentido del humor.
4. Ocupación: Es gerente (*manager*) en una agencia de publicidad.
5. Gustos: Le gustan las películas de ciencia ficción y le encanta conversar con sus dos hijos.

Paso 2. Busca una foto de tu familia para llevar a clase. Luego, escribe una descripción de una persona que está en la foto sin decir qué relación familiar tiene contigo. Utiliza el párrafo del Paso 1 como modelo. Usa las respuestas de los siguientes datos para escribir tu párrafo.

1. Edad: _____.
2. Apariencia física: _____.
3. Personalidad: _____.
4. Ocupación: _____.
5. Gustos: _____.

 Paso 3. En clase, muéstrale la foto de tu familia a otro/a estudiante y lee tu descripción del Paso 1. Tu compañero/a va a escribir datos importantes de tu descripción y va a identificar a la persona en la foto. Luego, tu compañero/a describe la foto de su familia y tú escribes datos importantes para identificar a la persona que describe.

1. Edad: _____.
2. Apariencia física: _____.
3. Personalidad: _____.
4. Ocupación: _____.
5. Gustos: _____.

Actividad 5-8. La familia y las fiestas

 Paso 1. A Marcos Ferré le encanta visitar a su familia en Puerto Rico durante la época de Navidad (*Christmas*). Escucha la descripción de su visita y selecciona la opción correcta para cada oración. Escucha la grabación una vez más para confirmar tus respuestas.

Pregunta	Respuesta
1. Su apellido completo es...	(a) Ferré Tomás (b) Ferré Shaw (c) Ferré Lima
2. Otra palabra para "puertorriqueño" es...	(a) boricua (b) dominicano
3. Tiene... años	(a) 35 (b) 20 (c) 25
4. Estudia en...	(a) Brasil (b) Estados Unidos (c) Puerto Rico
5. Su familia vive en...	(a) Brasil (b) Estados Unidos (c) Puerto Rico

 Paso 2. Completa el árbol familiar con las relaciones que faltan. Luego, escucha lo que Marcos te cuenta sobre la familia de su madre para completar el árbol familiar con los nombres que faltan: **Antonio, Manuela, Adelita** y **Arturo**. (En el Paso 3 vas a saber de la familia de su padre para completar #9–10).

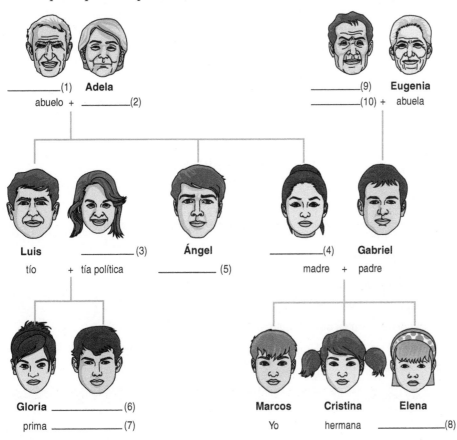

• Pasando tiempo con la familia y los amigos

223

Paso 3. Finalmente, escucha lo que Marcos te cuenta sobre la familia de su padre. Completa el árbol familiar del Paso 2.

Actividad 5-9. **Las fechas (*dates*) de los cumpleaños (*birthdays*) familiares**

 Paso 1. Entrevista a dos compañeros para saber quién celebra su cumpleaños en cada mes.

CALENDARIO 2015						
5	6	7	8	9	10	11
12	13	14	🎂	16	17	18
19	20	21	22	23	24	25
26	27	28	29	30	31	

enero
lu	ma	mi	ju	vi	sá	do
			1	2	3	4
5	6	7	8	9	10	11
12	13	14	15	16	17	18
19	20	21	22	23	24	25
26	27	28	29	30	31	

febrero
lu	ma	mi	ju	vi	sá	do
						1
2	3	4	5	6	7	8
9	10	11	12	13	14	15
16	17	18	19	20	21	22
23	24	25	26	27	28	

marzo
lu	ma	mi	ju	vi	sá	do
30	31					1
2	3	4	5	6	7	8
9	10	11	12	13	14	15
16	17	18	19	20	21	22
23	24	25	26	27	28	29

abril
lu	ma	mi	ju	vi	sá	do
	1	2	3	4	5	
6	7	8	9	10	11	12
13	14	15	16	17	18	19
20	21	22	23	24	25	26
27	28	29	30			

mayo
lu	ma	mi	ju	vi	sá	do
			1	2	3	
4	5	6	7	8	9	10
11	12	13	14	15	16	17
18	19	20	21	22	23	24
25	26	27	28	29	30	31

junio
lu	ma	mi	ju	vi	sá	do
1	2	3	4	5	6	7
8	9	10	11	12	13	14
15	16	17	18	19	20	21
22	23	24	25	26	27	28
29	30					

julio
lu	ma	mi	ju	vi	sá	do
	1	2	3	4	5	
6	7	8	9	10	11	12
13	14	15	16	17	18	19
20	21	22	23	24	25	26
27	28	29	30	31		

agosto
lu	ma	mi	ju	vi	sá	do
31					1	2
3	4	5	6	7	8	9
10	11	12	13	14	15	16
17	18	19	20	21	22	23
24	25	26	27	28	29	30

septiembre
lu	ma	mi	ju	vi	sá	do
1	2	3	4	5	6	
7	8	9	10	11	12	13
14	15	16	17	18	19	20
21	22	23	24	25	26	27
28	29	30				

octubre
lu	ma	mi	ju	vi	sá	do
		1	2	3	4	
5	6	7	8	9	10	11
12	13	14	15	16	17	18
19	20	21	22	23	24	25
26	27	28	29	30	31	

noviembre
lu	ma	mi	ju	vi	sá	do
30						1
2	3	4	5	6	7	8
9	10	11	12	13	14	15
16	17	18	19	20	21	22
23	24	25	26	27	28	29

diciembre
lu	ma	mi	ju	vi	sá	do
1	2	3	4	5	6	
7	8	9	10	11	12	13
14	15	16	17	18	19	20
21	22	23	24	25	26	27
28	29	30	31			

Modelo: E1: —¿Quién en tu familia celebra su cumpleaños en enero?

E2: —Nadie celebra su cumpleaños en enero. ¿Hay una persona en tu familia que celebra su cumpleaños en enero?

E3: —Sí, el cumpleaños de mi madre es en enero.

E2: —¿Qué día de enero?

E3: —Es el quince de enero.

VOCABULARIO

Dates follow a simple pattern in Spanish:

el + day + **de** + month + **de** + year

el quince de enero de dos mil quince   *January 15, 2015 or the 15th of January, 2015*

Only the first day of the month has an unusual form, using **primero** instead of **uno**:

el primero de enero   *January 1 or the first of January*

Paso 2. Compartan sus respuestas del Paso 1 con la clase. Completen el gráfico para descubrir el mes con el mayor (*the most*) y el menor (*the least*) número de cumpleaños.

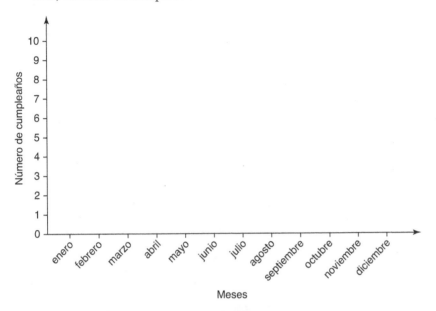

Número de cumpleaños

enero febrero marzo abril mayo junio julio agosto septiembre octubre noviembre diciembre

Meses

Actividad 5-10. ¿La fecha de tu cumpleaños corresponde a la fecha de una fiesta (*holiday*)?

Paso 1. Empareja las celebraciones y las fechas con las que asocias cada celebración.

a. el Día de Acción de Gracias

b. el Día de los Enamorados (o de San Valentín)

c. el Día de Año Nuevo

d. el Día de Nochevieja

e. el Día de Navidad

f. el Día de las Brujas

g. el Día de la Independencia de los EE. UU.

h. el Día de los Veteranos

i. el Día de la Madre

j. el Día del Padre

1. _____ el 14 de febrero
2. _____ el cuarto (*fourth*) jueves de noviembre
3. _____ el 25 de diciembre
4. _____ el 1 de enero
5. _____ el 31 de octubre

6. _____ el 4 de julio
7. _____ el 31 de diciembre
8. _____ el segundo (*second*) domingo de mayo
9. _____ el 11 de noviembre
10. _____ el tercer (*third*) domingo de junio

Paso 2. Completa la oración con el nombre de las fiestas que celebras con las personas indicadas.

Modelo: Generalmente celebro **el Día de los Veteranos** con otros veteranos.

1. Generalmente celebro _____ con mis abuelos, mis padres y mis hermanos.
2. Generalmente celebro _____ con mi novio/a o mi esposo/a.
3. Generalmente celebro _____ con mis amigos.
4. Generalmente celebro _____ con otros ciudadanos y residentes de los Estados Unidos.

Actividad 5-11. Fiestas tradicionales de los EE. UU. y de Puerto Rico

 Paso 1. Empareja el nombre de cada celebración con su descripción. Luego, escucha la grabación para confirmar tu selección.

Celebración	Palabras clave
1. _____ El Día de la Independencia	a. Haces algo especial para tu mamá.
2. _____ La Navidad	b. Compras un regalo para la persona que amas/ quieres.
3. _____ El Día de las Brujas	c. Esta fiesta familiar es muy importante en los EE. UU.
4. _____ El Día de los Enamorados	d. Los niños abren regalos (*presents*) que trae Papá Noel.
5. _____ El Día de las Madres	e. Hay una gran barbacoa y fuegos artificiales (*fireworks*).
6. _____ El Día de Acción de Gracias	f. Muchos niños llevan puestos disfraces (*costumes*).
7. _____ El cumpleaños	g. Los invitados cantan "Cumpleaños feliz", le dan regalos a la persona festejada, y comen pastel o torta (*cake*).

 Paso 2. Escucha las descripciones de nuevo y escribe otras palabras importantes que se mencionan para cada fiesta.

Modelo: El Día de las Madres: <u>no trabaja; comer en un restaurante</u>

1. El Día de la Independencia: _____
2. La Navidad: _____
3. El Día de las Brujas : _____
4. El Día de los Enamorados: _____
5. El Día de Acción de Gracias: _____

CULTURA

Thanksgiving is not celebrated in Hispanic countries. Halloween is celebrated only in some Hispanic cities, and this is very recent.

Actividad 5-12. Unas fiestas cristianas y seculares del mundo hispano

Paso 1. Empareja la foto de las siguientes celebraciones con su nombre y descripción.

a. Nochevieja/Año Nuevo

b. Día de Reyes

c. Día de Todos los Santos

d. Carnaval

e. Día del Santo

> **Modelo:** Las personas cristianas asisten a estas ceremonias religiosas para celebrar la muerte y la Resurrección de Jesucristo. = <u>La Semana Santa</u> (*holy, saint*)

1. Algunas personas visitan el cementerio este día y llevan flores a las tumbas de sus familiares y todos recuerdan a las personas queridas. _____

2. Es una celebración de tres días que precede a la Cuaresma (*Lent*) y la Pascua (*Easter*). Muchas personas se disfrazan (*wear costumes*) y celebran este día con fiestas, bailes y desfiles (*parades*). La más famosa es la celebración de Río de Janeiro. _____

3. Se cena con la familia. Hay mucha comida, bebidas y postres (*desserts*). A las doce de la noche se bebe champaña y se desea "Feliz Año" a todos. Muchas personas, especialmente los jóvenes, salen a discotecas, bailan y se divierten toda la noche. _____

4. El 6 de enero es un día muy especial para los niños hispanos porque esa mañana, cuando se despiertan, encuentran regalos debajo de la cama o cerca de la ventana de su cuarto. Según la tradición cristiana, los reyes magos (*the three wise men; lit. the magical kings*) les traen los regalos. _____

5. Esta celebración es similar al cumpleaños. El día se relaciona con el origen religioso del nombre de la persona. En este día, se hace una fiesta y se invita a la familia y los amigos. Todos traen regalos y hay un gran pastel con velas. _____

CULTURA

In the Catholic tradition, **Cuaresma** is Lent, a period of 46 days dedicated to doing penance; it begins on Ash Wednesday and ends on **el domingo de Pascua** (Easter Sunday).

Paso 2. Con un compañero, describe tu experiencia con las celebraciones del Paso 1. ¿Celebras esas fiestas? ¿En qué se parecen y en qué se diferencian tus celebraciones?

Actividad 5-13. **Las fiestas y las celebraciones en países hispanohablantes**

⇆AB **Paso 1.** Pregúntale a tu compañero/a si sabe las fechas en que se celebran las fiestas de tu calendario que no están marcadas. Contesta sus preguntas también.

Modelo: E1: —¿Qué fiesta celebran los puertorriqueños el segundo lunes de enero?

        E2: —Celebran el Natalicio (*birth date celebration*) de Eugenio María de Hostos.

        E1: —¿Por qué celebran el Natalicio de Eugenio María de Hostos?

        E2: —De Hostos luchó (*fought*) por la independencia de Puerto Rico y la abolición de la esclavitud (*slavery*).

ENERO 2015

1. Segundo lunes del mes enero = Natalicio de Eugenio María de Hostos. En una fiesta oficial del Estado Libre Asociado de Puerto Rico (Commonwealth of Puerto Rico). De Hostos (1839–1903) fue (was) un escritor y político que luchó (fought) por la independencia de Puerto Rico y la abolición de la esclavitud.

Estudiante A

ENERO 2015

1. Tercer lunes del mes de enero = Natalicio de Martin Luther King, Jr. Fiesta en común con el resto de EE.UU. para celebrar al líder religioso y político que luchó (fought) por los derechos civiles en EE.UU.

2. Tercer lunes del mes de febrero = _____

_____

_____.

FEBRERO 2015

MARZO 2015

3. 22 de marzo = Día de la Abolición de la Esclavitud. Fiesta para celebrar el final de la esclavitud en Puerto Rico durante la ocupación española en el año 1873.

4. Último lunes del mes de mayo = _____

_____.

MAYO 2015

JUNIO 2015

5. 23 de junio = _____

_____.

6. Primer lunes del mes de setiembre = Día del Trabajo. Fiesta en común con el resto de EE.UU. para celebrar a los trabajadores.

SETIEMBRE 2015

OCTUBRE 2015

7. 12 de octubre = _____

_____.

NOVIEMBRE 2015

8. 19 de noviembre = Día del Descubrimiento de Puerto Rico. Cristóbal Colón (Christopher Columbus) desembarcó (landed) en la costa noroeste de Puerto Rico en el año 1493.

Estudiante B   Information for student B is on page 674.

Paso 2. Ahora sabes que Puerto Rico y los Estados Unidos comparten (*share*) muchos días festivos. Lean el texto en parejas para saber por qué y completen los espacios con la palabra que corresponda, ya sea **puertorriqueño(s)/a(s)** o **estadounidense(s)**.

Desde 1898 Puerto Rico es un territorio de EE. UU., específicamente es un Estado Libre Asociado, y desde 1917, los puertorriqueños son ciudadanos (1) _____. Sin embargo (*However*), Puerto Rico no es un estado incorporado, y por lo tanto (*therefore*) los puertorriqueños no tienen representantes en el Congreso (2) _____. Los (3) _____ pueden entrar a EE. UU. sin pasaporte, y otros ciudadanos de EE. UU. pueden viajar a Puerto Rico sin pasaporte también. Los puertorriqueños tienen las mismas leyes federales de EE. UU. que en otros estados, incluso los mismos días feriados. Entre los puertorriqueños hay un debate sobre el estatus político de la isla. Algunos (4) _____ quieren ser estado incorporado de EE. UU., otros prefieren mantener el estatus actual, y otros quieren ser un país completamente independendiente.

Actividad 5-14. **Las estaciones (*the seasons*), el tiempo (*the weather*), y las celebraciones**

Paso 1. Escribe el nombre de la estación del año que corresponde a cada una de las siguientes celebraciones en el hemisferio norte.

1. _____ = el Día de Año Nuevo
2. _____ = el Día de los Enamorados
3. _____ = el Día de la Constitución de Puerto Rico
4. _____ = el Día de la Independencia de los EE. UU.
5. _____ = el Día de la Abolición de Esclavitud
6. _____ = el Día de las Brujas
7. _____ = el Día de Acción de Gracias
8. _____ = el Día de Nochebuena
9. _____ = el Día de San Juan Bautista
10. _____ = el Día de Navidad

marzo	abril	mayo	
lu ma mi ju vi sá do	lu ma mi ju vi sá do	lu ma mi ju vi sá do	
31 1 2	1 2 3 4 5 6	① 2 3 4	**primavera**
3 4 5 6 7 8 9	7 8 9 10 11 12 13	5 6 7 8 9 10 11	
10 11 12 13 14 15 16	14 15 16 17 18 19 20	12 13 14 15 16 17 18	
17 18 19 20 21 22 23	21 22 23 24 25 26 27	19 20 21 22 23 24 25	
24 25 26 27 28 29 30	28 29 30	26 27 28 29 30 31	

junio	julio	agosto	
lu ma mi ju vi sá do	lu ma mi ju vi sá do	lu ma mi ju vi sá do	
30 1	1 2 3 ④ 5 6	1 2 3	**verano**
2 3 4 5 6 7 8	7 8 9 10 11 12 13	4 5 6 7 8 9 10	
9 10 11 12 13 14 15	14 15 16 17 18 19 20	11 12 13 14 15 16 17	
16 17 18 19 20 21 ㉒	21 22 23 24 ㉕ 26 27	18 19 20 21 22 23 24	
23 24 25 26 27 28 29	28 29 30 31	25 26 27 28 29 30 31	

septiembre	octubre	noviembre	
lu ma mi ju vi sá do	lu ma mi ju vi sá do	lu ma mi ju vi sá do	
1 2 3 4 5 6 7	1 2 3 4 5	1 2	**otoño**
8 9 10 11 12 13 14	6 7 8 9 10 11 12	3 4 5 6 7 8 9	
15 16 17 18 19 20 21	13 14 15 16 17 18 19	10 11 12 13 14 15 16	
22 23 24 25 26 27 28	20 21 22 23 24 25 26	17 18 19 20 21 22 23	
29 30	27 28 29 30 31	24 25 26 27 ㉘ 29 30	

diciembre	enero	febrero	
lu ma mi ju vi sá do	lu ma mi ju vi sá do	lu ma mi ju vi sá do	
1 ② 3 4 5 6 7	① 2 3 4 5	1 2	**invierno**
8 9 10 11 12 13 14	6 7 8 9 10 11 12	3 4 5 6 7 8 9	
15 16 17 18 19 20 21	13 14 15 16 17 18 19	10 11 12 13 ⑭ 15 16	
22 23 ㉔ ㉕ 26 27 28	20 21 22 23 24 25 26	17 18 19 20 21 22 23	
29 30 31	27 28 29 30 31	24 25 26 27 28	

Paso 2. Empareja las condiciones del tiempo con las estaciones del año. ¿Qué ropa usas durante cada estación?

 1. Hace frío

 2. Hace calor

 3. Llueve/Está lloviendo

 4. Nieva/Está nevando

 5. Hace sol

 6. Truena

 7. Hay viento

 8. Está nublado

Estación	Dibujo #	Ropa
primavera		Uso pantalones, un suéter, una chaqueta
verano		
otoño		
invierno		

Actividad 5-15. ¿Treinta grados? ¡Qué calor insoportable!

Paso 1. En los países hispanohablantes, la temperatura se mide con el sistema Celsius. Analiza la tabla de equivalencias Fahrenheit y Celsius (**centígrados**) y escribe la sensación térmica al lado de cada temperatura.

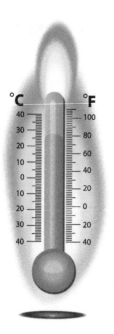

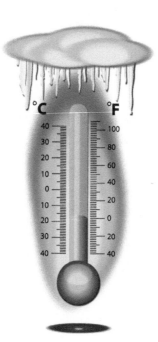

1. Menos diez grados centígrados
2. Cero grado centígrados
3. Diez grados centígrados
4. Veinte grados centígrados
5. Treinta grados centígrados
6. Cuarenta grados centígrados

Paso 2. Describe las condiciones del tiempo para cada una de las siguientes ciudades en los meses que se indican.

Modelo: Buffalo, en el estado de Nueva York: En diciembre nieva y hace frío porque es invierno.

Ciudad	Mes	Estación	Tiempo	Temperatura (°C)
Buffalo, N.Y.	diciembre	invierno	nieva, hace frío	-5°C a 0°C
Washington D.C.	agosto			
San Juan, PR	abril			
Houston, TX	enero			
Denver, CO	octubre			
Minneapolis, MN	febrero			

GRAMÁTICA EN CONTEXTO
Impersonal and Passive *se*

En el otoño **se celebra** el día de Acción de Gracias en EE. UU. Ese día **se miran** partidos de fútbol americano. **Se prepara** un pavo para la cena que **se sirve** con relleno. **Se cena** con la familia.

In fall, people in the U.S. celebrate Thanksgiving. That day they watch football games. You prepare a turkey for dinner that is served with stuffing. One eats dinner with family.

Se celebra, se miran, se prepara, se sirve, and **se cena** are impersonal or passive expressions, which means that no specific individual is identified as performing the action. English accomplishes the same deemphasis of the subject by using impersonal subjects, like *people, they, you, one,* or by using the passive voice (*is served*) as seen in the translations above.

In Spanish the **se** pronoun is used in place of any specific subject with a third person verb. The verb is singular when followed by a singular direct object or no object:

Se celebra <u>el día</u>   *One/People/You/They celebrate(s) the <u>day</u>*
Se cena <u>con la familia</u>   *One/People/You/They eat(s) with the family*

The verb is plural when followed by a plural noun (or more than one singular noun).

Se miran <u>partidos</u>   *One/People/You/They watch(es) <u>games</u>*

The use of **se** is very common, especially in instructions, generalizations, recipes, and announcements.

Actividad 5-16. Se venden disfraces de carnaval

Paso 1. Utiliza los siguientes verbos para completar los espacios en blanco con la forma singular o plural de la forma de **se impersonal/pasivo.**

Modelo: En el cumpleaños **se abren** regalos.

bailar, cantar, celebrar, comer, comprar, regalar (*to give a gift*)

1. En Puerto Rico _____ muchas fiestas religiosas.
2. Durante la Navidad _____ villancicos (*carols*) por la calle.
3. El Día de Acción de Gracias _____ mucho pavo.
4. Para celebrar el 4 de julio, en los EE. UU. _____ fuegos artificiales.
5. El día de los enamorados _____ muchos chocolates.
6. En la fiesta del carnaval _____ toda la noche.

Paso 2. Ahora, completa las oraciones del Paso 1 con información comparativa o contrastiva de tu experiencia personal.

Modelo: En la fiesta del carnaval <u>se baila</u> toda la noche, pero mis amigos y yo <u>no bailamos en la fiesta del carnaval.</u>

1. El Día de Acción de Gracias _____ mucho pavo; en mi casa mi familia y yo _____.
2. Durante la Navidad _____ villancicos por la calle; mi familia y yo _____.
3. En Puerto Rico _____ muchas fiestas religiosas. En los Estados Unidos, mi familia y yo _____ _____.
4. Para celebrar el 4 de Julio, en los EE. UU. _____ fuegos artificiales. Mis amigos y yo _____.
5. El Día de los Enamorados _____ muchos chocolates. Mis amigos y yo _____.

Actividad 5-17. ¿En qué celebración religiosa se hace eso?

Paso 1. Usa la información que se presenta para cada fiesta para escribir un párrafo con usos del **se** impersonal similar al del modelo.

Modelo: Durante la fiesta de cumpleaños [llevamos un regalo] [escuchamos música] [comemos pastel] [bailamos toda la noche]

En una fiesta de cumpleaños **se lleva** un regalo para la persona del cumpleaños, **se escucha** música, y **se come** pastel. Si la fiesta es muy divertida, **se baila** toda la noche.

1   2   3

1. Yom Kipur es el día judío del perdón (*forgiveness*) o del arrepentimiento (*atonement*). Durante el Yom Kipur [comenzamos] el ayuno (*fasting*) a la puesta del sol (*sunset*), [continuamos] el ayuno hasta el anochecer (*nightfall*) del día siguiente, [no podemos beber] comer o trabajar durante el ayuno, [oramos y reflexionamos] durante el ayuno, [tocamos] el shofar para iniciar y culminar el ayuno.

2. Ramadán es el noveno mes del calendario musulmán, durante el cual se practica el ayuno. En la celebración de Ramadán [comenzamos] el ayuno antes de la salida del sol (*sunrise*), [terminamos] el ayuno después de la puesta del sol, [oramos] al momento de romper el ayuno al atardecer (*dusk*), y [leemos] el Corán con más frecuencia.

3. Divali o la fiesta de las luces se celebra en una fecha que cae entre el 21 de octubre y el 18 de noviembre de cada año. En la fiesta de Divali [celebramos] el comienzo del nuevo año hindú, [estrenamos (*we wear for the first time*)] ropa nueva, [ponemos] barcos (*boats*) de papel o velas en los ríos sagrados, [encendemos] muchas luces al atardecer (*dusk*), y [nos lavamos] la cabeza cuando sale el sol.

Paso 2. Entrevista a 3 compañeros/as para saber quién celebra estas fiestas, y si su experiencia es similar a la descripción. Toma nota de opiniones diferentes a las de los párrafos anteriores.

_____

_____

_____

Paso 3. En parejas, seleccionen otra fiesta religiosa o civil y describan qué se hace en ella. Usa los textos del Paso anterior como modelo. (Ejemplos de otras fiestas posibles: Año Nuevo chino, Kwanza, Janucá, la fiesta de Eid, la fiesta de San Patricio, etc.).

_____

_____

_____

_____

_____

_____

Actividad 5-18. **¿Se celebra en el mundo hispano de una manera similar o diferente?**

Paso 1. Identifica si la manera de celebrar cada fiesta en el mundo hispano es similar a (S) o diferente (D) de tu experiencia.

S D 1. Se celebra el cumpleaños con la familia. Se usa ropa elegante. Se baila, se come y se conversa. No se abren regalos durante la fiesta; los regalos se abren después de la fiesta.

S D 2. En la Nochebuena se pide posada (*shelter*) y se cantan villancicos (*Christmas carols*) en las casas del vecindario. Se come, se rompe una piñata y se comen los dulces. A la medianoche se prenden los fuegos artificiales y después se abren los regalos.

S D 3. En el Día de la Amistad, la gente se junta con amigos para comer, o se mandan tarjetas o mensajes a los amigos lejanos.

S D 4. En el Día de la Independencia, se hacen desfiles del público y de los militares por la mañana porque hace mucho calor. Se llevan flores a los monumentos civiles, y se come con la familia y los amigos. Se usa ropa patriótica y se decora la casa con los colores de la bandera nacional.

S D 5. Si hace buen tiempo, se celebra el Carnaval en la calle. La gente se disfraza, y luego generalmente se mira un desfile, y se baila en la calle.

Paso 2. Explica tus respuestas del Paso 1 a tus compañeros. ¿Qué diferencias hay?

Modelo: 1. En mi experiencia, en una fiesta de cumpleaños se abren regalos durante la fiesta.

Actividad 5-19. ¿Usos de se reflexivo, recíproco o impersonal/pasivo?

Paso 1. Identifica los usos del **se** reflexivo, recíproco e impersonal/pasivo en las oraciones de la página siguiente.

Modelo: Se besan = Se recíproco

1

2

Se aceptan donaciones para la Cruz Roja

3

| 4 | 5 | 6 |

1. Estas personas se abrazan para saludarse. =
   _____

2. Estas personas se levantan temprano para llegar a tiempo al trabajo. =
   _____

3. Se aceptan donaciones para la Cruz Roja. =
   _____

4. Estas amigas se llaman por teléfono todos los días. =
   _____

5. Se lava los dientes antes de una cita con el dentista. =
   _____

6. Se come mucho durante las fiestas. =
   _____

GRAMÁTICA

You may have noticed that impersonal/passive **se**, reciprocal verbs, and the third person forms of reflexive verbs all have the same form. You must use context to clarify the intended meaning:

IMPERSONAL/PASSIVE **se = Se escriben notas** (si hay algo importante que recordar) = *People/ They/ You (in general)/ One write(s) notes; Notes are written (if there is something important to remember).*

RECIPROCAL **se = Se escriben notas** (porque están enamorados) = *They write notes to each other (because they're in love).*

REFLEXIVE **se = Se escriben notas** (porque no tienen buena memoria) = *They write notes to themselves (because they don't have good memory).*

Paso 2. Traduce (*translate*) las oraciones del Paso 1 al inglés para confirmar tu comprensión del significado de los varios usos de construcciones con **se** en español.

1. _____
2. _____
3. _____
4. _____
5. _____
6. _____

Paso 3. Finalmente, en parejas escriban una oración original para cada tipo de uso del **se** en español. Justifiquen el uso del **se** en cada ejemplo.

1. _____
2. _____
3. _____

Indefinite and Negative Expressions

En el invierno, mi familia **no** va **nunca** a **ninguna** parte, pero **siempre** nos visita **alguien**, los abuelos o **algunos** tíos y primos. En la primavera, mis padres **tampoco** viajan porque no tienen vacaciones. En cambio, yo **siempre** tengo una semana de vacaciones y **siempre** hago **algún** viaje con mis amigos. En el verano **también** viajo, pero con mi familia. **Algunas veces** vamos a un lago pero generalmente preferimos **algún** lugar en la costa.

*In winter, my family **never** goes **anywhere** but there is **always someone** that visits us, our grandparents or **some** (of our) uncles, aunts and cousins. In the spring, my parents do not travel **either** because they do not have vacation time. However, I **always** have a week of vacation and **always** go on a/**some** trip with my friends. In the summer, I **also** travel but with my family. **Some**times we go to a lake but generally we prefer a/**some** place on the coast.*

Indefinite expressions are generally used in everyday Spanish to refer to an unspecified quantity of objects, people, places or time. Negative expressions allow you to negate the existence or availability of someone or something.

Indefinite Expressions	Negative Expressions
Nouns:	**Nouns:**
algo (*something, anything*)	nada (*nothing, not anything*)
alguien (*someone, anyone*)	nadie (*no one, nobody*)
Adjectives:	**Adjectives:**
alguno/alguna (*someone, anyone, one*)	ninguno/ninguna (*not any, none*)
algunos/algunas (*any, some*)	ninguno (*not any, none*)
Adverbs:	**Adverbs:**
también (*also*)	tampoco (*neither, either*)
siempre (*always*)	nunca (*never*)
alguna vez (*ever, sometime*)	nunca/ninguna vez (*never*)
algunas veces/a veces (*sometimes*)	nunca (*never*)

Negative expressions are often placed <u>after the verb</u> and require the <u>use of the word **no**</u> before the verb.

Esta Nochevieja **no** vamos a **ninguna** fiesta.   *This New Year's Eve we aren't going to any parties.*

En Nochebuena **no** viene **ningún** amigo a cenar a mi casa.   *This Christmas Eve, no friend(s) (is/are) coming to eat at my house.*

No viene **nadie** a nuestra casa en Navidad.   *Nobody comes to our house during Christmas.*

No bailo **nunca** en Nochevieja.   *I never dance on New Year's Eve.*

However, when the word **no** is not used, **nadie, nunca,** and **tampoco** can also be placed before the verb:

Nadie viene a nuestra casa en Navidad.   *Nobody comes to our house during Christmas.*

Nunca bailo en Nochevieja.   *I never dance on New Year's Eve.*

Tampoco bailo en Carnaval.   *Nor/Neither do I dance during Carnaval.*

Actividad 5-20. Consejos para evitar problemas

Paso 1. Mariela tiene 21 años y está sola (*alone*) en casa esta Navidad porque sus padres están viajando por Europa. Sus padres le dejan una nota con consejos (*advice*) para evitar (*avoid*) problemas durante la época de Navidad. Lee la nota y marca (√) los consejos de la lista que NO son lógicos.

Querida Mariela,

Queremos que pases unas vacaciones muy felices pero también muy seguras (*safe*). La policía aconseja tener mucha precaución durante estas fiestas para evitar problemas. Por favor, lee con atención estos consejos.

En Navidad, cuando tu papá y yo vamos de compras (*go shopping*) a grandes centros comerciales, tu papá y yo hacemos lo siguiente:

___ Siempre aparcamos (*park*) el carro en un lugar sin iluminación.

___ Preferiblemente, caminamos de la tienda al carro solos (*alone*).

___ No dejamos ninguna bolsa de compra (*shopping bag*) visible en el carro.

También, en Navidad, vamos a fiestas y a comer en restaurantes. A veces comemos y bebemos en exceso. Para no tener problemas, tu papá y yo hacemos lo siguiente:

___ No dormimos nunca cuando tenemos sueño o estamos cansados.

___ Siempre manejamos nuestro carro después (*after*) de tomar mucho alcohol.

___ Hablamos con algún amigo o familiar que no bebe y puede manejar el carro.

___ No vamos a ninguna parte.

___ Dormimos en casa de algún amigo o familiar.

GRAMÁTICA

The words **alguno** and **ninguno** drop the final **-o** when placed before a noun and add an accent to the u: **algún**, **ningún**. The feminine gender words **alguna** and **ninguna** never lose their final vowel. Mariceli: —¿Conoces a **algún** puertorriqueño? *Do you know any Puerto Rican(s)?* Marcos: —No, **no** conozco a **ninguno**. *No, I do not know any(body) (from PR).*

Paso 2. Cambia los consejos del Paso 1 que **NO** son apropiados para hacerlos apropiados.

Modelo: Consejo ilógico: <u>Siempre</u> aparcamos (*park*) el carro en un lugar sin iluminación.

Consejo lógico: <u>Nunca</u> aparcamos el carro en un lugar sin iluminación.

Actividad 5-21. **Regalos de Navidad**

Paso 1. Mariela tiene muchos parientes y amigos en Puerto Rico y siempre compra regalos para todos. Escucha la conversación telefónica entre ella y su amiga Luisa. Completa el diálogo con las expresiones indefinidas o negativas que faltan.

Mariela: —Pues mira... hoy estoy cansadísima, vengo del centro comercial, de comprar regalos. Pero estoy muy contenta, ya tengo _____(1) regalos para la familia y creo que les van a gustar...

Mariela: —Pues, verás. A mi abuela _____(2) le compro ropa... un suéter, una bufanda, unos guantes, _____(3) accesorio, algo así...

Mariela: —A mi abuelo _____(4) le compro cosas.

Mariela: —A mi hermano _____(5) veces le compro algo relacionado con los deportes.

Mariela: —Pues, para ella, aún no tengo _____(6).

Paso 2. Escucha la conversación del Paso 1 otra vez. Empareja la información con la persona a quien corresponde.

1. Algunas veces compra algo relacionado con los deportes
2. Nunca le compra objetos
3. Siempre le compra ropa
4. No tiene nada

_____ para su hermana
_____ para su hermano
_____ para su abuelo
_____ para su abuela

Actividad 5-22. Algunas costumbres de nuestras fiestas familiares

Paso 1. Marca con una palomita (√) las afirmaciones que son ciertas en tu caso.

1. ____ Nadie viene a nuestra casa en la fiesta de Ramadán.
2. ____ Mi familia siempre viene a nuestra casa en Navidad.
3. ____ Mi familia no celebra la Navidad pero celebra Janucá.
4. ____ Mi familia no celebra la fiesta del cordero, pero celebra la fiesta de Divali.
5. ____ En la celebración de Eid, algunas veces vamos a casa de algún familiar; otras veces ellos vienen.
6. ____ Siempre bailo en Nochevieja.
7. ____ Nunca bailo en Nochevieja.
8. ____ Siempre hay alguien de mi familia que va a la misa (*mass*) de Nochebuena.

Paso 2. Responde a estas preguntas con más información sobre tus costumbres (*customs*).

1. ¿Viene alguien a tu casa durante las celebraciones de tu religión? ¿Quién? ¿Siempre?

   _____

   _____

2. ¿Visitas a alguien durante las celebraciones de tu religión? ¿A quién visitas? ¿Con qué frecuencia?

   _____

   _____

3. ¿Bailas en Nochevieja? ¿Siempre? ¿Qué más haces?

   _____

   _____

4. ¿Comes con tu familia en algún restaurante el Día de Año Nuevo? ¿Algunas veces? ¿Siempre?

   _____

   _____

GRAMÁTICA

The words *nadie* and *alguien* require the use of the personal *a* when they function as direct objects of the verb, but not when they are subjects:

As direct objects:

—¿Conoces **a alguien** en Puerto Rico? —No, no conozco **a nadie**.

As subjects:

—¿**Alguien** sabe la hora? —No, **nadie** tiene reloj.

Paso 3. Con las preguntas del Paso 2, entrevista a dos estudiantes de la clase para saber qué hacen ellos/as en esas ocasiones. Escriban las respuestas y prepárense para informar al resto de la clase: ¿Son sus costumbres similares o diferentes? ¿Cuáles son las diferencias más significativas?

Actividad 5-23. Una fiesta excelente

Paso 1. Marca con una palomita (√) las características de una fiesta divertida.

1. _____ Los invitados nunca llegan tarde.
2. _____ Ningún invitado se va muy temprano.
3. _____ Todas las personas traen algo para comer.
4. _____ Nadie baila.
5. _____ Ninguna persona quiere cantar.
6. _____ No hay ningún postre rico (*delicious dessert*).
7. _____ Siempre hay alguna cerveza fría.
8. _____ El anfitrión (*host/hostess*) no tiene ninguna mascota (*pet*) en su casa.

Paso 2. Escribe cuatro características más de una fiesta excelente para ti. Puedes modificar alguna de las del Paso 1, si (*if*) prefieres.

_____.

_____.

_____.

_____.

 Paso 3. En grupos de cuatro estudiantes compartan sus ideas y preparen una lista de las características comunes del grupo.

Review of Possessive Adjectives

Mi día feriado favorito es el cuatro de julio porque **mi** hermano y yo nos vamos de vacaciones a Colorado a visitar a **nuestros** abuelos paternos. **Nuestro** abuelo nos lleva al lago en **su** camioneta cuatro por cuatro y luego pescamos en **su** lancha a motor. Cuando volvemos de **nuestro** día de pesca, **nuestra** abuela nos cocina **su** famoso pastel de manzana.

*My favorite holiday is the fourth of July because **my** brother and I go to Colorado on vacation to visit **our** grandparents. **Our** grampa takes us to the lake in **his** all wheel drive truck and then we fish on **his** motor boat. When we return from **our** fishing trip, **our** grandma bakes **her** famous apple pie.*

Possessive adjectives (e.g., **mi, nuestros**) indicate to whom something belongs or pertains. They agree with the associated noun phrase (nuestr**os abuelos paternos**, nuestr**a abuela**) in number and gender. For instance, in the noun phrase **mi día feriado favorito** the noun **día** is masculine, so the words **mi**, **feriado** and **favorito** are marked with masculine singular endings. As you learned in chapter 1, when possessive adjectives come before the noun phrase, which is the most common placement, they have the following forms:

Masculine singular (plural)		Feminine singular (plural)	
mi(s) hermano(s)	*my brother(s)*	mi(s) hermana(s)	*my sister(s)*
tu(s) hermano(s)	*your brother(s)*	tu(s) hermana(s)	*your sister(s)*
su(s) hermano(s)	*his/her/your brother(s)*	su(s) hermana(s)	*his/her/your sister(s)*

nuestro(s) hermano(s)	*our brother(s)*	nuestra(s) hermana(s)	*our sister(s)*
vuestro(s) hermano(s)	*your brother(s)*	vuestra(s) hermana(s)	*your sister(s)*
su(s) hermano(s)	*their/your brother(s)*	su(s) hermana(s)	*their/your sister(s)*

Actividad 5-24. **Algunos parientes de Ana Teresa**

Paso 1. Lee el siguiente texto y subraya los adjetivos posesivos.

Voy a describir a mi familia. Me llamo Ana Teresa y tengo un hermano, Joaquín. Nuestra madre se llama María Teresa y su mamá es nuestra abuelita René. Tiene 95 años y todavía va al mercado todos los días. Nuestro padre se llama Julio Augusto. Nuestra madre tiene dos hermanos, Lucas y Luisa. Luisa y su esposo Mateo tienen dos hijos; sus hijos se llaman Arturo y Dolores.

Paso 2. Ahora, completa las oraciones siguientes:

Modelo: "Mi familia" = la familia de ___Ana Teresa___

1. "nuestra madre" = la madre de _____
2. "su mamá" = la madre de _____
3. "su esposo" = el esposo de _____
4. "sus hijos" = los hijos de _____

Paso 3. Finalmente, describe la familia de Ana Teresa desde tu punto de vista. Usa los adjetivos posesivos que se necesitan.

Voy a describir a la familia de mi amiga. Se llama Ana Teresa y tiene un hermano, Joaquín. _____ madre se llama María Teresa y _____ mamá es _____ abuelita René. Tiene 95 años y todavía va al mercado todos los días. _____ padre se llama Julio Augusto. _____ madre tiene dos hermanos, Lucas y Luisa. Luisa y su esposo Mateo tienen dos hijos; _____ hijos se llaman Arturo y Dolores.

Actividad 5-25. **Seis grados de separación**

Paso 1. Se dice que es posible vincular (*to link*) a cualquier persona con otra persona a través de seis conexiones personales. Escucha a Carlos y ordena las conexiones entre él y Sila María Calderón Serra, la primera mujer gobernadora de Puerto Rico. Escribe una flecha para indicar la secuencia de conexiones.

Paso 2. ¿Con quién están vinculados Uds.? Escribe un párrafo con un compañero para explicar los vínculos entre Uds. y una persona famosa.

Modelo: Por medio de seis conexiones puedo decir que conozco a...

Paso 3. Tu profesor(a) va a preguntar a algunos estudiantes que expliquen su vinculación con alguna persona famosa. ¿Cúantos grados de separación existen entre esa persona y tú?

GRAMÁTICA

An adjective like **alta** (*tall*) qualifies a noun or noun phrase like **mujer** (*woman*): **la mujer alta**. A pronoun like **ella** (*she*) substitutes a noun or noun phrase like **la mujer: ella**. There is a similar contrast between possessive adjectives and possessive pronouns: **mi libro** (*my book*) versus **el mío** (*mine*). Possessive pronouns avoid unnecessary repetition by dropping the noun altogether, but they keep the article before the long form of the possessive adjective:

el mío / la mía / los míos / las mías (*mine*)

el tuyo / la tuya / los tuyos / las tuyas (*yours*)

el suyo / la suya / los suyos / las suyas (*his/hers/its/theirs/yours*-singular formal)

el nuestro / la nuestra / los nuestros / las nuestras (*ours*)

el vuestro / la vuestra / los vuestros / las vuestras (*yours*-plural informal)

el suyo / la suya / los suyos / las suyas (*his/hers/its/theirs/yours*-plural formal)

We will study posessive pronouns in detail in chapter 11.

Actividad 5-26. ¿Son los tuyos? (*Are they yours?*)

Paso 1. Escucha con atención la conversación entre Antonia y Eduardo para identificar a quién pertenece (*belongs*) cada objeto asociado con el Carnaval. Escribe el nombre del dueño (*owner*) de cada objeto: Antonia, Eduardo, Elsa o Angelina. Escucha la grabación de nuevo para poder verificar tus respuestas.

los disfraces de vampiro y momia   la capa roja   la máscara roja

la capa negra   la máscara negra

 Paso 2. Escucha la conversación entre Antonia y Eduardo una vez más y esta vez completa la transcripción con los adjetivos posesivos que faltan.

ANTONIA: —Ay, Eduardo, guardas todo como un ratón (*mouse*), ¿qué vamos a hacer con todas estas cosas? Ya no tenemos espacio en la casa.

EDUARDO: —Ya lo sé, ya lo sé. A ver... bueno, mira... ¿qué tal si ordenamos (*we organize*) un poco?... Vamos a ver... ¿qué hay en estas cajas?... Aahhh... ¡Mira! Pero, ¿qué hay acá? Estas son _____ (1) cosas. Estos no son _____ (2) disfraces. Mira este es _____ (3) disfraz de diablo del carnaval del año pasado. ¡Qué sorpresa! ¿eh?

ANTONIA: —Bueno, bueno... ya veo, ya veo. Tienes razón. A ver... vamos a seguir revisando. Ay, pero Eduardo, ahora entiendo por qué hay tanta cosa. Estos no son disfraces de carnaval. ¡Estos son de Elsa y Angelina! Estos son _____ (4) disfraces. ¿Te acuerdas? ¿El vampiro y la momia? Tenemos que llamarlas. Tienen que guardar _____ (5) disfraces en _____ (6) casa, y no en _____ (7) casa. ¡No tenemos espacio!

EDUARDO: —Buena idea, pero esta es _____ (8) capa, ¿no? ¿o es _____ (9) capa? ¿Sabes de quién es?

ANTONIA: —Hmmmm... buena pregunta. No recuerdo bien. Vamos a ver... Mira, esta es _____ (10) máscara de diablo y es de color rojo, así que es ____ (11) capa porque es de color rojo también. Fíjate, ___ (12) capa es de color negro porque ____ (13) máscara es de color negro también. A ver, veamos... ¿qué hay en esta otra caja? Ay, vamos a necesitar todo el fin de semana para poder ordenar todo. ¡Ay, bendito!

Paso 1. Completa la conversación con un adjetivo posesivo lógico. OJO: ¡Presta atención a quién habla en cada caso!

Modelo: Lourdes: —Mis tías celebran la Nochebuena en casa de mis padres. ¿Y <u>tus</u> tías?
Cristina: —Sí, <u>mis</u> tías también.

1. Lourdes: —_____abuelos son muy tradicionales. Y _____abuelos, ¿cómo son?
   Cristina: —¿_____abuelos? Ay, ¿qué te puedo contar? _____ abuelo es loco por la actividad física; siempre está corriendo maratones o compitiendo en triatlón. Y _____abuela canta ópera. Creo que se puede decir que _____abuelos no son muy tradicionales.

2. Tamara y Antonio: —_____primos pasan la Navidad en _____ casa. ¿Y _____primos? ¿Celebran ellos la Navidad? ¿Qué hacen?
   Lisa y Marta: —Bueno, en realidad _____primos son judíos como nosotras, por eso no se celebra la Navidad en _____familia. Pero en las fechas en que se celebra la Navidad _____primos siempre van a visitar a _____abuelos.

Paso 2. Compara las costumbres de tu familia y de tus amigos con las de Magdalena (Magda). Identifica la celebración según el modelo, y luego escribe una frase usando un adjetivo posesivo en la comparación de cada costumbre. ¿Qué celebra la familia de Magda, y qué hace tu familia ese día?

Modelo: La familia de Magda va al cementerio el primero de noviembre para recordar a los difuntos (*the deceased*) de su familia. Llevan ofrendas (*offerings*) tales como (*such as*) flores, algunas comidas y bebidas favoritas del difunto y fotos para el altar. Comen y pasan un tiempo conversando y recordando al difunto.

Tu respuesta:
La familia de Magda celebra el Día de los Muertos. En cambio, mi familia no celebra el Día de los Muertos. En mi familia para recordar a los difuntos vamos a misa y llevamos flores al cementerio en el aniversario de la muerte.

1. Entre el 16 y el 24 de diciembre unos amigos mexicanos de Magda van de casa en casa pidiendo posada (un lugar para dormir), repitiendo cánticos (*chants/songs*) tradicionales, para representar la experiencia de la Virgen María y San José antes del nacimiento de Jesucristo. Esta tradición se llama 'las posadas', y así la gente se prepara para el 25 de diciembre.

¿Qué celebran algunos amigos de Magda en diciembre, y qué celebran tus amigos o tu familia ese mes?

_____
_____
_____
_____
_____
_____

2. A principios de febrero Magda y los otros residentes de Mayagüez, Puerto Rico, recuerdan su santa patrona, Nuestra Señora de la Candelaria, en las fiestas patronales. Hay procesiones, música, baile, y mucha comida durante los cuatro días de esta celebración.

Compara la ciudad de Magda con la ciudad donde estudian tú y tus compañeros: ¿Qué celebra la ciudad de Magda en febrero, y qué celebra tu ciudad ese mes?

_____
_____
_____
_____
_____
_____

Indirect Object Pronouns

El 6 de enero vienen los Reyes Magos para traer regalos a los niños. Por ejemplo, **les** regalan juguetes o ropa, o a veces hasta una bicicleta. Mi hermanito tiene 5 años y todos los años **le** traen su juguete preferido. Este año mi hermanito **les** pidió un reloj especial de Pokemon. Pero a mí los reyes no **me** traen nada porque ya soy grande. Ese mismo día nuestros padres **nos** regalan algo especial. ¿Qué **te** dan a ti tus padres?

On January 6th, the Three Wise Men arrive to bring gifts for the children. For example, they give ***them*** *toys or clothing, or sometimes even a bicycle. My little brother is 5 and they always bring* ***him*** *his favorite toy. This year my little brother asked* ***them*** *for a special Pokemon watch. But the Wise Men don't bring* ***me*** *anything because I'm already big (grown up). On that same day our parents give* ***us*** *something special. What do your parents give* ***(to) you****?*

Indirect object pronouns help to reduce repetition: they express *to whom* or *for whom* something is done:

... vienen los Reyes Magos para traer regalos a los niños. Por ejemplo, **les** regalan juguetes o ropa...   **les** = a los niños

*... the Three Wise Men arrive to bring gifts for the children. For example, they give **them** toys or clothing...   them = the children*

In Spanish, indirect objects are preceded by the preposition **a**, but instead of repeating **a los niños** (*to the children*) in the second sentence above, the indirect object pronoun **les** (*(to) them)* is used.

Indirect object pronouns:

me	*to/for me*	**nos**	*to/for us*
te	*to/for you*	os	*to/for you*
vos	*to/for you*		
le	*to/for him/her/you*	**les**	*to/for them/you*

Indirect object pronouns are placed before the conjugated verb (**Le dan** regalos) or attached to the end of infinitives (Quieren **darle** regalos) and present participles (Están **dándole** regalos).

In English many indirect object pronouns can be expressed without "to" or "for," so you can't rely on the translation alone to identify when to use these pronouns. An easy rule of thumb is to ask yourself whether the pronoun in English could be rephrased to "to" or "for." For example:

They give **them** presents = They give presents **to them** (Yes, it's an indirect object.)

They see them at school ≠ They see to/for them at school (No, it's not an indirect object.)

Can you identify the reference to each one of the indirect object pronouns in **bold** in the text at the start of this section?

GRAMÁTICA

To clarify or emphasize the meaning of indirect object pronouns, you can use **a** + noun (e.g., **al profesor**) or **a** + subject pronoun (e.g., **a él**). There are two irregular forms:

a mí (not **"a yo"**)	*to me*
a ti (not **"a tú"**)	*to you* (informal)

Actividad 5-28. A interpretar los eventos

Paso 1. Escoge el dibujo que corresponde a cada frase. Presta atención a los pronombres de complemento indirecto (*indirect object pronouns*) y a la conjugación de los verbos para identificar el dibujo correcto. OJO: El orden de las personas en la frase puede variar: ¡A veces la primera persona no es el sujeto, puede ser el complemento!

1. Ana les escribe invitaciones de cumpleaños a sus amigas.

2. A Ana le preparan una sorpresa de cumpleaños Juana y Cristina.

3. Cristina le compra un regalo a Ana.

4. A Juana y Cristina les da un beso Ana.

Paso 2. Olga y Vanesa hablan de una visita con los abuelos de Olga antes del Día de los Muertos. Marca el nombre de la(s) persona(s) **que recibe(n)** cada cosa en la lista.

Modelo: Escuchas a Olga decir: "**Mis abuelos me dan un beso**" →
marcas "Olga" porque Olga recibe el beso.

un beso	abuelos	Diego	<u>Olga</u>	Vanesa
abrazos	abuelos	Diego	Olga	Vanesa
calaveras de azúcar	abuelos	Diego	Olga	Vanesa
pan de muertos	abuelos	Diego	Olga	Vanesa
receta (*recipe*)	abuelos	Diego	Olga	Vanesa

Calaveras de azúcar

Pan de muertos

Actividad 5-29. Festejándole el cumpleaños a Ana

Paso 1. ¿A quién se refieren los pronombres subrayados en las siguientes oraciones?

Modelo: María: <u>Nos</u> dice Ana que mañana es su cumpleaños.
<u>Nos</u> = a nosotros/a Antonio y a mí (María)

María: —<u>Nos</u> dice Ana que mañana es su cumpleaños.

Antonio: —¿Sabes qué quiere para su cumpleaños?

María: —Sí, <u>le</u> voy a comprar un boleto para el concierto de Chayanne porque <u>le</u> encanta su música.

Antonio: —No sé qué comprar... ¡ah! ya sé, <u>le</u> voy a cocinar una torta.

María: —¡Claro! <u>Me</u> gusta tu idea.

Paso 2. Completa los espacios en blanco con un pronombre de complemento indirecto según el contexto.

María: —Hola, Ana. Antonio y yo tenemos algo para ti. Queremos dar_____ un regalo.

Ana: —Pero ¿si no es mi cumpleaños...? ¿Por qué no _____ dan el regalo el día de mi cumpleaños?

Antonio: —Tus padres _____ dicen que vas a estar fuera de la
ciudad para tu cumpleaños.

Ana: —Pues, sí.

María: —Y además, este regalo va a vencer (*to expire*) pronto:
_____ compramos boletos para el concierto de
Chayanne esta noche.

Ana: —¿En serio? ¡Me encanta Chayanne! Pero no quiero ir sola...

Antonio: —¡Qué va! Esta noche mi tío _____ presta (*loans*) su
carro, y ¡vamos los tres!

Actividad 5-30. ¿Qué te regalan?

Paso 1. Estas son algunas cosas que los amigos de Ana hacen
generalmente para celebrar su cumpleaños. Escribe en la columna de la
derecha las cosas que normalmente hacen tus amigos para ti en tu fiesta
de cumpleaños.

A Ana	A mí
le regalan un boleto para un concierto	me regalan...
le preparan una sorpresa	_____
le cocinan una torta	_____
le cantan la canción *¡Feliz Cumpleaños!*	_____
le dan un ramo de rosas rojas	_____
_____	_____
_____	_____

Paso 2. Escribe un párrafo de 4–5 frases para describir qué les hacen tú
y tu familia a tu madre y a tus abuelas en el Día de la Madre. ¿Cómo
reaccionan tu madre y tus abuelas?

Modelo: El Día de la Madre mis hermanos y yo le preparamos el
desayuno a mi madre. Les mandamos flores a nuestras
abuelas... Nos dan las gracias, nos abrazan...

_____

_____

_____

Actividad 5-31. ¿De qué fiesta se trata?

Paso 1. Léele estas situaciones a tu compañero/a. ¿Puede adivinar (*guess*) con qué fiesta/s se relacionan?

1. Unas madres están poniéndoles disfraces a sus hijos.
2. Un joven está comprándole flores y bombones (*candies*) a su novia.
3. Un padre y sus hijos están poniéndole adornos a un árbol.
4. Una joven está enseñándole a su amiga a bailar merengue.
5. Unos nietos y su abuela están sacándole las pepitas (*seeds*) y la pulpa a una calabaza.
6. Unos meseros están cantándole una canción a una niña en un restaurante.

Paso 2. Subraya el pronombre de objeto indirecto en las oraciones del Paso 1. Como sabes, con el presente progresivo, se puede colocar el pronombre de objeto indirecto antes del verbo ESTAR o después del verbo en forma -ANDO/-IENDO y el significado no cambia. Toma turnos con un compañero para leer en voz alta cada oración cambiando la posición del pronombre indirecto. Sigue el modelo.

Modelo: E1: —Unas madres están poniéndo**les** disfraces a sus hijos.

E2: —1. Unas madres **les** están poniendo varios disfraces a sus hijos.

Paso 3. Completa ahora estos breves diálogos con el pronombre de objeto indirecto apropiado según el contexto. Algunas situaciones incluyen la estructura IR + a + infinitivo y en ella el pronombre de objeto indirecto también tiene dos posibles posiciones: antes del verbo conjugado IR o después del infinitivo.

Modelo: Mis compañeros van a comprar**me** unos regalos. o Mis compañeros **me** van a comprar unos regalos.

1. Felicidad: —¡Qué contenta estoy! Creo que mis compañeros de clase _____ están preparando una fiesta sorpresa para mi cumpleaños.

Margarita: —¡Te felicito!

2. Mamá: —Juanito, ¿_____ está preparando el sándwich tu papá?

Juanito: —Sí, _____ está preparando uno de jamón y queso.

3. Tía Anita: —¿Qué _____ van a traer los Reyes este año a ti y a tu hermana?

Reinaldo: —No sé qué van a traer_____. Me gustaría una bicicleta y a mi hermana un iPod.

4. Silvia: —Mamá, ¿quién _____ va a cocinar el pavo este Día de Acción de Gracias a nosotros?

Mamá: —Creo que este año es el turno del tío Arturo.

INTEGRACIÓN COMUNICATIVA

CONVERSACIÓN: Inviting Someone, Accepting/Turning Down Invitations

Para invitar a alguien a hacer algo

¿Quieres/Te apetece ir a tomar un café?	*Would you like to go for a cup of coffee?*
¿Tienes planes para este fin de semana?	*Do you have plans for the weekend?*
¿Te interesa ir al cine?	*Would you like to go to the movies?*
¿Qué te parece si bajamos un video?	*How about if we download a video?*

Para aceptar una invitación

¡Con mucho gusto!	*I'd love to!*
¡Claro que acepto!	*Of course, I accept!*
¡Sí, me encantaría!	*Sure, I'd love to!*
¡Por supuesto!	*Of course!*
¡Cómo no!	*Of course! Sure! Great!*

Para rechazar una invitación

¡No, imposible! Lo lamento mucho.	*No, it's imposible. I'm really sorry.*
¡Lástima, no puedo!	*Sorry, I can't!*
¡Ay, me encantaría, pero ya tengo planes!	*Ah, I'd love to, but I already have plans!*
¡Ay, que lástima, pero no puedo!	*Ah, I'm sorry, but I can't.*
Hoy es imposible, ¿qué te parece mañana?	*Today is impossible, what about tomorrow?*
¡Lamentablemente tengo que estudiar!	*Unfortunately I have to study!*

Actividad 5-32. Invitaciones

 Paso 1. Escucha los siguientes diálogos cortos en que se presentan invitaciones a hacer varias cosas. Escribe de qué se trata la invitación en cada diálogo y si se acepta o se rechaza.

Diálogo 1: _____

Diálogo 2: _____

Diálogo 3: _____

 Paso 2. Escucha los diálogos de nuevo y escribe las expresiones que se usan para invitar y para aceptar o rechazar invitaciones.

Diálogo 1:
Maricelli: —_____ .

Enrique: —_____ .

Diálogo 2:
Edwin: —_____ .

Alicia: —_____ .

Diálogo 3:
Maribel: —_____ .

Mayra: —_____ .

Actividad 5-33. ¿Quieres trabajar conmigo (*with me*)?

Paso 1. En parejas, van a escribir dos diálogos cortos en que un(a) estudiante invita a otro/a estudiante (a) a tomar un café después de clase, y (b) a ir a estudiar a la biblioteca el sábado de mañana. Cada diálogo debe tener (a) una descripción breve de los personajes y (b) por lo menos tres turnos por personaje.

Descripción de los personajes:

_____

_____

Persona 1: —_____.

Persona 2: —_____.

Persona 1: —_____.

Persona 2: —_____.

Persona 1: —_____.

Persona 2: —_____.

Paso 2. Cada pareja presenta su diálogo a la clase pero paran (*stop*) justo antes de dar respuesta a la invitación. El resto de la clase debe adivinar si la invitación será aceptada o rechazada.

ESTRATEGIAS

PRONUNCIACIÓN: The Letters "r" and Double "r" in Spanish

La "r" de "seis de enero"

Read the following words and phrases aloud in English. Pay attention to what your tongue does when you pronounce the letters "t", "tt", "d", and "dd":

*rea**d**y*

*ge**t** it*

*la**dd**er*

*la**tt**er*

*po**t** of tea*

Your tongue quickly taps your alveolar ridge (the ridge on the roof of your mouth just behind your teeth) once. When you say "*pot of tea*" in English, it sounds very similar to "**para ti**" in Spanish because you have correctly pronounced the [r] sound by tapping your alveolar ridge.

Actividad 5-34. Seis de enero

Paso 1. Lee las siguientes palabras: la "r" aparece entre vocales. Luego, escucha la grabación y trata de ajustar tu pronunciación de acuerdo con la explicación anterior.

enero   primavera   verano   enamorados

Paso 2. Ahora nota la misma pronunciación de la "r" antes y después de consonantes y en posición final.

Antes de consonante	Después de consonante	Posición final
hermano	padre	vestir
marzo	celebración	festejar
carnaval	truena	celebrar
invierno	primo	calor

La "r" de "Reyes Magos"

To pronounce the trilled "r" in Spanish your tongue briefly taps your alveolar ridge, but does so in rapid succession, just like the edge of a flag snaps when the wind is high. You can achieve this repeated tapping by increasing the amount of air you exhale and relaxing the tip of your tongue. The trilled r that you associate with the letters **rr** is also used by native Spanish speakers sometimes when the spelling would seem to indicate a single tap instead. The most common occurrences are when the letter **r** comes at the very beginning of a word (e.g., **rojo, reloj**). Even though you only see one **r**, you should pronounce the trilled **r**.

Actividad 5-35. **Ere o erre**

Paso 1. Lee las siguientes palabras. Luego, escucha la grabación y trata de ajustar tu pronunciación de acuerdo con la explicación anterior.

ahora	ahorra
caro	carro
coro	corro
ere	erre
pero	perro

Paso 2. Lee las siguientes palabras. Luego, escucha la grabación y trata de ajustar tu pronunciación de la "r" en posición inicial de palabra.

reyes	relámpagos	recibir
rojo	religioso	regalos
rico	Ramadán	

LECTURA: Discourse Organization

Successful and efficient reading requires that you keep track of the relationship among ideas in a text and how they are connected to form a single coherent text. The following phrases are frequently used to connect sentences:

Emphasis	**Obviamente**	*Obviously*
	Sin duda	*Without a doubt*
	(Des)afortunadamente	*(Un)fortunately*
To add information	**También/Además**	*Also/Moreover*
	Incluso	*What's more*
	Asimismo	*Likewise*
Consequences	**Así que/Por lo tanto**	*Thus/Therefore*
	Entonces/Pues	*Then*
	Por eso	*Because of that*
Example	**Por ejemplo**	*For example*
	En particular	*In particular*
	De hecho	*In fact*
Concession	**Por otro lado/En cambio**	*On the other (hand)*
	A pesar de (eso)	*Despite (that)*
	Sin embargo	*Nevertheless*
Conclusions	**Al final/ finalmente**	*In the end/Finally*
	Por último	*Finally*
	En conclusión	*In conclusion*

Actividad 5-36. Estados Unidos como destino turístico

Paso 1. En parejas, hagan una lista de características básicas de los Estados Unidos que pueden ser de interés para una visita turística.

La Ciudad de Nueva York

El cañón del Colorado

Hollywood

Las cataratas del Niágara

Modelo: La ciudad de Nueva York tiene muchos museos, teatros, comida, arte y parques.

Paso 2. Lee el párrafo siguiente sobre los Estados Unidos y decide dónde se deben colocar las siguientes oraciones.

a) Algo típico de los Estados Unidos son sus numerosos rascacielos (*skyscrapers*) imponentes.

b) <u>Sin duda</u> hay que considerar la influencia de la intensa inmigración de grupos de cristianos reformistas europeos, con su ideal de defender sus libertades de creencias y prácticas religiosas.

---

(1) Visitar los Estados Unidos es una gran oportunidad para experimentar una cultura única y descubrir lugares increíbles dentro de un país gigantesco. (2) <u>Asimismo</u>, en EE. UU. es posible descubrir todo un mosaico de posibilidades, de sueños, de alternativas, de historia, de mitos y de una naturaleza contemporánea. (3) Ubicado en Norteamérica, Estados Unidos está formado por 50 estados federales y un distrito federal, Washington D.C., que es la capital de la nación. (4) Su población supera los 318 millones de habitantes, <u>así que</u> es el país más poblado del continente americano y el tercero más poblado del planeta. (5) Para entender la cultura de los Estados Unidos es importante mirar a sus orígenes. (6) <u>Sin embargo</u>, la cultura estadounidense moderna debe muchísimo al marketing, las comunicaciones y a la industria del entretenimiento masivo, <u>incluso</u> a los artistas y a sus estrellas (*stars*) del mundo del espectáculo. (7) <u>Asimismo</u>, EE. UU. es una de las primeras potencias mundiales (*world powers*) y una de las más poderosas económicamente. (8) El enorme territorio norteamericano está lleno de maravillas (*marvels*) que le van a encantar a cualquier visitante. (9) <u>De hecho</u>, es uno de los países con más edificios emblemáticos. (10) En cada ciudad encontramos edificios que transmiten la personalidad y fuerza del país. (11) Debido a su gran extensión, el clima es muy variado y templado en la mayor parte del territorio nacional. (12) <u>Por ejemplo</u>, el clima es cálido en el sur del país, y puede ser muy frío en el norte. (13) <u>Obviamente</u>, una sola visita sólo permite descubrir una pequeña parte de todas las ofertas turísticas de los Estados Unidos. (14) Son muchos los lugares para visitar y las ciudades para conocer.

Paso 3. ¿Puedes adivinar el significado de las palabras subrayadas en el texto anterior? Usando el resumen de estrategias de la tabla que precede esta actividad, ¿puedes sustituir algunas por otras de su misma categoría?

Modelo: Visitar los Estados Unidos es una gran oportunidad para experimentar una cultura única y descubrir lugares increíbles dentro de un país gigantesco. **<u>Asimismo</u>**, en EE. UU. es posible descubrir...

Actividad 5-37. **Puerto Rico como destino turístico**

Paso 1. ¿Qué sabes de Puerto Rico? Con otro/a estudiante, hagan una lista de cosas que saben.

Modelo: Sé que en Puerto Rico se habla español.

Paso 2. Lee el texto y selecciona el conector que mejor relaciona las ideas en cada caso.

El Bosque Nacional El Yunque es el único bosque tropical lluvioso de los Estados Unidos.

El Morro, San Juan, Puerto Rico

Las Cavernas del Río Camuy

El telescopio más grande del mundo, Arecibo, Puerto Rico

El Festival Casals en San Juan

El Festival de Le Lo Lai, San Juan, Puerto Rico

Puerto Rico, "la isla del encanto", es la isla del Caribe más visitada por turistas. Tiene aproximadamente 100 millas de largo y 35 millas de ancho (*width*), [1] **(así que/sin embargo/en conclusión)** sus puntos más distantes quedan a solo 3 horas de distancia. [2] **(Incluso/A pesar de)** ser pequeño, en Puerto Rico hay mucha variedad de microclimas topográficos, lugares muy diversos para visitar, y festividades para disfrutar durante todo el año.

En la isla hay microclimas topográficos para todos los gustos. Una línea de montañas rocosas cruza el centro de la isla, de este a oeste. El área del norte tiene una densa vegetación y corrientes rápidas de agua (*rapids*). [3] **(En cambio/A pesar de/Incluso)**, en el área del sur, los terrenos (*terrain*) son secos y soleados (*dry and sunny*).

La mezcla (*mix*) de las culturas indígena, española y africana forma el carácter de Puerto Rico. [4] **(Por otro lado/En cambio/Así que)**, Puerto Rico es parte de los Estados Unidos desde 1898, y la influencia contemporánea estadounidense convive (*coexists*) con la herencia (*heritage*) del pasado. [5] **(Sin embargo/De hecho)**, es posible ver pueblos y ciudades que son museos vivientes de la arquitectura colonial española, ruinas con más de mil años de antigüedad y restaurantes como McDonalds. [6] **(Además/Por último/Por ejemplo)**, en la capital, San Juan, se puede ver el castillo del Morro, protagonista de muchas batallas históricas. En el área centro-norte, cerca de Arecibo está el radio-telescopio más grande del mundo.

Para los amantes de la naturaleza (*nature lovers*), el Bosque del Yunque es [7] **(sin embargo/sin duda/incluso)** un lugar muy atractivo. Allí el turista puede bañarse en sus cascadas (*waterfalls*) y ver una variedad increíble de animales y plantas. En el norte, se puede visitar el sistema de cavernas subterráneas más grande del Caribe y los Estados Unidos. [8] **(Entonces/También/Sin embargo)**, se puede visitar Vieques y Culebra, dos islas de Puerto Rico, son conocidas por sus playas aisladas, corales, mariscos frescos (*fresh seafood*) y su ambiente (*environment, atmosphere*) rústico. La fascinante combinación de elementos le da a la isla su carácter distintivo.

Puerto Rico es una isla muy alegre y casi todo el año tiene festividades. Los lazos familiares son una de las claves de las celebraciones en la isla. Hermanos, primos y tíos forman familias unidas y se divierten juntos. La mayoría de las festividades puertorriqueñas son religiosas, pero [9] **(además/incluso)** hay otras culturales y oficiales. Las celebraciones religiosas siguen la costumbre católica y cada ciudad o pueblo celebra su fiesta patronal. Entre las fiestas religiosas más importantes se pueden destacar las fiestas de Santiago Apostol de Loíza en julio, el Festival de San Sebastián en San Juan y el Festival de Nuestra Señora de Guadalupe en febrero en Ponce. [10] **(Además/Sin duda)**, hay festivales durante todo el año en muchas de las ciudades y pueblos de Puerto Rico. [11] **(En particular/Asimismo)**, el Festival Casals es uno de los acontecimientos de música clásica más prestigiosos del mundo. Se celebra en San Juan durante el mes de junio e incluye orquestas sinfónicas, orquestas de cámara, famosos directores y coros de todo el mundo. [12] **(En particular/Asimismo)**, en San Juan se celebra el conocido Festival Le Lo Lai, que incluye un programa de actividades a lo largo de todo el año para facilitar a los visitantes el conocimiento de la historia y la cultura local.

Paso 3. Con un/a compañero/a, escriban un resumen de la información que ahora saben de Puerto Rico con respecto a su geografía, su clima, sus atracciones turísticas, su historia, y sus fiestas.

Modelo: Puerto Rico es una isla pequeña en el Caribe. En el norte de la isla hay...

ESTRATEGIAS

ESCRITURA: Cohesive Writing with Linking Sentences

To hold the attention of your reader and be a persuasive writer you need to make good transitions. For that purpose you can use a few pre-fabricated phrases that will help you make your point. Some of these expressions were presented in the previous section.

Actividad 5-38. Analizando un modelo de texto

 Paso 1. Trabajen en grupos de tres personas para analizar uno de los textos anteriores. Tu instructor va a asignar el texto de EE. UU. a la mitad de los grupos y el de Puerto Rico a la otra mitad. Hagan una lista de los temas que se tratan en el texto y después compártanla con la clase.

Paso 2. Analicen la relación que establecen cuatro de los conectores (subrayados en el texto de EE. UU., **en negrita en el texto de Puerto Rico**) entre las ideas que conectan.

Modelo: Oraciones en el texto: Tiene aproximadamente 100 millas de largo y 35 millas de ancho (*width*), **así que** sus puntos más distantes quedan a solo 3 horas de distancia.

Explicación: **así que** expresa una consecuencia: La isla es pequeña. Por eso, no hay mucha distancia entre los puntos más distantes de la isla.

Actividad 5-39. Mi estado

 Paso 1. Una familia planea un viaje al estado de Estados Unidos en donde viven ustedes. Con otro/a estudiante, preparen una lista de datos (*facts*) interesantes sobre el estado en donde viven.

1. Lugares de posible interés turístico, por ejemplo, ciudades, museos, sitios históricos.
2. Descripción del estado, por ejemplo, características del clima, geografía, población, ubicación.
3. Historia, tradiciones o cultura de la zona
4. Celebraciones y actividades que se pueden practicar

Paso 2. Organiza las ideas y añade más información para describir características de interés de tu estado en dos párrafos.

Paso 3. Revisa el contenido y la organización y trata de usar al menos 3 conectores (**obviamente, por ejemplo, además...**) para unir algunas de las ideas.

ESTRATEGIAS

COMPRENSIÓN ORAL: Understanding Dialogue Organization

To hold the attention of your interlocutor, Spanish speakers use a number of pre-fabricated phrases to communicate their message effectively. Following are some of the expressions that speakers use to connect their utterances. Some of these expressions are similar to the ones used in writing, whereas some are more common in spoken interactions.

To gain time	**Bueno**	*Well*
	Ahora bien	*Now,*
	Eeeh...	*Um,*
To clarify an opinion	**O sea**	*So*
	Es decir	*In other words*
	Mejor dicho	*To express it better*
To focus attention	**Mira/Fíjate**	*Look*
	Por cierto/A propósito	*As a matter of fact*
	En realidad	*In reality*
To add information	**También/Además**	*Also/Moreover*
	Es más	*What's more*
	Te digo más...	*Let me tell you more...*
Concession	**En cambio**	*On the other hand*
	En cualquier caso	*In any event,*
	De todos modos	*Be that as it may,*
To show agreement	**Bueno/Bien**	*Good/Ok*
	Vale/Chévere/Bárbaro	*Great*
	Claro	*Of course*
Consequences	**Así que/ Por lo tanto**	*Thus/Therefore*
	Por eso	*Because of that*
	Por lo visto	*Given this/that*
Example	**Por ejemplo**	*For example*
	A manera de ejemplo	*For instance*
	En particular	*In particular*
Conclusions	**En una palabra**	*In one word*
	Por último	*Finally*
	En conclusión	*In conclusion*

Actividad 5-40. Un viaje a Puerto Rico

 Paso 1. Adela habla con su amigo puertorriqueño Juan Luis para pedirle consejo sobre su viaje a Puerto Rico. Escucha la conversación y completa las oraciones con la información que falta. Puedes escuchar la grabación más de una vez.

1. Adela planea un viaje a Puerto Rico con su familia para el mes de _____.

2. A los niños les gusta la playa, el esposo prefiere aprender sobre las tradiciones y a Adela le encanta _____.

3. Piensan quedarse en Puerto Rico durante _____ días.

4. Juan Luis les recomienda quedarse los dos primeros días en _____.

5. El esposo de Adela va a tener la oportunidad de observar algunas tradiciones porque son las fiestas de _____.

6. Desde el pueblo Isabela, es posible manejar a _____ y a _____.

Paso 2. Escucha de nuevo la conversación, pero esta vez trata de rellenar los espacios en blanco con los conectores que faltan en la transcripción.

Adela: —¿Aló? ¿Juan Luis?

Juan Luis: —¡Nena! ¡Ay bendito! ¡Qué bueno oír de ti! ¿Cómo estás? ¿Qué tal toda la familia?

Adela: —Muy bien, Juan Luis, ¿y tú? ¿cómo te va?

Juan Luis: —¡Chévere! Todo bien, cuéntame...

Adela: —Mira, te llamo porque quiero visitar Puerto Rico con mi familia este mes de enero y necesito tu opinión.

Juan Luis: —¡Claro! ¡Pero qué (1) _____! ¡Un viaje a mi isla! ¿Cómo les puedo ayudar?

Adela: —Pues, mira, quiero que toda la familia se divierta pero, (2) _____, todos tenemos gustos diferentes. Ya sabes, a los niños les gusta jugar, ir a la playa, bañarse... pero mi esposo prefiere aprender sobre las culturas y las costumbres de los lugares. (3) _____, a mí me encanta la naturaleza y ver lugares interesantes.

Juan Luis: —¿Cuántos días piensan quedarse?

Adela: —Una semana solamente.

Juan Luis: —Ah, ¡chévere! A pesar de ser solo una semana, van a poder hacer muchas cosas porque la isla no es tan grande. (4) _____ podrían primero quedarse en San Juan dos días y visitar el Fuerte del Morro, la parte antigua de la ciudad y la moderna. (5) _____ ahora me acuerdo que en enero son las fiestas de San Sebastián y hay muchas actividades en la calle (6) _____ tu esposo podría ver muchas de las tradiciones de esta época.

Adela: —Me parece buena idea, ¿nos recomiendas algún hotel?

Juan Luis: —(7) _____ sí, claro, déjame pensar...,
¿qué tal si te envío información sobre hoteles por
correo electrónico? De ahí, pueden ir a pasar dos días
cerca del Bosque del Yunque. Es un bosque húmedo y
la variedad de vegetación y animales es increíble. Va a
ser muy interesante para ti y estoy seguro de que a los
niños les va a encantar. (8) _____,
muy cerca hay playas y pueblos típicos que pueden
visitar.

Adela: —Suena fantástico y, para los tres últimos días, ¿qué nos
recomiendas?

Juan Luis: —Podrían pasar esos días en una playa más o
menos cerca de las Cavernas del Río Camuy.
(9) _____, les recomiendo un
pueblito del norte que se llama Isabela. Tiene
apartamentos para familias en frente de una pequeña
playa (10) _____ los niños pueden
disfrutar mucho. (11) _____,
pueden manejar fácilmente hasta las cavernas y
(12) _____ hasta el telescopio de
Arecibo, que es el más grande del mundo.

Adela: —Juan Luis, qué buenas ideas, cómo me alegro de haberte
llamado, oye vamos a reunirnos en nuestra casa...

 Paso 3. Pregúntales a tus compañero/as sus opiniones sobre las
atracciones de Puerto Rico que se mencionan en este diálogo. ¿Qué
lugares les gustan más? ¿Por qué?

COMPARACIONES CULTURALES

Actividad 5-41. Las principales raíces (*roots*) étnicas de Puerto Rico

 Paso 1. Cada país tiene sus raíces étnicas, incluso los Estados Unidos. ¿Conoces palabras de lenguas indígenas que se usan en inglés? ¿Qué nombres, eventos, celebraciones y costumbres (*customs*) indígenas conoces? ¿Qué otras influencias culturales se ven en Estados Unidos? En parejas escriban una lista. Mencionen el grupo étnico asociado con cada palabra.

Modelos: Aloha = un saludo hawaiano

Scajaquada Expressway = nombre de la carretera en la lengua de la tribu de indios Séneca

Luau = una fiesta hawaiana

Santa Claus y el árbol de Navidad = imágenes y costumbres europeas

Paso 2. Lee el párrafo siguiente sobre las raíces étnicas de Puerto Rico y sus influencias en ese país. ¿Qué mapa representa mejor las ideas en cada párrafo? Escribe la letra del mapa entre los paréntesis ( ) al lado del párrafo asociado.

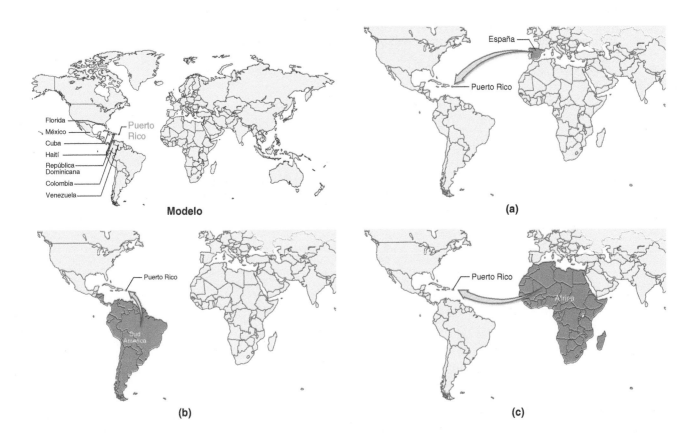

1. (Modelo) Puerto Rico es una isla caribeña al sur de Estados Unidos con una población basada en tres principales grupos étnicos: los indígenas, los africanos y los españoles. Cada grupo ha tenido (*has had*) influencias en la cultura puertorriqueña de hoy en día.

2. ( ) Los primeros habitantes que se describen en las historias de la isla son dos grupos indígenas: los indios *taínos* y los *carib*. Se cree que la tribu carib, una población de América del Sur muy violenta y caníbal, viene a la isla para conquistar a los taínos en la época antes de la conquista española.

3. ( ) El segundo grupo es el de los conquistadores españoles que vienen a la isla en el siglo XV, en la época de Cristóbal Colón (*Christopher Columbus*). Aunque los dos grupos de indios combinan sus fuerzas para combatir a los nuevos conquistadores, los españoles derrotan fácilmente a todos los grupos indígenas. Sin embargo, las lenguas indígenas de Puerto Rico dejan su marca en el español que se usa en todo el mundo. A manera de ejemplo todavía se utilizan en español palabras de origen indígena como *canoa*, *hamaca*, *barbacoa*, *huracán* e *iguana*, y aún en el nombre del mar y de la región; el Caribe, donde se encuentra *(one finds) Borikén (o Boriquén),* el nombre taíno de Puerto Rico.

4. ( ) El tercer grupo principal incluye dos grupos de africanos. El primer grupo de africanos inmigra a Puerto Rico con los conquistadores españoles. Ayudan a los españoles a conquistar y esclavizar (*to enslave*) a los taínos y los carib. Sin embargo, pocos años después, los españoles deciden esclavizar a otros africanos cautivándolos (*capturing them*) en África para llevarlos a fuerzas (*by force*) a la isla. A pesar de (*Despite*) su esclavitud, los africanos tienen mucha influencia en la cultura de la isla que todavía se ve hoy en día. En particular, se escuchan actualmente (*at present*) la plena y la bomba, dos estilos de música que tienen su origen en las culturas africanas.

Paso 3. Con unos compañeros, comparen las influencias culturales en Estados Unidos con las influencias en Puerto Rico.

¿Hay influencia de los mismos grupos? ¿Cuáles son?
¿Hay influencia en aspectos de la vida similares? ¿Cuáles son?

Paso 4. En los textos del Paso 2, subraya todos los usos del **se impersonal/pasivo,** y dibuja un círculo alrededor del objeto de la oración al que hace referencia cada uso del **se impersonal/pasivo.**

Modelo: Los primeros habitantes que se describen en las historias de la isla...

Actividad 5-42. Influencias puertorriqueñas en Estados Unidos

 Paso 1. La música de los puertorriqueños es popular en Estados Unidos. ¿Conocen a los siguientes cantantes? En grupos de 3 o 4 estudiantes, escriban dos o tres palabras para describir la música de cada uno.

Daddy Yankee   Ricky Martin   Marc Anthony

_____

_____

_____

 Paso 2. Marca la categoría que se asocia con cada influencia de la música puertorriqueña en Estados Unidos.

Modelo: Escuchas "William Richard Cumpiano es especialista en la construcción del cuatro, un instrumento musical similar a la guitarra y típico de la música de Puerto Rico".

Marcas la categoría "**Música**".

Un músico con el cuatro

	Celebración	Música	Arte
Modelo		X	
1.			
2.			
3.			

Actividad 5-43. La influencia africana y taína en la música de Puerto Rico

Paso 1. Marca con una palomita (√) los instrumentos musicales de la siguiente lista que crees que tienen su origen en lenguas africanas.

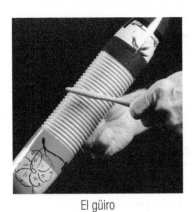

El güiro

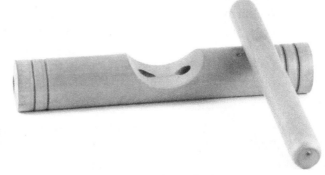

La clave (Los palitos)

El tambor

INSTRUMENTOS:

_____ el saxófono
_____ el güiro
_____ las maracas
_____ la clave (los palitos)
_____ el cuatro
_____ el tambor
_____ la trompeta
_____ la conga

La conga

Paso 2. La música que se escucha y que se baila en Puerto Rico hoy en día tiene influencias de las culturas africanas y taína, entre otras culturas. Escucha un ejemplo de cada estilo y busca más ejemplos en un servicio Internet de música tal como pandora.com ¿Qué estilo de música te gusta más? ¿Por qué? Califica cada tipo de música con una escala de 4 palomitas (√) a una palomita. Conversa con tu compañero/a de clase para describir tu preferencia por cada tipo de música.

RITMOS

con influencia africana
la bomba _____
la bachata _____
la salsa _____

con influencia indígena
la plena _____
el reggaeton _____
el merengue _____

Paso 3. Finalmente, escriban un párrafo para describir sus opiniones sobre dos de los ritmos presentados. ¿Para qué ocasiones o celebraciones les gusta escuchar cada estilo de música? ¿Escuchas la influencia de esos estilos en tu música preferida?

Literatura

There are many traditions associated with **Navidad**. For instance, **villancicos** are songs that were originally used to announce the birth of Jesus Christ to the inhabitants of small towns or **villas** (thus, **villancicos**) who did not know how to read. In Puerto Rico it is common for people to sing **villancicos** from early December to mid January. Similarly, **pesebres** are displays or representations of the birth of Christ with human characters or little figurines, whereas **posadas** celebrate the trip that José and María made to Bethlehem (Belén), where Christ was born. For las posadas, the "pilgrims" visit friends' homes to sing a song asking for shelter, and the hosts sing a reply, finally opening the doors to the guests and offering food and drinks.

Actividad 5-44. Las celebraciones comunitarias

Paso 1. Antes de leer un cuento sobre el papel (*role*) de la biblioteca en una comunidad puertorriqueña en Nueva York, piensa en el papel de los lugares públicos en tu comunidad. Para entender cómo crean esos lugares un sentido de unidad entre la gente, escribe respuestas a las siguientes preguntas:

1. En tu comunidad, ¿qué eventos tienen lugar en la biblioteca? ¿La biblioteca pública organiza celebraciones para algún día festivo?

   Ejemplos de eventos: charlas (*talks*), conciertos, clases, obras de teatro, películas, reuniones de grupos cívicos o sociales, bailes, hora de cuentos para niños, tutoría para estudiantes, talleres (*workshops*) para futuros autores, desfiles, comidas

   Modelo: En la biblioteca de mi vecindario, hay charlas sobre novelas, la política, y las finanzas. A veces hay películas y talleres también.

   A veces se organizan eventos asociados con un día festivo como una película o una charla sobre el día, pero no es una celebración.

2. ¿En qué lugares tienen lugar las celebraciones públicas asociadas con la Navidad, el Día de las Brujas, u otros días festivos? ¿Hay obras de teatro, películas, canciones, símbolos u otras representaciones artísticas que se asocian con esas celebraciones?

   Ejemplos de lugares públicos: la iglesia, el ayuntamiento (*city hall*), la escuela, el teatro, la calle, el parque, el gimnasio, la plaza (*town square*), el centro comercial (*mall*), la playa, el parque

   Modelo: Las celebraciones públicas asociadas con el Día de San Patricio tienen lugar en las calles y en los bares y restaurantes. Se asocian los desfiles, el trébol (*shamrock*), la ropa verde, la cerveza verde y las canciones irlandesas con esta celebración.

Paso 2. Compara y describe las respuestas de cada pareja con otro grupo de estudiantes. ¿Cuántas respuestas tienen en común? ¿Cuántas son diferentes?

Paso 1. Lee las preguntas que siguen sobre el texto breve titulado "La velita de los cuentos". Lee el cuento rápidamente para encontrar las respuestas. OJO: No tienes que leer todo el cuento. Solo busca la información para responder a las preguntas.

ESTRATEGIAS

LECTURA

Reading a text multiple times with a different goal or focus each time helps to build a more comprehensive understanding of the text. For some goals a quick read is appropriate, whereas for other goals you'll need to read more carefully.

1. ¿Qué miembros de la familia de Hildamar están en Nueva York? (Marca todos los miembros relevantes).

   su madre su padre su hermano sus abuelos su tío su tía su primo

   su esposo su sobrino su hermana su nieta

2. ¿En qué meses tiene lugar este cuento?

   enero febrero marzo abril mayo junio julio agosto

   septiembre octubre noviembre diciembre

3. ¿Qué van a celebrar en la biblioteca?

   el Día de la Independencia de Puerto Rico   la Navidad

   el Día de los Enamorados   el Año Nuevo

   el Día de los Reyes Magos   el Día de la Amistad

   la Semana de los Libros Prohibidos (*banned*)   la Nochevieja

---

La velita de los cuentos por Lucía González

(Children's Book Press, San Francisco, CA, 2008; excerpts; edited for grammatical content)

Introducción

Durante los primeros años de la Gran Depresión (1929–1935), muchos puertorriqueños dejan (*salen de*) su islita en busca de trabajo y de oportunidades en la gran ciudad de Nueva York. Muchos de ellos se establecen (*deciden vivir*) en una sección del norte de Manhattan que llega a ser conocida como El Barrio. (p. 3)

[Una niña puertorriqueña, Hildamar, va a celebrar su primera Navidad en Nueva York con su familia: su primo Santiago, mamá Nenita, tío Pedro, y titi (tía) María.]

"Esa noche, la familia se reúne a cenar juntos.

—¡Bendito! —suspiró mamá Nenita—. ¡Qué falta me hacen (*How I miss*) las noches calientitas de diciembre en nuestra islita!

—¡Ah! —dijo tío Pedro, el papá de Santiago— ¡lo que yo más extraño son los pasteles y el delicioso olor a lechón asado por todos lados!

lechón asado

—¡Me acuerdo de las parrandas y los aguinaldos cuando la familia y los vecinos vienen a visitarnos, a cantar, a bailar y a comer! —dice titi María, la mamá de Santiago, cerrando los ojos y tarareando una melodía.

—¡El mejor día del año era el Día de los Reyes! —añade Santiago.

—¿Y los Reyes vienen hasta Nueva York? —pregunta Hildamar—. ¿Van a venir este año?". (p. 7)

CULTURA

El ratoncito Pérez y la cucaracha Martina son personajes en un cuento folclórico puertorriqueño sobre el amor. En el mundo hispanohablante en general, el ratoncito Pérez es muy popular y es similar al *Tooth Fairy*.

[Ese mismo año llega a El Barrio Pura Belpré, la primera bibliotecaria bilingüe puertorriqueña en Nueva York. Un día en la biblioteca, después de leerles un cuento a los niños, la señora Belpré anuncia:]

—"Se aproxima el Día de los Reyes. Este año queremos hacer una gran fiesta en la biblioteca, con una obra teatral, bailes y un desfile. La obra va a ser el cuento de Pérez y Martina. ¿Quién quiere participar en la obra?". (p. 20)

...

"Pronto se riega la voz (*muchas personas dicen*): "¡Se habla español en la biblioteca! Van a hacer una fiesta de reyes allí!".

Doña Sofía le dice a don Ramón, que le dice al Padre Simón, quien lo anuncia en la iglesia. Ese mismo domingo, después de la misa de la mañana, los vecinos se reúnen. Hasta la señora Pura Belpré asiste a la reunión.

—¡Por primera vez —dicen— se va a celebrar el Día de los Reyes en Nueva York!

Todos quieren ayudar.

—Yo me encargo de hacer los trajes —dice titi María.

—Yo hago las cortinas para el escenario —anuncia mamá Nenita que trabaja en una fábrica de costura.

—Y yo construyo el escenario —dice don Ramón—. En Puerto Rico, yo era (*I was*) carpintero". (p. 23)

[El 6 de enero en la biblioteca empieza la fiesta.]

—"Saludos, saludos, vengo a saludar —cantan los parranderos.

Doña Sofía toca las maracas, chiki-chiki-chik, chiki-chik. Don Ramón raspa el güiro, cha-kra-cha-kra-cha. Y al frente del grupo, rasgueando el cuatro, está el señor Lebrón.

De pronto ahí están, ¡los tres Reyes Magos! Marchan por todo el salón, tirándoles caramelos y dulces a los niños". (p. 29)

[Presentan la obra de Martina y Pérez, y se concluye el programa con unas palabras de la señora Belpré:]

—"Hoy, con la ayuda de todos, hemos traído el calor y la belleza de Puerto Rico a Nueva York". (p. 30)

Paso 2. Con un compañero, lee el cuento completo con más cuidado para poder entenderlo. Luego, comparen la celebración en el cuento con su experiencia personal con celebraciones públicas. Comenten los siguientes aspectos de la celebración y agreguen otra pregunta más:

1. ¿Quiénes preparan el lugar para la celebración? ¿Son empleados (*employees*) o voluntarios de alguna organización?
2. ¿Qué actividades se incluyen en la celebración?
3. ¿Qué símbolos culturales o representaciones artísticas se usan o se incluyen?
4. _____

Diferencias dialectales: Expresiones populares puertorriqueñas

One important type of variation in the use of Spanish across geographical regions is represented in choices of vocabulary. For instance, in the story in the last section, the main character calls her aunt **titi,** a regional variation of **tía.**

Actividad 5-46. ¡Ay bendito!

Paso 1. Las siguientes son algunas expresiones populares que puedes escuchar en Puerto Rico o en las calles de Nueva York. Lee cada definición y emparéjala con el contexto correspondiente.

1. _____ ¡Eres muy **chévere!** No debes tener vergüenza (*embarrassment*) de hablar con Odalys. Creo que ella quiere bailar contigo también.	a) pantalones vaqueros, los jeans
2. _____ ¿Dónde están mis **espejuelos**? ¡No puedo ver nada!	b) persona fabulosa, fantástica
3. _____ ¡Qué **chinas** deliciosas! Son muy buenas para hacer un jugo (*juice*).	c) autobús
4. _____ ¡Vamos a **janguear** esta noche! Es sábado y quiero relajarme con mis amigos.	d) gafas, lentes
5. _____ Necesito un **pon** para ir al bosque del Yunque. ¿Tienes carro? ¿Sí? ¿Me llevas (*Will you take me*) al bosque?	e) aventón, viaje (*ride*)
6. _____ **¡Ay bendito!**	f) naranjas, una fruta popular de la Florida
7. _____ Vamos a tomar la **guagua** para ir al centro. No hay tiempo para caminar hoy.	g) anglicismo que significa callejear (*hang out*)
8. _____ ¡Llevas unos **mahones** bonitos! Y te quedan muy bien. ¿Dónde te los compraste?	h) exclamación popular típicamente puertorriqueña que se usa para muchas ocasiones

Paso 2. Investiga otras variedades de español para descubrir otras palabras populares típicas de otras regiones del mundo hispanohablante. Por ejemplo, ¿qué variedades conoce tu instructor/a?

Actividad 5-47. Las propuestas (*proposals*) para obtener fondos

 Paso 1. Guadalupe y Jordi se reúnen con el Profesor Parra para hablar de cómo obtener fondos para la estación de radio. En parejas, clasifiquen las siguientes posibles propuestas de mejor (1) a peor (6).

Propuestas
_____ a. Organizar un baile con música de diferentes países hispanos y vender los boletos (*tickets*).
_____ b. Organizar una subasta (*public auction*) con artículos baratos (*inexpensive*) y de interés para los estudiantes.
_____ c. Organizar un concurso (*contest*) para crear un diseño de playera (*t-shirt design*) que anuncie (*advertises*) el programa de radio Sonora.
_____ d. Organizar un festival de cine con películas ganadoras de premios (*award winning movies*) de varios países hispanos.
_____ e. Organizar un festival de comida de varios países hispanos y cobrar una tarifa (*charge a fee*) a los restaurantes participantes por vender su comida.
_____ f. Organizar un partido de fútbol con jugadores hispanos.

 Paso 2. Miren el segmento del episodio en el que Guadalupe y Jordi hablan con el Profesor Parra sobre sus ideas para obtener fondos y marquen con una cruz (X) las propuestas del Paso 1 que se mencionan en el segmento.

_____ a.

_____ b.

_____ c.

_____ d.

_____ e.

_____ f.

Paso 3. ¿Qué idea le gusta más al Profesor Parra? ¿Por qué? ¿Qué idea te gusta más a ti? ¿Por qué?

Actividad 5-48. ¿Qué piensa cada personaje de las propuestas?

Paso 1. Miren de nuevo el episodio y completen la tabla con la opinión que cada personaje tiene sobre cada una de las propuestas.

Propuesta	Profesor Parra	Guadalupe	Jordi
1. Subasta			
2. Diseño y venta de playeras			
3. Festival de comida			

Paso 2. Guadalupe propone poner música durante el festival de comida. ¿Qué piensa el Profesor Parra de esta idea? ¿Cuál es tu opinión al respecto?

Actividad 5-49. Más allá de las palabras

Paso 1. Mira la siguiente escena y completa los espacios en blanco de la conversación.

Prof. Parra: —Ah ha, la idea es interesante, pero el problema es que nuestro presupuesto es muy chico: es decir, _____. Pienso que para organizar una subasta hay que tener un presupuesto inicial.

Jordi: —_____. _____. Si compramos artículos de interés para los estudiantes, la subasta puede tener éxito.

Prof. Parra: —¿_____? "Artículos de interés"... es muy general.
¿_____?

Jordi: —Bueno... este... pues la verdad es que no sé cuáles ahora. Pero _____ este tipo de eventos.

 Paso 2. Miren la escena de nuevo y presten atención a los gestos y expresiones faciales y tono de los personajes. En grupos de tres estudiantes, traten de imitar a los actores en su representación de estas escenas del video (especialmente las partes subrayadas).

VOCABULARIO

LA FAMILIA

el/la abuelo/a	grandfather/ grandmother	la media hermana/ la hermanastra	half sister/ stepsister
los abuelos maternos	maternal grandparents	el medio hermano/ hermanastro	half brother/ stepbrother
abuelos paternos	paternal grandparents	el/la nieto/a	grandson/granddaughter
el/la ahijado/a	godson/goddaughter	el/la novio/novia	boyfriend/girlfriend
el/la concuño/a / concuñado/a	relationship of both in-laws	la nuera	daughter-in-law
el/la cuñado/a	brother-in-law/ sister-in-law	el padrastro	stepfather
		el padre	father
el/la esposo/a	husband/wife	los padres	parents
los familiares	relatives	el padrino	godfather
el/la hermano/a	brother/sister	el papá/papi	dad
el/la hijastro/a	stepson/ stepdaughter	los parientes	relatives
		el/la primo/a	cousin
el/la hijo/a	son/daughter	el/la sobrino/a	nephew/niece
la madrastra	stepmother	el/la suegro/a	father-in-law/ mother-in-law
la madre	mother		
la madrina	godmother	el/la tío/a (político/a)	uncle/aunt-in-law (in-law)
la mamá/mami	mom	el yerno	son-in-law

LOS MESES DEL AÑO

enero	January	julio	July
febrero	February	agosto	August
marzo	March	septiembre	September
abril	April	octubre	October
mayo	May	noviembre	November
junio	June	diciembre	December

LAS FIESTAS Y CELEBRACIONES

el Año Nuevo	New Years Day	el Día de la Madre/ del Padre	Mother's/ Father's Day
el Carnaval	Mardi Gras		
la Cuaresma	Lent	el Día de las Brujas	Halloween
el cumpleaños	Birthday	el Día de los Enamorados	Valentine's Day
El Día del Santo	Name (lit. Saint's) day	el Día de los Muertos	Day of the Dead
el Día de Acción de Gracias	Thanksgiving Day	el Día de los Reyes Magos	Epiphany
el Día de la Independencia	Independence Day	el Día de Todos los Santos	All Saint's Day

el Día de los Veteranos	*Veteran's day*	la Navidad	*Christmas*
la fiesta judía	*Jewish holiday/festivity*	la Noche Buena	*Christmas Eve*
la fiesta musulmana	*Muslim holiday/festivity*	la Noche Vieja	*New Year's Eve*
Janucá	*Hanukkah*	la Pascua	*Easter*
el miércoles de Ceniza	*Ash Wednesday*	Ramadán	*Ramadan*
la Misa del Gallo	*Midnight mass*	la Semana Santa	*Holy Week*

OBJETOS ASOCIADOS CON LAS FIESTAS Y CELEBRACIONES

la barbacoa	*barbecue, cookout*	el pastel/la torta	*cake*
el baile	*dance*	el pavo	*turkey*
el cementerio	*cemetery*	el regalo	*gift, present*
el desfile	*parade*	la tarjeta	*card*
el disfraz	*costume*	la tumba	*tomb, grave (site)*
la fiesta	*party*	la vela	*candle*
la flor	*flower*	los villancicos	*Christmas carols*
los fuegos artificiales	*fireworks*		

EL TIEMPO Y LAS ESTACIONES

está nublado	*it's cloudy*	el invierno	*winter*
está tronando/truena	*it's thundering*	llueve/está lloviendo	*it's raining*
hace calor	*it's hot*	nieva/está nevando	*it's snowing*
hace frío	*it's cold*	el otoño	*autumn or fall*
hace sol	*it's sunny*	la primavera	*spring*
hay relámpagos	*there's lightning*	el verano	*summer*
hay viento	*it's windy*		

VERBOS ASOCIADOS A LAS FIESTAS Y CELEBRACIONES

ayunar/practicar el ayuno	*to fast*	intercambiar	*to exchange*
celebrar/conmemorar	*to celebrate*	juntarse/reunirse	*to get together*
comprar	*to buy*	llevar	*to bring (also can be*
disfrazarse	*to put on a costume*		*to wear)*
encender/prender	*to light (a candle)*	orar	*to pray*
estrenar	*to try on / to rehearse*	rechazar	*to reject*
festejar	*to celebrate*	regalar	*to give a gift*

SE COME MUY BIEN EN ESPAÑA

6 CAPÍTULO

BY THE END OF THIS CHAPTER YOU'LL KNOW HOW TO

- Describe foods, their ingredients, drinks, and the places you can buy them
- Talk about food preferences
- Compare places where you get food and drink in the U.S. and Spain
- Read a menu, ask questions, and order food in a restaurant
- Express the order of items in a list
- Describe *in what way* people do things
- Express your opinion of the service in restaurants and stores
- Reduce redundancy in what you say so that you'll sound more fluent
- Give instructions, directions, suggestions, advice, and orders
- Follow directions from one location to another
- Reading strategically to meet comprehension needs
- Writing in a style to match readers' expectations in social media

YOU'LL LEARN ABOUT

- The use of various names for the same foods in different regions of the Hispanic world
- The common meal times and foods associated with each meal
- Tapas, a Spanish custom
- Foods typical of various regions of Spain
- Spain's geography and automonous communities
- How to treat guests in your home
- How to be a courteous guest at a meal
- Healthy lifestyles
- Some famous restaurants in Madrid
- The unique pronunciation of **c** and **z** and the use of **vosotros** in Spain

276

Paso 1. Lluvia de palabras: Escribe todas las palabras que puedes asociar con estas fotos sobre comidas y lugares de comidas.

Modelo: Fiesta, amarillo, naranja, blanco, negro, paella, cocinar, fin de semana, vacaciones, feria, el verano, el Día de la Independencia...

 Paso 2. En grupos de cuatro estudiantes, clasifiquen las palabras en categorías (p.e., colores, verbos, lugares, etc.). Luego, comparen sus resultados con el resto de la clase: ¿Cuáles son las categorías más populares?, ¿las palabras más comunes?, ¿las palabras más extrañas?

COLORES: amarillo, naranja, blanco, negro
VERBOS: cocinar
SUSTANTIVOS: fiesta, paella
LUGARES: feria
OCASIONES/EVENTOS/CELEBRACIONES: el verano, el Día de la Independencia...

VOCABULARIO EN CONTEXTO

Actividad 6-1. Categorías de comida (*food*) y bebida (*drink*)

Paso 1. En el dibujo hay muchas comidas y bebidas colocadas al azar (*placed randomly*). Agrupa cada comida y bebida en la categoría correspondiente de la tabla siguiente.

Carnes	Pescados/Mariscos	Verduras	Frutas	Especias	Dulces	Bebidas
pollo	salmón	lechuga	banana	sal	helado	agua
_____	_____	_____	_____	_____	_____	_____
_____	_____	_____	_____	_____	_____	_____
_____	_____	_____	_____	_____	_____	_____
_____	_____	_____	_____	_____	_____	_____
_____	_____	_____	_____	_____	_____	_____
_____	_____	_____	_____	_____	_____	_____
_____	_____	_____	_____	_____	_____	_____

VOCABULARIO

The names of certain food items vary from one country to another. For example, *banana* is called **plátano** in Spain, or **banana** or **guineo** in Latin America. Yet, in some countries **banana** and **plátano** make reference to two different types of this fruit (the **plátano** being bigger and less sweet than the **banana**). We will study more variations in food names in this chapter.

Actividad 6-2. La lista de compras (*The shopping list*)

 Paso 1. Sandra le deja un mensaje telefónico a su esposo con la lista de alimentos (*comidas*) que tiene que comprar para preparar una cena con sus amigos. Escucha la lista y escribe los productos que el esposo de Sandra tiene que comprar en cada tienda.

1. En la carnicería: _____, _____

2. En la pescadería: _____, _____, _____

3. En el supermercado: _____, _____, _____

4. En la panadería: _____, _____, _____

 Paso 2. En parejas, una persona lee el nombre de un alimento de la lista de Sandra (Paso 1) y la otra persona identifica la categoría del alimento. Cada uno debe descubrir la categoría de tres palabras diferentes.

Actividad 6-3. Las comidas del día en el mundo hispanohablante

Paso 1. Lee el siguiente párrafo y completa la tabla con las clasificaciones de alimentos y bebidas según la comida del día.

Comidas del día	Alimentos	Bebidas
el desayuno		café
el almuerzo/la comida		
la merienda		
la cena		

Las comidas del día en el mundo hispanohablante

El desayuno es la **primera** comida del día. En los países hispanohablantes se desayuna generalmente entre las siete y las diez de la mañana. El desayuno hispano es **ligero**. Muchos hispanos desayunan un café con una tostada, galletas, *croissant* u otro tipo de **bollos** o pan.

El almuerzo, o la comida, es la **segunda** comida del día y es la comida principal del día. En los países hispanos se almuerza generalmente entre la una y las tres de la tarde. Un almuerzo típico consta de tres **platos**. El primero puede ser una sopa o una ensalada. El segundo **plato** casi siempre es de carne o pescado acompañados de patatas (papas), arroz o verduras y el tercero, el **postre**, es generalmente una fruta o, en ocasiones especiales, algo dulce como helado o pastel.

La merienda, o el café o té de la media tarde, se puede considerar otra de las comidas del día; es la **tercera** comida. A veces, después de salir del trabajo, los hispanos toman un aperitivo que es, generalmente, una bebida alcohólica antes de la cena. En España, en particular, es común acompañar el aperitivo con tapas o pinchos (*appetizers*), como los de la fotografía en la siguiente página. Los niños generalmente meriendan leche, fruta, galletas o un sándwich o bocadillo. La **cuarta** comida del día es la cena. Los hispanos, en general, cenan entre las ocho y las diez de la noche. La cena es similar al almuerzo, pero normalmente, es más ligera.

Paso 2. Utiliza la información del contexto que acompaña a las palabras siguientes para encontrar la definición correspondiente.

a. bollo
b. ligero
c. plato
d. postre

e. primero/a
f. segundo/a
g. tercero/a
h. cuarto/a

1. _____ Con pocas calorías o sustancias grasas, de poca consistencia.
2. _____ Una comida, por ejemplo, arroz con pollo o calamares fritos (*fried*).
3. _____ Plato dulce, fruta, etc. que se toma al final de la comida.
4. _____ Pan de harina (*flour*) con huevos, leche, etc.
5. _____ el ítem número 3 en una secuencia o una lista
6. _____ el ítem número 2 en una secuencia o una lista
7. _____ el ítem número 1 en una secuencia o una lista
8. _____ el ítem número 4 en una secuencia o una lista

Actividad 6-4. Profesor(a): ¿Qué le gusta comer en el desayuno?

Paso 1. Pregúntale a tu profesor(a) qué cosas le gusta comer en el desayuno, el almuerzo, la merienda y la cena. Haz un círculo alrededor de los nombres de los alimentos que menciona.

VOCABULARIO

Desayunar: *to have/eat for breakfast*
Almorzar: *to have/eat for lunch*
Merendar: *to have/eat for tea/a snack*
Cenar: *to have/eat for dinner*

la mermelada — una taza de café — la sopa — la ensalada
el cereal — la carne con papas (patatas) al horno
un vaso de leche — el sándwich (bocadillo) de jamón y queso
una taza de chocolate — una tostada — el pescado con arroz
el jugo (zumo) de naranja — la hamburguesa con papas (patatas) fritas
los huevos fritos — un croissant — una taza de té — la pasta
la mantequilla — los huevos cocidos/duros

Paso 2. En parejas, escriban un párrafo con la descripción de lo que le gusta comer a tu profesor(a).

Modelo: Para desayunar, a mi profesor(a) le gusta comer...

_____
_____
_____

Actividad 6-5. ¿Qué te gusta comer en el desayuno?

Paso 1. Bajo la columna 1, escribe los alimentos que comes generalmente durante las comidas principales del día.

	1	2	3	4	5
el desayuno					
el almuerzo					
la cena					

Paso 2. Entrevista a cuatro compañeros/as de clase para saber qué comen ellos. Escribe sus respuestas en las columnas 2 a 5.

Modelo: E1: —¿Qué te gusta tomar en el desayuno?
E2: —Me gusta tomar un jugo de naranja y un café. Y a ti, ¿qué te gusta desayunar?
E1: —Pues a mí... en la mañana me gusta comer...

Paso 3. Compartan los resultados de sus entrevistas con el resto de la clase. ¿Cuáles son los alimentos más populares para cada comida?

Actividad 6-6. Tapas, pinchos y raciones: Aperitivos (*appetizers*) en España

Paso 1. Observa las fotos de varias tapas e identifica el nombre de los ingredientes de la lista.

el jamón serrano   las sardinas
el queso manchego   las aceitunas (*olives*)
el vino   el pan
los pimientos   la lechuga

Paso 2. Lee el siguiente texto en que se describen las tapas en España y decide si las afirmaciones que siguen son ciertas o falsas de acuerdo al texto.

En España, se cena generalmente después de las 8 de la noche y el almuerzo (llamado comúnmente "la comida") es entre la 1 y las 3 de la tarde. A veces, los españoles comen una o varias tapas antes de cenar o de comer o "van de tapas" (*go out for appetizers or a light snack*) como sustituto a la cena o a la comida del mediodía. Ir de tapas es más frecuente durante los fines de semana, cuando a muchas personas les gusta salir con los amigos y la familia. Algunos ingredientes típicos de las tapas son el jamón serrano, el queso manchego, los pescados, como las sardinas o el bonito (*white tuna*), y los mariscos, como el pulpo (*octopus*), los mejillones (*mussels*), o los calamares. También son típicos en las tapas los condimentos de la cocina tradicional española como el ajo, el pimentón rojo, la sal, la pimienta negra, el azafrán y el aceite de oliva. Muchas tapas se sirven con pan y algunas son simples, por ejemplo, una tapa de una variedad de tipos de aceitunas. Algunas bebidas típicas que acompañan a las tapas son la cerveza o caña (*draught beer*), una copa de vino o chato (*served in a wide glass*) o una sangría. Los pinchos son pequeñas tapas que se sirven gratis (*free*) en algunos bares cuando se pide una bebida. Las raciones (o medias raciones) son tapas más grandes y en muchos bares y restaurantes se pueden pedir para el almuerzo o la cena.

1. Las tapas es el nombre del almuerzo en algunas regiones de España.
2. Todas las tapas tienen como ingrediente principal un pescado o marisco.
3. El aceite de oliva y el ajo son condimentos típicos de las tapas.
4. Las tapas se acompañan generalmente con vino, pero no se sirven nunca con cerveza.

 Paso 3. En parejas, intercambien opiniones sobre los alimentos que se mencionan que les gustan más.

Modelo: Me gustan muho las aceitunas, pero no me gustan para nada las sardinas. Para beber, me encanta tomar cerveza.

Actividad 6-7. Lugares para salir a tomar algo y conversar

 Paso 1. Observen estas fotos de lugares para salir a comer y tomar en España. En parejas, escriban una oración completa para describir cada una de las fotos.

A

B

C

D

Paso 2. De acuerdo a las siguientes descripciones de lugares, ¿a qué establecimiento de comidas corresponde cada una de las fotos del Paso anterior? ¿Hay establecimientos similares en los Estados Unidos? Piensa en algunos ejemplos.

1. Ciber-café: Es un café en el que se puede tomar café y bebidas sin alcohol y también se tiene acceso al uso del Internet. Foto: _____
2. Bar y Tasca: Es un lugar en el que se puede tomar diferentes cocteles y bebidas alcohólicas, pero también se puede comer algunas tapas o platos. Foto: _____
3. Restaurante: Es un establecimiento en el que se sirven comidas y bebidas de todo tipo y se puede comer un almuerzo o una cena completa. Foto: _____
4. Café: Es un lugar en el que se puede tomar café, té y bebidas sin alcohol generalmente, y también se pueden comer diferentes tipos de dulces y bollos. Foto: _____

Actividad 6-8. La interacción social en el restaurante

 Paso 1. El siguiente dibujo es una caricatura humorística de Maitena. En parejas, escriban lo que está diciendo la mujer. Luego, comparen sus respuestas para decidir quién tiene la versión más cómica.

VOCABULARIO

The translation of *waiter/ waitress* varies according to region. In Spain, they use the word **camarero/a**. In most of Central America the word **mesero/a** is more common. And in most of South America, the word **mozo/a** is very typical.

Paso 2. Este es el texto original de la caricatura. ¿Por qué crees que la mujer le pregunta al camarero si quiere sentarse para hablar con ella?

a. Porque quiere pedirle la receta (*recipe*) de un plato.
b. Porque quiere conversar con alguien ya que su esposo está hablando por teléfono.
c. Porque quiere saber su opinión sobre la última película de Almodóvar.

Actividad 6-9. ¿Adónde sales a tomar algo?

Paso 1. ¿A qué tipo de lugares vas generalmente cuando sales a comer o tomar algo? Escribe tus respuestas de acuerdo a la persona con la que sales.

Con tus amigos/as:

Con tus compañeros/as de clase:

Con tus colegas de trabajo:

Con tus hermanos/as:

Con tu novio/a:

Con tus padres:

Paso 2. Entrevista a varios de tus compañeros/as de clase para saber cuáles son los lugares más populares para salir.

Modelo: E1: —¿Adónde vas cuando sales con tus padres?
E2: —Voy a un restaurante elegante.
E1: —¿Cómo se llama el restaurante?

VOCABULARIO

Sinónimos:
el menú = la carta
entrante = aperitivo

Traducciones:
bacalao = dried salt cod
besugo = seabream
merluza = hake
trucha = trout

Paso 1. Estás en un restaurante en España a la hora del almuerzo. Lee el siguiente menú y subraya las palabras que conoces. Luego, consulta con tus compañeros/as de clase para descubrir el significado de otros platos o ingredientes que no conoces.

Restaurante Olé-Menú

Entrantes

Tabla de ibéricos	11€
jamón ibérico, chorizo, lomo, salchichón y queso manchego	
Tabla de quesos y patés variados	9€
Pregunte sobre nuestra amplia selección	
Calamares a la romana	8€
calamares fritos rebozados en huevo, leche y harina con limón, laurel, aceite y sal	
Mejillones a la vinagreta	8€
mejillones con salsa de pimientos verdes y rojos, cebolla, tomate, vinagre de sidra, aceite de oliva	

Sopas

Sopa de marisco	5€
gambas, almejas, mejillones, calamares, rape, cebolla, tomate, zanahoria, pimentos, caldo de pescado, aceite de oliva	
Sopa de calabacín	4€
calabacín, patatas, caldo de pollo/verduras, crema de leche	
Sopa de champiñones	4€
champiñones, cebolla, mantequilla, orégano, agua, leche, salsa de soja, maicena y jerez	
Crema de espárragos	5€
patatas, espárragos, puerros, cebolla, nata líquida y aceite de oliva	
Minestrone	4€
judías, cebolla, tomate, zanahoria y pasta o arroz	
Caldo gallego	3€
habas, patatas, grelos o repollo, hueso de cerdo, lacón, chorizo, tocino de cerdo, aceite de oliva, pimentón dulce	

Carnes*

Chuletón con guarnición	13€
chuletón, habas y guisantes tiernos, cebolla, zanahoria, ajo y aceite de oliva virgen extra	
Entrecot	14€
entrecot de ternera, nata líquida, pimienta negra, aceite de oliva, sal y azúcar	
San Jacobo	9€
lomo ibérico fresco relleno de queso cremoso y jamón ibérico, rebozado en pan rallado, huevo	
Costillas a la brasa	7€
costillas de cerdo ibérico, aceite y sal gorda	
Pollo asado	5€
pollo, mantequilla, ajo, pimienta negra y tomillo	

Pescados*

Merluza en salsa verde	10€
merluza, aceite de oliva, ajo, caldo de pescado, almejas, vino blanco, perejil y sal	
Trucha con jamón	8€
trucha, jamón, perejil, ajo, jerez, aceite de oliva virgen extra y sal	
Besugo a la plancha	15€
besugo, aceite de oliva y perejil	
Bacalao a la vizcaína	15€
bacalao salado, cebolla, ajo, pimientos rojos, tomate, harina y aceite de oliva virgen extra	

Todos los platos van acompañados de ensalada, y patatas asadas o fritas, según su preferencia.

Postres

Tarta de manzana	2€
Tarta de queso	2€
Tarta de almendra	2€
Fruta de la temporada	1€
Flan	2€
Helado	2€
Arroz con leche	2€

Tenemos a su disposición una amplia carta de vinos.

Paso 2. Escucha a un camarero describir los ingredientes principales de algunos de los platos del menú. Haz un círculo alrededor de los ingredientes de cada plato que el camarero menciona.

1. la tabla de ibéricos: chorizo, huevos fritos, jamón, lomo, pavo, queso manchego, salchichón
2. la sopa de calabacín: calabacines, caldo (*broth*) de pollo o verdura, chorizos, crema de leche, patatas, zanahorias
3. el minestrone: aceite de oliva, ajo, arroz, cebolla, judías (*green beans*), patatas, pasta, tomate, zanahoria
4. el entrecot: aceite de oliva, ajo, cebolla, pimientos, tomate, vinagre (*vinegar*), vino blanco
5. el bacalao a la vizcaína: aceite de oliva, ajo, cebolla, pimientos, tomate, vinagre
6. el besugo a la plancha: aceite de oliva, ajo, pimientos, tomate, sal, vinagre
7. la merluza: aceite de oliva, ajo, almejas, caldo de pescado, perejil (*parsley*), pimientos, tomate, vino blanco

Paso 3. En grupos de tres, escriban preguntas sobre cuatro platos o ingredientes del menú. Luego, reúnanse con otro grupo y háganse preguntas para ver quién tiene más respuestas correctas. Pueden consultar un diccionario, pero solamente si es español-español.

Actividad 6-11. Descripciones de platos del menú

⇆AB **Paso 1.** Por turnos, un estudiante hace el papel de cliente y pregunta sobre los platos que no tienen descripción. El/La otro/a estudiante hace el papel de camarero/a y responde con la descripción del plato.

Modelo: Cliente: —Perdone, ¿qué es un San Jacobo?
            Camarero/a: —El San Jacobo es un tipo de carne rellena con jamón y queso.

Estudiante A

Plato	Descripción
Gazpacho	Sopa fría con pan, aceite, vinagre, tomate, cebolla y ajo.
Paella	_____ _____ _____
Ensaladilla rusa	Ensalada fría preparada con atún y trozos de patata y de zanahoria cocidas (*cooked*) y guisantes, aceitunas y pimientos rojos en conserva (*preserve*), todo cubierto con mayonesa.
Cocido madrileño	_____ _____ _____ _____
Tortilla de patata	Tortilla hecha con patatas fritas en aceite a las que se agrega huevo batido, sal y especias.
Empanada gallega	_____ _____ _____

Pulpo a la gallega	
Flan	Postre preparado con una mezcla de huevos, leche y azúcar cuajado (*caramelized*).

Estudiante B Information for student B is on pages 675-676.

 Paso 2. En parejas, hablen sobre sus preferencias de platos y las diferencias más importantes con platos de restaurantes típicos de tu ciudad o estado.

> ¿Qué plato te gusta más? ¿Por qué?
>
> ¿Cuáles son los platos más parecidos (similares) a los platos de restaurantes de tu ciudad?
>
> ¿Cuáles son los platos más diferentes de los platos de restaurantes de tu ciudad?

Actividad 6-12. ¿Me trae la carta, por favor?

Paso 1. Señala con una cruz (X) las frases que el/la camarero/a o los clientes generalmente dice(n) en un restaurante e identifica combinaciones lógicas de preguntas y respuestas.

Camarero/a	Cliente	Frases
_____	_____	1. Buenas tardes, aquí tienen la carta.
_____	_____	2. ¿Les gustaría algún aperitivo?
_____	_____	3. ¿Qué quieren comer?
_____	_____	4. Yo soy vegetariano. ¿Qué me recomienda?
_____	_____	5. ¿Me puede traer la tabla de ibéricos, por favor?
_____	_____	6. Creo que voy a pedir el salmón.
_____	_____	7. ¿Qué quieren para beber?
_____	_____	8. Enseguida le traigo la cuenta (*the bill*).
_____	_____	9. ¿Desean un postre? ¿Café?
_____	_____	10. ¿Aceptan tarjetas de crédito?
_____	_____	11. Yo voy a tomar una Coca-Cola.
_____	_____	12. ¿Me trae un vaso de vino tinto de la casa, por favor?

Paso 2. En grupos de cuatro estudiantes, escriban cinco frases más que se pueden escuchar durante la interacción entre el/la camarero/a y los clientes en un restaurante, por ejemplo, preguntas sobre los ingredientes o los precios de un plato, la cuenta o el cocinero. Utilicen variaciones de expresiones del Paso 1, pero también agreguen otras frases que pueden ser útiles.

Actividad 6-13. ¿Cuál es la especialidad de la casa?

 Paso 1. En grupos de cuatro estudiantes, una persona es el/la camarero/a y las otras personas son los clientes. Cada comensal (*diner*) va a hacer preguntas al camarero para seleccionar un plato de la carta del restaurante de la Actividad 6-10 (ver menú). El/La camarero/a tiene que contestar las preguntas de los clientes.

> Cliente 1: le encantan los pescados y mariscos
> Cliente 2: le gusta mucho comer carne y tomar vino
> Cliente 3: vegetariana, le encantan las pastas

 Paso 2. Cada grupo improvisa una escena en la que deciden qué van a comer. Utilicen vocabulario y frases útiles de la actividad anterior.

Paso 3. Cada grupo presenta su escena al resto de la clase. Los demás estudiantes tienen que (1) escribir posibles errores de gramática o vocabulario y (2) sugerir alternativas para corregir o mejorar el diálogo.

GRAMÁTICA EN CONTEXTO
Ordinal Adjectives

Un almuerzo consiste normalmente de tres platos. El **primer** plato puede ser una sopa o un cocido. Un **segundo** plato típico puede ser carne o pescado acompañado de patatas, verduras o arroz. El **tercer** plato, el postre, es generalmente una fruta o, en ocasiones especiales, algo dulce como tarta o helado.

*A typical lunch normally includes three courses. The **first** course can be a soup or a stew. A typical **second** course can be meat or fish served with potatoes, vegetables or rice. The **third** course, the dessert, is generally a fruit or, on special occasions, something sweet like cake or ice cream.*

Ordinal adjectives express the order of items in a sequence.

primero	*first*	**sexto**	*sixth*
segundo	*second*	**séptimo**	*seventh*
tercero	*third*	**octavo**	*eighth*
cuarto	*fourth*	**noveno**	*ninth*
quinto	*fifth*	**décimo**	*tenth*

Like other adjectives, ordinal adjectives agree in gender and number with the noun they modify, for example: **primero, primera, primeros, primeras**. However, when **primero** or **tercero** comes right before a masculine singular noun, you omit the −o, as in **el primer plato** and **el tercer plato**, in the example above. However, when the singular noun is feminine, the final -a is not omitted, as in "primera página" or "tercera llamada."

Actividad 6-14. ¿Cuál es el cuarto país productor de vino?

Paso 1. Completa la siguiente tabla con los numerales ordinales que faltan.

Masculino	Femenino	Inglés
primero		*first*
	segunda	*second*
tercero		*third*
cuarto		*fourth*
quinto		*fifth*
	sexta	*sixth*
	séptima	*seventh*
octavo		*eighth*
	novena	*ninth*
	décima	*tenth*

Paso 2. Ahora, completa los espacios en blanco en las siguientes oraciones.

1. Alejandra es la _____ (*first*) en la cola.
2. Jordi es el _____ (*first*) español que conozco.
3. Este es el _____ (*sixth*) bar de tapas que visito este mes.
4. El _____ (*first*) plato del menú es típico de España.
5. Prefiero la _____ (*second*) pintura de ese autor.
6. España es el _____ (*third*) país productor de vino del mundo.
7. Estados Unidos es el _____ (*fourth*) país productor de vino del mundo.
8. ¿Y cuál es el _____ (*first*)? Es Italia, y el _____ (*second*) es Francia.

Actividad 6-15. La cocina española en las comunidades autónomas

Paso 1. Lee el texto y busca información para completar los espacios en blanco del mapa con el nombre de las comunidades autónomas de España que faltan.

El mapa que ven arriba muestra las diecisiete comunidades autónomas de España. Desafortunadamente, el mapa tiene los nombres de solo diez de dichas comunidades. Faltan los nombres de siete comunidades. El <u>primer nombre</u> que falta en el mapa es Andalucía, una comunidad sureña; su costa mediterránea es más extensa que su costa atlántica. El <u>segundo nombre</u> que falta es La Rioja. Es una pequeña comunidad montañosa al este de Castilla y León. El País Vasco es la <u>tercera comunidad</u> a la que le falta el nombre. Está al norte de La Rioja y comparte una frontera con Francia; en esta comunidad se habla euskadi y español. El <u>cuarto nombre</u> que falta es Extremadura, una comunidad grande que tiene frontera con Portugal. La <u>quinta comunidad</u> cuyo (*whose*) nombre falta es el Principado de Asturias. Se ubica en el noroeste del país entre Galicia y Cantabria y forma parte de la costa del mar Cantábrico. Se caracteriza por la cordillera Cantábrica en el sur de la comunidad y por sus acantilados (*cliffs*) en la costa norteña. La <u>sexta comunidad</u> que falta nombrar en el mapa, Cataluña, está al noreste de España; su costa mediterránea es un destino turístico que comprende la Costa Brava y la Costa Dorada. Finalmente, Valencia es el <u>séptimo nombre</u> que falta, y es otra comunidad mediterránea. Está al sur de Cataluña y al oeste de las Islas Baleares.

Paso 2. Cada comunidad tiene su cocina regional. Lee la descripción de cada plato regional y completa el espacio en blanco con un número ordinal para emparejar la descripción con la foto correspondiente.

1

2

3

4

5

6

7

Modelo: El gazpacho es una sopa fría típica de Andalucía. Hay muchas variedades de gazpacho, pero sus principales ingredientes incluyen el tomate, el pepino, el pimiento verde, el ajo, el aceite de oliva, el vinagre y el pan.

El gazpacho está en la __quinta__ foto.

La Rioja es una comunidad conocida por sus carnes y sus vinos. Una de esas carnes es el cordero (*lamb*). La carne se sirve asada y acompañada de vino tinto. El vino de La Rioja se exporta a muchos países como los Estados Unidos, Inglaterra, Francia, Alemania, Rusia y Portugal.

El cordero está en la _____ foto.

El País Vasco es conocido por sus pescados y por las Sociedades Populares y Gastronómicas, clubes de solo hombres que se juntan a cocinar para sus amigos y familiares. Un plato típico del País Vasco es el bacalao a la vizcaína; consiste en lomos de bacalao y una salsa de ajo, pimientos rojos y cebolla. A veces incluye también patatas, jamón y pan duro.

El bacalao a la vizcaína está en la _____ foto.

Extremadura es conocida por su jamón ibérico. El jamón ibérico se sirve de tapa, merienda o entrante antes de las comidas principales.

El jamón ibérico está en la _____ foto.

Asturias ofrece diversos platos, pero uno de los más conocidos es la fabada asturiana, un cocido espeso, no muy líquido, de fabas de la granja (una variedad de judías blancas), cebollas, ajo, perejil, sal, y varias carnes: morcilla (una salchicha negra), chorizo, lacón (*pork shoulder*) y panceta.

La fabada asturiana está en la _____ foto.

Cataluña es el centro de la nueva cocina española. Por ejemplo, el cocinero Ferrán Adriá, pionero de la cocina con nitrógeno, usa el nitrógeno para preparar un sorbet de alcohol porque el alcohol no se congela (*freeze*) a las temperaturas posibles en un congelador (*freezer*) normal. Su restaurante, El Bulli, es mundialmente conocido por sus platos y técnicas creativas.

El sorbet está en la _____ foto.

La paella es un plato de la comunidad de Valencia muy popular en toda España y de fama internacional. Entre sus ingredientes principales están el arroz, el tomate, el ajo y el azafrán, la especia que le da a la paella su color amarillo. Además, la paella puede llevar mariscos, verduras o carnes como conejo (*rabbit*) y pollo. Las paellas mixtas combinan varios de estos ingredientes.

La paella valenciana está en la _____ foto.

Actividad 6-16. ¿Cuál es el tercer ingrediente del gazpacho?

 Paso 1. Escucha una pregunta sobre cada comunidad autónoma y escribe la información correspondiente. Copia la pregunta y luego busca la respuesta en la actividad anterior.

Modelo: Escuchas: ¿Cuál es el tercer ingrediente del gazpacho?

Lees la descripción del gazpacho en el Paso 2 de la Actividad 6-15 y escribes: <u>el pimiento verde</u>.

1. _____
2. _____
3. _____
4. _____
5. _____
6. _____

 Paso 2. En parejas, cada estudiante escribe dos preguntas similares a las del Paso anterior y luego se turnan para hacerse las preguntas.

Adverbs That End in *-mente*

<u>Trabaja</u> **responsablemente** como camarero.	*He works responsibly as a waiter.*
Este plato es **relativamente** <u>fuerte</u>.	*This dish is relatively strong.*
Los cocineros hablan **muy** <u>rápidamente</u>.	*Cooks talk very fast.*

Adverbs (in bold) are words that add to or modify the information conveyed by a <u>verb</u> (e.g., Trabaja), an <u>adjective</u> (e.g., fuerte), or another <u>adverb</u> (rápidamente). You are already familiar with some words that are adverbs such as **mucho, poco, ahora, nunca, bien, muy**, etc. There is another group of adverbs that end in **-mente** *(-ly)*. They are derived from the feminine form of an adjective as shown in the table below:

ADJECTIVE		ADVERB	
sola	*alone*	**solamente**	*only*
honesta	*honest*	**honestamente**	*honestly*
fácil	*easy*	**fácilmente**	*easily*
elegante	*elegant*	**elegantemente**	*elegantly*

Actividad 6-17. **Es un ejercicio relativamente fácil**

Paso 1. Si estás de acuerdo con las oraciones siguientes, escribe "**De acuerdo**" (*I agree*), pero si no estás de acuerdo cambia el adverbio como sea necesario. Puedes usar alguno de los siguientes adverbios:

informalmente	*informally*	**ruidosamente**	*noisily*
peligrosamente	*dangerously*	**desorganizadamente**	*disorderly*
rápidamente	*quickly, rapidly*	**animadamente**	*animatedly*

Modelo: Los niños comen formalmente. <u>No. Los niños comen informalmente.</u>

1. Los camareros eficientes atienden a los clientes lentamente.
   _____

2. En una cocina de un gran restaurante se cocina silenciosamente.
   _____

3. Para hacer un huevo frito, rompe la cáscara (*shell*) del huevo cuidadosamente. _____

4. El cocinero tiene que preparar una paella para 200 personas organizadamente. _____

5. El famoso cocinero Emeril Lagasse cocina tranquilamente.
   _____

Paso 2. Los adverbios del Paso 1 están formados en base al **adjetivo** y la terminación **-mente** *(-ly)*. Copia los cinco adverbios de las oraciones originales (1–5) en la columna izquierda y sus componentes en las siguientes dos columnas.

Adverbio	Adjetivo	[*Ending*]
informalmente	informal	-mente
1._____	_____	_____
2._____	_____	_____
3._____	_____	_____
4._____	_____	_____
5._____	_____	_____

Actividad 6-18. Evaluación de un restaurante

 Paso 1. Viviana y Jorge están hablando sobre las ventajas y desventajas de un restaurante que conocen para organizar una fiesta. Escucha la grabación para seleccionar el adverbio que corresponde a cada espacio en blanco.

religiosamente, lentamente, puntualmente, honradamente, rápidamente

Modelo: El cocinero prepara la comida <u>perfectamente.</u>

1. Los camareros sirven la comida _____.
2. Los camareros atienden a los clientes _____.
3. El dueño les dice _____ a Viviana y Jorge el costo de la fiesta.

Paso 2. Viviana y Jorge son españoles. ¿Crees que sus opiniones están relacionadas con su cultura? Marca con una cruz las oraciones que reflejan tu opinión sobre el buen servicio de un restaurante. Si no estás de acuerdo con alguna afirmación, cambia el adverbio para que sea cierto para ti.

1. _____ Durante la comida los camareros vienen a la mesa <u>ocasionalmente/raramente.</u>
2. _____ Después de servir los platos, el camarero trae la cuenta <u>inmediatamente.</u>
3. _____ Después de comer, los clientes conversan sentados a la mesa <u>tranquilamente.</u>
4. _____ El cliente termina la comida y el camarero retira (*removes*) los platos de la mesa <u>inmediatamente.</u>

Actividad 6-19. Los mejores servicios

Paso 1. Muchos sitios web invitan a los usuarios a evaluar los servicios de distintos negocios. Escribe dos (2) oraciones para evaluar restaurantes que conoces y dos (2) oraciones para evaluar supermercados o mercados que conoces. Incluye adverbios en la evaluación e indica cuántas estrellas (de 5 posibles) merecen (*deserve*).

Modelo: Meijer es un supermercado enorme que frecuentemente ofrece ventas especiales, pero muchos cajeros trabajan lentamente...

 Paso 2. Entrevista a cuatro compañeros/as de clase para saber sobre sus evaluaciones de restaurantes y supermercados. Luego, hagan una lista de los mejores restaurantes y supermercados.

Direct Object Pronouns

La paella es un plato típico de Valencia, España, pero **la** comen los latinoamericanos también. Los valencianos **la** preparan con arroz, verduras, pollo y mariscos, los ingredientes principales. **Los** compran frescos en el mercado y pasan varias horas preparando la paella. ¿Conoces a alguien de Valencia? Tal vez si **lo/la** visitas, te prepara una paella.

*Paella is a typical dish from Valencia, Spain, but Latin Americans eat **it**, too. Valencians prepare **it** with rice, vegetables, chicken, and seafood, the main ingredients. They buy **them** fresh at the market and spend several hours preparing the paella. Do you know anyone from Valencia? Maybe if you visit **him/her**, he/she will make a paella for you.*

In English, direct objects usually follow the verb and answer the questions *whom?* or *what?*

*Maybe if you visit **him/her**, he/she will make a paella for you to try.*

If you visit *whom?* If you visit *him/her* (someone from Valencia that you know)

*Valencians prepare paella. They prepare **it** with fresh ingredients.*

They prepare *what?* They prepare *paella.*

La paella is a noun phrase that functions as the direct object and can be replaced by the direct object pronoun **it** to avoid repeating the same phrase (*la paella*). As such, the direct object pronoun in Spanish has the same function as in English. However, unlike English direct object pronouns, the Spanish direct object pronoun (in bold) precedes the conjugated verb (underlined): **la** <u>comen</u> = *they <u>eat</u> it*; **los** <u>compran</u> = *they <u>buy</u> them*. The pronoun form corresponds in person, gender and number to the noun it replaces:

me	*me*		**nos**	*us*
te	*you*		**os**	*you*
lo	*him/you/it*		**los**	*them/you*
la	*her/you/it*		**las**	*them/you*

GRAMÁTICA

Spanish has flexible word order, which means that a noun or noun phrase that functions as a direct object might not always follow the verb; in some cases it can come before the verb and even before the subject! To avoid confusion about who the subject is and who the object is, Spanish speakers mark a person as the direct object (the *whom*) by using the **personal a**. Note that the **personal a** does not appear in English translations:

¿Conoces **a** alguien de Valencia?   *Do you know anyone from Valencia?*
¿Invitamos **a** nuestros amigos a cenar?   *Should we invite our friends to dinner?*

Actividad 6-20. El cocido madrileño

Paso 1. Identifica la palabra que corresponde a los pronombres de objeto directo en negrita en el texto. ¿A qué se refieren *it* y ***them***?

*El cocido madrileño is a typical dish in Madrid, but they also prepare **it** in other regions of Spain, although with slight variations. The main ingredients are garbanzo beans from Castile and various types of vegetables and meats. People from Madrid buy **them** fresh at the market and spend several hours preparing el cocido.*

Paso 2. Subraya los pronombres de objeto directo en la siguiente traducción al español del texto anterior. Luego, haz un círculo alrededor de la palabra que corresponde al pronombre.

El cocido madrileño es un plato típico de Madrid, pero también lo preparan en otras regiones de España, aunque con pequeñas variaciones. Los ingredientes principales son los garbanzos de Castilla y varios tipos de verduras y de carnes. Los madrileños los compran frescos en el mercado y pasan varias horas preparando el cocido.

Paso 3. Explica por qué se usa **lo** y **los** (y no **la** y **las**) en los siguientes ejemplos del texto.

lo preparan = _____

los compran = _____

Actividad 6-21. Lo como durante el descanso

Paso 1. Lee el siguiente párrafo y subraya las palabras que se repiten innecesariamente. ¿Cómo puedes solucionar la redundancia?

Todos los días preparo un sándwich antes de salir para la universidad. Pongo el sándwich en mi mochila y luego como el sándwich durante el descanso a las dos de la tarde.

Paso 2. Lee la siguiente versión del párrafo anterior y luego contesta las siguientes preguntas.

Todos los días preparo un sándwich antes de salir para la universidad. Lo pongo en mi mochila y luego lo como durante el descanso a las dos de la tarde.

1. ¿Cuál es el pronombre que se utiliza en este párrafo?
2. ¿A qué sustantivo (*noun*) reemplaza?
3. ¿Qué tipo de palabra se encuentra después de cada pronombre de objeto directo: un sustantivo, un verbo, un adjetivo o un adverbio?

Actividad 6-22. Te invito a comer. ¿Vamos?

 Paso 1. Marta y Javier están hablando de sus planes para el fin de semana. Trabaja con otro/a estudiante para rellenar los espacios en blanco con los pronombres de complemento directo **me** o **te**.

Marta: —Hola, Javier, ¿cómo estás?

Javier: —Bien, Marta, gracias. ¿Y tú?

Marta: —Muy bien. Pensando en este fin de semana, no puedo decidir qué hacer. ¿_____(1) ayudas?

Javier: —Sí, claro que _____(2) ayudo. ¿Qué ideas tienes?

Marta: —Pues, quiero salir a cenar, pero mi restaurante favorito, *La tasca de plata* está lejos y no tengo coche.

Javier: —Yo tengo coche y me gusta ese restaurante también. _____(3) llevo (*I'll give you a ride*).

Marta: —¡Qué amable, Javier! Si tú _____(4) llevas, entonces yo _____(5) invito a comer.

Javier: —¡Perfecto! Entonces, ¿a qué hora _____ (6) recojo (*should I pick up*) para salir?

Marta: —Bueno, si _____(7) esperas unos diez minutos, recojo mis cosas y vamos.

Javier: —¡Vale! (*Okay!*) ¡Vamos!

GRAMÁTICA

Remember that the direct object pronoun for **usted** is **lo** if the addressee is male, and **la** if the addressee is female.

 Paso 2. Imagina que Javier ya no habla con Marta sino con su vecina (*neighbor*) de 70 años de edad, la señora Vázquez. Escribe el diálogo de nuevo con los cambios necesarios, y represéntalo con tu compañero/a.

Sra. Vázquez: —Hola, Javier, ¿cómo estás?

Javier: —Bien, Sra. Vázquez, gracias. ¿Y usted?

Actividad 6-23. ¿Los llevo a cenar?

Por primera vez, Marisol va a recibir en su casa a sus futuros suegros, los padres de su novio. Lee el mensaje de correo electrónico de Marisol a su amiga Pilar, e identifica el referente de los pronombres de objeto directo.

Modelo: Mis futuros suegros llegan mañana; **los** voy a buscar al aeropuerto, ya que Marcos trabaja.

los = los futuros suegros de Marisol

Querida Pilar:

Te escribo para contarte que Marcos invitó a sus padres a visitar**nos** para celebrar nuestro compromiso (*engagement*). Como te puedes imaginar, estoy súper nerviosa. En una semana van a llegar mis futuros suegros, pero no **los** conozco muy bien. Además van a visitar**nos** durante dos semanas. ¿Te imaginas? Necesito tu ayuda y tu consejo (*advice*). Por favor, ayúda**me**. ¿Cómo puedo recibir**los**? ¿Preparo una fiesta con muchos invitados? ¿O **los** invito a hacer algo más íntimo como una cena privada? Pero ¿qué comida preparo? ¿**La** preparo sola, o con la

---

ayuda de mi futura suegra? ¿Y qué hago si no les gusta mi comida? Y no sé qué hacer con respecto a las bebidas alcohólicas: ¿**las** sirvo aunque Marcos y yo no tomamos alcohol? Tú conoces a sus padres y estoy segura de que tienes muchas sugerencias buenas, y ahora… **las** necesito más que nunca. ¿Qué me aconsejas? ¡Ayúda**me**! Estoy desesperada.

Marisol

GRAMÁTICA

Placement of Direct Object Pronouns

In Spanish, direct object pronouns are placed (1) before the conjugated verb, (2) attached to an infinitive, (3) attached to the present participle or (4) attached to an affirmative command, a form you'll learn later in this chapter.

La preparan	*They prepare it*
Van a preparar**la**	*They are going to prepare it*
Están preparándo**la**	*They are preparing it*
Prepára**la**	*Prepare it*

Adding a Written Accent to Present Participles

When you attach a direct object, indirect object, or reflexive prounoun to a present participle or an affirmative command, you must write an accent over the stressed vowel to retain the stress on the same syllable. In present participles, the stressed vowel is "a" in "-ando" or the "e" in "-iendo":

preparando	prepar**á**ndola
comiendo	comi**é**ndola
sirviendo	sirvi**é**ndola

Actividad 6-24. Los consejos de Pilar

Paso 1. Pilar le deja un mensaje telefónico a Marisol con consejos para recibir a sus suegros. Escucha el mensaje, prestando atención a los pronombres para saber a quién se aplica cada consejo, y completa los espacios en blanco en el texto.

Hola, Marisol. ¡Qué lástima que no estás en casa! Bueno, mira, aquí te mando algunas ideas. En fin. Espero que te ayuden. A ver, primero, a tus suegros, (1) _____ recibes con mucha alegría. (2) _____ saludas con un beso y un abrazo. (3) _____ llevas a la sala para conversar. Y finalmente, (4) _____ invitas a tomar un té o un café. Luego, por separado a tu suegra (5) _____ invitas a preparar la comida contigo si cocinas en tu casa. Y después de la comida (6) _____ llevas a caminar o, si no, si quiere salir de compras, (7) _____ llevas a una tienda elegante. O si es de noche (8) _____ puedes animar (*encourage*) a ir al teatro o a la ópera, o también si quiere hacer algo más informal, (9) _____ acompañas al cine a ver una película.

Con respecto a tu suegro, sabes que los hombres son más difíciles de conformar (*to accommodate*). Pero bueno... si es por la mañana (10) _____ llevas a jugar al golf o por la tarde (11) _____ invitas a ver su deporte favorito en la televisión. Si es de noche, (12) _____ animas a salir de casa o (13) _____ acompañas al videoclub. Y ahí (14) _____ dejas elegir una de sus películas favoritas.

 Paso 2. Sin mirar el texto anterior, escucha el mensaje de nuevo e indica a quién le corresponde cada actividad.

Consejo	A la suegra	Al suegro	A ambos
Conversar en la sala			√
Dejar ver deportes en la tele			
Invitar a tomar té			
Invitar a caminar			
Invitar al cine			
Llevar a jugar al golf			
Saludar con un beso y un abrazo			

Actividad 6-25. Tus consejos para Marisol

Paso 1. Tal vez algunos de los consejos anteriores reflejan estereotipos sobre los papeles (*roles*) de un suegro y una suegra. ¿Qué consejos le darías tú (*would you give to her*)? Escribe dos consejos diferentes a los consejos de Pilar para cada una de las opciones de abajo.

Modelo: A tu suegra la invitas a hacer algo nuevo.

A tu suegra: _____

A tu suegra: _____

A tu suegro: _____

A tu suegro: _____

A los dos: _____

A los dos: _____

 Paso 2. En grupos de tres o cuatro estudiantes, comparen los consejos del Paso 1 y decidan cuáles son los mejores (*the best ones*). Explica a tus compañeros/as por qué crees que son los mejores.

Informal Command: Affirmative and Negative Forms

Singular Informal Command (*Tú* Command)

The informal command (**el imperativo/el mandato**) is used to request something or to tell someone to do something among friends and family and in other informal contexts. The singular form or **tú** form of regular affirmative informal commands is the same as the **él, ella,** and **usted** form of the present tense. The negative informal command is formed by dropping the **-o** of the **yo** form of the present tense and adding **-es** for -ar verbs (cocin**ar**) and **-as** for -er (com**er**) and -ir (serv**ir**) verbs.

Mandato afirmativo		Mandato negativo	
cocina (tú)	(*you*) *cook*	no cocin**es** (tú)	(*you*) *do not cook*
come (tú)	(*you*) *eat*	no com**as** (tú)	(*you*) *do not eat*
sirve (tú)	(*you*) *serve*	no sirv**as** (tú)	(*you*) *do not serve*

There are eight verbs that are irregular but only in the affirmative form:

Mandato informal		
Infinitivo	**Afirmativo**	**Negativo**
decir	**Di** *Say*	**No digas** *Don't say*
hacer	**Haz** *Do*	**No hagas** *Don't do*
ir	**Ve** *Go*	**No vayas** *Don't go*
poner	**Pon** *Put*	**No pongas** *Don't put*
salir	**Sal** *Go out*	**No salgas** *Don't go out*
ser	**Sé** *Be*	**No seas** *Don't be*
tener	**Ten** *Have*	**No tengas** *Don't have*
venir	**Ven** *Come*	**No vengas** *Don't come*

Reflexive, indirect and direct object pronouns are attached to the end of the affirmative command, but they precede the negative command:

Levánta**te** temprano y prepára**les** un buen desayuno a los niños.

Get up early and prepare a good breakfast for the kids.

No **le** pongas demasiado azúcar al café.

Do not put too much sugar in the coffee.

Actividad 6-26. **Consejos para llevar una vida saludable (*to lead a healthy life*)**

Paso 1. Lee los consejos que aparecen en este folleto (*brochure*) de una escuela secundaria de España. Marca con una (X) los consejos que tú sigues normalmente.

PARA UNA VIDA SALUDABLE

- Toma un desayuno completo
- Duerme al menos 8 horas al día
- Lávate los dientes después de cada comida
- Come frutas y verduras cada día
- Come pescado una o dos veces a la semana
- Toma alimentos con fibra a diario
- Haz deporte varias veces a la semana
- No fumes
- No comas productos con conservantes
- Sé positivo/a y ten paciencia

Paso 2. Clasifica los mandatos del folleto del Paso 1 según el tipo de conjugación (**-ar**, **-er**, **-ir**) y la forma afirmativa o negativa. Subraya las formas irregulares.

	Afirmativo	Negativo
-ar		
-er		
-ir		

Actividad 6-27. ¿Qué piensas de estos consejos?

Paso 1. Aquí hay una lista con más consejos saludables. Complétalos con la forma **tú** del mandato afirmativo o negativo que corresponda. Después, indica (√) si crees que es un buen consejo.

1. No _____ (beber) bebidas con alcohol. _____

2. _____ (levantarse) temprano. _____

3. No _____ (comer) carne todos los días. _____

4. No _____ (tomar) bebidas con cafeína por la noche. _____

5. _____ (hacer) tres o cuatro comidas al día. _____

6. _____ (ir) al gimnasio con frecuencia. _____

7. No _____ (ir) muy tarde a la cama. _____

8. _____ (decir) siempre la verdad. _____

Paso 2. Compara tus respuestas con un/a compañero/a. ¿Hay algún consejo que no les parece bueno? ¿Por qué?

Modelo: El consejo 4 no es bueno porque muchos estudiantes estudian por la noche y necesitan tomar algo con cafeína para estar despiertos.

Actividad 6-28. Un amigo con problemas

Paso 1. Luis, un estudiante de primer año de la universidad, le escribe un mensaje electrónico a su madre para pedirle un consejo. Lee el mensaje y subraya los problemas que tiene.

Querida mamá:

Estoy muy preocupado. Desde que llegué (*Since I arrived*) a la universidad me encuentro sin energía. Tengo sueño en las clases y no puedo concentrarme bien. Generalmente, me levanto con poco tiempo porque prefiero dormir un poco más. No desayuno y salgo rápidamente para la universidad. Aun así (*Despite this*) llego tarde y cansado a mi primera clase. Después de las clases, voy a la cafetería para almorzar. Por lo general, como una hamburguesa con papas fritas o pizza, que son mis comidas favoritas. Por la tarde voy a la biblioteca y bebo mucha Coca-Cola para poder estudiar y no dormirme. Cuando regreso a casa a las 7 estoy agotado (*exhausted*), así que ceno un perrito caliente (*a hotdog*) o una pizza y me acuesto en el sofá a mirar la televisión dos o tres horas. Después, leo en la computadora el correo electrónico, tomo un café y estudio una hora. Cuando termino de estudiar, juego videojuegos en la computadora hasta que (*until*) tengo sueño. Como ves, voy a las clases y estudio mucho todos los días, pero el problema es que estoy cansadísimo. ¿Qué me aconsejas?

Con mucho cariño,

Luis

Paso 2. Escribe en la columna izquierda cada uno de los problemas de Luis. En la columna derecha escribe posibles consejos que la madre le puede dar a Luis. Usa la forma de mandato informal **tú**.

Problema:	Consejo:
Se levanta tarde.	Luis, levántate más temprano.

Actividad 6-29. ¿Por qué no intentas (*try*) tomar menos cafeína?

 Paso 1. En parejas, escriban otras formas que no sean las de verbos en forma de mandato para ofrecer sugerencias a Luis en la actividad anterior.

Modelo: Es importante dormir ocho horas al día para estar alerta durante el día.

 Paso 2. En parejas, revisen las posibles maneras de ofrecer sugerencias que utilizó cada uno. ¿Cuántas formas se pueden usar (aparte de la forma verbal de mandatos)?

 Paso 3. Escriban una carta de parte de la madre de Luis dirigida a Luis con sugerencias utilizando diferentes estructuras gramaticales (preguntas, el condicional, etc.).

GRAMÁTICA

To offer suggestions and ask others to do something (functions), we have more than one grammatical option (form). We can make suggestions and give orders with questions, generic statements, the use of the conditional, etc.

1. ¿Pensaste en levantarte más temprano?

2. Es saludable levantarse temprano.

3. En tu lugar, yo me levantaría más temprano.

Plural Command (*Ustedes* Command)

¡La cena está lista! Niños, por favor, **siéntense** a la mesa. Señor y señora Ramos, por favor, **siéntense** aquí. Van a estar más cómodos.

*Dinner is ready! Kids, please **sit** at the table. Mr. and Mrs. Ramos, please, **sit** here. You'll be more comfortable.*

In Spanish-speaking America, the **ustedes** command is used for both formal and informal relationships and situations. The plural form for both affirmative and negative commands is formed by removing the final **-o** of the first person singular of the present form and replacing it with **-en** for -ar verbs, and **-an** for -er and -ir verbs:

Mandato plural (*Ustedes* command)		
Primera persona del singular	**Afirmativo**	**Negativo**
yo cocin**o** *I cook*	Cocin**en** *Cook*	No cocin**en** *Do not cook*
yo com**o** *I eat*	Com**an** *Eat*	No com**an** *Do not eat*
yo sirv**o** *I serve*	Sirv**an** *Serve*	No sirv**an** *Do not serve*
yo pid**o** *I order*	Pid**an** *Order*	No pid**an** *Do not order*
yo dig**o** *I say/tell*	Dig**an** *Say/Tell*	No dig**an** *Do not say/tell*

GRAMÁTICA

In Spain, the *ustedes* command is used in formal relationships and contexts only. In informal situations, the command forms that correspond to the plural informal pronoun **vosotros** are used:

Comed frutas, niños, **no comáis** tantos dulces. Y **servid** la ensalada a nuestros huéspedes; **llevad** el agua a la mesa también. Después **sentaos** para conversar con ellos.

Eat fruits, kids, do not eat so many sweets. And serve the salad to our guests; take the water to the table, too. Then sit down to talk with them.

Affirmative *vosotros* commands: For **-ar** verbs, add **-ad** to the stem, for **-er** verbs, add **-ed** to the stem, and for **-ir** verbs, add **-id** to the stem.

Negative *vosotros* commands: For **-ar** verbs, add **-éis** to the stem, for **-er** and **-ir** verbs, add **-áis** to the stem.

Actividad 6-30. Ofertas (*Sales*) en los grandes almacenes (*department stores*)

Paso 1. Lean este anuncio de ofertas del supermercado de unos grandes almacenes. Subrayen los verbos que aparecen en la forma del mandato de *ustedes*.

Bienvenidos, estimados clientes.

¡Esta semana es increíble! Vengan a ver todas nuestras ofertas. La primavera ya casi está aquí y queremos ofrecerles lo mejor a los mejores precios.

• Despierten al aroma de una taza de nuestros cafés más exóticos. Esta semana compren dos paquetes y no paguen el segundo.

• Preparen una magnífica paella con nuestros mariscos más selectos, esta semana con un 10% de descuento.

• Saquen sus barbacoas porque ya hace buen tiempo. Compren un kilo de carne para barbacoa y les damos uno más gratis.

• Sirvan vino Rioja en sus copas para brindar. Esta semana le damos 2 botellas por el precio de una.

• Y cómo no, pongan contentos a los pequeños. Esta semana escojan dos variedades de galletas de chocolate, la segunda es gratis.

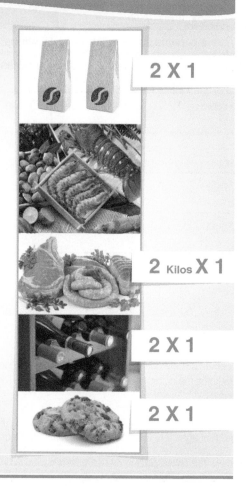

2 X 1

2 Kilos X 1

2 X 1

2 X 1

Paso 2. Clasifiquen los verbos en forma de mandatos según el tipo de conjugación (**-ar, -er, -ir**) y escriban la forma del infinitivo y la de la primera persona del presente. ¿Cuáles tienen raíz (*root*) diferente a la del infinitivo?

	Uds. Command	Infinitive	Yo form of present tense
-ar			
-er			
-ir			

Paso 1. En esta parte del anuncio faltan algunos verbos. Coloca el verbo apropiado para cada contexto.

visiten   pidan   celebren   salgan   descubran   se olviden

Y no _____ de nuestras secciones especiales:

● **_____ la mejor fiesta de cumpleaños con los productos de la sección *Party para ti*.**

● **_____un menú casero en la sección *Comida para llevar*. Ofrecemos siete menús a diario.**

● **_____nuestra sección *Quesos* y _____ con buen sabor de boca. 20 variedades de queso para probar.**

● **_____nuevos horizontes en nuestra sección *Internacional*.**

Todos los días algo nuevo a los precios de siempre.

Paso 2. Ahora, en parejas, van a escribir sus propias (*own*) ofertas. Usando el modelo del anuncio escriban anuncios de cuatro ofertas de su almacén (*store*) favorito de los EE. UU.

INTEGRACIÓN COMUNICATIVA

ESTRATEGIAS

CONVERSACIÓN: Accepting and Refusing Food

¿Quieres comer más?	*Would you like some more?*
Sí, está delicioso.	*Yes, it's delicious.*
¿Puedo servirme otro plato?	*Can I have seconds?*
Muchas gracias, pero no quiero más.	*Thank you very much, but I don't want any more.*
Me encantaría, pero estoy lleno/a.	*I'd love to, but I'm full.*
(Lo siento, pero) no puedo comer más.	*(I'm sorry, but) I can't possibly eat more.*
Está muy rico, pero no me apetece más.	*It's delicious, but I don't feel like eating more.*
¡Qué rico está!	*This is delicious!*
¡Qué sabroso!	*It's delicious/flavorful!*
Está un poco soso./Le falta sal.	*It's a bit bland./It needs salt.*
Tiene un gusto agrio.	*It has a sour taste.*
Está demasiado picante.	*It's too spicy/hot.*
Es un poco grasiento.	*It's a little bit greasy.*

● Se come muy bien en España

Actividad 6-32. ¿Te apetece comer un bocadillo de jamón serrano?

 Paso 1. En parejas, escriban dos oraciones para aceptar dos de los platos que se muestran en las fotos y dos oraciones para rechazar dos de estos platos. Usen las oraciones de la tabla de la página anterior.

Modelo: Este plato es muy picante/delicioso.

Bocadillo de jamón serrano

Plato de pasta con tomate

Plato de langostinos

Besugo al horno (*sea bream, baked*)

Plato de cocido madrileño

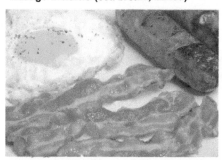

Plato con huevos fritos, salchichas y tocino

Ensalada de lechuga y tomate

Flan

 Paso 2. Entrevista a varios/as compañeros/as de clase para preguntarles si les apetece (*feel like*) comer los distintos platos de las fotos y por qué.

Modelo: E1: —¿Quieres comer el bocadilllo de jamón serrano?
E2: —Me encantaría. Pero no puedo comerlo porque tengo alergia al gluten.

Actividad 6-33. ¿Qué dicen los invitados?

Paso 1. Los invitados están a la mesa hablando sobre la comida, pero las conversaciones están desordenadas. Empareja los turnos de las columnas A y B de manera lógica.

A

1. _____ —¿Quieres comer más de este plato?
2. _____ —Prueba (*Try*) esta salsa, ¿qué te parece?
3. _____ —Está ensalada está un poco sosa.
4. _____ —Esta manzana no me gusta mucho.
5. _____ —¿Cómo están los pimientos?
6. _____ —¿Te sirvo un poco de fabada?

B

a. —Toma. Aquí está la sal.
b. —No, gracias. Es un poco grasienta y no puedo comer grasas.
c. —Están demasiado picantes para mí.
d. —¡Deliciosa! ¡Qué rica está!
e. —Sí, está delicioso. Pero sírveme muy poco que estoy lleno.
f. —A mí tampoco. Tiene gusto agrio, ¿verdad?

Paso 2. En grupos de cuatro o cinco estudiantes representen conversaciones similares a las del Paso 1. Cada estudiante va a actuar un rol diferente:

E1. Tiene una hamburguesa con patatas fritas, pero las patatas están sosas. Ofrece servirle ensalada a su compañero/a. Está lleno y no quiere postre.

E2. Quiere un poco más de la ensalada que comparte (*shares*) el grupo. Tiene la sal. Quiere comer un postre rico.

E3. Quiere saber si el pescado que come su amigo/a está bueno. Quiere un postre ligero porque está lleno.

E4. Les pregunta a sus amigos si quieren pedir postre. Le encanta el pescado que está comiendo.

ESTRATEGIAS

COMPRENSIÓN ORAL: Understanding Directions to Reach a Place

A la derecha (de)	*To the right (of)*
A la izquierda (de)	*To the left (of)*
Al lado derecho/izquierdo	*To the right/left*
Adelante/Derecho/Recto	*(Straight) Ahead*
Enfrente de	*In front of*
Frente a	*Facing*
Detrás de	*Behind*
Por (la calle, el centro)	*Along/by/through (the street, downtown)*
Sigan/Sigue adelante/derecho/todo recto	*Continue straight ahead*
Doblen/Dobla a la izquierda/derecha	*Turn left/right*
Crucen/Cruza la calle	*Cross the street*
Continúen/Continúa por la avenida...	*Continue along Avenue...*
Tomen/Toma la avenida...	*Take Avenue...*

Actividad 6-34. Algunos restaurantes famosos de Madrid

 Paso 1. Madrid, la capital de España, es el punto de llegada de casi todos los visitantes de España. Escucha a un español dar instrucciones y pon una cruz (X) al lado de los verbos en forma de mandatos (*commands*) que usa esta persona.

_____ entren	_____ vayan
_____ doblen	_____ sigan
_____ salgan	_____ pasen
_____ vuelvan	_____ crucen
_____ continúen	_____ tomen

 Paso 2. Escucha las instrucciones nuevamente, prestando atención a cómo llegar desde Plaza Puerta del Sol a tres restaurantes famosos de Madrid. ¿A qué lugares te llevan las instrucciones, **Casa Labra, El Café de Oriente** o **La Terraza del Casino**? Nota: Tu punto de inicio está marcado con una cruz roja en el mapa (colocada arriba de *Plaza Puerta del Sol*).

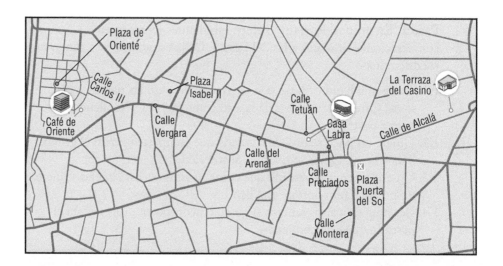

Lugar 1:
Lugar 2:
Lugar 3:

Actividad 6-35. Una influencia de la cocina española en Washington, D. C.

⇆AB **Paso 1.** Tu compañero/a de clase y tú están pasando el fin de semana en Washington, D.C. y quieren ir a Jaleo, el restaurante del famoso asturiano José Andrés. Además, quieren aprovechar para visitar el Smithsonian American Art Museum, que también está en la zona. El mapa de cada uno/a tiene señalado (*marked*) el lugar donde está su hotel en Pennsylvania Ave. y la ruta a uno de estos dos lugares. Pide instrucciones a tu compañero/a de cómo llegar desde el hotel al lugar que no tiene una ruta trazada (*drawn*) en tu mapa.

Modelo: E1: —¿Cómo voy/llego al restaurante Jaleo?
E2: —¿Dónde está tu hotel?... De allí, toma la calle...

Estudiante A

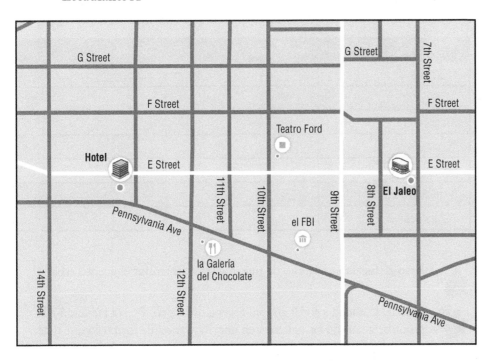

Estudiante B   Information for student B is on page 676.

 Paso 2. En parejas, seleccionen otro punto en el mapa y escriban las instrucciones para llegar a esa nueva dirección.

 Paso 3. Lean sus instrucciones de cómo llegar a ese nuevo sitio. El resto de la clase debe seguir las instrucciones y descubrir el nombre del nuevo lugar o la intersección de las calles.

Pronunciación: The Letters "Z" and "C" in Spain

In the north and central parts of Spain, the letter *s* is pronounced as *[s]*, but the letter *c* (before the vowels *e* and *i*) and the letter *z* are pronounced as *[θ]*, a sound similar to the *th* combination in English in words like *thin* and *thigh*.

| **Casa** vs. **caza** | [s] vs. [θ] |
| **Ves** vs. **vez** | [s] vs. [θ] |

Actividad 6-36. Zaragoza está en España

 Paso 1. Escucha a dos personas de diferentes países pronunciar las siguientes palabras. ¿Puedes identificar a la persona de España? Márcalo con una cruz (X). ¿Cómo lo sabes?

	De España	De otro país
1. cerveza	_____	_____
2. cocina	_____	_____
3. concierto	_____	_____
4. hacia	_____	_____
5. cruza	_____	_____
6. izquierda	_____	_____
7. Zaragoza	_____	_____

 Paso 2. Escucha el audio de nuevo y trata de imitar el acento español.

 Paso 3. Escucha a Jordi en esta escena del video. Presta atención a la pronunciación de las palabras en negrita y trata de imitar lo que dice.

Jordi: —¿No te gustan los mariscos?

Guadalupe: —Sí, pero ¿qué son las gambas?

Jordi: —Ah, ¿no sabes? Pues no estoy seguro de cómo les **decís** vosotros. Son estos animalitos que, cuando están vivos son grises pero cuando los **cocinas** se **enrojecen** y se ponen redondos... están geniales con la paella...

Guadalupe: —¡Ya sé! El camarón. Bueno... entonces, ¿el próximo fin de semana?

Jordi: —¡Venga! El próximo fin de semana. Venga, Lupe, hasta luego.

LECTURA: Bypassing the Tendency to Translate Every Word

Most second language readers tend to translate every single word that they do not know. In contrast, proficient readers are able to bypass that tendency and read strategically, only resorting to dictionaries in cases when the reading objective is inherently affected by that lack of knowledge. For instance, if our reading objective requires us to find specific information about a particular topic, we do not necessarily need to understand or even read in detail the entire text as long as we can achieve our objective. As long as we can find the information we are looking for, we have succeeded in our task.

Actividad 6-37. Nombres de mariscos

Paso 1. Lee el siguiente texto sobre los nombres de las comidas en los países hispanohablantes y, sin usar un diccionario, subraya las palabras que mejor resumen la idea del párrafo. Luego, escribe un título para este párrafo.

Los nombres de comidas, frutas, verduras y alimentos en general presentan una gran cantidad de variación regional. Hay variaciones inclusive dentro de un propio país. Por ejemplo, en España hay muchas variaciones en los nombres de pescados y mariscos. En particular, en la zona norte de España con costa al mar Cantábrico, es decir Galicia, Asturias, Cantabria y el País Vasco, hay una gran variedad de crustáceos comestibles. En muchos lugares de los EE. UU. también hay una gran variedad de crustáceos que se comen y que la gente local diferencia claramente. Por ejemplo, en la costa del golfo de México se pueden comer dos tipos de crustáceos diferentes: *crayfish* (o *crawfish*) y *lobster*. La diferencia fundamental es que el primero es de agua dulce y es relativamente pequeño y el segundo es de agua salada y más grande en comparación con su pariente de agua dulce. En España los crustáceos de agua salada reciben diferentes nombres según el tipo específico y la zona geográfica. Entre los crustáceos más comunes de la cocina española encontramos la cigala, el bogavante, el langostino y la langosta.

Paso 2. ¿Cuál de las siguientes afirmaciones representa el mejor resumen del contenido del texto anterior?

(a) La costumbre de comer pescados y mariscos es común, tanto en España como en los EE. UU.

(b) En España hay mayor variedad de pescados y mariscos que en los EE. UU.

(c) En España existe una variedad de pescados y mariscos con diferentes nombres.

Actividad 6-38. ¿Tarta, pastel o bizcocho?

Paso 1. Lee el párrafo siguiente y completa la tabla con el nombre del alimento que corresponde a cada país que se menciona en la lectura.

	A	B	C	D
Argentina/ Uruguay				
Bolivia/Perú/ Ecuador				
España				
México				
Puerto Rico/Rep. Dominicana				

También hay variaciones en los nombres de tipos de comidas preparadas. Por ejemplo, el dulce cremoso (*creamy*) de color marrón preparado en base a leche y azúcar que es típico de varios países americanos se lo conoce en casi todos lados como *dulce de leche* (incluso en EE. UU.). Sin embargo, en Perú, Ecuador y Bolivia se le llama *manjar blanco* y en México un dulce similar se llama *cajeta* (aunque en México típicamente usan leche de cabra y no de vaca). Asimismo, la masa dulce de harina en forma redonda y con varios tipos de rellenos y decoraciones que es muy popular en cumpleaños y otras celebraciones se la conoce como *torta* en el Cono Sur (Argentina, Uruguay), *bizcocho* en Puerto Rico y *pastel* en México. En España se usan los términos *tarta*, *pastel* y *bizcocho*, y en Andalucía en particular se usa la palabra *torta*. Para quienes les gusta ir al cine, es importante saber que los granos de maíz dorados que se cocinan a altas temperaturas hasta que comienzan a reventar (*pop, burst*) y se ponen de color blanco, se los conoce como *palomitas* o *rosetas de maíz* en España, simplemente *palomitas* en México, *pororó* en el Cono Sur (aunque en Argentina también se usa el término *pochoclo*), y en Bolivia se usa la palabra *pipocas*. Y para los golosos, lo que es un *chupachús* o *piruleta* en España es una *paleta* o *pirulí* en México, un *chupetín* en Argentina, Paraguay y Perú, y un *chupa-chupa* en Uruguay.

Paso 2. En parejas, lean las descripciones de cada uno de los alimentos que se identifican en la tabla. Luego, un/a estudiante cierra el libro y trata de describir cada uno de los alimentos sin leer. El/La otro/a estudiante lo puede ayudar a corregir la descripción.

ESCRITURA: Writing in Social Media Sites

Communication in social media sites tends to be brief and makes use of abbreviations to save time and keep a good flow of the conversation. Capitals and symbols are often used to convey emphasis, tone, feelings, etc.

Actividad 6-39. Una imagen, ¿cuántas palabras?

Paso 1. De acuerdo a los comentarios de los usuarios de *flickr* sobre estas fotos, ¿qué palabras o expresiones te ayudan a saber su opinión?

Le dedico esta foto a Plumahabil por tener siempre unos comentarios tan ingeniosos y divertidos. Es muy simple pero queda para chuparse los dedos. Para poder pelar los tomates fácilmente, los meto primero en agua hirviendo tres o cuatro minutos. Luego los pelo, los trituro con un tenedor y los añado a un rehogado de cebolla y ajos picados. A fuego lento una media hora y ya está.

Comments and faves

manuarias25 *Vaya si apetece, se ve más q rico ...*

sabadel *Qué pinta tan buena, qué ganas de comer. Saludos.*

genaRodi *Pero qué hambre me está entrando... qué plato tan bueno*

GustavoPla *Ya veo q a todos nos pierde la boca... ¿a nadie le interesa saber el objetivo de cámara que usé y demás cositas sin importancia?*

Maripick *qué rico... la próxima vez, por fa, invítame a comer:)*

Plumahabil *¡Anda, qué delicia! Si es q la pasta va con td pero más aún con esas langostitas je, je.*

Marmarie Hola, de nuevo, chicos! Mi esposo nos ha sorprendido hoy con estas tres deliciosas pizzas: una de camarones (gambas), otra de chorizo con verduras y la tercera de jamón serrano con piña, maíz y otras verduritas.

Comments and faves

Juanjo *para mí la de gambas, por favor!!!! :)*

Cristina *Vamos de coincidencias! Tb he comido pizza hoy!!!! Pero estas de Mauri qué buena pinta tienen!!*

Luisvilave *Mmmmm pero q ricoo... yo me acabo de preparar una con champiñones, pimientos y jamón york*

Benja *¡Enhorabuena Marmarie! Increíble imagen pq la foto habla y nos dice "cómeme, cómeme"*

Paso 2. Lean la descripción de estos platos. En parejas, escriban un comentario con su opinión para agregar a cada columna de *flikr* del Paso 1. Luego, compartan lo que escribieron con el resto de la clase.

COMPARACIONES CULTURALES

Actividad 6-40. Los mercados de comida en España

 Paso 1. Para cada una de las fotos, escriban cuatro palabras para describir la venta de comidas de estos mercados. ¿Cómo son los mercados? ¿Qué se vende? ¿Cómo se muestran los productos? ¿Cuáles creen que son imágenes de mercados de comida de EE. UU. y cuáles son de España?

 Paso 2. En parejas, usen las palabras del Paso anterior para escribir una comparación de los mercados de comida en EE. UU. y en España. Luego, compartan sus opiniones con el resto de la clase para ver si coinciden o si son diferentes.

Actividad 6-41. La historia de las tapas

 Paso 1. Lean este texto sobre el posible origen de la tradición española de las tapas. Indiquen las palabras que se relacionan con el objetivo, el problema y la solución.

	Objetivo	Problema	Solución
lonchas (*slices*) de jamón			√
trozos de queso			
tomar un vaso de vino			
las moscas (*flies*)			
tomar una copa de jerez			
la arena			

Hay varias leyendas sobre el origen de las tapas. Una de las historias más probables es que las tapas eran lonchas de jamón o trozos de queso que se usaban para "tapar" la jarra o vaso de vino y así evitar que las moscas tocaran la bebida. Sin embargo, la leyenda más popular —aunque no necesariamente cierta— es la que cuenta que las tapas tienen origen durante una visita del rey Alfonso X el Sabio a la ciudad de Cádiz, una de las ciudades en el sur de España. Durante la visita, el rey Alfonso el Sabio paró en una posada (*inn*) para tomar una copa de jerez (*sherry*). La posada estaba cerca de la playa (*beach*) y a veces el viento (*wind*) soplaba (*blew*) arena (*sand*) hacia el interior. Por eso, para evitar que la arena entrara en el vino, el camarero puso una loncha de jamón sobre la copa de vino. Al rey le gustó la idea y pidió otra copa de jerez... pero esta vez con otra tapa diferente.

Paso 2. ¿Conocen alguna historia asociada con el nombre de una comida o con una costumbre sobre la comida en los Estados Unidos? ¿Piensan que la historia es cierta/falsa? ¿Por qué?

ESTRATEGIAS

LITERATURA: Antonio Machado

Muchas obras de arte de la literatura describen cosas simples de la vida, tales como (*such as*) los mercados. En su poema "Las moscas" el autor Antonio Machado describió otras cosas simples de la vida, las moscas y las memorias y recuerdos con que se asocian estos insectos tan simples. A su vez, el cantautor catalán Joan Manuel Serrat popularizó ese poema como canción (con música del argentino Alberto Cortés).

Antonio Machado

Joan Manuel Serrat

Actividad 6-42. Las moscas

Paso 1. Marca con una cruz (X) todas las palabras que son útiles para describir a las moscas. Agrega otras que no están en la lista.

____	amistosas	____	divertidas
____	familiares	____	golosas (*glutonous*)
____	pertinaces (*persistent*)	____	voraces (*hungry*)
____	sonoras (*noisy*)	____	viejas
____	pequeñitas	____	revoltosas (*mischievous, bothersome*)

Paso 2. ¿Cuáles de las siguientes palabras asocias con las moscas? Agrega otras que no están en la lista.

el verano	la escuela	el salón de la familia
la infancia	la adolescencia	la juventud

Paso 3. ¿En cuáles de los siguientes objetos crees que las moscas se posan (*land*) normalmente? Agrega otros que no están en la lista.

juguetes (*toys*)	libros
cartas de amor	párpados (*eyelids*) de los muertos
la calva (*bald head*)	

Actividad 6-43. Poema sobre las moscas

Paso 1. Lee el poema de Machado sobre las moscas y subraya las palabras más importantes de cada estrofa. Luego, empareja las estrofas (*stanzas*) con el enfoque más relevante.

Enfoques:

    a. Dónde se encuentran las moscas **Estrofas:**

    b. Las actividades de las moscas **Estrofas:**

    c. Las épocas de la vida en que se encuentran las moscas **Estrofas:**

    d. Cómo se comparan las moscas con otros insectos **Estrofas:**

Las moscas

Poema de Antonio Machado

Estrofa I

Vosotras, las familiares,
inevitables golosas,
vosotras, moscas vulgares,
me evocáis (You evoke from me) todas las cosas.

Estrofa II

¡Oh, viejas moscas voraces
como abejas (bees) en abril,
viejas moscas pertinaces
sobre mi calva (crown of my head) infantil!

Estrofa III

¡Moscas de todas las horas,
de infancia y adolescencia,
de mi juventud dorada;
de esta segunda inocencia,
que da en no creer en nada,
en nada.

Estrofa IV

¡Moscas del primer hastío (disgust)
en el salón familiar,
las claras tardes de estío (verano)
en que yo empecé a soñar!

Estrofa V

Y en la aborrecida escuela,
raudas (rápidas) moscas divertidas,
perseguidas, perseguidas
por amor de lo que vuela.

Estrofa VI

Yo sé que os habéis posado
sobre el juguete encantado,
sobre el librote cerrado,
sobre la carta de amor,
sobre los párpados yertos
de los muertos.

Estrofa VII

Inevitables golosas,
que ni labráis (plow) como abejas,
ni brilláis cual mariposas (butterflies);
pequeñitas, revoltosas,
vosotras, amigas viejas,
me evocáis todas las cosas.

Paso 2. Escucha la canción basada en el poema de Machado del cantante catalán-español Joan Manuel Serrat. Mientras la escuchas, selecciona posibles descripciones de la canción. Agrega dos palabras más para describir la canción y el poema.

[Palabras de búsqueda = Joan Serrat Las moscas: http://www.youtube.com/watch?v=pgkiukx0VDM]

La canción de Serrat sobre las moscas es:

_____ divertida

_____ cómica

_____ dulce

_____ perturbante

_____ encantadora

_____ surrealista

_____ conmovedora

_____ inspiradora

_____ frívola (*frivolous, trivial*)

_____ _____

_____ _____

Paso 3. Las siguientes expresiones populares hacen referencia a las moscas. ¿Cuál crees que es el significado de cada expresión? (Expresiones y descripciones adaptadas de Wikiquote).

1. En boca cerrada no entran moscas.
2. Más moscas se cogen con miel que con hiel (*bile*).
3. ¿Qué mosca le habrá picado (*bit/stung him/her*)?
4. Por si las moscas.
5. No mata ni a una mosca.

a. Ser amable es la mejor manera de conseguir la cooperación de las demás personas.
b. Mejor no hablar que decir algo inapropiado.
c. Se dice de una persona que se enoja sin motivo o sin razón lógica.
d. Como precaución.
e. Se dice de la persona que no puede causar mal a nadie.

Diferencias dialectales: El pronombre *vosotros*

In most regions of Spain the pronoun **vosotros** is used to convey familiarity and informality in place of the pronoun **ustedes** (*you all, you guys*). Like the **nosotros** forms of stem-changing verbs, the **vosotros** form does not change stem either.

Actividad 6-44. ¿Cuánto sabéis vosotros sobre *vosotros*?

Paso 1. Emparejen las preguntas con las respuestas y presten atención a la conjugación de *vosotros* en los verbos.

Preguntas
a. ¿Tenéis planes para esta noche?
b. ¿Servís paella todos los días?
c. ¿Tomáis zumo de naranja con frecuencia?
d. ¿Estudiáis mucho?
e. ¿Conocéis al famoso autor Camilo José Cela?
f. ¿Os gusta la comida española?
g. ¿Qué vais a pedir para comenzar? *o* ¿Qué pedís para comenzar?
h. ¿Sabéis el nombre del restaurante?

Respuestas
1. _____ No, no nos gusta mucho el zumo.
2. _____ Sí, la servimos todos los días; la paella es nuestra especialidad.
3. _____ Vamos a pedir una tortilla española, unas aceitunas y una sopa de pescado para comenzar.
4. _____ ¡Por supuesto que lo sabemos! Es *El molino*.
5. _____ No, no tenemos planes para esta noche.
6. _____ Sí, estudiamos todos los días.
7. _____ Sí, nos encantan. Las tapas de este bar son deliciosas.
8. _____ Sí, lo conocemos.

Paso 2. Analicen las formas verbales que se utilizan en las preguntas del Paso anterior y completen la siguiente tabla.

Pronombre sujeto	-ar	-er	-ir
	tomar	tener	servir
nosotros/as			servimos
ustedes	toman	tienen	
vosotros/as			
ellos/as	toman	sirven	

Paso 3. Subrayen todos los verbos que están conjugados con **vosotros**. ¿A quiénes se dirige Machado cuando usa las formas de *vosotros*?

Actividad 6-45. ¿Por qué llama Jordi a Guadalupe?

Paso 1. Antes de ver el video "Jordi llama a Guadalupe por teléfono", observa las imágenes de los dos hablando. De acuerdo a lo que sabes sobre los dos personajes, ¿qué tipo de conversación piensas que van a tener?

1. Van a tener una conversación romántica.
2. Van a hablar sobre las clases y los estudios.
3. Van a conversar sobre temas para el programa de radio de Jordi.
4. Van a hablar sobre el lugar de origen y la familia de Guadalupe.
5. Van a hablar sobre los nuevos amigos que tienen.
6. Van a hablar sobre sus planes para las próximas vacaciones.

Paso 2. Mira el video y toma nota de las palabras o frases clave que puedes usar para justificar los temas de los que hablan Jordi y Guadalupe.

Actividad 6-46. Un malentendido de palabras

 Lee el siguiente segmento y habla con un/a compañero/a sobre las reacciones de Jordi y Guadalupe en las líneas 7 y 8. Hay un malentendido (*a misunderstanding*) debido a una diferencia dialectal entre Jordi y Guadalupe. ¿Cuál es?

1. Guadalupe: —Bueno, ¿qué te interesa? Porque es más fácil hacer algo sobre lo que a uno le gusta que sobre lo que a uno no le gusta.
2. Jordi: —Pues... Es difícil ¡A mí... a mí me encanta el fútbol!
3. Guadalupe: —Pues claro, eres hombre.
4. Jordi: —Lo sé, lo sé.
5. Guadalupe: —¿Pero eso de cultura qué tiene? ¡Nada!
6. Jordi: —¡Por eso... por eso te necesito, guapa!
7. Guadalupe: —Ay, qué lindo. Muchas gracias, tú también eres muy chulo.
8. Jordi: —¿Cómo?
9. Guadalupe: —Nada, nada. ¿Te gusta el teatro?

Actividad 6-47. ¿Van a tener una cita Guadalupe y Jordi?

 Paso 1. Subrayen las expresiones que se usan para invitar y aceptar invitaciones. Luego expliquen la duda (*doubt, confusion*) de Jordi en las líneas 6, 8 y 10.

1. Guadalupe: —Entonces ¡ándale! Me acompañas a la exposición. A ti te va a ayudar mucho en tu programa y a mí me va a gustar aprender un poco más sobre ella.
2. Jordi: —Genial. Podemos ir el próximo fin de semana. Ah, y ya que estamos, ¿qué tal si vamos de tapas antes de pasar por la exposición?
3. Guadalupe: —Sí, ¡me encantaría!
4. Jordi: —Vale, pues... ¡Ah, oye! Y... ¿qué te parece si invitamos a Pablo? Al pobre no le dieron *(they didn't give him)* el trabajo en la emisora porque no tenían presupuesto *(there wasn't enough budget)* para pagarle y está un poquito deprimido... y a él también le encantan los museos.
5. Guadalupe: —Sí, bueno, está bien. Pero no le digas que vamos de tapas primero.
6. Jordi: —Hmmm, pero vamos de tapas, ¿no?
7. Guadalupe: —Oye, fue tu idea... podemos ir antes de ir al museo.
8. Jordi: —¡Ah! Sí, vale. Solo quería estar seguro de que...
9. Guadalupe: —¿De qué?
10. Jordi: —Pues de que íbamos a ir... solos.
11. Guadalupe: —Ay... ¡Claro que vamos a ir los dos solitos!
12. Jordi: —¡Vale! Pues, ¡venga! ¡Unas gambas al ajillo no le van mal a nadie!

 Paso 2. Con un(a) compañero/a discutan lo siguiente: ¿cómo se puede definir una cita (*a date*) en tu cultura? Después de ver la interacción y reacciones de Guadalupe y Jordi, ¿piensan que Jordi y Guadalupe van a tener "una cita"? ¿Por qué?

VOCABULARIO

COMIDAS, BEBIDAS Y ESPECIAS

el aceite de oliva	*olive oil*	las habas, los frijoles,	*beans*
la aceituna	*olive*	las habichuelas,	
el agua	*water*	los porotos	
el agua con gas/sin gas	*carbonated/non-carbonated water*	el helado	*ice cream*
		los huevos	*eggs*
el ajo	*garlic*	el jamón	*ham*
la albahaca	*basil*	la langosta	*lobster*
el albaricoque,	*apricot*	la leche	*milk*
el damasco		la lechuga	*lettuce*
las almejas	*clams*	las legumbres,	*legumes, vegetables*
el arroz	*rice*	los vegetales	
el atún	*tuna*	el maíz	*corn*
el azafrán	*saffron*	la mantequilla	*butter*
el azúcar	*sugar*	la manzana	*apple, block (as in "around the block")*
el bacalao	*cod (fish)*		
el besugo	*sea bream (type of fish)*	los mariscos	*seafood*
el bocadillo	*sandwich*	los mejillones	*mussels*
la bollería, el pan	*bread*	la merluza	*hake*
los camarones,	*shrimps*	la mermelada	*jelly or jam, marmalade*
las gambas		la naranja	*orange*
la canela en polvo	*cinnamon powder*	las ostras	*oysters*
los caracoles	*snails*	la paella	*rice with meat, seafood, and vegetables*
la carne de cerdo	*pork*		
la carne de res	*beef*	el pan	*bread*
la carne	*meat*	las pasas	*raisins*
la cebolla	*onion*	el pastel, la torta	*cake*
los champiñones,	*mushrooms*	el pavo	*turkey*
los hongos		el perejil	*parsley*
el chorizo	*sausage*	el pescado	*fish*
la chuleta, el chuletón	*chops (usually pork, unless specified)*	la pimienta negra	*black pepper*
		el pimiento o pimentón	*pepper*
las costillas	*ribs*	los pinchos morunos	*shish kebab*
los dulces	*sweets*	el pollo	*chicken*
el durazno,	*peach*	el refresco	*soda*
el melocotón		la sandía, la patilla	*watermelon*
las fresas	*strawberries*	la trucha	*trout*
la galleta (de sal)	*cookie (cracker)*	las uvas	*grapes*
el gazpacho	*cold soup with bread, tomatoes, and garlic*	el vinagre	*vinegar*
		las zanahorias	*carrots*

LUGARES PARA COMPRAR COMIDA:

carnicería	*butcher shop*	pescadería	*fishmonger*
panadería	*bakery*	supermercado	*supermarket*

PALABRAS RELACIONADAS CON LA COMIDA:

el alimento	*food item*	la comida	*meal*
el almuerzo	*lunch*	el desayuno	*breakfast*
la bebida	*drink*	la merienda	*snack*
la cena	*dinner*		

ADJETIVOS RELACIONADOS CON LA COMIDA:

agrio	*bitter*	picante	*spicy/hot*
delicioso	*delicious*	rico/sabroso	*tasty*
grasiento	*fatty/greasy*	soso	*bland*
lleno	*full*		

VERBOS RELACIONADOS CON LA COMIDA:

almorzar	*to have lunch*	merendar	*to have a snack*
cenar	*to have dinner*	pedir	*to order (food)*
cocinar	*to cook*	servir	*to serve food*
comer	*to eat*	tomar	*to drink*
desayunar	*to have breakfast*		
llevar	*to take someone somewhere*		

PALABRAS ASOCIADAS CON LOS RESTAURANTES:

el camarero/mozo/ mesero	*waiter*	el entrante/aperitivo	*appetizer/hors d'oeuvres*
el/la cliente	*customer*	el menú/la carta	*menu*
el/la comensal	*diner*	el plato	*dish/menu item*

FRASES PARA DAR DIRECCIONES:

adelante/recto/derecho	*straight ahead*	doblar	*turn*
continuar	*continue*	enfrente de	*in front of*
cruzar	*cross*	frente a	*facing/in front of*
derecha	*right*	izquierda	*left*
detrás de	*behind*	por	*through*

CULTIVANDO EL CUERPO Y EL ESPÍRITU

7

CAPÍTULO

BY THE END OF THIS CHAPTER YOU'LL KNOW HOW TO

- Talk about common sports, arts, and music, and the objects, activities, and places associated with them
- Describe things that you did in the past
- Describe the roles of several people mentioned in the same sentence
- Write a biography
- Use circumlocution to communicate your ideas even when you do not know a specific word
- Identify key information in complicated/difficult listening passages
- Read a complex narrative in past tense (from the horror story genre)

YOU'LL LEARN ABOUT

- The geography of Argentina and Uruguay
- Tango and candombe, two important musical genres in the Southern Cone
- The pronunciation of "y" and "ll" in Argentina and Uruguay
- The use of the pronoun **vos** in Argentina, Uruguay (and other countries)
- Lionel Messi and Diego Maradona, soccer superstars from Argentina
- Horacio Quiroga, an Uruguayan author similar in style to Edgar Allan Poe
- Mempo Giardinelli, an Argentine journalist

Actividad 7-0. Los deportes (*sports*) más populares

Paso 1. Observa las siguientes imágenes de dos deportes muy populares en EE. UU. y el mundo hispanohablante respectivamente: el béisbol y el fútbol. Selecciona el deporte (béisbol o fútbol) al que corresponde cada una de las siguientes descripciones.

1. **B F**   Es uno de los deportes más populares en EE. UU.
2. **B F**   Es uno de los deportes más populares en el mundo hispanohablante y en el mundo en general.
3. **B F**   En EE. UU. se juega principalmente durante los meses de verano y otoño.
4. **B F**   En EE. UU. se juega principalmente durante los meses de otoño y primavera.
5. **B F**   Para jugar se usa una pelota (*ball*) pequeña y las manos, pero no los pies.
6. **B F**   Para jugar se usa una pelota y los pies, pero no las manos.
7. **B F**   Se juega en un campo de juego (*playing field*) rectangular.
8. **B F**   Se juega en un campo de juego en forma de diamante que tiene "bases".
9. **B F**   Un partido (*game*) de este deporte tiene una duración de 90 minutos (dos tiempos de 45 minutos cada uno).
10. **B F**   Un partido de este deporte no tiene una duración predeterminada.

Paso 2. Para cada foto, escribe una oración para describir a los jugadores (*players*), su ropa, etc. y una oración para describir lo que está pasando.

Modelo: El jugador de fútbol <u>lleva una camiseta de color negro.</u>
El jugador de béisbol en la parte derecha de la foto <u>está corriendo</u>.

Paso 3. En parejas, lean cada una de sus oraciones sin identificar el deporte específico y el/la otro/a estudiante tiene que adivinar qué foto describe cada uno/a. OJO: No menciones el nombre del deporte.

Modelo: E1: —El jugador <u>lleva una camiseta de color negro.</u>
E2: —¿Es la foto 1?

VOCABULARIO EN CONTEXTO

Actividad 7-1. Los deportes (*Sports*)

Paso 1. Empareja la letra del nombre del deporte en las fotos con su nombre de la lista de abajo. Marca con una cruz (X) los deportes que <u>NO</u> aparecen en las fotos.

Modelo: __X__ Hacer ejercicio aeróbico (hacer aerobics)

1. ____ hacer *jogging*/correr
2. ____ hacer yoga
3. ____ hacer *windsurf*
4. ____ esquiar (hacer esquí nórdico/alpino)
5. ____ hacer esquí acuático
6. ____ jugar al voleibol (vóleibol)
7. ____ jugar hockey sobre césped (*on grass*)
8. ____ jugar al fútbol americano
9. ____ jugar al baloncesto/basquetbol
10. ____ hacer/levantar pesas (*weights*)
11. ____ jugar al golf
12. ____ montar/andar en bicicleta
13. ____ nadar (hacer natación) (*swim*)

VOCABULARIO

Many English words that refer to sports have been adapted to Spanish phonology such as **jonrón** (*homerun*), **gol** (*goal*), and **voleibol** (*volleyball*).

Paso 2. Un(a) estudiante representa con mímica una actividad del Paso 1. La otra persona tiene que decir el nombre en español del deporte o actividad atlética. Luego, intercambien roles.

Actividad 7-2. ¿Qué deporte te gusta jugar?

Paso 1. Entrevista a varios/as compañeros/as de clase y pregúntales (1) qué deportes les gusta jugar y (2) qué deportes prefieren mirar.

Modelo: E1: —¿Qué deporte te gusta jugar?
          E2: —Para jugar, mi deporte favorito es el golf.
          E1: —¿Y qué deporte prefieres mirar?
          E2: —Prefiero mirar el fútbol americano (*football*). Y a ti, ¿qué deporte te gusta jugar?...

Paso 2. Comparen respuestas con los compañeros de clase. ¿Cuál es el deporte o actividad deportiva más popular? Expliquen por qué les gusta jugar o hacer la actividad deportiva que seleccionaron.

Paso 1. Observa los dibujos y usa la lógica para determinar con qué actividades deportivas están asociadas las siguientes personas. Nota: en algunos casos pueden estar asociados con todos los deportes.

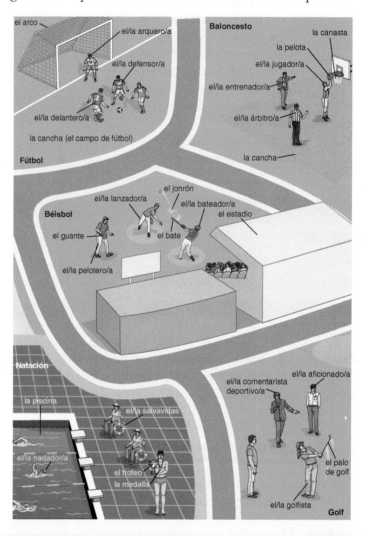

Personas	Deportes asociados
1. el/la defensor/a	fútbol, baloncesto
2. el/la delantero/a	
3. el/la arquero/a (portero/a)	
4. el/la aficionado/a	
5. el/la nadador/a	
6. el/la ciclista	
7. el/la árbitro/a	
8. el/la bateador/a	
9. el/la lanzador/a y el/la pelotero/a	
10. el/la jugador/a	
11. el/la entrenador/a	
12. el/la guardavidas o salvavidas	

Paso 2. Escucha cada descripción y selecciona si es cierta o falsa. Si es falsa, corrige la información.

Modelo: Escuchas: El arquero es un delantero en el fútbol.
Escribes: FALSO. El arquero es un defensor en el fútbol.

1. Cierto Falso _____
2. Cierto Falso _____
3. Cierto Falso _____
4. Cierto Falso _____
5. Cierto Falso _____
6. Cierto Falso _____
7. Cierto Falso _____
8. Cierto Falso _____
9. Cierto Falso _____
10. Cierto Falso _____

Actividad 7-4. Los objetos y lugares asociados con los deportes

Paso 1. Usando el dibujo de la Actividad 7-3, marca con una cruz (X) en la tabla los objetos y lugares que se asocian con las siguientes actividades deportivas. OJO: Cada palabra se puede asociar con más de un deporte.

	Fútbol	Béisbol	Baloncesto	Deportes acuáticos
1. el arco				
2. el bate				
3. la camiseta				
4. la canasta				
5. la cancha				
6. el estadio				
7. el guante				
8. el jonrón				
9. la medalla				
10. el traje de baño				
11. la pelota (el balón)				
12. la piscina (la alberca, la pileta)				
13. el trampolín (*diving board*)				
14. el trofeo (*trophy*)				

Paso 2. Para cada grupo, subraya la que NO se asocia con las otras palabras. Explica por qué no se asocian.

Modelo: bate, lanzador, pelota, arquero/portero

El arquero/portero juega al fútbol. Las otras palabras se asocian con el béisbol.

1. piscina, trampolín, canasta, salvavidas
2. defensor, delantero, jonrón, arco
3. golfista, palo de golf, árbitro, trofeo
4. jugador, canasta, pelota, lanzador

Actividad 7-5. ¿Qué deporte es?

Paso 1. Usando la información de las fotos, escribe el nombre del deporte después de su descripción. Subraya las palabras clave que te ayudan a decidir el nombre del deporte que se describe en cada párrafo.

el hockey sobre hielo   el fútbol   el voleibol

el béisbol   el baloncesto   la natación   el golf

1. Es un deporte que se juega entre dos equipos (*teams*) de nueve jugadores. El partido (*game*) no tiene una duración específica. El objetivo es pegar (*to hit*) a una pelota pequeña con un bate y recorrer (*to cover, travel across*) todas las bases.
   _____

2. Es un deporte de equipo que se juega sobre el hielo. Cada equipo debe meter un disco pequeño en el arco contrario (no se usa una pelota). Es muy popular en Canadá y en el norte de EE. UU.
   _____

3. Es un deporte que se practica sobre césped. Los jugadores le pegan a una pelota muy pequeña con un palo de metal para meterla en un pequeño hoyo (*hole*). El campo de juego es muy grande y tiene hasta 18 hoyos. _____

4. Es un deporte que se juega entre dos equipos de once jugadores. Cada partido tiene una duración de 90 minutos y cada equipo debe meter la pelota en el arco del equipo contrario para marcar (*to score*) un gol. Los jugadores pueden golpear (*strike*) la pelota con los pies, la cabeza o cualquier parte del cuerpo, pero no pueden usar ni (*neither*) las manos ni (*nor*) los brazos.
   _____

5. Es un deporte que se juega en una cancha dividida por una red (*net*). Cada equipo tiene seis jugadores. Los jugadores saltan (*jump*) y le pegan a la pelota con la mano para pasarla al otro lado de la red.
   _____

6. Es un deporte que se juega entre dos equipos de cinco jugadores cada uno. El objetivo es meter una pelota redonda en una canasta alta. Los puntos son dobles o triples y se llaman "canastas".
   _____

7. Es un deporte individual que generalmente requiere deslizarse (*dive*) en el agua y recorrer una distancia específica sobre el agua en un estilo determinado de práctica de este deporte (libre, *crawl*, pecho, mariposa, etc.). _____

Paso 2. En parejas, usen el modelo de las definiciones anteriores para escribir una definición de otro deporte diferente. Luego, compartan sus definiciones con otros estudiantes para verificar que están bien escritas.

Actividad 7-6. ¿Qué tienen en común?

Paso 1. Responde a las preguntas sobre aspectos en común entre varios deportes.

1. ¿Qué deportes usan una pelota redonda?
2. ¿Qué deportes usan una pelota en forma de torpedo?
3. ¿Qué deportes se practican dentro de un estadio cerrado (*enclosed*)?
4. ¿Qué deportes se practican en el invierno?
5. ¿Qué deportes se practican en el agua?
6. ¿Qué deportes se practican sobre césped?

Paso 2. En grupos de cuatro, una persona piensa en un deporte o algo asociado con los deportes (personas, objetos o lugares) y sus compañeros le hacen preguntas de sí o no para descubrirlo.

Modelo:	¿Es un deporte?	Sí o No.
	¿Es un deporte de equipo?	Sí o No.
	¿Se practica en el invierno?	Sí o No.
	¿Es popular en EE. UU.?	Sí o No.
	¿Se usa un palo para jugarlo?	Sí o No.
	¿Es el hockey sobre hielo?	Sí o No.

GRAMÁTICA

There are several verbs that work like **gustar** with other degrees of meaning of the same verb: **interesar, encantar, fascinar,** etc. Their singular and plural forms (**interesa, interesan**) combine with indirect object pronouns (**me, te, le, nos, os, les**) as is the case with the verb **gustar**:

<u>Me encanta</u> jugar al baloncesto, y <u>me gustan</u> los partidos de baloncesto universitario, pero <u>no me interesan</u> los partidos de baloncesto profesional.

I love to play basketball, and I like college basketball games, but I am not interested in professional basketball games.

Paso 1. Además de los deportes, otra actividad popular de los fines de semana es la asistencia a (*attendance at*) los espectáculos artísticos. Entrevista a tus compañeros de clase para saber a quién le interesan varios espectáculos.

Modelo: E1: —Hola. ¿**Te interesa** el ballet?
E2: —Sí, **me encanta** el ballet. **o** No, **no me interesa** el ballet.
E1: —Bien. Escribo tu nombre al lado de ballet.
        o ¿No? Pues, en ese caso, ¿**te gustan** los conciertos de música rock?

el ballet

un concierto de música

una exposición de pintura

un concierto de música rock

una exposición de escultura

una obra de teatro

una película

una exposición de fotografía

una presentación de poesía o literatura

el ballet _____
un concierto de música clásica _____
una exposición de pintura _____
un concierto de música rock _____
una exposición de escultura _____
una obra de teatro _____
una película _____
una exposición de fotografía _____
una presentación de poesía o literatura _____

Person	Gustar	Action/Object/Person/Idea
Me	gusta/encanta/interesa	tocar el violín (*play the violin*). [verb]
Me	gusta/encanta/interesa	la música clásica. [singular noun]
Me	gusta**n**/encanta**n**/interesa**n**	los conciertos de rock. [plural noun]

Paso 2. Identifica las artes que se asocian con las personas y los lugares de la lista.

Modelo: **el cine:** las películas

1. Una librería:
2. El estadio:
3. El museo:
4. Un café:
5. Los actores:
6. Los músicos:
7. Los bailarines:
8. Los autores:
9. Los artistas:

Actividad 7-8. **Asociaciones entre las acciones y las artes**

Paso 1. Para cada categoría artística, marca con una cruz (X) las acciones que están asociadas con cada una de ellas. Puedes asociar más de un arte con cada verbo.

actuar

pintar

cantar

bailar

tallar

tocar la batería (*drums*)

dibujar

	La escultura	La pintura	La danza	El teatro	El cine	La música
1. pintar						
2. dibujar						
3. tocar la batería						
4. bailar						
5. actuar						
6. tallar						
7. cantar						

Paso 2. Lee los siguientes grupos de palabras y subraya cuál de ellas NO se asocia con las otras. Explica por qué la palabra que seleccionaste no está relacionada con las otras.

Modelo: violín, piano, pelota, batería

La pelota se usa para jugar al fútbol. Las otras palabras son instrumentos musicales.

1. exposición, guitarra, dibujo, colores
2. ópera, ballet, pintura, concierto
3. cine, teatro, ballet, museo
4. tocar el piano, levantar pesas, tocar la batería, asistir a un concierto
5. dibujar, pintar, actuar, tallar

Actividad 7-9. ¿Tienes buena memoria?

Paso 1. La clase se va a dividir en dos equipos y van a tomar turnos leyendo una de las acciones de la lista. El otro grupo debe adivinar rápidamente un deporte o arte que se relaciona con esa acción. Puede haber más de una posibilidad. El grupo con más respuestas correctas gana (*wins*).

Modelo: Equipo 1 dice: —correr
          Equipo 2 dice: —el fútbol/el béisbol/el baloncesto/el *jogging*

actuar	batear	cantar
deslizarse en el agua	dibujar	golpear con los pies
jugar	meter la pelota en el arco	meter la pelota en un hoyo
nadar	tallar	tocar

Paso 2. Combinen las acciones del Paso 1 con lugares, personas y objetos asociados con el arte y el deporte para crear cuatro oraciones falsas. Luego, lean las oraciones a la clase; sus compañeros corrigen la información falsa.

Modelo: Los nadadores se deslizan en el trampolín.

Corrección: Los nadadores se deslizan en la piscina. **o** Los nadadores saltan del trampolín.

Actividad 7-10. ¡Encuentra las diferencias!

Paso 1. Entrevista a tu compañero/a para encontrar siete diferencias que existen entre tu dibujo y el de tu compañero/a.

Modelo: E1: —En el apartamento 1, una persona está tocando el acordeón.
E2: —En mi dibujo también. ¿En tu dibujo también hay una mujer que está tocando la guitarra en ese apartamento?...

Estudiante A

Estudiante B   Information for student B is on page 677.

Paso 2. Finalmente, con tu compañero/a escoge una de las actividades representadas en uno de los dibujos anteriores y actúenla delante de la clase. Los demás estudiantes tienen que describir la actividad que ustedes representan.

Paso 1. Lee las descripciones de varios lugares de Argentina y Uruguay y usa las pistas (*clues*) en cada descripción para hacer un círculo en el símbolo (montañas, agua o ciudad) que corresponde a cada descripción. Dibuja el símbolo en el mapa en el lugar correspondiente.

| montañas | agua | ciudad |

1. San Carlos de Bariloche es un destino turístico en una región montañosa de Argentina, Patagonia, y está frente al lago (*lake*) Nahuel Huapi y al Parque Nacional Nahuel Huapi. Se practica el esquí alpino principalmente, aunque también se hace esquí de fondo (*cross-country*) y otros deportes de nieve.

| montañas | agua | ciudad |

2. En Buenos Aires se encuentra el teatro Colón, uno de los cinco más importantes del mundo por su acústica. Tiene capacidad para unos 2.500 espectadores sentados. Es uno de los monumenos históricos más representativos de Buenos Aires.

| montañas | agua | ciudad |

3. El glaciar Perito Moreno, ubicado en el extremo sur de Argentina, es una inmensa masa de hielo que se mueve a un régimen de 2 metros por día. Es uno de los lugares más visitados de Argentina por su belleza natural. Se puede hacer *trekking* sobre la superficie del glaciar.

montañas

agua

ciudad

4. La ciudad de Mendoza está a unos 1.000 kilómetros al oeste de la capital, Buenos Aires. Muy cerca de Mendoza está el pico (*peak*) más alto de la cordillera de los Andes, el Aconcagua, a casi 7.000 metros de altura. Por su cercanía a los Andes, en Mendoza se pueden practicar muchos deportes de montaña como *trekking*, *rafting*, escalada (*climbing*), rappel, bicicleta de montaña, parapente (*parasailing*) y montañismo. Además se puede hacer esquí durante el invierno. En la ciudad se pueden visitar mucho museos y monumentos históricos muy importantes.

montañas

agua

ciudad

5. En Montevideo, entre muchas otras cosas, se encuentra la Escuela Internacional de Yoga, en la que se ofrecen clases para profesores de un mes y de un año. Esta institución se fundó en 1934. Desde entonces, se entrenan maestros de yoga en esta ciudad de más de 1,3 millones de uruguayos. Montevideo está ubicado frente al mar y tiene un clima templado casi todo el año.

montañas

agua

ciudad

6. Las termas del norte de Uruguay son aguas termales con temperaturas de aproximadamente 40 grados que provienen de capas subterráneas de la tierra. Las termas del Arapey están entre (*among*) las más antiguas. Las termas tienen propiedades terapéuticas y son visitadas durante todo el año, pero principalmente en primavera, otoño e invierno. Las termas tienen una infraestructura de balneario (*spa*) con canchas de paddle, tenis y piscinas. Además, se pueden hacer cabalgatas (*horseback riding*) y caminatas.

montañas

agua

ciudad

7. La ciudad de Colonia en Uruguay es una ciudad histórica que combina estilos coloniales españoles y portugueses. En 1995, la UNESCO declaró a esta ciudad como patrimonio histórico de la humanidad (*world heritage site*) por su arquitectura y el estado de preservación de la ciudad antigua. En el distrito histórico de la ciudad se puede caminar por sus calles angostas de piedras como la famosa Calle de los Suspiros (*sighs*). También se pueden visitar varios museos como el Museo Indígena, el Museo Español y el Museo Portugués.

montañas

agua

ciudad

8. El balneario de "La Pedrera" se encuentra a 230 kilómetros de Montevideo en la costa atlántica de Uruguay cerca de Rocha. En este balneario se pueden hacer muchas cosas, pero durante la temporada de verano una de las actividades deportivas más emocionantes es el surf. Durante la temporada baja de invierno, desde julio hasta octubre se pueden ver las ballenas francas (*right whales*) en su viaje hacia otras latitudes más frías.

Paso 2. Escribe el nombre de los lugares del Paso 1 bajo la foto que corresponde a su descripción.

1 _____   2 _____   3 _____

4 _____   5 _____   6 _____

7 _____   8 _____

 Paso 3. De los lugares en Argentina y Uruguay que se presentan en el Paso 1, ¿cuáles les gusta visitar?, ¿cuál les interesa visitar primero? En su grupo, planeen un recorrido (*tour*) de cuatro lugares y luego expliquen a otro grupo por qué van a esos cuatro.

GRAMÁTICA EN CONTEXTO

Preterit: Regular Verbs

Ayer, Mariano **asistió** a clase y **tomó** notas. Luego **estudió** dos horas en la biblioteca. Después **comió** en la cafeteria y **jugó** al fútbol con sus amigos. Finalmente, **regresó** a casa y **se acostó** temprano.

*Yesterday, Mariano **attended** class and **took** notes. Then he **studied** for two hours in the library. Later, he **ate** in the cafeteria and **played** soccer with his friends. Lastly, he **returned** home and **went to bed** early.*

The preterit is one way to signal past tense in Spanish. The preterit is typically used in sentences or texts in which the focus is on the main events of a story or situation. It is mostly equivalent to simple past in English.

Subject Pronouns	Tom-ar	Com-er	Asist-ir	Acost-ar-se
yo	tom**é**	com**í**	asist**í**	me acost**é**
tú/(vos)	tom**aste**	com**iste**	asist**iste**	te acost**aste**
él/ella/Ud.	tom**ó**	com**ió**	asist**ió**	se acost**ó**
nosotros/nosotras	tom**amos**	com**imos**	asist**imos**	nos acost**amos**
(vosotros/vosotras)	tom**asteis**	com**isteis**	asist**isteis**	os acost**asteis**
ellos/ellas/Uds.	tom**aron**	com**ieron**	asist**ieron**	se acost**aron**

GRAMÁTICA

There is another form of past tense in Spanish called the *imperfect* that is generally used to provide details about the background that accompanies the main events of a sequential plot. You'll learn about the imperfect later on.

GRAMÁTICA

Contrast the following sentences:

Caminó hasta el estadio.	vs.	**Camino hasta el estadio.**
He/She/You walked to the stadium.	vs.	*I walk to the stadium.*
Caminé hasta el estadio.	vs.	**Camine hasta el estadio.**
I walked to the stadium.	vs.	*Walk to the stadium.*

The accent on the last vowel of **-ar** verbs serves to distinguish the preterit from some present tense and command forms, so the written and spoken accent in the preterit is important to accurately convey the meaning of the verb form.

Actividad 7-12. ¿Es el pasado o el presente?

Paso 1. Escribe cada verbo bajo la columna de la tabla que corresponde a su forma: el pasado o el presente.

	Pasado	Presente
Modelo: hablo		hablo
1. nadé		
2. escribió poemas		
3. esquiaron		
4. levanto pesas		
5. se deslizan		
6. meto la pelota en el arco		
7. montaste en bicicleta		
8. actué		
9. recorriste		
10. tallas		

Paso 2. Escucha las oraciones. Escribe los verbos que faltan y luego indica si representan el pasado o el presente. Incluye los acentos escritos necesarios. Puedes escuchar la grabación otra vez para verificar tus respuestas.

	Presente	Pasado
1. El teatro:		
a. _____ (comprar) un boleto para la obra de teatro esta noche.		
b. _____ (caminar) al teatro para ver la obra.		
c. _____ (comer) antes de ir al teatro; así no tengo hambre durante la obra.		
d. Mis amigos no _____ (asistir) a la obra de teatro, _____ (estudiar) para un examen.		
2. Una clase de música:		
a. _____ (tomar) clase de piano con un profesor que siempre me da recomendaciones muy útiles.		
b. _____ (escuchar) la canción en línea (*online*) para aprenderla.		
c. En casa _____ (escuchar) la canción para aprender a tocarla mejor antes de mi clase.		
d. Hoy _____ (usar) mi experiencia en línea para expresar más emoción, pero nunca es suficiente para mi profesor.		
3. En el estadio de fútbol:		
a. Los delanteros normalmente _____ (correr) mucho durante un partido de fútbol.		
b. Hoy los defensores _____ (correr) mucho; _____ (responder) a los frecuentes ataques del otro equipo, pero sin éxito (*without success*).		
c. Hasta (*Even*) el arquero del otro equipo _____ (marcar) un gol.		
d. En fútbol el arquero casi nunca _____ (marcar) un gol.		

Actividad 7-13. ¿Qué hizo Matías ayer? ¿Y Joaquín?

Paso 1. Matías y Joaquín son dos hermanos gemelos (*twins*) que tienen gustos diferentes. Los dibujos muestran lo que cada uno hizo ayer. Indica si cada oración es cierta o falsa.

1. _____ Ayer Matías asistió a un partido de voleibol de su universidad y animó (*cheered on*) a su equipo.
2. _____ Durante el medio tiempo del partido, comió un *hot dog*.
3. _____ Luego, jugó con su equipo de fútbol durante una hora y media.
4. _____ Después, estudió para su clase de español.
5. _____ Finalmente, tomó un helado y luego regresó a su casa.

6. _____ Ayer Joaquín tocó la guitarra por la mañana.
7. _____ Después de su clase de guitarra estudió para su clase de matemáticas.
8. _____ Luego conversó con su profesora una media hora.
9. _____ Por la tarde asistió a un concierto de música clásica.
10. _____ A las 5 de la tarde miró una película.

Paso 2. Ahora imagina que los dos, Matías y Joaquín, hicieron las mismas cosas este año pasado. Completa las oraciones con la forma del pretérito del verbo correspondiente a cada oración.

1. Matías y Joaquín (vivir) _____ juntos durante un año en la universidad.
2. Los dos hermanos (estudiar) _____ mucho para recibir buenas notas.
3. Ambos (recibir) _____ muy buenas notas en sus materias.
4. Los dos (aprender) _____ muchas cosas importantes durante su año de convivencia (*living together*).
5. Después de un año de convivencia, Matías y Joaquín (decidir) _____ vivir separados.
6. Al principio, los dos (sufrir) _____ la separación cuando decidieron dejar de vivir juntos.

Actividad 7-14. Hoy participamos en...

Paso 1. Completa los espacios en blanco con la forma del pretérito de cada verbo entre paréntesis en las entradas de la Persona 2 (segunda columna).

Persona 1	Persona 2
1. _____ No te encontré cuando te llamé anoche. ¿Saliste a alguna parte?	a. Entonces, ¿ _____ (tú-entender) la crisis del protagonista?
2. _____ ¿Levantaste pesas en el gimnasio esta mañana?	b. Sí, _____ (yo-decidir) ver una película con mi hermana.
3. _____ ¿Qué deportes practicaron tú y tus hermanos el invierno pasado?	c. ¿Ah, la actriz y cantante argentina? Creo que _____ (ella-actuar) en *Evita*; _____ (ella-interpretar) el papel de la protagonista, Evita Perón.
4. _____ ¿Quiénes tocaron un instrumento en la escuela secundaria?	d. No, las _____ (yo-levantar) en casa.
5. _____ ¿Qué papel interpretó Elena Silvia Roger en Broadway?	e. No sé, pero sé que los delanteros _____ (meter) tres goles en total.
6. _____ ¿Quién metió el último gol de la Copa del Mundo?	f. _____ (Nosotros-esquiar) varias veces; no _____ (Nosotros-practicar) otro deporte en el invierno.
7. _____ Me gustaron las novelas de Ana Solari; me encanta la ciencia ficción.	g. Federico y yo _____ (Nosotros-tocar) el violín en la orquesta.

Paso 2. Ahora, empareja las respuestas de la Persona 2 con la pregunta más lógica de la Persona 1.

Actividad 7-15. **Messi vs. Maradona: ¿Quién es el mejor jugador de fútbol argentino?**

Paso 1. Lee el texto y subraya los verbos del pretérito. Luego completa la tabla de semejanzas (*similarities*) y diferencias entre Messi y Maradona.

Algunos creen que es absurdo comparar a Lionel Messi y Diego Maradona, dos de los mejores jugadores del fútbol. Jugaron en diferentes épocas históricas, representaron estilos diferentes y a Messi todavía le quedan (*he still has*) unos años para jugar mientras que Maradona ahora es entrenador. Sin embargo, a muchos aficionados les encanta comparar a estos dos astros (*stars*) del fútbol.

Los dos futbolistas nacieron en Argentina. Messi nació en Rosario, una ciudad en el este del país; Maradona nació en Lanús, al sur de Buenos Aires. Empezaron a jugar al fútbol al nivel profesional a una edad joven, entre los 15 y 16 años. Participaron y ganaron muchos campeonatos nacionales, internacionales y representaron a Argentina en varias Copas del Mundo. Como capitanes de sus respectivos equipos profesionales, ganaron sueldos de millones de dólares al año.

Rosario
Buenos Aires
Lanús

Lionel Messi

Diego Maradona

Hay diferencias entre Messi y Maradona también. Messi todavía está jugando al fútbol profesional con el equipo del Barcelona FC. En 2007 estableció la Fundación Leo Messi con la meta (*purpose, goal*) de ayudar a los niños y adolescentes en situación de riesgo (*at risk*). Messi explicó su motivo así: "Un día, después de una visita a un hospital, entendí la dimensión especial de una figura pública. Entendí que para esos niños enfermos la presencia de un futbolista conocido puede ser de gran ayuda" (cita de www.fundaciónleomessi.org).

En contraste, Maradona jugó al nivel profesional en Argentina, España, e Italia. Después de jubilarse (*After retiring*), Maradona trabajó como entrenador, escribió su autobiografía, entrevistó a otras personas famosas para su programa de television y participó en *Soccer Aid* (un programa para desarrollar fondos para Unicef).

Diferencias   **Semejanzas**

Modelo: Messi y Maradona nacieron en Argentina.

Paso 2. Completa los espacios en blanco con la forma del verbo que escuchas. Luego decide si la oración es cierta o falsa. Si es falsa, corrige la información.

Modelo: **Escuchas:** Uno de los jugadores _____ en Argentina.
Completas la oración: Uno de los jugadores <u>nació</u> en Argentina.
Escribes: Falso <u>Los dos jugadores nacieron en Argentina.</u>

1. Sólo Messi _____ a jugar al fútbol profesional a los 15 o 16 años.
Cierto / Falso _____

2. Los dos jugadores _____ en muchos partidos importantes.
Cierto / Falso _____

3. Sólo Maradona _____ una fundación para ayudar a los niños pobres.
Cierto / Falso _____

4. Messi y Maradona _____ ser entrenadores después de jubilarse.
Cierto / Falso _____

5. Los dos _____ una autobiografía.
Cierto / Falso _____

6. Maradona _____ en Rosario.
Cierto / Falso _____

Actividad 7-16. El sábado pasado

Paso 1. Busca "HOY" (*today*) en el calendario. Basándote en esa fecha, analiza el significado de las otras expresiones. En la tabla marca con una cruz si las frases indican el pasado, el presente, o el futuro. Puedes marcar más de una respuesta para algunas expresiones.

lunes	martes	miércoles	jueves	viernes	sábado	domingo
la semana pasada	1	2	3 Hace una semana	4	5	6 El domingo pasado
7	8 anteayer	9 ayer	10 HOY	11 mañana	12	13
14 La próxima semana	15	16	17 El próximo jueves	18	19	20
21	22	23	24	25	26	27
28	29	30	31			

	Pasado	Presente	Futuro
Modelo: ayer	X		
a las 5 y 40			
anoche (ayer en la noche)			
anteayer			
hace una semana			
hace dos meses			
hoy			
en una hora			
en unos minutos			
mañana			
más tarde			
el domingo pasado			
la semana pasada			

GRAMÁTICA

Given that the nosotros forms for **–ar** and **–ir** verbs are the same in the present as in the preterit, you have to use clues in the context to distinguish the intended meaning of the verb:

Asistimos a un partido de fútbol <u>todos los viernes</u>.

We attend a soccer game every Friday.

Asistimos a un partido de fútbol <u>el sábado pasado</u>.

We attended a soccer game last Saturday.

Paso 2. Usa el contexto y la conjugación del verbo para indicar si las oraciones se refieren al pasado, al presente, o al futuro.

Modelo: Queremos decirte algo. ____**presente**____

1. Recibimos buenas noticias anoche. _____
2. Ganamos entradas (*tickets*) para un concierto. _____
3. Hace seis meses llamamos a una emisora de radio para otras entradas, pero no ganamos. _____
4. Esta vez escribimos un correo electrónico a la emisora de radio para ganar las entradas. _____
5. Vamos al concierto el sábado. _____

Paso 1. Escucha las oraciones y complétalas con las expresiones de tiempo que faltan.

1. _____ estudió para el curso de español.

2. _____ leyó mucho para una clase de ciencias.

3. _____ tocó la guitarra (u otro instrumento musical).

4. _____ jugó al baloncesto/fútbol/béisbol (u otro deporte).

5. _____ escuchó música en casa.

6. _____ salió a caminar con un/a amigo/a.

7. _____ compró un libro.

8. _____ comió en un restaurante y le gustó mucho la comida.

9. _____ llamó por teléfono a su familia.

10. _____ asistió a un concierto.

11. _____ miró televisión hasta tarde.

Paso 2. Pon las actividades del Paso 1 en orden cronológico. Escribe el verbo principal que corresponde a cada caso en secuencia.

Modelo: <u>7 (el mes pasado),</u>   <u>compró</u>

_____,   _____

_____,   _____

_____,   _____

_____,   _____

_____,   _____

_____,   _____

_____,   _____

_____,   _____

_____,   _____

_____,   _____

Preterit: Verbs with Spelling Changes

Spelling Changes in Some First-person Preterit Verbs

GRAMÁTICA

Some regular preterit verbs have a spelling change in the **yo** form:

- Verbs that end in **–car**, **–gar**, **–zar** change in the **yo** form of the preterit to maintain the same sound as in the infinitive form. The rest of the forms keep the original consonant:

sa-**c**ar (*to take out*) → sa-**qu**é, sacaste, sacó, sacamos, (sacasteis), sacaron

> Ayer sa**qué** un disco compacto viejo para escucharlo.
>
> *Yesterday I took out an old CD to listen to it.*

ju-**g**ar (*to play*) → ju-**gu**é, jugaste jugó, jugamos (jugasteis), jugaron

> El fin de semana pasado ju**gué** al tenis dos horas.
>
> *Last wekend I played tennis for two hours.*

empe-**z**ar (*to begin*) → empe-**c**é, empezaste, empezó, empezamos, (empezasteis), empezaron

> Empe**cé** a practicar fútbol en marzo.
>
> *I started to practice soccer in March.*

Other common stem-changing verbs like these are **tocar**, **llegar**, **pagar**, **almorzar** and **organizar**.

Actividad 7-18. Tus actividades pasadas

Paso 1. Conjuga los verbos entre paréntesis en la forma de **yo**. Luego indica si cada oración es cierta o falsa para ti.

Modelo: <u>**Estudié**</u> (estudiar) para el curso de español esta semana.

C F 1. _____ (leer) mucho para una clase de ciencias esta mañana.

C F 2. _____ (tocar) la guitarra (u otro instrumento musical) el fin de semana pasado.

C F 3. _____ (jugar) al baloncesto/fútbol/béisbol (u otro deporte) en la escuela secundaria.

C F 4. _____ (escuchar) música en casa anteayer.

C F 5. _____ (salir) a caminar con un/a amigo/a en el verano.

C F 6. _____ (comprar) un libro este semestre.

C F 7. _____ (comer) en un restaurante hace un mes y me gustó mucho la comida.

C F 8. _____ (almorzar) con mi familia el fin de semana pasado.

C F 9. _____ (asistir) a un concierto este semestre.

C F 10. _____ (mirar) televisión hasta tarde el sábado.

Paso 2. Cambia las oraciones del Paso 1 a la forma de **tú** para entrevistar a un compañero. Luego házle las preguntas a tu compañero para comparar sus actividades.

Modelo: **Estudié** (estudiar) para el curso de español esta semana. →
          ¿Estudiaste para el curso de español esta semana?
          E1: —¿Estudiaste para el curso de español esta semana?
          E2: —No, no estudié español, pero estudié para mi curso de
               química. ¿Tú leíste mucho...?
          ¿En qué actividades participaron tú y tu compañero?
          Nosotros _____.
          ¿En qué actividades participó sólo una persona?
          Mi compañero/a _____, pero yo
          _____.

Spelling Changes in Some Third-person Preterit Verbs

GRAMÁTICA

Some regular preterit verbs have a spelling change in the third person forms (**él, ella, Ud, ellos, ellas, Uds.**):

- In **–er** and **–ir** verbs whose stem ends with a vowel, the **-i-** from **-ió** and **-ieron** becomes **-y-** in the third person singular and plural, as in the following examples:

c**ae**r (*to fall*) → caí, caíste, ca**y**ó, caímos, (caísteis), ca**y**eron

   La pelota ca**y**ó fuera del campo de fútbol.

   The ball landed outside the soccer field.

leer → leí, leíste, le**y**ó, leímos, (leísteis), le**y**eron

   Marcos le**y**ó en el periódico que estrenan la película mañana.

   Marcos read in the newspaper that they'll release the new movie tomorrow.

oír → oí, oíste, o**y**ó, oímos, (oísteis), o**y**eron

   No o**y**eron bien el concierto.

   They did not hear the concert well.

Other common stem-changing verbs like these are **incluir**, **construir**, and **distribuir**.

- **–ir** verbs that are stem-changing in the present tense also change in the third person singular and plural of the preterit. The **–e** in the stem changes to **–i** or the **–o** changes to **–u**:

p**e**dir → pedí, pediste, p**i**dió, pedimos, (pedisteis), p**i**dieron

   Mi hermano me p**i**dió mi guante de béisbol.

   My brother asked me for my baseball glove.

d**o**rmir → dormí, dormiste, d**u**rmió, dormimos, (dormisteis), d**u**rmieron

   Eva no jugó bien porque solo d**u**rmió cuatro horas.

   Eva did not play well because she only slept four hours.

Other common stem-changing verbs like these are **morir**, **servir**, **repetir**, **preferir**, and **sentir**.

Actividad 7-19. El fútbol femenino como espectáculo deportivo

Paso 1. Lee el siguiente texto sobre el fútbol femenino y subraya todos los verbos que se usan en el pretérito. Cópialos a la tabla de abajo, escribe su infinitivo y la forma "yo". Luego, identifica los verbos que tienen un cambio (*change*) en el pretérito y especifica el tipo de cambio.

El fútbol femenino

A lo largo de los años noventa (*1990s*), la expansión del fútbol femenino alcanzó (*reached*) nuevos récords de crecimiento (*growth*). En 1991, el entonces presidente de FIFA (la Federación Internacional de Fútbol Asociado) organizó el primer mundial de fútbol femenino en China. Cuando las futbolistas comenzaron a jugar, tanto los aficionados como las futbolistas se sintieron muy emocionados. Hasta el público fuera del estadio oyó los gritos de los aficionados y celebró cuando la selección (*el equipo*) de Estados Unidos ganó el primer campeonato. Después del último partido, los aficionados les pidieron el autógrafo a las futbolistas y ahora se venden en línea los autógrafos más famosos por más de $100.

El éxito del fútbol femenino empezó en los EE. UU. y se extendió (*spread*) a todo el mundo. Japón, Europa, Estados Unidos y China son los centros de mayor desarrollo de este deporte. En el año 2010, el número de mujeres que jugaron a este deporte superó (*exceeded*) la cifra de 29 millones de mujeres. El ex-presidente del máximo organismo del fútbol mundial, Joseph Blatter, aseguró (*assured*) que en el futuro, el número de mujeres que juegan al fútbol va a superar al número de hombres.

Pretérito en el texto	Infinitivo	Forma "yo"	Cambio
Modelo: alcanzó	alcanzar	alcancé	Sí: de –zé a –cé (yo)
1.			
2.			
3.			
4.			
5.			
6.			
7.			
9.			
9.			
10.			
11.			
12.			

Paso 2. Ahora encuentren la respuesta correcta para las siguientes preguntas.

1. ¿En qué zonas del mundo es popular el fútbol femenino?
   a. Japón   b. Europa   c. Estados Unidos   d. todos los anteriores
2. ¿Qué equipo ganó el primer campeonato del mundo femenino?
   a. Japón   b. Alemania   c. Estados Unidos   d. Francia
3. ¿Dónde se jugó el primer campeonato del mundo femenino?
   a. Japón   b. China   c. Estados Unidos   d. Francia
4. ¿En qué años aumentó drásticamente la práctica del fútbol femenino?
   a. En los años 60   b. En los 70   c. En los 80   d. En los 90

Paso 3. Entrevista a 4 o 5 compañeros/as y luego decide si son **muy, un poco, o nada atléticos/as y/o aficionados/as a los deportes**.

1. ¿Practicaste algún deporte en los últimos seis meses?, ¿cuál/cuáles? ¿cuántas veces a la semana?
2. ¿Ganaste algún premio o competición importante?, ¿cuál/es?
3. ¿Miraste algún deporte en la televisión o asististe a algún partido durante este último mes?, ¿cuál/es?, ¿cuántas veces?
4. ¿Hablaste con alguien sobre un partido, un jugador o un deporte durante las últimas semanas?
5. ¿Oíste o leíste noticias deportivas esta semana?, ¿cuántas veces?
6. ¿En la escuela secundaria preferiste mirar partidos femeninos o masculinos?, ¿y ahora?

Preterit: Irregular Verbs

Ayer **tuve** un día muy activo. **Hice ejercicio** por la mañana y no **conduje** en todo el día. **Anduve** a todas partes y, por la noche, **fui** al cine con una amiga.

*Yesterday I **had** a very active day. I **exercised** in the morning and I **did not drive** during the whole day. I **walked** everywhere and, in the evening, I **went** to the movies with a friend.*

Irregular preterit verbs are conjugated differently from regular preterit verbs, but have the same past tense meaning.

Patterned Irregular Preterit Verbs

Most irregular preterit verbs have spelling changes in their stems plus have their own set of endings. Most irregular preterit verbs are **–er** and **–ir** verbs whose endings and stems follow a pattern.

The irregular preterit endings have some similarities with other preterit endings, but they don't have accents:

yo	**–e**
tú	**–iste**
él, ella, Ud.	**–o**
nosotros	**–imos**
(vosotros)	(–isteis)
ellos, ellas, Uds.	**–ieron** or **–eron**

Most irregular preterit stems follow a pattern. They can be classified into three groups, **u-stem, i-stem,** and **j-stem;** all use the irregular preterit endings you've just seen:

Infinitive	u-stem	Preterite
andar	and**uv**-	anduve, anduviste, anduvo, anduvimos, (anduvisteis), anduvieron
estar	est**uv**-	estuve, estuviste, estuvo, estuvimos, (estuvisteis), estuvieron
poder	p**ud**-	pude, pudiste, pudo, pudimos, (pudisteis), pudieron
saber	s**up**-	supe, supiste, supo, supimos, (supisteis), supieron
tener	t**uv**-	tuve, tuviste, tuvo, tuvimos, (tuvisteis), tuvieron
Note that verbs ending in **–tener** follow the same pattern: obtener, detener, contener, etc.		

Infinitive	i-stem	Preterite
hacer	h**ic**-/h**iz**-	hice, hiciste, hizo, hicimos, (hicisteis), hicieron
querer	qu**is**-	quise, quisiste, quiso, quisimos, (quisisteis), quisieron
venir	v**in**-	vine, viniste, vino, vinimos, (vinisteis), vinieron

Infinitive	j-stem	Preterite
conducir	condu**j**-	conduje, condujiste, condujo, condujimos, (condujisteis), condujeron
decir	d**ij**-	dije, dijiste, dijo, dijimos, (dijisteis), dijeron
traer	tra**j**-	traje, trajiste, trajo, trajimos, (trajisteis), trajeron

Note that **j-stem preterite** drops the **i** in the **ellos/ellas/ustedes** form (condu**j**eron, di**j**eron, tra**j**eron. Also, the **e** in the stem of d**e**cir changes to **i** in the preterite (d**ij**-).

Unique Irregular Preterit Verbs

A few irregular verbs in the preterite don't follow a pattern, so have to be memorized individually:

1. The preterit of the verbs **ser** and **ir** is identical:

Infinitive	Preterite
ser/ir	fui, fuiste, fue, fuimos, (fuisteis) fueron

2. The verbs **dar** and **ver** use **–er** and **–ir** endings, but without written accents:

Infinitive	Preterite
dar	di, diste, dio, dimos, (disteis), dieron
ver	vi, viste, vio, vimos, (visteis), vieron

Actividad 7-20. Éxitos de la gente famosa

Paso 1. Empareja los personajes con la información que les corresponde.

1. _____ Picasso y Dalí
2. _____ La selección española
3. _____ Michael Phelps
4. _____ Madonna y Michael Jackson
5. _____ Justin Bieber
6. _____ Adele
7. _____ Botero
8. _____ Daniel Radcliffe y Emma Watson
9. _____ Jennifer Anniston
10. _____ Michael Jordan

a. ganó 16 medallas olímpicas de natación.
b. dio fama internacional a las figuras humanas obesas en su arte.
c. fueron famosos en los años 80.
d. conquistó los corazones de muchas adolescentes.
e. nació en Londres en los años 80.
f. ganó el último campeonato mundial de fútbol.
g. dijo en una entrevista que es muy feliz con su nuevo novio.
h. alcanzó la fama en los años 80 y 90 por jugar al baloncesto.
i. fueron dos pintores españoles famosos.
j. actuaron juntos en varias películas de la serie *Harry Potter*.

Paso 2. Completa las oraciones con un verbo lógico del banco para explicar la fama de las siguientes personas.

dio   fue   introdujo   tuvo

1. Joaquín Torres García, pintor uruguayo, _____ el constructivismo al muralismo en Uruguay en los años 1940 y luego publicó su propia teoría del arte, el *universalismo constructivo*.
2. Horacio Quiroga, autor de *Almohadón de plumas*, _____ famoso por sus cuentos de horror.
3. Francisco Curt Lange, musicólogo, _____ nueva vida al intercambio de la música de las Américas a través de promociones, publicaciones y fundaciones basadas en Uruguay.
4. Jorge Luis Borges, considerado uno de los autores argentinos más importantes, _____ fama por sus narrativas en su país materno tanto como (*as well as*) en otros países, pero nunca ganó el premio Nobel de Literatura.

Actividad 7-21. Deportistas famosos de EE. UU.

Paso 1. Lee la historia del famoso beisbolista Albert Pujols. Subraya todos los verbos en el pretérito y luego clasifícalos en esta tabla.

Regulars	Stem-changing			Irregulars
–ar, –er, –ir	u-stem	i-stem	j-stem	sin patrón (*unpatterned*)

Albert Pujols nació en la República Dominicana pero su familia era (*was*) pobre y Albert no tuvo muchas oportunidades de avanzar allí. Su padre y otros miembros de su familia emigraron a los EE. UU. a principios de los años 90 y luego trajeron a Albert a los 16 años. Estuvieron en Nueva York por poco tiempo antes de mudarse a Missouri. En la escuela secundaria empezó a jugar con el equipo de béisbol y tuvo mucho éxito. Siguió jugando en la universidad por un año, pero pronto generó la atención del equipo de los St. Louis *Cardinals*. Luego de largas negociaciones, los *Cardinals* le dieron un contrato con un bono de 60.000 dólares para ser profesional en las ligas de desarrollo de esa organización. Finalmente, en el año 2001 pudo jugar en las ligas mayores cuando Bobby Bonilla se lesionó (*got injured*). Pujols jugó su primer partido contra los *Rockies* de Colorado. En su primer año de juego, la liga nombró a Pujols el mejor novato (*rookie*) del año. Pujols fue el jugador más valioso (*MVP*) en tres ocasiones: en los años 2005, 2006 y 2008. Se considera que es uno de los mejores jugadores de la década del 2000 al 2010.

Paso 2. Lee estas afirmaciones y determina si son Ciertas o Falsas sin mirar el texto. Lee de nuevo el texto para verificar las respuestas.

1. La pasión de Pujols por el béisbol empezó en la universidad.   C   F
2. Pujols se hizo famoso muy rápidamente.   C   F
3. Su primer contrato fue con los *Cardinals*.   C   F
4. Fue el mejor novato su primer año con las ligas mayores.   C   F
5. Bateó mas de 500 jonrones en el año 2010 por primera vez.   C   F

Paso 3. Cada estudiante escribe dos preguntas sobre la historia de Albert Pujols. Cada estudiante lee sus preguntas y la otra persona tiene que responder sin mirar el texto.

Modelo: E1: —¿Cuándo emigraron Pujols y su familia a los EE. UU.?
          E2: —A principios de los años 90.

Paso 1. Marca con una (X) las actividades que hiciste la semana pasada y agrega dos más.

1. _____   fui a comer a un restaurante
2. _____   jugué al golf
3. _____   vi una película de cine
4. _____   hice ejercicio
5. _____   fui a una fiesta
6. _____   anduve en bicicleta
7. _____   leí una novela de suspenso
8. _____   hice la tarea de español
9. _____   tuve que estudiar para un examen
10. _____   saqué una buena nota en un examen difícil
11. _____   _____
12. _____   _____

Paso 2. Selecciona dos actividades que hiciste el fin de semana de la lista anterior y agrega una actividad que no es cierta. Lee las tres actividades a tu compañero/a y él/ella tiene que adivinar cuál no es cierta.

Modelo: E1: —¿Qué hiciste la semana pasada?

             E2: —Hice la tarea de español, jugué al golf y saqué una buena nota en un examen difícil.

             E1: —Mmm... creo que no jugaste al golf.

Actividad 7-23. **¿Qué tal el fin de semana?**

Paso 1. Escucha la conversación de dos amigas sobre las actividades de la familia el fin de semana pasado. Marca con una X las actividades que hicieron ellas o los miembros de su familia.

	Camila	Su familia	Agustina	Su familia
Fue a visitar a los abuelos				
Fue al partido de fútbol de Nicolás				
Miró una película				
Practicó béisbol				
Durmió una siesta				
Fue al supermercado				
Ayudó a Lautaro con un proyecto				
Hizo un asado (*barbecue*)				
Salió a montar en bicicleta				

Paso 2. Escucha la grabación de nuevo y completa los espacios en blanco para las siguientes entradas de la conversación.

Agustina: —¿Aló? ¿ Camila?

Camila: —Agustina, ¡Qué gusto oirte! Pero, ¿cómo andás?

Agustina: —Muy bien. Bárbaro, che. Mirá, te llamaba para preguntarte cómo te (1) _____ el fin de semana. Contáme ¿al final (2) _____ a ver a los abuelos?

Camila: —Ah, no, es que al final no (3) _____. Es que resulta que el partido de fútbol de Nicolás lo pusieron justo al mediodía. No me vas a creer. Así que tuvimos que cancelar la visita. ¡Una lástima! Y después justo (4) _____ y cancelaron el partido. Así es que, ni visita ni partido.

Agustina: —Ay, ¡qué lástima, che! ¿No (5) _____ nada entonces? Mejor así... para descansar, digo.

Camila: —Y sí, ¿qué vas a hacer? Y bueeee: ... por la tarde, (6) _____ una película. Y después el domingo los niños (7) _____ con su padre al parque y estuvieron pateando la pelota. En realidad, bárbaro, porque mientras ellos estaban en el parque, yo me dormí una siesta. Y después, me (8) _____ y me (9) _____ al supermercado para hacer las compras de la semana. Pero bueno... y contame, ¿y el tuyo?, ¿qué tal? ¿ (10) _____ algo más divertido que nosotros?

Agustina: —Nooooo, ¡para nada! Mirá... nos pasamos todo el sábado en casa para ayudar a Lautaro a terminar un proyecto de la escuela. Y sí: ¡como siempre! Y después, el domingo... hicimos un asado (*barbecue*) y después salimos a andar en bicicleta.

Paso 3. Entrevista a dos compañeros/as para saber si hicieron actividades similares a las de Camila, Agustina y sus familias.

Modelo: E1: —¿Fuiste a visitar a alguien de tu familia?
         E2: —No, pero fui a visitar a un amigo de otra universidad.

Paso 1. En esta caricatura del dibujante argentino Quino, Miguelito da excusas por no tener listos los deberes. Empareja la excusa de Miguelito con el dibujo que la representa.

© Joaquín Salvador Lavado (QUINO) Todo Mafalda—Ediciones de La Flor, 1993

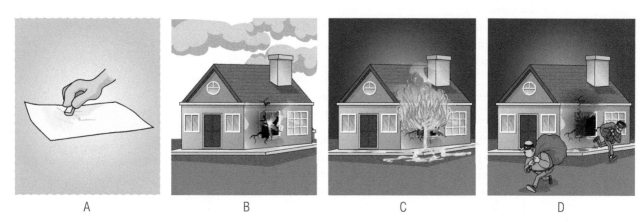

Paso 2. Ahora escribe tus excusas para no traer los deberes a tu clase. Cada pareja lee sus excusas y todos deciden cuáles son las excusas con más posibilidades de ser aceptadas por el/la instructor(a).

Direct and Indirect Object Pronouns Together

Lucas habla con Tomás y Franco sobre las estrategias que van a usar en el próximo partido de fútbol.

Lucas: —Muy bien, si avanzamos por la parte izquierda del campo, Tomás me pasa la pelota a mí y yo **se la** paso a Franco, ¿de acuerdo?

Tomás y Franco: —Sí.

Lucas: —Pero, si atacamos por la parte derecha, Tomás le pasa la pelota a Franco y él **me la** pasa a mí, ¿vamos bien?

*Lucas: —Okay, if we advance on the left side of the field, Tomás passes the ball to me and I pass **it to Franco**, do you agree?*

Tomás y Franco: —Yes.

*Lucas: —But, if we attack on the right side, Tomás passes the ball to Franco and he passes **it to me**, do you follow me?*

Tomás: —Sí, a ver... si avanzamos por la línea izquierda yo te paso la pelota a ti y tú **se la** pasas a Franco.

Tomás: —*Yes, let's see... if we advance on the left side, I pass the ball to you and you pass **it to Franco**.*

Franco: —Exacto, en cambio, si nos vamos al ataque por la línea derecha, Tomás **me la** pasa a mí y yo **te la** paso a ti.

Franco: —*Right, but, if we attack on the right side, Tomás passes it **to me** and I pass **it to you**.*

Direct and indirect object pronouns (DOPs, IOPs) are used to refer to nouns mentioned in context and therefore avoid unnecessary repetition. When both pronouns are used in the same sentence the indirect pronoun always precedes the direct pronoun. When **le** or **les** is part of the combination, they change to **se** for both the singular and plural forms. As such, context is important for understanding the meaning of **se**.

The indirect and direct pronouns can combine as follows:

IOP	DOP	
me	lo	*it (masculine) to me*
me	la	*it (feminine) to me*
me	los	*them (masculine) to me*
me	las	*them (feminine) to me*
te	lo	*it (masculine) to you (singular)*
te	la	*it (feminine) to you (singular)*
te	los	*them (masculine) to you (singular)*
te	las	*them (feminine) to you (singular)*
se	lo	*it (masculine) to him/her/you (singular formal) OR to them (masculine, feminine)/you (plural formal)*
se	la	*it (feminine) to him/her/you (singular formal) OR to them (masculine, feminine)/you (plural formal)*
se	los	*them (masculine) to him/her/you (singular formal) OR to them (masculine, feminine)/you (plural formal)*
se	las	*them (feminine) to him/her/you (singular formal OR to them (masculine, feminine)/you (plural formal)*
nos	lo	*it (masculine) to us*
nos	la	*it (feminine) to us*
nos	los	*them (masculine) to us*
nos	las	*them (feminine) to us*
os	lo	*it (masculine) to you (informal vosotros/as in Spain)*
os	la	*it (feminine) to you (informal vosotros/as in Spain)*
os	los	*them (masculine) to you (informal vosotros/as in Spain)*
os	las	*them (feminine) to you (informal vosotros/as in Spain)*

GRAMÁTICA

Indirect and direct object pronouns can be placed before the conjugated verb before negative commands, or they attach to the end of an infinitive, a present participle, or an affirmative command. In all cases, the indirect object pronoun always precedes the direct one.

Note that when the object pronoun is attached to the end of the verb, an accent is added to the verb.

With an infinitive:
Lucas se las va a explicar./Lucas va a explicárselas.
Lucas is going to explain them (the strategies) to them (Tomás y Franco).

With the present progressive/participle:
Lucas se las está explicando./Lucas está explicándoselas.
Lucas is explaining them (the strategies) to them (Tomás y Franco).

With commands:
Explícaselas, Lucas.
Explain them (the strategies) to them (Tomás y Franco), Lucas.

No se las expliques, Lucas.
Don't explain them (the strategies) to them (Tomás y Franco), Lucas.

Actividad 7-25. ¿Qué dice?

Paso 1. Mira el dibujo e identifica **el referente del pronombre de objeto directo** (es el mismo en opción a y b).

Modelo: Dibujo 1. **la** = la bicicleta

1.
   a. ¿Me la compras?
   b. ¿Te la compro?
   la = _____

2.
   a. ¿Me los pones?
   b. ¿Te los pongo?
   los = _____

3.
   a. ¿Se lo das?
   b. ¿Te lo doy?
   lo = _____

4.
   a. ¿Me la abre?
   b. ¿Se la abro?
   la = _____

5.
   a. ¿Se las servimos?
   b. ¿Nos las sirve?
   las = _____

Paso 2. Mira los dibujos de nuevo y decide **qué opción** (a o b) hay que poner en la burbuja de conversación vacía. Esta vez presta atención al **referente del pronombre de objeto indirecto** y a la **forma del verbo** para saber quién hace cada acción.

1.   a   b
2.   a   b
3.   a   b
4.   a   b
5.   a   b

Paso 1. Tienes que tomar decisiones sobre varias situaciones:
(1) Primero, escribe el referente de los pronombres de objeto directo e
indirecto para cada oración. (2) Luego, selecciona una de las respuestas
(a o b). (3) Finalmente, escribe la razón (el por qué) de tu decisión.

Modelo: Tu mejor amigo/a te pidió una cámara de fotos de 200
dólares para su cumpleaños.

a. Se la voy a regalar...   se = mi mejor amigo   la = la cámara de fotos
(b.) No se la voy a regalar...
porque es muy cara.

1. Tu mamá quiere una comida especial para su cumpleaños.
   a. Se la voy a preparar...
   b. No se la voy a preparar...
      se = _____   la = _____
      porque _____

2. Tú necesitas los deberes por correo electrónico porque no asististe a
   clase hoy.
   a. El profesor va a enviármelos...
   b. El profesor no va a enviármelos...
      me = _____   los = _____
      porque _____

3. Tu novio/a quiere entradas para ver a su equipo favorito el Día de
   San Valentín.
   a. Se las voy a comprar...
   b. No se las voy a comprar...
      se = _____   las = _____
      porque _____

4. Tus amigos y tú quieren clases de tango gratis.
   a. La universidad nos las va a ofrecer...
   b. La universidad no nos las va a ofrecer...
      nos = _____   las = _____
      porque _____

Paso 2. Escribe tus respuestas del Paso 1, cambiando la posición de los
pronombres.

Modelo: No **se la** voy a regalar porque es muy cara. → No voy a
regalár**sela** porque es muy cara.

1. _____
2. _____
3. _____
4. _____

Actividad 7-27. Me lo compra...

Paso 1. A Thiago le encantan muchos deportes. Por eso, va de compras con su madre para encontrar la ropa deportiva que necesita. Completa el diálogo con el pronombre apropiado.

Madre: —Mira, Thiago, necesitamos comprar unos guantes para tus clases de karate y estos son buenos, ¿____(1) quieres?

Thiago: —Sí, pero prefiero este color. ¿Puedes comprarme el uniforme también?

Madre: —Bueno, _____ _____(2) compro, pero ¿lo quieres de talla (*size*) grande o mediano?

Thiago: —Mejor grande porque voy a crecer. ¿Qué te parece esta raqueta para el tenis? También ____(3) voy a necesitar.

Madre: —Sí, vamos a comprar____ _____(4) ya, así terminamos con las compras.

Thiago: —¡Se me olvidaba (*I forgot*)! Necesito zapatillas de fútbol; las que tengo ya son pequeñas...

Madre: —Sí, pero no voy a comprar_____ ____ (5) porque Antonio _____ ____(6) va a dar. Su madre ____ (7) dijo que ya usa un número más así que ya no le quedan (*they no longer fit him*).

Paso 2. Túrnense para preguntarle a tu compañero/a quién le compra las cosas de la lista. Comparen respuestas y hagan un informe para la clase.

la comida, el alojamiento (*housing*), el transporte, la matrícula (*tuition*), la ropa, los libros, los cuadernos, el acceso al Internet, el teléfono, las diversiones (*entertainment*)

Modelo: E1: —¿Quién te paga los libros?
E2: —Mis padres me los pagan. ¿Y a ti?
E1: —Tengo un préstamo (*loan*) del banco para los libros, así que el banco me los paga.

Actividad 7-28. Me la pasaste y así hice el gol

Paso 1. Thiago y sus amigos, Franco y Lucas, están conversando sobre el partido de fútbol que jugaron ayer. Primero, completa la transcripción de su conversación en la que faltan la conjugación de algunos verbos.

Thiago y Franco: —Ganamos 3 a 1. ¡Fue increíble!
Lucas: —Muy bien, Excelente partido, Thiago. Nosotros (1) _____ (ganar) porque (2) _____ (hacer) exactamente lo que dijimos. Mira, Thiago, en el primer gol, tú (3) _____ (tomar) la pelota, avanzaste por la izquierda y me (4) _____ (pasar) la pelota, luego yo le (5) _____ (pasar) la pelota a Franco y así (6) _____ (hacer) el primer gol. ¡Genial!
Thiago: —¡Qué golazo (*What a goal*) que (7) _____ (hacer) Franco!
Franco: —¡Todos (8) _____ (jugar) muy bien!

Lucas: —Y el segundo gol, (9) _____ (ser) todavía mejor.
Franco me (10) _____ (pasar) la pelota y así
(11) _____ (hacer) el segundo gol.

Thiago: —Sí, pero para mí, el tercero (12) _____ (ser) el mejor
gol sin duda. Yo (13) _____ (llevar) la pelota por
la línea izquierda y al final Franco (14) _____
(hacer) otro golazo increíble.

Todos juntos: —¡Que partidazo! (*What a game!*)

Paso 2. Ahora, completa la transcripción de un diálogo similar, pero
con mayor uso de pronombres. Usa el pronombre apropiado que falta en
cada espacio en blanco.

Thiago y Franco: —Ganamos 3 a 1. ¡Fue increíble!

Lucas: —Muy bien, Excelente partido, Thiago. Ganamos porque hicimos exactamente lo que dijimos. Mira, Thiago, en el primer
gol, tú tomaste la pelota, avanzaste por la izquierda y (1) ____
(2) ____ pasaste a mí, luego yo (3) ____ (4) ____ pasé a
Franco y así hicimos el primer gol. ¡Genial!

Thiago: —¡Qué golazo (*What a goal*) que hiciste Franco!

Franco: —¡Todos jugamos muy bien!

Lucas: —Y el segundo gol, fue todavía mejor. Tomás llevó la pelota
por la derecha, (5) ____ (6) ____ pasó a Franco y él (7) ____
(8) ____ pasó a mí y... golazo de nuevo.

Thiago: —Sí, pero para mí, el tercero fue el mejor gol sin duda. Llevé
la pelota por la línea izquierda (9) ____ (10) ____ pasé a
ti y tú (11) ____ (12) ____ pasaste a Franco y Franco me
la devolvió a mí, y así... con un golpe suave, el tercer gol.
Fueron pases geniales otro golazo increíble.

Todos juntos: —¡Qué partidazo! (*What a game!*)

Paso 3. Ahora pon en orden los dibujos según el orden de cada gol (1, 2,
y 3) en el Paso 1 y la posición de los amigos en los dibujos.

1

2

3

INTEGRACIÓN COMUNICATIVA

CONVERSACIÓN: Circumlocutions

Circumlocution is a communication strategy that you can use when you do not have the specific word you need, or when your interlocutor does not know the meaning of the word you are using. In those cases, you can use synonyms, or provide a longer description of the word. This is a useful strategy to communicate what you mean in a second language because you do not have a large vocabulary in that language. For instance, if you do not know the word **paracaídas** (*parachute*) you can employ the following circumlocution to communicate your idea:

Es una cosa que usas para saltar desde un avión. Esta cosa se abre y te ayuda a caer o descender más despacio.

It is something that you use to jump out of a plane. It opens and helps you to fall or descend more slowly.

Actividad 7-29. ¿Cómo se dice...?

Paso 1. Las siguientes definiciones se refieren a algunas de las palabras que ya conoces de las actividades anteriores. ¿Puedes adivinar qué palabra describen?

1. Es la persona que tiene que hacer cumplir (*makes everyone follow*) las reglas de juego en competencias deportivas. Generalmente, lleva un uniforme con rayas negras verticales en un fondo blanco.

2. Es la persona que dirige (*directs*) a un equipo deportivo.

3. Es un lugar al aire libre con muchos espacios verdes en que se puede pasear, correr, jugar o simplemente sentarse a ver la naturaleza.

4. Es un palo cilíndrico que sirve para golpear una pelota pequeña en un deporte muy popular en los EE. UU.

5. Es un deporte que se juega entre dos equipos de cinco jugadores cada uno. El objetivo del juego es introducir una pelota esférica en la canasta del equipo contrario. Se usan las manos, pero no se pueden usar los pies.

6. Es un deporte que se juega entre dos equipos de once jugadores cada uno. El objetivo del juego es introducir una pelota esférica en la portería o el arco del equipo contrario. La duración de un partido es de 90 minutos, dividido en dos tiempos de 45 minutos cada uno. No se pueden usar las manos para jugar (excepto el arquero o portero).

Paso 2. Utiliza los circunloquios del Paso 1 como modelos para escribir dos circunloquios más. Luego, tu compañero/a tiene que adivinar las palabras que describes en tus circunloquios.

Pronunciación: The Letters "y" and "ll" in Argentina/Uruguay

In Argentina and Uruguay, the consonants "**y**" and "**ll**" are pronounced like the letter "s" in the English words *sure* [*sh*] or *leisure* [*zh*]. However, note that when "**y**" acts as a vowel, it has the same pronunciation as the "*i*" in Spanish (*soy* sounds like [*soi*]; the conjunction **y** sounds like [*i*]).

Actividad 7-30. Identificando argentinos y uruguayos

 Paso 1. Escucha las oraciones siguientes y presta atención a características de la pronunciación para decidir quién es argentino o uruguayo y quién no lo es. Marca con una cruz (X) la persona que sí lo es.

1. _____   4. _____   7. _____

2. _____   5. _____   8. _____

3. _____   6. _____   9. _____

 Paso 2. Escucha la grabación de Matías y trata de identificar características específicas de la manera en que pronuncia ciertas palabras que se asocian con la manera de hablar de la gente de Uruguay y Argentina. Subraya las palabras que se pronuncian de forma diferente.

Después de ver el partido de fútbol, mis amigos y yo vamos a ir a patear la pelota a un campo de juego que está cerca de casa. A ellos les gusta jugar al fútbol los fines de semana, pero a mí me encanta jugar todos los días. Para mí, ser futbolista famoso es una obsesión. En fin, tengo que practicar mucho para poder jugar para un equipo profesional. Por suerte, Valentina me recomendó una profesora de canto que me va a ayudar a mejorar mi respiración para poder jugar mejor al fútbol.

ESTRATEGIAS

COMPRENSIÓN ORAL: Identifying Key Information

In any listening comprehension task, we may focus on the general meaning that is being conveyed, or we can focus on specific bits of information. This is very similar to the process we follow when we read: we may focus on understanding the overall meaning conveyed by the entire written text, or we may scan the written text for specific bits of information.

Actividad 7-31. ¿Quién ganó?

Paso 1. Escucha los relatos deportivos correspondientes a cuatro comentaristas deportivos diferentes y determina el deporte que corresponde a cada grabación. No prestes atención a las palabras que no conoces.

	1	2	3	4
baloncesto				
béisbol				
fútbol				
hockey				

Paso 2. Escucha los relatos una vez más y completa el espacio en blanco con el verbo que corresponde en cada caso:

1. ... Real Madrid necesitó _____ dos prórrogas (*overtimes*) para ganar a un Fórum Valladolid. Jordi Grimau y Nacho Martín, del Fórum, _____ su superioridad en el juego interior en los primeros minutos. En el primer tiempo _____ el juego el equipo del Forum.
2. Orión _____ su gol a los 9 minutos de la primera parte. Pero Riquelme de Boca anotó el segundo gol justo antes de _____ la primera mitad del partido a los 44 minutos.
3. _____ un partido malo, con demasiada lucha y juego fuerte.
4. Los Diablos Rojos de la Liga Mexicana _____ 7 a 3 ante los Industriales de La Habana. Este partido _____ el final de una gira de tres partidos con equipos de la Liga Nacional Cubana.

Paso 3. Escucha nuevamente los relatos e identifica el ganador de cada competencia. Si los dos equipos marcaron el mismo número de goles, escribe **empate** (*tie*).

Real Madrid vs. Fórum Valladolid
Boca Juniors vs. Newell's de Rosario
Concepción Patín Club vs. Social San Juan
Diablos Rojos vs. Industriales de La Habana

LECTURA: Narrative Sequence of Events

Narratives can have complex structures (e.g., flashbacks, reverse chronologies), but in their most basic format they present a sequence of events that comprises the main plot of a story.

Actividad 7-32. El hincha (*The fan*)

Paso 1. El siguiente texto es un extracto del cuento "El hincha" de Mempo Giardinelli. Responde a las preguntas bajo cada sección.

El equipo de Vélez Sarsfield

El 29 de diciembre de 1968, el Club Atlético Vélez Sarsfield derrotó (*defeated*) al Racing Club por cuatro tantos (*goles*) a dos.

...

Pocos segundos después de ese cuarto gol, cuando Fioravanti anunció la finalización del partido, Amaro estaba de pie, lanzando trompadas al aire (*throwing his fist in the air*), dando saltitos y emitiendo discretos alaridos (*yells*)... corrió hacia el ropero (*el closet*), eligió la corbata con los colores de Vélez y su mejor traje y salió a la calle...

...

Un hincha de fútbol

1. ¿Quién ganó el partido?
2. ¿Quién es Amaro?
3. ¿Por qué gritó y saltó Amaro?
4. ¿Qué hizo Amaro después del final del partido?

...

Dejó colgado (*hung*) el banderín (*pennant*) en el picaporte (*door handle*) del lado de afuera, y entró en silencio... Un cierto dolor parecía golpearle el pecho desde adentro. Amaro supo que necesitaba acostarse. Lo hizo, sin desvestirse, y encendió la radio...

Amaro suspiró y enseguida sintió ese golpe (*blow*) seco en el pecho. Abrió los ojos, mientras intentaba aspirar el aire que se le acababa (*was running out on him*), pero sólo alcanzó a ver que los muebles se esfumaban (*were fading out*), justo en el momento en que el mundo entero se llamaba Vélez Sarsfield.

5. ¿Por qué se acostó Amaro?
6. ¿Qué hizo después de acostarse Amaro?
7. ¿Qué sintió Amaro cuando abrió los ojos?
8. ¿Qué le pasó a Amaro al final del cuento?

Paso 2. En parejas, hagan un resumen de la historia de Amaro en sus propias palabras.

ESCRITURA: Biography

Writing about a person's life requires (a) information about the key sequence of events that make up the person's history and (b) selecting the linking words and phrases that can help us create a well connected narrative.

Actividad 7-33. Biografía de Mempo Giardinelli, periodista y escritor argentino

Paso 1. Mempo Giardinelli es un periodista y escritor argentino con una pasión por el fútbol. En las líneas de abajo, pon en orden las letras de cada párrafo de su biografía. Escribe en las líneas de la derecha las palabras clave que justifiquen tu elección.

(A) Veintidós años después, comenzó su carrera como periodista y en los años siguientes trabajó para varios periódicos de Buenos Aires.

(B) Actualmente, trabaja para varios medios de prensa (*the press*) como los diarios "Página 12", "Clarín" y "La Nación", entre los más famosos.

(C) En 1976, la dictadura militar censuró (*censored*) su primera novela, "Por qué prohibieron el circo". Eventualmente, Giardinelli publicó esta novela fuera de Argentina. Ese mismo año, emigró de su país y buscó exilio político en México, dónde vivió hasta el año 1985.

(D) Mempo Giardinelli nació el 2 de agosto de 1947 en Resistencia, Chaco (Argentina).

(E) Regresó a Argentina y publicó varios cuentos, entre los cuales se destacó el "Santo oficio de la memoria". Esta última obra recibió el VIII Premio Internacional "Rómulo Gallegos" en el año 1993. También creó y dirigió la revista "Puro Cuento" y publicó "El hincha", un cuento que evidencia su pasión al fútbol.

1. __D__ nombre completo de Giardinelli, nació
2. _____ _____
3. _____ _____
4. _____ _____
5. _____ _____

Paso 2. Ahora que tienes el texto completo, agrega conectores que aprendiste en el capítulo 5 y que se reproducen en la caja siguiente para crear una biografía completa. Utiliza al menos 3 diferentes conectores. Compara tus selecciones con otro/a estudiante para ver cuántas opciones son posibles.

Modelo: (A) **Eventualmente,** veintidós años después... y **de hecho,** en los años siguientes...

VOCABULARIO: Discourse Organization

Emphasis	**Obviamente**	*Obviously*
	Sin duda	*Without a doubt*
	(Des)afortunadamente	*(Un)fortunately*
To add information	**También/Además**	*Also/Moreover*
	Incluso	*What's more*
	Asimismo	*Likewise*
Consequences	**Así que/Por lo tanto**	*Thus/Therefore*
	Entonces/Pues	*Then*
	Por eso	*Because of that*
Example	**Por ejemplo**	*For example*
	En particular	*In particular*
	De hecho	*In fact*
Concession	**Por otro lado/En cambio**	*On the other (hand)*
	A pesar de (eso)	*Despite (that)*
	Sin embargo	*Nevertheless*
Conclusions	**Al final/ finalmente**	*In the end,/Finally*
	Por último	*Finally*
	En conclusión	*In conclusion*

Paso 3. Finalmente, completa la siguiente tabla con ejemplos de verbos que se usan en la biografía de Giardinelli y la forma del infinitivo de cada verbo.

Pretérito	Infinitivo
buscó	_____
censuró	censurar
_____	comenzar
creó	_____
se destacó	_____
_____	dirigir
emigró	emigrar
_____	nacer
prohibieron	_____
_____	publicar
_____	recibir
regresó	regresar
_____	trabajar
vivió	_____

Actividad 7-34. La historia de otras personas famosas

Paso 1. En parejas, seleccionen una persona famosa y busquen información para escribir una narración de su historia artística/deportiva y/o personal.

Michael Phelps   Serena Williams   Taylor Swift   Usher

Paso 2. Escriban oraciones completas para describir la secuencia de eventos de la biografía de la persona que seleccionaron. Incluyan palabras o frases que comunican la secuencia de ideas claramente. Finalmente, lean la descripción de la vida del artista o atleta seleccionado para ver si el resto de la clase puede adivinar a quién describieron.

COMPARACIONES CULTURALES

Actividad 7-35. El tango

Paso 1. Argentina y Uruguay son famosos por el tango. En parejas, escriban tres palabras bajo cada categoría (adjetivos, sustantivos, verbos) para describir cada una de las siguientes imágenes del tango.

Adjetivos	Sustantivos	Verbos
sensual	hombre y mujer	tocar

Paso 2. Ahora escucha la música del tango más famoso, "La Cumparsita" y marca con una cruz (X) en la tabla siguiente los sentimientos que te evoca la música del tango.

soledad (*loneliness*)

amor

desilusión (*disappointment*)

deseo erótico

nostalgia

venganza (*vengeance*)

celos (*jealousy*)

Actividad 7-36. El origen del tango

Paso 1. El siguiente texto describe la historia del tango pero las oraciones están desordenadas. En parejas, traten de ponerlas en orden.

1. Pero finalmente llegó a Francia, y los franceses aceptaron al tango como símbolo de la esencia latina. Y el resto es historia.

2. A comienzos del siglo XX, el bandoneón (*concertina*), el instrumento más representativo de la música del tango y también el más triste, se agregó a la guitarra, el violín y el piano. Adquirió mucha popularidad con todas las clases sociales y así, se trasladó (*moved*) finalmente a Europa.

3. Sin embargo, cuando llegó al continente europeo, la mayoría de los países lo rechazaron por la sensualidad de los movimientos del baile.

4. El tango comenzó su historia a fines del siglo XIX, entre las clases sociales bajas de Montevideo, Uruguay y Buenos Aires, Argentina, principalmente en los prostíbulos (*brothels*).

5. Por ejemplo, en Alemania, el Káiser Wilhelm lo prohibió, y en Inglaterra, la alta sociedad trató de limitar su popularidad.

Paso 2. Comparen la historia del tango con géneros de música populares en EE. UU., como soul, hip-hop, rap, etc. En parejas, escriban un párrafo para el género que seleccionaron.

Actividad 7-37. El candombe

Paso 1. Un género de música muy popular en Uruguay y que comienza a ser popular en Argentina es el candombe. Contesta las siguientes preguntas para comparar el desfile asociado con el candombe con un desfile del Día de Acción de Gracias en EE. UU.

1. ¿Cuándo se celebran estos dos desfiles?
2. ¿Quiénes participan en los dos desfiles? ¿Quiénes son los personajes que típicamente se representan en estos desfiles?
3. ¿Cómo es la vestimenta (la ropa, los disfraces) de los participantes?
4. ¿Qué eventos o historias se celebran a través de estos desfiles?
5. ¿Qué tipo de música se toca?

El desfile de las llamadas

Los percusionistas del candombe

Los bailarines

Los bailarines

La mama vieja y
el gramillero

El candombe es una fiesta de origen africano que adquirió su máxima popularidad en Uruguay. En su origen, el candombe fue un baile de pantomima de la coronación de los reyes Congo. Desde África, principalmente Angola, este tipo de baile llegó con los esclavos africanos a varios puertos de las colonias de América del Sur. En Uruguay, el candombe se convirtió en una música popular entre la población de origen africano.

En la actualidad, uno de los desfiles (*parades*) de candombe más importantes es el "Desfile de Llamadas" (los tambores "llaman" a la gente al desfile). Este desfile se realiza durante varias noches del mes de febrero (que es época de verano en Uruguay). Las comparsas (*grupos de personas*) que participan en el desfile tienen unos cincuenta miembros cada una. En cada comparsa hay cuatro grupos principales de participantes: los portaestandartes (llevan banderas), los percusionistas (tocan tambores de diversos tamaños), los bailarines con trajes vistosos y sensuales, y finalmente, los personajes del candombe. Algunos de los personajes más importantes de las comparsas son: el gramillero que representa a la vez al curandero africano y al doctor de la colonia, la mamá vieja que cuidaba de las casas de la época colonial, y el escobillero que barre (*sweeps*) las calles al Paso de la comparsa para limpiar la calle de las ondas negativas y las "yerbas malas".

Paso 2. Escucha unos segmentos del candombe. ¿Qué instrumentos oíste? ¿Notaste alguna asociación con otros estilos de música que conoces?

Actividad 7-38. Horacio Quiroga

 Paso 1. El escritor uruguayo Horacio Quiroga es muy famoso por sus cuentos cortos. Utiliza el sentido común y ordena los eventos de su vida de una manera lógica. Agrega algunas de las expresiones de la página 371 para organizar el texto.

1. Desde su adolescencia escribió en varios periódicos y fundó una revista.
2. Nació en Uruguay en 1878.
3. Como adulto viajó a las misiones jesuitas en el Paraná. Allá conoció la selva (*jungle*), vivió en ella y la llevó a la literatura.
4. El final de su tragedia personal ocurrió en 1937: descubrió que tenía una enfermedad *(illness)* incurable, y se suicidó.
5. Su vida fue extremadamente trágica, y está marcada por una serie de eventos terribles.
6. En su juventud mató accidentalmente a un amigo y, después, su primera esposa se suicidó.

Paso 2. El cuento de Quiroga que vas a leer en la próxima actividad es de un estilo similar a los cuentos de Edgar Allan Poe, que también tuvo una vida trágica. Escribe lo que sabes de la vida y la obra de Poe. Por ejemplo, ¿qué le pasó a Poe? ¿Qué tipo de cuentos escribió Poe?

Actividad 7-39. El almohadón de plumas (*The down pillow*): primeras impresiones

Paso 1. A continuación vas a leer un cuento de Quiroga llamado "El almohadón de plumas". El cuento es parte de un libro que se titula *Cuentos de amor, de locura y de muerte*. Según la información del título, ¿cuál de las tres categorías —amor, locura o muerte— crees que va a estar más claramente representada en este cuento? Explica por qué.

Paso 2. Las siguientes oraciones son parte de la trama (*plot*) del cuento. ¿Te ayudan estas oraciones a decidir si es sobre locura, amor o muerte, o puede ser una combinación de varios?

1. Su luna de miel (*honeymoon*) fue un largo escalofrío (*shiver*).
2. Alicia lanzó un alarido (*shrieked*) de horror.
3. Alicia murió por fin.
4. Las plumas (*feathers*) volaron, y la sirvienta (*maid*) dio un grito de horror.

 Paso 3. Observen ahora los siguientes dibujos y colóquenlos (*place them*) en el orden cronológico más probable.

Actividad 7-40. La trama (*plot line*)
del cuento "El almohadón de plumas"

Paso 1. Ahora lean un resumen de la trama del cuento original y
emparejen cada párrafo con el dibujo correspondiente de la Actividad 39
para confirmar la secuencia correcta de los dibujos.

CULTURA

The original story is
approximately 1,200 words
long. You can find it on various
websites such as: www
.ciudadseva.com/textos/
cuentos/esp/quiroga/
almohado.htm

(A)   En el cuento de Quiroga se narra la historia de Jordán y Alicia.
Los dos se casaron, pero Alicia se enfermó y pasó mucho
tiempo en la cama. El médico fue a verla, la examinó y le sugirió
descansar y dormir mucho.

(B)   Al día siguiente, Alicia empeoró (*got worse*) y comenzó a tener
alucinaciones. Una noche se despertó con mucho dolor (*pain*) y
comenzó a gritar el nombre de su esposo Jordán.

(C)   Jordán corrió a ayudarla y después de un rato, Alicia se durmió
de nuevo. Alicia pudo descansar, pero en sus sueños vio a un
animal antropoide parecido a una araña (*spider*).

(D)   Alicia empeoró y no pudo recuperarse. A pesar de muchas visitas
del médico, finalmente Alicia murió. La empleada de la casa
observó la cama donde dormía Alicia, y notó que la almohada
estaba muy pesada. Llamó al señor Jordán. Jordán se sentó y
examinó la almohada. Efectivamente, la almohada era muy
pesada.

(E)   Jordán decidió investigar la almohada. Usó un cuchillo (*knife*)
para cortar la almohada y la abrió para saber qué había adentro.

(F)   De repente, una gran cantidad de sangre (*blood*) saltó de la
almohada y la empleada se tomó la cabeza con las manos y
comenzó a gritar.

Paso 2. ¿Qué crees que encontraron Jordán y la empleada en el
almohadón de plumas? ¿Cómo crees que termina el cuento? Escribe un
posible final para el cuento.

_____

_____

_____

_____

Paso 3. Lee ahora el final original del cuento de Quiroga y compara tu
versión con la del autor: ¿cuál es más terrorífica? ¿cuál es más realista?

Sobre el fondo (*bottom*), entre las plumas, moviendo lentamente las patas velludas
(*hairy legs*), había un animal monstruoso, una bola viviente (*living*) y viscosa (*sticky,
heavy, thick*). Estaba tan hinchado (*swollen*) que apenas (*barely*) se le pronunciaba
la boca. Noche a noche, desde que Alicia había caído (*had fallen*) en cama, había
aplicado sigilosamente (*silently*) su boca —su trompa (*proboscis*), mejor dicho— a las
sienes (*temples*) de aquélla, chupándole la sangre (*sucking out her blood*).

Diferencias dialectales: El pronombre *Vos*

The pronoun **vos** is used more often than the pronoun **tú** in Argentina and Uruguay, but it is also used in many other countries. It is used all over Central America (Costa Rica, El Salvador, Honduras, Nicaragua, etc.), and many countries of South America (especially Bolivia, Ecuador and Paraguay). This pronoun is not used in Spain and the Caribbean (Puerto Rico and Cuba) or in most parts of México.

© Maitena 2002

Actividad 7-41. ¿Vos estudiás español?

 Paso 1. En el siguiente diálogo, un estudiante argentino, Ramiro, habla con un estudiante estadounidense, Sean. <u>Escuchá</u> el diálogo y <u>contestá</u> las siguientes preguntas:

1. ¿Qué estudia el estudiante argentino?

2. ¿Dónde vive?

3. ¿Qué van a hacer los dos estudiantes?

Paso 2. Ahora escuchá la entrevista otra vez más. Tratá de escribir los verbos que están conjugados con **vos** y los que están con **tú**.

vos:

tú:

GRAMÁTICA: La conjugación del presente de vos

	estudiar	comer	salir
vos	estudi**ás**	com**és**	sal**ís**

1. Replace the **-r** of the infinitive with an **-s**.
2. Write an accent on the last syllable.
3. The only irregular form is for **ser**: **sos**.

Paso 3. Transformá los verbos del Paso 2 conjugados con **vos** a las terminaciones de **tú**.

Modelo: Querés → Quieres

Actividad 7-42. La visita a la exposición

Paso 1. En este episodio del video Guadalupe, Jordi y Pablo van juntos al museo de la universidad a ver una exposición de arte. Selecciona los temas de conversación que te parecen más probables entre Jordi y Pablo mientras miran las obras de arte.

_____ Las clases de arte que tomaron en la escuela secundaria
_____ Los artistas y obras que les gustan
_____ Los artistas locales que conocen
_____ Los artistas y museos que les gustan de sus respectivos países
_____ El tema que Jordi va a preparar para el programa de radio
_____ El precio (*price*) de las obras de arte

Modelo: Los tres, Guadalupe, Jordi y Pablo, hablan de las obras y probablemente de los artistas de la exposición.

Paso 2. Mira de nuevo el video sin sonido y presta atención a los gestos, expresiones y reacciones físicas entre los personajes para decidir cuáles de las siguientes opciones describe mejor la relación entre los personajes durante este episodio. Después compartan su opinión con la clase.

Creo que...

1. la relación entre los tres, Guadalupe, Jordi y Pablo, es muy buena. Parece que los tres están muy cómodos durante la visita al museo.
2. la relación entre Guadalupe y Jordi es muy buena pero no entre Jordi y Pablo. Parece que a Pablo no le gusta mucho Jordi.
3. la relación entre Guadalupe y Jordi es muy buena pero no entre Guadalupe y Pablo. Parece que a Guadalupe no le gusta mucho Pablo.

Actividad 7-43. Conversaciones

Paso 1. Mira el video y pon en orden los temas de las conversaciones que ocurren entre las diferentes personas de este episodio.

_____ El trabajo de Guadalupe en la estación
_____ El programa de radio de Jordi
_____ El choque entre Guadalupe y Pablo
_____ Los museos de sus países de origen
_____ La obra Mae West de Salvador Dalí

Paso 2. Con lo que aprendiste en este episodio, di si las siguientes afirmaciones son ciertas (C) o falsas (F).

C   F   1. Jordi visitó muchos museos de Latinoamérica.
C   F   2. A Jordi le gusta el arte de Miró pero a Pablo no le gusta mucho.
C   F   3. Jordi quiere hablar sobre varias obras de Picasso en su programa de radio.
C   F   4. Guadalupe no está contenta en su trabajo en la estación de radio.

Actividad 7-44. ¿Qué piensa Guadalupe de Pablo?

Paso 1. Después del choque (_collision_) entre Guadalupe y Pablo, Guadalupe y Jordi hablan de lo que pasó. Lee el siguiente segmento de la conversación entre Guadalupe y Jordi. ¿Crees que la respuesta de Guadalupe a la pregunta de Jordi es sincera? ¿Por qué?

Jordi: —Oye, ¿te pasa algo?
Guadalupe: —¡No! ¡No fue para tanto!
Jordi: —No, me refiero a si te pasa algo con Pablo.
Guadalupe: —¡Ah! Eso... Sí, no... no te preocupes por mí. Es que... <u>sólo me molesté un poco con lo de la bolsa.</u>

Paso 2. Analicen el siguiente intercambio entre Guadalupe y Jordi y seleccionen la opción que creen que está implícita en la respuesta de Guadalupe.

Jordi: —Tienes razón... ahí ya viene Pablo... oye, ¿no crees que es una buena idea si nos ayuda en el festival de comida hispana?
Guadalupe: —<u>Hablamos de eso luego.</u>

La respuesta de Guadalupe quiere decir que...

1. está interesada en la ayuda de Pablo.
2. prefiere hablar de ese tema más tarde.
3. no está muy interesada en la ayuda de Pablo.
4. quiere hablar con Pablo de ese tema.

LOS DEPORTES

el baloncesto/	*basketball*	el fútbol americano	*football*
el básquetbol		el golf	*golf*
el béisbol	*baseball*	el hockey	*hockey*
el ciclismo	*cycling*	el voleibol/vóleibol	*volleyball*
el esquí	*skiing*	la natación	*swimming*
el fútbol	*soccer*	levantar pesas	*weightlifting*

PALABRAS RELACIONADAS CON LOS DEPORTES

el arco/la portería	*goal*	el estadio	*stadium*
el balón	*ball (usu. inflated)*	el guante	*glove/mit*
el bate	*bat*	el jonrón	*homerun*
la camiseta	*t-shirt, jersey*	la medalla	*medal*
el campeonato	*championship*	el palo de golf	*golf club*
el campo de juego	*playing field*	la pelota	*ball*
la canasta	*basket/hoop/net*	la piscina	*pool*
(de baloncesto)		(la alberca, la pileta)	
la cancha	*court*	el traje de baño	*swimsuit*
la competición	*competition*	el trampolín	*diving board*
el equipo/la selección	*team*	el trofeo	*trophy*

PERSONAS RELACIONADAS CON LOS DEPORTES

el/la aficionado/a	*fan*	el/la delantero/a	*forward*
el/la árbitro/a	*referee*	el/la entrenador/a	*coach/trainer*
el/la arquero/a	*goal keeper*	el/la golfista	*golf player*
el/la bateador/a	*batter*	el/la jugador/a	*player*
el/la ciclista	*the cyclist*	el/la lanzador/a	*pitcher*
el/la comentarista	*sports commentator*	el pelotero	*ballplayer*
deportivo/de deportes		el/la salvavidas	*lifeguard*
el/la defensor/a	*defender*		

VERBOS RELACIONADOS CON LOS DEPORTES

batear	*to bat*	hacer *jogging*/correr	*to run*
entrenarse	*to train*	hacer paracaidismo	*to skydive*
esquiar (hacer esquí	*to ski*	hacer *windsurf*	*to windsurf*
nórdico/alpino)		hacer yoga	*to do yoga*
hacer ejercicio aeróbico	*to do aerobics*	jugar al baloncesto/	*to play basketball*
(hacer aerobics)		básquetbol	
hacer esquí acuático	*to water ski*	jugar al fútbol	*to play soccer*

jugar al golf	*to play golf*	levantar pesas	*to lift weights*
jugar al voleibol	*to play volleyball*	marcar un gol	*to score* (a goal)
jugar hockey sobre hielo	*to play ice ski*	montar/andar en bicicleta	*to ride a bicycle*
jugar hockey sobre césped	*to play hockey on grass*	nadar (hacer natación)	*to swim*
jugar tenis	*to play tennis*		

ACTIVIDADES CULTURALES

LAS ARTES VISUALES

el dibujo	*drawing*	la pintura	*painting*
la escultura	*sculpture*		

LAS ARTES MUSICALES

el bandoneón	*concertina*	la letra de la canción	*lyrics* (of the song)
el piano	*piano*	la música clásica	*classical music*
el violín	*violin*	la música country	*country music*
la batería	*drums*	la música popular	*popular music*
la canción	*song*	la música rock	*rock music*
la guitarra	*guitar*	la orquesta sinfónica	*symphonic orchestra*

VERBOS RELACIONADOS CON LAS ARTES

actuar	*to act*	tallar	*to carve/sculpt*
aplaudir	*to clap*	tocar (un instru-	*to play* (a musical
bailar/danzar	*to dance*	mento musical)	instrument)
cantar	*to sing*	tocar el piano	*to play the piano*
dibujar	*to draw*		
pintar	*to paint*		

VOCABULARIO ÚTIL DE LAS ARTES

el ballet	*ballet*	la fotografía	*photography*
el cine	*movie theater/film*	la obra de teatro	*play*
	(as an art form)	la ópera	*opera*
el concierto de guitarra	*guitar concert*	la película	*movie*
la danza (el baile)	*dance*	la presentación de	*poetry or literature*
la exposición	*exhibition*	poesía o literatura	*presentation*
la exposición de pintura	*painting exhibition*		

RECORDANDO CUANDO ÉRAMOS NIÑOS

8

CAPÍTULO

BY THE END OF THIS CHAPTER YOU'LL KNOW HOW TO

- Describe your extended family relations
- Talk about some important events in your life
- Use terms of endearment
- Recognize and overcome tendencies to use sexist language in Spanish
- Describe past events conjugating verbs in both past tense endings in Spanish
- Read and write narratives distinguishing foreground and background information
- Use phrases and expressions to take turns in a conversation
- Pronounce the letters "g", "j" and "h" in Spanish

YOU'LL LEARN

- About the use of the pronoun **vos** in Chile (as opposed to Argentina, Uruguay and other countries)
- To recognize foreground versus background information in a narrative
- About the celebration of some important cultural events in the Spanish-speaking world
- About women who have become important politicians in the Spanish-speaking world

Actividad 8-0. Estoy buscando a...

Paso 1. Completa las palabras que faltan en las biografías de tres presidentas de países hispanohablantes de América.

Michelle Bachelet es una médica pediatra que (1) _____ (*was*) presidenta de Chile entre los años 2006 y 2010 y ganó las elecciones en 2013 para volver a ser presidenta entre 2014 y 2018. Fue la (2) _____ (*first*) mujer en llegar a la presidencia de Chile. Nació el 29 de septiembre de 1951. (3) _____ (*She studied*) en la Universidad de Chile. Fue ministra de Salud desde el año 2000 hasta el año 2002 y ministra de Defensa desde 2002 hasta 2004. Entre los años 2010 y 2013, (4) _____ (*[she] was*) Directora Ejecutiva de la Secretaría General de ONU Mujeres.

Cristina Fernández de Kirchner (5) _____ (*is*) la presidenta de Argentina desde el año 2007. Fue reelecta en el año 2011, por lo que será presidenta hasta el año 2015. Fue la (6) _____ (*second*) mujer en llegar a la presidencia en Argentina. La primera mujer presidenta fue Isabel Martínez de Perón que ejerció desde el año 1974 hasta 1976. Cristina Fernández (7) _____ (*was born*) el 19 de febrero del año 1953. (8) _____ (*She studied*) en la Universidad Nacional de La Plata. (9) _____ (*She was*) diputada y senadora antes de ser presidenta.

Laura Chinchilla Miranda (10) _____ (*is*) la presidenta de Costa Rica desde el año 2010 hasta 2014. (11) _____ (*She was*) la primera mujer en llegar a la presidencia desde que se inició el voto femenino en el año 1949. Chinchilla (12) _____ (*was born*) el 28 de marzo del año 1959. (13) _____ (*She studied*) en la Universidad de Costa Rica y en la Universidad de Georgetown en EE. UU. (14) _____ (*She was*) ministra de Seguridad Pública desde 1996 hasta 1998 y diputada de la Asamblea Legislativa desde el año 2000 hasta 2006.

 Paso 2. Describe los logros (*accomplishments*) y la personalidad de estas tres presidentas.

Bachelet

Fernández

Chinchilla Miranda

VOCABULARIO EN CONTEXTO

Actividad 8-1. Las relaciones familiares

Paso 1. Lee el siguiente texto sobre la familia del presidente Obama y encuentra el nombre de las personas a quien se refieren las palabras subrayadas. Después completa el párrafo que sigue.

Barack Obama es el presidente número 44 de los Estados Unidos. Nació el 4 de agosto de 1961 en el estado de Hawái y está casado con Michelle Robinson. El presidente y su <u>esposa</u> se conocieron en 1989 y se casaron en 1992. El presidente Obama y su esposa tienen dos <u>hijas</u>: Malia y Sasha. Los padres del Presidente y de la Primera Dama son los <u>abuelos</u> de Malia y Sasha. Barack Obama, Sr. y Ana Dunham son los abuelos paternos de Malia y Sasha. Frasier Robinson y Marian Shields son sus abuelos maternos. Barack Obama es hijo único, pero Michelle tiene un hermano. Su nombre es Craig. Craig es el <u>cuñado</u> de Barack Obama y el <u>tío</u> de Malia y Sasha. Malia y Sasha son <u>sobrinas</u> de Craig. Craig Robinson se divorció en el año 2000 y luego se casó de nuevo en 2006. Craig tiene tres hijos: Avery, Leslie (de su primer matrimonio) y Austin (de su segundo matrimonio). Malia y Sasha son <u>primas</u> de Avery, Leslie y Austin. Malia, Sasha, Avery, Leslie y Austin son los <u>nietos</u> de Frasier Robinson y Marian Shields.

Los padres de Barack Obama son (1) _____ y (2) _____. Michelle Robinson es la (3) _____ de Barack Obama. Frasier Robinson y Marian Shields son (4) _____ de Malia y Sasha. Craig Robinson es hermano de (5) _____, cuñado de (6) _____ y tío de (7) _____. Avery, Leslie y Austin son (8) _____ de Malia y Sasha, (9) _____ de Barack y Michelle Obama y (10) _____ de Frasier Robinson y Marian Shields.

Paso 2. En parejas, describan todas las posibles relaciones familiares que se pueden establecer en la foto de Barack Obama y su familia.
OJO: No puedes mirar el texto anterior.

Actividad 8-2. Las relaciones políticas

Paso 1. ¿Puedes adivinar la traducción en inglés de las siguientes relaciones familiares que se crean legalmente (*legally*)?

Relaciones políticas

1. El suegro y la suegra = _____
   Son los padres políticos de una persona. En el caso de Barack Obama sus suegros son Frasier Robinson y Marian Shields.

2. El yerno y la nuera = _____
   Son los hijos políticos de una persona. Por ejemplo, Barack Obama es el yerno de Frasier Robinson y Marian Shields.

3. El cuñado y la cuñada = _____
   Son los hermanos políticos de una persona. Por ejemplo, Barack Obama es el cuñado de de Craig Robinson. Barack Obama y Craig Robinson son concuñados.

 Paso 2. En parejas, lean las siguientes definiciones y después identifiquen personas de las fotos que se pueden usar para rellenar los espacios en blanco.

Sean Penn

Madonna

Brad Pitt

Nancy Reagan

Jennifer Aniston

Selena Gomez

Justin Bieber

casarse:	unirse dos personas en matrimonio por un acto civil o religioso
divorciarse:	separarse legalmente dos personas casadas
enviudar:	cuando se muere el esposo o la esposa de una persona
separarse:	dejar de convivir dos personas casadas

1. _____ está divorciado/a. Se divorció de _____.
2. _____ está casado/a. Se casó con _____.
3. _____ es viudo/a. Su esposo/a falleció (*passed away*).
4. _____ está separado/a. Se separó de _____.

Actividad 8-3. **¿Cuánto sabes sobre las relaciones familiares de los famosos?**

 Paso 1. En parejas, van a responder preguntas de una típica encuesta (*survey*) de revistas populares como *Hola*, *People en español*, etc. En parejas, adivinen las respuestas a estas preguntas sobre las relaciones familiares de varios "famosos". NOTA: No es necesario saber las respuestas a todas las preguntas, pero traten de descubrir la opción correcta en base a su conocimiento de la cultura popular.

QUIZ

1. ¿Quién es el esposo de Jennifer López?
   a) Ben Affleck   c) está divorciada
   b) Marc Anthony   d) nunca se casó
2. ¿Quién fue esposo de Madonna? (puede haber más de una opción posible)
   a) Sean Penn   c) Guy Ritchie
   b) Tommy Lee   d) Charlie Sheen
3. Ben Affleck está casado con:
   a) Matt Damon   c) Jennifer Lawrence
   b) Catherine Zeta-Jones   d) Jennifer Garner
4. ¿Quién fue esposo de Pamela Anderson por más de un año? (puede haber más de una opción posible)
   a) Kid Rock   c) Richie Sambora
   b) Tommy Lee   d) Rick Salomon
5. Surie es el nombre de la hija de:
   a) Justin Timberlake y Jessica Biel   c) Tom Cruise y Katie Holmes
   b) Madonna y Guy Ritchie   d) Barack Obama
                                                              y Michelle Robinson
6. ¿Cuál de los hermanos Jonas se casó en el año 2009 con Danielle Delesa?
   a) Kevin   c) Nick
   b) Joe   d) Frankie
7. ¿Cuál es la relación familiar entre Martin Sheen y Charlie Sheen?
   a) son hermanos   c) son padre e hijo
   b) son primos   d) son abuelo y nieto
8. ¿Cuál es la relación familiar entre Francis Ford Coppola y Nicolas Cage?
   a) son hermanos   c) son padre e hijo
   b) son tío y sobrino   d) son abuelo y nieto
9. ¿Cuál es la relación familiar entre George Clooney y Miguel Ferrer?
   a) son hermanos   c) son padre e hijo
   b) son primos   d) son abuelo y nieto
10. ¿Cuál es la relación familiar entre Kanye West y Kim Kardashian?
    a) son padre e hija   c) son esposo y esposa
    b) son primos   d) son novio y novia

 Paso 2. En parejas, escriban tres preguntas similares a las de la prueba del Paso anterior. Con otra pareja, por turnos hacen las preguntas que escribieron y responden a las del otro grupo. ¿Qué pareja sabe más sobre las relaciones familiares de los famosos?

Actividad 8-4. Las relaciones familiares de los famosos

Paso 1. Observa las fotos de estas familias. Escribe todas las relaciones familiares que puedes identificar en ellas.

Emilio Estevez, Ramon Estevez, Martin Sheen, Charlie Sheen

Barbara Bush, George H. W. Bush, Laura Bush, George W. Bush

VOCABULARIO

For a couple who is not married, the word **amante** can be translated as *lover*, but the term **pareja**, used very frequently, is more than simply *partner* or *significant other*: it more accurately refers to a couple. Use the words **novio/a** and **prometido/a** for *boyfriend/girlfriend* and *fiancé/fiancée* respectively.

Paso 2. Escribe preguntas que se pueden hacer sobre las relaciones familiares que identificaste en el Paso anterior. Luego entrevista a otro/a estudiante.

Modelo: ¿Quién es el suegro de _____?
¿Cuántos primos/as tiene _____?

Actividad 8-5. Cuéntanos de tu familia

Paso 1. Escucha a dos chilenos hablar sobre su familia y después marca con una cruz (X) a quién corresponde cada descripción:

Relaciones familiares	Joaquin	la esposa de Joaquín	Javiera	el hermano de Javiera
1. Tiene una familia adoptiva.				
2. Tiene hijos gemelos (*twin*).				
3. Tiene una familia extendida.				
4. Está divorciado.				
5. Tiene una familia nuclear.				
6. Tiene solo hermanos varones (*male*).				

• Recordando cuando éramos niños

Paso 2. Escucha la grabación de nuevo y completa los espacios en blanco de la transcripción del texto.

Hola. Me llamo Joaquín y soy de Santiago de Chile, la capital de Chile. Les hablaré brevemente de mi familia. Puedo decir que mi (1) _____ es bastante grande, es decir, una familia que hace años se consideraba una familia típica. Tengo ocho (2) _____, cinco son mujeres y tres varones (*males*). Todos estamos casados y tenemos hijos, así que la familia se ha multiplicado mucho. Mi mujer, Ana, es (3) _____ y también tiene una familia extendida. Sus (4) _____ ya tenían cinco hijos cuando adoptaron a Ana. Ella es la única (5) _____, sus hermanos son todos varones.

Buenas tardes. Me llamo Javiera y soy de Valparaíso en Chile. Tengo 32 años y soy soltera. En cuanto a mi familia, les puedo decir que mi familia es pequeña. Somos mis padres, mi (6) _____ y yo. Somos lo que se llama una familia nuclear. Mi hermano Felipe estuvo (7) _____ pero se (8) _____ hace un año. Felipe tiene dos (9) _____ gemelos, un niño y una niña de tres años de edad, que nos visitan con mucha frecuencia.

Paso 3. ¿Cuál es la expresión que se usa en inglés para referirse a...?

hijo/a único/a _____

hermanos/as gemelos/as _____

VOCABULARIO

The words **gemelo** and **mellizo** can be synonymous, although in some countries like in Spain and the Southern Cone (Argentina, Chile and Uruguay), there is a distinction: **gemelo** makes reference to the babies born from the fertilization of one egg, whereas **mellizo** makes reference to the babies born from the fertilization of two eggs.

Actividad 8-6. Los apellidos hispanos

Paso 1. Lean el siguiente párrafo sobre los apellidos que se usan en el mundo hispanohablante y luego escriban los apellidos de los nietos de la familia de Pedro Martínez Alonso y de Carmen Hernández Pascal.

CAPÍTULO 8 •

Los apellidos de los hispanos

Las diferencias en el sistema de nombres de familia entre el mundo hispanohablante y el anglosajón pueden generar malentendidos (*misunderstandings*). En general, los hispanos usan dos apellidos. El primero es el apellido **paterno** y corresponde al primer apellido del padre; el segundo es el apellido **materno** y corresponde al primer apellido de la madre. Por ejemplo, en el caso de la familia de Pedro Martínez Alonso y de Carmen Hernández Pascal, los hijos Marta y Chus, tienen el primer apellido del padre y el primer apellido de la madre. O sea, el nombre completo de Marta, por ejemplo, es Marta Martínez Hernández. Marta está casada con Luis Álvarez del Pino. Chus está casado con Tania González Iglesias. Chus y Tania tienen un hijo y una hija: Álvaro y Paola. Marta y Luis también tienen dos hijos, Luisito y Mía.

Paso 2. Entrevista a tres compañeros de clase y escribe el nombre completo de cada uno al estilo de los hispanohablantes, es decir, con los dos apellidos.

Modelo: E1: —Bill, ¿cuál es el apellido de tu padre?
E2: —Wilson.
E1: —¿Y el apellido de tu madre de soltera?
E2: —Smith.
E1: —Muy bien, entonces tu apellido de hispanohablante sería William Wilson Smith.

Actividad 8-7. ¡Qué nombre tan largo!

Paso 1. María Isabel es una estudiante de intercambio de México y Karen es una estudiante estadounidense. Karen ayuda a María Isabel a familiarizarse con el sistema de apellidos norteamericano. Escucha la conversación y contesta las siguientes preguntas.

1. ¿De qué temas hablan Karen y María Isabel?

2. ¿Qué relación tienen? ¿Son amigas o colegas con poca relación social?

3. Describe una de las cosas que asombra (sorprende) a María Isabel.

Paso 2. Escucha la conversación nuevamente y escoge la mejor opción para cada frase.

1. La abreviación del nombre de María Isabel es...
   a. María I. Silva   b. María   c. Maribel   d. Mary
2. El apellido de María Isabel es...
   a. Silva   b. Silva Pérez   c. Pérez   d. Pérez Silva
3. En ocasiones, las mujeres hispanas casadas usan...
   a. Su nombre + "de" + el apellido del esposo   b. Su nombre + el apellido del esposo   c. Su nombre y apellido + "de" + el apellido del esposo   d. El apellido de su esposo

• Recordando cuando éramos niños

Paso 3. Escucha la conversación por última vez para completar las secciones en blanco de la transcripción de su conversación.

María Isabel: —Karen, tengo que rellenar unos formularios para matricularme en la universidad. ¿Me puedes ayudar?

Karen: —(1) _____.

María Isabel: —Aquí dice "*First Name*". Esto quiere decir mi nombre, ¿verdad?

Karen: —(2) _____, que es el que usamos normalmente. En tu caso es María, ¿no?

María Isabel: —Bueno, mi nombre es María Isabel pero normalmente me llaman Isabel o Maribel, que es la abreviación de María más Isabel. Después dice "Middle Initial". ¿Qué quiere decir?

Karen: —Se refiere a la inicial de tu segundo nombre. Si te llamas María Isabel (3) _____.

María Isabel: —¡Qué extraño! En el mundo hispano María es el primer nombre de muchísimas mujeres pero se usa más el segundo porque es más distintivo. Entonces, en el sistema estadounidense ¡todas nos llamamos María!

Karen: —(4) _____.

María Isabel: —Después dice "Last Name". ¿Es para las personas con más de dos nombres?

Karen: —(5) _____.

María Isabel: —Ah, entonces escribo "Silva Pérez".

Karen: —(6) _____.

María Isabel: —Sí, el primero es el primer apellido del padre y el segundo el primer apellido de la madre. Ustedes tienen un apellido solamente, ¿no?

Karen: —(7) _____.

María Isabel: —Voy a escribir "Silva" y mañana le pregunto a mi consejero académico si debo añadir el segundo apellido.

Karen: —(8) _____.

María Isabel: —Aquí dice "*Maiden Name*". ¿Qué quiere decir?

Karen: —(9) _____.

María Isabel: —Y, ¿qué es el apellido de soltera?

Karen: —En tu país, ¿qué (10) _____.

María Isabel: —Pues mantenemos los mismos que cuando estamos solteras. Solamente en ciertos casos se añade, al nombre completo de la esposa, "de" más el primer apellido del esposo. Por ejemplo, imaginemos que mi esposo se llama Javier Echevarría Garcés, entonces uso el nombre María Isabel Silva Pérez de Echevarría.

Karen: —(11) _____.

María Isabel: —Sí, pero en realidad muy pocas personas usan esta fórmula hoy día. Entonces, en esta sección de "*Maiden Name*" no necesito escribir nada porque mi nombre no cambia de soltera a casada. Además, ¡no estoy casada!

Actividad 8-8. Celebraciones y eventos importantes

Paso 1. En parejas, escriban el nombre de la foto a la que corresponde cada una de las siguientes descripciones.

El nacimiento

El velorio

El cumpleaños

La primera comunión

El bar mitzva

La quinceañera

El noviazgo

La boda

1. _____ Relación que mantienen dos personas antes de la unión matrimonial.
2. _____ La familia y los amigos se reúnen para celebrar una unión matrimonial.
3. _____ La familia y los amigos se reúnen para despedir a un ser querido que murió (falleció).
4. _____ Ocurre cuando un ser humano llega a este mundo.
5. _____ Cuando una joven cumple quince años, su familia organiza una fiesta para celebrar su entrada a la sociedad de los adultos.
6. _____ Se celebra el aniversario de un año más de vida.
7. _____ En la tradición católica, se celebra la primera vez que los niños reciben simbólicamente el cuerpo de Dios en la forma de la hostia (*very thin white wafer*).
8. _____ En la tradición judía se celebra el momento en que un niño llega a los 13 años de edad y puede tomar sus responsabilidades en la sinagoga.

Paso 2. En parejas, subrayen palabras claves y seleccionen la tarjeta que mejor corresponde a cada una de las siguientes celebraciones:

_____ una boda o casamiento   _____ una fiesta de quinceañera

_____ un cumpleaños   _____ un velorio

_____ una comunión

1 *No me olvidé de tu cumpleaños, ... solo lo recordé un poco tarde. Te deseo mucha felicidad.*

2 *Hoy empiezas una de las etapas más lindas de tu vida; ¡Que se cumplan todas tus ilusiones en tus quince años!*

3 **Mi sentido pésame en este doloroso momento.**

4 **¡Yo soy el pan de la vida; el que venga a mí no tendrá hambre!**

5 **Que estos primeros pasos que dan juntos los lleven a toda una vida de amor y felicidad. ¡Les deseamos un futuro feliz y próspero!**

Actividad 8-9. Las ceremonias del bautismo y la comunión

Paso 1. Selecciona las tres mejores palabras que se pueden usar para describir dos momentos importantes en la tradición católica de muchos niños hispanohablantes: el bautismo y la comunión. Agrega dos palabras más que no están en la lista.

El bautismo

La comunión

inolvidable, festivo, importante, mágico, religioso, tradicional, anticuado, formal, sofisticado, purificación, familiares y amigos, celebración

1. _____
2. _____
3. _____

4. _____
5. _____

Paso 2. Usa la información que se presenta en el siguiente texto para escribir una definición breve de diccionario, en español, de las siguientes palabras.

madrina = _____
_____

padrastro = _____
_____

hijastros = _____
_____

Otras relaciones familiares

Hay algunas relaciones familiares que se crean con la ceremonia del bautismo. Cuando se bautiza a un bebé lo acompañan el padre, y la madre, **la madrina y el padrino**. Los **padrinos** son las personas que se comprometen a criar (*promise to raise*) y a educar al niño en caso de que les ocurra algo malo a sus padres. El bebé es **el ahijado** de los padrinos. El padrino y el padre tienen una relación de **compadres** y la madrina y la madre de **comadres**.

Asimismo, hay otras relaciones familiares que se crean cuando una persona se casa de nuevo. Esto sucede cuando algunas personas enviudan o se divorcian. Si alguna de estas personas que se vuelven a casar tenían hijos, el nuevo esposo o esposa es el **padrastro** o la **madrastra** de los hijos. A su vez, los hijos pasan a ser los **hijastros** del padrastro o la madrastra.

Paso 3. Entrevista a cuatro estudiantes de tu clase para saber si tienen madrina o padrino, o si tienen padrastro o madrastra.

Modelo: E1: —¿Tienes padrastro o madrastra?
              E2: —Sí, mi padrastro se llama...

Actividad 8-10. La fiesta de la quinceañera

 Paso 1. Observen las siguientes fotos de la fiesta de la quinceañera. ¿Cómo es la celebración? ¿Quiénes participan? ¿Qué ropa llevan?

Paso 2. Ahora lee el siguiente texto y encuentra todas las palabras que pertenecen a las categorías de ropa y relaciones familiares.

Ropa	Relaciones familiares

VOCABULARIO: LAS FIESTAS FORMALES

los invitados *guests*

las damas *ladies*

los caballeros *gentlemen*

el/la agasajado/a *guest of honor*

La fiesta de la quinceañera se celebra con una gran fiesta con banquete. La fiesta generalmente se organiza en un comedor o salón de fiestas. Por lo general, la quinceañera se pone un vestido formal de color blanco o rosado claro. Los familiares y los invitados llevan vestidos largos (las damas) y traje y corbata (los caballeros). Generalmente, la quinceañera lleva una tiara en el pelo y joyas en el cuello y las manos. Normalmente, la fiesta de los quince años comienza cuando llega la agasajada. La quinceañera entra acompañada de su padre mientras sus amigos o parientes le entregan flores (generalmente rosas). Después de la llegada, el padre y su hija comienzan a bailar un vals. A continuación, otros miembros de la familia bailan con la quinceañera: sus hermanos, sus tíos y sus padrinos. Luego del vals inicial, la fiesta comienza en serio con música de conjuntos en vivo o con música de un DJ. En ese momento se comienza a servir la comida y bebida.

Paso 3. Sin decir el nombre de la película, cada pareja lee su párrafo. El resto de la clase tiene que adivinar el título de la película.

Actividad 8-13. ¿Lo hiciste o lo hacías?

Paso 1. Traduce las siguientes oraciones del inglés al español.

   a. *Yesterday, I **read** the book about Pablo Neruda, the Chilean writer.*
   b. *Yesterday, I **was reading** the book about Pablo Neruda, the Chilean writer, when my mother **called** me on my cell phone.*

Paso 2. Completa los espacios en blanco con los verbos que se utilizan en cada una de las siguientes oraciones.

1a. Ayer leí el libro.

1b. Ayer _____ (leer) el libro cuando _____ (recibir) un twit de mi cantante preferido.

2a. Escribí "Me encanta el español".

2b. _____ (Escribir) "Me encanta el español" cuando _____ (romperse) mi lápiz.

3a. Corrí por el parque.

3b. _____ (Correr) por el parque cuando _____ (sentir) un dolor en el pecho.

4a. Anoche miré televisión.

4b. Anoche _____ (mirar) televisión cuando _____ (llegar) a visitarme mis padres.

5a. El tren partió de la estación.

5b. El tren _____ (partir) justo cuando yo y mis primos _____ (llegar) a la estación.

GRAMÁTICA

Some translations from English to Spanish are fairly transparent (1 and 2), but others are ambiguous (3).

   1. *I **used to go** to my Grandma's house.*
   2. *I **was going** to my Grandma's house.*
   3. *I **went** to my Grandma's house./I **did go** to my Grandma's house.* (as response to: *Did I go to my Grandma's house?*)

Sentences (1) and (2) above clearly describe ongoing, habitual situations in the past; thus in Spanish they are in the **Imperfect (Iba a la casa de mi abuela)**. The third sentence, however, is ambiguous without a larger context. That is, the event of going to Grandma's house could be part of the foreground of a story (*I went/did go to my Grandma's house **this morning**.*), or it can be part of the background of a story (*I went/did go to my Grandma's house every day **as a child**.*).

Actividad 8-14. Historias de la infancia (I)

Paso 1. Empareja los dibujos con las oraciones subrayadas en el texto que describen cada imagen.

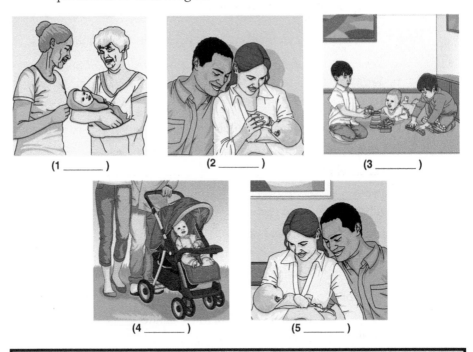

(1 _____)   (2 _____)   (3 _____)

(4 _____)   (5 _____)

Cuando era bebé dependía completamente de mis padres: no podía hacer nada por mi misma. (a) <u>Mi mamá y papá estaban contentísimos de tener una hija después de sus dos hijos</u>. Me cuidaban a toda hora y no se quejaban del trabajo. Por ejemplo, estaban muy felices conmigo, (b) <u>les gustaba darme de comer</u> y no les molestaba cambiarme los pañales (*diapers*) mojados. Yo pasaba mis días sin responsabilidades: dormía mucho, comía muchísimo, lloraba poco, sonreía siempre, (c) <u>iba al parque</u> (con ayuda) y aprendía todo sobre mis alrededores. (d) <u>Mis hermanos mayores jugaban conmigo</u>, me hablaban y me vestían; no eran muchas las veces que nos peleábamos. (e) <u>Mis abuelitas me cantaban</u>. Las dos tenían una voz bellísima; me calmaban así cuando estaba triste. Cuando era bebé todos me trataban como una reina. Yo era el centro del universo familiar y veía al mundo desde esa perspectiva.

Paso 2. Subraya todos los usos de la forma del imperfecto en los verbos del texto. Luego, clasifícalos de acuerdo a la terminación de los verbos regulares (-ía, -aba) del imperfecto en la tabla debajo.

Tipo de verbo	Verbo conjugado	Verbo en infinitivo
Verbos en **–ía**:		

Verbos en –aba:		

Actividad 8-15. La infancia y juventud de algunas personas famosas

Paso 1. Describe las fotos de los siguientes artistas cuando eran adolescentes.

Modelo: Justin Bieber era rubio y tenía pelo lacio. Su nariz era pequeña. Parecía ser (*[He] seemed to be*) muy simpático.

Justin Bieber   Miley Cyrus   Usher   Emma Watson

GRAMÁTICA: Adverbs

The recounting of regular, frequent events in the past is typically introduced with certain phrases such as **Cuando era bebé, Durante mi infancia, En aquella época**, etc. The verbs that are part of such descriptions form the background of a narrative, thus they are marked with the Imperfect.

Paso 2. Lee las descripciones de los cuatro artistas y emparéjalas con la foto correspondiente.

a. A esta persona le fascinaba el teatro desde los seis años, cuando vivía en Paris. Por eso, desde que era pequeña estudió para ser actriz, cantante y bailarina. Sin embargo, esta estrella de las películas *"Harry Potter"* no tenía ninguna experiencia profesional como actriz antes de aceptar el papel de Hermione Granger.

b. Cuando era niña, esta persona vivía en Tennessee con su padre, su madre y sus hermanastros. Su padre era cantante de música country antes de ser actor. Ella misma actuaba en un programa de televisión en que su personaje tenía dos personalidades, una de una joven típica y la otra de una cantante popular.

c. Durante la década de los años 2000 a 2010, esta persona era rey de la música R&B en Estados Unidos. En 2010, cuando tenía 32 años, ganó los premios al mejor artista y al mejor álbum de los *American Music Awards*. Cuando era niño este cantante vivía en Chattanooga y Atlanta con su madre, padrastro y hermanastro. Cantaba en la iglesia cuando era joven y luego en grupos profesionales hasta 1993 cuando salió su primera canción independiente.

d. A los 15 años este cantante ya era famoso. Por ejemplo, en el año 2009, su canción *"One Time"* se escuchaba en más de 30 países. Las jóvenes de entre 11 y 18 años estaban fascinadas con este cantante.

Paso 3. Subraya todos los verbos en pasado en las descripciones anteriores y justifica el uso del imperfecto o el pretérito en cada caso.

Actividad 8-16. Fotos del pasado

Paso 1. Trae una foto de cuando eras bebé o niño/a para intercambiar con otras personas en la clase. Mira la foto de tu compañero/a e intenta adivinar cómo era él o ella.

Modelo: E1: —Creo que eras un bebé muy alegre, muy sociable y que nunca llorabas.

E2: —Gracias, pero no es cierto, mis padres dicen que lloraba mucho y que era muy tímido.

Paso 2. Intercambien sus fotos con las de otra pareja y traten de adivinar quién es el bebé que se ve en las fotos que acaban de intercambiar. Expliquen por qué piensan que es esa persona.

Modelo: Creemos que el bebé (o el niño) en esta foto es Anthony porque los ojos y la boca del bebé son parecidos a sus ojos y su boca.

Imperfect and Preterit: States and Punctual Events

Some verbs tend to be conjugated with the **imperfect**, whereas others tend to be marked with the **preterite**. State verbs such as **ser, estar, tener, haber, vivir, poder**, etc. (denoting conditions that tend to remain stable throughout time), are frequently conjugated in the imperfect. In contrast, punctual and dynamic verbs such as **nacer, morir, llegar, romper, darse cuenta, ganar**, etc. (denoting situations that change from one moment to the next) are typically conjugated with the preterite.

Actividad 8-17. Historias de la infancia (II)

Paso 1. En la Actividad 8-14, la autora describe su vida de bebé. En el siguiente párrafo describe su niñez (*childhood*). Cambia los verbos que están en infinitivo a la forma del imperfecto.

Persona	Actividades
hermanos	- les _____ (interesar) las chicas, los deportes, el trabajo
	- no _____ (querer) jugar con su hermanita
	- _____ (preferir) salir con sus amigos y sus novias
maestra	- _____ (ser) divertida y cariñosa
	- _____ (exigir) mucho trabajo
la autora	- _____ (tener) que limpiar el dormitorio
	- _____ (tener) que ser educada en la iglesia

Paso 2. Para verificar tus respuestas del Paso anterior, lee el siguiente párrafo y subraya con una línea todos los verbos como **ser, estar, tener, haber, vivir, poder**, etc. y con dos líneas los verbos puntuales. ¿En cuáles de estos verbos se usa el imperfecto?

Las cosas empezaron a cambiar cuando tenía más o menos cuatro años. Mis hermanos tenían entre 10 y 18 años y les interesaban más las chicas, los deportes y el trabajo que su hermanita. Ya no querían jugar conmigo; preferían salir con sus amigos o novias y me quedaba solita en casa con mis padres y mi abuela. En esa época, empecé a asistir a la escuela. La maestra era muy divertida y cariñosa, pero nos exigía mucho trabajo también. En ese momento surgieron las primeras indicaciones de la responsabilidad. Tenía que limpiar mi dormitorio y ayudar en la cocina, y tenía que ser educada en la iglesia, las fiestas, las tiendas y durante las visitas.

Actividad 8-18. **Cuando era niño, vivía en una ciudad de Maine...**

Paso 1. Ordena las siguientes secciones de un cuento corto de acuerdo al orden más lógico.

1. Cuando era niño vivía en una ciudad de Maine. A veces, tenía pesadillas (*nightmares*) con monstruos.
2. ... cuando abrí los ojos, el monstruo no estaba. Me levanté, pero de inmediato me caí y me desmayé (*fainted*).
3. En mis pesadillas, casi siempre había un monstruo verde. Me perseguía y yo quería escapar. ¡Pero no podía correr!
4. Después de muchos años, escribí varios cuentos sobre mis pesadillas. Con uno de esos cuentos, gané un premio al mejor libro de suspenso.
5. De pronto, escuché un ruido... el monstruo entró a la habitación de mis padres. Yo estaba debajo de la cama. Vi sus zapatos caminando hacia la cama. Cerré los ojos y...
6. Me desperté por el ruido. Me levanté y corrí a la habitación de mis padres.
7. Una noche, mis padres no estaban en casa. ¡Estaba solo!
8. Esa noche, en mi pesadilla, el monstruo llegó sorpresivamente. Rompió la puerta. La tiró hacia el costado (*to the side*). Y entró a la casa.
9. Cuando entré a la habitación de mis padres, me escondí debajo de la cama.

Paso 2. Clasifica los 26 verbos de la historia anterior de acuerdo a sus características. Subraya con una línea los verbos de estados (*state*) y con dos líneas los verbos puntuales (*punctual*).

Paso 3. ¿En qué tipo de verbos se usa generalmente el imperfecto en el texto? Escribe otros dos ejemplos de esos tipos de verbos en el imperfecto.

Meaning-changing Verbs

<u>Conocí</u> a Roberto en una fiesta cuando nos presentó su esposa, así que cuando nos mudamos los dos a Santiago, ya lo *conocía*.

*I **met** Robert at a party when his wife introduced us so when we both moved to Santiago I already **knew** him.*

The contrast between the English verbs **met** and **knew** is represented in Spanish with one single verb but with two different conjugations of the verb **"conocer"**: **conocí** versus **conocía**. The preterite **conocí** marks the beginning of the event (*to meet someone*) while the imperfect **conocía** conveys the ongoing nature and lack of focus on the beginning or the end (*to know someone*). The table that follows presents a similar contrast between the preterite and the imperfect of the verbs **querer, saber** and **poder**. Note the meaning that the <u>negative</u> forms **no querer** and **no poder** take in the preterite.

Infinitive	Imperfect	Preterite
conocer	Cuando me mudé a Santiago, ya lo **conocía**. *When I moved to Santiago, I already **knew** him.*	Lo **conocí** en una fiesta. *I **met** him at a party.*
querer	**Quería** hablar con mi primo. *I **wanted** to talk to my cousin.*	**Quise** hablar con mi primo. *I **tried to** to talk to my cousin (but I failed).*
no querer	**No quería** hablar con mi primo. *I **didn't want** to talk to my cousin.*	**No quise** hablar con mi primo. *I **refused** to talk to my cousin.*
poder	Mi tío **podía** ayudarnos. *My uncle **could** help us.*	Mi tío **pudo** ayudarnos. *My uncle **succeeded** in helping us.*
no poder	Mi tío **no podía** ayudarnos. *My uncle **could not** help us.*	Mi tío **no pudo** ayudarnos. *My uncle **could not** (and did not) help us.*
saber	Ana **sabía** la respuesta. *Ann **knew** the answer.* Ana **sabía** sobre el problema. *Ann **knew** about the problem.*	Ana **supo** la respuesta. *Ann **answered** correctly.* Ana **supo** sobre el problema. *Ann **found out** about the problem.*

Actividad 8-19. ¿A quién conoces?

Paso 1. Individualmente, haz una lista de **las personas que ya conocías** al llegar a la universidad y otra lista de **las personas que conociste**.

Personas que ya **conocía** antes de llegar	Personas que **conocí** cuando llegué
Total	

 Paso 2. Compartan los resultados con la clase. En general, ¿conocían a muchas personas al llegar a esta universidad o a pocas? ¿Por qué?

• Recordando cuando éramos niños

GRAMÁTICA

Remember that the forms of the verbs **saber**, **querer** and **poder** are irregular in the preterite:

	Saber	Querer	Poder
yo	supe	quise	pude
tú/(vos)	supiste	quisiste	pudiste
él/ella/Ud.	supo	quiso	pudo
nosotros/as	supimos	quisimos	pudimos
(vosotros/as)	supisteis	quisisteis	pudisteis
ellos/ellas/Uds.	supieron	quisieron	pudieron

Actividad 8-20. ¿Qué pasó?

Paso 1. Escoge la opción que le corresponde a cada situación.

1. Hoy no fui a la clase de español. Mi auto se descompuso y...
   a. no podía llegar.   b. no pude llegar.
2. Mi hermana quería estudiar en una universidad de California pero mis padres pensaban que estaba demasiado lejos. Por eso, al final...
   a. no querían completar las solicitudes.
   b. no quisieron completar las solicitudes.
3. Los compañeros de apartamento de mi amiga dieron una fiesta y ella se enojó mucho cuando...
   a. sabía que no estaba invitada.   b. supo que no estaba invitada.
4. Roberto e Isabel fueron a Valparaíso de luna de miel porque allí fue donde...
   a. se conocían.   b. se conocieron.
5. Mi hermanita pequeña se pasó horas llorando y pataleando (*kicking her feet*) porque...
   a. quería ver la televisión por la noche.
   b. quiso ver la televisión por la noche.

 Paso 2. En parejas, expliquen por qué es correcta la opción que eligieron para cada situación.

Actividad 8-21. A dar razones

Paso 1. Completen los espacios en blanco con el verbo en el pretérito o en el imperfecto de uno de los verbos **conocer**, **saber**, **querer** y **poder** según corresponda.

1. Antes de empezar a estudiar español no _____ que se hablaba en tantos países del mundo.
2. A mis padres les encantan los deportes y de niño me trataron de enseñar algunos pero a mí no me gustaron y yo no _____ continuar.

3. ¡Qué sorpresa! Cuando llegué a esta universidad _____ que mi mejor amiga de la infancia estaba aquí también.
4. ¡Qué lástima! Rosa no _____ venir con nosotros al cine porque su exnovio nos acompañaba.
5. Fui a la celebración del cumpleaños de mi padrastro pero resultó bien aburrida porque yo no _____ a nadie.
6. Mi madre empezó a estudiar para ser abogada cuando tenía 4 hijos y _____ hacerlo. Hoy tiene su propio negocio y está muy satisfecha con su carrera.

Paso 2. Expliquen por qué usaron las conjugaciones de los verbos que seleccionaron en Paso 1.

Actividad 8-22. La experiencia de los estudiantes hispanos

Paso 1. Escucha a dos jóvenes chilenos hablar sobre su experiencia en la universidad y decide si las afirmaciones siguientes son Ciertas o Falsas.

1. _____ Maximiliano estudia en una universidad privada de Santiago.
2. _____ La familia de Maximiliano vive en una ciudad pequeña de Chile.
3. _____ Micaela estudia historia en un programa muy especial.
4. _____ Micaela vive con su familia mientras asiste a la universidad.

Paso 2. Escucha las presentaciones de nuevo y completa los espacios en blanco en la siguiente transcripción.

Hola, me llamo Maximiliano. Tengo 18 años y recién (1) _____ a estudiar en La U o La Chile, que es el nombre que usamos acá para referirnos a la Universidad de Chile. La U está en la capital, Santiago, donde toda mi familia vive. También la llamamos La Casa de Bello porque el famoso pensador Andrés Bello (2) _____ el primer rector (*President*) de esta universidad. Yo (3) _____ en Santiago desde que era niño y (4) _____ a la escuela primaria y secundaria aquí. Ahora, estudio en la Universidad de Chile que es una universidad pública muy prestigiosa e importante en mi país y en toda Latinoamérica y que además (5) _____ una larga historia y tradición. Muchos de los presidentes de Chile fueron egresados (*graduates*) de esta universidad. Para mí, es fantástico (6) _____ cerca de mi familia y amigos. Muchos de ellos estudian conmigo en la universidad, así que, acá, yo de verdad me siento como en casa.

¿Qué tal? Bueno, (7) _____ Micaela y soy estudiante en la Pontificia Universidad Católica de Valparaíso que generalmente llamamos la Universidad Católica de Valparaíso. Yo (8) _____ arquitectura en Ritoque, un campus que (9) _____ muy cerca del centro de Valparaíso, solo a unos kilómetros. El programa de arquitectura es muy innovador y los profesores y estudiantes (10) _____ en las casas que diseñamos y construímos. Es para mí una experiencia increíble... Desde niña (11) _____ a escuelas católicas, acá en Valparaíso... también mis padres y abuelos y muchos de mis primos y amigos (12) _____ a las mismas escuelas. Ahora estoy muy contenta porque el campus está cerca de Valparaíso y puedo ver a mi familia y amigos cuando quiero.

Paso 3. En grupos de tres, expliquen lo similar o diferente de su experiencia en la universidad en comparación a Pablo y Micaela.

INTEGRACIÓN COMUNICATIVA

Actividad 8-23. ¿Dónde habitaban los pueblos indígenas de Chile?

Paso 1. Lee un texto sobre varios pueblos indígenas de Chile (atacameños, aymaras, diaguitas, huilliches, pehuenches, picunches y mapuches) e identifica las regiones donde habitaban OJO: Cuatro grupos compartían (*shared*) la misma región.

1. _____

2. _____

3. _____

4. _____
_____
_____
_____

Los pueblos indígenas de Chile son parte importante de la identidad chilena. Por ejemplo, mi familia, por parte de mi madre, es de origen mapuche. Los mapuches forman parte de la identidad chilena y además tienen raíces (*roots*) profundas en la historia de Chile. Cuando los conquistadores españoles llegaron a Chile en 1541, existían en este país varios pueblos que vivían en esa región desde hacía muchos años (*for a long time*). Uno de los grupos indígenas más numerosos de esa época era el de los mapuches. Los mapuches habitaban un territorio relativamente extenso que cubría desde los valles centrales donde ahora se ubica Santiago de Chile hasta el archipiélago Chiloé. Se cree que en ese momento la población mapuche llegaba a casi un millón de personas. Actualmente, los mapuches representan el 87% de los grupos indígenas de Chile. Sin embargo, hay que tener en cuenta que la población indígena de Chile no llega a constituir más del 5% de la población total. El nombre mapuche deriva de las palabras *mapu* (tierra) y *che* (gente), lo que quiere decir "gente de la tierra". Su lengua es el *mapudungun*.

En la organización social de los mapuches, varias familias vivían en una propiedad común. Estas unidades eran llamadas *lof*. El jefe de cada uno de los *lof* se denominaba *longko*. El *longko* era quien asignaba las tierras a cada una de las familias del *lof*. Es interesante que mucho antes de la conquista, el sistema era matrilineal. Es decir, el hombre era el que tenía que seguir a la mujer e ir a vivir con ella. Los hijos heredaban el nombre de la madre. Sin embargo, al momento del inicio de la conquista, el sistema pasó a ser patrilineal y el hombre era el jefe de familia, aunque los hijos todavía llevaban el nombre de la madre.

Al momento de la conquista había otros tres pueblos que no eran étnicamente parte de los mapuches, pero que se asociaron progresivamente con los mapuches a efectos de luchar contra las invasiones del imperio Inca del norte. Estos otros grupos eran los picunches, pehuenches y huilliches. Los tres habitaban en la misma región donde vivían los mapuches. El país de los picunches (*picún* = norte y *che* = gente, o sea, gente del norte) se ubicaba al norte del territorio mapuche. Los picunches fueron uno de los primeros grupos indígenas que desaparecieron tras la conquista. El país de los pehuenches cubría un pequeño territorio a ambos lados de la cordillera de los Andes. Finalmente, los huilliches (*huilli* = sur) habitaban al sur del territorio mapuche, en la región de los ríos y los lagos.

Los aymaras constituyen el segundo grupo más numeroso de la población indígena de Chile con un 7,8 por ciento. Habitaban al norte de Chile al sur del lago Titicaca. Era un pueblo altiplánico con una economía basada en el pastoreo y la agricultura. Los atacameños (2,8%) habitaban en la zona del desierto de Atacama en la base de la zona montañosa de los Andes que está ubicada a lo largo del río Loa entre Arica y Copiapó. Criaban llamas y alpacas. El pueblo atacameño fue uno de los más desarrollados del norte del país. Finalmente, los diaguitas (0,8%) se distribuían a lo largo de los valles entre Copiapó y Santiago. Cultivaban maíz, papas y calabazas y dominaban el arte de la cerámica y la alfarería.

Paso 2. Usando el mapa y el texto del Paso 1, identifica los seis errores de contenido en el párrafo siguiente en el que se describe la ubicación geográfica del territorio chileno.

De norte a sur, Chile se extiende desde su frontera norte con Perú y Uruguay, hasta el Territorio Antártico. De este a oeste, Chile se ubica entre la Cordillera de los Andes y el Océano Atlántico. Por lo tanto, Chile es un país muy largo y angosto. Es decir, mientras que su extensión territorial de norte a sur es de aproximadamente 350 kilómetros, la distancia de este a oeste no supera los 4.329 kilómetros en su ancho (*width*) máximo. Desde un punto de vista demográfico, de acuerdo al censo nacional de 2012, Chile tiene una población de 17 millones de habitantes (en el censo de 2002 había unos 15 millones). La mayoría de la población argentina (alrededor del 95%) está compuesta por criollos y mestizos. Menos del 5% de la población se declaró indígena en el último censo nacional. La población mestiza proviene fundamentalmente de la mezcla entre españoles de origen castellano, extremeño y vasco e indígenas de los pueblos diaguita, picunche y mapuche. El pueblo indígena más numeroso de Chile es el de los atacameños quienes constituyen aproximadamente un 4% de la población total de Chile.

Actividad 8-24. Las regiones de Chile

Paso 1. Subraya en el texto del Paso 1 de la Actividad 23 las oraciones que sirven para responder a las siguientes preguntas sobre varias de las poblaciones originales de Chile.

1. ¿Dónde habitaban los mapuches cuando llegaron los conquistadores europeos a Chile?
2. ¿Cuántos eran los mapuches cuando llegaron los conquistadores europeos?
3. ¿Cómo era la organización social básica de los mapuches al momento de la conquista española?
4. ¿Cómo se llamaba el jefe de cada grupo de familias de los mapuches?
5. ¿Qué nombre heredaban los mapuches mucho antes del comienzo de la conquista?
6. ¿Cuáles eran los nombres de los otros pueblos que se asociaron a los mapuches para luchar contra los incas antes de la llegada de los españoles?
7. ¿Dónde habitaban los picunches?
8. ¿Dónde habitaban los pehuenches?
9. ¿Cuáles eran los nombres de los otros pueblos que habitaban Chile al momento de la llegada de los españoles y que son ahora los grupos indígenas más numerosos después de los mapuches?
10. ¿Cuál era el grupo indígena que dominaba el arte de la cerámica?

Paso 2. Finalmente, en grupos de tres estudiantes van a analizar el uso del pasado en el texto de la Actividad 23: cada grupo selecciona un párrafo y subraya todos los verbos conjugados en el imperfecto y dibuja un círculo alrededor de los usos del pretérito. Expliquen por qué se usa imperfecto o pretérito en cada caso.

LECTURA: Foregounded Information in Narratives

The previous activity showed the type of narrative that makes preponderant use of the imperfect. In the following activities we will see how the preterit is the preferred past tense to narrate the basic points on a timeline (i.e., the plot line of a story).

Actividad 8-25. La presidenta de Chile

Paso 1. Lee las siguientes afirmaciones sobre Michele Bachelet y decide si son probables o no.

Cierto Falso 1. Michelle Bachelet fue la primera presidenta de Chile.

Cierto Falso 2. Era la hija de un general de la Fuerza Aérea de Chile.

Cierto Falso 3. Fue víctima de tortura.

Cierto Falso 4. Fue ministra de Salud y ministra de Defensa Nacional.

Cierto Falso 5. Se casó con un general de la Fuerza Aérea de Chile.

Paso 2. Ahora lee el texto siguiente y subraya las oraciones que confirman o niegan las afirmaciones del Paso 1.

Michelle Bachelet es una médica pediatra que fue presidenta de Chile entre los años 2006 y 2010. Fue la primera mujer en llegar a la presidencia de Chile. Su padre era un general de la Fuerza Aérea que formó parte del gobierno del presidente Salvador Allende. Luego del golpe de estado del 11 de septiembre de 1973, la dictadura militar de Augusto Pinochet puso a su padre en prisión y este finalmente falleció a causa de las torturas. Luego del asesinato de su padre, Bachelet se mantuvo en la clandestinidad en Chile hasta que en el año 1975 la Dirección de Inteligencia de Chile la puso en prisión. El gobierno militar la torturó e interrogó hasta que al final la liberaron. Emigró de Chile en el 1975 y regresó en el 1979 para trabajar contra la dictadura de Pinochet. En el año 2000 asumió el cargo de ministra de Salud. En el año 2002 asumió el cargo de ministra de Defensa. Fue la primera mujer en este cargo en toda Latinoamérica. Cuando finalizó su mandato como presidenta de Chile en el año 2010, su nivel de aprobación popular (approval rating) era del 84,1%. Luego de dejar la presidencia de Chile, la ONU la nombró para el cargo de jefa de la agencia ONU mujeres. En 2014 empezó su segundo período de gobierno, y va a ser presidenta hasta 2018.

Paso 3. Subraya todos los usos del preterito y del imperfecto y explica por qué se usa cada forma en cada caso.

Actividad 8-26. Otras presidentas del mundo hispanohablante

⇆AB **Paso 1.** Entrevista a tu compañero/a de clase para encontrar la información que te falta para llenar la tabla con los datos de estas dos presidentas americanas.

Estudiante A

Preguntas	Cristina Fernández	Laura Chinchilla
1. ¿Qué estudió en la universidad?	_____	Ciencias Políticas
2. ¿En qué universidad estudió?	Universidad Nacional de la Plata	_____
3. ¿Hizo estudios de postgrado? ¿Dónde?	No	Sí, en la universidad Georgetown, EE. UU.
4. ¿En qué año asumió la presidencia? ¿En qué país?	En 2007. En Argentina.	_____
5. ¿Qué cargo gubernamental tuvo y en qué período?	_____	Ministra de Seguridad Pública entre los años 1996 y 1998
6. ¿Fue senadora o diputada y en qué período?	_____	No
7. ¿Es casada, soltera, divorciada o viuda? ¿En qué año se casó/divorció o enviudó?	Es viuda. Estuvo casada con Néstor Kirchner desde el año 1975 hasta 2010.	_____ _____ _____
8. ¿Tiene hijos o hijas? ¿Cómo se llaman?	_____	Tiene uno. Se llama José María.

Estudiante B   Information for student B is on page 678.

 Paso 2. En parejas, utilicen la información del Paso anterior para escribir un párrafo con la biografía de una de estas dos presidentas. Pueden agregar más información si hacen una búsqueda en Internet.

ESCRITURA

When you are writing a story, you need to make decisions as to which events will form part of the foreground or the background. As you have seen, in many cases, this is a matter of author's choice.

Actividad 8-27. Una experiencia inolvidable

Paso 1. Vamos a escribir un texto en forma guiada. Primero, decide la conjugación de cada uno de los verbos del siguiente texto.

Mis abuelos, tíos y primos viven en Valparaíso. Por eso, cuando 1. **(fuimos/éramos)** niños, íbamos a visitarlos durante las vacaciones. Un año, los 2. **(visitamos/visitábamos)** por un mes entero. Recuerdo muy bien el primer día de esa visita. 3. **(Fue/Era)** una mañana soleada, nos 4. **(sentimos/sentíamos)** felices y 5. **(decidimos/decidíamos)** caminar por la playa. 6. **(Hubo/Había)** muchas piedras y 7. **(fue/era)** muy difícil caminar. Yo 8. **(decidí/decidía)** seguir porque 9. **(quise/quería)** llegar hasta un muro que 10. **(estuvo/estaba)** al final de la playa.

11. **(Llegué/Llegaba)** hasta ese lugar, 12. **(escalé/escalaba)** el muro hasta la parte más alta y desde allí 13. **(observé/observaba)** las olas que 14. **(rompieron/rompían)** sobre el muro. Después de un rato 15. **(comencé/comenzaba)** a bajar pero no 17. **(pude/podía)** hacerlo porque el nivel del agua había subido (*had risen*). Con mucho pánico, llamé a mi hermana, pero no 18. **(pudo/podía)** escucharme. 19. **(Estaba/Estuve)** muy asustado, no 20. **(supe/sabía)** qué hacer y me sentía cada vez más débil. Finalmente, el mar se calmó por un momento y esta vez 21. **(pude/podía)** bajar. Ya en la playa, 22. **(corrí/corría)** a abrazar a mi hermana y 23. **(regresamos/ regresábamos)** a la casa de los abuelos. Nunca les 24. **(conté/contaba)** a mis padres esta experiencia. Creo que 25. **(fue /era)** el momento más terrorífico de mi vida.

Paso 2. Clasifica los verbos anteriores de acuerdo al plano narrativo: el primer plano o el plano de fondo.

Historia principal (*Main Plot*)	Plano de fondo (*Background*)

• Recordando cuando éramos niños

Actividad 8-28. Una anécdota importante en tu vida

Paso 1. Piensa en una anécdota o pequeña historia de tu pasado que es importante para ti. Usa las preguntas siguientes como guía. Puedes añadir otras si crees que es necesario.

NOTA: Las preguntas que se refieren a descripciones de la situación, los personajes, etc., están marcadas en **negrita**. Las preguntas que se refieren a la secuencia central de los acontecimientos (*event*) de la historia están subrayadas.

1. ¿Qué momento de tu vida **era**? ¿Dónde y con quién **estabas**?

   _____

   _____

2. ¿Qué **pasaba** en ese momento? ¿Qué **hacías**? ¿Qué **hacían** otras personas?

   _____

   _____

3. ¿Cómo **era** el lugar, el clima y el entorno (*surroundings*) en general?

   _____

   _____

4. ¿Cómo te **sentías**? ¿Cómo se **sentían** las personas que estaban contigo?

   _____

   _____

5. ¿Qué <u>pasó</u>? ¿Por qué?

   _____

   _____

6. ¿Cuáles <u>fueron</u> los hechos principales?

   _____

   _____

7. ¿Cómo <u>concluyó</u> todo?

   _____

   _____

8. ¿Cómo te **sentías** después? ¿Cómo se **sentían** las otras personas?

   _____

   _____

9. ¿Por qué <u>fue</u> importante lo que <u>pasó</u>? ¿Cómo te <u>afectó</u> a ti o a otras personas?

   _____

   _____

 Paso 2. Organiza la información que tienes del Paso anterior en tres párrafos: una introducción, el desarrollo de la historia y una conclusión. Luego, intercambia tu historia con la de un/a compañero/a para corregir errores de contenido y gramática.

ESTRATEGIAS

Conversación: Taking Turns in a Conversation

Spoken language has different conventions of use than written language. Most notably, in most conversations, Spanish speakers typically negotiate turns in the conversation (i.e., who holds the floor) with the use of a number of routine phrases. This is not considered rude in Spanish. Quite the opposite, this is a very useful technique to demonstrate interest and engagement with the interlocutor. You already know a number of expressions introduced in previous chapters. Here we highlight a few more.

Vamos a ver...	*Let's see...*
Déjame ver/pensar...	*Let me see/think...*
Y dicho sea de paso...	*And, by the way,...*
Lo que pasa es que...	*What happens is that...*
Bueno... pero un segundo...	*Well,... but just one second,...*
No, no, no, mira...	*No, no, no, look...*
Sí, sí, sí, pero hay otra cosa...	*Yes, yes, yes, but there's one more thing...*
Mira...	*Look,...*
Fíjate una cosa...	*Check this out/ Listen/ You know,...*
Escúchame/Escucha.	*Listen to me/Listen.*
Préstame atención.	*Pay attention to me.*
¿Entiendes?/¿Me entiendes?	*Do you understand (me)?*

Actividad 8-29. ¡Que el pretérito, que el imperfecto! ¡Ahhhhhh!

Paso 1. Escucha la siguiente conversación y completa los espacios en blanco con expresiones que se usan para tomar la palabra (*take turns*).

Constanza: —Hola Isadora, ¿todo bien?

Isadora: —Mmm... bueno, más o menos. Es que hoy tuve un examen de español y no me fue muy bien. ¡Que el pretérito, que el imperfecto!... es muy difícil porque...

Constanza: —(1) _____. Hay dos o tres reglas fundamentales y eso es todo. O sea...

Isadora: —(2) _____. Sí, es cierto que hay dos o tres reglas solamente, pero ¿no te parece que son un poco ambiguas? Es decir, toma la regla del plano principal y plano de fondo...

Constanza: —(3) _____... sí que tienes razón que hay un poco de ambigüedad. Pero fíjate una cosa... en general casi todas las narraciones tienen una trama principal, *main plot* en inglés, ¿no? Y luego el plano de fondo, que es *background*, ¿sí?

Isadora: —(4) _____...

Constanza: —(5) _____. Si te fijas en casi todas las descripciones de lugar, de personajes y de emociones o ideas se usa el imperfecto. Es decir, los verbos en imperfecto no avanzan la narración.

Isadora: —Ok, ok, ok, te entiendo, en principio... pero lo que pasa es que cuando haces un examen no es tan fácil decidir cuál es cuál.

Constanza: —(6) _____, vamos al laboratorio que te muestro, ¿sí?

Isadora: —Ok, vamos...

● Recordando cuando éramos niños

Paso 2. ¿Qué otras expresiones se pueden usar en cada caso? Para cada espacio en blanco del texto anterior agrega posibles expresiones sinónimas de la lista anterior. Compara tus expresiones con las de tu compañero/a de clase.

Actividad 8-30. **Sí, pero recuerda que su última película no fue muy buena.**

 Paso 1. Seleccionen un tema sobre el que pueden tener dos opiniones diferentes. Por ejemplo, pueden debatir la mejor película de su niñez, o el mejor actor/la mejor actriz. Escriban datos sobre el tema.

 Paso 2. Ahora, comiencen un debate sobre el tema que seleccionaron. Traten de interrumpir a la otra persona con frases y expresiones útiles que se presentan en la tabla anterior. ¿Cuántas expresiones pudieron usar?

Pronunciación: The Letters "g", "j", and "h" in Spanish

In Spanish, the pronunciation of the letter "j" always sounds like English [h] as in *hockey*. In contrast, the letter "h" in Spanish is never pronounced: it is silent. The pronunciation of the letter "g" (as in English *game*) varies according to the vowel that follows it:

g before the vowels [e] [i]   "g" sounds like English [h] as in *hockey, head, hint*

Ejemplos: **ge**melo, **gi**gante

g before the vowels [a] [o] [u]   "g" sounds like English [g] as in *game* and *go*.

Ejemplos: lle**ga**r, **go**rdo, pre**gu**nta

Actividad 8-31. ¿Ha, ha? or ¿Ja, ja?

 Paso 1. Escucha la lectura de las siguientes oraciones y presta atención a la pronunciación de las palabras con las letras "g", "j" y "h". Al final de cada oración, vas a leer la oración.

1. En general, los hijos gemelos son unos genios.
2. Escoge las preguntas para Miguel.
3. En Argentina, la gente se casa muy joven.
4. Era el segundo matrimonio de mi suegro.
5. Tenían muchos hijos; eran familias muy grandes.
6. Los vampiros viejos y gordos se acercaron a conocer a los jugadores.
7. Edward y su familia la protegieron.
8. Edward la recogió, la cargó hasta su camioneta y la llevó a un lugar seguro.
9. Mis hermanos mayores jugaban conmigo.
10. El gigante llegó sorpresivamente y apagó la luz.

Paso 2. Escucha la lectura de los siguientes trabalenguas (*tongue twisters*). Vas a escuchar cada trabalenguas dos veces: la primera vez leído a velocidad normal y la segunda vez leído muy rápido. Al final de la segunda lectura de cada trabalenguas, trata de leerlo a velocidad normal dos o tres veces.

1. GE-GI = Imaginando lo inimaginable Gema imaginaba una imagen de su imaginación.
2. GU = Si mi gusto no gusta del gusto que gusta tu gusto, qué disgusto se llevará tu gusto si mi gusto no gusta del gusto que gusta tu gusto.
3. GO = Cuando digo digo, digo Diego. Cuando digo Diego, digo digo.
4. GA = El que poca papa gasta poca papa paga.
5. H = El hipopótamo Hipo está con hipo. ¿Quién le quita el hipo al hipopótamo Hipo?
6. J = Me trajo Tajo tres trajes, tres trajes me trajo Tajo.

 Paso 3. Selecciona dos trabalenguas y léelos varias veces. Desafía a tu compañero/a para ver quién lo puede leer más rápido.

ESTRATEGIAS

COMPRENSIÓN ORAL: Expresiones de apoyo y comprensión

Te comprendo.	*I understand.*
¡Sí, claro! Te entiendo.	*Of course! I understand.*
¡Ay, pobre/pobrecito/a!	*Oh! Poor thing!*
¡Ay, qué lástima!	*What a pity!*
No te preocupes.	*Don't worry about it.*
Te veo preocupado.	*You look worried.*
¡Cómo no estar preocupado!	*How could you not be worried about it!*
A mí me pasa igual.	*I feel the same way.*
Cuéntame, ¿qué te pasó?	*Tell me, what happened?*
Ven, vamos a charlar/platicar.	*Let's talk about it.*
Vas a ver que las cosas van a mejorar.	*You'll see, things will get better.*
Arriba ese ánimo.	*Cheer up!*

Actividad 8-32. ¡Te entiendo!

Paso 1. Escucha la siguiente conversación entre Guadalupe y Consuelo. Escribe todas las expresiones que usa Guadalupe para expresar apoyo emocional a Consuelo.

Consuelo: —Me siento fatal. Extraño mucho a mi familia en Colombia.
Guadalupe: —_____. Trato de no pensar en ellos para no ponerme triste... Oye, ¿y qué es eso que hay ahí?
Consuelo: —¡Ay! Es un álbum de fotos. Yo lo estaba viendo y, ay, no pude más y me puse a llorar.
Guadalupe: —¡_____! Bueno, a ver, enséñame las fotos.
Consuelo: —Bueno, eso era lo que quería...
Guadalupe: —_____...
Consuelo: —¡Ay, Lupe, eres tan buena!
Guadalupe: —_____.

Paso 2. Escucha otra parte de la conversación entre Guadalupe y Consuelo. Escribe todas las palabras y expresiones que faltan en la transcripción. Escucha la conversación dos veces si es necesario.

Consuelo: —Sí, sí, sí. Bueno, _____, muchas gracias _____, ayyy, _____. Mil gracias por escucharme.
Guadalupe: —¡Por nada! Me alegro que estés contenta. _____ _____, es normal extrañar a la familia cuando está lejos. _____.

Si te pones muy triste, _____

_____, o si no, vienes a visitarme.

Consuelo: —Bueno, Lupita, claro que sí y tú también. Chau, Lupe.

Guadalupe: —Hasta mañana. Y _____.

Aprendí un montón contigo. Adiós. ¡Nos vemos en clase!

Consuelo: —_____, chau Lupe.

Paso 3. Finalmente, en parejas, cambien algunas de las expresiones que usan Guadalupe o Connie por otras frases de la lista que se presenta al principio de esta sección. ¿Cuántas pueden usar?

COMPARACIONES CULTURALES

Actividad 8-33. ¡Te veo preocupado, gordi!

Paso 1. Lee la siguiente caricatura de Gaturro y clasifica las expresiones de apoyo que usa la mujer de acuerdo a las categorías de información y expresiones para animar/apoyar a su esposo. NOTA: **Maní** es sinónimo de **cacahuate** (*peanuts*).

	Información	Apoyo
Te veo preocupado, gordi...		√
Y, claro, te entiendo...		
El mundo está en crisis, el país ni que hablar		
Hay que educar a nuestros hijos...		
(Hay que) llegar a fin de mes...		
¡¡Cómo no estar preocupado!!		

Paso 2. Imagina que el hombre le cuenta a su pareja que estaba preocupado porque el maní estaba húmedo. ¿Qué crees que le contesta?

Actividad 8-34. Apelativos cariñosos

 Paso 1. En parejas, escriban palabras del inglés que se usan con la familia o con amigos/as para expresar afecto o cariño y escriban la traducción al español. Describan con quién usan las palabras que seleccionaron, cuándo y qué comunican con ellas. Pregúntenle a su profesor/a si las traducciones al español tienen sentido (*make sense*).

Inglés	¿Con quién uso esta palabra?	Español
Honey	con mi esposo/a, con mi(s) hijos/as	miel
Sweetheart	con mi esposo/a	corazón dulce

 Paso 2. Ahora vamos a hacer la transición de palabras del español al inglés ¿Cómo puedes traducir algunas de las siguientes palabras que expresan cariño, apoyo, etc.? Agrega otras palabras a la lista. ¿Tienen sentido las traducciones en inglés?

Apelativos	Traducción literal	Traducción probable
(mi) cielo	*my sky*	
(mi) vida	*life*	
(mi) reina	*my queen*	
corazón	*heart*	
(mi) gordito(a)	[diminutive] *fat person*	
flaco/a	*thin person*	
viejo(a)	*old person*	

Actividad 8-35. ¿Cómo podemos tener una lengua menos sexista?

 Paso 1. Hagan una lista con ejemplos del inglés en que una forma masculina se usa para referirse tanto al hombre como a la mujer. ¿Es posible sustituir esa forma por otra forma neutra?

Modelo: *The chairman* is very busy right now.
           Alternativa: *The chairperson* is very busy right now.

 Paso 2. A continuación encontrarás algunos usos del español en que la forma masculina se usa para incluir tanto al hombre como a la mujer. Identifica una alternativa al uso de la forma asociada con el sexo masculino en cada caso. A continuación hay una lista de palabras y frases que pueden ser útiles para tu análisis:

El profesorado	El cuerpo de profesores	El personal docente
La judicatura	El ser humano	La humanidad
La gente	El personal de limpieza	El personal de la empresa
Se impersonal	Hay [sustantivo] que...	Cada [sustantivo]...

Modelo:

1. <u>El hombre</u> habita el planeta Tierra.
2. <u>Los profesores</u> (*men and women professors*) tienen una reunión.
3. En cualquier trabajo, <u>el jefe y el empleado</u> tienen deberes (*duties*) y responsabilidades.
4. En mi casa, somos <u>cinco hermanos</u>: Carlos, Pedro, Juan, Carolina y yo.
5. <u>El juez</u> tiene la responsabilidad de decidir la condena del acusado.
6. En mi clase, <u>todos</u> hablamos español muy bien.
7. En mi clase, <u>algunos</u> estudiantes hablan francés también.
8. <u>Las limpiadoras</u> terminaron su trabajo.

Actividad 8-36. Para identificar usos sexistas de la lengua

Paso 1. Forma una pareja con una persona del sexo opuesto al tuyo. Lean los siguientes párrafos y juntos decidan si hay usos de la lengua que se pueden considerar sexistas o costumbres que se consideran que dan ventajas a las personas de un sexo solamente.

La familia de Claudio Rodríguez Pérez

Vengo de una familia muy grande que incluye bisabuelos, abuelos, tíos, primos y hasta primos segundos (es decir los hijos de los primos de mis padres). Por ejemplo, solamente en mi casa somos cinco hermanos: Carlos, Pedro, Juan, Carolina y yo. Yo soy el mayor y mi única hermana, Carolina, es la más joven de nuestra familia. Después de su cuarto hijo varón mis padres creían que nunca iban a tener una niña pero, finalmente, Carolina rompió la secuencia de varones. No fue fácil para Carolina crecer con tantos varones pero lo bueno es que juega muy bien al fútbol.

Mis padres, Roberto y Lucía, querían tener muchos hijos porque los dos crecieron en familias muy grandes y pudieron disfrutar de una infancia muy entretenida y feliz. Por eso, mi madre me tuvo a mí enseguida después de casarse, cuando tenía veinte años, pero no abandonó su trabajo porque el sistema social de nuestro país les da a las madres dos meses de vacaciones por cada embarazo. Así fue que mis padres tuvieron que trabajar toda su vida. De esa manera pudieron mantenernos y nos dieron a todos una buena educación.

Paso 2. Escribe correcciones para eliminar usos sexistas de la lengua en los párrafos anteriores.

Actividad 8-37. ¿Qué tipo de trabajo no pueden hacer las mujeres?

Paso 1. Lean la siguiente caricatura de Condorito. ¿Creen que es cómica? ¿Creen que es inapropiada la respuesta de Condorito? ¿Por qué?

CULTURA

Condorito is a famous cartoon character created by a Chilean cartoonist (René Uribe) in 1955. Condorito is drawn as a small Andean condor (the national bird of Chile). The humor of Condorito is mostly based on language puns and sexist remarks. Despite this edgy and outdated type of humor, Condorito remains very popular in Chile and other Spanish-speaking countries.

 Paso 2. Traduzcan rápidamente la caricatura de Condorito al inglés. ¿Creen que la traducción en inglés de esta caricatura de Condorito puede ser publicada en EE. UU.? ¿Por qué? (Comparen el tipo de humor sexista de Condorito con otras caricaturas populares en EE. UU. con un humorismo similar que puede ser considerado inapropiado, como por ejemplo, *South Park* o *Family Guy*).

 Paso 3. Escriban un final diferente para esta caricatura. Luego compartan su nueva versión con el resto de la clase: ¿son cómicos los finales que escribieron?

ESTRATEGIAS

LITERATURA

Narrative texts such as short stories, novels, and other narratives use both the preterite and imperfect to create narrative "texture" with information about sequences of events that move the narrative forward (preterite), as well as information about descriptions, flashbacks, habitual events and events in progress that are presented as if the writer were speaking from a past viewpoint (imperfect).

Actividad 8-38. El autor

 Paso 1. Escucha la grabación de la biografía de Luis Sepúlveda para rellenar los espacios en blanco con los verbos que faltan en el texto de abajo.

Luis Sepúlveda (1) _____ en Ovalle, Chile, en el año 1949. Su madre (2) _____ una enfermera de origen mapuche de nombre Irma Calfucura (en mapudungun significa "piedra azul"). A los 13 años (3) _____ a recorrer su propio país. A los 17 años (4) _____ a trabajar como periodista, pero finalmente se dedicó a la literatura. Luego del golpe militar del 11 de septiembre de 1973, (5) _____ preso (*was jailed*) por dos años y medio. Finalmente, en el 1977 (6) _____ salir de Chile y se instaló en Quito, en Ecuador. En este país (7) _____ en una expedición para evaluar el efecto de la colonización en la comunidad indígena de los shuar. Finalmente, (8) _____ a vivir con los shuar por siete meses. En el año 1979 (9) _____ a la brigada internacional Simón Bolivar que (10) _____ en Nicaragua. Poco después del triunfo sandinista (11) _____ a Hamburgo, Alemania. En el año 1992 (12) _____ una de sus novelas más famosas: "Un viejo que leía novelas de amor". Esta obra la (13) _____ a 33 idiomas y (14) _____ el premio Tigre Juan (además de otras distinciones internacionales).

Paso 2. Subraya los usos del pasado en el texto anterior. ¿Cuántos usos de cada forma del pasado encontraste (pretérito e imperfecto)? Explica por qué.

Actividad 8-39. Los personajes

 Paso 1. Empareja la imagen que corresponde a la descripción de cada uno de los personajes principales de la novela "Un viejo que leía novelas de amor".

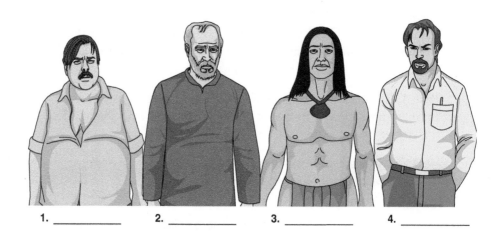

1. _____ 2. _____ 3. _____ 4. _____

Los Shuar:

- Eran la tribu indígena de la selva.
- Andaban semidesnudos.
- Eran excelentes cazadores (*hunters*).
- Tomaban aguardiente y fumaban cigarrillos de hoja dura.
- Conocían todos los secretos de la selva.
- No eran violentos ni con la gente ni con los animales.

El alcalde:

- Era un hombre gordo.
- Le decían "Babosa" porque no paraba de sudar.
- Todo el pueblo lo odiaba porque cobraba impuestos para ganar dinero.
- Era ignorante de las "leyes de la selva".
- Se creía que era el dueño de la verdad, que siempre tenía razón.
- Era violento porque le pegaba a su mujer.

con un movimiento <u>dio</u> vuelta la canoa. Al incorporarse, la herida le <u>produjo</u> un dolor (*pain*) enorme y el animal, sorprendido, <u>se tendió</u> (*lay*) sobre las piedras calculando el ataque.

—Aquí estoy. Terminemos este maldito juego de una vez por todas. <u>Se escuchó</u> gritando con una voz desconocida y sin estar seguro de haberlo hecho en shuar o en castellano, <u>la vio correr</u> por la playa como una saeta moteada (*speckled arrow*), sin hacer caso de la pata herida.

(4) El viejo <u>se hincó</u> (*kneeled*) y el animal, unos cinco metros antes del choque, <u>dio</u> el prodigioso salto (*jump*) mostrando las garras y los colmillos (*fangs*). Una fuerza desconocida le <u>obligó</u> a esperar a que la hembra alcanzara la cumbre de su vuelo (*flight's peak*). Entonces <u>apretó</u> los gatillos (*triggers*) y el animal <u>se detuvo</u> en el aire, <u>quebró</u> el cuerpo a un costado y <u>cayó</u> (*fell*) pesadamente con el pecho abierto por la doble perdigonada (*shotgun*).

(5) Antonio José Bolívar Proaño <u>se incorporó</u> lentamente. <u>Se acercó</u> al animal muerto y <u>se estremeció</u> al ver que la doble carga la había destrozado. El pecho (*chest*) **era** un cardenal gigantesco y por al espalda (*back*) asomaban restos de tripas y pulmones (*lungs*) deshechos. **Era** más grande de lo que había pensado al verla por primera vez. Flaca y todo, **era** un animal soberbio (*magnificent*), hermoso, una obra maestra de gallardía (*bravery*) imposible de reproducir ni con el pensammiento. El viejo la <u>acarició</u>, ignorando el dolor del pie herido, y <u>lloró</u> avergonzado, sintiéndose indigno, envilecido, en nigún caso vencedor de esa batalla.

(6) Con los ojos nublados de lágrimas y lluvia, <u>empujó</u> el cuerpo del animal hasta la orilla del río y las aguas <u>se lo llevaron</u> selva adentro, hasta los territorios jamás profanados por el hombre blanco, hasta el encuentro con el Amazonas, hacia los rápidos donde sería destrozado por puñales de piedra, a salvo para siempre de las indignas alimañas.

Paso 3. Analiza los usos del pretérito e imperfecto. ¿Cuál forma se usa para narrar las acciones de la trama (*plot*)? ¿Cuál forma se usa para describir el contexto o la situación?

Diferencias dialectales: El voseo chileno

In Chapter 7, we studied the use of the pronun **vos** in Argentina and Uruguay. This pronoun is used in many countries, including Paraguay, Bolivia, Ecuador, Chile, almost all of Central America (Costa Rica, El Salvador, Guatemala, Honduras, Nicaragua), and parts of Colombia, Perú and Venezuela in South America. Even though Chileans use the conjugations associated with the pronoun **vos**, they nevertheless try to avoid using the pronoun itself. Thus, the **vos** is dropped or its verb conjugations are used in conjunction with the pronoun **tú**: **Tú hablái'** muy rápido (*You speak too fast*). The verb forms used to have an "s" at the end. However, a common tendency in spoken Spanish is to aspirate (delete) the "s" to the point that it is barely perceptibe. The apostrophe at the end of the word signals that the "s" is no longer used: **soi'**, **hací'**, etc.

Tú	Vos (general)	Vos (Chile)	Verb ending
hablas	hablás	hablái(s) → hablái'	–ái(s)
comes	comés	comí(s) → comí'	–í(s)
vives	vivís	viví(s) → viví'	–í(s)

Actividad 8-42. ¿Me llevái a la oficina de correos?

Paso 1. Escucha la conversación entre Marta y Cristóbal, dos amigos chilenos que se encuentran en la calle por casualidad (*by chance*) y decide si las siguientes afirmaciones son ciertas o falsas.

1. C F Marta no conoce a Cristóbal.
2. C F Marta no sabe cómo llegar a la oficina de pasaportes.
3. C F Cristóbal le dice a Marta que tiene que bajarse en el paradero 13.
4. C F Cristóbal le dice a Marta que tiene que perder tres kilos de peso.
5. C F Cristóbal está sorprendido porque no sabía que Marta tenía un auto carmín.
6. C F Marta invita a Cristóbal a ir con ella en su auto.

VOCABULARY

In Argentina and Chile the word **micro** refers to a bus. A bus station is **paradero** in Chile but **parada** in other countries. For the color red, Chileans typically use **carmín**, a synonym of **rojo**.

Paso 2. Escucha la conversación de nuevo y selecciona la conjugación de los verbos que se usan en cada caso en la siguiente transcripción de la conversación entre Marta y Cristóbal.

Marta: —Hola... ¿Cristóbal? (1) <u>Eres/Soi'</u> tú, ¡qué casualidad!... ¿Cómo estái'?

Cristóbal: —Ah... erís (eres) la Marta. ¡Qué alegría verte! ¡Qué casualidad que andái' por acá! ¿Qué (2) <u>haces/hací'</u> por este barrio? ¿Adónde váis?

Marta: —Sí, poh... nunca ando por acá. Es que estoy buscando la oficina para tramitar mi pasaporte. Y estoy un poco perdida. ¿(3) <u>Sabes/Sabí'</u> dónde está?

Cristóbal: —Ah, sí. Claro que sí. Está muy cerca de mi casa. Y está muy cerca de acá si vai' en micro. Caminando no, porque (4) <u>puedes/podí'</u> perder 3 kilos de peso. Ja, ja. Pero en el micro es muy fácil: (5) <u>tomas/tomái'</u> el micro 4 y te (6) <u>bajas/bajái'</u> en el paradero 14.

Marta: —Sí, pero...

Cristóbal: —Ah sí, ya sé que no (7) <u>conoces/conocí'</u> este micro. Pero si te bajái' en el paradero equivocado, como en el 13 o el 15, bueno, seguro que te perdí'. Pero, en ese caso (8) <u>puedes/ podí'</u> preguntarle a un diariero que hay muchos por ahí.

Marta: —Sí, pero...

Cristóbal: —Sí, no está ahí... tení' que seguir un poco más. Escucha que vai' a ver lo fácil que es llegar. Cuando llegái' al paradero 14, caminái' cuatro cuadras, luego doblái' a la derecha y ahí mismo está la oficina de pasaportes. ¿Me cachai'?

Marta: —Ah, sí, sí, pero... es que ando en mi auto. Está allí, es el auto de cuatro puertas de color carmín. ¿Te (9) <u>acuerdas/acordái'</u>?

Cristóbal: —Ah, sí, mi auto preferido: ¿cómo no me voy a acordar? Pero entonces... ¿me (10) <u>puedes/podí'</u> llevar? Yo voy a la oficina de venta de celulares que está al lado de la oficina de pasaportes.

Marta: —Ah, claro que sí, con todo lo que hablái' no me puedo aburrir.

Actividad 8-43. ¿Extrañas a tu familia?

Paso 1. Mira el video y escoge la opción apropiada para completar el siguiente resumen del episodio.

1. Cuando Connie llega al cuarto de Guadalupe, Guadalupe...
   a. está haciendo la tarea para las clases del día siguiente.
   b. está haciendo preparativos para el festival de comida hispana.
   c. está escribiendo un guión para el programa de radio de Jordi.
2. Connie le enseña a Guadalupe fotos...
   a. de las vacaciones de verano con su hermano Carlos.
   b. de las vacaciones de Navidad en casa de la abuela Bertica.
   c. de diferentes miembros de la familia en diferentes ocasiones.
3. Connie dice que sabe...
   a. hablar ladino perfectamente.
   b. algunas palabras del ladino.
   c. escribir ladino pero no sabe hablarlo.
4. Guadalupe se sorprende porque se da cuenta de que...
   a. hay muchas palabras en español para referirse a una misma cosa.
   b. Connie tiene que estudiar para un examen.
   c. Connie hace muchas preguntas.

Paso 2. Mira el video y presta atención a la parte del diálogo entre Guadalupe y Connie que sigue al comentario sobre la foto de toda la familia en Navidad. Con un/a compañero/a hablen de lo siguiente:

1. Cuando Connie dice "¡La diferencia es del cielo a la tierra!", ¿qué está comparando?, ¿por qué dice eso?
2. Cuando Connie dice "Yo era la consentida de mi familia. Para mí es muy difícil estar sin ellos", ¿qué quiere decir?

Actividad 8-44. ¿Los echas de menos?

Paso 1. ¿Echas de menos (*do you miss*) a tu familia cuando estás lejos de casa? ¿Qué haces cuando sientes mucha nostalgia? Señala con una palomita (√) las opciones que son ciertas en tu caso y añade otras si es necesario.

Cuando echo de menos a mis parientes
_____ los llamo por teléfono.
_____ les escribo cartas.
_____ les mando mensajes electrónicos.
_____ hablo de ellos con mis amigos.
_____ trato de no pensar en ellos.
_____ pienso en la próxima visita que les voy a hacer.

 Paso 2. Guadalupe echa de menos a su familia y desea hablar con alguien. Guadalupe trata de animar (*cheer up*) a Connie. Con un/a compañero/a escribe un diálogo de una posible conversación entre las dos.

Actividad 8-45. **Guadalupe y Connie hablan sobre el ladino o judeo-español**

Paso 1. Mira el segmento del episodio en el que Connie le habla a Guadalupe sobre el ladino o judeo español y completa estos datos que menciona Connie.

El ladino se habla en _____.
Hablan ladino más de _____ judíos.

Paso 2. Connie le muestra a Guadalupe varios ejemplos de palabras judeo-españolas y la reacción de Guadalupe es: "Cuando las dices entiendo más o menos, pero como las escribes es muy extraño". Guadalupe quiere decir que:

1. Le resulta más extraña la pronunciación que la ortografía.
2. Le resulta más extraña la ortografía que la pronunciación.

 Paso 3. Encuentren el equivalente en español de cada palabra del judeo-español que da Connie.

VOCABULARIO

LOS PARIENTES Y LAS RELACIONES FAMILIARES

el/la abuelo/a	grandfather; grandmother	el/la hermanastro/a	stepbrother; stepsister
		el/la hermano/a	brother; sister
el/la ahijado/a	godson/goddaughter	el/la hijastro/a	stepson; stepdaughter
la comadre	godmother of one's son/ daughter; mother of one's godson/goddaughter	el/la hijo/a	son; daughter
		la madrastra	stepmother
		la madre	mother
el compadre	godfather of one's son daughter; father of one's godson/goddaughter	la madrina	godmother
		el/la nieto/a	grandson; granddaughter
		la nuera	daughter-in-law
el/la concuñado/a	relationship between sisters-in-law or brothers-in-law	el padrastro	stepfather
		el padre	father
		los padres	parents
el/la consuegro/a	father- and mother-in-law of one's son/ daughter	el padrino	godfather
		el/la primo/a	cousin
		el/la sobrino/a	nephew; niece
el/la cuñado/a	brother-in-law; sister-in-law	el/la suegro/a	father-in-law; mother-in law
la esposa o la mujer	wife	el/la tío/a	uncle; aunt
el esposo o el marido	husband	el yerno	son-in-law

VOCABULARIO ÚTIL RELACIONADO CON LA FAMILIA

el/la amante	lover	los/las mellizos/as	fraternal twins
el apellido	surname	la mezquita	mosque
el embarazo	pregnancy	el/la novio/a	boyfriend; girlfriend
los/las gemelos/as	identical twins	la pareja	couple
el hijo único/la hija única	only child	el/la prometido/a	fiance; fiancée
la iglesia	church	la sinagoga	synagogue
el matrimonio	the marriage	soltero/a	single

OCASIONES FAMILIARES

el bautismo	baptism	el noviazgo	courtship
la boda o el casamiento	wedding	la (primera) comunión	first communion
el cumpleaños	birthday	la quinceañera	15-year-old girl's celebration
el entierro	burial		
el nacimiento	birth	el velorio	wake

VERBOS PARA REFERIRSE A LAS RELACIONES FAMILIARES

amar	*to love*	enviudar	*to become a widow/er*
casarse	*to marry*	fallecer	*to pass away*
comprometerse	*to be engaged*	morir	*to die*
convivir	*to live with someone*	nacer	*to be born*
divorciarse	*to get divorced*	separarse	*to separate (a couple)*

MÁS VERBOS ÚTILES

abandonar	*to leave behind*	exigir	*to require/to demand*
alegrarse	*to feel happy*	expulsar	*to expel*
apoyar	*to support (ideas, positions)*	llegar a ser	*to become*
		llorar	*to cry*
aprender	*to learn*	mandar	*to send*
ayudar	*to help*	mantenerse	*to support oneself (by making a living)*
cambiar	*to change*		
conseguir	*to get/to achieve/ accomplish*	molestar	*to mind*
		partir	*to leave*
convertirse	*to get to be*	pasar (tiempo)	*to spend (time)*
cuidar	*to take care of*	pelearse	*to fight*
dar	*to give*	quedarse	*to stay*
darse cuenta de	*to realize*	sentirse	*to feel*
decir	*to say*	sonreír	*to smile*
dejar	*to leave (behind)*	tratar	*to treat*
depender de	*to depend on*	vestir	*to dress*
empezar	*to begin*		

DE VIAJE POR EL MUNDO

9

CAPÍTULO

BY THE END OF THIS CHAPTER YOU'LL KNOW HOW TO
- Describe your home and other places to live
- Talk about traveling and means of transportation
- Make travel arrangements including airline and hotel reservations
- Express what *had happened* before another event
- Use the Spanish **se** in various ways
- Be a strategic reader when looking for information on web pages and social media
- Write complaints in the form of letters and emails
- Express positive and negative feelings
- Pronounce the letters "v" and "b" in Spanish

YOU'LL LEARN ABOUT
- The use of the **usted** form with family and close friends in Colombia (as opposed to **tú** or **vos**)
- The concept of private and public space in Spanish-speaking cultures
- The Nobel-prize winning writer Gabriel García Márquez
- The geography of Colombia, Panamá and Venezuela

Actividad 9-0. Viajes (*Trips*) por el mundo

Paso 1. Empareja las descripciones con la foto correspondiente. Recuerda usar tu conocimiento de cognados y del contexto.

Venezuela—El Salto Ángel ...

Colombia—La Candelaria ...

Panamá—El casco viejo ...

a. ... es la parte histórica de una ciudad de este país, en la que se pueden ver ruinas de la ciudad construida por los españoles y monumentos históricos como el Convento de los Jesuitas. La ciudad original fue destruida en 1671 por el pirata Morgan y fue reconstruida en el 1673. Esta ciudad fue declarada Patrimonio de la Humanidad por la UNESCO en el año 1997.

Colombia—La isla de San Andrés...

b. ... es una zona pintoresca de Bogotá en la que se pueden ver muchos edificios históricos y casas antiguas. En esta zona se puede visitar la Plaza de Bolívar, el Palacio de Nariño, el Museo del Oro, la plaza del Chorro Quevedo y la feria artesanal.

c. ... es parte de un archipiélago de islas que está situado a 720 km al Noroeste de Colombia y a 199 km al este de Nicaragua. Las Naciones Unidas ha clasificado a este archipiélago como reserva mundial de la biosfera. Tiene un clima cálido y las temperaturas oscilan entre los 26 y 38 grados centígrados.

d. ... es la caída de agua más alta del mundo, con una altura de 979 m (807 m de caída ininterrumpida). Está ubicada en el Parque Nacional Canaima. Fue declarado Patrimonio de la Humanidad en 1994. El nombre del salto hace honor al aviador estadounidense que en el año 1937 aterrizó su avión sobre la cima del salto.

Paso 2. Imagina que vas a visitar uno de los lugares que se muestran en las fotos con tu familia. Escribe una lista de actividades que quieres hacer en el destino que seleccionaste.

Paso 3. Busca una persona que seleccionó un destino diferente al que tú seleccionaste. Cuéntale por qué seleccionaste el tuyo y pregúntale a tu compañero/a por qué eligió el suyo.

VOCABULARIO EN CONTEXTO

Actividad 9-1. ¿Por qué viajamos?

Paso 1. Pon en orden, de mayor frecuencia (5) a menor frecuencia (1), las razones por las que viajas normalmente.

_____ para visitar a la familia y a los amigos
_____ para conocer otros lugares o culturas
_____ por razones de trabajo
_____ para aprender lenguas
_____ para descansar
_____ para visitar museos y monumentos
_____ para dedicar tiempo a las aficiones/hobbies (por ejemplo, el esquí, la pesca, el alpinismo)
_____ ...

Paso 2. Pregúntales a cuatro compañeros/as por qué y adónde viajan normalmente. ¿Tienen algo en común? ¿Son muy diferentes?

Modelo: E1: —¿Adónde viajas normalmente?
          E2: —Todos los veranos voy a Wisconsin.
          E1: —¿Por qué?
          E2: —Mis abuelos viven allí y vamos a visitarlos.

Actividad 9-2. Cuando tenía 6 años visité...

Paso 1. ¿Cuál fue el viaje más emocionante que hiciste cuando eras niño/a? Escribe una narración breve en el siguiente espacio.

Cuando tenía __ años visité... _____

_____

_____

_____

_____

Paso 2. Pregúntale a otro/a estudiante sobre su viaje. Toma nota de lo que te cuenta. Al finalizar, tu profesor(a) va a pedirte que le cuentes sobre el viaje de tu compañero/a de clase.

Actividad 9-3. ¿Cómo te gusta viajar?

Paso 1. Clasifica los siguientes medios de transporte de acuerdo al medio geográfico más común en que se usan (tierra, aire, agua, nieve).

El tren	El carro	El avión
El autobús	El barco	Los patines con ruedas
La moto (cicleta)	La lancha a motor	La moto de nieve

Tierra: el tren,...
Aire:
Agua:
Nieve:
Agrega otros medios de transporte, por ejemplo el metro, el caballo, la bicicleta, el helicóptero, los esquís, etc.

Paso 2. Para cada uno de los medios de transporte del Paso anterior, selecciona dos frases de la siguiente lista que mejor describen cada medio de transporte. Puedes agregar frases nuevas.

Es rápido.
Es cómodo (*comfortable*).
Es divertido/entretenido.
Es barato (*inexpensive*).
Es...

Es lento.
Es incómodo.
Es aburrido.
Es caro (*too expensive*).

Actividad 9-4. ¿Cómo se llama este medio de transporte?

Paso 1. Identifica el medio de transporte que se describe en cada uno de los siguientes párrafos.

OPCIONES: avión   barco   carro   metro o subte

1. Vehículo con motor y con cuatro ruedas (*wheels*).
2. Vehículo con motor que sirve para volar.
3. Tren subterráneo o al aire libre que circula por las grandes ciudades.
4. Embarcación pequeña para atravesar los ríos y, en el mar, para pescar y para otros servicios.

Paso 2. Escribe otra descripción para otros dos medios de transporte diferentes. Luego, pregúntale a tu compañero/a de clase si sabe el nombre de este medio de transporte.

DESCRIPCIÓN 1: _____

_____

DESCRIPCIÓN 2: _____

_____

Actividad 9-5. Viajar en avión

Paso 1. Basándote en estas imágenes, empareja el nombre con su descripción (ver la página siguiente).

La terminal

a. la cola	1. ___ Donde los pasajeros se sientan para esperar
b. facturar el equipaje	2. ___ Lugar donde podemos pedirle información a una persona sobre nuestro vuelo (*flight*)
c. el número de vuelo	3. ___ Donde examinan nuestras cosas para que nadie pase al avión con objetos peligrosos (*dangerous*) o ilegales
d. la inspección de seguridad	4. ___ Personas que esperan en orden para subir a un medio de transporte
e. el asiento	5. ___ Monitor donde se anuncia información sobre los vuelos, por ejemplo, las salidas (*departures*) y llegadas (*arrivals*)
f. el mostrador	6. ___ Sirve para identificar la compañía aérea y el vuelo
g. el pasajero/la pasajera	7. ___ Hacemos esto para que (*so that*) nuestras maletas lleguen al destino (*destination*)
h. la pantalla	8. ___ Persona que viaja

Paso 2. Completa esta breve narración sobre la experiencia con los viajes de una persona con vocabulario de la primera columna del Paso anterior.

Generalmente viajo en avión varias veces al año y mis experiencias siempre han sido (*have been*) positivas excepto en el último viaje. En el aeropuerto tuve que esperar en la (1) _____ durante tres horas para poder facturar el equipaje. Cuando llegué a la terminal mi (2) _____ no aparecía en la (3) _____. Le pregunté a la persona que estaba en el (4) _____ y me dijo que mi vuelo salía de otra terminal. Fui rápidamente a la otra terminal pero desafortunadamente cuando llegué mi vuelo ya había salido (*had departed*). Tuve que esperar cinco horas para tomar el siguiente (*next*) vuelo. ¡Verdaderamente este error me molestó mucho (*bothered me a lot*)!

Paso 3. Cierra el libro y toma una hoja de papel en blanco. Tu profesor(a) te va a dictar la narración del Paso 2 a velocidad de lectura normal (*normal reading speed*) dos veces. La primera vez escribe palabras claves. La segunda vez trata de expandir el texto.

Paso 4. Compartan su texto con un/a compañero/a de clase para crear un texto en común. Luego, tu profesor(a) va a dictar la narración por tercera vez. Finalmente, traten de completar el texto. Al terminar, pueden verificar las versiones que escribieron con el texto original del libro.

Actividad 9-6. Preparativos para un viaje

Paso 1. Imagina que hiciste un viaje en avión. Responde a las preguntas usando la información en el boleto de avión y el contexto asociado a las palabras **en negrita**.

AEROLÍNEAS COLOMBIANAS	AEROLÍNEAS COLOMBIANAS
fecha y hora de salida **23 de mayo 2013**	fecha y hora de salida
salida **escala** **llegada**	**23 de mayo 2013**
Nueva York **Miami** **Bogotá**	**10:27 AM**
número de asiento	
22H	número de asiento
ubicación del asiento	**22H**
✓	
ventanilla medio pasillo	
878 económica	**878** económica

1. ¿Adónde fuiste?
2. ¿Cuál fue tu fecha de salida?
3. ¿Pediste un asiento de **ventanilla**, medio, o **pasillo**?
4. ¿Escogiste un asiento de **primera clase** o de **clase turista o económica**?
5. ¿Fue un **vuelo sin escalas** (*directo*) o **con** una o más **escalas**? ¿Dónde hiciste escala?

Paso 2. Usa el nuevo vocabulario del Paso 1 para escribir un párrafo en el que narres los detalles de tu último viaje.

Modelo: En enero fui a San Antonio de vacaciones. Salí el 3 de enero y regresé el 10. Compré un boleto de clase...

_____

_____

_____

_____

_____

_____

_____

Paso 3. Entrevista a 3/4 compañeros de clase para identificar tendencias (*trends*) generales con respecto a: tipo de asiento, clase de vuelo, número de escalas, etc.

Actividad 9-7. La llamada a la agencia de viajes

 Paso 1. María Luisa va a hacer una reserva (*reservation*) con una agencia de viajes. Escucha la conversación entre María Luisa y la agente de viajes y completa la tabla con la información que falta.

Tema:	Información
1. Destino:	
2. Medio de transporte:	
3. Fecha de salida:	
4. Fecha de regreso:	
5. Ciudad de salida:	
6. Clase en la que desea viajar:	
7. Tarifa (*fare*) del boleto:	
8. Formas de pago aceptadas:	

VOCABULARIO

The verb **gustar** means *to like*, but **gustaría** means *would like*. Use the latter form when you want to express politenes or indirectness when making a request.

Paso 2. Escucha la grabación una vez más y marca con una (X) las frases que se dicen durante la transacción en la agencia de viajes.

_____ 1. Me gustaría hacer una consulta.

_____ 2. Me gustaría saber cuánto cuesta un boleto de avión.

_____ 3. Me gustaría reservar este vuelo.

_____ 4. Me gustaría esperar una semana para comprar el boleto.

_____ 5. ¿Le gustaría salir por la mañana o por la tarde?

_____ 6. ¿Cómo le gustaría pagar?

Actividad 9-8. Haciendo reservas de vuelos

Paso 1. Marca con una cruz las preguntas que es probable escuchar cuando haces una reserva de vuelo por teléfono.

__X__ 1. Agente: —Sí, como no. ¿En qué fechas desea viajar y desde dónde prefiere salir?

_____ 2. Agente: —Hola, buenos días, ¿en qué puedo ayudarle?

_____ 3. Agente: —¿Le gustaría salir por la mañana o por la tarde?

_____ 4. Agente: —¿Prefiere pasillo o ventanilla?

_____ 5. Agente: —¿Cuál es su talla? En ese color, tenemos chaquetas tamaño 36 y 38.

_____ 6. Agente: —¿Cuál es el número de su oficina?

_____ 7. Agente: —Muy bien, y para el desayuno, ¿qué desea comer?

_____ 8. Agente: —¿Cómo le gustaría pagar? ¿Con tarjeta de crédito o con paypal?

_____ 9. Agente: —¿Cuáles son las ciudades de salida y de destino?

_____ 10. Agente: —¿En qué clase desea viajar? ¿Económica o primera?

_____ 11. Agente: —¿Me podría decir su nombre primero y luego el número de...

Paso 2. Escucha varias preguntas de una agente de viajes. Completa la pregunta en cada entrada del diálogo.

Modelo: Escuchas a la agente decir:

Agente: —Buenos días, Aerolíneas Colombia, mi nombre es Marcela, ¿en qué puedo ayudarle?

Tú escribes: Buenos días, Aerolíneas Colombia, mi nombre es Marcela, **¿en qué puedo ayudarle?**

Agente: —Buenos días, Aerolíneas Colombia, mi nombre es Marcela, ¿(1) _____?

Agente: —Sí, como no. Dígame, ¿(2)_____?

Agente: —Tenemos varios vuelos de salida sin escala, ¿(3) _____ _____?

Agente: —¿En qué (4) _____? ¿(5) _____?

Agente: —Muy bien ¿(6) _____?

Agente: —Bien, tiene varias opciones de asiento. ¿(7) _____?

Agente: —Un momento por favor mientras el sistema acepta su reserva... Señor, su reserva ya está hecha. La tarifa total con impuesto incluido es de 900 dólares americanos. Le puedo mantener la reserva por 24 horas, pero no le podemos garantizar la tarifa. ¿(8) _____?

Agente: —Muy bien. ¿Cómo (9) _____?

Agente: —Muy bien, gracias. ¿(10) _____?

Paso 3. Ahora, escucha la grabación de nuevo y escribe una respuesta original a cada pregunta.

Modelo: Escuchas a la agente decir:
Agente: —Buenos días, Aerolíneas Colombia, mi nombre es Marcela, ¿en qué puedo ayudarle?
Tú escribes: **Necesito hacer una reserva para viajar a Panamá**.

Agente: —Buenos días, Aerolíneas Colombia, mi nombre es Marcela...
Cliente: —_____
Agente: —Sí, como no. Dígame...
Cliente: —_____
Agente: —Tenemos varios vuelos...
Cliente: —_____
Agente: —¿En qué...
Cliente: —_____
Agente: —Muy bien...
Cliente: —_____
Agente: —Bien, tiene varias opciones...
Cliente: —_____
Agente: —Un momento por favor...
Cliente: —_____
Agente: —Muy bien. ¿Cómo...?
Cliente: —_____

GRAMÁTICA: Verbs Like Gustar

In this chapter, you will see examples of additional verbs that work like **gustar** (introduced in Chapter 3 and reviewed with similar verbs in Chapter 7). These verbs are almost always used in the third person form (e.g., **interesa/interesan**) and follow an indirect object pronoun (**me/te/le/nos/os/les**):

caer bien/mal: *to seem pleasant/unpleasant, likeable/unlikeable* (often used to talk about liking people)

fastidiar: *to be bothersome or annoying*

importar: *to be important, to matter*

interesar: *to be interesting*

molestar: *to be bothersome or annoying*

Me cae bien [el piloto], pero no me interesan [sus anuncios]. De hecho, me molestan [los anuncios].

I like the pilot (literally *The pilot seems likeable to me*) *but his announcements don't interest me* (literally *are not interesting to me*). *In fact, the announcements annoy me* (literally *they are annoying to me*).

Actividad 9-9. ¿Qué inconvenientes (*inconveniences*) te molestan más?

Paso 1. ¿Cuáles de los inconvenientes que se describen a continuación están representados en las siguientes tres fotos? ¿Cómo te sientes en estas situaciones? Indica con una cruz (X) en la siguiente tabla las situaciones que te molestan mucho, un poco o nada cuando viajas.

Inconvenientes/Molestias (*Inconveniences/Annoyances*)	Me molesta mucho	Me molesta un poco	No me molesta para nada (*at all*)
1. Tener que esperar mucho tiempo en la cola para facturar el equipaje			
2. Los retrasos (*the delays*) o las cancelaciones de los vuelos de avión			
3. Las averías (*breakdowns*) del carro, tren o autobús en medio de un viaje			
4. Los cambios repentinos (*the sudden changes*) de horario o de ruta de los vuelos de avión			
5. El mal tiempo durante un viaje			
6. Los empleados de transporte que no son simpáticos			
7. Tener que quitarnos los zapatos y el cinturón para la inspección de seguridad del aeropuerto			
8. Viajar apretados (*cramped*) en un avión por muchas horas			
9. La falta (*lack*) de higiene en los baños de los restaurantes de carretera (*highway*)			

Paso 2. Entrevista a compañeros/as de clase para saber qué situaciones les molestan mucho, un poco o nada cuando viajan y qué hacen para minimizar las molestias.

E1: —¿Qué situaciones <u>te molestan/fastidian</u> más?
E2: —Bueno, <u>a mí me cae muy mal</u> tener que esperar en un aeropuerto...
E1: —¿Qué haces para no molestarte mucho?
E2: —Llego justo antes de abordar (*board*) el avión.

Actividad 9-10. La reserva de hotel: ¿qué cosas te interesan/te importan?

Paso 1. ¿Qué opciones de estos hoteles prefieres tú cuando viajas?

HOTEL MIRAMAR
Calle Las Palomas #34, Cali, Colombia

1. Fumador/No fumador	☐
2. Cama doble/Cama individual	☐
3. Wifi gratis	☐
4. TV interactivo	☐
5. Con o sin desayuno incluido	☐
6. Con o sin vista al mar	☐
7. Refrigerador	☐
8. Piscina	☐
9. Gimnasio	☐
10. Salas de conferencia	☐

 Paso 2. Con un compañero, decidan qué opciones del hotel les parecen importantes para un viaje de negocios versus un viaje de diversión.

Modelo: Para un viaje de negocios me parece necesario tener wifi gratis, pero si estoy de vacaciones no me importa desconectarme del internet. Y tú, ¿qué piensas?

Actividad 9-11. Otro alojamiento (*housing, accommodations*)

 Paso 1. Por turnos, uno/a de ustedes describe una habitación o parte de la casa y la otra persona tiene que adivinar el nombre de esa habitación o división de la casa. El/La estudiante que adivina primero puede mirar el dibujo de la casa por un minuto. Luego, cierra el libro. Después de adivinar tres partes de la casa, cambian de rol.

Modelo: Es un lugar abierto. Hay varios árboles. Hay dos sillas y dos mesas con sombrillas (*beach umbrellas*).

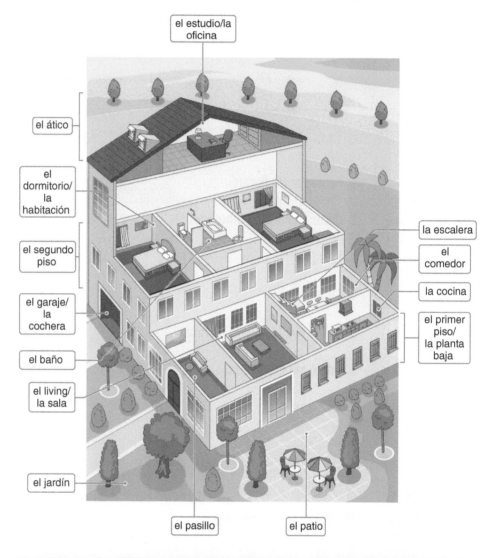

Estudiante 1	Estudiante 2

Paso 2. ¿Qué otras características debe tener tu casa o apartamento ideal? Clasifica los siguientes factores en orden de importancia (1 = Poco importante; 5 = Muy importante). Agrega otras características que son importantes para ti.

_____ Tiene dos pisos (o tres pisos).

_____ Es de una sola planta (*only one floor*).

_____ Tiene muchas ventanas.

_____ Tiene piscina.

_____ Tiene jardín.

_____ Tiene cerca (*fence*) alrededor de la casa.

_____ Tiene aire acondicionado.

_____ Tiene sistema de calefacción central (*central heating*).

_____ Tiene vista al mar.

_____ Está cerca al centro de la ciudad.

_____ Está cerca de los supermercados y los centros comerciales.

_____

_____

_____

_____

Paso 3. En grupos de cuatro personas compartan la información sobre su casa/apartamento ideal y expliquen sus preferencias. ¿Les gustaría tener una casa o un apartamento con las mismas características?

Modelo: A mí me encantan las casas con jardín. Me gustan mucho las piscinas también, pero es muy caro el mantenimiento. No puedo virir en un apartamento.

Paso 4. Tu profesor(a) va a preguntarle a cada grupo sus preferencias para saber cuál es la preferencia más popular y por qué.

Paso 1. Escribe el nombre de los muebles de la casa dentro de la habitación donde se usan.

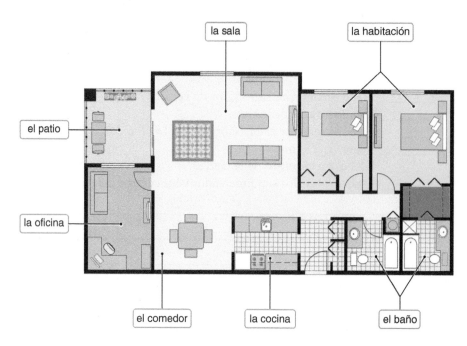

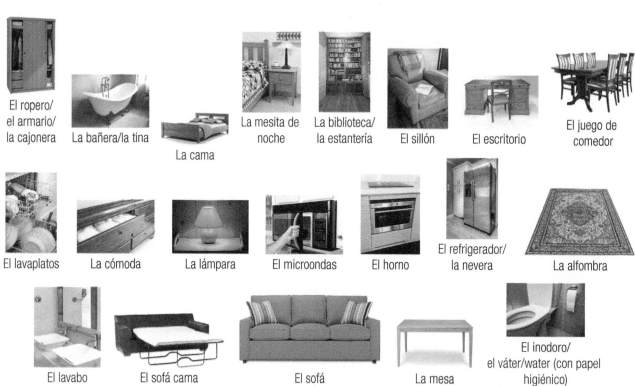

El ropero/
el armario/
la cajonera

La bañera/la tina

La cama

La mesita de
noche

La biblioteca/
la estantería

El sillón

El escritorio

El juego de
comedor

El lavaplatos

La cómoda

La lámpara

El microondas

El horno

El refrigerador/
la nevera

La alfombra

El lavabo

El sofá cama

El sofá

La mesa

El inodoro/
el váter/water (con papel
higiénico)

Paso 2. Tú y tu compañero van a alquilar un apartamento el próximo semestre. Hagan dos listas: (1) una lista de las habitaciones que el apartamento necesita tener, y (2) otra lista de los muebles y aparatos que tiene cada persona para cada habitación. Luego decidan qué muebles tienen que comprar o alquilar (*rent*).

E1 y E2: —El apartamento tiene que tener una cocina...
E1: —Para la sala yo quiero tener...
E2: —Para el comedor mi compañero quiere tener...
E1 y E2: —Tenemos que comprar o alquilar...

Actividad 9-13. ¿Qué opciones ofrece un apartamento?

Paso 1. María Luisa decidió llamar a una oficina de apartahoteles (*short-term apartment rentals*) para saber más sobre las opciones de un apartamento. Escucha la conversación telefónica y pon una cruz (X) al lado de las opciones que ofrece la agencia.

Tipo de apartamentos

_____ 1 habitación y 1 baño

_____ 2 habitaciones y 1 baño

_____ 2 habitaciones y 2 baños

_____ 2 habitaciones, sala con sofá-cama y 2 baños

_____ estudios

Tipo de servicios

_____ llamadas locales de teléfono gratis

_____ estéreo

_____ limpieza (*cleaning*) diaria de habitación

_____ estacionamiento gratis (*free parking*)

_____ servicio diario de lavandería (*laundry*)

_____ transporte gratis del aeropuerto al apartahotel y viceversa

_____ piscina

Cocina con

_____ refrigerador

_____ lavaplatos

_____ horno de microondas

_____ utensilios básicos de cocina

_____ horno

Paso 2. Escucha de nuevo la conversación y completa la tabla con las características del apartamento que le interesan a María Luisa.

número de habitaciones	_____
número de baños	_____
precio al día	_____
precio al mes	_____

Actividad 9-14. ¿Un apartamento o una casa?

 Paso 1. María Luisa no está segura si prefiere alquilar un apartamento en la ciudad o tal vez considerar una casa en el campo. Lee la información sobre sus gustos y sus planes, y subraya los factores que indican que sería mejor alquilar la casa o el apartamento.

Información:

— Sus sobrinos, Pepi y Fabián, van a pasar los fines de semana con ella pero regresan cada día a dormir a casa de sus padres.

— Durante su viaje a Colombia tiene que escribir un artículo sobre la historia de Bogotá.

— Le gusta ir al cine y visitar museos y exposiciones de arte.

— Le encanta el mar.

— Va a pasar mucho tiempo fuera de casa.

 Paso 2. Comparte tu opinión con tu compañero/a de clase. Explica los factores que usaste para tomar tu decisión.

GRAMÁTICA EN CONTEXTO
Past Participles and the Present Perfect

1. Micaela **se ha mudado** a Baranquilla y **ha alquilado** un apartamento en el centro.
   Micaela has moved to Baranquilla and has rented an apartment downtown.

2. **No hemos visitado** esa ciudad, pero Micaela nos **ha dicho** que es bellísima.
   We have not visited that city, but Micaela has told us that it is very pretty.

The present perfect indicates that events took place at an ambiguous time in the past, similar to its use in English. For instance, in sentence (1) above, the time when Micaela rented an apartment is ambiguous.

Note that both in English and Spanish, it is possible to use the simple past form instead of the present perfect:

3. Micaela **se mudó** a Baranquilla y **alquiló** un apartamento en el centro.
*Micaela **moved** to Baranquilla and **rented** an apartment downtown.*

The main difference between these two tenses is associated with the ambiguity of time reference conveyed with the present perfect (in both English and Spanish). Given this ambiguity, it is most common to find the present perfect in questions and negative sentences and the simple past tense in cases when the time reference is known.

4a. A: — ¿**Has visitado** Baranquilla?
A:—Have you visited Baranquilla?

4b. B: —No, **no he visitado** Baranquilla. or Sí, **visité** Barranquilla el año pasado.
B:—No, I haven't visited Baranquilla. or Yes, I visited Baranquilla last year.

VOCABULARIO

Spanish uses the expresion **acabar de + infinitivo** (*Micaela **acaba de mudarse***) to say that something has <u>just</u> happened (*Micaela **has just moved***).

The present perfect is formed with **the present tense of** the auxiliary verb **haber** and the **past participle of the main verb**. To form the regular past participles, the ending **–ado** is added to the stem of **–ar** verbs, and **–ido** to the stem of **–er** and **–ir** verbs.

	Viajar	Comer	Vivir
yo	**he** viaj**ado**	**he** com**ido**	**he** viv**ido**
tú/(vos)	**has** viaj**ado**	**has** com**ido**	**has** viv**ido**
él/ella/usted	**ha** viaj**ado**	**ha** com**ido**	**ha** viv**ido**
nosotros/as	**hemos** viaj**ado**	**hemos** com**ido**	**hemos** viv**ido**
(vosotros/as)	habéis viaj**ado**	habéis com**ido**	habéis viv**ido**
ellos/as/ustedes	**han** viaj**ado**	**han** com**ido**	**han** viv**ido**

The past participle of some verbs is irregular.

Infinitive → Past participle	Infinitive → Past participle
abrir → abierto	morir → muerto
cubrir (*to cover*) → cubierto	poner → puesto
decir → dicho	resolver → resuelto
descubrir → descubierto	romper (*to break*) → roto
escribir → escrito	ver → visto
hacer → hecho	volver → vuelto
ir → ido	

Actividad 9-15. ¿Has pensado en nuestra oferta?

Paso 1. Las siguientes preguntas y respuestas hacen referencia a períodos ambiguos de tiempo. Para cada intercambio, empareja la respuesta que corresponde a cada pregunta.

1. ___ —¿Ya has tomado una decisión sobre nuestra oferta de trabajo? ¿Te interesa?

2 ___ —¿Han disfrutado de su viaje al campo (*countryside*)?

3 ___ —¿No te han llamado del aeropuerto todavía? ¿Crees que han encontrado tu maleta?

4 ___ —¿Hemos recibido noticias del taller de automóviles? ¿Sabes si ya han reparado nuestro carro?

5 ___ —¿Qué tal te ha caído la agente de viajes que te recomendé? ¿No es genial?

    a. —No, para nada. Es que no me he podido conectar al Internet. Creo que no me puedo separar del resto del mundo en forma electrónica.

    b. —Sí, nos llamaron hoy de tarde. Pero no han podido terminar aún porque tuvieron que comprar un repuesto (*part*) que no tenían en el taller.

    c. —Me ha caído muy bien. La llamé y en cinco minutos me encontró un descuento de 300 dólares para viajar a Panamá.

    d. —No me han llamado aún. No, creo que no la han encontrado todavía.

    e. —No, la verdad es que no he tenido tiempo de analizarla en detalle.

 Paso 2. Subrayen todos los usos del presente perfecto en las preguntas y respuestas anteriores.

Modelo: 1. —¿Ya **has tomado** una decisión sobre nuestra oferta de trabajo? ¿Te interesa?

Paso 3. Completa la tercera columna de la siguiente tabla con los ejemplos de los participios de los verbos que se usan en las preguntas y respuestas del Paso 1.

Pronombres de sujeto	Verbo auxiliar (Haber)	Participio pasado
yo	he	verbos en *–ar (–ado)*:
tú	has	_____
él/ella/Ud.	ha	_____
nosotros/as	hemos	verbos en *–er –ir (–ido)*: _____
ellos/ellas/Uds.	han	_____

Actividad 9-16. ¿Cuánto sabes de tu profesor/a?

 Paso 1. En parejas, lean estas afirmaciones sobre su profesor(a) y decidan cuáles son probables y cuáles son poco probables.

1. ... ha visitado Colombia.
2. ... ha viajado a Europa.
3. ... ha tenido problemas en alguno de sus vuelos.
4. ... ha manejado un carro en otro país.
5. ... ha conocido mucha gente en sus viajes.
6. ... ha trabajado mucho para poder ahorrar dinero para viajar.
7. ... ha mejorado su conocimiento de español en muchos de estos viajes.
8. ... se ha quedado en hoteles muy peculiares (*unusual or weird*).
9. ... ha aprendido muchas cosas interesantes en sus viajes.
10. ... ¡ha quedado muy cansado/a de tanto viaje!

Paso 2. Hazle preguntas a tu profesor(a) para verificar tus respuestas.

Modelo: E1: —Profesor(a), ¿ha viajado a muchos países?
Profesor/a: —Sí, la verdad es que he viajado mucho. Por ejemplo...

Actividad 9-17. ¿Qué sabes de tus compañeros/as de clase?

Paso 1. ¿Conoces bien a tus compañeros/as de clase? Indica con una X si piensas que **muchos, algunos, pocos** o **nadie** ha hecho cada una de las siguientes actividades.

	Muchos	Algunos	Pocos	Nadie
1. Han vivido en otra ciudad, estado o país.				
2. Han estudiado otras lenguas aparte de español.				
3. Han visto una película o una obra de teatro en español.				
4. Han trabajado en un hotel, un restaurante o para una aerolínea.				
5. Han ido a una ciudad en un país hispanohablante.				
6. Han resuelto un inconveniente de viaje.				
7. Han hecho una reserva de hotel para las próximas vacaciones.				
8. Han comido un plato peculiar de otro país.				

Paso 2. Tu profesor va a preguntar a la clase y va a hacer un cómputo en la pizarra. Verifica tus respuestas y completa estas oraciones con información de la clase.

Muchos compañeros...
Algunos...
Pocos...
Nadie...

Actividad 9-18. Las actividades emocionantes de mi vida

Paso 1. ¿Qué cosas interesantes has hecho en tu vida? Contesta a esta pregunta escribiendo seis oraciones, algunas verdaderas y algunas falsas.

Modelo: He visitado la Casa Blanca.

Paso 2. Lee tus oraciones a tu compañero/a y él/ella va a adivinar si cada oración es verdadera o falsa. Luego, tu compañero/a hace lo mismo con sus oraciones.

Modelo: E1: —He saltado de un avión.
          E2: —Creo que es falso.
          E1: —Sí, es falso. No he saltado de un avión, pero tengo muchas ganas de hacer paracaidismo (*skydiving*).

Paso 3. ¿Qué actividades emocionantes han hecho otros/as compañeros/as? Cada pareja lee dos oraciones de la actividad anterior para saber si el resto de la clase puede adivinar si son ciertas o falsas.

Hace + Time + Present Tense

1. **Hace cuatro años que viajo** a Bogotá. Pero, **hace siete años que** no **viajo** a Panamá.
   For four years I have been travelling to Bogotá. But I haven't traveled to Panama in seven years.

456

CAPÍTULO 9 •

2. **Viajo** a Bogotá **(desde) hace cuatro años.** Pero, no **viajo** a Panamá **(desde) hace siete años.**

   For four years I have been travelling to Bogotá. I haven't traveled to Panama in seven years.

To express <u>for how long</u> someone has done or has been doing something, Spanish frequently uses an expression with the verb **hacer.** There are two possible orders for this expression:

1. **Hace** + time expression (*an hour, a week, five years*, etc.) + **que** + present tense
2. Present tense + **(desde) hace** + time expression (*an hour, a week, five years*, etc.) (Use of **desde** is optional.)

GRAMÁTICA

Note that the **hace** + time expressions are accompanied by the Spanish present tense (**viajo**), whereas the English translation uses the present perfect (*have been travelling, haven't traveled*).

Actividad 9-19. **Una entrevista para ser agente de viajes**

Paso 1. Escucha la primera parte de una entrevista entre la jefa de una agencia de viajes y un candidato para ser agente de viajes. Completa la información que falta en la siguiente transcripción de la entrevista.

Jefa: —Pase, señor Rodríguez, y tome asiento (1) _____.

Candidato: —(2) _____, muy amable.

Jefa: —Bueno... veamos. Esteee... Leí su currículum y veo que trabajó en el aeropuerto hasta el (3) _____ de 2012. Y desde entonces... ah sí, este... veo que (4) _____ desempleado, ¿es así?

Candidato: —Sí, así es. Es que... bueno... Dejé el (5) _____ del aeropuerto por voluntad propia (*by my own choice*) por razones de (6) _____. Era un trabajo que exigía mucha actividad (7) _____ y no podía hacerlo. Estoy bien de salud, eso sí... es queee... era el trabajo manual. Entonces empecé a (8) _____ para trabajar como agente de viajes. Y ahora ya (9) _____ bueno, ya... sí... cuatro meses que busco empleo en una (10) _____. Pero, como sabe, dadas las condiciones económicas no hay muchos puestos disponibles en estos momentos.

Paso 2. Escucha la entrevista entre la jefa de una agencia de viajes y el candidato de nuevo. Esta vez, completa las siguientes oraciones con la información que falta. Recuerda que la fecha de la entrevista es el 15 de enero de 2013.

¿Cuánto tiempo hace que el candidato hace lo siguiente? (*How long has the candidate been doing the following?*)

Modelo: <u>**Hace unos minutos** que el candidato habla con la jefa.</u>

1. _____ que el candidato ya no trabaja en el aeropuerto.
2. _____ que el candidato busca empleo con una agencia de viajes.
3. Visita una nueva región de Panamá cada año desde _____.
4. _____ que viaja a diferentes países cada verano.

Actividad 9-20. Tus experiencias con los viajes

Paso 1. Completa las siguientes ideas, con **hace** + tiempo + **que**, según tu experiencia personal. Si no has tenido la experiencia, cambia la frase para expresar esto.

Modelo: Hace cinco años que visito a mis amigos en otras ciudades.
O, si no es cierto...
Nunca/No visito a mis amigos en otras ciudades.

1. _____ viajo para ver a mis amigos.
2. _____ mi familia compra boletos de avión o tren por Internet.
3. _____ mi familia reserva una habitación en un hotel de cinco estrellas.
4. _____ mis viajes son independientes de los de mi familia.
5. _____ mi familia paga los viajes (el hotel, el boleto, la comida, etc.) con tarjeta de crédito en vez de con cheque o en efectivo.

Paso 2. Convierte las oraciones del Paso 1 en preguntas. Luego, entrevista a un compañero para ver si tienen muchas experiencias en común.

Modelo: _____visito a mis amigos en otras ciudades
—¿**Visitas** a tus amigos en otras ciudades? **¿Cuánto tiempo hace que los visitas** en otras ciudades?

Hace + Time + Past Tense

1a. **¿Cuánto tiempo hace que dejaste** de usar una agencia de viajes?
How long ago did you stop using a travel agency?
1b. **Hace dos años (que) dejé** de usar una agencia de viajes.
Two years ago I stopped using a travel agency.
1c. **Dejé** de usar una agencia de viajes **(desde) hace dos años.**
I stopped using a travel agency two years ago.

To express how long ago someone did something, Spanish has two options:

1. **Hace** + time expression (*an hour, a week, five years,* etc.) (+ **que**) + *past tense*
2. *Past tense* + (**desde**) **hace** + time expression (*an hour, a week, five years,* etc.)

Actividad 9-21. De viaje a Panamá

Paso 1. Usa el mapa de Panamá para trazar la ruta que el viajero siguió a los siguientes lugares: la Ciudad de Panamá, Bocas del Toro, Parque Nacional Volcán Barú y el Canal de Panamá. Subraya todos los usos de la forma de **hace (tiempo) que... (verbo en pasado)** que indican la secuencia de actividades del viajero cada día.

Ciudad de Panamá

Canal de Panamá

Parque Nacional
Volcán Barú

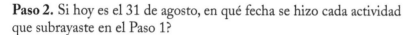
Bocas del Toro

• <u>Hace un mes que compré</u> un boleto de ida y vuelta para visitar Panamá durante mis vacaciones.

• Hace tres semanas que reservé un apartamento cerca de la playa con cocina, jardín y tres habitaciones en Bocas del Toro.

• Hace seis días que llegué a la ciudad de Panamá. Me quedé la primera noche en la ciudad de Panamá en un hotel que no me gustó mucho.

• Hace cinco días que me cambié de hotel a un hostal muy barato y bonito. No me puedo quejar. Es muy buen lugar. He escrito la dirección de este hermoso hostal para un segundo viaje.

• Hace cuatro días que me subí a un bus regional para visitar el archipiélago de Bocas del Toro. Ha sido una experiencia maravillosa poder viajar con la gente local.

• Hace tres días que partí hacia el sur de Bocas del Toro para visitar el Parque Nacional Volcán Barú. Es un lugar increíble. Quiero volver a visitarlo de nuevo otro día.

• Hace dos días que tomé un bus que me llevó hacia el este para visitar el canal de Panamá antes de regresar a la ciudad de Panamá. ¡Qué maravilla de la ingeniería humana! Hace casi un siglo que se inauguró, en el año 1914.

• Hace un día que llegué de regreso a la ciudad de Panamá y he estado visitando el casco viejo de la ciudad.

• Hace ya cuatro horas que salí para el aeropuerto para regresar a casa. Ha sido un viaje fantástico.

• Hace una hora que tomé mi avión y ya me senté a escribir la historia de mi viaje.

Paso 2. Si hoy es el 31 de agosto, en qué fecha se hizo cada actividad que subrayaste en el Paso 1?

Modelo: Compró el boleto el 31 de julio.

Actividad 9-22. ¿Qué viajes has hecho tú últimamente?

Paso 1. ¿Qué viajes has hecho tú últimamente, o qué sucesos (*eventos*) te han afectado en cuanto a los viajes? Puedes hacer los cambios que sean necesarios para adaptarlos a tu experiencia.

Modelo: Hace un mes que ___fui a San Diego para visitar a mi hermano___.

1. Hace un mes que _____.
2. Hace una semana que _____.
3. Hace unas semanas que _____.
4. _____desde hace tres años.
5. _____desde hace cuatro semestres.
6. Hace varios años que_____.
7. Hace dos semanas que _____.

 Paso 2. Entrevista a varios compañeros/as de clase para saber quién ha hecho viajes muy lejos, a lugares peligrosos, a lugares en que se habla español u otras lenguas, etc. Comparte tus resultados con el resto de la clase.

The Past Perfect

Visité a mi familia en Venezuela el verano pasado pero ya **había estado** en el país antes por razones de trabajo.

*I visited my family in Venezuela last summer, but I **had** already **been** in the country for work purposes.*

The past perfect is used in Spanish as well as in English to refer to what had happened before another event or condition in the past. In the example above, the person had been to Venezuela (**había estado**) before her visit with her family.

The past perfect is formed with **the imperfect tense** of the auxiliary verb **haber** and the **past participle of the main verb**. As we have already seen in the section on the present perfect, to form the regular past participles, the ending **–ado** is added to the stem of **–ar** verbs, and **–ido** to the stem of **–er** and **–ir** verbs.

	Viajar	Comer	Vivir
yo	**había** viajado	**había** comido	**había** vivido
tú/(vos)	**habías** viajado	**habías** comido	**habías** vivido
él/ella/usted	**había** viajado	**había** comido	**había** vivido
nosotros/as	**habíamos** viajado	**habíamos** comido	**habíamos** vivido
(vosotros/as)	habíais viajado	habíais comido	habíais vivido
ellos/as/ustedes	**habían** viajado	**habían** comido	**habían** vivido

Remember that there are also irregular participles (see the section on Past Participles and the Present Perfect of this chapter).

Actividad 9-23. ¿Qué habías hecho antes de...?

Paso 1. ¿Crees que la mayoría o la minoría de tus compañeros/as ya había hecho estas cosas? Señala con una palomita (√) tu opinión:

	La mayoría	La minoría
1. Antes de cumplir un año de edad, ya habían viajado en avión.		
2. Habían tomado el autobús muchas veces antes de cumplir dieciséis años.		
3. Antes de tomar este curso de español habían visitado un país hispano.		
4. Antes de cumplir dieciocho años habían ido de vacaciones con sus amigos.		
5. Habían vivido con un compañero/a antes de venir a la universidad.		
6. Habían comprado accesorios para su cuarto antes de llegar a la universidad.		

 Paso 2. Entrevista a dos compañeros/as para verificar tus predicciones. Después tu profesor/a va a computar las respuestas de la clase en la pizarra.

Modelo: E1: —¿Habías viajado en avión de bebé, antes de cumplir un año?

E2: —Sí, había viajado una vez en avión. Mis padres y yo tomamos el avión para visitar a mis abuelos cuando yo tenía seis meses.

Paso 1. Escribe el pasado perfecto apropiado de la siguiente lista en los espacios en blanco del siguiente texto para completar esta narración de Maray sobre su viaje a Caracas. Luego, escucha la narración y haz los cambios que sean necesarios.

había acostado	habían cambiado	habían cerrado	había dejado
había ocurrido	había preparado	habían quedado	

Era una noche del mes de abril. Yo me (1) _____ temprano porque mi vuelo a Caracas salía al día siguiente temprano en la mañana. Me gusta ser organizada y viajar con calma así que el día anterior (2) _____ todo para el viaje, las maletas, el pasaporte y otros documentos necesarios para una estancia de dos semanas. A las seis de la mañana me despertó el teléfono. Eran las líneas aéreas venezolanas. (3) ¡_____ la hora de salida de mi vuelo! La salida no era a las doce del mediodía, ¡era a las nueve de la mañana! Apenas tenía tiempo, así que decidí ducharme, cerrar la maleta y tomar un taxi al aeropuerto. De camino al aeropuerto me di cuenta que (4) _____ el pasaporte y toda la documentación en la casa. "Por favor, dé la vuelta; se me olvidó (*forgot*) algo y tengo que volver a casa a recogerlo", le dije al taxista. Al llegar a la puerta busqué rápidamente mis llaves. No lo podía creer; ¡se me (5) _____ dentro de la casa! Menos mal (*Luckily*) que siempre tengo un juego (*set*) extra de llaves en casa de mi vecina. La llamé inmediatamente y le expliqué lo que me (6) _____. Vino rápidamente y me trajo las llaves. A los pocos minutos estaba de nuevo de camino al aeropuerto con todos los documentos en la mano. Cuando llegué al aeropuerto aún no (7) _____ el mostrador para facturar el equipaje, ¡qué alivio! (*what a relief!*)

Paso 2. Estos son los comentarios de varios pasajeros que tomaron el mismo vuelo que Maray. Escribe el verbo en el pasado perfecto.

1. Había muchísimas personas esperando para facturar el equipaje pero _____ (ponerse) a la cola de las primeras así que facturé mi equipaje sin problemas.

2. No sabía completar la declaración para pasar la aduana porque nunca _____ (salir) de mi país pero el asistente de vuelo fue muy amable y me ayudó a hacerlo.

3. En este vuelo viajaban muchas personas con niños. Nunca
_____ (ver) tantos bebés en un vuelo
internacional.

4. Me aburrí un poco durante el vuelo porque no me gustaban las
películas y ya _____ (hacer) todos los cruci-
gramas (*crosswords*) mientras esperaba en el aeropuerto.

5. La comida que sirvieron en este vuelo fue excelente pero
para mí no fue una sorpresa porque otros pasajeros ya me
_____ (decir) que era muy buena.

6. La asistente de vuelo se enojó y me preguntó si
_____ (volver) a llamarla. El problema es que
tocaba (*would touch*) el botón para llamarla sin darme cuenta.

Actividad 9-25. Experiencias de viajes

Paso 1. Piensa en tu último viaje o en un viaje especial que hiciste.
Responde a estas preguntas.

1. ¿Viste monumentos/lugares/animales que no habías visto antes?
¿Cuáles?
2. ¿Probaste comidas que nunca habías probado? ¿Cuáles?
3. ¿Hiciste algo que no habías hecho nunca? ¿Qué actividades?
4. ¿Compraste algo que nunca habías comprado?

Paso 2. Entrevista a tres compañeros/as para averiguar sobre sus
experiencias.

Modelo: E1: —¿Qué viste en tu viaje que no habías visto antes?

E2: —Nunca había visto una ballena hasta que fui a *Sea
World* en San Antonio.

Paso 3. Comparen sus respuestas y expliquen brevemente qué viaje
fue el más interesante/especial siguiendo el modelo. No mencionen el
nombre del lugar que la persona visitó. La clase va a tratar de adivinar
cuál fue el lugar visitado.

Modelo: E1: —El viaje más emocionante fue el de Courtney. Probó
muchas comidas que no había probado antes como
sopa de quingombó u ocra (*gumbo*) e hizo cosas que
nunca había hecho antes, como ir en barco por el
Golfo de México. Vio animales que no había visto
antes, por ejemplo...

E2: —¡Ya sé! Creo que Courtney visitó un lugar del sur,
¿quizás (*perhaps*) Nueva Orleans?

Paso 1. Lee esta noticia que apareció en el periódico **Publimetro** y busca la siguiente información:

Bautismo del aire al cumplir 100 años

Un venezolano de 99 años que nunca había viajado en avión, realizó su primer vuelo en un avión monomotor acompañado de su esposa y de sus dos hijos. Aníbal López Cruz nunca había volado en un avión. Sin embargo, su hijo es piloto de aviones desde hace 30 años. A pesar de que su hijo lo había invitado a volar con él en numerosas ocasiones, Don Aníbal siempre había dicho que tenía miedo de volar. Pero finalmente, don Aníbal aceptó la invitación para festejar sus 100 años. El día 3 de mayo del 2013, la fecha de su cumpleaños número 100, Aníbal pudo volar. También

dirigió los controles del avión monomotor y se comunicó con la torre de control para pedir permiso para aterrizar. Luego del aterrizaje, el resto de la familia de don Aníbal lo recibió en tierra con una gran fiesta.

1. nombre de la persona que es noticia: _____
2. nacionalidad: _____
3. qué no había hecho nunca esta persona: _____
_____
4. qué hizo recientemente: _____
5. dónde estaba: _____
6. con quién estaba: _____

Paso 2. En grupos de tres estudiantes, inventen una noticia similar sobre una persona que hace algo especial que nunca había hecho antes. Usen esta guía para pensar en la información más relevante antes de componer la noticia.

1. nombre de la persona que es noticia: _____
2. nacionalidad: _____
3. qué no había hecho nunca esta persona: _____
_____
4. qué hizo recientemente: _____
5. dónde estaba: _____
6. con quién estaba: _____

Review of the Uses of *se*

1

Los viajeros se miran.

The travelers look at each other.

2

La agente de la aerolínea se agarra la cabeza/se preocupa.

The airline agent grabs her head/is worried.

3

La auxiliar de vuelo le pide el boleto al pasajero; el pasajero se lo da.

The flight attendant asks the passenger for the ticket. The passenger gives it to her.

4

Se sirven bebidas en el avión.

Drinks are served on the plane. (People/ You serve drinks on the plane.)

The four uses of "se" above were presented in previous chapters. In chapter 4 you studied the reciprocal meaning of **se** (*each other*) (picture 1) and the reflexive meaning of **se** (usually *oneself*) (picture 2). In chapter 5, you studied the use of **se** as indirect object pronoun (picture 3) (*to/for him, her, them, you (Ud., Uds.)*), and the use of impersonal/passive **se** (*People/ You (as a general reference)/One do(es) something/Something is done*) (picture 4).

Actividad 9-27. ¿Cómo es Cali, Colombia?

Paso 1. Traduce las siguientes frases del inglés al español. En todos los casos tienes que encontrar al menos una posibilidad de usos del **se**.

1. The tickets? I'll bring them to you right away, ma'am!

   _____

2. Cali is a great city. People recommend visiting it.

   _____

3. They had a lot of fun in Cali.

   _____

4. Hello? Yes,... I have your suitcases. I am going to send them to you in a moment.

   _____

Paso 2. Escucha la conversación entre una agente de viajes y una persona que busca información sobre la ciudad de Cali en Colombia. Completa los espacios en blanco con las palabras que faltan. Escucha la grabación más de una vez si es necesario. Luego consulta con otro/a estudiante para verificar tus respuestas.

Isabella: —Buenos días.

Agente: —Buenos días, señora. ¿En qué (1) _____?

Isabella: —Sí... Eh... Estoy buscando información sobre Cali, Colombia. Voy a pasar dos semanas en la ciudad y quisiera saber algo sobre algunas atracciones y espectáculos artísticos.

Agente: —Por supuesto. Tenemos mucha información sobre Colombia y tengo un folleto (*brochure*) sobre Cali que tiene muchísima información; (2) _____ enseguida.

[Le da el folleto a Isabella. Isabella comienza a ojear (look over, scan) el folleto.]

Isabella: —Ah, ¡qué bonitas las fotos! Ay, y veo que hay un espectáculo de salsa justo durante las fechas de mi estadía (*stay*). ¿ (3) _____?

Agente: —Sí, sí, claro que sí, (4) _____ con toda confianza. (5) _____ a muchas personas y cuando regresan a verme me dicen que (6) _____ muchísimo.

Isabella: —Ah, bueno, entonces parece una buena opción. Bien, voy a leer un poquito más antes de hacer mis reservas. Una cosa más: si tengo preguntas, ¿(7) _____ por correo electrónico, o es mejor llamar por teléfono?

Agente: —¡Ah, claro que sí! (8) _____ por email y le contesto enseguida.

Isabella: —Muchas gracias.

Paso 3. Lee el texto de la conversación entre Isabella y una agente de viajes. Traduce al inglés las expresiones que usan **se**.

1. se lo traigo _____
2. se lo recomiendo _____
3. se divirtieron _____
4. ¿Puedo mandárselas? _____

Actividad 9-28. Se pueden ver muchas cosas en Cali

Paso 1. Lee el folleto de información sobre Cali, Colombia y sus atracciones y traduce al inglés las expresiones que usan **se**. Todos los usos están marcados en negrita.

La ciudad de Santiago de Cali, Colombia, (1) **se** fundó en 1536. Es una ciudad moderna con un millón de habitantes, pero con el ambiente de una comunidad más pequeña. Turistas con intereses muy variados quedan encantados con esta ciudad, desde los que (2) **se** interesan por la historia hasta los que son fanáticos de la vida nocturna y el baile.

La ciudad de Santiago de Cali

Centro de una región azucarera desde hace 70 años, Cali tiene una importante actividad industrial y comercial. En esta región (3) **se** cultiva la caña de azúcar y (4) **se** transporta la caña a las plantas donde (5) **se** prepara el azúcar

para venderla. Los viajeros que quieren aprender más sobre el refinamiento del azúcar o sobre la historia de esta industria deben visitar el Museo de la Caña de Cali. El museo les ofrece a los visitantes una experiencia inolvidable de las antiguas viviendas del siglo XIX, sus preciosos jardines, y una representación histórica de las luchas y tradiciones de esta región.

La industria de la caña de azúcar

Cali también es conocida por la fuerte presencia de la música; de hecho (6) **se** ha convertido en "la capital de la salsa" en Colombia. Esta ciudad ha sido la sede (*site*) del Campeonato Mundial de Salsa, un evento en que los mejores

bailarines internacionales (7) **se** ven cada año y compiten para (8) convertir**se** en los nuevos campeones de la salsa. Para los aficionados que no tienen las habilidades artísticas y deportivas de los profesionales de la salsa, hay talleres de baile que los pueden ayudar a mejorar su técnica de bailar la salsa; (9) **se** enseñan varios estilos cada día del festival.

Campeonato mundial de salsa

Visítenos. ¡Cali es turismo! Si Ud. quiere más información sobre las atracciones de Cali, (10) **se** la mandamos al recibir su dirección.

1. Cali se fundó _____
2. los que se interesan _____
3. se cultiva la caña _____
4. se transporta la caña _____
5. se prepara el azúcar _____
6. (Cali) se ha convertido _____
7. (los mejores bailarines) se ven _____
8. convertirse _____
9. se enseñan varios estilos _____
10. se la mandamos _____

Paso 2. Llena los espacios en blanco con **se** solo si es lógico usarlo en el siguiente texto. Déjalos en blanco si no es necesario el uso de **se**.

1. Los habitantes de Cali (a)_____ están orgullosos de su ciudad. (b)_____ lo dicen a todos los turistas cuando (c)_____ tienen la oportunidad de hablar (d)_____ con ellos.

2. Para tener (a)_____ suficiente tiempo para ver (b)_____ todas las atracciones del Museo de la Caña, los turistas (c)_____ levantan temprano y (d)_____ llegan al museo cuando (e)_____ abre.

3. Después de recibir sus trofeos, los ganadores del Campeonato Mundial de Salsa (a)_____ abrazan o (b)_____ besan mientras que los miembros del jurado y el público (c)_____ felicitan (*congratulate*).

Paso 3. Vuelve a leer el texto del Paso 1 para contestar las siguientes preguntas.

1. ¿Qué ofrece Cali en materia cultural? ¿De historia? ¿En materia deportiva?

   _____

2. ¿Qué se ofrece en tu ciudad o tu estado que sea similar a las atracciones en Cali?

   _____

3. ¿Te gustaría visitar Cali? ¿Por qué (no)?

   _____

Actividad 9-29. ¿Cómo es tu programa de estudio en Colombia?

Paso 1. Imagina que estás en Bucaramanga, Colombia, para un programa de estudio en el extranjero. Un amigo tuyo quiere saber de tu vida en Colombia. Contesta sus preguntas usando la información entre paréntesis.

1. Los colombianos se besan y se abrazan para saludarse, ¿verdad? ¿Tú y los estudiantes colombianos se saludan así? (sí)

   _____

2. ¿Dónde se hospedan los estudiantes del programa? (en casa de familias colombianas)

   _____

3. Tienes muchas horas de clase cada semana. ¿Se da mucha tarea en las clases? (cuatro horas de tarea por día)

   _____

4. Hace buen tiempo en Bucaramanga. ¿Se duerme la siesta por la tarde? (no)

   _____

 Paso 2. Imaginen que un(a) estudiante colombiano/a viene a estudiar en tu universidad. Usen las preguntas del Paso 1 como guía para escribir una breve guía de las costumbres en tu universidad.

Actividad 9-30. ¿Qué países has visitado?

Paso 1. Ahora quieres saber las costumbres de los países, estados o lugares interesantes que tus compañeros/as de clase han visitado. Usando verbos de la lista abajo, escribe cuatro preguntas.

abrazarse hablar(se) hospedarse levantarse ofrecer(se) ver(se) vestirse

1. _____
2. _____
3. _____
4. _____

 Paso 2. Entrevista a otro/a estudiante para saber las costumbres de los países, estados o lugares interesantes que ha visitado. Presta atención a los usos de **se** en tus preguntas.

Paso 3. Comparen las respuestas de la clase del Paso 2. ¿Qué costumbres se comparten entre muchos lugares? ¿Qué costumbres son únicas de un lugar específico?

INTEGRACIÓN COMUNICATIVA

CONVERSACIÓN: Expressing positive and negative feelings

Positivas

¡Qué bien/bueno!	*Fantastic!*
¡Qué alegría!	*I'm so happy!*
¡Estoy tan contento/a!	*I am so happy!*
¡Estoy loco/a de alegría!	*I am ecstatic!*
¡Me alegro (por ti/usted)!	*I am happy for you!*

Negativas

¡Qué tristeza!	*How sad!*
¡No aguanto más!	*I can't take it any more!*
¡Qué horror!/¡Qué barbaridad!	*How awful!*
¡Qué mala pata!	*What bad luck!*
¡De mal en peor!	*From bad to worse!*
¡Esto es una vergüenza!	*This is shameful!*

Indiferencia

¡Pssss!	*Pfffff!*
¡Allá tú!	*Do what you want!*
¡No me importa!	*I don't care!*
(A mí) me da lo mismo.	*It makes no difference to me.*
Ni fu ni fa.	*It does not matter to me. (colloquial)*

Sorpresa

¡¿Sí?!	*Really?!!*
¿De verdad?	*Really?/Is that true?*
¡¿Qué dices?!	*What did you just say?*
Casi no puedo creerlo.	*I cannot believe it!*
¡Dios mío!/¡Madre mía!	*Good heavens!*

Desilusión (*Disappointment*)

¡Qué decepción!	*What a disappointment!*
Estoy tan decepcionado/a (de Juan).	*I am so disappointed (in Juan).*
¡Tienes una cara/un rostro de piedra!	*You are shameless.*
¡Qué cara dura!	*You have no shame.*
¡Pero... nada chico/a!	*What can we do?*

Actividad 9-31. ¿Cómo expresamos nuestras emociones?

Paso 1. Lee la siguiente transcripción de alguien que cuenta lo que pasó cuando se canceló su vuelo justo cuando estaba en el aeropuerto lista para salir. Para hacer más natural la narración, escribe posibles expresiones de la lista anterior.

Sí, a mí me pasó algo parecido. Una vez, mi vuelo se canceló y no tenía vuelo hasta el otro día de mañana. _____.
Lo primero que hice fue ir a la sección de atención al cliente. Pero, me dijeron que no podían hacer nada. _____.
Y ahí mismo, les dije: _____. ¡Que me dijeron que no podían hacer nada! Así que me conformé y pedí un asiento en el vuelo del día siguiente. _____, por suerte, la empleada de la aerolínea me encontró un asiento en un vuelo de otra compañía aérea que salía tres horas más tarde. _____. Así que llamé a mi mamá por teléfono para avisarle que llegaba tarde, y bueno... y luego fui a comer porque, _____, tenía que esperar.

Paso 2. Escucha la narración original y completa los espacios en blanco con las expresiones que usa la narradora. ¿Tú usaste expresiones similares en el Paso 1?

Sí, a mí me pasó algo parecido. Una vez, mi vuelo se canceló y no tenía vuelo hasta el otro día de mañana. (1) _____.
Lo primero que hice fue ir a la sección de atención al cliente. Pero, me dijeron que no podían hacer nada. (2) _____.
Y ahí mismo, les dije: (3) _____. ¡Que me dijeron que no podían hacer nada! Así que me conformé y pedí un asiento en el vuelo del día siguiente. (4) _____, por suerte, la empleada de la aerolínea me encontró un asiento en un vuelo de otra compañía aérea que salía tres horas más tarde. (5) _____. Así que llamé a mi mamá por teléfono para avisarle que llegaba tarde, y bueno... y luego fui a comer porque, (6) _____, tenía que esperar.

Actividad 9-32. No lo puedo creer. ¿De verdad? ¡Es fabuloso!

Paso 1. Combina palabras de la siguiente lista con frases de la lista de la página 469 para comunicar reacciones a la situación de la Actividad 31.

Generalmente Positiva	Generalmente Negativa
¡Fabuloso!	¡Espantoso!
¡Genial!	¡Terrible!
¡Chévere!	¡Fatal!
¡Impresionante!	¡Horrible!
¡Maravilloso!	¡Qué faena!
¡Qué emoción!	¡Qué rollo!
¡Buenísimo!	¡Qué fastidio!

VOCABULARY

We tend to express positive and negative reactions with more than just one word or single expression. Instead, we combine several expressions and words. This has the effect of increasing our fluency with words.

Paso 2. Utiliza la mayor cantidad de palabras y expresiones apropiadas como respuesta a las siguientes situaciones.

Modelo: Situación: Tus padres te compraron un boleto para un crucero como regalo de fin de carrera.

Tú dices: —¡Oh! No lo puedo creer. ¿De verdad? ¡Qué increíble! ¡Es fabuloso! Muchísimas gracias. ¡Estoy súper contento!

SITUACIONES:

1. Tu compañero de casa te dice: "Voy a dar una fiesta en casa el próximo fin de semana".
2. El presidente de la universidad decide exigir una nota mínima de B para acceder (*to be eligible for*) a la graduación.
3. El equipo de tu universidad gana la liga.
4. Tu mejor amigo tiene un accidente de carro y no puede asistir a clase durante todo el semestre.
5. Debido a la situación económica, tu jefa te dice que te va a pagar menos el año que viene.
6. Tu carro se avería (*breaks down*) y no puedes salir esta noche con los amigos.

 Paso 3. En parejas, escriban dos situaciones más, similares a las anteriores, en las que se puede responder con expresiones de apoyo y comprensión. Compártanlas con otro grupo para ver sus reacciones.

Pronunciación: Las letras "b" y "v"

In Spanish, there is no pronunciation difference between "b" and "v." Thus, there are various ways speakers use to inquire about the way the sound is to be written. Some typical questions are simple (¿be o uve?), some are graphic (¿be larga o be corta?), and yet some are humorous: ¿be de vaca (*cow*) o be de burro (*donkey*)?

—¿Cuál es la dirección?

—Es Avenida Bailén, número 2.

—¿Cómo se escribe el nombre de la Avenida, con be o con uve?

—Con be larga.

Actividad 9-33. ¿Se escribe con "be de vaca" o "be de burro"?

Paso 1. Presta atención a la pronunciación de la "b" y la "v" en las siguientes frases. Subraya las palabras que son pronunciadas por un hablante nativo de español.

boleto	boleto de bote	boleto de bote para Colombia
bueno	bueno y bonito	bueno, bonito y barato
viajar	viajamos	viajamos en vagón de tren
visitar	visitamos	visitamos el festival de la nieve
volar	volamos	volamos en avión
vehículo	vehículo de nieve	vehículo subterráneo

Paso 2. Ahora escucha la grabación de tres trabalenguas (*tongue twisters*). Después de escuchar cada trabalenguas, léelo dos veces: una vez despacio y otra vez más rápido. Presta atención a la pronunciación igual de las letras "b" y "v".

1. El vino vino, pero el vino no vino vino. El vino vino vinagre.
2. El obispo vasco de Vizcaya busca el obispo vasco de Guipúzcoa.
3. Pablito clavó un clavito en la calva de un calvito. En la calva de un calvito, un clavito clavó Pablito.

Pronunciation II

Irrespective of how it's written (i.e., **b** or **v**) the sound [b] changes according to what comes before or after it. In words like **beber** and **vivir** the first written "**v**" or "**b**" are pronounced like any other **b** in English: put your lips together and then release the air in your mouth. In contrast, for the second "**b**" or "**v**" in each word create friction while expelling the air through slightly open lips.

Actividad 9-34. Beber y vivir o vivir y beber

Paso 1. ¿Puedes identificar una diferencia en las pronunciaciones de las letras [b] y [v] en el grupo I de las siguientes palabras y frases en comparación con el grupo II de palabras?

Grupo I:		
autobús	aventurero	reservar
navegar	arribar	subir

Grupo II:		
veranear	vacaciones	viajero
bicicleta	buque	barco

Paso 2. Escucha e imita la pronunciación de las palabras anteriores.

COMPRENSIÓN ORAL: Listening to Public Announcements

Public announcements (at the airport, at the train station, at the doctor's office) are not easy to understand for a variety of environmental reasons (background noise, bad quality of loudspeakers, distance from the loudspeakers, etc.). On the other hand, we only need to understand the specific piece of information that is relevant to us, not the entire announcement.

Actividad 9-35. Aerolíneas Colombia anuncia su próximo vuelo...

Paso 1. Escucha los siguientes anuncios en un aeropuerto o en un avión y decide qué tienen que hacer las personas en cada caso: **abrocharse, embarcar, esperar, no fumar/no encender, ir, vigilar.**

1. ¿Qué tienen que hacer los pasajeros del vuelo B448?
2. ¿Qué tienen que hacer los pasajeros en el aeropuerto?
3. ¿Qué tienen que hacer las personas que esperan la llegada del vuelo 788?
4. ¿Qué tienen que hacer los pasajeros del vuelo 989?
5. ¿Qué tienen que hacer los pasajeros?
6. ¿Qué más tienen que hacer los pasajeros?

Paso 2. Escucha de nuevo la grabación y rellena los espacios en blanco de la siguiente transcripción de los anuncios.

1. (a) _____ llamado para los (b) _____ del vuelo B448 con destino Roma, embarquen por (c) _____ 73.
2. El aeropuerto de Bogotá recuerda a los pasajeros en (a) _____ que por su propia (b) _____, mantengan sus pertenencias vigiladas (*keep your belongings in sight*) en todo momento. Por favor, no dejen abandonadas sus maletas o bolsos.
3. AVIANCA informa que el (a) _____ 788 procedente de (*departing from*) Madrid (b) _____ con un retraso (*delay*) de 50 minutos. La nueva hora de (c) _____ es 19:50. Muchas gracias.
4. (a) _____ llamada para los pasajeros del vuelo 989 de American Airlines con (b) _____ a Dallas-Fort Worth. Todos los pasajeros del vuelo 989 de American Airlines con destino a Dallas-Fort Worth, favor de presentarse de (c) _____ en la puerta C24.
5. Se ruega a los (a) _____ que tengan la amabilidad de abrochar (*buckle*) sus cinturones de (b) _____.
6. Se les recuerda a los pasajeros que no pueden (a) _____ ni encender aparatos electrónicos durante la (b) _____ y la (c) _____ de esta aeronave.

Paso 1. Escucha los siguientes anuncios en una estación de tren, metro o autobús y a bordo de un tren, metro o autobús y responde a las preguntas.

1. ¿Qué tipo de estación es la que se anuncia en la próxima parada?
2. ¿Qué va a hacer el tren que se menciona en el anuncio?
3. ¿Qué tienen que hacer los pasajeros? ¿Adónde tienen que ir?
4. ¿En qué dirección (derecha o izquierda) tienen que ir los pasajeros que van a Fuencarral? ¿Y los que van a Puerta del Sol?
5. ¿Qué conexiones se puede hacer en la próxima estación?
6. ¿Cuál es el nombre de la próxima estación? ¿Cuál es la estación después de la próxima?
7. ¿Cuál es el nombre de la próxima estación?

Paso 2. Escucha de nuevo la grabación y rellena los espacios en blanco de la siguiente transcripción de los anuncios.

1. Buenas noches señores pasajeros, les anunciamos la (a) _____ (b) _____ de transferencia de la línea roja. Gracias por usar el (c) _____ de Bogotá.
2. Próximo tren con (a) _____ Medina del Campo situado en (b) _____ 3, (c) _____ a efectuar su salida.
3. Autobús con (a) _____ a Medellín en dársena (*dock*) 10 próximo a efectuar su (b) _____.
4. Correspondencia con línea 10. (a) _____ Fuencarral, salida por las puertas de la (b) _____. Dirección Puerta del Sur, salida por las puertas de la (c) _____.
5. Tren destino Laguna. Próxima (a) _____: Oporto. (b) _____ con: línea 5, y Terminal de Autobuses. Salida por Andén Central.
6. Próxima estación: Plaza de Castilla; Correspondencia con líneas 9, 10 y (a) _____ de Autobuses. (b) _____ de trayecto.
7. Próxima estación: (a) _____ T1 T2 T3. (b) _____ de Air Europa, Spanair, Sky Team y Star Alliance.

LECTURA: Strategic Reading

When we travel we need to process a lot of written information, like rules for airline tickets, hotel reservations, etc. These documents can be very long, although we typically need to acknowledge the information received and even sign our agreement with the rules. This means that we need to know where to look for critical information, scan through pages to understand the gist of a text, and decide when we have sampled enough information to make a decision.

Actividad 9-37. Límites de equipaje

Paso 1. Los siguientes íconos se usan en la página internet de una aerolínea. Lee la información sobre el equipaje autorizado a los pasajeros y responde las siguientes preguntas.

Límite de equipaje permitido   Límite de responsabilidad

Equipaje de mano permitido   Artículos no autorizados

Equipaje dañado    Oficina de reclamos de equipaje

Equipaje demorado

1. ¿Qué opción (u opciones) puedes seleccionar si necesitas información sobre los límites de peso de tus valijas de mano (*carry on luggage*) y de bodega (*checked*)?
2. ¿Qué opción (u opciones) puedes seleccionar si necesitas saber qué hacer si tu equipaje no llega al destino?
3. ¿En qué enlace (o enlaces) se puede encontrar información sobre las reglas de la compañía en caso de problemas con tu equipaje?

Paso 2. Ahora lee la información que se suministra (*is supplied*) en el enlace "Límite de equipaje permitido" y responde las siguientes preguntas.

Límite de equipaje permitido

Hay dos límites de equipaje permitido: uno se calcula en base a unidades y el segundo se calcula en base a dimensión y peso.

Todos los pasajeros de clase económica pueden facturar una pieza de equipaje por persona para ser transportada en la bodega del avión sin cargo. Por cada pieza adicional de equipaje (hasta un máximo de 4 piezas de equipaje total) se debe pagar una tarifa de 50 dólares. Nuestros pasajeros de primera clase y clase ejecutiva tienen derecho a facturar hasta cuatro piezas de equipaje sin cargo. Asimismo, nuestros viajeros preferenciales de categoría plata, oro y platino también pueden transportar hasta cuatro piezas de equipaje sin cargo.

Además del número de unidades de equipaje también existen restricciones con respecto a las dimensiones y el peso del equipaje. Cada pieza de equipaje puede pesar hasta 23 kilogramos. Por cada kilogramo adicional se debe abonar una tarifa de 10 dólares. Asimismo, las dimensiones de cada pieza no pueden exceder un máximo de 158 centímetros considerando la suma total del largo, ancho y profundidad de cada pieza.

1. ¿Cuánto se debe pagar por una pieza de equipaje que pesa 26 kilogramos?
2. ¿Cuáles son las dimensiones máximas (en centímetros) del equipaje registrado para viajar en bodega?
3. ¿Cuántas piezas de equipaje se pueden facturar/registrar al viajar en clase ejecutiva?

Paso 3. Finalmente, lee la información que se suministra en el enlace "Equipaje de mano permitido" y responde a las siguientes preguntas.

1. ¿Cuántas piezas de equipaje de mano puede transportar un pasajero?
2. ¿Se puede llevar una bolsa de papel con un café y un bollo además de una maleta y un bolso para laptop?
3. ¿Dónde se pueden guardar los artículos de mano?

Equipaje de mano permitido

Cada pasajero tiene derecho a transportar una pieza de equipaje de mano, más un artículo personal en la cabina del avión.

La pieza de mano no puede exceder un máximo total de 1 metro y 14 centímetros, ni tampoco puede exceder las dimensiones máximas de largo (56 centímetros), ancho (35 centímetros) o profundidad (23 centímetros).

Todo equipaje de mano debe ser transportado dentro del compartimiento superior de la cabina del avión.

Cada pasajero puede llevar en la cabina artículos personales. Los artículos personales incluyen carteras de mano, portafolios, o cualquier otro bolso o cartera similar que no exceda una dimensión máxima de 91 centímetros. Además, se pueden transportar artículos adicionales como ropa para exteriores (p.e., abrigos y sombreros), materiales de lectura (p.e., periódicos, libros), bolsa pequeña con alimentos, almohada o manta, etc.

Actividad 9-38. Equipaje demorado (*delayed*)

Paso 1. Imagina que tus maletas no llegaron a destino contigo. El personal de la aerolínea te dijo que tus maletas no llegan hasta el vuelo del día siguiente. Sin embargo, al día siguiente tu equipaje aún no llega. Lee la información en la página de la aerolínea y responde a las siguientes preguntas.

Nuestra aerolínea hace todo lo posible para que su equipaje llegue a destino con usted. En el caso excepcional de que sus maletas se pierdan, nuestro objetivo es encontrar su equipaje en menos de 24 horas. En caso de que no pueda encontrar sus maletas, siga el siguiente procedimiento:

1. Verifique si hay alguna valija separada del carrusel de entrega de equipaje.

2. Si no la encuentra cerca del carrusel, informe a un agente del servicio de equipaje de nuestra aerolínea de la pérdida de su equipaje.

3. Va a recibir un código de reclamo de equipaje de seis letras y un folleto con la explicación del procedimiento para recuperar sus maletas.

4. Para hacer cualquier tipo de consulta, utilice su nombre y apellido y el código de seis letras.

5. Si al término de 24 horas su equipaje no ha sido localizado, consulte con nuestro servicio de reclamos para recibir autorización para comprar artículos de primera necesidad. Para obtener el reembolso de gastos razonables, presente copia de sus recibos originales de compras a la oficina de reclamos.

6. Si al término de cinco días su equipaje no ha sido localizado, complete y devuelva el formulario de reclamo de equipaje y compensación disponible en nuestras oficinas o en nuestra página de Internet.

1. ¿Cuándo se debe hablar inicialmente con un agente?
2. ¿Qué pasa si ya han pasado cinco días desde la llegada de tu vuelo y tu equipaje aún no ha llegado?
3. ¿Puedes comprar ropa y artículos de higiene mientras esperas la llegada de tu equipaje y pedir luego el reembolso (*reimbursement*) de tus gastos?

Paso 2. Imagina que han pasado 24 horas y tu equipaje no ha llegado. No tienes otra ropa excepto la que llevas puesta. Tienes una reunión importante mañana y ya pasado mañana te regresas. Lee la información de la aerolínea con respecto a la pérdida de equipaje, consulta con tu compañero/a de clase y decidan qué pueden pedirle a la aerolínea para solucionar su problema.

ESTRATEGIAS

ESCRITURA: Writing Complaint Letters, Emails and Notes

When we are dissatisfied with the service of an airline or any other business, or when we need to request compensation for errors or mistakes made by a company, we may write a letter of complaint. Writing an effective letter can make the difference between receiving a satisfactory response, or a non-informative "canned response."

Actividad 9-39. A quien corresponda (*To whom it may concern*)

Paso 1. La siguiente es una carta de queja (*complaint*) de un pasajero que perdió su equipaje. Subraya la información en el texto en donde se explican los problemas con la pérdida del equipaje. La primera frase que describe el problema está subrayada como modelo.

A quien corresponda:

El pasado 4 de julio de 2013, viajé en el vuelo 448 de la compañía aérea AeroColombia, desde Bogotá a Santander en España. Al llegar a Santander, <u>constaté (*I confirmed*) que mis maletas no estaban en la terminal de arribos</u>. Me dirigí a las oficinas de IBERIA, ya que esta es la compañía que realiza los trámites de pérdida de equipaje para AeroColombia en España. Nunca había volado en AeroColombia, pero el boleto era muy barato. No podía perder esa oportunidad, así que lo compré sin demora.

La empleada que estaba a cargo del mostrador de IBERIA verificó los documentos de mis maletas y cotejó (*compared*) la información con los datos del vuelo. Finalmente descubrió que mis maletas llegaban en el siguiente vuelo. En ese momento no me di cuenta de que la funcionaria de IBERIA tenía mi recibo (*receipt*) con la información de mis maletas, pero no me lo entregó de nuevo. Fui a mi hotel resignado a esperar hasta el otro día. Mientras tanto, tuve que comprar ropa para poder cambiarme porque no tenía nada más que cosas personales y mi computadora. Al día siguiente, llamé a la aerolínea de nuevo, pero vaya mi sorpresa cuando descubrí que nadie sabía nada de mis maletas. Me preguntaron por el número de reclamo (*claim*) que está en el recibo, pero como no lo tenía, me dijeron que no podían hacer nada.

La cuestión es que han pasado ya varios días y la compañía me dice que en sus registros esas maletas sí llegaron a destino y fueron retiradas (*were removed*). Para complicar las cosas aún más, cuando hablo con IBERIA me dicen que no es problema de ellos, que es AeroColombia que las perdió. Pero cuando hablo con AeroColombia me dicen que ellos entregaron todas las maletas a destino y no se hacen responsables de la entrega (*delivery*) porque esa parte le corresponde a IBERIA.

Necesito una solución a mi problema cuanto antes. Por favor, ¿me puede llamar a mi teléfono móvil o escribirme un SMS? Mi información está al pie de esta carta.

Atentamente,

Miguel Ángel Montoya

Paso 2. En parejas decidan si la queja es válida o no. Expliquen por qué es válida o por qué no lo es.

Actividad 9-40. Cómo escribir una carta de queja efectiva

Paso 1. Lee los siguientes consejos de cómo escribir una carta de queja a una aerolínea. Decide el orden de importancia de los seis consejos principales desde el más importante (1) hasta el menos importante (6). Luego, agrega otros consejos posibles si puedes pensar en otras sugerencias.

Consejos para escribir una carta de queja efectiva
Las personas que leen tu carta de queja leen muchas cartas similares. En consecuencia, tu carta se archiva (*gets filed*), o se escribe una respuesta copiada de un modelo de respuesta que realmente no dice nada importante. Por lo tanto, tu carta no puede ser una más de las muchas cartas de quejas. ¿Cómo puedes tener éxito? Lee los siguientes consejos para escribir una carta de queja con resultados positivos.

(_____) Dirige la carta a una persona en particular
Las cartas con destinatarios (*addressees*) genéricos como la "Oficina de equipaje demorado" con seguridad van a recibir una respuesta "genérica". Si diriges la carta a una persona específica, hay una probabilidad relativamente alta de recibir una carta personalizada.

(_____) Sé breve
Si quieres escribir una carta efectiva, sé breve y específico. Las cartas largas confunden al lector y generan inacción. Describe los detalles importantes y no escribas más de una página de ser posible.

(_____) Explica el problema central claramente
Explica lo que quieres claramente. Si ofreces demasiado detalle, la persona que lee tu carta se confunde y pierde el enfoque en el problema principal.

(_____) Escribe en forma objetiva, sin ser muy emocional
Cuando los pasajeros usan una carta de queja como un instrumento de terapia, se ofrecen detalles innecesarios y se escribe mucho. Lo peor aún es que el tono emocional y exagerado genera una noción de crítica injusta.

(_____) Especifica lo que quieres como compensación
Hay cartas que describen una situación, pero que al final no especifican lo que quiere la persona como reparación. Cuando no especificas qué compensación quieres, la persona que lee tu carta no sabe qué hacer, o no tiene tiempo para adivinar tu pedido (*request*).

(_____) Evalúa las reglas de la aerolínea para hablar con propiedad
Lee con cuidado la información de la aerolínea sobre los procedimientos y la compensación que se ofrece por errores, demoras y otros problemas que se pueden considerar que son responsabilidad de la compañía. Lee con cuidado la letra chica tanto en los boletos como en la página de Internet de la aerolínea.

Paso 2. En parejas, escriban una carta de queja a una aerolínea sobre un problema real que han tenido en el pasado (o ficticio si no han tenido problemas con ninguna aerolínea).

Paso 3. Intercambien con otras parejas las cartas que escribieron. Cada pareja tiene que evaluar la eficacia de la carta de queja usando la lista de consejos que se presentaron en el Paso 1 arriba.

COMPARACIONES CULTURALES

Actividad 9-41. ¿Te gustan los destinos turísticos convencionales o los no convencionales?

Paso 1. ¿Cuál de los cuatro destinos turísticos representados en estas fotos te gustaría visitar? Escribe seis palabras para describir el que más te gusta. Luego, lee los anuncios de una agencia de viajes en la siguiente página sobre los cuatro destinos turísticos y completa la tabla siguiente:

Cabezas gigantes
de Isla de Pascua

Iguana marina en la Isla Galápagos

La Ruta del café

La ruta menos
transitada de Panamá

Isla de Pascua

Venga a la famosa Rapa Nui, en el Pacífico Sur, a 3.700 kilómetros de la costa chilena. Disfrute de las temperaturas agradables en cualquier época del año, conozca las tradiciones y cultura polinesia de sus habitantes. Maravíllese ante una isla formada por tres volcanes extinguidos, ante los monumentos megalíticos y las estatuas de cabezas gigantes de sus antiguos pobladores.

Islas Galápagos

Si le interesa el turismo ecológico, las Islas Galápagos son su destino. Quince islas grandes como Isabela, San Cristóbal o San Salvador y cientos de otras más pequeñas forman este archipiélago, una provincia de Ecuador que ocupa una superficie de 7.844 kilómetros cuadrados en el Océano Pacífico. Podrá contemplar volcanes que aún tienen actividad, el contraste de clima, paisaje y vegetación. Su flora es sorprendente y su fauna es única. Encontrará animales que nunca ha visto antes como las seis especies de tortugas gigantes. Además verá lagartos de la familia de la iguana, 85 especies diferentes de pájaros, numerosos leones de mar y muchos tipos de peces.

La Ruta del Cafe

Ven a vivir una aventura colombiana: Visita la ruta del café de los departamentos de Quindío, Risaralda y Caldas en Colombia. Visita las hermosas fincas de producción de café convertidas en hostales. Recorre los cafetales colombianos y descubre cómo se planta, cosecha y torra el mejor café del mundo. Los turistas también pueden visitar sitios de interés internacional como el parque Nacional del Café, centros comerciales en Armenia y excelentes restaurantes especializados en la preparación de la trucha en Salento. Si quieres expandir tu aventura y disfrutar de la naturaleza a pleno, tienes opciones de ecoturismo y turismo extremo, incluyendo rafting, torrentismo, canyoning, canopy, parapente, cabalgatas, y hasta bungee jumping.

La Ruta de turismo responsable y sostenible de Panamá

Esta ruta turística trata de minimizar los impactos negativos del turismo. Para lograrlo se viaja casi siempre en transporte público, ya sea en autobús o tren. Se utilizan guías locales con conocimiento de la zona y de su gente. Se difunden y se respetan la cultura y la gastronomía local. Se visitan pequeñas poblaciones y se realizan actividades de senderismo, sin alterar el medio que se visita. Se evitan las grandes cadenas hoteleras y se alquilan propiedades de pequeñas empresas locales. Se intenta hacer un reparto equitativo y justo del importe del viaje entre los diferentes agentes que proveen servicio al tour. El turismo responsable favorece el intercambio de experiencias gratificantes y enriquecedoras para el viajero y las personas locales.

Categorías	Isla de Pascua	Islas Galápagos	Ruta del café	Turismo responsable
País				
Región u océano				
Característica especial				
Atractivo principal				
Tipo de turista interesado				

Paso 2. Piensen en recorridos turísticos menos convencionales que se pueden hacer en EE. UU. Agreguen tres opciones más a la siguiente lista y seleccionen los tres que les gustaría hacer. Expliquen por qué.

1. el tour del vino en la región de los Finger Lakes cerca de Ithaca, NY
2. la recolección de arándanos (*blueberries*) en varios lugares del estado de Maine
3. la recolección de tabaco en el estado de Carolina del Norte
4. el servicio de comedores para las personas sin techo (*homeless*) en San Francisco
5. _____
6. _____
7. _____

Paso 3. Usando como modelo la promoción de los destinos turísticos que vieron en el Paso 1, escriban un párrafo corto promocionando el destino que seleccionaron en el Paso 2.

Actividad 9-42. El contacto físico personal

Paso 1. Observa las siguientes imágenes y escribe cuatro oraciones para describir la distancia entre las personas, el contacto físico (manos, etc.), las miradas, etc.

1. _____
2. _____
3. _____
4. _____

 Paso 2. Comparen las descripciones que escribieron. ¿Están de acuerdo? ¿Hay diferencias importantes en sus opiniones? ¿Creen que las descripciones que escribieron de las imágenes anteriores se pueden ver en EE. UU. también? ¿Por qué sí o por qué no?

 Paso 3. Comparen sus conclusiones sobre posibles diferencias en el contacto personal en países hispanohablantes y en la ciudad o estado en que ustedes viven en EE. UU.

Literatura

Actividad 9-43. El Gabo

⇆AB **Paso 1.** Entrevista a tu compañero/a de clase para encontrar la información que te falta para llenar la tabla con los datos de la vida del escritor colombiano Gabriel García Márquez ("El Gabo"). Vas a utilizar esta información para escribir una biografía de este escritor.

Modelo: ¿En qué año escribió su primera novela?
¿Qué sucedió en el año 1947?

Gabriel García Márquez recibiendo el Premio Nobel en 1982

Gabriel García Márquez en 2013

Estudiante A

6 de marzo de 1927 = Gabriel nace en Aracataca.

1927–1936 = _____.

1932 = _____.

1936 = Muere su abuelo y se va a vivir con sus padres a Sucre.

1947 = Va a estudiar abogacía a Bogotá.

1948 = Abandona abogacía y se traslada a la ciudad de Cartagena de Indias.

1949 = _____.

1954 = Se muda a Bogotá para trabajar como periodista y crítico de cine en el diario "El Espectador".

1955 = Publica su primera novela "La hojarasca". Además, viaja a París, Londres y Roma como corresponsal del diario.

1958 = Se casa con Mercedes Barcha y tiene dos hijos.

1960 = Se muda a trabajar a la Habana en Cuba.

1967 = _____.

_____ = Recibe el premio Nobel.

_____ = Presenta sus memorias en el libro "Vivir para contarla".

17 de abril de 2014 = Gabo muere en su casa, en la Ciudad de México.

Estudiante B   Information for student B is on page 679.

Paso 2. En parejas, utilicen la información que compilaron sobre Gabriel García Márquez para escribir un párrafo coherente con su biografía. Incluyan conectores discursivos que aprendieron en el Capítulo 5. Utilicen también las fotos para hacer una descripción del escritor en el año 1982 y en 2013. Luego, compartan su biografía con otra pareja de estudiantes para comparar sus versiones y para hacer las correcciones necesarias.

ESTRATEGIAS

LECTURA: Discourse Organization

Emphasis	**Obviamente**	*Obviously*
	Sin duda	*Without a doubt*
	(Des)afortunadamente	*(Un)fortunately*
To add information	**También/Además**	*Also/Moreover*
	Incluso	*What's more*
	Asimismo	*Likewise*
Consequences	**Así que/ Por lo tanto**	*Thus/Therefore*
	Entonces/Pues	*Then*
	Por eso	*Because of that*
Example	**Por ejemplo**	*For example*
	En particular	*In particular*
	De hecho	*In fact*
Concession	**Por otro lado/En cambio**	*On the other (hand)*
	A pesar de (eso)	*Despite (that)*
	Sin embargo	*Nevertheless*
Conclusions	**Al final/finalmente**	*In the end/Finally*
	Por último	*Finally*
	En conclusión	*In conclusion*

Actividad 9-44. El Gabo Tour

Paso 1. Lee el título y el primer párrafo del siguiente artículo periodístico para poder predecir (*predict*) los temas que se van a tratar en el texto del artículo. Escribe 3–4 oraciones con los posibles temas del artículo periodístico.

La ruta de Macondo: Realismo mágico

Ven a visitar la mítica tierra de las novelas de Gabriel García Márquez. La ruta de Macondo es una ruta turística novedosa que va a llevar a los visitantes a conocer la tierra que fue la inpiración de García Márquez para escribir sus novelas más famosas.

La casa de 'Gabo'

Paso 2. A continuación, lee el resto del artículo para responder a las siguientes preguntas.

1. ¿Dónde está Macondo?
2. ¿Cuál es la novela más famosa de Gabriel García Márquez?
3. ¿Qué distancia tiene la ruta de Macondo?
4. ¿Qué se puede hacer en la ruta de Macondo?
5. ¿Por qué se creó esta ruta turística?

Chiva colombiana

La ruta de Macondo: Realismo mágico

La ruta de Macondo recorre una distancia de 70 kilómetros hasta la casa natal de García Márquez en Aracataca. Hay dos puntos de partida posibles: desde Santa Marta o desde Barranquilla. El viaje se hace en una de las famosas y coloridas "chivas" colombianas. El recorrido se puede hacer en tres horas y el boleto incluye guías turísticos, entradas a los sitios históricos y transporte en bicitaxis amarillos en Aracataca. Además, para grupos de 20 personas o más se ofrece una muestra de un grupo folclórico.

La ruta de Macondo es una oportunidad para conocer el entorno (*environment*) geográfico natural de la novela más famosa de García Márquez: "Cien años de soledad". Hace varios años, el gobierno local convirtió la casa natal de García Márquez en un museo que atrae a muchos turistas. La ruta de Macondo extiende la visión de ese museo. Con la creación de esta ruta, los turistas van a poder hacer un viaje que combina la visita a lugares históricos, la literatura, la imaginación y la belleza de la geografía de la Zona Bananera y de Aracataca. En el recorrido se puede disfrutar de lugares fantásticos de las novelas de García Márquez como la Gran Estación, el Camellón de los Almendros, la Casa del Telegrafista y muchos más.

Actividad 9-45. ¿Dónde está Macondo?

 Paso 1. ¿Te gustaría hacer el viaje a Macondo? Cuéntale a tu compañero/a de clase por qué te gustaría hacer la ruta de Macondo.

 Paso 2. En parejas, observen las siguientes imágenes de Colombia y escriban palabras para describir cada imagen.

Cartagena

_____

Bogotá

Medellín

_____   _____

_____   _____

 Paso 3. Imaginen que están escribiendo una novela. Lean las siguientes oraciones del libro "Cien años de soledad" como inspiración y escriban unas oraciones con una descripción de los lugares de las fotos del Paso 2.

> José Arcadio Buendía ignoraba por completo la geografía de la región. Sabía que hacia el Oriente estaba la sierra impenetrable, y al otro lado de la sierra la antigua ciudad de Riohacha —según le había contado el primer Aureliano Buendía, su abuelo—...

_____

_____

_____

_____

_____

Diferencias dialectales: Uso de Usted con familia y amigos en Colombia

As a rule of thumb, when you are in Colombia, or when you are talking to Colombians you should use the pronoun **usted**. There are a few cases when the pronoun **tú** is used, but even in these situations the use of the pronoun **usted** does not feel totally out of place. Interestingly, in some cases, the closer the relationship, the more likely you are to use **usted**. This is the case of someone addressing his/her parents, or his/her partner. Some of the few exceptions are when women talk to their female friends, or when young men talk to their female friends and vice versa. In contrast, men use **usted** with each other, even more so if they have a close friendship.

Actividad 9-46. ¿Cómo le va?

Paso 1. Completa los espacios en blanco en el siguiente diálogo entre dos amigos colombianos. Ten en cuenta las normas de interacción de Colombia en cuanto al uso de los pronombres.

Samuel: —Martín, ¿cómo (estar-presente) _____?

Martín: —Muy bien, hombre. ¿Y (pronombre de segunda persona) _____?

Samuel: —Muy bien, también. ¿Adónde (ir-pasado) _____ este fin de semana?

Martín: —A Medellín. ¡Estuvo chévere! ¿Y (pronombre singular de segunda persona) _____? ¿ (ir-pasado) _____ a algún lado?

Samuel: —No, a ningún lado. Me quedé descansando en casa.

Paso 2. En parejas, expliquen por qué se usan las conjugaciones que se usan en este texto.

Paso 3. Los cantantes Vicentico y Diego Torres compusieron (*wrote*) una canción en la que se usa el pronombre **usted** como se usa en Colombia en una relación de pareja. Escucha la canción titulada "Usted me hizo entender el significado del amor" y escribe todos los verbos que se usan con la conjugación de **usted**.
http://www.musica.com/letras.asp?letra=117176

Actividad 9-47. Detalles de la grabación

Paso 1. Mira el video y presta atención a la información que Guadalupe da en el anuncio comercial. Completa las oraciones con la información que falta.

1. Es un paquete promocional para viajar a _____.
2. El precio del paquete es _____ dólares.
3. El precio incluye el boleto _____, hospedaje y comidas durante 8 _____ y 7 _____.
4. Además el precio incluye _____ gratis del aeropuerto al hotel y viceversa y el trámite de _____.
5. El teléfono de contacto es el _____.

Paso 2. Mira de nuevo el video y presta atención a lo que Guadalupe piensa (en alto para nosotros) durante la grabación. Decide si las siguientes afirmaciones son ciertas (C) o falsas (F).

C F 1. Está muy tranquila y piensa que no necesita repasar la información.

C F 2. No está interesada en el viaje que anuncia.

C F 3. Cree que era más fácil hablar para el público de la Universidad de Guadalajara.

C F 4. Está segura de que quiere tener este tipo de trabajo en el futuro.

C F 5. Piensa que hablar en la radio es algo que se aprende y no se olvida.

Actividad 9-48. ¿Cómo reaccionarías tú?

Paso 1. Estas imágenes corresponden a la parte final de la grabación del anuncio comercial. ¿Puedes adivinar qué imágenes pueden estar asociadas a las expresiones que se presentan a continuación? OJO: Puede haber más de una expresión asociada a cada imagen. Mira la escena del video y confirma cuáles son las expresiones que se usan en cada caso.

1. ¡Salió muy bien!
2. ¡estoy tan contenta!
3. ¡Qué cara dura!
4. ¡la felicito!
5. ¡Esto es una vergüenza!
6. ¡Estuviste genial, Lupe!
7. ¡perfecto!

Paso 2. Rellena los espacios en blanco en la transcripción del diálogo siguiente con expresiones del Paso 1.

> Prof. Parra: —¡Listo! ¡Muchas gracias, Guadalupe!
> (1) _____
> Guadalupe: —¿Sí, profesor? ¿Le parece que lo hice bien?
> Prof. Parra: —Pues, mire, (2) _____: lo hizo...
> (3) _____
> Guadalupe: —Ay, ¡qué emoción! ¡Gracias, Profesor! Y gracias por ayudarme.
> Jordi: —(4) _____
> Guadalupe: —Gracias Jordi. Ay, (5) _____
> Prof. Parra: —No fue nada. Usted hizo todo el trabajo...

Paso 3. Reemplaza los espacios en blanco en la transcripción del diálogo anterior con otras expresiones sinónimas.

Actividad 9-49. ¿Cómo expresamos nuestras emociones?

Paso 1. A continuación tienes una descripción de la escena final del video de este capítulo. En parejas, escriban un posible diálogo entre los tres personajes usando expresiones que han visto en la sección de Intercambios comunicativos.

- El Prof. Parra le agradece a Lupe su trabajo.
- Guadalupe quiere verificar que hizo un buen trabajo.
- El Prof. Parra enfatiza que el trabajo de Lupe fue excelente.
- Guadalupe le agradece al Prof. Parra su ayuda y expresa su alegría.
- El Prof. Parra le dice a Lupe que fue ella quien hizo todo el trabajo.
- Jordi felicita a Guadalupe por su buen trabajo de locutora.
- Guadalupe le agradece a Jordi por su apoyo y expresa su alegría.
- Jordi expresa su optimismo sobre los resultados de la campaña publicitaria.

Paso 2. En grupos de cuatro, cada pareja presenta su diálogo original y la otra pareja va a hacer una crítica del diálogo con referencia a las expresiones y el uso de la gramática en general.

VOCABULARIO

SUSTANTIVOS RELACIONADOS CON LOS VIAJES

la aduana	*customs*	la facturación	*checking in*
la agencia de viajes	*travel agency*	la fecha	*date*
el anuncio del vuelo	*flight announcement*	los gastos	*expenses*
el apartahotel	*apartment + hotel*	la habitación	*room*
el auto/carro/coche	*car*	el hospedaje/	*lodging*
el autobús/	*bus*	alojamiento	
el micro/el bus/		el huésped	*guest*
el ómnibus		la línea aérea	*airline*
el auxiliar de vuelo	*flight attendant*	el lugar	*place*
el avión	*plane*	la maletas/las valijas	*suitcases* (luggage)
el barco	*boat*	la moto(cicleta)	*motorcycle*
el boleto de ida	*one-way trip*	el pasaje o boleto	*ticket*
el boleto de ida y vuelta	*two-way ticket*	los patines (con ruedas)	*rollerskates*
la ciudad	*city*	la reserva	*reservation*
la clase económica/	*coach*	la tarjeta de crédito	*credit card*
turista		el transporte	*transportation*
la cola	*line, queue*	el tren	*train*
al contado/en efectivo	*cash*	el viaje	*trip*
el equipaje	*luggage*	el viaje de negocios	*business trip*

SUSTANTIVOS RELACIONADOS CON LA CASA Y LA VIVIENDA

el ático	*attic*	el estudio	*study*
el baño	*bathroom*	el jardín	*garden/yard*
la cocina	*kitchen*	el living/la sala	*living room*
el comedor	*dining room*	el pasillo	*hallway*
el dormitorio/	*bedroom*	el patio	*patio*
la habitación		el piso	*floor*
el empleado/	*housekeeper/maid*	la planta baja	*ground floor*
la empleada doméstica		el sótano	*basement*

ADJETIVOS RELACIONADOS CON LOS VIAJES

aburrido/a	*boring*	rápido/a	*fast*
cómodo/a	*comfortable*	relajante	*relaxing*
lento/a	*slow*		

VERBOS RELACIONADOS CON LOS VIAJES

abrocharse el cinturón	*to fasten seatbelts*	hospedarse, alojarse	*to lodge, rent a room*
alquilar	*to rent*	pagar	*to pay*
aterrizar	*to land*	pasar (tiempo)	*to spend (time)*
despegar, decolar	*to take off*	recoger las maletas	*to pick up luggage*
facturar el equipaje	*to check-in luggage*	salir de vacaciones	*to go on vacation*
hacer cola	*to wait in line*	viajar	*to travel*
hacer una reserva	*to make a reservation*		

PARA MEJORAR TU DIETA

10

CAPÍTULO

BY THE END OF THIS CHAPTER YOU'LL KNOW HOW TO

- Describe foods and recipes
- Describe kitchen utensils to cook and eat with
- Talk about diets and healthy living
- Express thanks, make requests, and apologize
- Make comparisons of equality and inequality and use superlatives
- Use direct, indirect and prepositional prononuns
- Use formal and informal command forms of verbs to make recommendations, give instructions, and give orders
- Link the pronunciation of words in Spanish like native speakers do
- Use a strategic approach to improve reading effectiveness.
- Write notes while listening to a lecture
- Write summaries from notes taken during a lecture

YOU'LL LEARN ABOUT

- The use of phrases to describe sequences
- Opinions on good manners at the table
- The indigeneous legend of "La quenita"
- Loan words from indigenous languages in South America

Actividad 10-0. **Mis comidas preferidas**

 Paso 1. Observen la variedad de comidas en estas fotografías y describan los posibles ingredientes de cuatro platos.

 Paso 2. Completa cada oración con el nombre de una comida/un plato y luego hazle preguntas a tu compañero/a para comparar respuestas.

Modelo: A ti, ¿qué te gusta/encanta comer/tomar?

1. A mí me gusta/encanta comer _____ y tomar _____.
2. _____ no me gusta(n) para nada.
3. _____ me da(n) alergia.
4. _____ me cae(n) mal.

VOCABULARIO EN CONTEXTO

Actividad 10-1. Los grupos alimenticios (*nutritional/food groups*)

Paso 1. Seleccionen el nombre de los alimentos que se describen en la página siguiente usando las opciones A-G y las fotos.

Expresiones útiles:
Se sirve (*It is served*) crudo (*raw*)/cocinado/caliente (*hot*)/frío.
Se come (*It is eaten*) con las manos/los cubiertos (*silverware*).

I. PROTEÍNAS

Pollo

Carne de res/roja

Puerco

Huevos

Pescado

II. FRUTAS

Fresas

Limones

Manzana

Plátanos

Sandía

Uvas

III. VEGETALES Y LEGUMBRES

Cacahuates/maníes

Frijoles

Lentejas

Garbanzos

Lechuga

Maíz

Pepino

Tomates

Zanahorias

Espinacas

IV. GRANOS

Pan integral

Arroz

Pasta

V. PRODUCTOS LÁCTEOS

Mantequilla

Crema (de leche)

Yogur

Queso

VI. ACEITES, GRASAS Y AZÚCAR

Miel

Azúcar

Aderezo

A. el garbanzo
B. el huevo
C. la manzana
D. la pasta

E. el plátano
F. el yogur
G. la zanahoria

1. _____ Este vegetal **se sirve** crudo con aderezo o cocinado como acompañamiento (*side dish*) de muchas comidas. Provee (*It provides*) vitaminas que mantienen la salud de los ojos.

2. _____ Este alimento provee mucha proteína. **Se sirve** cocinado, típicamente para el desayuno, pero también en las ensaladas o como aperitivo.

3. _____ Este grano sirve para hacer una comida que **se sirve** caliente con una salsa italiana y a veces con carne y pan. **Se come** con cubiertos.

4. _____ Este producto lácteo **se combina** con las frutas y el hielo para crear una bebida fría.

5. _____ Este alimento **se come** crudo con las manos cuando **se hace ejercicio** porque contiene mucho potasio y carbohidratos. También **se sirve** sobre el cereal con leche o en una ensalada de frutas.

6. _____ Es una legumbre muy rica en proteínas, fibra vegetal y lípidos. Es muy común en la comida mediterránea y en particular en África del norte en donde **se consume** en forma de pasta (con limón, aceite de oliva y tahina) que **se denomina** *hummus*.

7. _____ Esta fruta **se sirve** en muchas formas: cruda, como puré, cocinada en varios postres y también **se toma** como líquido en el otoño.

VOCABULARIO

Note that many of these descriptions tend to make use of the construction with Spanish impersonal **se**. These uses are bolded in the sentences to highlight how common it is.

Paso 2. Trabajando en parejas, ahora tienen que adivinar el nombre de los alimentos que se describen en los siguientes párrafos. Estas descripciones son más largas. ¿Pueden entender toda la información?

1. _____ = Es un tipo de cereal muy rico en proteínas, grasas y muchas vitaminas y minerales. **Se recomienda** este cereal a gente que tiene colesterol alto. Es de color blanco y en EE. UU. es muy popular la marca *Quaker*.

2. _____ = Es un líquido viscoso (*thick*), de color amarillo/naranja muy dulce. Es producido por las abejas (*bees*) a partir del néctar de las flores. **Se utiliza** muchas veces para endulzar el té.

3. _____ = Este alimento es un derivado de la leche; **se produce** a través de la fermentación de la lactosa de la leche. Generalmente, **se produce** a partir de la leche de vaca. Actualmente, está de moda el de tipo griego.

4. _____ = Es un vegetal de color verde oscuro que contiene mucho hierro (*iron*). Es la comida preferida del personaje principal de la caricatura Popeye.

5. _____ = Este alimento tiene muchas proteínas y grasas beneficiosas para la salud. Hay muchas variedades que se pescan en el mar y otras que se pescan en los ríos. Se recomienda no **consumir** mucho de este alimento de las especies más grandes para evitar la intoxicación con mercurio.

6. _____ = Es un alimento que se produce generalmente con la leche de la vaca o de la cabra (*goat*). Se transforma el líquido blanco en un producto sólido de color blanco o amarillo. Tiene muchas proteínas y grasas.

Paso 3. Finalmente, usando las categorías, las expresiones útiles y los ejemplos de los Pasos 1 y 2, escribe descripciones de dos alimentos más. Luego léelas a la clase; los compañeros tienen que adivinar los alimentos.

Se... come/toma/sirve/combina/prepara/...

Es... una fruta/de color/...

Provee/Tiene/...

1

_____

_____

2

_____

_____

Actividad 10-2. Comidas saludables (*healthy*)

Paso 1. Escoge tres alimentos de cada categoría de la actividad anterior. Ubícalos (*Place them*) en la tabla siguiente para indicar si es saludable o no en comparación con otros alimentos del mismo grupo.

Más saludable... ... Menos saludable			
Modelo: Carnes	Pollo	Puerco	Carne de res
Carnes			
Frutas			
Vegetales/Legumbres			
Granos			
Productos Lácteos			

Paso 2. En grupos de cuatro estudiantes, comparen sus respuestas y justifíquenlas. Algunos factores útiles para tener en cuenta (*take into account*) son:

El alimento tiene

... poco/a   proteína/grasa/fibra/vitaminas/minerales/azúcar

... mucho/a

... suficiente

... demasiado/a

Actividad 10-3. La dieta basada en *Mi Plato*

Paso 1. Observa el siguiente dibujo —creado por el Departamento de Agricultura de los EE. UU. Sin mirar los dibujos de las páginas anteriores, escribe el nombre de algunos de los alimentos que se pueden recomendar para cada categoría.

Frutas = _____
_____

Granos = _____
_____

Lácteos = _____
_____

Vegetales = _____
_____

Proteína = _____
_____

Paso 2. En parejas, comparen la información del dibujo de la pirámide alimenticia con el de *Mi Plato* y expliquen cuál de las dos guías prefieren y por qué.

MyPyramid.gov
STEPS TO A HEALTHIER YOU

GRANOS

VEGETALES

FRUTAS

ACEITES

PRODUCTOS LÁCTEOS

CARNES Y FRIJOLES

Modelo: Prefiero la pirámide porque...
No me gusta la pirámide porque...
Me parece que *Mi Plato* puede ser...

Actividad 10-4. La dieta equilibrada (*balanced*)

Paso 1. Encuentra en el siguiente texto las palabras marcadas en negrita que corresponden a estas descripciones/sinónimos.

¿Cómo incorporar los principios de la guía *Mi Plato* a mi dieta?

La ayuda de un nutricionista o un profesional de la salud es **indispensable** para la planificación de su dieta. Este folleto no tiene por objeto sustituir al profesional de la salud, quien es el responsable de recomendarle una dieta. **En la actualidad**, el Departamento de Agricultura y el Departamento de Salud y Servicios Humanos de los EE. UU. **recomiendan** el uso del plato de **alimentos** (Mi plato) para ayudar a sustituir los alimentos y ofrecer una educación nutricional. En general, la guía de Mi Plato recomienda: ingerir la cantidad de calorías indicadas para su peso, servirse platos sanos y hacer ejercicio en foma regular. Una dieta adecuada debe estar compuesta **diariamente** por:

1 **Vegetales/Verduras (de todos tipos y colores):** En cada comida, trate de **consumir** verduras de color verde oscuro (brócoli, espinaca) o de color naranja o rojo (calabazas, zanahorias). De ser necesario, consuma vegetales enlatados, pero seleccione los que dicen "bajo en sodio" o "sin sal". Pruebe sopas de vegetales.

2 **Cereales (trigo, arroz, cebada (*barley*), avena, maíz, pan y pastas):** Siempre que sea posible, seleccione cereales integrales por su mayor concentración de vitaminas, minerales y fibras.

3 **Fruta:** Coma fruta como bocadillos, con el desayuno, con el almuerzo y en la cena también. No sustituya las porciones de frutas por jugos ya que la fruta entera tiene fibra. Lave las frutas antes de comerlas.

4 **Carnes y leguminosas (carnes, aves, pescado, huevos, frijoles, lentejas, garbanzos):** Incluya proteína de pescado y mariscos dos veces por semana. Sustituya leguminosas como frijoles por carnes.

5 **Grasas, aceites y azúcar (aceites, aceite de oliva, mantequilla, margarina, crema de leche, azúcar, miel de abeja):** Consuma pequeñas cantidades por día. En general, use aceite (de maíz, de oliva, de girasol, etc.) en vez de grasas sólidas (margarina, mantequilla, etc.).

6 **Leche y sus derivados (queso, yogur, leche *cuajada*, *fermentada*, deshidratada, condensada, etc.):** Consuma leche con porcentaje de grasa del 1%. De ser posible, trate de consumir productos de soja en vez de productos lácteos.

Cuanto mayor sea la **variedad** de alimentos que consuma, *mayor será* la variedad de nutrientes. Por ejemplo, *cuanto más variadas sean* las verduras y las frutas, *mayor será* la diversidad de vitaminas y minerales que va a consumir. La proporción entre los distintos grupos se pueden modificar de acuerdo con su estado nutricional y de salud, y según **el criterio** del profesional que lo ayuda a mejorar su dieta. Los alimentos con energía vacía, o sea los alimentos que no contienen proteínas, vitaminas o minerales, sólo poseen la energía del azúcar. **Sustituya** alimentos con poco valor nutritivo como caramelos (*candies*), refrescos, bebidas alcohólicas, azúcar común, gelatina artificial, etc., alimentos más equilibrados.

1. Comer = _____
2. Diversidad = _____
3. Cambie = _____
4. Hoy en día = _____
5. La opinión = _____
6. Sugieren = _____
7. Necesario = _____
8. Todos los días = _____

VOCABULARIO

Dr. Seuss writes that "the more that you read, the more things you will know. In Spanish you can use a similar type of comparison with the structure:
Cuanto mayor sea [*subjunctive form*] la variedad de alimentos que consuma, **mayor será** la variedad de nutrientes.
The more variety of foods that you consume, the more variety of nutrients you will have [in your food].

Paso 2. Finalmente, sin mirar el texto, completa las siguientes frases para dar recomendaciones dietéticas compatibles con la guía de *Mi Plato*. Note that you use the command form of the verb (consumir → consuma) to give recommendations.

1. Consuma _____.
2. Seleccione _____.
3. Incluya _____.
4. Sustituya (*Substitute*) _____.
5. Pruebe (*Try*) _____.
6. Lave _____.

Actividad 10-5. La preparación nutritiva de comidas

Paso 1. La manera de preparar la comida también tiene importancia para determinar el valor nutritivo de lo que comemos. Estudia las imágenes que muestran cada estilo de preparación de comidas. Luego, escribe dos alimentos que se preparan normalmente de esa manera.

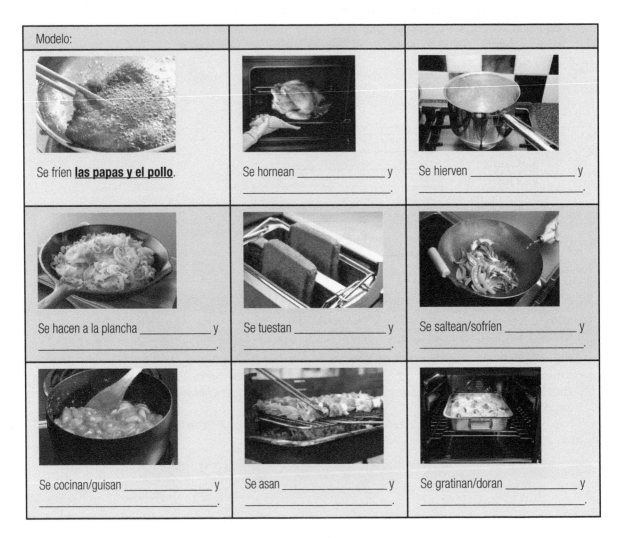

Modelo:		
Se fríen **las papas y el pollo**.	Se hornean _____ y _____.	Se hierven _____ y _____.
Se hacen a la plancha _____ y _____.	Se tuestan _____ y _____.	Se saltean/sofríen _____ y _____.
Se cocinan/guisan _____ y _____.	Se asan _____ y _____.	Se gratinan/doran _____ y _____.

VOCABULARIO

Food preparation verbs (e.g., **freír** = *to fry*, **hervir** = *to boil*) are often used in their past participle form as adjectives (**frito** = *fried*, **hervido** = *boiled*):

Los huevos se pueden <u>freír</u> o se pueden <u>hervir</u>. Pero en mi opinión los huevos <u>fritos</u> son más ricos que los huevos <u>hervidos</u>.

Eggs can be fried or they can be boiled. But, in my opinion, fried eggs are more delicious than boiled eggs.

Here are other useful verbs and participles:

cocinar la pasta (*to cook the pasta*) → la pasta está **cocinada** (*the pasta is cooked*)

hacer a la plancha (*to cook on the grill*) → **hecho** a la plancha (*cooked on the grill*)

hornear (*to bake*) → **horneado** (*baked*)

Paso 2. Escucha la siguiente grabación de un programa de radio en el que se presentan varios consejos de cómo preparar varias comidas. Indica si la preparación de las comidas que escuchas es saludable o no. En algunos casos puedes seleccionar las dos opciones si se presenta una manera saludable y otra no saludable en el mismo consejo. Puedes escuchar la grabación más de una vez.

1. saludable   no saludable   saludable y no saludable
2. saludable   no saludable   saludable y no saludable
3. saludable   no saludable   saludable y no saludable
4. saludable   no saludable   saludable y no saludable
5. saludable   no saludable   saludable y no saludable

Paso 3. ¿Qué recomendaciones les pueden dar a los oyentes (*listeners*) del programa de radio para preparar las comidas de forma saludable? Piensen en otras dos comidas que se pueden preparar en forma saludable y describan la preparación.

Recomendación 1 = _____

_____

_____

Recomendación 2 = _____

_____

_____

Actividad 10-6. ¿Tienes buenos hábitos alimenticios?

Paso 1. Escucha a una persona leer sus respuestas a una encuesta sobre hábitos de alimentación. Presta atención a las palabras que faltan en la encuesta y completa los espacios en blanco. Vas a escuchar la grabación dos veces.

Modelo:

Cuando cocino: SÍ   NO   1. ... como cada día alimentos ricos en **fibra**, por ejemplo, pan integral o cereales, fruta fresca o verduras crudas o poco cocidas, pasta o **arroz integral**.

Encuesta de hábitos alimenticios

Cuando cocino:

SÍ NO   2. ... quito toda la _____ visible de la _____ y la piel del pollo.

SÍ NO   3. ... preparo la carne al _____ o a la _____.

SÍ NO   4. ... utilizo aceite de _____ o aceite _____ para freír.

SÍ NO   5. ... preparo las ensaladas con jugo de _____ o aderezos con poca _____.

Cuando voy al supermercado, compro:

SÍ NO   6. ... productos _____ en lugar de los procesados o envasados en cajas.

SÍ NO   7. ... productos con poca _____ y poco _____.

SÍ NO   8. ... conservas de _____ preparadas con agua y no con _____.

SÍ NO   9. ... productos _____ de bajo contenido graso.

SÍ NO 10. ... más _____ y _____ que _____ roja, de cerdo, salchichas y otros productos procesados.

Paso 2. Ahora responde a la encuesta para saber si tienes buenos hábitos alimenticios. Luego consulta la tabla de resultados en la página siguiente para saber qué puntaje tienes. Finalmente, comparte tus resultados con tus compañeros/as.

Modelo: E1: —¿Cuál es tu puntaje total?
          E2: —Tengo 15 puntos. Me parece que tengo que… ¿Y tú?

Resultados.

- A. ¿Cuántos SÍ tienes? Cuenta el número y multiplícalo por 1.

- B. ¿Cuántos NO tienes? Cuenta el número y multiplícalo por 2.

- Suma los resultados de A y B.

- Si el número que obtienes es:

  10: tus hábitos son muy buenos

  11–15: tus hábitos son bastante buenos

  16–20: tus hábitos no son muy saludables; necesitas cambiar muchos de ellos

Actividad 10-7. ¿Cómo es tu dieta?

 Paso 1. Entrevista a cuatro compañeros para preguntarles qué comen en un día típico para el desayuno, el almuerzo y la cena. Toma nota de sus respuestas.

¿Qué comes normalmente para

... el desayuno? _____

... el almuerzo? _____

... la cena? _____

 Paso 2. Trabaja con un estudiante que no entrevistaste para comparar las notas que tienen los dos. Escriban su opinión sobre posibles generalizaciones de estos resultados y posibles sugerencias.

Estas preguntas les pueden ayudar a formular su opinión:

1. ¿Qué tipo de alimentos predominan en la dieta de los estudiantes de tu clase?

2. ¿Qué cambios creen que son necesarios para mejorar su dieta?

3. ¿Creen que estos son hábitos típicos de la mayoría de los estadounidenses?

4. ¿Creen que los hábitos varían de acuerdo a la región de EE. UU.?

5. Describe algunos ejemplos de las diferencias entre regiones.

GRAMÁTICA

Remember that the present tense form in Spanish can be used for actions in progress. Thus, in the context of the vignette from the BC cartoon, the question "**¿Qué haces?**" should be translated as "*What are you doing?*"

 Paso 1. En parejas, expliquen por qué las siguientes opiniones sobre el ejercicio y la alimentación de estas dos caricaturas no son buenas opciones.

Paso 2. En parejas, expliquen por qué las respuestas de cada caricatura no ayudan a mejorar la salud. ¿Qué otras opciones pueden dar con respecto a la buena alimentación y el ejercicio?

A mí me parece que...
Creo que...
En mi opinión...

Actividad 10-9. ¿Qué utensilios usas para cocinar?

Paso 1. Identifica los utensilios que NO pertenecen a la categoría de cada grupo y explica por qué.

una sartén de teflón

un juego de ollas de acero inoxidable (chica, mediana y grande)

una olla a presión

una cacerola

una tabla de picar acrílica

una espátula de plástico

un colador

la batidora

un cucharón ,

un cuchillo para cortar carne

un cuchillo para cortar pan

un tazón grande y pequeño

una licuadora

una tetera

una cafetera

una tostadora

un pelador (de patatas)

un rallador (shredder)

unas pinzas (tongs)

un tenedor

una cucharilla/cucharita

una cuchara

un cuchillo

una copa

un vaso

un plato

un cuenco/bol

Modelo: una olla, una sartén, una cacerola, una espátula
Respuesta: La espátula no corresponde a este grupo porque no se prepara la comida en una espátula.

1. un cuchillo, un rallador, una cuchara, un tenedor
2. un cucharón, una licuadora, una espátula de plástico, unas pinzas
3. un cuchillo para cortar carne, un cuchillo para cortar pan, unas pinzas, una tabla de picar acrílica
4. una tetera, una batidora, una olla a presión, una cacerola
5. un pelador, una copa, un vaso, un bol

Paso 2. Escribe el nombre de los tres utensilios más importantes (necesarios) para preparar o cocinar las comidas que se mencionan a continuación.

1. Arroz con pollo = _____
2. Ensalada de lechuga y tomate = _____
3. Huevo frito = _____
4. Carne asada = _____
5. Panqueques = _____

Actividad 10-10. ¿Qué utensilios faltan en mi servicio de mesa?

☲AB Observa por unos minutos la mesa del dibujo A. Tu compañero/a va a observar el dibujo B de la misma escena. Las dos mesas son de un restaurante y tienen cuatro servicios, pero a cada servicio le faltan algunas piezas. Sin mirar el dibujo de tu compañero/a, intercambia información para poder acabar de poner las mesas.

Modelo: E1: —Mi servicio de mesa (1) tiene dos platos, un tenedor, un cuchillo, una cucharilla, un vaso, una servilleta y un servicio de café. ¿Qué falta? (*what's missing*)

E2: —Falta una cuchara.

Estudiante A

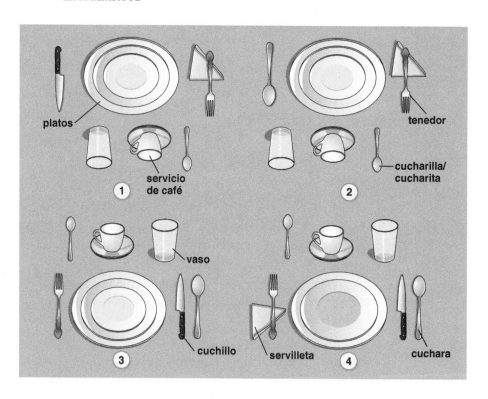

Estudiante B   Information for student B is on page 680.

Paso 1. En parejas, completen la tira cómica de Calvin con un diálogo apropriado a las imágenes. ¿Quién puede crear la historia más cómica?

Paso 2. Escucha el diálogo original de la tira cómica dos veces y escríbelo exactamante como en el original. ¿Por qué es cómico el diálogo?

GRAMÁTICA EN CONTEXTO

Comparisons of Equality and Inequality

1. Hay comidas que son **más** nutritivas **que** otras. Por ejemplo, el brócoli tiene **más** proteínas, calcio y fibra **que** la lechuga.
   There are foods that are more nutritious than others. For example, broccoli has more protein, calcium and fiber than lettuce.
2. Asimismo, el brócoli tiene **menos** grasa **que** la lechuga.
   Likewise, broccoli has less fat than lettuce.
3. La lechuga no es **tan** importante **como** el brócoli en una dieta nutritiva y saludable.
   Lettuce is not as important as broccoli for a nutritious and healthy diet.
4. Por otro lado, las frutas tienen **tanta** importancia **como** las verduras en una dieta nutritiva y saludable.
   On the other hand, fruits have as much importance as vegetables for a nutritious and healthy diet.

To form comparisons of inequality (*more/less than*), Spanish uses the same structure with adjectives and nouns:

más/menos + *adjective* + **que**   **más/menos** + *noun* + **que**

comidas **más** *nutritivas* **que** otras   **más** *proteínas, calcio* y *fibra* **que** la lechuga

To form comparisons of equality, adjectives and nouns follow different patterns:

tan + *adjective* + **como**   **tanto/a/os/as** + *noun* + **como**

tan *nutritiva* **como** el broccoli   **tanta** *importancia* **como** las verduras

Note that **tanto/tanta/tantos/tantas** must agree in gender and number with the noun they precede, but **tan** only has one form that is used with all adjectives.

Actividad 10-12. ¿Brócoli o lechuga?

Paso 1. Analiza la tabla que compara la lechuga con el brócoli y después selecciona el comparativo apropiado en la parte del texto que le sigue.

Cantidad de nutrientes por cada 100 gramos

Categoría	Lechuga	Brócoli
Calorías	19,60 kcal.	33 kcal.
Proteínas	1,37 g.	3,56 g.
Calcio	34,70 mg.	58 mg.
Fibra	1,50 g.	3 g.
Carbohidratos	1,40 g.	2,66 g.
Grasa	0,60 g.	0,20 g.
Colesterol	0 mg.	0 mg.
Sodio	3 mg.	22 mg.
Vitamina A	187 mcg.	143,80 mcg. (microgramos por decilitro)
Hierro	1 mg.	0,86 mg.

Hay comidas que son más nutritivas que otras. En particular, las verduras y las frutas frescas tienen más nutrientes necesarios para nuestro cuerpo que los productos que se venden empaquetados (*packaged*) o que están procesados industrialmente. Sin embargo, inclusive entre las verduras hay diferencias importantes. Por ejemplo, el brócoli tiene (1) **más -menos -tantas** proteínas, calcio y fibras (2) **que - como** la lechuga. Asimismo, el brócoli tiene (3) **más -menos -tantas** grasa (4) **que - como** la lechuga. Por otro lado, el brócoli tiene **tanto** colesterol **como** la lechuga, es decir 0. De todas formas, como vemos en la tabla, la lechuga es importante también en nuestra dieta porque tiene (5) **más -menos -tanta** vitamina A y hierro (6) **que - como** el brócoli. Además, la lechuga tiene (7) **más -menos -tantas** calorías (8) **que - como** el brócoli por cada unidad de 100 gramos y también tiene (9) **más -menos -tanto** sodio (10) **que - como** el brócoli. En definitiva, la lechuga es tan importante como el brócoli en una dieta nutritiva y saludable.

Paso 2. Ahora decide si cada una de estas afirmaciones sobre la lechuga y el brócoli es Cierta (C) o Falsa (F).

1. El brócoli tiene más carbohidratos que la lechuga.   C   F
2. El brócoli tiene tantas proteínas como grasa.   C   F
3. La lechuga tiene tanto hierro como sodio.   C   F
4. La lechuga tiene más fibra que proteínas.   C   F
5. El brócoli tiene tantas proteínas como carbohidratos.   C   F

Paso 1. Completa las siguientes afirmaciones con base en la información nutricional sobre el aguacate y el lomo de ternera que aparece en la tabla. Presta atención a las palabras **en negrita** en las afirmaciones.

1. El aguacate tiene **más** _____ **que** el lomo de ternera.
2. El aguacate tiene _____ **grasa** _____ el lomo de ternera.
3. El aguacate tiene _____ **colesterol** _____ el lomo de ternera.
4. El aguacate tiene **menos** _____ _____ el lomo de ternera.
5. El aguacate tiene casi _____ carbohidratos **como** el lomo de ternera.
6. El aguacate tiene casi **tanto** _____ _____ el lomo de ternera.
7. El lomo de ternera tiene **más** _____ **que** el aguacate.
8. El lomo de ternera tiene _____ **sodio** _____ el aguacate.
9. El lomo de ternera tiene _____ **grasa** _____ el aguacate.
10. El lomo de ternera tiene **menos** _____ _____ el aguacate.

Cantidad de nutrientes por cada 100 gramos

Categoría	Aguacate	Lomo de ternera (*veal loin*) [*equivalent to beef sirloin*]
Calorías	233 kcal.	120 kcal.
Grasa	23,50 g.	6 g.
Colesterol	0 mg.	62,80 mg.
Sodio	4,70 mg.	85 mg.
Carbohidratos	0,40 g.	0 g.
Fibra	6,33 g.	0 g.
Azúcares	0,40 g.	0 g.
Proteínas	1,88 g.	16,62 g.
Vitamina A	12 mcg.	0,00 mcg.
Vitamina C	6 mg.	0 mg.
Vitamina B	120 mcg.	2 mcg.
Calcio	12 mg.	8 mg.
Hierro	0,49 mg.	2,90 mg.

kcal. = *kilocaloría*
g. = *gramos*
mg. = *miligramo*
mcg. = *microgramos*

Paso 2. Escucha una grabación con la lectura de las oraciones anteriores para confirmar tus respuestas.

Actividad 10-14. **Los garbanzos tienen menos grasa que las palomitas de maíz**

Paso 1. En parejas, escriban ocho comparaciones que se pueden hacer con la información de las propiedades nutritivas de los garbanzos y de las palomitas de maíz: cuatro de las comparaciones tienen que ser ciertas y cuatro tienen que ser falsas.

1. _____.
2. _____.
3. _____.
4. _____.
5. _____.
6. _____.
7. _____.
8. _____.

Cantidad de nutrientes por cada 100 gramos

Categoría	Garbanzos	Palomitas de maíz	
Calorías	341 kcal.	494 kcal.	
Grasa	5,50 g.	30,20 g.	
Colesterol	0 mg.	0 mg.	
Sodio	25 mg.	4 mg.	
Carbohidratos	44,30 g.	44,27 g.	
Fibra	5,50 g.	10 g.	
Azúcares	2,40 g.	1 g.	
Proteínas	20,80 g.	6,20 g.	
Vitamina A	33 mcg.	20 mcg.	
Vitamina C4	10 mg.	0,00 mg.	**kcal.** = *kilocaloría*
Vitamina B	120 mcg.	0 mcg.	**g.** = *gramos*
Calcio	143 mg.	10 mg.	**mg.** = *miligramo*
Hierro	6,80 mg.	1,10 mg.	**mcg.** = *microgramos*

 Paso 2. Trabajando con otro grupo de estudiantes, cada uno lee por turnos una afirmación del Paso 1. Tienen que descubrir si la afirmación es cierta o falsa. Si es falsa, dan la versión correcta de dicha oración.

Paso 1. Rellena esta tabla con los alimentos que son más comunes en tu dieta diaria o semanal.

Alimentos	Yo
carnes	
pescados y mariscos	
verduras	
frutas	
legumbres	
lácteos	
cereales	
aceites, grasas y azúcar	

Paso 2. Entrevista a dos estudiantes para saber qué alimentos son los más comunes en sus dietas y anótalos en la tabla.

Modelo: E1: —¿Qué alimentos son los más comunes en tu dieta?
E2: —Generalmente como muchas frutas y verduras.
Por ejemplo...

GRAMÁTICA

Some very common adjectives have an irregular comparative (**mejor**):

Nombre:	Nombre:

Adjective	Comparative Form
bueno/a	mejor
malo/a	peor
grande	mayor
pequeño/a	menor
viejo/a	mayor
joven	menor

Paso 3. Compartan sus resultados con el resto de la clase.

Modelo: La dieta de mi compañera incluye **más** fibra **y más** vitaminas **que** mi dieta. Ella come muchas frutas. En cambio, yo...

Superlatives

El banano (la banana, el plátano) es **la** tercera fruta **más** popular del mundo y, probablemente, **la** (fruta) **más** popular en Ecuador. De hecho, Ecuador es **el mayor** exportador de bananos del mundo.

*The banana is **the** third **most** popular fruit in the world and, probably, **the most** popular one in Ecuador. In fact, Ecuador is **the biggest** exporter of bananas in the world.*

To form regular superlatives, you need the following pieces:

el/la/los/las + *noun* + **más/menos** + *adjective*

la fruta más popular

the most popular fruit

Sometimes the noun is omitted from a superlative construction (**la más/menos popular** de Ecuador, *the most/least popular (one) in Ecuador*).

As with comparatives, some very common adjectives have an irregular superlative form (**el/la mejor**):

Adjective	Comparative Form	Superlative Form
bueno/a	mejor	el/la mejor
malo/a	peor	el/la peor
grande	mayor	el/la mayor
pequeño/a	menor	el/la menor
viejo/a	mayor	el/la mayor
joven	menor	el/la menor

Actividad 10-16. El mejor alimento de los cuatro es...

Paso 1. Completa las siguientes oraciones con un resumen de la información de las tablas comparativas de las actividades 10-12 a 10-14. OJO: Algunas opciones son subjetivas.

1. **El** alimento **más nutritivo** de todos los que analizamos es _____.

2. **El** alimento **menos nutritivo** de todos es _____.

3. **El** alimento que tiene **más calorías** de todos es _____.

4. **El** alimento que tiene **menos calorías** de todos es _____.

5. En mi opinión, **el mejor alimento** de todos es _____.

6. En mi opinión, el alimento que tiene **la mayor probabilidad** de causar problemas médicos es _____.

Paso 2. ¿Cuánto saben sobre los alimentos? La clase va a dividirse en dos grupos. Cada grupo tiene que tratar de adivinar la respuesta a estas preguntas sobre los alimentos.

1. ¿Cuál es el alimento básico más consumido en el planeta?
2. ¿Cuál es la verdura más rica en vitamina C?
3. ¿Cuál es la fruta con más antioxidantes?
4. ¿Qué fruto seco tiene el mayor número y los mejores antioxidantes?
5. ¿Qué alimento ha sido llamado el mejor del mundo?
6. ¿Qué alimento aporta (*offers, provides*) el mayor número de calorías?
7. ¿Cuál es el alimento con más pesticidas en los Estados Unidos?
8. ¿Cuál es el pescado con más omega-3, que beneficia al corazón y al cerebro?
9. ¿Qué alimento es considerado el más versátil de todos?

Actividad 10-17. ¿Cuál es el más útil de todos los utensilios?

Paso 1. Pon un número para clasificar los utensilios y aparatos de cocina de cada grupo, desde el más útil (1) al menos útil (4). Escribe una justificación para el utensilio más útil de cada categoría.

Modelo: La cafetera es el aparato más útil del grupo A porque, en general, se usa más en todas las casas.

A	B	C	D
__ la tostadora	__ la sartén	__ la tabla de picar	__ el cucharón
__ la tetera	__ la olla a presión	__ la licuadora	__ el tazón
__ la cafetera	__ la olla/la cacerola	__ el colador	__ la espátula
__ la batidora	__ la salera	__ el rallador	__ el cuchillo del pan

Paso 2. Entrevista a varios/as compañeros/as de clase para saber su opinión sobre el utensilio de cocina/el aparato electrodoméstico más útil de todos.

Modelo: E1: —En el grupo A, ¿cuál es el utensilio o electrodoméstico más útil para ti?

E2: —La cafetera es la más útil porque, en general, se usa más en todas las casas.

Review of Indirect and Direct Object Pronouns

Ana: —Mario, hice un pedido de comida por teléfono y tengo que recoger**lo** a las 7 pero no puedo ir. ¿**Me lo** puedes recoger si no estás muy ocupado?

Ana: —Mario, I ordered some food by phone and I have to pick **it** up at 7, but I can't go. Can you pick **it** up for **me** if you are not busy?

Mario: —Sí, claro que sí. No tengo nada que hacer ahora. Yo voy a recogér**telo**.

Mario: —Of course. I don't have anything to do right now. I am going to pick **it** up **(for you)**.

[Unos minutos más tarde—A few minutes later]

Dependiente: —Buenos días, ¿qué desea?

Clerk: —Good afternoon, may I help you?

Mario: —Buenos días. Vengo a recoger la comida que Ana encargó por teléfono.

Mario: —Good afternoon. I'm here to pick up the food that Ana ordered by phone.

Dependiente: —Ah, sí. Casi está lista. Están preparándo**sela** ahora mismo. ¿**Se la** pongo en envase de cartón especial o de plástico?

Clerk: —Oh, yes. It's almost ready. They are preparing **it for you** right now. Should I put **it** in a cardboard or a plastic container **(for you)**?

Mario: —¡No, no, no! No **me la** ponga en cartón; pónga**mela** en plástico, por favor.

Mario: —No, no, no! Don't put **it** in cardboard **(for me)**; put it in plastic **(for me)**, please.

[Unos minutos más tarde—A few minutes later]

Dependiente: —Aquí **la** tiene. ¡Buen provecho!

Clerk: —Here you have **it**. Enjoy!

Mario: —¡Gracias!

Mario: —Thank you!

The previous conversation shows examples of some of the basic rules to use direct and indirect object pronouns together

1. Direct and indirect pronouns are used to refer to nouns mentioned in context to avoid unnecessary repetition (e.g., recoger **el pedido** → recoger**lo**: *to pick up the order* → *to pick it up*).

2. When both pronouns are used in the same sentence the indirect pronoun always precedes the direct pronoun (e.g., No **me la** ponga en cartón: *Do not put it in cardboard for me*).

3. The indirect and direct pronouns can be placed before the conjugated verb or attached to the infinitive (e.g., **Me lo** puedes recoger, voy a recogér**telo**: *Can you pick it up for me?, I am going to to pick it up for you*). Note that when attached to the infinitive an accent is required.

4. The two positions are also possible with the progressive. (e.g., Están preparándo**sela, se la** están preparando: *They are preparing it for you*).

Actividad 10-18. Un plato típico

Paso 1. Numera los dibujos según el orden de la receta.

1. Disuelve la leche condensada en 2 litros de agua. Revuélve**la** mientras se calienta.
2. Hiérve**la** con la canela entera.
3. Al primer hervor (*first boil*), añáde**le** el arroz.
4. Cuando está cocido el arroz, agréga**le** el azúcar.
5. Inmediatamente después, añáde**le** la margarina, la vainilla y las pasas.

Arroz con leche	canela entera
1 taza de arroz	1 cucharadita de vainilla
2 litros de leche condensada	1 taza de azúcar
100 gramos de pasas de uva	50 gramos de margarina

Paso 2. Escribe el nombre del referente de cada pronombre de objeto directo e indirecto (en negrita) que se usa en la receta.

1. (Revuélvela) -la = _____
2. (Hiérvela) -la = _____
3. (añádele) -le = _____
4. (agrégale) -le = _____
5. (añádele) -le = _____

Paso 3. Finalmente, identifica la referencia de los pronombres directo e indirecto en la siguiente conversación en que un chef le enseña a un ayudante de cocinero a preparar arroz con leche.

Chef: —Primero, por favor, sáca**me** la leche de la nevera y luego disuélve**mela** en 2 litros de agua. Y no te olvides: **me la** revuelves constantemente mientras se calienta.

Ayudante de cocinero: —Sí, ya mismo.

[*minutos después*]

Ayudante de cocinero: —Muy bien, ahora, que la leche está disuelta en el agua, ¿**se la** hiervo con la canela entera?

Chef: —Exacto, así mismo. Y en cuanto ves que la leche comienza a hervir, haz**me** el favor, añáde**le** el arroz.

Ayudante de cocinero: —Sí, acá tengo el arroz.

[*minutos después*]

Ayudante de cocinero: —Muy bien. Creo que ya casi terminamos. Ya casi está cocido el arroz. Por favor ¿no **le** agrega una taza de azúcar mientras **lo** revuelvo?

Chef: —Sí, por supuesto... Bueno, a ver... creo que el arroz está listo. Ahora, añáde**le** la margarina, la vainilla y las pasas. Excelente. ¿Qué te parece?

Ayudante de cocinero: —Mmmmmm. Delicioso.

Chef: —

sáca**me** = _____

disuélve**mela** = _____ + _____

me la revuelves = _____ + _____

Ayudante de cocinero: —

se la hiervo = _____ + _____

Chef: —

haz**me** = _____

añáde**le** = _____

Ayudante de cocinero: —

le agrega = _____ + _____

lo revuelvo = _____

Chef: —

añáde**le** = _____

Actividad 10-19. A Teresa le encanta ser nutricionista

Paso 1. Teresa, una nutricionista, explica por qué eligió su carrera. Subraya en el texto todos los usos de pronombres de objeto directo e indirecto.

Hace cinco años que soy nutricionista y me encanta mi trabajo. Me interesa la nutrición porque un cambio de dieta de mi papá le cambió la vida cuando le diagnosticaron que tenía diabetes. Se lo dijeron cuando tenía 55 años. Ahora tiene 65 y está muy bien de salud. Muchas personas no saben la importancia de la dieta porque les falta la información necesaria. Se las doy en mi trabajo como nutricionista. Me gusta poder educar a la gente y darles la información que puede ayudarlos con la dieta y la salud. A la mayoría de los pacientes que vienen a verme, la nutrición les importa mucho. Unas veces es porque les preocupa su salud, otras porque un médico les recomendó una visita a un nutricionista. Casi todos los pacientes intentan superarse y quieren mejorar su vida. Por eso, siempre intento ayudarlos. A los nutricionistas nos encanta conocer a los pacientes, aconsejarlos y ver los resultados de una nueva dieta. Si te interesa ser nutricionista hay varios programas excelentes que puedes investigar. ¡Suerte!

Paso 2. ¿A quién se refiere cada complemento directo o indirecto en los ejemplos del texto?

Modelo: 1. **me** encanta mi trabajo = Indirecto, a Teresa

2. _____ = _____
3. _____ = _____
4. _____ = _____
5. _____ = _____
6. _____ = _____
7. _____ = _____
8. _____ = _____
9. _____ = _____
10. _____ = _____
11. _____ = _____
12. _____ = _____
13. _____ = _____
14. _____ = _____
15. _____ = _____
16. _____ = _____
17. _____ = _____

Actividad 10-20. ¿Me lo compraste? ¡Sí, te lo compré!

Paso 1. Lee la conversación entre Rosa María y César Augusto sobre la preparación para la fiesta. Completa los espacios en blanco con los pronombres apropiados según el contexto.

César Augusto: —Rosa, no tenemos azúcar. ¿__Me lo__ compras cuando vayas al supermercado hoy?

Rosa María: —Sí, ¡cómo no! Oye, una cosa... ¿Ya (1) ____ compraste las botellas del vino que te pedí?

César Augusto: —No, no (2) ____ (3) ____ compré porque ya no venden vino en la tienda de la esquina, pero mira... encontré un par de botellas muy buenas en el supermercado. Ah, ahora que me acuerdo: ¿esta vez sí les dijiste a los invitados la hora de la fiesta?

Rosa María: —¡Claro que (4) ____ (5) ____ dije! ¿Qué crees? Fuiste tú el que se olvidó de dar la hora correcta la última fiesta, ¿recuerdas? Y hablando de otra cosa... ¿sabes si tu hermana va a prepararnos otra vez su famoso flan?

César Augusto: —Bueno... al menos dijo que sí, que (6) ____ (7) ____ va a preparar. ¡Me encanta ese flan! ¿Te acuerdas el éxito que tuvo? Todos (8) ____ (9) ____ comentaron la vez pasada.

Rosa María: —Ay, sí, ¡qué bueno que fue! Ay, yo creo que tenemos que escribir - (10) ____ una postal y agradecer - (11) ____ su ayuda.

César Augusto: —Sí, ¡que no podemos ser desagradecidos (*ungrateful*)! Mira... yo (12) ____ (13) ____ escribo ahora. Ay, y que casi me olvido: mis padres tienen su aniversario mañana. ¿Qué te parece si (14) ____ mando unas flores?

Rosa María: —¡Qué buena idea! Pero no (15) ____ (16) ____ mandes de la florería Rosales. No tienen buenos precios, ni una gran variedad.

César Augusto: —Gracias por decir - (17) _____ - (18) ____. Bueno, yo creo que ya está. Creo que con esto estamos listos para la fiesta, ¿no te parece?

Paso 2. Entrevista a tu compañero/a sobre la última fiesta que él/ella preparó. Da detalles sobre cada pregunta. Después cuéntale a la clase sobre la preparación de su fiesta.

1. ¿Les enviaste invitaciones electrónicas a los invitados? ¿Les enviaste invitaciones en papel?
2. ¿Les pediste ayuda a tus amigos o a algún familiar?
3. ¿Te preparó un plato especial alguien?
4. ¿Te trajeron regalos, flores o chocolates los invitados?
5. ¿Les serviste bebidas a los invitados? ¿Qué bebidas?

Paso 1. En la vida diaria continuamente nos sugieren o recomiendan consumir o no consumir ciertos alimentos y bebidas. Entrevista a dos compañeros para ver qué influencias creen ellos/as que tenemos. Toma nota de sus respuestas.

1. ¿Dónde nos recomiendan comer cuando tenemos poco tiempo? ¿Quién nos lo recomienda?

Modelo: La publicidad nos recomienda comer en restaurantes de comida rápida como por ejemplo... o comprar productos envasados/preparados en el supermercado. Los profesionales de la salud nos recomiendan comprar productos frescos que necesitan poca preparación o...

2. ¿Qué bebidas nos sugieren tomar cuando tenemos sed? ¿Quién nos las recomienda?
3. ¿Qué comidas y bebidas nos recomiendan para una celebración con amigos? ¿Quién nos las recomienda?
4. ¿Qué bebidas nos sugieren tomar para tener energía? ¿Quién nos las recomienda?
5. ¿Qué meriendas (*snacks*) nos recomiendan entre las comidas principales del día? ¿Quién nos las recomienda?
6. En general, ¿crees que estás más expuesto/a (*exposed*) a influencias positivas o negativas? ¿Por qué? ¿Qué recomendaciones sigues más frecuentemente?

Paso 2. Cada compañero/a resume las respuestas a dos de las preguntas del Paso 1 para exponerlas a la clase.

Paso 3. Después de escuchar a sus compañeros/as, ¿creen que la clase recibe más influencias negativas o positivas para su dieta? ¿Qué recomendaciones/sugerencias sigue la clase con más frecuencia y por qué? Den explicaciones usando los datos de la clase.

Review: Mandatos Informales

Si quieres tener buenos modales en la mesa, **mastica** la comida con la boca cerrada.
If you want to have good table manners, chew your food with your mouth closed.
Sigues mi recomendación, por eso **masticas** la comida con la boca cerrada.
You follow my advice, thus you chew your food with your mouth closed.

Note that the first use of masticar (*to chew*) is in the form of a command or a recommendation, whereas the second example uses the indicative present tense form of the verb. Spanish verbs have different forms for informal versus formal commands, recommendations, and suggestions. English conveys information about formal and informal social contrasts through the use of expressions such as *Sir, Madam, Doctor,* etc. as opposed to *John, Mary, etc.,* but not through verb endings. Informal commands in Spanish are used in interactions with people you know well (e.g., family and friends) or whenever you want to establish a friendly "tone" (even with people you may not know). Formal commands are used with people with whom you establish some social distance associated with age, social status, social power, etc.

The singular form or **tú** form of the affirmative informal command is the same as the **él**, **ella**, and **usted** form of the present tense. The negative informal command is formed by dropping the -**o** of the **yo** form of the present tense and adding –**es** for –ar verbs (cocin**ar**) and -**as** for –er (com**er**) and –ir (serv**ir**) verbs.

Mandato afirmativo		Mandato negativo	
cocina (tú)	(*you*) *cook*	no cocin**es** (tú)	(*you*) *do not cook*
come (tú)	(*you*) *eat*	no com**as** (tú)	(*you*) *do not eat*
sirve (tú)	(*you*) *serve*	no sirv**as** (tú)	(*you*) *do not serve*

There are eight verbs that are irregular but only in the affirmative form.

	Mandato Informal		
Infinitivo	**Afirmativo**		**Negativo**
decir (*to say*)	**Di**	*Say*	**No digas**	*Don't say*
hacer (*to do*)	**Haz**	*Do*	**No hagas**	*Don't do*
ir (*to go*)	**Ve**	*Go*	**No vayas**	*Don't go*
poner (*to put*)	**Pon**	*Put*	**No pongas**	*Don't put*
salir (*to go out*)	**Sal**	*Go out*	**No salgas**	*Don't go out*
ser (*to be*)	**Sé**	*Be*	**No seas**	*Don't be*
tener (*to have*)	**Ten**	*Have*	**No tengas**	*Don't have*
venir (*to come*)	**Ven**	*Come*	**No vengas**	*Don't come*

Reflexive, indirect and direct object pronouns are attached to the end of the affirmative command:

Levánta**te** temprano y prepára**les** un buen desayuno a los niños.

Get up early and prepare a good breakfast for the kids.

But they precede the negative command:

No **le** pongas demasiada azúcar al café.

Do not put too much sugar in the coffee.

Actividad 10-22. No comas con la boca abierta

Paso 1. Subraya los verbos en forma de mandatos.

Los buenos modales (*good manners*) en la mesa: Algunas reglas básicas

1. Coloca la servilleta sobre tu regazo (*lap*). Utilízala exclusivamente para limpiar tus labios y tus dedos.
2. Comienza a comer después que comenzó el anfitrión (*host*) o anfitriona (*hostess*).
3. Antes de beber, traga (*swallow*) el bocado (*mouthful*) que estás comiendo y limpia tus labios con la servilleta.
4. Si descubres que un alimento no te gusta, pon el bocado en forma discreta en el tenedor y déjalo a un lado en tu plato.
5. Mastica (*chew*) la comida con la boca cerrada.
6. Si necesitas algo que está fuera de tu alcance (*out of reach*), pídeselo a otro comensal (*diner*).

 Paso 2. En parejas, escriban otras tres recomendaciones sobre los buenos modales en la mesa. Luego, compartan sus recomendaciones con el resto de la clase y decidan cuáles son las más útiles.

Actividad 10-23. ¿Crees que necesito mejorar mis hábitos?

 Paso 1. Escucha a Alejandro hablarnos sobre sus hábitos y pon una palomita (√) al lado de las recomendaciones que son pertinentes para modificar su rutina diaria.

1. _____ Levántate temprano y toma frutas, cereales y algún producto lácteo para el desayuno.
2. _____ No te acuestes hasta una hora después de cenar.
3. _____ No vayas a restaurantes de comida rápida.
4. _____ No salgas a comer a restaurantes todos los días.
5. _____ Haz deporte al menos tres veces a la semana.
6. _____ No practiques deportes violentos. Practica yoga.
7. _____ No tomes muchas bebidas con azúcar.
8. _____ No comas un almuerzo tan grande.

 Paso 2. Entrevista a tu compañero/a sobre su rutina diaria (comidas, bebidas, deporte, horas de sueño). Usa estas preguntas como guía.

1. ¿Cuántas horas duermes cada día?
2. ¿Dónde desayunas, almuerzas y cenas? ¿Qué pides generalmente?
3. ¿Qué bebidas tomas durante el día? ¿Cuántas?
4. ¿Practicas algún deporte o haces algún tipo de ejercicio?

Paso 3. Piensa en los hábitos de tu compañero/a y dale algunas recomendaciones en forma de mandato/recomendación.

Modelo: Duerme más, duerme siete u ocho horas diarias. Dormir cinco horas es muy poco.

o

Creo que duermes un buen número de horas. Continúa (*keep, continue with*) con ese hábito.

Actividad 10-24. ¿Cómo cocinas un huevo frito? ¿Y un hot dog?

Paso 1. Lee la descripción de cómo preparar un sándwich famoso de EE. UU. y luego completa la misma descripción con las formas del mandato informal.

Un Cheese Steak de Filadelfia:
Para preparar un *Cheese Steak* de Filadelfia <u>se pone</u> una tajada fina (*thin slice*) de carne sobre una plancha bien caliente y <u>se le agregan</u> cebollas. Mientras la carne y las cebollas se calientan, <u>se corta</u> un pan alargado. Después que la carne y las cebollas están calientes, <u>se ponen</u> en el pan y, al final, <u>se agrega</u> queso.

Para preparar un *Cheese Steak* de Filadelfia (1) _____ una tajada fina de carne sobre una plancha bien caliente y (2) _____ cebollas. Mientras la carne y las cebollas se calientan, (3) _____ un pan alargado. Después que la carne y las cebollas están calientes, (4) _____ en el pan y, al final, (5) _____ queso.

Paso 2. Ahora, escribe de nuevo la descripción de cómo preparar dos comidas populares en EE. UU. con el uso de los mandatos informales:

Texas BBQ brisket sandwich:
En primer lugar, <u>se pone</u> salsa de barbacoa sobre un pan; luego, <u>se colocan</u> tajadas finas de carne sobre el pan con barbacoa. Y para finalizar <u>se le colocan</u> anillos de cebolla y pepinillos. Y ya está listo.

Huevo frito:
<u>Se usa</u> una sarten de teflón. Primero, <u>se pone</u> un poco de mantequilla o aceite a fuego medio. A continuación, <u>se quiebra</u> (*to break*) el huevo sobre el costado (*the edge*) de la sartén y <u>se coloca</u> sobre el aceite o la mantequilla caliente. Luego, <u>se espera</u> unos dos minutos y <u>se le da</u> vuelta con una espátula. Luego, <u>se le pone</u> sal y un poco de pimienta. Y listo.

Paso 3. Finalmente, en parejas escriban las instrucciones para cocinar otra comida simple como un sándwich (p.e., East Coast Sub, New Orleans *Poor boy*, New England *Lobster roll*) u otra comida simple (p.e., un huevo cocido, un hot dog). Compartan su receta con el resto de la clase.

Paso 1. ¿En cuál de las siguientes tres categorías puedes clasificar la pregunta de la tía Carmen? Pon una palomita (√) al lado de la opción u opciones correcta(s). ¿Cómo lo sabes?

_____ Mandato (orden)

_____ Pedido amable (*polite request*)

_____ Pregunta

Paso 2. Convierte al imperativo informal el pedido de la tía de Baldo. Luego, escribe otros dos pedidos que la tía le puede hacer a su sobrino.

1. _____
2. _____
3. _____

Paso 3. Finalmente, transforma los dos pedidos en forma de mandato que escribiste arriba a una forma más suave de pedido como la que utiliza la tía de Baldo en la tira cómica de arriba.

1. _____¿Quieres comer?_____
2. _____
3. _____

GRAMÁTICA

The label "command forms" shows that function and form can be separated. Thus, we can order someone to do something with questions or statements, at the same time that we can use command forms to make recommendations and suggestions and also to give instructions.

Formal Commands (Mandatos Formales)

Para vivir mejor y una vida más larga, **haga** más ejercicio, **coma** más frutas y verduras y **duerma** más horas. También, **evite** el estrés y no **trabaje** todo el tiempo. *To live a longer and better life, do more exercise, eat more fruits and vegetables and sleep more hours. Also, avoid stress and do not work all the time.*

Command forms, when used as such, are typically accompanied by some expressions to soften them, such as "**por favor.**"

a. **Abra la ventana, por favor.** *Open the window, please.*

However, both for informal and formal interactions, command forms can also be used to give instructions or to indicate how something is done.

b. **Si quiere bajar de peso, coma más frutas y verduras y menos azúcar y grasas.**
If you want to lose weight, eat more fruits and vegetables and less sugar and fat.

By the same token, as described in the previous sections, we can also achieve the function of commanding someone to do something with forms that are not formal/informal commands such as questions.

  c. ¿Crees que puedes bajar de peso comiendo frutas y verduras?
     Do you think you can lose weight eating fruits and vegetables?

To create the formal command form of the verb,

  (A) start with the **yo** from of the present tense (e.g., prepar-**o**, com-**o**, dig-**o**).
  (B) Then, remove the **–o** from that form (e.g., prepar-, com- , dig-).
  (C) Finally, add ending **–e** to the –AR verbs and the ending **–a** to the –ER and –IR verbs (e.g., prepar**e**, com**a**, dig**a**).
  (D) Plurals add **–n** (e.g., prepar-**en**, com-**an**, dig-**an**).
  (E) Direct and indirect object and reflexive pronouns are added to the end of the affirmative command form. (e.g., prepár-**elo**, cóm-**alo**, díg-**alo**).

Infinitivo	Presente (yo)	Afirmativo	Plural	Afirmativo con pronombres
preparar	prepar**o**	prepar**e**	prepar**en**	prepáre**la**
comer	com**o**	com**a**	com**an**	cóma**las**
decir	dig**o**	dig**a**	dig**an**	díga**lo**

In the negative, **no** is placed before the command. Direct, indirect and reflexive pronouns are placed after the **no** and before the command form:
No le ponga demasiada sal a la comida.
Do not put too much salt in the food.

Actividad 10-26. **Papeles sociales**

Paso 1. Mira la siguiente tabla y decide si la persona identificada en la primera columna debe usar el imperativo formal del verbo o el informal para dirigirse a la persona en la segunda columna (usa una palomita bajo cada columna: formal o informal).

Persona que habla	Persona a la que se dirige	Formal	Informal
1. un estudiante de la universidad	a su profesor de artes culinarias		
2. un profesor de artes culinarias	a Marcos, un estudiante suyo		
3. una hija	a su madre		
4. una cocinera	a otro cocinero		
5. un cliente	a un mesero		

6. un mesero	a un cliente		
7. un niño	a una niña		
8. tu jefe en el trabajo	a ti		

Paso 2. Los siguientes pares de oraciones con conjugaciones de verbos en forma de mandatos corresponden a conversaciones de las personas del Paso anterior. Usa los números del Paso 1 para indicar quién habla y luego indica qué expresión es la más adecuada para cada caso.

Modelo:　¿Quién habla? **Tu mamá a ti**.
　　　　　a. _____ **Termine** todo pronto.
　　　　　b. __X__ **Termina** todo pronto.

1. ¿Quién habla? _____
   a. _____ Profesor, por favor **dígame** si preparé bien este plato.
   b. _____ Profesor, por favor **dime** si preparé bien este plato.

2. ¿Quién habla? _____
   a. _____ Marcos, **añada** los huevos antes que las papas.
   b. _____ Marcos, **añade** los huevos antes que las papas.

3. ¿Quién habla? _____
   a. _____ Mamá, si va al mercado **cómpreme** una sartén nueva.
   b. _____ Mamá, si vas al mercado **cómprame** una sartén nueva.

4. ¿Quién habla? _____
   a. _____ No **vaya** a ese mercado; la fruta es más fresca en el otro.
   b. _____ No **vayas** a ese mercado; la fruta es más fresca en el otro.

5. ¿Quién habla? _____
   a. _____ **Traiga** dos platos de arroz con pollo, por favor.
   b. _____ **Trae** dos platos de arroz con pollo, por favor.

6. ¿Quién habla? _____
   a. _____ Si le gusta el ajo, **pida** las gambollas.
   b. _____ Si te gusta el ajo, **pide** las gambollas.

7. ¿Quién habla? _____
   a. _____ **Déme** un vaso de leche, por favor.
   b. _____ **Dame** un vaso de leche, por favor.

8. ¿Quién habla? _____
   a. ____ **Termine** todo pronto.
   b. ____ **Termina** todo pronto.

 Paso 3. Piensa en tres parejas de personas con roles sociales diferentes a los mencionados en el Paso 1. Luego, pregúntale a un/a compañero/a de clase si la primera persona debe usar una forma del verbo de mandato formal o uno informal cuando habla con la segunda persona.

Modelo:　E1: —Un doctor habla con un paciente, ¿usa el doctor un mandato formal o informal?
　　　　　E2: —Creo que el doctor usa un mandato formal. Pero si conoce al paciente desde hace tiempo también puede usar el informal.

Paso 1. En parejas, analicen el texto que tiene recomendaciones para no exceder el número de calorías que se debe consumir. Subrayen todos los ejemplos de verbos que se usan en la forma del verbo de mandato formal. Traten de adivinar su significado por el contexto.

▶Coma la cantidad de calorías que usted necesita

Cada persona tiene un límite de calorías. Observar el suyo le puede ayudar a lograr o mantener un peso saludable. Las personas que han tenido éxito en controlar su peso han encontrado maneras de llevar la cuenta de cuánto comen al día, aunque no cuenten cada caloría.

Disfrute de sus comidas, pero en cantidades más pequeñas.

- Vea cuál es su límite de calorías diario en www.ChooseMyPlate.gov y téngalo en mente al decidir qué comer.
- Piense antes de comer... ¿valen la pena estas calorías?
- Evite las porciones extra grandes.
- Use platos, cuencos y vasos más pequeños.
- Deje de comer cuando esté satisfecho, no lleno.

Cocine en casa con más frecuencia, donde usted puede controlar los ingredientes de sus comidas.

Al comer en restaurantes elija las opciones del menú que tengan menos calorías.

- Estudie la información sobre el contenido de calorías.
- Elija platos que incluyan vegetales, frutas y/o granos integrales.
- Pida porciones pequeñas o comparta cuando coma en restaurantes.

Anote qué come para llevar la cuenta de cuánto come. Si consume bebidas alcohólicas, hágalo con moderación. Limítese a una copa al día si es mujer o a 2 copas si es hombre.

Paso 2. Clasifiquen los verbos en el texto según el infinitivo.

Mandato	Infinitivo en -AR	Infinitivo en -ER	Infinitivo en -IR
Coma		comer	

Paso 3. Usa la información de este capítulo y cinco verbos del Paso 2 para escribir recomendaciones para una campaña para mejorar la nutrición.

Actividad 10-28. Consejos para cocinar mejor

Paso 1. Las siguientes recomendaciones orales de una nutricionista están presentadas en la forma del mandato informal. Necesitamos cambiarlas a la forma de los verbos del mandato formal para escribir un folleto (*flyer*). OJO: Necesitas cambiar algunos verbos en el presente que se usan en la forma de **tú** informal.

1. Para evitar llorar cuando pelas (*to peel*) cebollas, ponlas en el refrigerador durante unas horas antes de pelarlas.
2. Para cocinar carne más tierna (*tender*), busca una jeringa (*syringe*) e inyecta vino blanco o coñac en varias partes de la carne.
3. Si la salsa de tomate te quedó muy espesa (*thick*), agrégale un poco de leche mientras la calientas.
4. Si la sopa te quedó muy salada, échale unas rodajas (*slices*) de papa y déjala hervir durante unos minutos. La papa absorberá parte de la sal.
5. Al freír aceite, coloca un trozo (*piece*) de pan mojado (*moist*) con vinagre para mejorar el sabor de la fritura. Recuerda: quita el trozo de pan después que la temperatura del aceite suba. ¡Pruébalo!
6. Muchas legumbres tales como lentejas, garbanzos y frijoles producen gases a los comensales. Para evitarlo y hacerles un favor a ellos—y también a ti— añade unos cuantos granos de comino (*cummin*) al agua en que hierves las legumbres.
7. Para evitar llenar la cocina de humo (*smoke*) al cocinar alguna carne, coloca dentro del horno una fuente con agua.

Paso 2. En parejas, escriban otras recomendaciones útiles para cocinar mejor o preparar comida para incluir en el mismo folleto escrito.

Actividad 10-29. Algunas reglas básicas de etiqueta en la mesa

Paso 1. Selecciona las 10 reglas de etiqueta en la mesa que en tu opinión son las más importantes de todas. Luego, compara con tu compañero/a si tiene las mismas 10 reglas.

1. _____ No escupir (*spit*) los huesos de la carne y las espinas del pescado (*fish bones*) sobre el plato.
2. _____ No masticar la comida con la boca abierta.
3. _____ No hablar con comida en la boca.
4. _____ No utilizar el mantel (*table cloth*) o la servilleta (*napkin*) para limpiar los cubiertos.
5. _____ No jugar con los cubiertos mientras se espera la comida.
6. _____ No dejar la cucharita en la taza mientras bebe el té o el café.
7. _____ No hacer ruido con la cucharita mientras revuelve el azúcar en el té o en el café.
8. _____ No tratar de alcanzar (*to reach*) con las manos todo lo que hay sobre la mesa.
9. _____ No ponerse lápiz de labios después de terminar la comida.
10. _____ No utilizar un escarbadientes/palillo (*toothpick*) para sacar los pedacitos (*little pieces*) de carne que quedan entre los dientes.
11. _____ No empezar a comer hasta que todo el mundo esté servido.
12. _____ No hablar de política, fútbol, enfermedades o sexo.
13. _____ No poner los codos en la mesa.
14. _____ No poner la servilleta en la camisa.
15. _____ No comer con la punta (*tip*) del cuchillo.
16. _____ No levantar el dedo meñique (*pinky finger*) cuando se lleva el vaso o la copa a la boca.
17. _____ No meter los pies en la mesa.
18. _____ No soplar la sopa para enfriarla.
19. _____ No comer el pan a mordiscos.
20. _____ No mojar el pan en el líquido de la copa o del vaso.

Paso 2. En parejas, conviertan las anteriores reglas básicas de etiqueta en la mesa de la forma del infinitivo a la forma del imperativo (*formal command*).

INTEGRACIÓN COMUNICATIVA

CONVERSACIÓN: Requesting, giving, or refusing help

Para pedir ayuda

Necesito tu ayuda.	*I need your help*
¿Me puedes ayudar?	*Can you help me?*
¿Podrías ayudarme?	*Could you help me?*
Estoy desesperado, ¿me puedes dar consejo?	*I'm desperate, can I get your advice?*
¿Te molestaría ayudarme?	*Would you mind helping me?*
¿Me puedes dar/echar una mano?	*Can you give me a hand?*

Para aceptar un pedido (*request*) de ayuda

¡Claro, cómo no!	*Yes, of course!*
¡Claro, no hay problema!	*Of course, no problem!*
¡Por supuesto!	*Of course!*

Para rechazar (*to reject, turn down*) un pedido de ayuda

¡Qué lástima! Ahora estoy ocupado.	*What a pity! I'm busy right now.*
Lo siento, ahora no puedo.	*I am sorry, but I can't right now.*
Lo siento, pero no me es posible.	*I am sorry, but I cannot do it.*
Me gustaría poder ayudarte, pero no puedo.	*I'd like to help you, but I can't.*

Para ofrecer ayuda

¿Te ayudo?/¿Puedo ayudarte?	*Can I help you?*
¿Quieres que te eche una mano?	*Can I give you a hand?*
¿Me necesitas para algo?	*Is there anything I can do?*
Estoy a tu disposición.	*I'm at your service.*

Para aceptar una oferta (*offer*) de ayuda

¡Sí, por favor!	*Yes, please!*
¡Ay, sí, qué amable!	*Yes, please, how nice of you!*
¡Sí! Te lo agradezco.	*Yes! Thank you so much.*
¡Sí, gracias! Pero, ¿no será una molestia?	*Yes, please. I hope it's not too much trouble.*

Para rechazar una oferta de ayuda

No, gracias.	*No, thank you.*
¡Que no, que no! Yo puedo solo.	*No, no! I can do it on my own.*
No, pero gracias por tu ofrecimiento.	*No, but thank you for the offer.*
No, de ningún modo. Esto es mi responsabilidad.	*Absolutely not. This is my responsibility.*

In the expressions related to giving and receiving help, be sure to modify the forms if you're addressing someone with whom you would use **usted** or addressing a group. For example, change the pronoun in **¿Te ayudo?** to **¿La** ayudo? or **¿Lo** ayudo? to correspond to Ud. forms, or to **¿Las** ayudo? or **¿Los** ayudo? to address a group. In **¿Podrías ayudarme?,** change the verb to **¿Podría** ayudarme? for Ud. and **¿Podrían** ayudarme? to address a group.

Actividad 10-30. ¿Te importaría ayudarnos?

Paso 1. Guadalupe y Jordi están cenando en un restaurante en el que Consuelo trabaja como mesera. Analiza las siguientes situaciones en las que Guadalupe pide ayuda y la reacción de Consuelo. Escribe una respuesta posible.

Situación 1

Guadalupe: —Oye, Connie nos puede ayudar también. ¿Te molestaría ayudarnos, Connie?

Consuelo: —_____
_____
_____

Situación 2

Guadalupe: —... Oye, tal vez Connie nos puede ayudar a hablar con el dueño, a ver si nos da un buen precio. ¿Te molestaría?

Consuelo: —_____
_____
_____

Paso 2. Mira la parte del video en que ocurre esta escena y escribe lo que realmente dicen Guadalupe y Consuelo.

Actividad 10-31. Dime si necesitas algo

Paso 1. Para cada una de las siguientes fotos escriban un intercambio de pregunta y respuesta de acuerdo a la situación representada en las fotos. Usen expresiones para pedir, dar o negar ayuda.

(a)   (b)

(c)   (d)

 Paso 2. Seleccionen una de las fotos y expandan la conversación con varios turnos del diálogo para ofrecer o pedir ayuda basado en el contexto de la foto. Pueden usar buenos modales o pueden crear un drama por falta de buenos modales.

 Paso 3. Presenten el diálogo a la clase. Sus compañeros/as deciden si han usado buenos modales o si han creado un drama por falta de buenos modales.

Actividad 10-32. ¿Me puedes echar una mano? Necesito tu ayuda

⇆AB **Paso 1.** Tú y tu compañero/a tienen objetivos que la otra persona no conoce. Por eso, no pueden mirar las instrucciones de la otra persona. Negocien la situación como en una conversación normal. Usen varias de las expresiones que se presentan en la tabla en la página 529.

Estudiante A

    Lugar: —En la biblioteca

    Situación: —Tienes un examen mañana y viniste a la biblioteca a estudiar, pero dejaste tus notas de la clase en tu casa. Vives lejos pero necesitas esas notas para saber qué tienes que estudiar. Ves a un/a compañero/a de clase con quien nunca has conversado desde que comenzó el curso. Quieres pedirle ayuda.

    Estudiante B   Information for student B is on page 681.

Pronunciación: Words Tend to Blend Together

In both English and Spanish we do not phonetically segment words in our stream of speech as if they were in their written form. This connecting of sounds from different words is called liaison, and it is particularly noticeable when a word finishes in a consonant and is followed by a vowel (as in "**el limón es amargo**" which would sound like "**e-li-mó-ne-sa-mar-go**") and when one word ends with the same sound as the first sound of the next word (as in "**¿La ayudo?**" which sounds like "**¿la-yu-do?**"). Liaison is more prevalent in Spanish than in English; knowing about it will help you to understand other speakers as well as to improve your own way of speaking.

• Para mejorar tu dieta

Actividad 10-33. **En la cocina**

Paso 1. Escucha y repite cada par de palabras por separado. Luego, repite las mismas palabras juntas como se usan normalmente en una conversación.

Parte I — las mismas vocales

1. ¿Dónde + está? → **¿Dónde está**?
2. ¿Te importaría + ayudarnos? → ¿Te **importaría ayudarnos**?
3. Lo siento, pero no me + es posible → Lo siento, pero no **me es** posible
4. ¿Quieres que te + eche una mano? → ¿Quieres que **te eche** una mano?

Parte II — dos vocales juntas

1. Alimento + apetitoso → **Alimento apetitoso**
2. Necesito tu + ayuda → Necesito **tu ayuda**
3. Connie nos puede + ayudar → Connie nos **puede ayudar**
4. ¿Te + importaría ayudarnos? → **¿Te importaría** ayudarnos?

Parte III — consonante + vocal

1. El + albaricoque → **El albaricoque**
2. Unas + almendras → **Unas almendras**
3. ¿Me puedes + echar + una mano? → ¿Me **puedes echar una** mano?
4. Dile que nos + haga un pastel → Dile que **nos haga** un pastel

Paso 2. Federico y Dolores preparan la cena. Escucha su conversación y escribe las palabras o expresiones que faltan, prestando atención a los enlaces (*links, liaison*) entre palabras.

Federico: —¿Me _____(1)?
Necesito _____(2) para
_____(3).
Dolores: —Tenlo. _____(4)
el aderezo que preparas. ¿Qué más
_____(5)?
Federico: —Una _____(6) para la carne
y un _____(7); lo preparo
_____(8).
Dolores: —Me _____(9) el menú.

Paso 3. Vuelvan a escuchar el diálogo del Paso 2 y traten de imitar la pronunciación mientras lo escuchan, prestando atención a la pronunciación de los enlaces entre palabras. Luego, repitan la conversación con un/a compañero/a sin la grabación.

LECTURA: Strategic Reading

Successful reading of any text requires an active approach that includes a variety of techniques such as previewing the content of a passage, constantly asking questions and making predictions about what is likely to happen next, reviewing previous information and finally reporting on what you have just read.

Actividad 10-34. La nutrición

Paso 1. Estudia el título de un artículo que vas a leer. ¿Cuáles crees que son posibles temas que se van a discutir en el texto? Escribe palabras clave que probablemente se van a usar en el resto del texto.

Título: La nutrición

_____

_____

_____

Paso 2. Responde a las preguntas que preceden cada sección del texto. Luego lee la próxima sección para confirmar o corregir tus respuestas.

La **nutrición** es la rama (*branch*) de la ciencia que estudia el mantenimiento del equilibrio homeostático del organismo a nivel molecular y macrosistémico. Los objetivos del estudio de la nutrición son lograr (*achieve*) buena salud y evitar las enfermedades.

→ **¿Crees que el artículo va a enfocarse en temas de medicina o de dietas y alimentación? ¿Por qué?**

Los procesos macrosistémicos se refieren a la absorción, digestión, metabolismo y eliminación. En cambio, los procesos moleculares o microsistémicos hacen referencia a los efectos de elementos como enzimas, vitaminas, minerales, aminoácidos, glucosa, transportadores químicos, mediadores bioquímicos, hormonas, etc. Aunque las palabras alimentación y nutrición se utilizan frecuentemente como sinónimos, son términos diferentes.

→ **¿Cuál crees que es la diferencia entre nutrición y alimentación? Escribe la distinción.**

La nutrición examina la relación entre la dieta y la salud. Estudia los efectos de los nutrientes de los alimentos a medida que pasan a la sangre y son absorbidos por las células del organismo. Los nutricionistas son profesionales de la salud que están entrenados para dar consejos sobre las propiedades nutritivas de diferentes tipos de dietas. La alimentación hace referencia a una serie de actos voluntarios conscientes enfocados en la preparación y consumo de los alimentos.

→ **¿Crees que la ciencia de la nutrición puede proveer principios claros sobre lo que es bueno y malo para la salud?**

Existen múltiples enfermedades relacionadas o provocadas por una deficiente nutrición, ya sea en cantidad, por exceso o defecto, o por mala calidad: anemia, anorexia nerviosa, aterosclerosis, bulimia nerviosa, diabetes, hipertensión arterial y obesidad, entre otras. La buena nutrición puede prevenir o aliviar estas enfermedades y sus síntomas.

→ **¿Cuáles crees que son los aspectos dietéticos que tienen mayor influencia en la salud?**

Los objetivos dietéticos se representan mediante diferentes recursos gráficos, uno de ellos es la guía alimenticia **Mi Plato**, la cual vamos a describir a continuación...

→ **¿Cuáles crees que son los aspectos de la guía alimenticia Mi Plato que se van a describir en más detalle?**

Paso 3. Sin volver a leer el artículo, reflexiona sobre lo que has leído y escribe un resumen corto del contenido del artículo.

 Paso 4. Finalmente, compara tu resumen con el de un/a compañero/a de clase: ¿Incluyeron las mismas ideas principales? ¿Usaron una organización similar? ¿Omitieron alguna información importante?

ESTRATEGIAS

COMPRENSIÓN ORAL: Taking Notes

The practice of taking notes helps you develop a strategic skill to become a capable second language learner. To take notes from oral presentations: (a) summarize information by way of recognizing what is most important and what is less important, (b) paraphrase in your own words what was said by the person giving the lecture, (c) combine information from various media (talk, intonation and gestures, visual media, etc.), and (d) retain information in short term memory. Taking notes is a very active skill.

Actividad 10-35. ¿Qué son la anorexia y la bulimia?

Paso 1. Van a escuchar una charla/conferencia (*a talk*) sobre la anorexia y la bulimia. Antes de tomar notas, hagan un círculo alrededor de todas las palabras que pueden ser mencionadas.

alimentos	hombres
apetito	laxante (*laxative*)
atracones de comida (*binge eating*)	masculino
	modelos famosas
barcos	mujeres
comer	narcotraficantes (*drug dealers*)
demacrado/a (*emaciated*)	
diuréticos	paciente
espejo	peso (*weight*)
Europa	presidente Obama
femenino	síntomas
flaco/a	trastorno (*disorder*)
gordo/a	trenes
hambre	vómitos

Paso 2. Escucha la conferencia completa. Toma nota del contenido general de la charla. Usa palabras clave para recordar ideas. Compara notas con un compañero/a y escucha la conferencia de nuevo.

 Paso 3. Usando solo sus notas, en pareja contesten las siguientes preguntas sobre la charla que escucharon. Si no pueden contestar alguna pregunta, vuelvan a escuchar la conferencia.

1. ¿A qué sexo afecta más este tipo de desórdenes alimenticios?
2. ¿Cuál es la edad de las personas afectadas?
3. ¿Cuál es el objetivo de una persona anoréxica?
4. ¿En qué profesión hay muchos casos de anorexia?
5. ¿Cuáles son algunos síntomas de la anorexia?
6. ¿Por qué se da atracones de comida una persona que sufre de bulimia? ¿Cómo se siente después?

ESTRATEGIAS

ESCRITURA: Writing Summaries from Notes and Outlines

Writing a report or summary using information and data requires you to make several decisions about, for example, the organization of information, how to expand or reduce sections, and most important of all, to make sure you know how to convey the main point of the report.

Actividad 10-36.

Resumen de la charla
sobre la anorexia y la bulimia

 Paso 1. En parejas, usen sus notas de la charla de la Actividad 35. Escriban un resumen de los temas centrales de la conferencia.

Paso 2. En parejas nuevamente, utilicen la siguiente guía de temas de la conferencia para confirmar si el resumen que tienen es completo e incluye todos los temas más importantes. Si no es así, pueden volver a escribir su resumen.

- desórdenes alimenticios que se denominan anorexia nerviosa y bulimia
- algunos síntomas de estos dos trastornos médicos asociados con la vida moderna.
- hay grupos demográficos que están más afectados que otros
  - la edad (alrededor de un 90% de los pacientes tienen entre 15 y 30 años)
  - las mujeres son más afectadas
- la persona anoréxica no tiene falta de apetito
- la persona anoréxica evita los alimentos para no aumentar de peso.
- A la anorexia se la considera un trastorno socio-psico-biológico.
- es una combinación de muchos factores, principalmente culturales.
- Entre los síntomas más comunes tenemos:
  - la negativa a comer, que está dada por el temor al aumento de peso,
  - el temor al aumento de peso causado por la percepción distorsionada de la auto-imagen.
  - la amenorrea o la ausencia de ciclos menstruales en las mujeres...
  - el cálculo obsesivo de las calorías que se consumen,
  - el hacer ejercicio en forma exagerada y constante,
  - los períodos de ayuno recurrente,
- La bulimia también es causada por factores biológicos, sociales y psicológicos,
- la bulimia responde muchas veces a trastornos afectivos en el seno familiar.
- la persona que sufre de bulimia hace ayuno en forma recurrente y extendida.
- Entre los síntomas más comunes en la bulimia tenemos:
  - los famosos atracones de comida (antítesis del ayuno)
  - vómitos autoinducidos.
  - Uso de laxantes y diuréticos,
  - ejercicios de duración y esfuerzo exagerado para poder perder peso.
  - las personas con bulimia no tienen una imagen tan demacrada como la de los pacientes que sufren anorexia.

Paso 3. Intercambien su resumen con otra pareja de estudiantes. ¿Qué correcciones debe hacer la otra pareja a su resumen? Escriban los cambios necesarios con respecto a contenido, gramática y vocabulario.

Paso 1. Ahora vamos a preparar un resumen sobre el tema de la dieta que vimos en este capítulo, y en particular sobre la dieta de los países andinos. Primero lee el texto a continuación y ponle un título que resuma su contenido.

La quinoa

Las papas

Título

La cocina de Perú y de Ecuador y la dieta de sus habitantes es muy similar por dos razones principales: su geografía y su historia. Geográficamente, la cocina y la dieta alimenticia de Ecuador y de Perú están caracterizadas por la influencia de varias regiones entre las cuales se puede remarcar la influencia de la costa, la montaña y la selva amazónica. Además, ambos países tienen una historia muy similar: los dos países fueron parte de lo que llegó a ser el imperio de los Incas y también recibieron la influencia de dos grupos inmigratorios principales: los españoles y los chinos. La mezcla de influencias locales, europeas y orientales dio origen a lo que se denomina "comida criolla". Por eso, al visitar Perú y Ecuador vamos a encontrar muchas comidas en común como son, por ejemplo, el ceviche o el cuy (*guinea pig*) asado. En el antiguo imperio inca se consumía mucho pescado y marisco. Además se comían muchos de los animales de la región como las alpacas y las llamas, además del famoso cuy (*guinea pig*). Sin embargo, los dos alimentos principales de los pueblos andinos preincaicos e incaicos fueron la quinoa y la papa. De estos dos alimentos, el más nutritivo es la quinoa o quinua. La quinoa es un pseudocereal porque no es un grano y no tiene gluten. La quinoa es un vegetal como la acelga (*Swiss chard*). Posee los 8 aminoácidos esenciales para el ser humano y tiene un alto contenido de proteínas (aproximadamente de 14% a 20%) lo que lo hace similar a la leche materna por su valor nutricional. La quinoa tiene también aceites no saturados de tipo omega 6 como los que tienen las nueces y las almendras. El alto valor nutritivo de la quinoa y su proporción casi perfecta de proteínas, grasas y carbohidratos hace de la quinoa un alimento ideal. Por eso, la NASA la propuso como uno de los alimentos que se puede usar en viajes espaciales de larga duración.

Recientemente, el gobierno peruano comenzó a promover la llamada "dieta andina" para combatir la desnutrición crónica infantil, el hambre y la pobreza. La dieta andina que se promociona está basada en el consumo de granos que se consumían hace miles de años en la región andina: la quinoa, la kiwicha, la kañihua y el tarwi. De estos granos el más famoso es sin duda la quinoa. Desde hace años, la quinoa se vende en EE. UU. con la promesa de ser un grano de alto valor nutritivo. Además, la FAO (la organización para la agricultura y la alimentación de las Naciones Unidas) nombró al año 2013 como el Año Internacional de la Quinoa.

Paso 2. Comparen las propiedades de la quinoa con las de otros alimentos que vimos en este capítulo. Escriban cuatro oraciones comparativas.

Modelo: La quinoa es más nutritiva que el lomo de ternera.

Paso 3. Conversen en grupos de tres sobre la quinoa. ¿Creen que la quinoa es un súper alimento? Expliquen por qué sí o por qué no. Si ya probaron la quinoa, explíquenle al grupo qué sabor tiene. Si no la probaron aún, ¿les interesa probarla?

Actividad 10-38. La historia y la geografía de Ecuador y Perú

Paso 1. En el texto anterior se dice que la cocina y la dieta de Ecuador y Perú son similares a causa de influencias geográficas similares. En parejas, utilicen la información en el siguiente mapa y traten de responder a la mayor cantidad de preguntas. (Van a aprender las respuestas que no saben en el Paso 2).

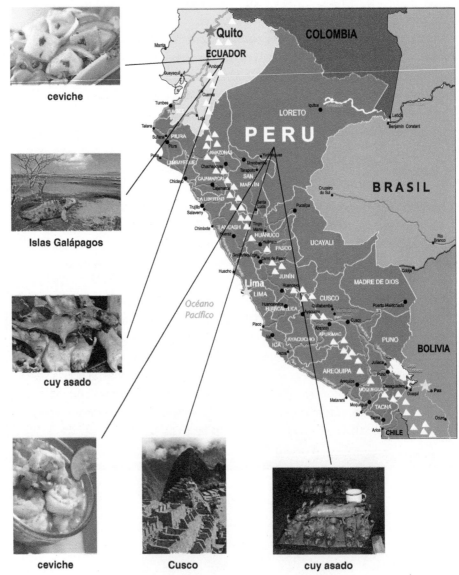

ceviche

Islas Galápagos

cuy asado

ceviche   Cusco   cuy asado

1. ¿Dónde se encuentran ubicados Ecuador y Perú?
2. ¿Cuáles son los países limítrofes (*bordering*) de Perú y de Ecuador?
3. ¿Cuáles son algunas similitudes geográficas entre estos dos países?
4. ¿Dónde están ubicadas las capitales de ambos países?
5. ¿Cuáles son los principales lugares de atracción turística de ambos países?
6. ¿Qué civilización habitó los territorios de estos dos países antes de la conquista española?
7. ¿Qué lenguas se hablan en estos países y en qué proporción?

Paso 2. Ahora lee el siguiente texto y trata de responder a todas las preguntas del Paso anterior.

Perú y Ecuador se encuentran en la costa oeste de Sudamérica. La geografía de los dos países es muy similar. Por ejemplo, en ambos países hay costa en el oeste, montañas en el centro y selva en el este. Se debe notar que ambos países tienen una riqueza ecológica increíble. Ecuador es el país más pequeño de los dos y, a pesar de ser 34 veces más pequeño que Estados Unidos, tiene más especies de plantas (más de 25.000) y pájaros (más de 1.500) que todo el territorio estadounidense.

Ecuador se encuentra entre Colombia (al norte) y Perú (al sur). La capital de Ecuador es Quito y se encuentra situada en uno de los valles andinos, a gran altura sobre el nivel del mar. En cambio, la capital de Perú, Lima, está sobre la costa. Los dos países poseen destinos turísticos importantes de gran valor histórico. En Perú la máxima atracción histórica es la ciudad de Cusco, que hasta la llegada del conquistador Pizarro fue el centro del imperio incaico. Por su parte, Ecuador atrae a una gran masa de turistas que están interesados en visitar las islas Galápagos donde Darwin hizo muchos de sus estudios.

El territorio de ambos países perteneció al imperio incaico. A pesar de que Cusco era el centro del imperio, los incas gobernaron el territorio de Ecuador también. En efecto, a mediados del siglo XV, los incas iniciaron la conquista de la región que hoy es Ecuador desde Cusco. Después de la muerte del inca Huayna Capac, se construyó un camino entre Cusco y Quito y sus hijos gobernaron el imperio: Huáscar desde Cusco y Atahualpa desde Quito. Pero, al momento de la llegada del conquistador Pizarro, los dos hermanos estaban en guerra. La muerte de Atahualpa a manos de Pizarro marcó el fin del imperio inca.

Ambos países tienen una población muy variada a causa de varias olas (*waves*) inmigratorias, pero en los dos países hay también importantes poblaciones indígenas. En Perú la mayoría de esta población indígena es descendiente del imperio inca y habla el quechua, pero también se habla aymará o aimara. En Ecuador se habla otra variante del quechua, que se llama quichua.

Paso 3. Usa la información de esta Actividad y de la anterior para hacer un resumen de aproximadamente 10 líneas de las influencias históricas y geográficas en la dieta de Perú y Ecuador. Puedes escribir dos o tres preguntas más que consideras importantes.

_____

_____

_____

_____

_____

_____

_____

_____

_____

_____

_____

COMPARACIONES CULTURALES

Actividad 10-39. Los buenos modales en la mesa

Paso 1. Lee el siguiente texto e identifica en donde se pueden colocar las tres secciones (A–C) que quedaron fuera del texto original (ver página siguiente).

Los modales en la mesa

(1) A pesar de que los modales en la mesa entre los hispanohablantes no varían mucho con respecto a los de los estadounidenses, sí se pueden señalar algunas diferencias.

(2) En primer lugar, es importante notar que las reglas de uso de los utensilios de la mesa son diferentes.

(3) Como norma general, los hispano-hablantes usan las dos manos para comer: se toma el tenedor con la mano izquierda con los dientes (*tines*) hacia abajo y el cuchillo con la mano derecha con el filo (*blade*) hacia abajo. (En el caso de una persona zurda (*left-handed*), se usan los utensilios al revés: el tenedor con la derecha y el cuchillo con la "izquierda").

(4) Es decir, las dos manos siempre están sobre la mesa; nunca se pone la mano izquierda o derecha bajo la mesa.

(5) Para usar ambas manos se necesita un poco de práctica, pero, a la larga, se puede aprender a usar el tenedor con la mano izquierda (o derecha si la persona es zurda).

(6) En segundo lugar, cada vez que alguien llega o cuando alguien se levanta de la mesa se dice "buen provecho".

(7) También es común usar la expresión "buen provecho" cuando alguien sirve la comida.

(8) En general, se considera de mala educación no desear buen provecho.

(9) Finalmente, existen diferencias con respecto al concepto de la sobremesa, el período de tiempo que se usa para conversar después de terminar de comer.

(10) Generalmente, después del almuerzo o la cena los comensales se pueden quedar conversando por mucho tiempo, desde una media hora hasta dos y tres horas.

(11) Por supuesto, hablamos de un día de entre semana, no necesariamente de un día de fin de semana.

(A) En contraste, en inglés normalmente se puede decir *"enjoy your meal"*, o también se puede utilizar la expresión en francés *"bon appétit"*.

(B) La costumbre de EE. UU. es usar el tenedor con la mano izquierda y el cuchillo con la mano derecha al momento de cortar los alimentos. Sin embargo, al momento de llevar la comida a la boca, se cambia el tenedor a la mano derecha y se deja el cuchillo sobre el plato, a la vez que se coloca la mano izquierda bajo la mesa o a veces al costado (*side*) del plato.

(C) El cuchillo sirve para cortar los alimentos pero también se puede usar para poner porciones de comida sobre el tenedor. Por ejemplo, para comer arroz podemos usar el tenedor como una cuchara con los dientes hacia arriba, mientras que el cuchillo ayuda a poner los granos de arroz sobre el tenedor.

Paso 2. Subraya en el texto anterior las palabras o frases que son sinónimas de las siguientes.

1. Primero,
2. En general,
3. En otras palabras,
4. con el tiempo
5. toda vez que
6. Además,
7. Como regla general,
8. Por último,
9. Normalmente,
10. Naturalmente,

Actividad 10-40. ¿Cuánto dejamos de propina (*tip*)?

Paso 1. Escribe tu opinión sobre las acciones de varios comensales en un restaurante. Las siguientes expresiones te pueden ayudar a presentar tu punto de vista.

Me parece bien
Me parece que es mal educado/mala educación
Me molesta
No me importa

1. Una pareja llega al restaurante 15 minutos antes de la hora del cierre (*closing time*).
2. Un señor fuma en la mesa de una sección de no fumadores.
3. Una señora le pide al mesero que ponga en una caja (para llevar) la comida que le sobró (*left over*).
4. Tu amigo está en la mesa contigo y ofrece pagar la propina porque tú ofreciste pagar la cuenta.
5. Estás cenando con un/a colega de trabajo y ofreces pagar la cuenta. La otra persona dice, "oh, muchas gracias".
6. Tu amigo llama al mesero levantando la mano y gritando: "mesero".
7. Una pareja deja una propina por un valor del 10 por ciento de la cuenta.

Paso 2. Comparte tu opinión con el resto de la clase. Basándote en la opinión del grupo, marca con una X qué modales se pueden considerar normas de la cultura y cuáles son cuestión de preferencia individual.

Modales	Normas de la cultura	Preferencia individual
llegar 15 minutos tarde a una cita en un restaurante		
fumar en la sección no fumadores		
solicitar los restos de la comida después de la cena		
dejar la propina si la otra persona paga la cuenta		
aceptar el ofrecimiento de pagar la cuenta		
levantar la mano y gritarle al mesero		
dejar propina por un valor equivalente al 10%		

ESTRATEGIAS

LITERATURA: Folk Stories and Legends

In every culture, legends and folk tales exemplify some of the values of that culture. In the following activity, you will read an anonymous story that has been passed on from generation to generation among the indigenous groups of Perú and Bolivia.

Actividad 10-41. **Leyendas populares**

Paso 1. En la siguiente página, seleccionen dos adjetivos para calificar cada uno de los siguientes cuentos de hadas (*fairy tales*). Luego, agreguen dos palabras más para describir cada uno de estos cuentos infantiles.

Caperucita Roja

La Cenicienta

La Bella Durmiente

Pinocho

fantástico   violento   romántico   moralista   educativo   divertido

Caperucita Roja: _____

La Cenicienta: _____

La Bella Durmiente: _____

Pinocho: _____

Paso 2. Las siguientes oraciones corresponden a cada uno de los párrafos de la leyenda "La quenita". Escribe al lado de estas oraciones la letra del dibujo que las describe.

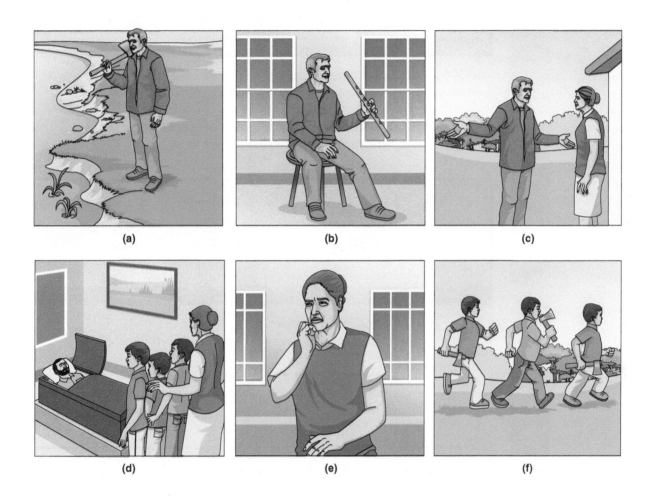

(a)   (b)   (c)

(d)   (e)   (f)

1. _____ Una vez en un pueblo, había una mujer, y quedó viuda (*she was widowed*).
2. _____ Una vez, los tres hijos fueron a recoger leña (*firewood*).
3. _____ Su mamá esperó al hijo menor toda la noche, y lo esperó todo el día siguiente.
4. _____ Un día, un leñador (*woodcutter*) estaba yendo por esa quebrada (*stream*), y allí un carrizo (*big reed*) crecía.
5. _____ El hombre se asustó, pero preguntó a la quena (*musical instrument*): "¿Quién es este chico?"
6. _____ Ese hombre fue donde la viuda y le contó: "Oye señora, creo que descubrí donde está tu hijo".

Paso 1. Lee la historia completa de "La quenita" y contesta las preguntas luego de cada sección.

La quenita

Una vez en un pueblo, había una mujer, y quedó viuda. Esa mujer tenía tres hijos. Los dos mayores eran hijos de un anterior matrimonio y odiaban muchísimo al hijo menor. La mamá siempre mimaba (*spoiled*) al hijo menor, y por eso crecía bien mimado. Los hijos mayores, viendo eso, aborrecían (*hated*) al hijo menor.

---

1. ¿Qué crees que va a pasar?
   a. Los hermanos mayores hacen algo malo contra su hermano menor.
   b. La madre castiga a los hermanos mayores.
   c. Los hermanos mayores deciden irse de su casa.
   d. ...

Una vez, los tres hijos fueron a recoger leña. Y allí en una quebrada silenciosa, los dos mayores mataron a su hermano menor. Volvieron a la casa de su mamá. Cuando ella preguntó por su hijo menor, los mayores dijeron: "No lo hemos visto. Se fue por otro camino".

---

2. ¿Qué crees que va a pasar?
   a. Los hermanos mayores se arrepienten (*repent*) y confiesan su crimen.
   b. La madre sale a buscar a su hijo y lo encuentra aún vivo.
   c. La madre llama a la policía pero nunca encuentran el cuerpo de su hijo.
   d. ...

Su mamá lo esperó toda la noche, y lo esperó todo el día siguiente. No volvió. Toda una semana, un mes, y no volvió. Entonces la mujer comenzó a andar, llorando, preguntando a todo el mundo: "¿No lo han visto a mi hijo?". Nadie podía indicarle nada. Nadie sabía nada acerca de la pérdida de su hijo.

---

3. ¿Qué crees que va a pasar?
   a. Unos vecinos de la madre descubren el cuerpo del niño en la quebrada.
   b. La madre nunca encuentra a su hijo, pierde toda esperanza y finalmente se suicida.
   c. Los hermanos mayores del niño muerto comienzan a tener pesadillas (*nightmares*) hasta que se vuelven locos.
   d. ...

Un día, un leñador estaba yendo por esa quebrada, y allí un carrizo crecía.

Ese hombre cortó el carrizo, e hizo una quena. Comenzó a tocar su quenita, y enseguida la quenita comenzó a llorar, "¡Ay, mamá, mamita mía, soy yo! Estoy aquí. Mis hermanos me mataron, mis hermanos me asesinaron. Estoy enterrado (*buried*) aquí". La quena comenzó a llorar de una manera que daba pena.

4. ¿Qué crees que va a pasar?
   a. El leñador se asusta mucho, tira la quena a la quebrada y se va corriendo muy rápido.
   b. El leñador comienza a hablar con la quena.
   c. La quena cree que el leñador es uno de sus asesinos y lo mata cortándole la respiración.
   d. ...

El hombre se asustó, pero preguntó a la quena: "¿Quién es este chico? ¿De quién estás contándome?". Nuevamente tocó la quenita. La quena contestó: "Mi mamá es esa viuda, una mujer pobre. Anda llorando, preguntando por mí. Avísale dónde estoy".

5. ¿Qué crees que va a pasar?
   a. El leñador corre a contarle a la señora lo que le dijo la quena.
   b. Los hermanos mayores del niño muerto escuchan el lamento de la quena y matan al leñador.
   c. El leñador le cuenta lo que pasó a la madre del niño muerto, pero la viuda no le cree.
   d. ...

Ese hombre fue donde la viuda y le contó: "oye señora, creo que descubrí donde está tu hijo". "Espero que sí, papito. Cuéntame dónde, y te daré lo que quieras". El hombre comenzó a tocar la quena, y la quena lloró de nuevo, "¡Ay, mamita mía, aquí estoy enterrado! Mis hermanos así me mataron". Entonces, encontraron al chico. Cuando lo regó (*watered*) con sus lágrimas su mamá, el chico resucitó, y así vivieron felices.

Paso 2. ¿Cuál es la moraleja de la leyenda? Escribe un párrafo con dos o tres oraciones con tu opinión para compartir con el resto de la clase y votar por la opinión más popular.

Diferencias dialectales: La influencia de las lenguas indígenas en el vocabulario

What's the difference between *chickpeas* and *garbanzo beans*? They both mean the same thing but they reflect two different languages of origin: chickpeas from English and garbanzo from Spanish. Do you think that Spanish may have similar contrasts?

Actividad 10-42. Tú dices "patata" y yo digo "papa"

Paso 1. Escriban una explicación de por qué se usa piña para la fruta de la foto 1 y también para el fruto del pino en la foto 2.

Piñas

Piñas (de los pinos)

Paso 2. Ahora, lee el siguiente texto e indica la lengua de origen de las siguientes palabras y dónde se usan.

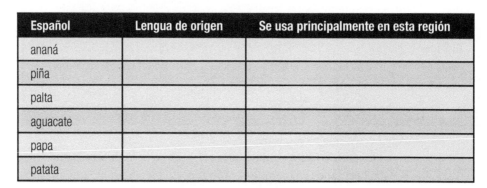

Español	Lengua de origen	Se usa principalmente en esta región
ananá		
piña		
palta		
aguacate		
papa		
patata		

Muchas palabras que se usan para designar frutas y verduras en español son, en realidad, palabras de otras lenguas que los conquistadores españoles encontraron a su llegada al Nuevo Mundo. Como resultado, existe más de una palabra para muchas frutas y verduras porque también existía más de una lengua en el continente americano a la llegada de los europeos. Por ejemplo, las palabras *papa* y *palta* vienen del quechua que es un idioma que se habla en la región andina, en países como Perú y Bolivia, así como en otros países limítrofes como los países del cono sur (Argentina, Chile y Uruguay). En otras regiones se usan palabras equivalentes a *papa* y *palta* en otras lenguas como *patata* y *aguacate* que provienen del idioma náhuatl que se habla aún en el territorio que hoy llamamos México.

Sin embargo, las diferencias de vocabulario no obedecen siempre al efecto de las lenguas locales sobre la lengua del conquistador. Por ejemplo, la palabra *ananá* proviene del idioma guaraní y por eso se usa en Paraguay y otros países del cono sur (Argentina y Uruguay). En cambio, en el Caribe y los demás países hispanohablantes se usa la palabra *piña* para referirse a la misma fruta que se llama *ananá*. El vocablo *piña* no es de origen sudamericano, sino que proviene de Europa y se utiliza para describir la semilla del pino. Lo que sucedió es que los españoles encontraron una cierta similitud entre la piña del pino y la fruta nueva de América. Así fue que decidieron llamar *piña* a esta fruta.

Paso 3. Vuelve a leer el texto y subraya las siguientes expresiones. Luego, emparéjalas con la función que les corresponde.

1. como resultado
2. por ejemplo
3. sin embargo
4. en cambio
5. así fue que

Para presentar un contraste = _____

Para ilustrar una afirmación con casos específicos = _____

Para presentar el efecto o consecuencia de algo = _____

Actividad 10-43. **Entrevista de campo**

Paso 1. Entrevista a diferentes personas que hablan español para descubrir las regiones en las que se usan cada palabra para un solo alimento (o una variación de la misma especie).

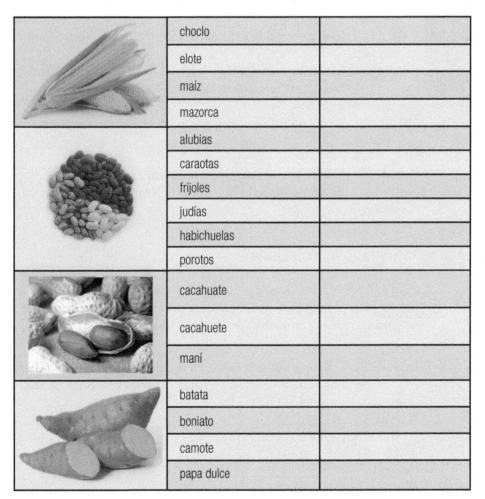

	choclo	
	elote	
	maíz	
	mazorca	
	alubias	
	caraotas	
	frijoles	
	judías	
	habichuelas	
	porotos	
	cacahuate	
	cacahuete	
	maní	
	batata	
	boniato	
	camote	
	papa dulce	

 Paso 2. Al día siguiente, en grupos de cuatro estudiantes compartan la información que encontraron sobre las regiones o países en que se usan las palabras del Paso 1.

Actividad 10-44. Taco Rico

Paso 1. Mira los primeros dos minutos del video sin sonido y decide si cada frase es cierta (C) o falsa (F) según lo que sucede en el video.

1. _____ Jordi y Guadalupe buscan un restaurante para el festival de comida hispana de la emisora.
2. _____ Jordi y Guadalupe piden refrescos y un aperitivo.
3. _____ A Jordi y a Guadalupe les gusta el pan.
4. _____ Connie trabaja en el restaurante porque su padre es el dueño.
5. _____ Connie gana bastante dinero con las propinas que recibe.
6. _____ Jordi conoce bien la comida de Centro América en el menú.
7. _____ Jordi cree que la palabra "flauta" significa un instrumento musical.
8. _____ Las flautas mexicanas y la tortilla española son similares.
9. _____ Dos ingredientes de los chilaquiles son las tortillas y la salsa de tomate.
10. _____ Al dueño del restaurante le gusta hablar de la comida peruana.

Paso 2. Ahora, mira el video de nuevo (esta vez con sonido) para confirmar si cada frase es cierta (C) o falsa (F) según lo que sucede en el video.

Actividad 10-45. ¿Te molestaría?

Paso 1. Jordi y Guadalupe le piden ayuda a Connie. Completa la transcripción de su conversación. Luego, mira el video y comprueba si las palabras que seleccionaste son las que se usan en el video.

Parte I

Jordi: —Claro. Eso sí, vamos a tardar en decidir, pues, yo por lo menos, no sé nada de la cocina de Centro América y de Sudamérica. Así que necesito tu ayuda.

Guadalupe: —(1) _____ Oye, Connie nos puede ayudar también, ¿ (2) _____ ayudarnos, Connie?

Consuelo: —(3) _____ Para eso estoy aquí.

Jordi: —Gracias, maja.

Consuelo: —(4) _____. Bueno, les doy unos minutitos para que vean el menú y luego yo regreso a ver si tienen algunas preguntas, ¿sí?

Parte II

Guadalupe: —Sí, queremos probar diferentes platos para seleccionar el menú para el festival de la comida hispana en la estación de radio. Oye, tal vez Connie nos puede ayudar a hablar con el dueño, a ver si nos da un buen precio. (5) _____

Consuelo: —(6) _____, lo que pasa es que estoy muy ocupada, faltaron dos meseros.

Guadalupe: —¡Ay! (7) _____.

Connie: —Pero le puedo decir al dueño que se dé una pasadita por aquí para que hable con ustedes. Él es muy simpático, y le encanta hablar con los clientes del restaurante. Le gusta hablar de los platillos famosos de su país, como el ají de gallina, el arroz con leche, bueno, y la especialidad, el ceviche...

Paso 2. Reemplaza los pedidos de ayuda y respuestas que se usan en la conversación con expresiones alternativas (puedes mirar la lista de expresiones que se presentan en este capítulo).

Actividad 10-46. **Cortesía**

Paso 1. En la mesa hay comportamientos (*behaviors*) específicos de cada cultura. Lee la siguiente lista e indica con una palomita (√) los que son aceptables en un restaurante elegante en tu cultura.

1. _____ Hablar con comida en la boca.
2. _____ Poner los codos en la mesa.
3. _____ Ponerse la servilleta en el cuello.
4. _____ Ponerse de pie para saludar a un conocido.
5. _____ Ponerse de pie para saludar al mesero.
6. _____ Decirle "gracias" al anfitrión (*host*) y al mesero.
7. _____ Dejar una propina.
8. _____ Dejar el menú en la mesa en vez de dárselo al cliente.
9. _____ Hacer preguntas sobre los platos del menú.
10. _____ Sentarse en una mesa sin la ayuda del anfitrión.

Paso 2. Observa las siguientes imágenes del video e indica posibles comportamientos que son aceptables en un restaurante y los que no lo son.

Comportamientos aceptables:

_____

Comportamientos no aceptables:

_____

VOCABULARIO

SUSTANTIVOS REALCIONADOS CON LOS ALIMENTOS

el aderezo	*salad dressing*	los grupos alimenticios	*food groups*
las almendras	*almonds*	la leche condensada	*condensed milk*
el brócoli	*broccoli*	el limón	*lemon*
el cacahuate/el maní	*peanut*	las lentejas	*lentils*
la carne de puerco	*pork*	la miel	*honey*
el cereal	*cereal, grain*	la nuez	*walnut*
la crema de leche	*cream*	el pan integral	*whole grain bread*
la espinaca	*spinach*	el pepino	*cucumber*
la fruta	*fruit*	la proteína	*protein*
el grano	*grain*	la sal	*salt*
la grasa	*fat*	el yogur	*yogurt*

SUSTANTIVOS RELACIONADOS CON LAS BEBIDAS

el café	*coffee*	el vino	*wine*
el té	*tea*		

ADJETIVOS RELACIONADOS CON LOS ALIMENTOS Y LA DIETA

caliente	*hot*	frío	*cold*
cocido/a	*boiled*	nutritivo	*nutritious*
crudo/a	*raw*	saludable	*healthy*
equilibrado	*balanced*	tierno/a	*tender*

UTENSILIOS PARA COMER

la copa	*wine glass*	la servilleta	*napkin*
la cuchara	*spoon*	el servicio de mesa	*table setting*
la cucharita/	*little spoon*	la taza	*cup*
la cucharilla		el tazón	*bowl*
el cuchillo	*knife*	el tenedor	*fork*
el cuenco	*bowl*	el vaso	*glass*
el mantel	*table cloth*		

UTENSILIOS PARA PREPARAR COMIDA

la batidora	*mixer*	el pelador	*peeler*
la cacerola	*pot*	la olla a presión	*pressure cooker*
la cafetera	*coffee maker*	las pinzas	*tongs*
el colador	*strainer*	el rallador	*shredder*
el cucharón	*serving spoon*	el sartén de teflón	*frying pan*
la espátula de plástico	*spatula*	la tabla de picar	*cutting board*
el juego de ollas	*set of pots*	la tetera	*tea pot*
la licuadora	*blender*	el tostador/la tostadora	*toaster*

VERBOS RELACIONADOS CON LA PREPARACIÓN DE LOS ALIMENTOS

agregar, añadir	*to add*	hacer a la plancha	*to grill*
asar	*to roast*	hervir	*to boil*
calentar	*to warm, to heat*	hornear	*to cook in the oven*
cocer	*to boil*	picar	*to chop*
cocinar/guisar	*to cook*	probar	*to try*
colocar	*to place*	rallar	*to grate*
combinar	*to combine, mix*	revolver	*to stir up, to mix up*
cortar	*to cut*	sazonar	*to season*
disolver	*to dissolve*	saltear/sofreír	*to stir-fry*
dorar/gratinar	*to bake to golden color*	tostar	*to toast*
freír	*to fry*		

OTROS VERBOS ÚTILES

aconsejar	*to advise*	recoger	*to pick up*
consumir	*to consume*	recomendar	*to recommend*
pedir	*to ask for*		

PARA MEJORAR TU SALUD

11
CAPÍTULO

BY THE END OF THIS CHAPTER YOU'LL KNOW HOW TO

- Describe human anatomy and body parts in general
- Talk about medical symptoms and describe everyday medicines
- Understand common medical terminology
- Use prepositions and **por/para** in particular
- Use possessive pronouns in contrast with possessive adjectives
- Understand the use of the subjunctive with typical impersonal expressions
- Understand the use of the subjunctive in complex sentences
- Express doubts, surprise, and beliefs with common phrases in Spanish
- Follow instructions in case of emergencies
- Write a formal essay with a focus on scientific writing
- Use rising and falling intonation in Spanish

YOU'LL LEARN ABOUT

- The health care system of some Spanish-speaking countries
- The famous author Augusto Roa Bastos
- Variations in medical terminology and medications across Spanish-speaking regions

Actividad 11-0. ¿Qué alimentos son buenos para la salud (*health*)?

Paso 1. Observa las fotos y describe las comidas en cada imagen. ¿Cuáles presentan una comida saludable (*healthy*)? ¿Por qué crees que es/no es saludable?

 Paso 2. Observen las imágenes del Paso 1 y escriban la mayor cantidad de nombres de alimentos que puedan bajo una de las siguientes dos categorías: saludables y no saludables. ¿Cuál tipo de alimento es más común en las imágenes?

Alimentos saludables   Alimentos no saludables

1. _____   _____
2. _____   _____
3. _____   _____
4. _____   _____
5. _____   _____
6. _____   _____
7. _____   _____
8. _____   _____

 Paso 3. Entrevista a varios compañeros/as de clase para saber si les gustan los alimentos saludables y si los comen frecuentemente.

E1: —¿Qué comidas te gustan o comes muy a menudo?

E2: —Todos los días como yogur, cereales, frutas y té por la mañana. Para el almuerzo me gusta comer un sándwich o una ensalada y para la cena generalmente como pasta, arroz o carne. Creo que es una dieta saludable. ¿Y tú?

VOCABULARIO EN CONTEXTO

Actividad 11-1. Repaso de las partes del cuerpo

Paso 1. Por turnos, tu compañero/a de clase lee el nombre de varias partes del cuerpo y tú tienes que señalar/tocar con el dedo la parte del cuerpo que se menciona. ¿Pueden completar la lista de todas las partes del cuerpo que se muestran en el dibujo en 2 minutos?

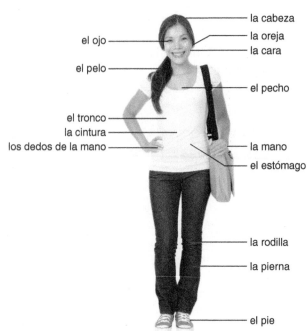

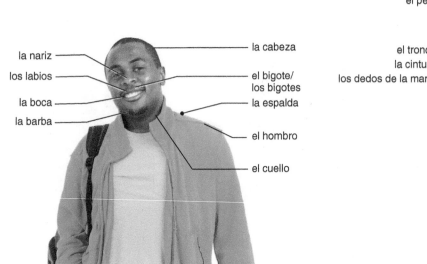

Modelo: E1: —Tus orejas
            E2: —Mis orejas (y se toca las orejas con sus manos)
                  [En el turno siguiente E2 lee una parte del cuerpo
                  y E1 la señala.]

Paso 2. Tu profesor(a) va a leer el nombre de varias partes del cuerpo y toda la clase tiene que señalar o tocar con su dedo la parte del cuerpo que se nombra. ¿Quién es el más rápido en señalar cada parte del cuerpo?

Actividad 11-2. ¿Dónde te lo pones? ¿Con qué lo haces?

Paso 1. Observa las fotos y escribe el nombre de las partes del cuerpo con las que asocias las siguientes prendas y accesorios. Luego, compara tus respuestas con las de un/a compañero/a.

Los colgantes

Los lentes/Las gafas

Las medias

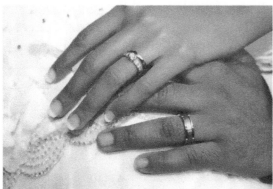
El anillo

La bufanda

Los guantes

El sombrero

El cinturón

1. los colgantes = _____
2. los lentes/las gafas = _____
3. las medias = _____
4. el anillo = _____
5. la bufanda = _____
6. los guantes = _____
7. el sombrero = _____
8. el cinturón = _____

Paso 2. En parejas, subrayen la palabra que NO pertenece a cada grupo y escriban por qué no pertenece. Luego, comparen sus respuestas con las de otros grupos de estudiantes.

1. los ojos, la boca, la espalda, las orejas _____
_____

2. la boca, la lengua (*tongue*), el cuello, los labios _____
_____

3. las piernas, los brazos, las rodillas, los pies _____
_____

4. las manos, la cara, los brazos, los dedos _____
_____

5. el pecho, la espalda, la cintura, los bigotes _____
_____

Paso 3. Finalmente, escriban el nombre de las partes del cuerpo con las que asocian las siguientes acciones. OJO: Puede haber más de una parte del cuerpo que se asocia con algunos de estos verbos.

1. jugar al fútbol = _____
_____

2. leer = _____
_____

3. hablar por teléfono = _____
_____

4. lavar los platos = _____
_____

5. bailar = _____
_____

6. hacer yoga = _____
_____

7. tocar el piano = _____
_____

8. tomar o catar (*taste*) vino = _____
_____

Actividad 11-3. ¡Mueve el cuerpo!

Paso 1. ¿Cuáles son las partes del cuerpo que se nombran en la canción popular llamada *Hokey Pokey*? Lee la letra del *Hokey Pokey* en español y usa las siguientes palabras para completar los espacios en blanco.

Palabras: cabeza, dedos, mano, nariz, ojos, pie

Estrofa 1:
Mueve una _____
mueve ahora un _____
mueve la otra _____
y también el otro _____
bailamos *hokey pokey*
giramos una vez
y volvemos a empezar

Estrofa 2:
Mueve una _____
mueve ahora un _____
mueve la otra _____
y también el otro _____
bailamos *hokey pokey*
giramos otra vez
y ahora vamos a bailar

Estrofa 3:
Mueve la _____, agita la cintura
mueve las rodillas
y movemos la _____
bailamos *hokey pokey*
giramos en un tris
y volvemos a empezar

Estrofa 4:
Giramos los _____
luego todo el cuerpo
movemos los bigotes
y los _____ de los pies
bailamos *hokey pokey*
giramos otra vez
y volvemos a empezar

Paso 2. Vamos a bailar una versión nueva del *Hokey Pokey* en español. En grupos de tres o cuatro, cambien las partes del cuerpo que se mencionan en la canción original del *Hokey Pokey* por otras.

Paso 3. Cada grupo invita a bailar a otro grupo con la versión del *Hokey Pokey* que inventaron. Las personas del otro grupo mueven las partes del cuerpo que se indican en las versiones nuevas de *Hokey Pokey*. Luego, el otro grupo hace lo mismo.

Actividad 11-4. Describe las partes del cuerpo

Paso 1. Identifica las partes del cuerpo a las que se refieren las siguientes descripciones.

1. Está dentro de la boca y es de color rojo. El doctor la mira cuando estamos enfermos.
2. Tenemos diez y los usamos todos para tocar instrumentos como la guitarra o el piano.
3. Es la parte que une la cabeza con el resto del cuerpo.
4. Tenemos dos en la cabeza, una a cada lado de la cara. Las usamos para escuchar.
5. Es posible tener problemas (dolores o molestias) en esta parte después de comer demasiado.

Paso 2. En parejas, escriban una breve descripción de tres (3) partes del cuerpo sin mencionarlas.

Modelo: Son pequeñas y están en la cabeza. Sirven para escuchar música, conversaciones, ruidos, etc.

1. _____.
2. _____.
3. _____.

Paso 3. Cada pareja lee su descripción a otro grupo para que adivinen qué parte del cuerpo se describe en cada caso. ¿Cuántas pudieron adivinar?

Modelo: E1: —Son pequeñas y están en la cabeza. Sirven para escuchar música, conversaciones, ruidos, etc. ¿Qué parte del cuerpo es?
E2: —Son las orejas.

Paso 1. La clase se divide en dos grupos para competir. Los dos grupos toman turnos: un estudiante de un grupo lee una descripción y un estudiante del otro grupo levanta la mano y dice a qué parte del cuerpo se refiere.

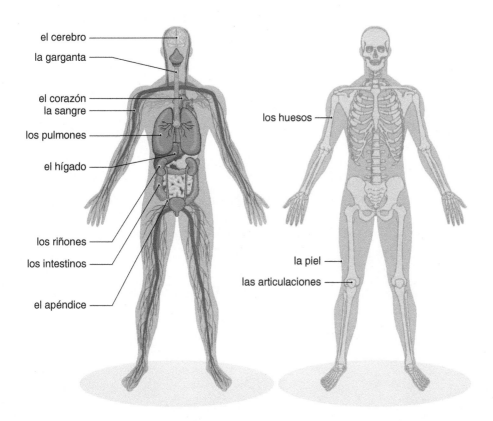

el cerebro
la garganta
el corazón
la sangre
los pulmones
el hígado
los riñones
los intestinos
el apéndice

los huesos

la piel
las articulaciones

1. Es un órgano que relacionamos con el amor y con el Día de San Valentín.
2. Usamos estos órganos para inhalar el aire, es decir, para respirar.
3. Usamos esta parte del cuerpo para pensar.
4. Es un líquido rojo que corre por las venas de nuestro cuerpo.
5. Forman el esqueleto del cuerpo humano.
6. Son los puntos de unión entre varias partes de nuestro cuerpo.
7. Es muy importante tomar agua para mantener limpio y sano este órgano.
8. Este órgano se relaciona con una enfermedad que se llama hepatitis.
9. La faringitis o inflamación de la faringe ocurre en esta parte del cuerpo.
10. Este órgano se relaciona con la apendicitis.
11. Estos órganos son tubos abdominales importantes en la digestión de los alimentos; hay uno delgado y otro grueso.
12. Este es el órgano más grande; cubre todo el cuerpo y te protege de las infecciones y los gérmenes.

Paso 2. Categoriza los órganos según el aparato o sistema asociado.

1. El sistema digestivo
2. El aparato cardiovascular
3. El aparato locomotor
4. El sistema nervioso

Actividad 11-6. Las enfermedades (*illnesses*) y las partes del cuerpo

Paso 1. ¿A qué tipo de enfermedad (1 a 6 en la página siguiente) se asocia cada una de estas imágenes?

Foto A

Foto B

Foto C

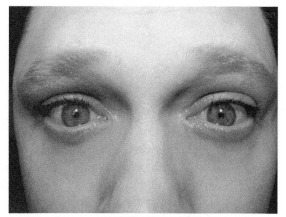

Foto D

Foto E

Foto F

1. _____ el ataque cardíaco
2. _____ la conjuntivitis
3. _____ el asma
4. _____ la gripe (*flu*)
5. _____ el resfrío (resfriado) (*cold*)
6. _____ la alergia

Paso 2. Ahora, asocia el nombre de cada una de las siguientes enfermedades con las partes del cuerpo afectadas. ¡OJO! Algunas enfermedades pueden asociarse con varias partes del cuerpo, pero no todas las partes del cuerpo se asocian con una de estas enfermedades.

1. el resfrío (resfriado)	_____ el corazón
2. la gripe	_____ la garganta
3. la alergia	_____ los ojos
4. el melanoma	_____ cualquier parte del cuerpo
5. el cáncer	_____ el cerebro
6. la laringitis	_____ el hígado
7. la pulmonía o neumonía	_____ las articulaciones
8. el ataque cardíaco	_____ el apéndice
9. la hepatitis	_____ el cuello
10. la artritis	_____ la sangre
11. la conjuntivitis	_____ la nariz
12. la apendicitis	_____ los brazos
13. el asma	_____ el pecho
14. la hipertensión arterial	_____ los huesos
15. la meningitis	_____ los pulmones
16. el derrame cerebral o embolia	_____ las rodillas
	_____ la piel

VOCABULARIO

Most English and Spanish words related to medicine and biology have common roots in Latin and Greek. Thus, you already have a lot of passive knowledge about vocabulary that you can recognize as cognates if you look closely.

Two common phrases related to health that are <u>not</u> cognates are:

doler	Me duele el pie.	*My foot hurts.*
faltar	Me falta el aire.	*I don't have enough/lack air.*

Note that both verbs work like **gustar**, with an indirect object pronoun before them.

Actividad 11-7. **El ahorcado con palabras del cuerpo y de las enfermedades**

⇆AB Vamos a jugar al ahorcado (*hang man*) con los nombres de las partes del cuerpo y de las enfermedades. Consulta a tu compañero/a de clase para rellenar los espacios en blanco con las letras que faltan para nombrar varios síntomas y enfermedades. Por cada letra incorrecta vas a dibujar una parte del cuerpo del ahorcado (dos piernas, dos brazos, un tronco y una cabeza).

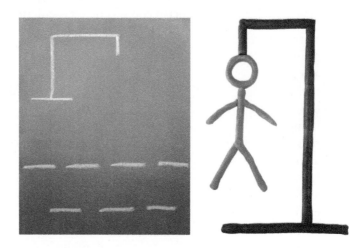

Modelo: E1: —¿La letra P va en la palabra 2?
         E2: —Sí, la letra P va en el cuarto espacio de la palabra 2.

Estudiante A

1. A T A Q U E   C A R D Í A C O
2. G R I P E
3. ___ P ___ ___ ___ ___ ___ ___ T ___ ___
4. H I P E R T E N S I Ó N A R T E R I A L
5. A S M A
6. ___ ___ ___ ___ ___ I ___
7. ___ O ___ J ___ ___ ___ ___ ___ ___
   ___ ___
8. ___ ___ T ___ ___ T ___ ___ ___
9. G A R G A N T A
10. ___ O ___ ___ ___ O ___

Estudiante B   Information for student B is on page 681.

Paso 1. Identifica la(s) foto(s) que representa(n) los siguientes síntomas. Luego escribe el nombre de la(s) enfermedad(es) que se asocia(n) con los síntomas:

Foto A   Foto B   Foto C

Foto D   Foto E   Foto F

Foto G   Foto H

1. _____ Le duele la cabeza/Tiene dolor (*pain, ache*) de cabeza.
2. _____ Le falta el aire; no puede correr más ahora.
3. _____ Tiene náuseas.
4. _____ Tiene fiebre; su temperatura está a 39 grados centígrados.
5. _____ Le duele el estómago.
6. _____ Está mareado/a; siente que el mundo está girando o moviéndose.
7. _____ Tiene tos/Tose/Está tosiendo porque tiene un resfriado.
8. _____ Estornuda/Está estornudando porque tiene alergias.

Paso 2. Ahora, empareja el comentario o la recomendación más lógica que le puedes hacer a la persona con cada uno de los síntomas que se muestran en las imágenes del Paso 1.

Modelo: Alguna cosa que comió le sentó mal. <u>Tiene náuseas.</u>

1. ¿Tiene(s) un resfriado? ¿Quiere(s) tomar algo?
2. Bebe agua y líquidos claros con frecuencia.
3. Sí, porque en primavera sufre de alergias.
4. Vamos a ofrecerle una aspirina.
5. Descansa unos minutos. Vas a respirar mejor.
6. Necesita sentarse unos minutos.
7. Entonces no coma nada.

Paso 3. Representa con mímica (sin palabras) tres síntomas o malestares (*discomfort*). Tu compañero/a tiene que adivinar el nombre de tu dolencia (*ailment*) o malestar y una recomendación para que te mejores.

Actividad 11-9. **Reconociendo los síntomas de enfermedades mortales**

Paso 1. Completa la descripción de los síntomas de un ataque cardíaco con la palabra o frase más apropiada en ese contexto.

falta de aire   náuseas   dolor en el pecho

Los síntomas de un posible **ataque cardíaco** son, entre otros, _____ y también un dolor que llega al hombro y baja hacia (*goes down toward*) el brazo. Algunas personas (los ancianos, las personas con diabetes y las mujeres) pueden experimentar poco o ningún dolor en el pecho. O pueden experimentar síntomas inusuales (por ejemplo, sensación de _____ y, en consecuencia, dificultad para respirar, fatiga, debilidad). Las mujeres tienen mayores probabilidades que los hombres de presentar síntomas de _____ y vómitos, dolor de espalda o mandíbula y dificultad para respirar con dolor en el pecho.

Paso 2. Ahora, vas a escuchar un anuncio de radio que describe los síntomas y signos de la meningitis. Primero, señala con una palomita (√) los síntomas/signos que crees que están asociados a la meningitis. Luego escucha el anuncio una vez más para verificar tus respuestas.

_____ fiebre

_____ brazos rígidos

_____ dolor de estómago severo

_____ sensibilidad a la luz

_____ diarrea

_____ vómitos

_____ náusea

_____ sueño (*tiredness*) extremo

_____ confusión

_____ mareos (*dizziness*)

Paso 3. En parejas, escriban los síntomas típicos de otras enfermedades o dolencias. Luego, lean sus síntomas a otra pareja. La otra pareja tiene que descubrir cuál enfermedad están describiendo.

Actividad 11-10. **Para evitar emergencias debemos estar preparados**

Paso 1. Empareja las medicinas y artículos (*items*) que se pueden encontrar en un botiquín de emergencias (*first aid kit*) con sus usos.

 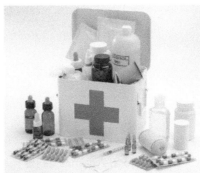

Medicinas

Alcohol al 70%, antiácidos, antihistamínicos, aspirina, cinta adhesiva, crema antibiótica (con hidrocortisona 0.5%), curitas (*bandaids*), descongestionante, jeringas (*syringes*) descartables (*disposable*), laxante, protector/filtro/crema solar (mínimo de SPF 15), termómetro, tabletas de Pepto-Bismol, tijeras, vendajes (*bandages*).

Remedios	Medicinas
1. para aliviar la tos	
2. para prevenir el daño (*damage*) de la piel y el melanoma	
3. para tratar los síntomas de la alergia	
4. para curar infecciones leves (*minor*) de la piel	
5. para curar heridas (*cuts*) cortantes	
6. para prevenir el estreñimiento (*constipation*)	
7. para tratar la fiebre, dolores de cabeza y dolores leves	
8. para tratar la acidez del estómago	
9. para prevenir la diarrea, para tratar el dolor de estómago	

Paso 2. Imaginen que tienen que seleccionar solamente cinco artículos para llevar en un botiquín de emergencias. ¿Cuáles eligen para llevar en su viaje? Después que tengan su lista de los cinco productos esenciales comparen su selección con la de otro grupo.

Actividad 11-11. Medicinas y remedios

Paso 1. Empareja el tipo de medicina que se asocia con las siguientes marcas comerciales.

aspirina, crema antibiótica, antiácido, remedio contra la alergia, vendaje o curita, jarabe (*syrup*) contra la tos

Modelo: *Nyquil o Robitussin*   jarabe (*syrup*) contra la tos

1. Allegra
2. Bandaid
3. Bayer
4. Neosporin
5. Tums

Paso 2. Además de las medicinas que se compran en la farmacia, también hay remedios caseros (*homemade*). ¿Conoces alguna manera no farmacéutica de tratar las siguientes dolencias?

Modelo: Para aliviar el hipo (*hiccups*), tomo agua varias veces sin respirar.

1. hipo
2. resfrío
3. dolor de cabeza
4. dolor de estómago
5. acné
6. quemaduras del sol (*sunburns*)
7. picaduras (*bites, stings*) de mosquitos

Paso 3. Comparen sus consejos con toda la clase para saber cuál es el remedio más común para cada caso.

GRAMÁTICA EN CONTEXTO
The Use of Prepositions in Spanish: a, en, de, por, para

1. Voy a viajar **a** Houston en carro **para** consultar **con** un médico especialista de cáncer.
   *I am going to travel **to** Houston by car **to** consult **with** a cancer specialist.*
2. Hablaron sobre la enfermedad de su padre **por** más de 5 horas mientras caminaban **por** el parque.
   *They spoke about his father's illness **for** more than 5 hours while they walked **about** the park.*

Prepositions in Spanish function in the same way they do in English: they relate things, places and people to each other. The challenge is that their meanings sometimes do not have a one-to-one correspondence between languages. In example (1) above, for instance, two prepositions in Spanish (**a** and **para**) are translated with the same preposition in English (*to*), whereas in sentence (2) one Spanish preposition (**por**) is translated into two different prepositions in English (*for* and *about*). The key to knowing which preposition to use is to understand its function in the sentence. The activities below provide a simplified introduction to several common functions and their corresponding prepositions.

GRAMÁTICA

You've already studied the personal **a** (chapter 6), which is one example of a preposition with a clear function: It identifies the recipient (**el destinatario**) of an action, known in grammatical terms as the direct object. It has no corresponding translation to English, however:

Visita **a** su amigo en el hospital por la tarde.

She/He visits his/her friend in the hospital in the afternoon.

Actividad 11-12. La detección y el tratamiento de las enfermedades

 Paso 1. Escucha la grabación y escribe las preposiciones que corresponden en los espacios en blanco.

1. Voy (___) manejar (___) Houston para ver (___) mi especialista del corazón.
2. Ya conozco (___) esta especialista porque ella también trató (___) mi esposo.
3. Mi cita con la especialista es (___) las once de la mañana; llego (___) tiempo si salgo ahora.
4. Pero primero tengo que ir (___) la farmacia (___) buscar un remedio para la tos.
5. Mi hermano me manda la medicina (___) mi padre (___) La Paz (___) una caja (___) la tarde hoy.
6. Mientras tanto nos concentramos (___) controlar sus síntomas hoy con un jarabe (___) miel.
7. Es importante saber el historial médico (___) tu familia para controlar tu propia salud.
8. Por ejemplo, si tu padre ha tenido problemas (___) corazón, es posible que los tengas tú también (___) tu madurez.
9. ¿Vienes (___) una familia con diabetes? (___) tu dieta debes incluir comidas con mucha fruta, muchas legumbres y granos integrales, pero con poca grasa y pocas calorías.
10. ¿Hay casos (___) cáncer entre tus parientes? Dentro (___) poco tiempo debes decírselo a tu médico para que revise tus datos con atención especial a los síntomas del cancer.
11. ¿Los miembros (___) tu familia se rompen fácilmente los huesos? Puede haber una debilidad (___) los huesos en tu familia que indica que tal vez la natación sea un mejor deporte para ti que el fútbol americano.
12. Las recomendaciones de tu médico basadas (___) tu historial familiar pueden ayudarte a tener una vida más larga y saludable.
13. Venden un remedio que se toma dos veces (___) día, y (___) día siguiente te sientes mejor.
14. ¿Dónde está la farmacia? Al llegar (___) esquina allí, dobla (___) derecha: la farmacia está (___) tu izquierda.

Paso 2. Para cada oración del Paso anterior, clasifica los usos de las preposiciones de acuerdo a las siguientes categorías.

Modelo: (B) A las cuatro vamos (D) a pie (A) al hospital (C) a visitar (C) a un amigo.

Preposición **a:**
   A. destino
   B. hora/frecuencia
   C. objetivo/destinatario [también: a personal]
   D. modo

Preposición **de:**
   E. parte, componente o material
   F. posesión
   G. origen
   H. posición/ubicación (*placement*) con frases como **dentro de, detrás de, después de**

Preposición **en:**
   I. cuándo
   J. para el concepto "dentro de"
   K. objeto de interés/análisis

Actividad 11-13.   **En la fila de la farmacia para comprar medicamentos**

Paso 1. Ahora que ya sabes las funciones de las preposiciones **a, de** y **en**, selecciona la opción correcta en cada caso.

Cliente 1: —¿Qué remedio recomienda Ud. para los dolores de cabeza?

Dependiente: —(1) _____ la sección de analgésicos, (2) _____ la derecha, hay varios productos buenos. Allí veo (3) _____ la farmacéutica; ella le puede hacer una recomendación específica.

Cliente 2: —Perdón, no tengo mis lentes. ¿Me podría leer las instrucciones (4) _____ este medicamento?

Dependiente: —Por supuesto. Dicen que se mezcla el polvo (5) _____ la vitamina C (6) _____ un vaso con agua fría para reducir los síntomas (7) _____ resfrío. Se toma tres veces (8) _____ día, siempre después (9) _____ comer.

Cliente 3: —Disculpe. No encuentro la marca (10) _____ vendajes que me gusta. ¿Van (11) _____ encargar (*to order*) más?

Dependiente: —Ya los encargamos. (12) _____ unos días nos llegan. ¿(13) _____ qué marca son los que le interesan?

Cliente 3: —Ay, se me olvida el nombre, pero se venden (14) _____ una cajita blanca y azul.

Paso 2. En parejas, seleccionen una o más fotos para escribir un breve diálogo entre los clientes y el/la dependiente o el/la farmacéutico/a en cada foto, usando **a, de** y **en**.

Paso 3. Tu profesor(a) va a seleccionar cuatro parejas para leer su diálogo. El resto de la clase tiene que adivinar la foto que se usa como referencia para cada diálogo. Luego verifiquen los usos de las preposiciones en cada diálogo.

Actividad 11-14. **Por versus para**

Paso 1. Lee la lista de funciones que está normalmente asociada con la preposición **por** y selecciona la función que mejor describe el uso de esta preposición en el siguiente párrafo.

- A. una causa o un agente de cambio
- B. un período de tiempo
- C. a través o alrededor de un lugar
- D. un intercambio o una sustitución
- E. un medio de comunicación
- F. precio o equivalencia

Modelo: Anoche Luis salió a comer. Se compró unas empanadas en la calle por (F) unos dólares y se las comió mientras caminaba por (C) el parque. Después de un rato, empezó a sentirse mal. Por (B) la noche tenía náuseas y vomitaba. Por (A) estar enfermo, Luis se quedó en casa hoy. Le habló a su jefe por (E) teléfono para informarle que un colega va a hacer una presentación por (D) él hoy.

Juan Carlos es un trabajador incansable. Para una persona que sufre de asma, Juan Carlos trabaja **por** (1 _____) horas sin parar. Por ejemplo, ayer trabajó **por** (2 _____) más de diez horas. Aún así (*Even so*), hoy el gerente de negocios se enfermó, así que viajó **por** (3 _____) él a Washington a una reunión de negocios muy importante. Además, le gusta llegar siempre en hora, **por** (4 _____) eso siempre viene **por** (5 _____) la carretera 1 porque no está tan congestionada como la interestatal 35. Pero aún cuando no está en la oficina nunca para de trabajar: inclusive cuando está enfermo se comunica **por** (6 _____) Internet para cumplir con sus obligaciones.

VOCABULARIO

The prepositions **por** and **para** can be both translated into English with the preposition *for* (among other translations). So, how do you know when to use one or the other? As a rule of thumb, **para** tends to refer to objective, goal, destination or deadline, whereas **por** is generally used when referring to the cause of something, or being within or moving through a space or time period.

(**por**) *cause, agent, source, medium*

(**para**) *destination, deadline, recipient, objective, function*

Paso 2. Ahora, lee la lista de funciones que está normalmente asociada con la preposición **para** y selecciona la función que mejor describe el uso de esta preposición en el siguiente párrafo.

A. un destino físico/geográfico
B. un objetivo (*in order to*)
C. un destinatario
D. un límite de tiempo o plazo (*deadline*)
E. referencia para comparaciones

Modelo: Anoche Luis salió a comer. Se compró unas empanadas en la calle. Después de un rato, empezó a sentirse mal y tenía nauseas y vomitaba. Para (E) estar enfermo, Luis estaba muy bien de ánimo. Llamó a su médico y el doctor le dijo que si para (D) la mañana no se sentía mejor, tenía que ir para (A) el hospital para (B) ver a un médico en la sala de emergencia.

Sonia es una trabajadora incansable. **Para** (1 _____) una persona que sufre de asma, Sonia trabaja por horas sin parar. Por ejemplo, ayer trabajó más de diez horas **para** (2 _____) finalizar un proyecto importante que tiene que estar listo **para** (3 _____) mañana **para** (4 _____) entregárselo a su jefe. El lunes viaja **para** (5 _____) Washington a una reunión de negocios muy importante. Es un viaje importante **para** (6 _____) Sonia porque puede demostrar que sabe hacer bien su trabajo. Mientras esté en Washington, va a comunicarse por Internet **para** (7 _____) cumplir con sus obligaciones.

Actividad 11-15. ¿Por o para?

Paso 1. Rellena los espacios en blanco en las siguientes oraciones con la preposición **por** o **para**.

1. La directora del hospital regional viajó a Asunción _____ invitación de la ministra de Salud Pública _____ discutir las posibles soluciones al problema de falta de médicos.
2. Las tarifas reducidas de copagos de atención médica no son aceptadas _____ el hospital municipal _____ dar atención a la población con pocos recursos económicos.
3. Un especialista de economía escribió el reporte sobre la espectacular disminución de muchas enfermedades del hospital regional _____ la ministra de Salud Pública.
4. Aunque _____ razones desconocidas, los síntomas de las enfermedades de muchos pacientes del hospital regional desaparecieron.
5. El hospital municipal no está habilitado (*authorized*) _____ el Ministerio de Salud Pública _____ atender a pacientes con enfermedades graves.

Paso 2. Para cada una de las preposiciones que usaste en el Paso anterior, escribe la función de los usos de **por** y **para**.

1. una causa   _____
2. _____   _____
3. _____
4. _____
5. _____   _____

Actividad 11-16. Esta traducción es para ti

Paso 1. En parejas, traduzcan las siguientes oraciones del inglés al español.

1. I went to the hospital in an ambulance.
2. These pills are from the doctor for you.
3. I work as an administrative assistant in a small hospital to make extra money.
4. The doctor needs your report by Monday.
5. That is a prescription for adults only.
6. In my opinion, I think he's right.
7. Go out to the emergency room through this door.
8. I did not sleep well for days due to the flu.

1. _____
2. _____
3. _____
4. _____
5. _____
6. _____
7. _____
8. _____

Paso 2. Cada pareja se une a otro grupo de dos estudiantes para leer por turnos sus traducciones. Si hay diferencias de opiniones, tienen que decidir por qué están equivocadas o por qué son acertadas.

GRAMÁTICA

We can combine more than one preposition to create compound prepositions such as the following:

antes/después de = *before/after*

adentro/afuera de = *inside/outside (of)*

debajo/arriba de = *under/above*

enfrente/detrás de = *in front of/behind*

en vez de/en lugar de = *instead of/in place of*

junto a/al lado de = *next to*

Use an infinitive or a noun phrase after the preposition.

Actividad 11-17. ¿Preposición o proposición?

 Paso 1. ¿Cuál es la confusión de Gaturro, el personaje de esta tira cómica? En parejas, escriban una definición corta en español de las palabras **preposición** y **proposición**.

 Paso 2. En parejas, escriban otro diálogo entre Gaturro y su novia usando algunas de las preposiciones que menciona. Luego, compartan su diálogo con otros/as estudiantes. ¿Quién escribió el diálogo más original?

Posessive Pronouns

Sarita se toma su medicina por la mañana; **la suya** es para prevenir un ataque cardíaco.

*Sarita takes her medicine in the morning; **hers** is to prevent a heart attack.*

Yo me tomo mis medicamentos por la tarde; **los míos** son para bajar mi colesterol y la presión.

*I take my medicines in the afternoon; **mine** are to lower my cholesterol and (blood) pressure.*

Possessive pronouns replace a noun phrase that has a possessive adjective (*my, your, his, her, our, their/* **mi, tu, su, nuestro, vuestro, su**) in it. For example, *my medicine* becomes *mine*; **mi medicina** becomes **la mía**. The English possessive pronouns are *mine, yours, his, hers, ours, theirs*. The Spanish possessive pronouns are **mío, tuyo, suyo, nuestro, vuestro**, and **suyo**. They agree in gender and number with the noun they replace, and are usually preceded by a definite article (**el, la, los, las.**)

Masculine Singular	Feminine Singular	Masculine Plural	Feminine Plural	
el **mío**	la **mía**	los **míos**	las **mías**	*mine*
el **tuyo**	la **tuya**	los **tuyos**	las **tuyas**	*yours* (sing. informal)
el **suyo**	la **suya**	los **suyos**	las **suyas**	*his/hers/yours* (sing. formal)
el **nuestro**	la **nuestra**	los **nuestros**	las **nuestras**	*ours*
(el vuestro)	la vuestra	los vuestros	las vuestras	*yours* (plural informal)
el **suyo**	la **suya**	los **suyos**	las **suyas**	*theirs/yours* (plural formal)

Actividad 11-18. Preferencias

Paso 1. Juana se compara con su amiga, Teresa. Subraya el uso de las palabras que indican posesión (equivalentes a *my, your*, etc. en inglés).

Cuando vamos a la playa nos gusta protegernos del sol. Mi amiga Teresa toma el sol temprano y lleva un sombrero. Su sombrero no es muy grande pero la protege del sol. Prefiero llevar unas gafas de sol, ponerme crema solar y no llevar sombrero; mi piel no es delicada (*delicate*). A las dos nos gusta leer mucho; leemos novelas de misterio. Todos nuestros libros son de nuestro autor favorito, Alfred Hitchcock.

Paso 2. Basándote en la información del Paso 1, decide quién diría (*would say*) cada enunciado: Juana, Teresa o las dos. OJO: Presta atención a los pronombres posesivos.

Teresa

Juana

_____ 1. ¿La piel? La mía es delicada, pero la suya, no.

_____ 2. Las gafas de sol son tuyas, ¿verdad? No traje las mías.

_____ 3. Amiga, este chico encontró un sombrero. ¿Es el tuyo?

_____ 4. Ese libro no es nuestro; los nuestros son de Hitchcock.

Actividad 11-19. ¿Cuál es el correcto?

Paso 1. Encierra en un círculo los adjetivos o los pronombres correctos de cada oración.

1. Este es **mi / mío** botiquín de primeros auxilios. El **tu / tuyo** está en la mesa.
2. Este manual de emergencias es el **mi / mío**. **Tu / tuyo** manual está adentro de la mochila.
3. Nelson y Marisa tienen **su / sus** frasco de ibuprofeno. Lo llevan a la universidad todos los días.
4. Estos son **nuestros / nuestras** botiquines de primeros auxilios. **Mi / Mío** botiquín tiene 50 artículos. El **tu / tuyo** tiene solo 20. El de Cecilia está en su habitación. El **su / suyo** tiene más de 80 artículos.
5. Ya tengo **mis / mías** pastillas para la alergia. Ahora sí podemos ir al parque. Marcela también ya tiene las **su / suyas**.

Paso 2. Ahora, escucha la grabación para confirmar las respuestas correctas.

Paso 1. En las siguientes oraciones aparecen pronombres y adjetivos posesivos; con tu compañero/a identifica y subraya los pronombres posesivos. Puede haber más de una respuesta en algunas oraciones.

1. En una emergencia, Mónica puede utilizar el botiquín de su oficina. El suyo es mejor, pero no lo tiene con ella porque lo dejó en su casa.
2. Los hospitales privados son tan profesionales como los nuestros.
3. Tu escrito habla sobre las enfermedades cerebrales. El mío trata sobre las enfermedades cardiovasculares.
4. Mis pastillas para la alergia están en la oficina. Las de Federico están en casa, pero las suyas son más fuertes que las mías. Por eso no puedo tomar las suyas.
5. Carmen: —¿Quién será mi doctor?
   Petra: —No lo sé, pero el mío es muy bueno y sabe mucho sobre medicina del deporte.
6. ¿Qué problemas debemos resolver primero? ¿Los de la entrenadora o los tuyos?
7. ¿Cuáles son mis síntomas y cuáles son los tuyos? Los míos son dolor de cabeza y falta de apetito y los tuyos son diarrea y náuseas. Obviamente, la comida contaminada que comimos nos afectó de forma diferente.

Paso 2. Decide a qué objetos se refieren los pronombres posesivos que subrayaste en el Paso anterior.

Modelo:
1. el suyo = el botiquín de Mónica
2. _____
3. _____
4. _____
5. _____
6. _____
7. _____

Paso 1. Miguel Ángel y Juana están limpiando su botiquín de primeros auxilios. Escucha la grabación de su conversación y escribe el nombre del dueño (*owner*) de cada uno de los objetos del botiquín. Puedes escuchar la grabación más de una vez.

Modelo: Las curitas: Miguel Ángel

1. La crema antibiótica: _____
2. Los antihistamínicos: _____
3. Los descongestionantes: _____
4. El termómetro: _____
5. Las tijeras rojas: _____
6. Las tijeras amarillas: _____
7. El protector solar de SPF 45: _____
8. El protector solar de SPF 15: _____

VOCABULARIO

vencido/a = *expired*
color patito = *yellow as a rubber duck*

Paso 2. Escucha la grabación una vez más y esta vez trata de rellenar los espacios en blanco de los siguientes extractos (*excerpts*) del diálogo.

Juana: —¡Ay, qué desastre! ¿De quién son estas curitas? Todavía se pueden usar.

Miguel Ángel: —(1) _____ _____.

Juana: —Sí, y esa crema antibiótica que tienes es (2) _____. Pero está vencida. La puedes tirar.

Miguel Ángel: —Los antihistamínicos (3) ____ ____ _____, porque yo no sufro de alergias, así que son tuyos... pero, y estos descongestionantes, ¿(4) _____ _____, Juana?

Juana: —No, (5) ____ ____ _____ tampoco. Tal vez son de Marta que usó mi botiquín la semana pasada. Sí, creo que (6) _____ _____. Se los guardo porque no están vencidos.

Miguel Ángel: —¡Ay, cúantos remedios vencidos!

Juana: —Es que hace tiempo que no lo habíamos examinado. Pero mejor lo hacemos ahora antes de que tengamos una emergencia, ¿no? A ver... sé que este termómetro es mío, pero no reconozco estas tijeras. ¿(7) _____ _____?

Miguel Ángel: —Ah, sí, son las de color rojo. Me encantan porque nunca las voy a perder. (8) _____ _____ son rojas también, ¿no?

Juana: —No, para nada, (9) _____ _____ son amarillas color patito. Ay, mira esto: ¡qué cantidad de protector solar de SPF 45. (10) _____ _____, ¿no?

Miguel Ángel: —Ah, sí, (11) _____ _____, por el número de protección solar. Y este seguro es el tuyo: de 15.

Juana: —Exacto, (12) ____ ____ _____. Gracias. Ay, ¿cuándo vamos a terminar?

The Subjunctive with Impersonal Expressions

1. **Es importante que** los niños **coman** alimentos nutritivos.
   It is important that children eat nutritious meals. / It is important for children to eat nutritious meals.
2. **Es imposible que** los niños **bajen** de peso si comen mucha pizza.
   It is impossible that children will lose weight if they eat a lot of pizza. / It is impossible for children to lose weight if they eat a lot of pizza.
3. **Es bueno que** los cocineros de los restaurantes **usen** aceite de oliva.
   It is better that restaurant cooks use olive oil. / It is better for restaurant cooks to use olive oil.

The verb conjugations studied in previous chapters are in the indicative mode, which is used to express states or events that the speaker describes as factual events or states. In contrast, the subjunctive is used to express a subjective point of view: (i) desires about how things should be, or what people should do (see sentence 1), (ii) the speaker's doubt or uncertainty with respect to states or events (see sentence 2), or (iii) evaluations of how things actually are (see sentence 3). In general, the subjunctive makes reference to subjective or fictional worlds, wishes, doubt, uncertainty, and evaluation.

When an expression introduces a subjective point of view in a certain grammatical context, it is followed by the subjunctive:

Es importante que... los niños **coman** alimentos nutritivos.

Es imposible que... los niños **bajen** de peso si comen tanta pizza.

The typical grammatical context for subjunctive can be divided into two sub-sentences (clauses). Note that the subject of the main clause (*It*) is different from the subject of the dependent clause (*the children*/**los niños**), and that English often uses an infinitive for the Spanish dependent clause:

Es importante + **que** + los niños **coman** alimentos nutritivos.
Main clause + **que** + Dependent clause

The main clause is conjugated in the indicative. The dependent clause is conjugated in the subjunctive when the main clause expresses a subjective point of view (e.g., desire, uncertainty, evaluation).

However, the indicative is used in the dependent clause if it describes something assumed by the speaker to be an objective truth:
Es cierto que... la gente no **come** suficientes vegetales.

Some common impersonal expressions that introduce the **subjunctive** include:

Es importante/necesario que...	*It's important / necessary that...*
Es bueno/mejor/fantástico que...	*It's good / better / fantastic that...*
Es malo/peor/terrible que...	*It's bad / worse / terrible that...*
Es preferible/interesante que...	*It's preferable / interesting that...*
Es raro/increíble que...	*It's unusual / unbelievable that...*
Es (im)posible/(im)probable que...	*It's (im)possible / (un)likely that*

Some common impersonal expressions that introduce the **indicative** include:

Es cierto/verdad que...   *It's true that...*

Es evidente/obvio que...   *It's evident / obvious that...*

No es dudoso/No hay duda que...   *There's no doubt that...*

GRAMÁTICA

In English, the use of the subjunctive has almost disappeared, but it is still used in some expressions, for instance, sentence (1a) is equivalent to example 2 in Spanish. Sentence (1a) sounds atypical, because the subjunctive is rarely used in informal, spoken English. Sentence (1b) does not use the subjunctive, and it is the most common option in colloquial speech.

1a. *It is important that the patient eat healthy food.*

1b. *It is important that the patient eats healthy food.*

2. **Es importante que** el paciente **coma** alimentos saludables.

Actividad 11-22. En mi opinión

Paso 1. En tu opinión, ¿cómo podemos mejorar la salud? Indica si estás de acuerdo o no con estas ideas.

Sí / No 1. Es necesario que los estudiantes no coman comida basura. La comida rápida no es la mejor.

Sí / No 2. Es bueno que las personas beban al menos 8 vasos de agua diariamente.

Sí / No 3. Es imposible que la gente baje de peso si come grandes cantidades de comida.

Sí / No 4. No es cierto que la gente coma pocos vegetales en su dieta.

Sí / No 5. Es preferible que los estudiantes universitarios tengan una dieta balanceada.

Sí / No 6. Es raro que las personas tomen bebidas alcohólicas.

Paso 2. Revisa de nuevo las oraciones y subraya con una línea la expresión impersonal; y con dos líneas, el verbo en la cláusula dependiente.

Modelo: Es necesario que los estudiantes no coman comida basura. La comida rápida no es la mejor.

1. Es bueno que las personas beban al menos 8 vasos de agua diariamente.

2. Es imposible que la gente baje de peso si come grandes cantidades de comida.
3. No es cierto que la gente coma pocos vegetales en su dieta.
4. Es preferible que los estudiantes universitarios tengan una dieta balanceada.
5. Es raro que las personas tomen bebidas alcohólicas.

Paso 3. En la siguiente tabla, escribe el sujeto de cada oración, el verbo de la cláusula dependiente y la forma infinitiva del verbo de las oraciones del Paso 2.

Sujeto	Verbo de la cláusula dependiente	Verbo en infinitivo
1. Los estudiantes	com**a**n	comer
2. _____	_____	_____
3. _____	_____	_____
4. _____	_____	_____
5. _____	_____	_____
6. _____	_____	_____

Forms of the Present Subjunctive

To form the present subjunctive, begin with the **yo** form of the present indicative, remove the **-o** and add the following endings:

infinitive	tom**ar**	beb**er**	viv**ir**
Present indicative yo:	tom-**o**	beb-**o**	viv-**o**
Present subjunctive:			
yo	tom-**e**	beb-**a**	viv-**a**
tú	tom-**es**	beb-**as**	viv-**as**
(vos)	tom-**és**	beb-**ás**	viv-**ás**
él/ella/usted	tom-**e**	beb-**a**	viv-**a**
nosotros/nosotras	tom-**emos**	beb-**amos**	viv-**amos**
(vosotros/vosotras)	tom-**éis**	beb-**áis**	viv-**áis**
ellos/ellas/ustedes	tom-**en**	beb-**an**	viv-**an**

Verbs with irregular or stem-changing **yo** forms in the present indicative keep the same irregularity in all forms of the present subjunctive. Some examples are:

Infinitive	Present indicative yo form	Present subjunctive
conocer	conozco	conozca
decir	digo	diga
dormir	duermo	duerma
hacer	hago	haga
oír	oigo	oiga
pedir	pido	pida
poner	pongo	ponga
querer	quiero	quiera
salir	salgo	salga
tener	tengo	tenga
traer	traigo	traiga
venir	vengo	venga

Actividad 11-23. **Es importante que hagamos este ejercicio**

 Paso 1. Trabaja con tu compañero/a y decide si estás de acuerdo con estas afirmaciones y explica por qué.

1. Es cierto que la vida de las personas es más saludable cuando llevan una dieta balanceada.
2. Es importante que la gente haga ejercicio al menos cinco veces a la semana para mantener el metabolismo activo.
3. Es preferible que [yo] coma carbohidratos complejos como una tostada con crema de cacahuate, una barra de granola, un sándwich pequeño de jamón de pavo, etc., antes de hacer ejercicio.
4. Es cierto que la dieta mediterránea está generando mucha controversia.
5. Es importante que el gobierno invierta recursos económicos para mejorar las comidas de las escuelas del país.
6. Es cierto que el té verde tiene antioxidantes que ayudan a retrasar el proceso de envejecimiento (*aging*) de las personas.
7. Es imposible que bajes de peso si tienes una vida sedentaria y no tienes buenos hábitos alimenticios.
8. Es raro que las dietas funcionen si además no hay un programa de ejercicios que ayude a mantener el peso.

Paso 2. Ahora completa la siguiente tabla con los elementos de las afirmaciones del Paso anterior. Explica por qué se usa el subjuntivo o el indicativo en cada caso.

Expresión impersonal	Verbo de cláusula independiente	
	Indicativo	Subjuntivo
1. Es cierto que la vida de las personas...	llevan	
2. Es importante que la gente...		haga

The Subjunctive Compared to the Indicative in Dependent Clauses

Doctora: —Muy bien, tiene que dormir al menos ocho horas al día y seguir una dieta balanceada. Además, <u>le recomiendo que</u> **tome** estas pastillas todos los días.

*Doctor: —Very well, you should sleep at least eight hours daily and follow a balance diet. Also, I <u>recommend that you</u> **take** these pills.*

Paciente: —Sí doctora. Entiendo que **debo** tomar las pastillas todos los días.

*Doctor: —Yes, doctor. I understand that I must **take** the pills every day.*

As you learned in the previous grammar section, the subjunctive is used in dependent clauses after impersonal expressions that communicate a desire about how things should be, doubt or uncertainty, and evaluations of how things actually are. Other expressions in the main clause that communicate these ideas also trigger the subjunctive in the dependent clause when **que** and a change in subject (e.g., I, you) is present:

Le <u>recomiendo que</u> **tome** estas pastillas.
I recommend that you take these pills.

<u>Dudo que</u> las **tome**.
I doubt you will take them.

<u>Me alegro de que</u> las **tome**.
I am happy that you take them.

Not all expressions trigger the subjunctive, however. Expressions that communicate the speaker's assumption or belief that the information in the dependent clause is an objective truth trigger the indicative:

<u>Entiendo que</u> **debo** tomar las pastillas.
I understand that I must take the pills.

<u>Veo que</u> las **toma**.
I see that you are taking them.

<u>Creo que</u> las **tomará**.
I believe that you will take them.

• Para mejorar tu salud

Some of the most common verbs and expressions that trigger the use of the subjunctive (when there is a change in subject) are the following:

Desire or influence	Evaluation	Doubt or uncertainty
aconsejar	alegrarse (de)	dudar
recomendar	es bueno	no creer
insistir en	es malo	es imposible
pedir	es mejor	es improbable
desear	es terrible	es posible
querer	es una lástima	es probable
preferir	es una pena	no es cierto
es necesario/imprescindible	gustar	no es evidente
es importante	sorprender	no es verdad
es urgente	molestar	no es seguro

Actividad 11-24. ¿Qué quieres que haga?

 Paso 1. Escucha la siguiente conversación entre Andrea, su madre, doña Carmen, y la doctora. Escribe la forma del verbo que escuchas, prestando atención al uso del subjuntivo y del indicativo.

Andrea: —Buenos días. Espero que usted me (1) _____ ayudar.

Recepcionista de la doctora: —Claro que sí. Dígame, ¿cómo quiere que la (2) _____?

Andrea: —Pues, mi madre se cayó esta mañana y estoy muy nerviosa. Le (3) _____ muchas partes del cuerpo.

Recepcionista de la doctora: —Déjeme ver... esteeee... ¿puede venir ahora mismo? La doctora justo tuvo una cancelación de otro paciente y está disponible ahora.

Andrea: —Sí, claro que sí. Muchas gracias. Ya salgo.

[Andrea llega a la oficina de la doctora con su madre, doña Carmen. Doña Carmen entra a ver a la doctora].

Doctora: —Bueno, señora, ¿por qué no me (4) _____ dónde le duele exactamente?

Doña Carmen: —No, doctora, no me duele nada.

Doctora: —¿Está segura? A ver... si me permite... voy a mirar... Bueno. Ummmm... me parece... Sí, creo que es posible que (5) _____ un hueso roto.

Doña Carmen: —No, no, no. Es imposible que (6) _____ un hueso roto, pues no me duele nada.

Doctora: —Pero acá dice que, según su hija, se cayó. ¿Está segura que no le (7) _____ nada?

Doña Carmen: —Sí, acabo de caerme, pero no me pasó nada. Es que en ese momento justo le dije a mi hija: "Necesito que me (8) _____ al consultorio del médico". Le pedí a mi hija que me (9) _____ al médico porque tenía una cita para mi examen anual.

Doctora: —Ah, entonces, efectivamente, no (10) _____ nada. Este es otro caso de error de comunicación entre madre e hija.

Paso 2. Decide si las siguientes afirmaciones sobre la conversación son ciertas o falsas.

Cierto / Falso   1. Andrea se ha caído y le duelen todos los huesos.

Cierto / Falso   2. La madre de Andrea estaba bromeando (*joking*) acerca de la caída.

Cierto / Falso   3. La doctora cree que la mamá de Andrea se rompió un hueso.

Cierto / Falso   4. La hija de doña Carmen estaba muy ansiosa por la caída de su madre y por eso la llevó al consultorio.

Cierto / Falso   5. El propósito de la visita de doña Carmen al consultorio de la doctora era consultar sobre la artritis que padece.

Actividad 11-25. Rolando necesita la ayuda de un doctor

 Paso 1. Rolando es muy tímido; esta es su historia. En parejas, encierren en un círculo si el verbo se debe usar en indicativo o en subjuntivo.

Rolando (1 es/sea) un chico muy tímido. Dudo que (2 cambia/cambie) su personalidad. Casi nunca (3 habla/hable) con nadie. No creo que (4 tiene/tenga) amigos. Es importante que alguien (5 hace/haga) algo, quizás necesita ver a un doctor porque no es bueno que una persona (6 pasa/pase) el tiempo solo. Cuando Rolando está solo (7 pinta/pinte). Es increíble que (8 puede/pueda) pintar con tantos colores vivos. Es cierto que nosotros (9 estamos/estemos) muy preocupados por él. Es verdad que Rolando (10 es/sea) tímido, pero es necesario que nosotros (11 sabemos/sepamos) que él no (12 es/sea) infeliz y que le gusta su vida como es.

 Paso 2. ¿Qué recomendaciones le darían a Rolando para que sea un poco más sociable? Trabaja con tu compañero/a. Escriban al menos cinco recomendaciones.

Modelo: Es bueno que Rolando salga los fines de semana con sus compañeros de la universidad.

1. _____

2. _____

3. _____

4. _____

5. _____

Actividad 11-26. ¿Necesitas ir al doctor?

Paso 1. Lee las siguientes oraciones y empareja las perspectivas subjetivas (1, 2, 3) con cada uno de los ejemplos de la derecha.

1. _____ Desire or influence

2. _____ Doubt or uncertainty

3. _____ Evaluation

    a. Me alegro que te sientas mejor.
    b. Recomiendo que tomen todas las medicinas.
    c. Dudo visitar al doctor.
    d. Es una pena que tengas el brazo roto.
    e. Prefiero tomar antibióticos para la infección.
    f. Es probable que esté resfriado.

Paso 2. Escribe en la siguiente tabla las cláusulas independientes y dependientes de las oraciones del Paso 1. OJO: Algunas oraciones tienen solamente un sujeto.

Cláusula independiente	Cláusula dependiente	Oraciones con un sujeto
a. _____	_____	_____
b. _____	_____	_____
c. _____	_____	_____
d. _____	_____	_____
e. _____	_____	_____
f. _____	_____	_____

GRAMÁTICA

The word **ojalá** (from Arabic = *May Allah grant*) sometimes replaces the phrase **espero que** (*I hope that*). Both expressions require the subjunctive.

Ojalá/Espero que...

... te mejores.	*I hope you get better.*
... tengas/pases un buen fin de semana.	*I hope you have a nice weekend.*
... te diviertas.	*I hope you have a good time.*
... disfruten del viaje.	*I hope you enjoy your trip.*

Actividad 11-27. ¿Qué recomienda la entrenadora?

Paso 1. Estás en un gimnasio y el/la entrenador(a) te recomienda algunas cosas. Lee lo que dice el/la entrenador(a), elige el verbo apropiado y escribe la conjugación del subjuntivo en el espacio en blanco.

1. Es importante que _____ ropa cómoda para hacer ejercicio. (traer/venir)
2. Sugiero que _____ todas tus cosas en el casillero. (hacer/poner)
3. Quiero que _____ bicicleta cuatro veces por semana. (tener/hacer)
4. Es importante que _____ regularmente durante las clases de ejercicio aeróbico. (respirar/tomar)
5. Te aconsejo que _____ uno o dos carbohidratos antes de hacer ejercicios. (comer/hacer)

Paso 2. Escribe cuatro consejos que el/la entrenador(a) del gimnasio al que asistes podría darte (*would give you*).

1. _____
2. _____
3. _____
4. _____

INTEGRACIÓN COMUNICATIVA

Actividad 11-28. Es importante que siga las instrucciones para tomar medicamentos

Paso 1. Lee el siguiente texto en que se describe la manera de tomar debidamente los medicamentos y decide a qué párrafo corresponde cada uno de los siguientes posibles títulos. Subraya las palabras que te ayudan a decidir el título que corresponde a cada párrafo.

Párrafo _____. Los medicamentos se pueden administrar de varias formas.

Párrafo _____. La ingestión de comida sólida o de líquidos puede modificar los efectos del medicamento.

Párrafo _____. Hay varias circunstancias que pueden causar efectos secundarios de los medicamentos.

Párrafo _____. La efectividad de los comprimidos o pastillas puede ser alterada si no se ingieren (*ingest, take*) en forma entera.

Guía práctica rápida para tomar sus medicamentos

A. Todos los medicamentos pueden causar efectos secundarios no deseados si no se toman de acuerdo a las indicaciones de su médico o farmacéutico y las instrucciones e información que se publica en el prospecto de las medicinas. En particular, es necesario recordar que puede haber efectos negativos secundarios en caso de no ingerir las dosis recomendadas, en caso de ingerirlas por un período más largo o más corto del recomendado, o en circunstancias en que los medicamentos se ingieren conjuntamente con otros productos, como el alcohol u otros medicamentos o drogas.

B. En general, es mejor tomar los medicamentos por vía oral con un vaso de agua. En algunos casos, se pueden tomar con comidas y en otros casos es necesario que se tomen en ayuno (es decir, con el estómago vacío). Es necesario que siga las instrucciones de la receta médica (*prescription*) para no afectar la acción del medicamento.

C.	Si tiene problemas para ingerir su medicamento, es recomendable que consulte a su médico o farmacéutico porque es posible que existan otras formas de ingestión del medicamento. Por ejemplo, los medicamentos por vía oral se pueden recetar en forma de comprimidos, cápsulas o líquidos.

D.	En muchos casos los comprimidos o pastillas que se recetan requieren que sean ingeridos en forma entera para lograr una liberación prolongada del ingrediente activo. Es decir, es necesario que no mastique, triture o rompa la dosis entera de su medicamento.

Paso 2. Lee el texto de nuevo y selecciona las palabras que corresponden a las siguientes definiciones.

Código de categorías:

s. m. = sustantivo masculino   s. f. = sustantivo femenino

v. tr. = verbo transitivo   v. i. = verbo intransitivo

_____ = s. m. Folleto (*pamphlet*) explicativo que llevan algunos productos, especialmente los medicamentos, donde se informa sobre su modo de uso, su composición, sus funciones y otros datos útiles.

_____ = s. m. El acto de abstenerse voluntariamente de todo tipo de comida y en algunos casos de la ingestión de líquidos por un período de tiempo, como es el caso antes de un exámen médico de orina o de sangre.

_____ = s. m. y f. Profesional de la salud que tiene un título que le permite administrar una farmacia y la utilización de medicamentos con fines terapéuticos.

_____ = v. tr. Introducir alimentos, bebida o medicamentos en el estómago, a través de la boca.

_____ = v. tr. Triturar (*to grind, crush*) los alimentos con los dientes.

 Paso 3. En parejas, explíquenle a su compañero/a de clase sus respuestas a los Pasos 1 y 2.

Actividad 11-29. La intoxicación con medicamentos

 Paso 1. En parejas, organicen los siguientes párrafos que describen la intoxicación por medicamentos de una manera lógica y coherente. Expliquen por qué seleccionan la secuencia de párrafos que prefieren.

A. Es importante recordar que, en caso de intoxicación por medicamentos, no se debe inducir el vómito porque se expone una mayor superficie (*surface*) del aparato digestivo al efecto corrosivo de algún tipo de ácido que fue ingerido. Tampoco es necesario ingerir líquidos como agua o leche, ya que esto solo contribuye a diluir la sustancia tóxica sin impedir su absorción. Lo que es más importante hacer en caso que se constate una intoxicación, es trasladar a la persona intoxicada de forma urgente a un centro médico.

B. Hay cuatro preguntas que son sumamente importantes para resolver una situación de intoxicación por medicamentos: ¿qué tomó?, ¿cuánto ingirió?, ¿cuánto hace que lo ingirió? y ¿cuánto pesa el paciente? Estas preguntas son importantes porque el grado de intoxicación se determina principalmente por la cantidad de la sustancia ingerida y el peso del paciente.

C. Las causas más comunes de intoxicación por medicamentos son sobredosis, mezcla de medicamentos o automedicación de fármacos. En algunos casos, también puede deberse a que el medicamento esté en malas condiciones que la persona afectada sea alérgica al producto que se ingiere.

D. La intoxicación por medicamentos más frecuente es la que afecta al sistema nervioso central seguido por la que afecta al sistema respiratorio. Los síntomas generales de intoxicación varían de medicamento a medicamento. Los síntomas más comunes son mareos, vértigo, náuseas, disminución de la presión sanguínea, vómitos, diarrea, convulsiones y respiración disminuida o inexistente.

 Paso 2. Subrayen dos palabras importantes en el texto anterior y escriban una definición para cada una. Luego, desafíen (*challenge*) a otra pareja de estudiantes a que decidan a qué palabra se refieren las dos definiciones que escribieron.

Paso 3. Finalmente, con el/la estudiante que están trabajando, subrayen los errores en el siguiente texto en que se describe qué se debe hacer para evitar envenenamientos (*poisonings*). En cada caso de un error, agrega (escribe) lo que sí se debe hacer.

Para prevenir la muerte por envenenamiento accidental siga las siguientes recomendaciones:

1. Lea bien las instrucciones antes de tomar un medicamento.
2. Tome las medicinas en la oscuridad para evitar que sean afectadas por la luz.
3. Guarde las medicinas en un lugar al que tengan acceso los niños.
4. Dígale a los niños que la medicina es un caramelo para que la tomen más fácilmente.
5. Compre botellas de medicamentos con tapas especiales que no pueden ser abiertas por los niños.
6. Guarde los medicamentos por muchos años, aún si están vencidos, para no desperdiciar (*to waste*) recursos importantes y para ahorrar dinero.

1. _____
2. _____
3. _____
4. _____
5. _____
6. _____

COMPRENSIÓN ORAL: Understanding Instructions at the Doctor's Office

Competent listening comprehension at the doctor's office is very important. Any conversation with health providers provides information to them and to you about your health that is relevant for present and future decisions that affect your well-being. To this effect, you should know that most doctor visit interactions follow a fairly standardized structure.

Actividad 11-30. El examen médico anual

 Paso 1. Tu examen médico anual es un procedimiento que repites todos los años y que se basa en una rutina típica. En parejas, lean la información que se pide en este formulario y luego escriban una lista de seis preguntas que normalmente les hacen los doctores/las doctoras o los/las enfermeros/as al comienzo de la visita.

Historial médico

Nombre: _____ Edad: _____ Sexo: _____
Fecha de su último examen: _____

¿Está tomando medicamentos? ¿Cuáles?_____
_____

¿Usa lentes de contacto? _____
_____

¿Sufre de alergias? ¿A qué? _____
_____

¿Fuma cigarrillos o masca tabaco? _____
_____

¿Toma alcohol? (Indique cuánto por semana.)_____
_____

¿Hace ejercicio? (Indique cuánto tiempo por vez y cuántas veces por semana)_____
_____

¿Ha subido o bajado de peso en los últimos meses?_____
_____

¿Incluye vegetales y frutas en su dieta? _____
_____

Si es mujer, ¿está embarazada o puede estarlo? _____
_____

¿Está tomando anticonceptivos?_____
_____

Marque con una cruz las enfermedades que padece o ha padecido:

	sí	no		sí	no
Artritis			Hipertensión		
Asma			Leucemia		
Cáncer			Problemas mentales		
Diabetes			Problemas respiratorios		
Enfermedades venéreas			Problemas de tiroides		
Glaucoma			SIDA		
Hepatitis			Tuberculosis		

Modelo: ¿Hace ejercicio regularmente?

1. _____
2. _____
3. _____
4. _____
5. _____
6. _____

Paso 2. Ahora escuchen una conversación entre una médica y su paciente, y escriban todas las preguntas que hace la doctora. ¿Cuántas preguntas que ustedes escribieron se hicieron en la entrevista?

1. Doctora: —_____
2. Doctora: —_____
3. Doctora: —_____
4. Doctora: —_____
5. Doctora: —_____
6. Doctora: —_____
7. Doctora: —_____
8. Doctora: —_____

Paso 3. Escucha el diálogo de nuevo y escribe un resumen de las respuestas de la paciente. ¿Crees que la paciente cuida su salud? Fundamenta tu respuesta con ejemplos específicos del diálogo.

Doctora: —_____

Sra. Rodríguez: —(1) _____ años.

Doctora: —_____

Sra. Rodríguez: —No, por suerte ya no. (2) _____ de fumar hace más de diez años. ¡Qué bendición! (*What a blessing!*) Nunca me sentí mejor en mi vida.

Doctora: —_____

Sra. Rodríguez: —Y... en mi casa (3) _____ un vaso de vino de vez en cuando cuando tenemos alguna fiesta familiar. Aparte de eso, no.

Doctora: —_____

Sra. Rodríguez: —Bueno... un poco. Generalmente voy al (4) _____ unas dos veces por semana.

Doctora: —_____

Sra. Rodríguez: —Un poco de ejercicio (5) _____ y levanto pesas también. Usted sabe... después que mi esposo tuvo un (6) _____ comencé a hacer ejercicio con él... para acompañarlo y darle ánimo, ¿sabe? Y creo que en realidad me hace mucho bien a mí también.

Doctora: —_____

Actividad 11-31. **En el consultorio médico**

Paso 1. Una doctora y su paciente están en el consultorio médico (*doctor's office*). Escucha la conversación y decide si estas afirmaciones son Ciertas o Falsas. Puedes escuchar la conversación más de una vez para poder confirmar tus respuestas.

Cierto / Falso 1. La paciente sabe que tiene fiebre.

Cierto / Falso 2. A la paciente le duele solo el oído derecho.

Cierto / Falso 3. La doctora decide no examinarle los oídos a la paciente.

Cierto / Falso 4. La doctora piensa que la paciente no tiene los síntomas normales de una infección de oído.

Cierto / Falso 5. La doctora le recomienda a la paciente no nadar por un tiempo.

Paso 2. Escucha la conversación una vez más para rellenar los espacios en blanco en la transcripción de la conversación.

Doctora: —Buenos días. Siéntese, por favor.
(1) ¿_____?

Paciente: —Buenos días, doctora. (2) _____ desde ayer.

Doctora: —A ver... vamos a ver. Dígame, (3) ¿_____?

Paciente: —Bueno, (4) _____ el oído... mucho. Y por la noche no puedo dormir bien por el dolor...

Doctora: —(5) ¿_____?

Paciente: —No sé. Noto un poco de calor pero no me tomé la temperatura.

Doctora: —Bueno, lo primero que vamos a hacer es ponerle el termómetro. Después le voy a examinar los oídos.
(6) ¿_____?

Paciente: —Sí, pero el dolor es más fuerte en el derecho.

Doctora: —Vamos a ver... Sí, tiene un poco de fiebre... Son síntomas típicos de la infección de oídos. Pero, déjeme ver... vamos a examinar el oído... Mmm... Sí, efectivamente, tiene una infección de oído. En ese caso, tengo que recetarle (*to prescribe to you*) (7) _____.

Paciente: —¿Cree que puedo nadar? Me gusta nadar varias veces a la semana.

Doctora: —Buenooooo... no se lo recomiendo. Es importante que descanse. Es mejor que no nade por un tiempo. Aquí tiene... esta es una receta para unas gotas (*drops*). Tiene que ponérselas en los oídos (8) _____ por lo menos (9) _____.

Paciente: —Gracias, doctora.

Doctora: —No hay de qué. Ojalá que se mejore. Vuelva a verme si las gotas (10) _____, ¿sí? Cuídese. Hasta pronto.

Paciente: —Gracias, doctora. Que la pase bien.

ESCRITURA: Writing a Formal Essay

To write a formal essay you need to first gather the information you need to present your argument. Then, you need to organize your thoughts in a coherent way that will allow you to convey your ideas. Finally, you will need to carefully review the grammar and conventions of your text to make sure it conforms to the standards of written language.

Actividad 11-32. Alimentos beneficiosos para nuestro cuerpo

Paso 1. ¿Saben para qué parte del cuerpo o problema son beneficiosos los siguientes alimentos? Escriban el número de cada alimento con su beneficio en la siguiente lista.

Alimentos

- a. las frutas/vegetales de piel naranja, roja y verde
- b. los cereales integrales
- c. los huevos
- d. el aceite de oliva y el kiwi
- e. el plátano y los garbanzos
- f. la cerveza
- g. el yogur natural
- h. los tomates
- i. el ajo
- j. la cebolla
- k. las zanahorias crudas, las espinacas y el brócoli
- l. el salmón y el atún

Beneficios

1. _____ reducen el riesgo de cáncer de seno.
2. _____ nos ayudan a mantener las articulaciones sanas.
3. _____ son beneficiosas para el estómago.
4. _____ protegen al sistema cardiovascular.
5. _____ ayuda contra los problemas respiratorios.
6. _____ son especialmente beneficiosos para la piel.
7. _____ son beneficiosos para el corazón.
8. _____ ayuda a restaurar la flora bacteriana de los intestinos.
9. _____ ayudan a mantener los ojos y la vista sanos.
10. _____ evita la coagulación de la sangre.
11. _____ son beneficiosos para el cerebro.
12. _____ ayudan a mantener sanos (*healthy*) el pelo y las uñas.

Paso 2. Lean el texto a continuación para confirmar sus predicciones.

Alimentos para cada parte del cuerpo

¿Cuál es tu problema de salud? Para cada uno de tus problemas hay un alimento (o varios) que te pueden ayudar a resolver los problemas de cada parte del cuerpo.

1. Las frutas y vegetales de piel naranja, roja y verde y los cereales integrales son especialmente beneficiosos para la piel. Los antioxidantes que contienen ayudan a proteger la piel de los radicales libres que dañan las células de la piel.

2. Los huevos ayudan a mantener sano el pelo y las uñas por su alto índice de hierro y biotina. También los ajos son beneficiosos, por ser ricos en compuestos azufrados que se necesitan para formar la estructura del pelo y las uñas.

3. El atún fresco, el aceite de oliva y el kiwi nos ayudan a mantener las articulaciones sanas. Por ejemplo, en el caso del atún fresco, la vitamina B3 y biotina que contiene actúan como importantes anti-inflamatorios.

4. El plátano y los garbanzos son buenos amigos de nuestro estómago, puesto que nos ayudan cuando tenemos una úlcera.

5. ¿Habían oído alguna vez que tomar cerveza puede ser bueno? Pues bien, lo cierto es que la cerveza ayuda a regular los niveles hormonales y reduce el riesgo de cáncer de seno. También el yogur natural consumido con regularidad previene la aparición de tumores de seno.

6. Hablando de yogur, el yogur natural también ayuda a restaurar la flora bacteriana de los intestinos. Si has tenido que tomar antibióticos o sigues una dieta demasiado procesada, es importante tomar yogur natural todos los días para restaurar los niveles saludables de flora en los intestinos.

7. Hay muchos alimentos beneficiosos para el corazón. Entre ellos, los tomates que en la piel tienen altos contenidos de un antioxidante que evita que el colesterol obstruya las arterias.

8. En cuanto al ajo, además de los beneficios para el pelo y las uñas, ayuda a mantener la presión sanguínea baja y evita la coagulación de la sangre. Otros alimentos sanos para el corazón son los pescados grasos, los alimentos con alto contenido en fibra, la fruta y los vegetales.

9. Las zanahorias crudas mejoran la visión nocturna por su riqueza en betacarotenos. Las espinacas y otros vegetales de hoja verde oscuro, como el brócoli, también tienen propiedades que ayudan a mantener los ojos y la vista sanos.

10. Cuando pensamos en nuestro cerebro no podemos olvidar los pescados grasos como el salmón y el atún, beneficiosos por contener altos niveles de ácidos grasos omega-3. Es bueno comerlos tres veces a la semana.

11. La cebolla es buena para el corazón, pero también ayuda contra los problemas respiratorios. Para que sus propiedades no tengan efecto negativo, hay que comerlas inmediatamente después de cortarlas.

Paso 3. Finalmente, escriban cinco oraciones con recomendaciones sobre alimentos que se deben consumir para mantener un buen estado de salud.

Modelo: Es imprescindible que comas pescados grasos como el salmón.

_____

_____

_____

_____

_____

Actividad 11-33.   **Recomendaciones para la guía "Tu comida es tu mejor medicina"**

Paso 1. En parejas, van a escribir el borrador (*first draft*) de un ensayo titulado "Tu comida es tu mejor medicina". Primero, tienen que decidir cómo van a organizar su texto en párrafos para comunicar una idea específica. Para cada párrafo, escriban palabras, frases e ideas que resuman el tema específico que se trata en cada párrafo. Los párrafos tienen que tener coherencia lógica para comunicar la idea general que seleccionaron.

Párrafo 1: temas, ideas y palabras claves

_____

_____

_____

Párrafo 2: temas, ideas y palabras claves

_____

_____

_____

Párrafo 3: temas, ideas y palabras claves

_____

_____

_____

Párrafo 4: temas, ideas y palabras claves

_____

_____

_____

Paso 2. Ahora tienen que escribir oraciones completas para cada párrafo con las ideas expresadas en los temas, ideas y palabras claves que escribieron en Paso 1.

Párrafo 1: _____
_____
_____
_____
_____

Párrafo 2: _____
_____
_____
_____
_____

Párrafo 3: _____
_____
_____
_____
_____

Párrafo 4: _____
_____
_____
_____
_____

Paso 3. Finalmente, compartan la información que escribieron con otra pareja para escribir un reporte único como proyecto de grupo. Tomen nota de los datos del otro grupo que son diferentes de los de ustedes.

Datos del otro grupo:

_____
_____
_____
_____
_____

CONVERSACIÓN: Expressing Doubt, Surprise and Disbelief

¿Cómo?	*What?*
¿De veras?	*Really?*
¿De verdad?	*Really? [Literally: truthfully?]*
¿(Hablas) en serio?	*Are you serious?*
¡Parece mentira!	*It's unbelievable!*
¡(Eso) es increíble!	*(It's) incredible/unbelievable!*
No te puedo creer	*I can't believe you*
No lo creo	*I don't believe it*
No puedo creer que...	*I can't believe that...*

Una manera muy común de expresar duda o sorpresa es la repetición de una palabra o frase en forma de pregunta:

> A: —Voy a ver al doctor Paredes mañana a las 6 de la mañana.
> B: —¿A las 6?

Otra forma de expresar duda o sorpresa es con una pregunta específica:

> A: —En mi universidad no se paga por el seguro de salud.
> B: —¿Cómo que no se paga por el seguro de salud?

Actividad 11-34. ¿En serio? Me parece increíble

 Paso 1. En parejas, escriban posibles recomendaciones/sugerencias que NO son probables que les haga un médico.

_____

_____

_____

_____

 Paso 2. Las recomendaciones en la tabla de la página siguiente son hechas por el doctor en esta foto. En parejas, señalen con una palomita (√) si es probable (P) o no es probable (NP) que un doctor diga o piense esto.

El doctor...	P	NP
1. dice que no es importante que vayamos al médico si nos sentimos mal.		X
2. dice que no es importante comer muchas verduras para tener buena salud.		
3. recomienda que tomemos el sol muchas horas al día sin protector solar.		
4. sugiere a sus pacientes que no hagan deporte.		
5. cree que la mayoría de la gente debe comer más.		
6. recomienda que bebamos varios vasos de agua cada día.		
7. cree que es saludable dormir un máximo de tres horas cada día.		
8. no cree que sea perjudicial fumar.		
9. recomienda que todos tomemos alcohol antes de ir a dormir.		
10. sugiere a sus pacientes que no lean los prospectos de las medicinas.		

Paso 3. ¿Cómo reaccionas ante las situaciones poco probables del Paso 2? Para cada situación de la tabla anterior escribe una frase o varias frases para expresar tu incredulidad.

Modelo:

Frase: El doctor dice que no es importante que vayamos al médico si nos sentimos mal.

Reacción: ¿En serio? No, no te puedo creer. Es imposible que un médico diga eso.

Actividad 11-35. ¡No te puedo creer!

Paso 1. Para cada una de las siguientes situaciones escriban varias frases de la lista de expresiones de la página 596 para expresar duda, sorpresa o incredulidad.

A. Un amigo/a te ofrece un ipad nuevo de última generación como regalo si aceptas participar en un experimento de un medicamento nuevo que te ayuda a estudiar por un período de 48 horas sin necesidad de dormir. Tu amigo/a te dice que no tiene efectos secundarios.

Tu respuesta:

_____
_____
_____
_____.

B. Recibes un email de Nigeria con la noticia de que vas a recibir un millón de dólares por correo. Para confirmar tu identidad tienes que enviar un pago de 1.200 dólares a la persona que te escribe

Tu respuesta:

_____

_____

_____

_____.

C. Recibes una llamada telefónica de tu médico para decirte que tienes que verlo para hablar sobre los resultados de tu examen de colesterol. A pesar de que has comido solamente pescado y verduras tu nivel de colesterol subió en vez de bajar.

Tu respuesta:

_____

_____

_____

_____.

D. Tu amigo/a te llama para decirte que descubrió una dieta que te puede ayudar a bajar de peso, eliminando las grasas y aumentando la cantidad de músculo sin ningún efecto secundario. La dieta se basa en tomar licuados (*shakes*) de fruta con yogur griego y almendras para el desayuno, el almuerzo y la cena.

Tu respuesta:

_____

_____

_____

_____.

 Paso 2. Con tu compañero/a, seleccionen una de las situaciones y escriban un diálogo para representar una de las situaciones del Paso anterior.

 Paso 3. Tu profesor(a) va a seleccionar algunas parejas para representar la escena que seleccionaron al resto de la clase. ¿Quién escribió la conclusión más original como respuesta a estas situaciones increíbles?

Pronunciación: Rising and Falling Intonation

Intonation refers to the pitch of your voice (rising or falling). In Spanish, questions that elicit yes/no answers (**¿En serio?**) have the same rising (↗) intonation of English questions in general. Unlike English, however, questions that elicit information (**¿Qué edad tiene?**) have a falling pitch (↘). Also, unlike English, affirmative statements in Spanish (**Tengo 45 años.**) have a falling pitch (↘).

Actividad 11-36. ¿Cómo se llama? versus ¿Me conoce?

 Paso 1. Escucha las siguientes preguntas en español e inglés y haz un círculo en cada caso si la entonación sube (↗) o baja (↘).

1.	Doctora: —¿Cómo esta usted?	↗	↘
	How are you?	↗	↘
2.	Doctora: —¿Qué edad tiene?	↗	↘
	How old are you?	↗	↘
3.	Doctora: —¿Fuma?	↗	↘
	Do you smoke?	↗	↘
4.	Doctora: —¿Toma alcohol?	↗	↘
	Do you drink alcohol?	↗	↘
5.	Doctora: —¿Cuántas calorías consume por semana?	↗	↘
	How many calories per week do you ingest?	↗	↘
6.	Doctora: —¿Hace ejercicio regularmente?	↗	↘
	Do you exercise regularly?	↗	↘
7.	Doctora: —¿Qué tipo de ejercicio hace?	↗	↘
	What type of exercise do you do?	↗	↘
8.	Doctora: —¿Cuántos días a la semana hace ejercicio?	↗	↘
	How many days a week do you exercise?	↗	↘

 Paso 2. Ahora, escucha las siguientes preguntas y repítelas tratando de imitar la entonación.

1. ¿En serio?
2. ¿De verdad?
3. ¿Hablas en serio?
4. ¿A las seis de la tarde?
5. Estos descongestionantes, ¿son tuyos, Juana?
6. No reconozco estas tijeras. ¿Son tuyas?
7. ¡Qué cantidad de protector solar de SPF 45! Es tuyo, ¿no?
8. Doctora: —¿Está segura?

 Paso 3. Finalmente, escucha las siguientes preguntas y respuestas y escribe una flecha hacia arriba (↗) o hacia abajo (↘) al final de cada pregunta y respuesta para marcar si sube o baja la entonación.

A: —¿En serio? ↗
B: —Sí, en serio. _____
A: —¿Has pagado cuáaaaaanto? _____
B: —200 dólares. _____

A: —¿Por el copago para ver al médico? _____
B: —Efectivamente. _____

COMPARACIONES CULTURALES

Actividad 11-37. Ojalá que la atención médica mejore

☐AB **Paso 1.** Sin mostrar tu tabla, hazle preguntas a tu compañero/a para obtener la información que necesitas para completarla.

> Modelo: E1: —¿Me puedes decir cuál es la expectativa de vida en Paraguay?
> E2: —Sí, ¡cómo no! Es de 76,4 años.
> E1: —¿En serio? Es muy alta.

Estudiante A

País	Bolivia	Paraguay	EE. UU.
Población en millones	10,4	6,6	_____
Expectativa de vida (2012)	67,9	76,4	_____
Mortalidad infantil cada 1.000 nacimientos (2012)	_____	22,2	_____
Porcentaje de adultos viviendo con SIDA (2009)	_____	0,30	0,60
Porcentaje de adultos con obesidad[1]	_____	_____	74,3
Consumo anual de cigarrillos por persona (2007)	178	968	1.196
Gastos médicos por cada habitante (2010)[2]	4,8	5,9	_____
Número de doctores por 1.000 habitantes (2002)[3]	_____	_____	2,3

Notas:

1. El nivel de obesidad se calcula con base en un valor de 30% del IMC (índice de masa corporal) que se calcula dividiendo el peso en kilogramos por la altura en metros.
2. El gasto médico por habitante se calcula con base en el porcentaje de gastos con respecto al PBI (Producto Bruto Interno) o GDP en inglés (*Gross Domestic Product*).
3. Como referencia, los países hispanohablantes con el número más alto de doctores por cada 1.000 habitantes son: Cuba con 5,91, Uruguay con 3,65 y España con 3,1.

Estudiante B   Information for student B is on page 682.

 Paso 2. Escriban un deseo humanitario para cada uno de los factores identificados. Seleccionen un país por línea y escriban cómo su país podría ayudar.

> Modelo: Es importante que el gobierno de Paraguay mejore la atención médica para las madres que van a tener hijos/as.

Paso 1. En parejas, discutan cómo se puede prevenir la enfermedad que se describe en esta caricatura. Hagan una lista de otras enfermedades relacionadas con las emociones.

 Paso 2. Escucha la primera parte de un reporte sobre los síntomas físicos asociados al amor y rellena los espacios en la transcripción.

¿Estás enamorado? ¿Has notado cambios físicos en tu (1) _____?

Hay muchos estudios científicos que proponen que el amor es similar a una

(2) _____ en cuanto tiene efectos tanto psicológicos como

(3) _____. En principio, cuando nos enamoramos sentimos el efecto de

reacciones (4) _____ reales provocadas por nuestras hormonas. Los síntomas

específicos del amor son causados por la producción de neurotransmisores. Al comienzo del

enamoramiento el cerebro produce feniletilamina, el cual es un compuesto orgánico de las

(5) _____. Al llegar la feniletilamina al (6) _____, este último

produce el principal neurotransmisor del amor que es la (7) _____. El cerebro

también produce norepinefrina y oxitocina. Además, el hipotálamo se comunica con las

glándulas suprarrenales para que produzcan (8) _____ y noradrenalina.

Paso 3. Ahora escucha la grabación de nuevo y selecciona los síntomas asociados a la enfermedad del amor que se describen en este reporte.

1. _____ pérdida del apetito
2. _____ pérdida del deseo sexual
3. _____ aumento del nerviosismo
4. _____ aumento de la hiperactividad
5. _____ liberación de grasas y azúcares
6. _____ reducción de la concentración

7. _____ reducción del colesterol
8. _____ aumento de la presión arterial
9. _____ aumento de la capacidad pulmonar
10. _____ aumento de la capacidad muscular

LITERATURA

Emotional pain, psychological distress and other types of psychological pain and their symptoms are commonly addressed in various forms of literature. In this section, we will read a poem in which the author describes the physical symptoms associated with falling in love, as if it were an illness.

Actividad 11-39. Augusto Roa Bastos

⇆AB **Paso 1.** Escribe preguntas para hacerle a tu compañero/a para completar la información que falta en el texto que narra la biografía del más famoso autor de la literatura paraguaya, Augusto Roa Bastos. Por turnos cada uno hace una pregunta sin mirar el texto del/de la otro/a estudiante.

Modelo: E1: —¿Qué tipos de trabajo hizo Augusto Roa Bastos?
E2: —Fue narrador, ensayista y guionista.

Estudiante A

1. Augusto Roa Bastos fue narrador, ensayista y guionista. Nació en _____. Cuando era joven participó en la Guerra del Chaco. Fue afectado íntimamente por la guerra y su efecto es evidente en sus escritos, en los que defiende a las clases oprimidas.

2. Después de la guerra fue obligado a dejar Asunción debido a la persecución del gobierno. Así, en el año 1947 se trasladó a _____, donde fueron publicados sus primeros trabajos.

3. En Argentina fue obligado a exiliarse nuevamente, en este caso en _____. Mientras vivía en este país, enseñó literatura y guaraní.

4. Su carrera literaria comenzó con el estreno de piezas teatrales. Pero su denuncia contra el poder dictatorial fue hecha en una trilogía de novelas: *Hijo de hombre, Yo, el supremo* (1972) y *El fiscal* (1993).

Estudiante B   Information for student B is on page 683.

Actividad 11-40. Los síntomas de la enfermedad del amor

Paso 1. En la siguiente página web, lee el poema de Roa Bastos sobre la enfermedad del amor y escribe una lista de todas las palabras relacionadas con el cuerpo humano y las enfermedades, y otra lista con las palabras relacionadas con las emociones y el espíritu.

[Palabras de búsqueda = Roa Bastos - Canción a tu recuerdo
http://portalguarani.com/537_augusto_roa_bastos/
14252_cancion_a_tu_recuerdo

El cuerpo humano y las enfermedades	Las emociones y el espíritu

Paso 2. En parejas, usen las palabras que identificaron en el Paso 1 y usen más palabras de las que se presentaron en este capítulo para escribir su propio poema de dos estrofas (*stanzas*).

_____

_____

_____

_____

_____

_____

Paso 3. Cada pareja lee sus estrofas y el resto de la clase va a escribir las palabras nuevas que se agregaron (*added*) a las estrofas que escribe cada grupo. ¿Qué grupo escribió las estrofas más poéticas?

Diferencias dialectales: Variaciones regionales de terminología médica

In many cases, variations in vocabulary are related not only to regions, countries and social variables like social class, but they are also associated with different interpretations related to the technical definitions of the words. This is common in words related to medicine.

Actividad 11-41. ¿Ungüento o crema?

Paso 1. Escribe la letra de cada foto que puede estar asociada a cada categoría de palabras de la siguiente lista 1 a 5.

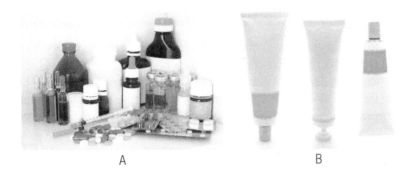

A   B

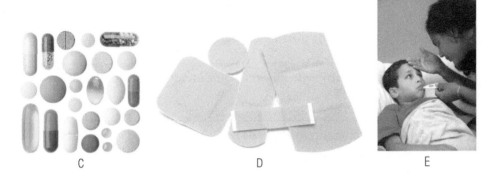

C   D   E

1. Foto _____ venda adhesiva, vendita, tirita, curita
2. Foto _____ gragea, pastilla, píldora, tableta, cápsula, comprimido
3. Foto _____ ungüento, pomada, crema
4. Foto _____ medicamentos, medicinas, remedios, antídoto, fármaco
5. Foto _____ resfrío, catarro, resfriado, gripa, gripe

 Paso 2. Pregúntenle su profesor(a) cuál es la palabra o palabras que generalmente usa él/ella en cada categoría.

Paso 3. Entrevista a hablantes de español para preguntarles si te pueden decir cuál es la diferencia entre las palabras de las categorías del Paso 1.

Actividad 11-42. ¿Te sorprende?

Paso 1. Guadalupe y Pablo están buscando artículos baratos para vender en la subasta para recaudar fondos para la emisora de radio. ¿Qué artículos crees que los sorprenderán? ¿qué crees que van a decir? Usa una de las expresiones que aprendiste en este capítulo para mostrar duda o sorpresa y agrega un comentario sobre el precio del artículo.

Modelo: Mirá, aquí se vende un equipo de audio estéreo con CD por $50. → ¿De veras?

1. Me parece un poco caro.
2. →_____
3. Escucha esto: una plancha por $2.
   →_____
4. Ah, esto sí que puede funcionar: una lavadora y secadora casi sin uso por $50.
   →_____
5. Mmm, interesante... se alquila un horno microondas por $10.
   →_____
6. Atendéme esto: una bicicleta de montaña con 10 cambios la ofrecen por $40.
   →_____
7. Esto sí que es increíble: un refrigerador en perfecto estado cuesta $30.
   →_____

Paso 2. Completa la transcripción de la conversación entre Guadalupe y Pablo en las anteriores escenas del video: ¿qué crees que están diciendo en cada una de ellas?

Pablo: —Mirá. Esto sí es una ganga... (1) _____
Guadalupe: —¿Qué cosa?
Pablo: —Un horno microondas casi sin uso por solo 5 dólares.
Guadalupe: —(2) _____ Pero,... ¿crees que a los estudiantes les va a interesar un microondas?
Pablo: —(3) _____ Un horno microondas es lo mejor para cocinar algo rápido en los dormitorios.
Guadalupe: —Pero por 5 dólares... ¡a ver si explota! Pero ese tipo de cosas son las que podemos comprar con el presupuesto que tenemos... ¡Mira!... aquí hay otro... ay, no... lo están alquilando... (4) _____ ¿Pero cómo van a alquilar un microondas?

Paso 3. Finalmente, mira el video para confirmar tus predicciones. ¿Usan expresiones diferentes a las que tú escribiste?

Actividad 11-43. ¿Qué pasó?

Paso 1. Mira el video y pon en orden los eventos de este episodio.

_____ Pablo le explica que es mejor buscar artículos que les gusten a los estudiantes.

_____ Pablo dice que es el mejor para pedir descuentos.

_____ Guadalupe no quiere que Pablo le ayude.

_____ Se sorprenden de que alguien alquile un microondas.

Paso 2. Ahora, sin mirar el video, decide quién dijo las siguientes expresiones: ¿Pablo (**P**) o Guadalupe (**G**)? Luego de responder, mira el video y verifica tus respuestas.

1. _____ ¡Pero cómo que no! Eso le puede pasar a cualquiera.
2. _____ ¿Hablás en serio, nena? No le puedes vender una plancha a un estudiante.
3. _____ Mirá. Esto sí es una ganga, ¿ves?
4. _____ ¿Regatear? ¡Ay!... Es que a mí no me gusta regatear.
5. _____ ¡Ándale! ¿Y cuándo podemos ir?

Actividad 11-44. Las interjecciones

Paso 1. Pablo y Guadalupe utilizan varias interjecciones en su conversación. Identifica la función de la interjección en **negrita**.

1. _____ ¡Pero, **che**! Dos cabezas piensan mejor que una.
   A. Para expresar su acuerdo.   B. Para expresar su desacuerdo.

2. _____ **Oye**, Pablo. Te quería hacer un comentario.
   A. Para llamar la atención.   B. Para despedirse.

3. _____ ¡**Qué** chulas!
   A. Para expresar un alto grado   B. Para expresar un grado
      de una calidad.   de incertidumbre.

4. _____ ¡**Pero por supuesto**! Un horno microondas es lo mejor para cocinar algo rápido.
   A. Para expresar desacuerdo   B. Para verificar y afirmar
      y descontento.   algo puesto en duda.

Paso 2. Ahora, empareja las interjecciones del Paso 1 con sus equivalentes en inglés.

1. _____ ché   a. _how_
2. _____ oye   b. _come on; hey_
3. _____ qué   c. _of course_
4. _____ por supuesto d. _listen; hey_

VOCABULARIO

LOS ÓRGANOS Y OTROS SUSTANTIVOS RELACIONADOS CON EL CUERPO

el apéndice	*appendix*	el intestino	*intestine*
las articulaciones	*joints*	el oído	*ear* (internal parts)
el cerebro	*brain*	el páncreas	*pancreas*
el corazón	*heart*	la piel	*skin*
el estómago	*stomach*	los pulmones	*lungs*
la garganta	*throat*	el riñón	*kidney*
el hígado	*liver*	la sangre	*blood*
los huesos	*bones*		

LAS ENFERMEDADES

la alergia	*allergy*	la hepatitis	*hepatitis*
la apendicitis	*appendicitis*	la herida	*wound/cut*
la artritis	*arthritis*	la hipertensión arterial	*high blood pressure*
el asma	*asthma*	la laringitis	*laryngitis*
el ataque cardíaco	*heart attack*	la leucemia	*leukemia*
el cáncer	*cancer*	la meningitis	*meningitis*
la conjuntivitis	*conjunctivitis*	la picadura	*bite/sting*
el derrame cerebral (la embolia)	*stroke*	la pulmonía	*pneumonia*
		la quemadura	*burn*
la faringitis	*pharyngitis*	el resfrío (resfriado)	*cold*
la gripe	*flu*	el SIDA	*AIDS*

VERBOS RELACIONADOS CON LA SALUD

aconsejar	*to advise*	preocuparse (de)	*to worry* (about)
alegrarse	*to be happy*	prevenir	*to prevent*
aliviar	*to alleviate*	quejarse (de)	*to complain*
caerse	*to fall down* (onseself)	recetar	*to prescribe*
cuidarse	*to take care of* (oneself)	recomendar	*to recommend*
curar	*to cure*	resfriarse	*to catch a cold*
desmayarse	*to faint*	respirar	*to breathe*
doler	*to hurt*	romperse/quebrarse	*to break* (oneself)
dudar	*to doubt*	sufrir	*to suffer*
enfermarse	*to become sick*	sugerir	*to suggest*
marearse	*to become dizzy*	toser	*to cough*
molestar	*to bother/annoy*	vomitar	*to throw up*

ALGUNOS SÍNTOMAS RELACIONADOS CON LAS ENFERMEDADES

la acidez de estómago	*acid stomach*	la fiebre	*fever*
la diarrea	*diarrhea*	el hipo	*hiccups*
el dolor de cabeza/ estómago	*headache/stomach ache*	el mareo	*dizziness*
		la náusea	*nausea*
la enfermedad	*illness, sickness*	el síntoma	*symptom*
los escalofríos	*chills*	el sudor	*sweat*
el estornudo	*sneeze*	el sueño	*tiredness*
el estreñimiento	*constipation*	la tos	*cough*

ADJETIVOS RELACIONADOS CON LA SALUD

alérgico	*allergic*	inflamado	*inflamed*
doloroso	*painful*	leve	*minor*
grave (serio)	*serious*	mareado	*dizzy, nauseated*
hinchado	*swollen*		

MEDICAMENTOS RELACIONADOS CON LAS ENFERMEDADES

el analgésico	*analgesic*	la jeringa	*the syringe*
los antiácidos	*antacids*	el laxante	*laxative*
el antibiótico	*antibiotic*	la pastilla	*the pill*
los antihistamínicos	*antihistamines*	el protector/el filtro/ la crema solar	*filter/sunscreen*
el botiquín de primeros auxilios	*first aid kit*	el remedio	*remedy, cure*
la cura	*cure*	las tabletas de Pepto-Bismol	*Pepto-Bismol tablets*
la curita	*band-aid*		
la gasa	*gauze*	el vendaje	*bandages*
el jarabe para la tos	*cough medicine*		

CONECTÁNDONOS CON EL MUNDO

12
CAPÍTULO

BY THE END OF THIS CHAPTER YOU'LL KNOW HOW TO

- Describe personal connections
- Talk about everyday communication technologies
- Use non-verbal communication
- Talk about privacy and security in digital communication
- Use the form of the future tense to express probability
- Use the conditional form to express possibilities and desires
- Use the present subjunctive with non-existent and indefinite antecedents
- Request, give and receive advice
- Pronounce anglicisms in Spanish
- Use anglicisms, cognates, background knowledge and images to understand written and spoken texts
- Use persuasive language to promote a point of view

YOU'LL LEARN ABOUT

- Common texting abbreviations
- Face-to-face vs. in-person communication
- Maintaining your online privacy
- Social networking for social and political movements
- Use rising and falling intonation in Spanish
- The heritage of Mayan cultures
- The expression of personal connections through literature
- Influences of globalization on the Spanish language

Actividad 12-O. Comunicándote cuando te enfermas

Paso 1. Empareja la estrategia para manejar una enfermedad con la foto correspondiente.

Cuando no me siento bien,...

1. llamo por teléfono al consultorio del médico.   Foto _____
2. busco información en Internet sobre mis síntomas.   Foto _____
3. pido recomendaciones a mis amigos en Facebook.   Foto _____
4. voy a la sala de emergencias del hospital más cercano.   Foto _____

A

B

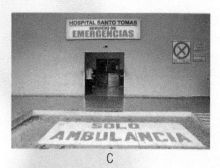

C

D

Paso 2. Entrevista a un/a compañero/a para saber las estrategias que usa cuando no se siente bien. ¿Sigue una secuencia de pasos?

Cuando no te sientes bien,...

1. ... ¿llamas al consultorio del médico?
2. ... ¿buscas información por Internet? ¿En qué páginas o sitios web?
3. ... ¿pides recomendaciones a tus amigos? ¿En Facebook o por otra forma de comunicación?
4. ... ¿vas a la sala de emergencias?

VOCABULARIO EN CONTEXTO

Actividad 12-1. ¿Cómo te conectas con tus amigos?

Paso 1. Escribe la frecuencia (siempre, a veces, casi nunca, etc.) con que usas los siguientes medios de comunicación para conectarte con las siguientes personas:

Categoría	Con tus amigos	Con tus compañeros de clase	Con tu familia	Con tus profesores
Cara a cara				
Correo electrónico				
Redes sociales (Facebook, LinkedIn)				
Llamadas telefónicas				

Mensajes de texto 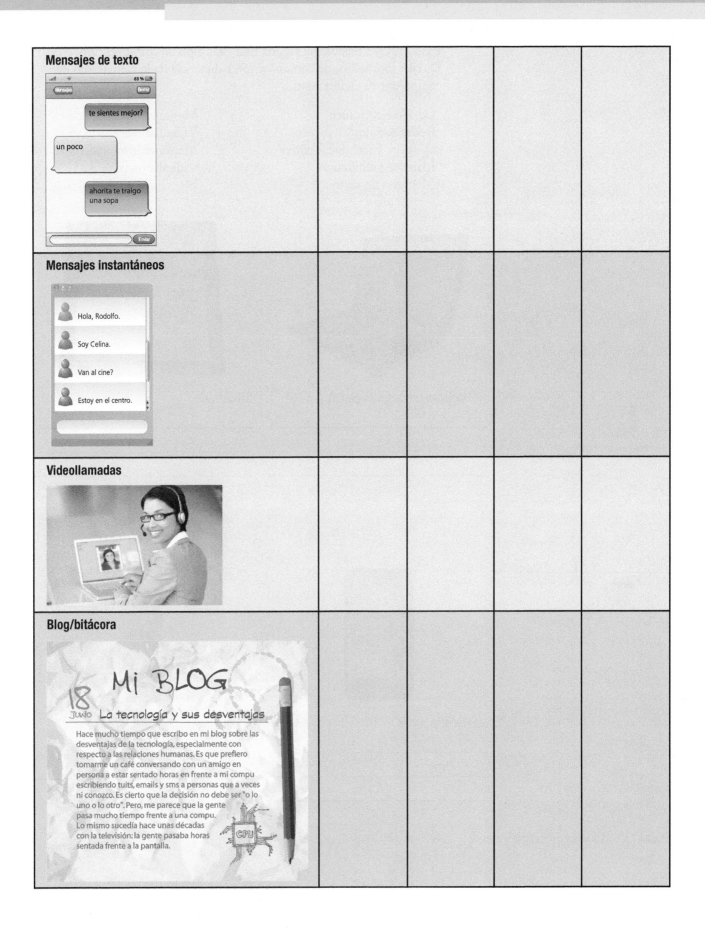				
Mensajes instantáneos				
Videollamadas				
Blog/bitácora				

Paso 2. ¿Qué tecnología facilita más cada tipo de comunicación? Escribe los medios de comunicación a distancia de la lista debajo del equipo que lo facilita más.

Correo electrónico
Redes sociales
    (p. ej. Facebook, Twitter)
Llamadas telefónicas
Mensajes de texto

Mensajes instantáneos
Videollamadas
Mensajes instantáneos
Videollamadas
Blog/bitácora

1. El laptop/la computadora portátil

2. La tableta

3. El móvil/el celular

4. El teléfono fijo

Paso 3. ¿Por qué es cómico el siguiente diálogo? ¿Creen que es confuso tener muchas opciones para comunicarnos? En la historia con espacios en blanco escriban su propia versión de los hechos. ¿Qué grupo escribió la versión más original o cómica?

_____

_____

_____

Actividad 12-2. Una cronología de la comunicación interpersonal

 Paso 1. ¿Saben algo de la popularización de los medios de comunicación? Inserten los medios de comunicación en la cronología de acuerdo a la fecha de su popularización (no de su invención) en Estados Unidos. Verifiquen sus respuestas con su profesor/a.

Blog/bitácora   Mensajes de texto
Correo electrónico   Twitter (microblog)
Llamadas telefónicas   Videollamadas

| 1940 | 1980 | 1990 | 2000 | Hoy en día |

Paso 2. Escucha el noticiero para completar la información en la tabla sobre cinco países centroamericanos y su uso de tres medios de comunicación en el año 2014. La información para cada espacio en blanco se presenta en el orden de los espacios (1 al 12).

Medios de comunicación	Acceso a Internet	Redes sociales	Twitter
Costa Rica	84,7%	41%	7. _____
El Salvador	3. _____	24,9%	mínimo
1. _____	19,7%	14,5%	1%
Honduras	18,6%	5. _____	mínimo
2. _____	15,5%	14%	mínimo
Promedio:			
Centro América	4. _____	6. _____	mínimo

VOCABULARIO

cifra–un número, un total
datos–información
internautas–personas que usan el Internet
promedio–un cálculo matemático de la tendencia central de un grupo de números
tasa de crecimiento–el nivel o la cifra de expansión o aumento de algo
usuarios–personas que usan el servicio o la tecnología

8. _____ tiene el mayor número de usuarios de Internet.

9. _____ tiene el menor número de usuarios de Internet.

10. _____ tiene el mayor número de usuarios de Twitter.

11. El medio de comunicación más usado entre este grupo es _____.

12. No hay datos sobre las bitácoras, _____, _____, _____, o _____.

Paso 3. Completa la tabla con las cifras del uso de cada tecnología en los EE. UU. ¿Cómo se compara el nivel de uso entre los EE. UU. y los cinco países centroamericanos citados en los Pasos anteriores?

Número de usuarios en Estados Unidos de...	
1. _____	36%
2. correo electrónico	_____%
3. Internet	92%
4. _____	66%
5. _____	40%
6. redes sociales	_____%
7. Twitter	_____%
8. _____	13%

Actividad 12-3. Correo, llamada, o tuit

 Paso 1. Escucha la conversación entre Bernardo y Roxana sobre sus intentos de conectarse e indica todos los medios de comunicación que se mencionan en su conversación.

		Bernardo	Roxana
Modelo:	Teléfono	X	
	Un Tuit		
	Red social		
	Mensaje de texto		
	Correo electrónico		
	Mensaje instantáneo		
	Videollamada		

 Paso 2. Escucha la conversación de nuevo para contestar las siguientes preguntas.

1. ¿Por qué felicitó Roxana a Bernardo?
2. ¿Qué materia estudian Bernardo y Roxana?
3. ¿Por qué se molestó Roxana con Bernardo?
4. ¿Cómo se justificó Bernardo ante la molestia de Roxana?
5. ¿Qué ayuda le pide Roxana a Bernardo?
6. ¿Qué va a hacer Bernardo para ayudarla?

Paso 1. Completa las oraciones con el medio de comunicación que prefieres usar en cada situación.

Modelo: Si necesito citarme con mi profesor para hacerle preguntas, <u>le mando un correo electrónico para pedir una cita.</u>

Si mis compañeros de clase y yo planeamos una reunión para trabajar en un proyecto colaborativo y voy a llegar tarde, _____
_____

Si escucho un chiste muy cómico y lo quiero compartir con mis amigos, .
_____
_____

Si quiero hacer planes para visitar a mi familia en el fin de semana, ____
_____
_____

Si busco recomendaciones de mis amigos sobre un producto o un servicio que pienso comprar, _____
_____

Si me interesa un trabajo y quiero pedirle más información al jefe del negocio,_____
_____

Si mi jefe me deja un mensaje urgente, _____
_____
_____

Si quiero participar en una comunidad de personas que comparten un interés conmigo, _____
_____

Si necesito una cita médica, _____
_____
_____

 Paso 2. Entrevista a un/a compañero/a de clase para saber los factores que motivan su elección de medios de comunicación del Paso 1. Posibles factores son:

La extensión (*length*) del mensaje o de la información
La relación que se tiene con el/la destinatario/a
La urgencia del mensaje
La razón para la comunicación (personal, profesional)
Tu situación o la situación de tu destinatario/a cuando quieres comunicar el mensaje

Modelo: E1: —¿Por qué mandas un mensaje de texto si vas a llegar
                    tarde a la reunión con tus compañeros de clase?
              E2: —Porque es un mensaje urgente, y lo puedo mandar a
                    todo el grupo a la vez (*at once*) y sé que todos revisan
                    sus mensajes de texto con frecuencia.

Paso 1. Usar las redes sociales, las videollamadas, y otros medios de comunicación requiere cierta tecnología. Completa los espacios en blanco con un término de la siguiente lista:

acceso inalámbrico (*wireless*)
ancho (*width*) **de banda**
aparatos, dispositivos
contraseña (*password*)
cuenta (*account*)
navegador (*browser*)
nombre de usuario
pantalla táctil (*touch screen*)
teléfono inteligente
vínculo/enlace (*link*)

Modelo: Para usar los medios de comunicación digital, hay que tener un **dispositivo (un aparato)** adecuado, tal como una computadora, una tableta o un **teléfono inteligente**. Últimamente los teléfonos inteligentes con **pantalla táctil**, como el iPhone, son los más deseados.

Si quieres usar los medios de comunicación digital, pero no tienes un alambre o un cable, es conveniente encontrar un espacio en la universidad, un café u otro lugar con (1) _____
_____.

En la universidad se restringe el acceso inalámbrico; solo se lo dan a los estudiantes, los profesores y otros empleados universitarios. Para controlar el acceso, cada persona tiene que establecer una (2) _____ con la universidad, y luego escoger un (3) _____ _____ _____ como nombre oficial para empezar el proceso de autenticación, e introducir una (4) _____, un código secreto que solo el usuario debe saber.

Una vez que tienes acceso, puedes buscar información en la red mundial usando un browser o un (5) _____.
Una vez encontrada la información, típicamente hay (6) _____ a otras páginas con más información relacionada.

Para hacer una búsqueda rápida es importante tener suficiente (7) _____ _____ _____; si no, habrá que pasar tiempo esperando que se carguen (*download*) las páginas lentamente.

Paso 2. Contesta las preguntas sobre el artículo.

Desde que Apple lanzó al mercado su iPhone, los smartphone están de moda. Este nuevo anglicismo significa algo así como teléfono inteligente. O sea, son teléfonos móviles de última generación que son como mini-computadoras. Tienen una línea de voz, y también una línea de datos.

La historia de los teléfonos inteligentes comienza antes de que Steve Jobs lanzara al mercado su iPhone. En efecto, en el año 2000 se pone a la venta el primer teléfono con pantalla táctil. En el 2002 ya se pueden comprar teléfonos con cámara fotográfica y BlackBerry revoluciona el mercado con un teléfono con la capacidad de enviar y recibir correo eletrónico. Varios años después en el 2007 Nokia puso a la venta un teléfono con GPS, cámara de 5 megapixeles, conectividad WiFi y línea de voz de velocidad de 3G. Y ese mismo año, Apple revoluciona el mercado con el primer iPhone con pantalla táctil. Al año siguiente, en el 2008 varias compañías comienzan a competir con Apple con un nuevo sistema operativo denominado Android.

La Funcionalidad De Los Teléfonos Inteligentes

Las funciones básicas de todo teléfono inteligente incluyen la conexión vía voz de 3G o 4G, la conexión a internet via WiFi, el navegador GPS integrado, la conexión Bluetooth, y la cámara fotográfica y de video integrada. Una ventaja adicional (a un costo adicional para el usuario) es la conexión a través del teléfono móvil con una computadora portátil. Otras funcionalidades son recepción de radio, alarmas, notas de grabación, música (MP3) y video (MP4), y la capacidad de *streaming* para reproducción de video en directo sin necesidad de descargar el archivo, etc.

Aplicaciones Y Programas

Una característica importante de los teléfonos inteligentes es que permiten la instalación de programas o aplicaciones para incrementar sus posibilidades de uso. Hay miles de aplicaciones. Por ejemplo, algunas aplicaciones te ayudan a conectarte a tus redes sociales favoritas como *Facebook* o *Twitter* desde tu teléfono móvil. Otras aplicaciones populares son de música, video, juego, ejercicio, etc. Apple tiene la mayor cantidad de dichas aplicaciones, pero el sistema Android está comenzando a competir con Apple con relativo éxito. De todas formas, muchas aplicaciones son gratuitas. Y otras que tienen un costo también ofrecen una versión con menos funcionalidad que es gratis.

🔗 Share	👍 Like	8	🐦 Tweet	25	✚1	2	in Share

1. Identifica en el artículo sinónimos para:
   a. teléfono inteligente _____
   b. telefóno celular _____
   c. laptop _____
   d. acceso inalámbrico (*wireless*)_____
   e. características o capacidades _____
   f. bajar un archivo (*a file*) del Internet a tu dispositivo

      _____
   g. aplicaciones _____
   h. aplicaciones sin costo _____

2. El autor del artículo parece tener una opinión muy positiva sobre los teléfonos inteligentes. ¿Qué palabras o frases evidencian esta interpretación? Menciona un mínimo de tres.

   Modelo: "la tecnología más avanzada"- avanzada tiene un sentido positivo.
   a.
   b.
   c.

3. ¿Crees que los adjetivos "inteligente" o "móvil" son redundantes para usar con "teléfono"? Explica tu respuesta.

Actividad 12-6. ¿Cuál ha sido tu experiencia?

Paso 1. Contesta las preguntas por escrito con detalles relevantes para prepararte para hablar con un compañero.

1. ¿Qué dispositivos usas para conectarte con tus amigos? ¿Cuál es el más conveniente? ¿Cuál es el más rápido?
2. ¿Qué prestaciones tiene tu teléfono móvil? ¿Cuáles usas más? ¿Para qué las usas?
3. Sea para tu teléfono o para otro dispositivo, ¿cuáles son las aplicaciones que más te gustan para divertirte? ¿Para hacer la tarea o el trabajo?
4. ¿Dónde encuentras el mejor acceso inalámbrico?
5. ¿Qué navegador prefieres? ¿Por qué?
6. ¿Te ha sorprendido en algún momento el contenido que encontraste cuando seguiste un enlace? ¿Por qué?

 Paso 2. Conversa con un compañero sobre su experiencia usando los medios de comunicación digital; puedes usar las preguntas del Paso 1 como guía. ¿Hablaron sobre algo que no sabías y que piensas investigar más o usar en el futuro?

CULTURA

Interpreting and using facial expressions and body language are important to establishing and maintaining relationships and conveying meaning, but such nonverbal communication can differ across cultures and communities. When communication is digital and people don't share the same physical space as they interact, different strategies for nonverbal communication have become popular. Becoming aware of the importance of nonverbal communication and then of the differences across cultures and contexts will help you understand others and express yourself more easily and effectively.

Actividad 12-7. ¿Confirmas o niegas tus palabras con una expresión?

Paso 1. Empareja la interpretación del diálogo con la foto correspondiente, prestando atención a la comunicación no verbal y las palabras del diálogo.

Diálogo 1: ¿Quién responde <u>sinceramente</u> y quién <u>con sarcasmo</u>?

—¿Qué tal? ¿Te gustó la nueva película de Zac Efron?

—Me encantó. Es una película de suspenso fascinante.

1. _____   2. _____

Diálogo 2: ¿Quién <u>se ofendió</u> al escuchar el chiste, y a quién <u>le gustó</u>?

—... y cuando leí el chiste, no lo podía creer. ¡¿A quién se le ocurre decir tal cosa?!

3. _____   4. _____

Diálogo 3: ¿Quién <u>responde honestamente</u> y quién <u>disimula</u> lo que siente?

—¿Te puedo pedir un favor?

—Sí, claro que sí.

5. _____   6. _____

⇆AB **Paso 2.** Por turnos, cada uno reproduce los gestos, expresiones faciales, o acciones (sin hablar) representados en las fotos que están en estas dos páginas. Luego, cuando tu compañero/a represente las imágenes que corresponden a la lista de expresiones a continuación, adivina la expresión que corresponde a sus gestos.

Estudiante A

1. Adelante. (*Go ahead, after you.*)
2. ¡Mira!
3. No.
4. Perdón, no te escuché.
5. Silencio, por favor.
6. Te llamo, ¿sí?
7. Un momento, por favor.

Sí

Estoy mal.

¡Cuidado!

Ven.

¡Es delicioso!/¡Para
chuparse los dedos!

¿Puedes manejar tú?

Dinero./No tengo
dinero.

Estudiante B   Information for student B is on page 684.

Actividad 12-8. La comunicación no verbal en el mundo hispano

Paso 1. Selecciona el significado para cada uno de los ejemplos de comunicación no verbal.

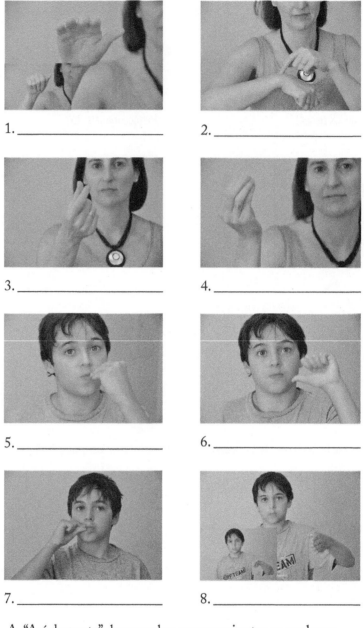

1. _____

2. _____

3. _____

4. _____

5. _____

6. _____

7. _____

8. _____

A. "Así de gente", hay muchas personas juntas en un lugar.
B. Dinero.
C. No hablar, quedarse callado.
D. Más o menos, así así.
E. ¿Quieres comer algo?
F. ¿Quieres tomar algo?
G. Tengo prisa.
H. Ven/Vengan.

Paso 2. ¿Cuáles de los significados pueden crear dificultades de comunicación? ¿Por qué? ¿Conoces otros gestos del mundo hispanohablante que puedes añadir a esta lista?

Actividad 12-9. Una comunicación no verbal absurda

Paso 1. Mira un video del programa cómico español *Splunge* en YouTube que tiene ejemplos del uso de la comunicación no verbal en una situación graciosa (http://www.youtube.com/watch?v=IEGamVBeeOc). ¿Qué gestos se utilizan para expresar las siguientes ideas?

1. la cuenta
2. tener frío
3. bebida(s)
4. hacer una tortilla de patatas
5. pedir una cerveza de barril/una caña
6. tener prisa
7. pagar con tarjeta de crédito

Paso 2. Usando el video como modelo, prepara y presenta a la clase un diálogo con dos o tres compañeros en que se utilizan gestos o expresiones faciales hispanos para algunas de las ideas que quieren comunicar.

Actividad 12-10. Estrategias para la comunicación no verbal a distancia

Paso 1. En la comunicación escrita, se usan varias estrategias para compensar la ausencia física de otra persona, por ejemplo varios estilos de letra, repetición, emoticonos, e íconos. En los textos, los tuits, las redes sociales, etc., ¿qué comunican las siguientes estrategias?

Modelo: EL USO DE LETRAS MAYÚSCULAS significa __gritar, enfatizar__

1. Los **emoticonos :-)** o 😊 significan _____
   _____

2. La repetición de la **puntuación !!!!!!!** significa _____
   _____

3. El uso de **negrita** o *bastardilla* significa _____
   _____

4. El uso del **ícono** 👍 significa _____
   _____

5. En español, el uso de las abreviaturas **X, N y k acs** significa **por,**
   _____ y **¿qué haces?**, respectivamente.

Paso 2. Empareja los emoticonos con su descripción o significado en español.

1. :-)	a. enojado
2. ;-)	b. guiño de ojo (*cerrar solo un ojo*)
3. :-(	c. reír de oreja a oreja
4. :-D	d. sonrisa
5. **>-)**	e. tristeza

Paso 3. Escoge la mejor interpretación para la secuencia de mensajes instantáneos. Usa la tabla de abreviaturas para ayudarte.

k acs	*¿Qué haces?*	k qrs	*¿Qué quieres?*
a2s	*adiós*	HL	*hasta luego*
mxo	*Mucho*	nl	*en el*
NVA	*Nos vemos allí*	x, xa	*por, para*
xfa	*porfa (por favor)*	vns?	*¿Vienes?*

1.
> ## k acs? Estudiaste mxo xa el examen? ;-)

a. ¿Qué haces? ¿Estudiaste mucho para el examen? (Creo que sí).
b. ¿Qué haces? ¿Estudiaste mucho para el examen? (Sé que no has estudiado).

2.
> ## N. Te espero. Vns a ayudarme? >-)

a. No, te espero. ¿Vienes a ayudarme? (Sé que no vas a ayudarme).
b. No, te espero. ¿Vienes a ayudarme? (Pienso que vienes a ayudarme).

3.
> ## :-D Voy a una fiesta en csa d Alonso.

a. Ja ja ja ja (No te ayudo). Voy a una fiesta en casa de Alonso.
b. Ja ja ja ja Estoy contento porque voy a una fiesta en casa de Alonso.

4.
> ## NVA HL

a. No voy a la fiesta. Hasta luego.
b. Te veo en la fiesta. Hasta luego.

Actividad 12-11. Consecuencias de la comunicación digital

Paso 1. Lee el siguiente artículo para entender la perspectiva de la autora y contesta las preguntas.

Los efectos negativos de la eficiencia comunicativa de las redes sociales

Julia Furtado

En los últimos años he notado que la interacción social constante y continua a través de los medios de comunicación digital (online) puede tener consecuencias importantes—y mayormente negativas—en las relaciones sociales de contacto personal directo (llamado offline). La parte más importante de este efecto está dado, sin duda, por el crecimiento y aceptación de la comunicación a través de las redes sociales como Facebook. Estas relaciones digitales crean un cambio importante a nivel cultural: cada vez nos preocupan menos factores básicos de relación social que siempre son relevantes en la comunicación personal en vivo.

Las normas rutinarias del buen comportamiento social

Las buenas costumbres del comportamiento se convierten en códigos de conducta que contribuyen a la armonización de las relaciones sociales y nos ayudan a lograr la comunicación y la cooperación. Estas normas del comportamiento se aprenden tanto en nuestra familia como en las instituciones de educación social (las escuelas primaria y secundaria y la universidad), y en nuestros medios de trabajo.

Es innegable que con el correr del tiempo, algunas de estas normas de conducta son alteradas o extendidas a causa de la introducción de nuevos sistemas de comunicación. Dos ejemplos concretos del efecto de nuevas tecnologías son el teléfono (durante el siglo pasado), y las redes sociales virtuales (en este siglo). Por ejemplo, en la comunicación, saludos como; buenos días o buen fin de semana, son "útiles" para expresar interés por la otra persona. Sin embargo, en una red social virtual, algunos deciden obviar este tipo de saludos para entrar de lleno en la discusión de los temas que se quieren tratar. Este tipo de "eficiencia comunicativa" puede tener efectos negativos importantes al momento de establecer una relación social fluida. En este sentido, es importante entender que nuestras relaciones en ambos medios—virtual y real—son afectadas por la aplicación (o no aplicación) de normas básicas de conducta que tienen un efecto importante en la manera que interpretamos las intenciones y los deseos de las personas con quienes nos comunicamos.

El ataje virtual *(The virtual shortcut)*

La necesidad de buscar atajos para comunicarnos de forma más breve y rápida se puede ver claramente en la estructura básica de twitter. Por ejemplo, dado que con sus 140 caracteres, Twitter puede ser insuficiente para expresar nuestras ideas, algunos de sus usuarios ya usan pequeñas figuras—como una carita feliz o un sol—en vez de las palabras que necesitan para expresar la emoción necesaria, para poder usar al máximo el espacio de dichos 140 caracteres. En algunos casos vemos el uso de signos matemáticos que sustituyen palabras. Por ejemplo, el signo de la x se puede usar en lugar de la preposición "por", y el símbolo de + se puede usar para sustituir cualquiera de las palabras como "más" o "positivo". Otra práctica muy común es la reducción de palabras como en el caso de q, en vez de "que" y d, en vez de "de".

…

En resumen, es importante no descuidar las normas básicas de la comunicación interpersonal durante nuestras interacciones virtuales a través de medios de comunicación digital. En ambos casos (online y offline), nos estamos comunicando con otros seres humanos que no dejan de ser humanos ni de apreciar las normas básicas de relaciones sociales.

Share   Like   10   Tweet   12   +1   2   Share

1. ¿Qué oración representa mejor la tesis central de la autora?
   a. Es importante extender las costumbres de la comunicación digital en contextos de comunicación *offline*.
   b. La comunicación digital tiene efectos en la comunicación *offline*.
   c. Hay que adaptarse a la comunicación digital.
   d. Los códigos de comportamiento deben mantenerse sin cambio en todos los contextos.

2. ¿Qué ejemplos o circunstancias da la autora para mostrar los riesgos de los hábitos de comunicación en línea? Menciona tres.
   a. _____
   b. _____
   c. _____

3. ¿Qué opina sobre la transferencia del mundo virtual al real?
   _____
   _____
   _____

Paso 2. ¿Qué opinas tú de la perspectiva de la autora del artículo? Comenta los argumentos y ejemplos de la autora con un compañero. ¿Estás de acuerdo con ella? ¿Por qué (no)? ¿Qué otros ejemplos hay de la influencia de la interacción virtual en el mundo real o viceversa?

Paso 3. ¿Crees que la caricatura de Baldo expresa una idea similar o diferente a la perspectiva de la autora del artículo? Explica tu respuesta.

Actividad 12-12. La privacidad y seguridad de tu información personal

Paso 1. Indica las medidas que usas para controlar la seguridad de tu información personal cuando usas los medios de comunicación digital.

_____ un nombre de usuario que me mantiene anónimo

_____ diferentes contraseñas para diferentes cuentas

_____ contraseñas difíciles de adivinar

_____ un **perfil** (*profile*) **personal** privado, no público, limitado a los conocidos

_____ no proveer **datos de identificación** en línea nunca

_____ un código para restringir acceso a tus dispositivos

_____ una opción para limitar las **cookies** que una página web puede dejar en tu dispositivo

_____ una aplicación para **escanear** los dispositivos para **los virus informáticos**

_____ **controles** del uso de tus **datos personales** en la **recolección de datos** por compañías o grupos con quienes interactúas

_____ controles del uso de tus datos personales en la recolección de datos por **terceros** (compañías o grupos con quienes no interactúas directamente)

_____ defensas contra el **rastreo** (*tracking*)

Paso 2. Lee el artículo "¿Me puede dar su número de seguro social?".
Según el autor, ¿los puntos en la tabla aumentan o disminuyen la
privacidad de tus datos personales? Explica tus respuestas.

¿Me puede dar su número de seguro social?

Si alguien que no conoce (un extraño) lo para en la calle y le pregunta si le puede decir su nombre y darle su número de su seguro social, su dirección de correo electrónico y otra información personal privada: ¿usted se la daría? Claro que no. Sin embargo, esto es exactamante lo que muchos de nosotros hacemos casi diariamente cuando nos conectamos a Internet y realizamos muchas transacciones de compras. Además, hay muchos servicios de internet, en particular las redes sociales como Facebook y Twitter, que constantemente recogen datos personales que nosotros contribuimos. A veces, comunicaciones triviales como saludos de cumpleaños, anécdotas de la escuela y del trabajo y hasta la publicación de fotografías de familiares pueden servir para comunicar información personal sin saberlo. Los expertos nos explican que todos estos pequeños detalles se pueden usar como en un rompecabezas (*puzzle*) para crear un perfil con la identidad de una persona. Hasta ahora, todos estos datos no se podían recoger en un perfil claro sin la ayuda de sofisticados programas de computación y estadística. Pero ya es más fácil para cualquier ladrón sin much sofisticación acceder a todos estos datos.

...

¿Cómo podemos proteger nuestra información personal online?

La regla número uno es recordar que la información en internet no está en nuestra computadora solamente, sino que pertenece al internet. En las redes sociales, por ejemplo, podemos establecer una barrera de defensa contra la identificación no autorizada utilizando contraseñas llamadas "fuertes" (*strong passwords*) y limitando la publicación de información en nuestros perfiles personales. Sin embargo, todos estos controles y precauciones raramente son suficientes para proteger la privacidad en el mundo del Internet. Aunque usted no revele información personal, sus amigos y colegas online pueden hacerlo por usted, escribiendo sobre su género, su ubicación y sus intereses.

...

Para tener una idea de la gravedad del problema, consideremos que en un estudio reciente, dos investigadores universitarios (Alessandro Acquisti y Ralph Gross) lograron adivinar el número del seguro social del 8.5 por ciento de las personas nacidas en Estados Unidos entre 1989 y 2003, lo que equivale a casi cinco millones de personas. El número de seguro social es muy importante para cualquier ladrón de identidad porque se puede utilizar para hacer transacciones bancarias, abrir tarjetas de crédito y cualquier otro tipo de transacción financiera importante. En conclusión, recuerda que cada vez que publicas algo online es como escribirlo en una gran pancarta (*sign*) que llevas en alto cuando sales a caminar por la calle.

...

| Share | Like | 4 | Tweet | 9 | g+1 | 2 | Share |

Categorías	Aumenta(n) la privacidad	Disminuye(n) la privacidad
1. saludos de cumpleaños		
2. la auto-revelación		
3. la información de Facebook de nuestros amigos		
4. los controles de privacidad		

Actividad 12-13. Las opciones de privacidad

Paso 1. Escucha una conversación entre un cliente y una empleada de la compañía *Amistades Mundiales* para contestar las preguntas.

1. ¿Cuál es el trabajo de la empleada?
2. ¿Qué preguntas tenía el cliente para *Amistades Mundiales*?
3. ¿El cliente logró la meta de su llamada?

Paso 2. Escucha la conversación de nuevo y evalúa la atención de *Amistades Mundiales* a la seguridad y privacidad de los clientes. ¿Qué medidas de seguridad y privacidad toma la compañía?

De seguridad: _____

De privacidad: _____

Actividad 12-14. Un equilibrio entre costo y beneficio

Paso 1. En grupos de tres estudiantes, escriban una lista de los costos y los beneficios de la comunicación digital. Piensen en cuestiones de dinero, privacidad, relaciones personales, y otros asuntos pertinentes. Decidan si los medios de comunicación digital ofrecen suficientes beneficios teniendo en cuenta sus costos.

Paso 2. Júntense con otro grupo y debatan el equilibrio entre el costo y el beneficio de la comunicación digital. Al final del debate, decidan si en el futuro van a usar la comunicación digital más, menos, o igual que ahora.

GRAMÁTICA EN CONTEXTO
El Futuro

Lourdes y su novio siempre se pelean sobre la privacidad de información en las redes sociales. Lourdes **hará** lo que siempre hace: **escribirá** actualizaciones con detalles de sus actividades, y no **comprenderá** que su novio prefiere mantener más privacidad. Nosotros la **llamaremos** para explicarle el problema, pero las personas como Lourdes nunca **se darán** cuenta del efecto que tienen sus actualizaciones en otras personas.

*Lourdes and her boyfriend always fight about privacy of information on social networks. Lourdes **will probably do** what she always does: **She'll write** updates with details about their activities and she **won't understand** that her boyfriend prefers to maintain more privacy. **We'll call** her to explain the problem to her, but people like Lourdes **will** never **realize** the effect their updates have on other people.*

In Spanish, the future tense is used to talk about **planned future events** (in written texts primarily), or to express the speaker's belief that something **will** *probably* **happen** (in spoken language primarily). Regular verbs in the future are simple to conjugate. Just add the following endings to the infinitive (-**ar, -er, -ir**), being careful to include the accents:

yo	-é	hablaré	comeré	escribiré
tú/(vos)	-ás	hablarás	comerás	escribirás
él/ella/Ud.	-á	hablará	comerá	escribirá
nosotros/as	-emos	hablaremos	comeremos	escribiremos
(vosotros/as)	-éis	hablaréis	comeréis	escribiréis
ellos/ellas/ Uds.	-án	hablarán	comerán	escribirán

Irregular verbs in the future use the same endings as regular verbs, but the endings attach to irregular stems. Some common irregular stems follow a couple of patterns:

Stems that replace the final vowel with a –d-

> **poner** – pondr-
>
> **salir** – saldr-
>
> **tener** – tendr-
>
> **venir** – vendr-

Stems that drop a syllable:

> **decir** – dir-
>
> **hacer** – har-

Stems that drop the –e before the final –r:

> **haber** – habr-
>
> **poder** – podr-
>
> **querer** – querr-
>
> **saber** – sabr-

Actividad 12-15. ¿Nos acompañarán?

 Paso 1. Escucha una conversación entre dos amigos, Andrés y Laura. Indica si la conjugación de los verbos de la lista está en el pasado, el presente, o el futuro.

	Pasado	Presente	Futuro
1a. hablar con Miguel y Sarita			
1b. querer tomar			
2a. mandar un texto			
2b. saber			
3. querer reunirse			
4a. salir			
4b. poder llegar			
5a. dejar la cartera			
5b. verte			

Paso 2. Escucha la conversación de nuevo para contestar las siguientes preguntas.

1. ¿Qué piensan hacer Andrés y Laura?
2. ¿Qué tienen que hacer Miguel y Sarita hoy?
3. ¿Miguel y Sarita tomarán café con Andrés y Laura?
4. ¿Por qué quieren ir al café inmediatamente Andrés y Laura?
5. ¿Por qué no van juntos al café Andrés y Laura?

Actividad 12-16. Una apuesta (*bet*) en el café

Paso 1. Andrés y Laura están en el café. Completa su conversación con formas del futuro.

LAURA: —Voy a pedir chocolate con leche; te _____ (1. pedir) un café, si quieres.

ANDRÉS: —Sí, gracias.

LAURA: —Toma... ¿De veras crees que Arizona _____ (2. jugar) en el *Superbowl* este año? Perdieron muchos partidos en el otoño.

ANDRÉS: —Sí, es verdad que han perdido muchos partidos, pero soy optimista. Según las bitácoras más informadas, los *Cardinals* _____ (3. ganar) todos los partidos que les faltan.

LAURA: —¿Optimista? ¡Más bien irrealista! Te apuesto (*I bet you*) a que no ganan ni un solo partido. Y si tengo razón, tú _____ (4. limpiar) mi apartamento.

ANDRÉS: —Y si no tienes razón, tú y yo _____ (5. tener) una fiesta en casa, y tú se lo _____ (6. decir) a todos los invitados.

LAURA: —De acuerdo.

ANDRÉS: —Sabes que _____ (7. venir) muchos amigos a la fiesta, ¿verdad? Los invitados _____ (8. querer) escucharte decir que te equivocaste (*you were mistaken*).

LAURA: —Solo si *hay* una fiesta. Si no, nuestros amigos _____ (9. poder) venir a mi apartamento limpio para celebrar mi triunfo.

ANDRÉS: —Ja ja ja. En febrero veremos quién celebra un triunfo...

Paso 2. Laura ganó la apuesta y está planeando la limpieza de su apartamento y la pendiente celebración de su triunfo. ¿Qué crees que hará Laura para celebrar?

Creo que esta tarde Laura _____ (1. ir) al mercado y _____ (2. comprar) pizza y alitas de pollo para todos los invitados. Por la noche, su amiga Marta

la _____ (3. ayudar) a organizar la fiesta.
Luego, Andrés _____ (4. venir) para limpiar
el apartamento, y más tarde él y Laura _____
(5. comprar) las bebidas para la fiesta. Los invitados también
_____ (6. traer) bebidas y comidas. Con
seguridad, después de la fiesta, Laura _____
(7. poner) fotos en Facebook de la fiesta y todo el mundo
_____ (8. saber) que Laura tenía razón.

Actividad 12-17. Los planes después de la graduación

Paso 1. Completa las frases con la forma del futuro. Luego, marca con
una cruz las actividades que crees que se harán después de graduarte de
la universidad.

_____ 1. Probablemente, mi familia me _____
      (organizar) una celebración.

_____ 2. Con seguridad, mis padres me _____
      (ayudar) a pagar mis deudas y préstamos del banco.

_____ 3. Seguramente, mis amigos y yo _____
      (seguir) en contacto por una red social.

_____ 4. Creo que yo _____ (mantener) el
      mismo número de teléfono y cuenta de correo electrónico.

_____ 5. Es casi seguro que yo _____ (buscar) un
      trabajo de tiempo completo.

_____ 6. Pienso que mis profesores en mi especialidad me
      _____ (escribir) cartas de recomendación.

_____ 7. Probablemente, yo _____ (vivir) en
      Michigan; no pienso mudarme a otro estado.

Paso 2. Cambia las oraciones del Paso 1 a preguntas. Úsalas para
entrevistar a un compañero sobre sus posibles planes futuros. ¿Qué
planes tienen en común?

Modelo: 1. ¿Tu familia te __**organizará**__ una celebración
           después de graduarte?
     2.
     3.
     4.
     5.
     6.
     7.

Paso 3. Comparen planes. ¿Qué hará la mayoría de los estudiantes
en la clase?

Actividad 12-18. ¿Qué estarán haciendo?

⇆AB Por turnos, cada estudiante va a preguntar dónde estarán las cuatro personas sobre las cuales no tienen información. Teniendo en cuenta dónde están las personas, traten de adivinar lo que pueden estar haciendo. El otro/La otra estudiante responde con una respuesta probable (p.e., estarán dormidos) y una condición que justifique su respuesta (p.e., no durmieron anoche).

Analisa y Pedro

Modelo: E1: —¿Sabes dónde están Analisa y Pedro?
  E2: —Están en la biblioteca.
  E1: —¿Estarán estudiando?
  E2: —No, creo que no. Están dormidos porque no durmieron anoche.

Estudiante A

Maricarmen

Lucila

Los cuatro amigos

La familia Jaramillo

Persona(s)	Lugar	Actividad
José Antonio		
Las amigas		
El mesero		
El vendedor		

Estudiante B Information for student B is on page 685.

El condicional

En la tienda de móviles: Me **encantaría** comprar un móvil nuevo, pero no tengo dinero. **Compraría** uno con pantalla táctil; así **escribiría** textos más rápidamente. También me **gustaría** tener un plan de datos. Con ese plan **miraría** videos y **usaría** las redes sociales en cualquier lugar. Perdón, señorita, ¿**podría** ayudarme?

*At the cell phone store: I **would love** to buy a new cell phone, but I don't have any money. I **would buy** one with a touch screen; that way I **would write** texts faster. I **would** also **like** to have a data plan. With that plan I **would watch** videos and I **would use** social media wherever I was. Excuse me, miss, **could** you help me?*

The conditional has many uses, but in this chapter we'll focus on two of the most common. The conditional is used:

a. to talk about hypothetical events, often associated with the English word *would*, and
b. to soften a request or demand to make it polite. English speakers often use *would*, *might*, *could*, and *should* for this purpose.

GRAMÁTICA

English uses *would* to indicate both past experience and hypothetical situations, but Spanish uses the imperfect for past experiences and conditional for hypotheticals. For example:
I would ride my bike every day when I was little. - past (as in *used to ride*, using the imperfect) – **Andaba** en bicicleta todos los días cuando era niño.
I would ride my bike every day, but my knee hurts. – hypothetical (using the conditional) – **Andaría** en bicicleta todos los días, pero me duele la rodilla.

Regular verbs in the conditional are simple to conjugate. Just add the following endings to the stems you learned for the future tense, being careful to include the accents:

yo	-ía	hablaría	comería	escribiría
tú/(vos)	-ías	hablarías	comerías	escribirías
él/ella/Ud.	-ía	hablaría	comería	escribiría
nosotros/as	-íamos	hablaríamos	comeríamos	escribiríamos
(vosotros/as)	-íais	hablaríais	comeríais	escribiríais
ellos/ellas/Uds.	-án	hablarían	comerían	escribirían

Note the overlap between the conditional endings and the endings for –**er** and –**ir** verbs in the imperfect. For example, **comía** is imperfect, whereas **comería** is conditional. As such, it's essential to notice the stem of the verbs to distinguish between conditional and imperfect meanings.

Actividad 12-19. ¿Pasado o condicional?

 Paso 1. Escucha las oraciones e indica si la conjugación del verbo está en el pasado o el condicional.

	Pasado	Condicional
1a. vivir		
1b. querer		
2. escribir		
3a. preferir		
3b. necesitar		
4a. pedir		
4b. poder		

 Paso 2. Escucha las oraciones de nuevo para contestar las preguntas.

1. ¿Dónde viviría el narrador?
2. ¿Qué medio de comunicación usaría el narrador para describir sus viajes?
3. ¿Qué necesitaría para poder usar ese medio de comunicación?

Actividad 12-20. Decisiones publicitarias

Paso 1. Eres el nuevo presidente de un grupo de voluntarios para un banco de comida y quieres promocionar el grupo. El administrador de web del grupo quiere tus recomendaciones. Completa los espacios en blanco con la forma adecuada del condicional.

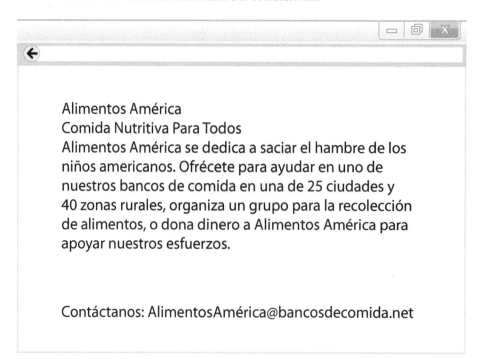

Alimentos América
Comida Nutritiva Para Todos
Alimentos América se dedica a saciar el hambre de los niños americanos. Ofrécete para ayudar en uno de nuestros bancos de comida en una de 25 ciudades y 40 zonas rurales, organiza un grupo para la recolección de alimentos, o dona dinero a Alimentos América para apoyar nuestros esfuerzos.

Contáctanos: AlimentosAmérica@bancosdecomida.net

1. La información más importante no se destaca (*doesn't stand out*). Yo _____ (ampliar/*to increase*) el tamaño del texto de nuestro nombre y nuestro eslogan.

2. La página _____ (ser) más atractiva con más colores. Yo la _____ (cambiar) de blanco y negro a azul y rojo.

3. Los visitantes a nuestra página _____ (venir) con más frecuencia con actualizaciones semanales.

4. No hay fotos. Varias fotos de niños o familias les _____ (llamar) la atención a posibles voluntarios y donantes (*donors*).

5. No hay sonido tampoco. Hay dos músicos en nuestro grupo que _____ (poder) grabar una canción para la página. Al abrir la página, la grabación de su canción _____ (empezar) a sonar.

6. Creo que los donantes también _____ (querer) más información sobre nuestros costos y gastos. ¿Te _____ (importar) a ti diseñar (*design*) un gráfico para representar nuestro presupuesto (*budget*)?

7. También _____ (incluir) un enlace entre nuestra página y otras redes sociales populares.

Paso 2. Vuelve a leer las recomendaciones del Paso 1. ¿Cuáles incluirías entre tus recomendaciones? Escribe tres recomendaciones más.

1. _____

2. _____

3. _____

Actividad 12-21. **Las redes sociales y los movimientos sociales y políticos**

Muchas personas usan las redes sociales para promocionar un movimiento social o político. Comenta con un compañero tu opinión sobre esta práctica, usando las siguientes preguntas como guía para empezar la conversación.

1. ¿Conoces algún movimiento social o político que ha usado una red social para promocionarse? ¿Cuál? ¿Qué han hecho para promocionarse?

2. ¿Tú te conectarías con un grupo de ese tipo en una red social? ¿Qué efecto tendría tu conexión en tu privacidad digital?

3. ¿Cómo reaccionarían tus amigos a tu participación? ¿Te preocuparía su reacción?

Present Subjunctive with Adverbial Clauses

Según su página web, **cuando** mi candidato preferido **sea** presidente, se esforzará **hasta que haya** igualdad para todos **con tal de que** lo **apoyemos** nosotros. Y lo logrará **a menos que** sus oponentes lo **saquen** de la presidencia.

*According to his web page, **when** my preferred candidate is president, he will work **until there is** equality for everyone **provided that** we **support** him. And he will achieve it **unless** his opponents **remove** him from the presidency.*

Adverbial clauses are phrases that answer *when, where, how,* or *why* something happens, but these phrases have limited meaning on their own—they have to be connected to another, main idea. For example, just saying *When my favorite candidate is president* leaves the listener with a question: *What will happen (when s/he is president)?* Compare that example to an adverbial clause that is connected to a main idea: *When my favorite candidate is president, she/he will work until there is equality for everyone.*

When adverbial clauses refer to an uncertainty or a possibility, the verb must be in the subjunctive. For example, *When my favorite candidate **is** president* and *provided that we **support** him* are uncertainties or possibilities. They haven't happened yet, and therefore are expressed with the subjunctive in Spanish: *cuando mi candidato preferido **sea** presidente* and *con tal de que lo **apoyemos**.* Compare that sense of uncertainty or possibility with the greater certainty, habit, or experience in a phrase such as: *When my favorite candidate **describes** her policies, she **energizes** the public. Cuando mi candidata preferida **describe** sus políticas, **anima** a su público.*

Adverbial clauses are introduced by conjunctions, such as the ones in the lists below. Some of the conjunctions always require the subjunctive because their meaning implies an uncertainty or possibility. Others can take the indicative if they introduce a fact, habit, or past experience, but subjunctive if they refer to a future or hypothetical situation.

Conjunctions that always take subjunctive:

a fin de que	*so that*
a condición de que	*on the condition that*
a menos que	*unless*
a no ser que	*unless*
antes (de) que	*before*
con tal (de) que	*provided that*
en caso de que	*in case*
para que	*so that*
sin que	*unless*

Conjunctions that take indicative <u>or</u> subjunctive, depending on the context:

a pesar de que	*although, even though*
aún cuando	*even though*
aunque	*although, even if*
cuando	*when*
después (de) que	*after*
en cuanto	*as soon as*
hasta que	*until*
mientras que	*while*
tan pronto como	*until, as soon as*

Actividad 12-22. Hechos y posibilidades en la comunicación sobre los políticos

Paso 1. El siguiente artículo habla sobre uno de los candidatos a las elecciones presidenciales de Panamá en el año 2014. Indica si las afirmaciones que siguen son ciertas o falsas según el artículo. Presta atención al significado del subjuntivo en el texto.

Navarro y la propuesta de un Nuevo Panamá

9 de enero de 2013

Juan Carlos Navarro, el precandidato presidencial del partido de la oposición, el Partido Revolucionario Democrático (PRD), hizo un llamado a sus seguidores para que salgan a votar en forma masiva en las próximas elecciones primarias del día 10 de marzo. Para dar aliciente a los miembros de su partido, Navarro declaró que a partir del 2014 será posible construir un Nuevo Panamá "próspero, con oportunidades para todos. Ese Nuevo Panamá justo, con salarios de primer mundo, donde todos tengamos la oportunidad de ser dueños de nuestra propia casa, nuestro propio negocio, de nuestro pequeño pedacito de Panamá, es posible". Con respecto a su plataforma presidencial, Navarro enfatizó nuevamente su propuesta de descentralizar el país para que distritos como San Miguelito cuenten con la autonomía y los recursos que le permitan implementar proyectos que solucionen los problemas de recolección de basura, el acceso al agua potable, y la posibilidad de disminuir el alarmante índice de violencia.

Navarró destacó la importancia de acudir a las urnas y de votar masivamente el 10 de marzo, para que el PRD sea un mejor partido, y para que juntos todos puedan construir un nuevo y mejor Panamá. Navarró señaló que esta era la oportunidad de "demostrar que el PRD está listo, que las bases están listas para asumir la responsabilidad de gobernar en beneficio del pueblo panameño". A pesar de su optimismo, Navarro aclaró que para que el futuro proceso electoral transcurra en forma pacífica y que se desarrolle con transparencia, le solicitó al Tribunal Electoral el apoyo en la organización de las elecciones primarias.

Share   Like 12   Tweet 12   g+1 0   in Share

1. _____ Para la fecha de publicación, los miembros del Partido Revolucionario Democrático ya salieron a votar en las primarias.
2. _____ Navarro explicó una de sus propuestas al público.
3. _____ Los distritos como San Miguelito tienen la autonomía y los recursos que necesitan.
4. _____ La recolección de basura y la violencia son problemas que Navarro quiere solucionar.
5. _____ Hoy en día los panameños tienen suficientes oportunidades económicas, en la opinión de Navarro.
6. _____ Navarro cree que el Partido Revolucionario Democrático es el mejor partido posible en este momento.

Paso 2. En parejas, subrayen las frases del texto que apoyan las respuestas del Paso 1. Noten la correspondencia entre el uso de indicativo y subjuntivo en las frases adverbiales y las afirmaciones ciertas y falsas en el Paso 1.

Actividad 12-23. Evaluación de los candidatos

Paso 1. Lee el diálogo entre unos estudiantes de ciencias políticas que están comentando la página web donde se encontró el artículo sobre Navarro. Completa su diálogo con la conjugación del indicativo o del subjuntivo según el significado del texto.

Armando: —Me parece que Panamápolítico.com es una fuente de información política bastante objetiva; no se ponen de lado de ningún candidato. Mira el artículo sobre Navarro, por ejemplo.

Cristina: —Bueno, sí, pero el artículo sobre el otro candidato, Varela, es mucho más corto. A menos que (1. escribir) _____ artículos de la misma extensión para todos los candidatos, parecen favorecer a uno.

Armando: —Al contrario, aunque el artículo sobre Varela (2. ser) _____ más corto, es completo—la realidad es que Varela tiene menos experiencia como político. Hasta que Varela (3. tener) _____ más experiencia, no deberían dedicarle más atención.

Cristina: —Entiendo lo que dices, pero todos ya conocen a Navarro. A menos que se (4. publicar) _____ más sobre Varela, Navarro tendrá una gran ventaja simplemente porque es más conocido a pesar de que Varela (5. ofrecer) _____ mejores políticas y programas. No digo que Varela tiene toda la razón, solo que hay que conocer al candidato y conocer sus ideas para tomar una decisión entre los dos.

Armando: —Es cierto. Normalmente cuando la gente vota, tiende a votar por la persona más conocida. A no ser que los periodistas (6. hacer) _____ un esfuerzo especial por informarnos sobre otros candidatos, el más conocido ganará.

Cristina: —A la vez, hoy en día en cuanto un candidato (7. establecer) _____ una página web, otra de Facebook, una cuenta de Twitter, y un servicio RSS para su propaganda, todo el mundo lo puede conocer aunque los periodistas no le (8. prestar) _____ mucha atención.

Paso 2. Completa las frases para expresar tus opiniones sobre el proceso de conocer a candidatos políticos. Compara tus respuestas con las de un compañero.

1. A menos que un candidato _____, no ganará una elección.
2. Voto por un candidato que apoya mis programas preferidos a no ser que _____.
3. Reviso la información publicitaria de un candidato en las redes sociales tan pronto como _____.
4. Tengo interés en la política mientras que _____.
5. Votaría por un candidato de un partido político que normalmente no apoyo a condición de que _____.

Paso 1. Lee el artículo que resume el discurso sobre el estado de la Unión en 2013 del Presidente Obama para completar las oraciones con tu interpretación de sus propuestas. Presta atención al uso del indicativo y del subjuntivo en tus respuestas.

El discurso de Obama promete grandes cambios

Como es costumbre, en su discurso del Estado de la Unión, el presidente Barack Obama realizó varias promesas de su futura gestión presidencial. Entre ellas, se destaca su intención de firmar "de inmediato" una reforma migratoria sustancial que beneficiaría a millones de ciudadanos indocumentados. Por supuesto, dicha ley debe ser aprobada por el Congreso, lo que no va a ser una tarea fácil. Para poder convencer a sus adversarios republicanos, incluyendo a senadores que apoyan mayormente una reforma migratoria como el prominente Marco Rubio, Obama remarcó que para tener éxito su reforma migratoria debe incluir un fortalecimiento de la seguridad fronteriza, la competencia en el inglés, la verificación de ausencia de delitos o convicciones anteriores, etc. Obama presentó una propuesta fuerte y clara y declaró con firmeza su intención de cumplir con los deseos de muchos grupos que buscan una reforma migratoria integral: Ha llegado la hora de aprobar una reforma migratoria... Pues bien, ¡hagámoslal! Envíenme un proyecto de ley en los próximos meses y lo voy a firmar de inmediato" dijo con firmeza Obama frente a la audiencia del congreso y de la nación que lo miraba por televisón en transmisión directa.

Además de la reforma migratoria, Obama abordó el problema de la guerra en Afganistán, anunciando que para febrero del 2014, aproximadamente 34.000 soldados regresarían a sus casas. El regreso de las tropas se haría posible gracias a un acuerdo logrado entre Obama y el presidente afgano Hamid Karzai para efectuar la transferencia del control de las operaciones militares al gobierno de Kabul en los meses siguientes. Luego de esta repatriación de soldados, el presidente promete dar final oficial a la guerra de Afganistán.

Sin embargo, la economía fue el tema principal de todo el discurso de Obama. A pesar de que el presidente Obama continúa enfatizando que lo peor de la crisis ya pasó, no quiso dejar ninguna duda de que aún falta mucho por hacer para crear más empleos para la clase media. A pesar de que la bolsa de valores ha superado los valores anteriores a la crisis, el nivel de desempleo continúa rondando el 8%. Dado que todo el estímulo de inversión del gobierno no ha sido suficiente para crear más empleos, el presidente Obama se apresuró a aclarar que "no es un gobierno más grande lo que necesitamos sino un gobierno más inteligente, que invierta en crecimiento". Sin perder el hilo de su argumento, Obama agregó que su gabierno planea "poner en marcha las conversaciones sobre una amplia zona transatlántica de comercio e inversiones con la Unión Europea porque el comercio que sea libre y justo a través del Atlántico apoyará millones de empleos bien remunerados para los estadounidenses". Obama busca desde hace tiempo una salida a la crisis económica sin lograrlo plenamente. Esta nueva propuesta se apoya en una apertura de mercados con enfoque en Europa que puede ser la salida de la crisis a mediano y largo plazo.

⬛ Share	👍 Like	20	🐦 Tweet	14	g+1	2	in Share

1. Obama firmará una reforma de las leyes de inmigración tan pronto como... _____
2. Obama piensa dar fin oficial a la guerra en Afganistán cuando... _____
3. Obama cree que la economía no mejorará a menos que... _____ _____
4. Obama quiere establecer una zona de comercio libre y justa para que... _____

Paso 2. Evalúen las propuestas de Obama. ¿Tendrán éxito? ¿Qué tendrá que hacer para que sus propuestas tengan éxito? ¿Qué pasará cuando se implementen? Hagan una lista de tres resultados, condiciones o consecuencias para compartirlos con la clase.

Present Subjunctive in Adjectival Clauses (Non-Existent and Indefinite Antecedents)

No hay ninguna propuesta política que les guste a todos. Siempre hay alguien a quien no le gusta alguna de ellas. No conozco a nadie que las acepte sin excepción.

There is no political proposal that is liked by everyone. There's always someone that doesn't like one of them. I don't know anybody that accepts them (all) without exception.

Adjectival clauses are phrases connected to a noun that answer *what kind, which one,* or *how many* of something there are. Adjectival clauses that indicate an uncertainty or possibility that something exists take the subjunctive, as do claims that something actually doesn't exist.

Compare these examples:

Buscamos una página web que **describe** las propuestas del presidente. (indicative)

*We're looking for a website that **describes** the president's proposals.*

Buscamos una página web que **describa** las propuestas del presidente. (subjunctive)

*We're looking for a website that **describes** the president's proposals.*

No hay ninguna página web que **describa** las propuestas del presidente. (subjunctive)

*There is no website **that describes the president's proposals.***

The first example implies a <u>certainty</u> that such a website exists; the speaker has presumably seen the site previously or has some experience to convince him or her that it exists. That certainty is expressed by using the indicative, **describe**.

In contrast, the second example implies <u>uncertainty</u> whether such a website exists; he or she may expect to find it and think it probably exists, but has not previously seen it. That uncertainty is expressed by using the subjunctive, **describa**.

The third example claims that something is nonexistent. The use of the subjunctive, **describa,** with nonexistent expressions like **No hay ninguna** implies the possibility that the item or person could be found somewhere, but is not within the speaker's experience. Other expressions of nonexistence include:

No... nadie que (No veo a nadie que..., No conozco a nadie que..., etc.)

No... nada que (No tengo nada que..., No hay nada que..., etc.)

Paso 1. Llena los espacios en blanco con los verbos que escuchas. Presta atención al uso de indicativo versus subjuntivo.

> Antonio: —Quiero ver una actualización en una red social que me (1) _____.
>
> Dolly: —Conozco a alguien que (2) _____ actualizaciones muy interesantes sobre la política.
>
> Antonio: —¿De veras? ¿Esa persona ha dicho algo que (3) _____ las políticas migratorias?
>
> Dolly: —Pues, sí, escribió una actualización la semana pasada con un enlace a un debate entre algún abogado que (4) _____ a los inmigrantes ilegales y alguien que (5) _____ al gobierno de Arizona.
>
> Antonio: —Parece que tengo que conectarme con otras personas y grupos que (6) _____ mejor mis intereses.
>
> Dolly: —Si encuentras algo que te (7) _____, me avisas y ¡yo también me uno al grupo!

Paso 2. Lee la conversación del Paso 1 y selecciona la interpretación más adecuada de cada verbo según el uso del subjuntivo o del indicativo.

1. a. Antonio ha visto una actualización interesante.
   b. Antonio no ha visto una actualización interesante.

2. a. Es cierto que existe una explicación de las políticas migratorias.
   b. Es posible que exista una explicación de las políticas migratorias.

3. a. El abogado y el representante del gobierno son personas específicas que participaron en el debate.
   b. Un abogado y un representante del gobierno son el tipo de persona que los organizadores quieren tener en el debate.

4. a. Antonio está conectado con personas y grupos con los mismos intereses.
   b. Antonio no está conectado con personas y grupos con los mismos intereses.

5. a. Es cierto que existe un grupo específico que le interesa a Antonio.
   b. Es posible que exista un grupo específico que le interese a Antonio.

Actividad 12-26. Twitter como plataforma de debate

Paso 1. En el 2010 España escogió por primera vez una plataforma en línea, *Twitter*, para un debate entre dos políticos. Lee varios comentarios sobre este formato y rellena los espacios en blanco con el indicativo o el subjuntivo.

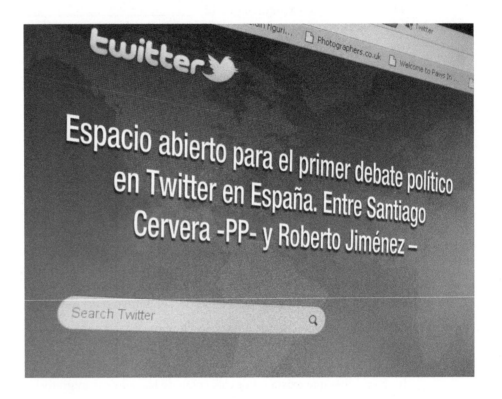

Twitter es una plataforma que le (1. dar) _____ acceso a todo el público a participar en el debate.

Todas las preguntas que (2. contestar) _____ los políticos en el debate vienen de tuits del público.

Twitter no es una plataforma adecuada para el debate. Necesitamos una plataforma que (3. permitir) _____ diálogos más profundos y desarrollados.

No existe ningún programa ni política que se (4. poder) _____ describir adecuadamente en un tuit.

No hay ningún político que (5. limitarse) _____ a 140 caracteres para expresarse.

Las abreviaturas que se (6. usar) _____ en los tuits te permiten comunicar mucho con pocos caracteres.

Los tuits que se (7. popularizar) _____ más son los más cómicos o llamativos, no son los más importantes para el debate.

Paso 2. ¿Qué opinan del uso de plataformas en línea para debates o campañas políticas? Escojan una plataforma y comenten sus ventajas y desventajas, usando el Paso 1 como modelo.

INTEGRACIÓN COMUNICATIVA

CONVERSACIÓN: Requesting, giving and receiving advice

Expresiones que se usan para pedir consejos

Me gustaría hacer(te) una consulta.	*I'd like to ask for (your) advice.*
Quisiera pedirte un consejo.	*I'd like to ask for your advice.*
¿Puedo pedir tu consejo?	*Can I ask your advice?*
Necesito ayuda. Estoy completamente confundido.	*I need help. I am completely confused.*
¡Ayuda, por favor! No sé qué hacer.	*Help, please! I don't know what to do.*
¿Qué puedes decirme y aconsejarme?	*What can you tell me and advise me?*

Expresiones que se usan para dar consejos

Creo que sería recomendable...	*I think it would be advisable . . .*
Nadie me pidió consejo, pero creo que...	*For what it's worth I think that . . .*
No quiero meterme/ser metido, pero...	*It's none of my business, but . . .*
En mi opinión, creo que...	*I think that . . .*
Pienso que deberías...	*I think that you should . . .*
Te aconsejo que...	*I advice you to . . .*
¿Y qué pasa si...?	*What would happen if . . .?*
¿(No) has pensado en...?	*Have you considered . . .?*
¿(No) sería mejor si/que...?	*Would it be better if . . .?*
¿(No) crees/te parece que...?	*Do you think . . .?*
Es una idea, por si te sirve de algo.	*It's just an idea, in case it might help.*

Note that the use of the negative in Spanish does not have the same condescending or negative connotation of the literal translation to English. On the contrary, the negative form in Spanish expresses empathy and is less direct than other forms in the affirmative.

¿No has pensado en...?	*Have you considered . . .?*

Expresiones que se usan para aceptar consejos

Gracias por tu apoyo.	*Thanks for your support/help.*
Gracias por los consejos.	*Thanks for your advice/suggestions.*
Tienes razón, es una buena idea.	*You're right, that's a good idea.*
Voy a seguir tu consejo.	*I'm going to follow your advice.*
Voy a hacer lo que me dices.	*I'm going to do what you say.*
No lo había pensado antes.	*I hadn't thought of that before.*

Actividad 12-27. ¡¡¡Esta *%$! máquina no funciona!!!

 Paso 1. Rellena los espacios en blanco con las expresiones que se usan para pedir, ofrecer y aceptar consejos.

Lucas: —Aaahhh... Esta tableta nunca me ha funcionado bien. Se me acaba la pila (*battery*) en menos de una hora, la pantalla táctil no responde, y las aplicaciones no funcionan con mi sistema operativo. No sé qué hacer.

Elena: —1. _____, pero, ¿te has comunicado con el vendedor?

Lucas: —Sí, sí, ya lo hice... y me dicen que hable con el fabricante.

Pablo: —¿Y quién es el fabricante?

Lucas: —Compusónica la fabricó.

Elena: —¿Quién?

Lucas: —Sí, eso mismo... Compusónica, una compañía que ya no existe porque sus productos eran muy defectuosos.

Elena: —Ah, qué mala suerte. ¿2. _____ _____ comprar una nueva pila? A lo mejor los otros problemas se solucionan si la pila es buena.

Pablo: —Y si eso no resuelve el problema, en mi opinión, 3. _____ hacer una búsqueda en Internet para encontrar una solución. He visto muchas bitácoras en que la gente hace preguntas técnicas y otra gente las contesta.

Lucas: —Sí, creo que tienen razón. 4. _____ _____.

Elena: —Y si con esas estrategias todavía no te funciona la tableta, habrá que reiniciar la tableta con un sistema operativo actualizado.

Lucas: —Oye, te molestaría... En ese caso... ¿5. _____ _____ si tengo que reiniciarla?

Elena: —Por supuesto. Con todo gusto. Para eso estamos los colegas.

 Paso 2. Vuelve a escuchar el diálogo del Paso 1. ¿Tú seguirías los consejos ofrecidos para reparar la tableta? Justifica tu respuesta.

Actividad 12-28. Quisiera pedirle un consejo.

Paso 1. Comenten sus opiniones sobre las tabletas. ¿Para qué usarían una tableta? ¿Qué prestaciones preferirían tener?

Paso 2. Preparen un diálogo entre un cliente y un dependiente en una tienda de dispositivos electrónicos. El cliente debe expresar sus preferencias, y el dependiente debe ofrecer consejos basados en las preferencias del cliente. Pueden referirse a diferentes marcas (*brands*) de tabletas (ver abajo) o escoger otros productos o marcas de productos.

E1: —_____

E2: —_____

E1: —_____

E2: —_____

E1: —_____

E2: —_____

E1: —_____

E2: —_____

Pronunciación: Préstamos y anglicismos tecnológicos

Many English words for technologies have been borrowed into Spanish, but are spoken with a Spanish pronunciation. For example:

Facebook = [feisbú]

Laptop = [lapto]

Notice that some consonants at the end of syllables are omitted, others are changed, and the vowels tend to be modified. Use these tendencies plus other information in context to help you guess words you hear.

Actividad 12-29. Fesbú es Facebook

Paso 1. Escucha la lista de palabras y escribe la palabra en inglés que corresponde.

1.
2.
3.
4.
5.
6.
7.

Paso 2. Escucha las mismas palabras en contexto; ¿es más fácil adivinar su significado? ¿Cuáles son las pistas (*clues*) que te ayudaron a identificar las palabras?

1.
2.
3.
4.
5.
6.
7.

LECTURA: Using Your Knowledge of English in Blog Posts

Many articles, blog posts, product information, etc., published on the Internet make use of a fair amount of vocabulary coined from English words. In some cases, these words are used in their original form in English, and in other cases, they are almost direct translations to reflect the original concept. You can make use of your knowledge of technology-related concepts from English to understand texts in Spanish.

Actividad 12-30. Las redes sociales como instrumento corporativo

Paso 1. Lee rápidamente el artículo para responder a las siguientes preguntas.

Los beneficios comerciales de las redes sociales

Es normal que las empresas comerciales empiecen a interesarse en las oportunidades ofrecidas por las redes sociales del Internet. Las redes sociales son muy útiles para las empresas porque, básicamente, una red social hace posible una comunicación más intensa sin barreras de tiempo o espacio. Las redes sociales más populares son *Facebook*, *Twitter* y *LinkedIn* y últimamente *Tumblr*. **A**

En primer lugar, la presencia de una compañía en las redes sociales ayuda a generar tráfico de potenciales clientes hacia el sitio Web de su empresa. En la mayoría de las redes sociales se pueden insertar enlaces o links que apunten a su sitio Web. Algunos de estos enlaces contabilizan para el mejoramiento del posicionamiento en los buscadores. Recuerde también, que al participar en una red social tiene la oportunidad de establecer una comunicación de dos vías y escuchar las necesidades de sus potenciales clientes en el futuro. **B**

Es fundamental que el personal de su empresa conozca la responsabilidad de su compañía al establecer un díalogo con sus clientes en las redes sociales. Así, cuando llegue el momento de la colocación o la venta de un producto, el perfil de su empresa estará bien definido en ese medio. Por lo tanto, es imprescindible que los empleados reciban un entrenamiento adecuado para poder hacer uso de las mejores prácticas de comunicación en las redes sociales. Por ejemplo, en algunos casos puede ser útil enviar un SMS, pero en otras ocasiones es mejor usar el sistema de chateo o hasta comunicarse por skype. **C**

La mejor manera para que su empresa pueda mantener una clientela satisfecha es tener acceso a un medio de comunicación que le permita a sus clientes ser atendidos y recibir toda la información y soporte técnico sobre los productos o servicios que ofrece su compañía. Además, la interacción con los clientes a través de las redes sociales permite conocer la opinión de los clientes sobre los servicios o productos de una empresa. **D**

Otra ventaja del uso de las redes sociales para fines comerciales es que se puede alcanzar un nivel de popularidad que no es posible a través de otros medios. Por ejemplo, en *Facebook*, una persona puede hacer clic al botón de "Me gusta" de la página de su empresa, o del perfil de su compañía. La popularidad que pueda alcanzar una empresa va a depender de que el contenido y la información que se comparte les guste a sus potenciales clientes, y que así pueda llegar a tener muchos "fans". **E**

Más allá de la comunicación, el mayor beneficio del uso de las redes sociales con fines comerciales es la creación de expectativas, de motivación y necesidades. Para lograr ese objetivo, es esencial que la compañía forme un equipo de expertos que dirija la comunicación a través de las redes sociales corporativas, que genere prácticas de comunicación y que haga que estas herramientas generen valor, refuercen el poder de su marca, atraigan a nuevos clientes y favorezcan el desarrollo de productos. **F**

El uso de las redes sociales en forma consistente trae consigo (*with itself*), sin embargo, una responsabilidad que se puede convertir en desventaja. En efecto, las redes sociales demandan retroalimentación inmediata. ¿Se imagina qué puede pasar si sus clientes no reciben el feedback que necesitan en forma casi inmediata? En medios de comunicación de años anteriores, los clientes tenían más paciencia. Pero ya no es así. Una ventaja de las redes sociales puede convertirse en desventaja. **G**

Asimismo, hay otras desventajas notables que son características esenciales de las redes sociales. Así es que en algunos casos, los hackers pueden obtener información sobre sus clientes, o a través de sus clientes, pueden obtener información de su empresa o los passwords se pueden adivinar de forma más directa. Otras desventajas son menos importantes, pero no dejan de ser molestas, como es el caso del envío de spam a través de las redes sociales. **H**

1. ¿Cuál es la meta del autor?

_____ dar instrucciones objetivas en el uso de redes sociales por las empresas (*businesses*)

_____ vender a los empresarios (*business owners*) el servicio de establecer y promocionar la presencia digital de las empresas

_____ educar a los empresarios sobre las ventajas y los riesgos (*risks*) de las redes sociales usadas para metas comerciales

2. ¿El autor está a favor o en contra de usar las redes sociales para metas comerciales? ¿Te convencen sus argumentos? Identifica palabras o frases del texto que apoyan tu respuesta.

3. ¿Podría servir la información de este texto en otro país u otra cultura, o está limitada al país y a la cultura en que se escribió?

 Paso 2. Subrayen todas las palabras que se pueden considerar asociadas al inglés por ser nombres de compañías (*Facebook*), préstamos directos de palabras del inglés (*link*), o "calcos" del inglés (*soporte*).

 Paso 3. Finalmente, lee el artículo en detalle para identificar el sujeto de los verbos en la tabla.

Párrafo	Frase verbal	Sujeto
A	... empiecen a interesarse en las oportunidades ofrecidas por las redes sociales	1.
A	hace posible una comunicación más intensa sin barreras de tiempo o espacio	2.
B	ayuda a generar tráfico de potenciales clientes hacia el sitio Web de su empresa	3.
B	tiene la oportunidad de establecer una comunicación de dos vías y escuchar las necesidades de sus potenciales clientes en el futuro	4.
C	conozca la responsabilidad de su compañía al establecer un diálogo con sus clientes en las redes sociales	5.
C	estará bien definido en ese medio	6.
C	reciban un entrenamiento adecuado para poder hacer uso de las mejores prácticas de comunicación en las redes sociales	7.
D	le permita a sus clientes ser atendidos y recibir toda la información y soporte técnico sobre los productos o servicios que ofrece su compañía	8.

D	permite conocer la opinión de los clientes sobre los servicios o productos de una empresa	9.
E	hacer clic al botón de "Me gusta" de la página de su empresa, o del perfil de su compañía	10.
E	va a depender de que el contenido y la información que se comparte	11.
E	pueda llegar a tener muchos "fans"	12.
F	es la creación de expectativas, de motivación y necesidades	13.
F	forme un equipo de expertos que dirija la comunicación a través de las redes sociales corporativas, que genere prácticas de comunicación y que haga que estas herramientas generen valor, refuercen el poder de su marca, atraigan a nuevos clientes y favorezcan el desarrollo de productos	14.
G	demandan retroalimentación inmediata	15.
G	no reciben el feedback que necesitan en forma casi inmediata	16.
H	pueden obtener información sobre sus clientes, o a través de sus clientes, pueden obtener información de su empresa o los passwords se pueden adivinar de forma más directa	17.
I	pero no dejan de ser molestas	18.

COMPRENSIÓN ORAL: Using Visual Information in Social Media

Face-to-face communication can be easier to understand because of the visual cues, like movement of lips, facial expressions, or body language that help you to understand what you hear. Seeking out visual support in social media sites, and on the internet in general, can help you expand your ability to understand what you hear.

Actividad 12-31. Las mejores aplicaciones para tu iPhone

Paso 1. Empareja las imágenes que acompañan un anuncio comercial para una aplicación de teléfonos móviles denominada MapeAmigos con la descripción de su función o prestación.

1. _____ expresar preferencias para personas, sitios, o información
2. _____ buscar a personas que comparten tus intereses
3. _____ conocer a nuevos amigos
4. _____ hacer un video chat con un/a amigo/a
5. _____ localizar a un amigo en el mundo físico
6. _____ aceptar una invitación a ser amigo de alguien

A

B

C

D

E

F

Paso 2. Escucha el anuncio comercial para MapeAmigos y rellena los espacios en blanco.

MapeAmigos es una revolucionaria 1. _____ que te va a ayudar a conocer gente nueva y a reencontrarte con gente que ya conoces. Es fácil y divertido y lo mejor de todo: es 2. _____. Si tienes *google maps* en tu 3. _____, puedes ser miembro del club de MapeAmigos. Cuando ingresas a la página 4. _____ del club de MapeAmigos vas a poder hacer 5. _____ en varias opciones que van a crear tu perfil de 6. _____. Con ese perfil puedes pedir contacto con personas que tengan un perfil similar, o que buscan a alguien que tenga tus características. Y cuando estás cerca de esa persona, el mapa de 7. _____ te indica el lugar en que está y cómo comunicarte con esa persona. Los miembros de MapeAmigos pueden enviar 8. _____, usar *chatgraph* (una aplicación con mensajes 9. _____) y chatear en el 10. _____ (con webcam y audio), en

11. _____ privados con otros usuarios de la aplicación. Con MapeAmigos vas a poder 12. _____ gratis con gente con la que te puedes encontrar porque están en la misma zona en que tú estás. Ya sabes que encontrar el 13. _____ no es el fin de la historia.

¡Encuentra a tu chica o tu chico especial, o conoce gente nueva primero en línea y enseguida en persona! ¡MapeAmigos es la 14. _____ social ideal para realmente tener amigos y pareja!

Paso 3. Identifica las estrategias que se usaron para convencerte de los beneficios de esta nueva aplicación. Piensa en el tono, la selección y repetición de palabras, la extensión del texto, etc.

Modelo: Se usó un tono amable e informal.

ESTRATEGIAS

ESCRITURA: Persuasive Language

To persuade someone of your position on a topic, you need to take into account the audience (e.g., professionals or lay people), the medium (e.g., a website or a brochure) and a specific method that is appropriate or appealing to your readers (e.g., humor or drama). In the following activity you will be asked to take into account these factors to promote an issue or organization that you support.

Actividad 12-32. El poder de sugestión

Paso 1. Trabajen en grupos de tres estudiantes. Piensen en una cuestión o una organización que les interese a todos los compañeros del grupo.

A. ¿Qué información querrían compartir sobre esa organización?

Ejemplos:
Grupo: Un grupo de estudiantes que quiere promocionar el acceso a los préstamos federales para estudiantes.
Información: Meta del grupo, participantes, etc.

B. Seleccionen el método que van a usar para persuadir a los lectores: humor, sorpresa, drama, información.

C. Organicen, según su importancia, las ideas de la sección (A) que incluirán en su mensaje.

D. Escriban un texto completo y busquen o creen imágenes que apoyen su mensaje.

Paso 2. Presenten el mensaje con imágenes a la clase. Respondan a preguntas para ofrecer más información y promocionar su mensaje.

COMPARACIONES CULTURALES

Actividad 12-33. Promoción global

Paso 1. Lee la descripción de cada persona u organización centroamericana que tiene una presencia en una red social y escribe el nombre de una persona u organización de Estados Unidos con un propósito similar.

Persona u organización centroamericana	Persona u organización estadounidense
Copán, Honduras, sitio arqueológico con páginas web para promover la manutención de los sitios y las aportaciones (*contributions*) culturales de la civilización maya.	
Rigoberta Menchú Tum, guatemalteca de raíces maya-quiché, ganadora del Premio Nobel de la Paz, tiene una página personal en Facebook tanto como otra página web para la Fundación Rigoberta Menchú Tum para promover la paz y los derechos humanos.	

La Biósfera Maya en Guatemala tiene una cuenta de Twitter para promover la preservación de la selva tropical, hábitat de los mayas.

Grupo de danza ancestral maya para preservar la tradición del baile a través de los espectáculos.

Paso 2. Piensen en los varios grupos del Paso 1. ¿Qué estrategias usan tales grupos para promocionarse? ¿Cuáles son las estrategias más exitosas? ¿Qué similitudes y diferencias ven entre los grupos centroamericanos y los estadounidenses?

LITERATURA: Poema anónimo

Un poema anónimo no tiene autor, pero a su vez representa a todos los autores que podrían haber escrito dicho poema. El poema titulado "El árbol de los amigos" nos ayuda a cerrar la sección de literatura con un tema universal que todo autor hispanohablante podría haber escrito.

Actividad 12-34. Las conexiones de la vida

Paso 1. Escriban nombres de personas de su vida que representan cada categoría de la amistad de la siguiente lista.

1. padres = _____
2. hermanos = _____
3. familia = _____
4. amigos conocidos de tu familia = _____
5. amigos conocidos de la escuela = _____
6. amigos de actividades sociales = _____
7. amigos cercanos o unidos = _____
8. amigos distantes = _____
9. amigos perdidos = _____

Paso 2. Lean el poema. ¿Qué clase(s) de amistad representan las hojas del árbol en cada dibujo?

1. Las primeras hojas que brotan representan =

_____

2. Las hojas en el árbol lleno representan =

_____

3. Las hojas en el suelo debajo del árbol representan =

_____

"El árbol de los amigos" (autor anónimo)

1

Existen personas en nuestras vidas que nos hacen felices
por la simple casualidad de haberse cruzado en nuestro camino.
Algunas recorren el camino a nuestro lado, viendo muchas lunas pasar,
mas otras apenas vemos entre un Paso y otro.
A todas las llamamos amigos y hay muchas clases de ellos.

2

Tal vez cada hoja de un árbol caracteriza uno de nuestros amigos.
El primero que nace del brote es nuestro amigo papá y nuestra amiga mamá,
que nos muestra lo que es la vida.
Después vienen los amigos hermanos,
con quienes dividimos nuestro espacio para que puedan florecer como nosotros.
Pasamos a conocer a toda la familia de hojas a quienes respetamos y deseamos el bien.

3

Mas el destino nos presenta a otros amigos,
los cuales no sabíamos que irían a cruzarse en nuestro camino.
A muchos de ellos los denominamos amigos del alma, de corazón.
Son sinceros, son verdaderos.
Saben cuando no estamos bien, saben lo que nos hace feliz.

4

Y a veces uno de esos amigos del alma estalla en nuestro corazón
y entonces es llamado un amigo enamorado.
Ese da brillo a nuestros ojos, música a nuestros labios, saltos a nuestros pies.
Mas también hay de aquellos amigos por un tiempo,
tal vez unas vacaciones o unos días o unas horas.
Ellos acostumbran a colocar muchas sonrisas en nuestro rostro,
durante el tiempo que estamos cerca.

5

Hablando de cerca, no podemos olvidar a amigos distantes,
aquellos que están en la punta de las ramas
y que cuando el viento sopla siempre aparecen entre una hoja y otra.
El tiempo pasa, el verano se va, el otoño se aproxima y perdemos algunas de
nuestras hojas,
algunas nacen en otro verano y otras permanecen por muchas estaciones.
Pero lo que nos deja más felices es que las que cayeron continúan cerca,
alimentando nuestra raíz con alegría.
Son recuerdos de momentos maravillosos de cuando se cruzaron en nuestro camino.

6

Te deseo, hoja de mi árbol, paz, amor, salud, suerte y prosperidad.
Simplemente porque cada persona que pasa en nuestra vida es única.
Siempre deja un poco de sí y se lleva un poco de nosotros.

7

Habrá los que se llevarán mucho,
pero no habrá de los que no nos dejarán nada.
Esta es la mayor responsabilidad de nuestra vida
y la prueba evidente de que dos almas no se encuentran por casualidad.

Paso 3. ¿Qué valor tienen las amistades? ¿Cómo has usado o cómo utilizarás tu conocimiento del español y del mundo hispano para alimentar el árbol de tus amistades?

Diferencias dialectales: La influencia de la globalización en el español

En el español se puede ver la influencia de la globalización y del contacto entre gente de diferentes dialectos y entre los hispanohablantes y los hablantes de otras lenguas. Estas influencias son notables en la variedad de terminología tecnológica.

Actividad 12-35. Mi PC

Paso 1. En la canción *Mi PC*, de Juan Luis Guerra, se usan muchas palabras de la tecnología. Haz un círculo alrededor de las palabras de la siguiente lista que crees que Guerra usa en su canción.

CD-ROM	_____
computadora	_____
diskette	_____
email	_____
floppy	_____
formatea	_____
gigabyte	_____
Internet	_____
módem	_____
monitor	_____
mouse	_____
PC	_____

Paso 2. Escucha la canción de Guerra (http://musica.itematika.com/letra/10023/mi-pc.html) y luego escribe en la columna derecha de la tabla sinónimos en español que se pueden usar para reemplazar cada palabra. Si no hay sinónimos posibles, ¿crees que es útil poder usar palabras de otra lengua?

Paso 3. Identifica sinónimos de otros dialectos del español que corresponden a algunas de las palabras de la canción.

1. ordenador = _____ y PC
2. disco = _____
3. ratón = _____
4. red mundial = _____
5. correo electrónico = _____

Actividad 12-36. Me encantan las películas de terror

Paso 1. Guadalupe y Camille vieron varias películas de terror y ahora están hablando de las películas. Mira las fotos del video y señala a quién le gustaron y a quién no.

Paso 2. En el video Camille y Guadalupe expresan sus opiniones y se dan sugerencias. Mira este episodio y señala quién utilizó cada expresión, Guadalupe (G), Camille (C) o ambas (A).

1. Creo que...
2. ¿No has pensado que...?
3. ¿No te parece que...?
4. ¿No crees que...?
5. Pienso que...
6. No creo que...
7. No quiero ser metida, pero...
8. ¿No sería mejor si...?

Actividad 12-37. Un festival de cine

Paso 1. Mira el video y escribe dos características de las películas de terror que mencionan Guadalupe y Camille.

Paso 2. A continuación, contesta las preguntas siguientes.

1. ¿Cómo piensan Guadalupe y Camille utilizar su diferencia de opinión con respecto a las películas de terror?
2. ¿Cómo van a prepararse para implementar este plan?

Actividad 12-38. ¿Qué película me recomiendas?

Paso 1. Los estadounidenses producen muchas películas de terror; ¿qué crees que indica esta fascinación? Escribe un texto de 8–10 líneas explicando tu opinión. Utiliza las siguientes preguntas como guía.

1. ¿Refleja este hecho una obsesión cultural con la muerte?
2. ¿Sugiere que es una sociedad y cultura muy violenta?
3. ¿Es posible interpretar una cultura basándose en sus películas?

Paso 2. Las películas de terror son muy populares pero existe diferencia de opinión. ¿Qué consejos les das a tus amigos/as que se encuentran en las siguientes situaciones?

1. Tu amiga Rosa invita a Elena a ver una película de terror, pero a Elena no le gustan las películas de terror.

   Tu recomendación para Elena:_____

   Tu recomendación para Rosa:_____

2. A tu amigo Francisco le encanta jugarles una mala pasada (*play a trick on*) a sus amigos, pero a Roberto no le gustan para nada.

   Tu recomendación para Francisco:_____

   Tu recomendación para Roberto:_____

VOCABULARIO

PALABRAS PARA REFERIRSE A LOS MEDIOS DE COMUNICACION

el blog/la bitácora	*blog*	el mensaje de texto	*text message*
cara a cara	*face to face*	el mensaje instantáneo	*instant message*
el correo electrónico	*email*	las redes sociales	*social networks*
la llamada telefónica	*phone call*	la videollamada	*video call*

PALABRAS PARA REFERIRSE AL EQUIPO DE COMUNICACION

la computadora/ el ordenador	*computer*	la pantalla táctil	*touch screen*
la computadora portátil/ el laptop	*laptop*	el teléfono fijo	*landline*
		el ratón	*mouse*
		la tableta	*tablet*
el módem	*modem*	el teléfono inteligente	*smart phone*
el móvil/el celular	*cellphone*		

PALABRAS RELACIONADAS CON LOS REQUISITOS DE LA COMUNICACIÓN DIGITAL

el acceso inalámbrico	*wireless*	el internauta	*Internet user*
el ancho de banda	*bandwidth*	el navegador	*browser*
el aparato/dispositivo	*device*	el nombre de usuario	*user name*
la contraseña	*password*	el perfil	*profile*
la cuenta	*account*	el rastreo	*tracking*
los datos personales	*personal data*	el usuario	*user*
los emoticonos	*emoticons*	el vínculo/enlace	*link*

VERBOS PARA REFERISE A LAS COMUNICACIONES

conectarse	*to connect to/with*	llamar por teléfono	*make a phone call*
escribir un mensaje de texto/correo electrónico	*write a text message/ email*	mandar un tuit/ mensaje de texto/ correo electrónico	*send a tweet/text message/email*
escribir una actualización en una red social	*write an update/post on social media*	twittear	*tweet*
hacer una videollamada	*video call*		

MÁS VERBOS ÚTILES

acceder	*to access*	establecer	*to establish*
aumentar	*to increase, augment*	mandar	*to send*
chatear	*to chat*	ofrecer	*to offer*
disminuir	*to diminish, reduce*	prestar	*to loan*
escanear	*to scan*	publicar	*to post/to publish*
escoger	*to choose*		

INFORMATION GAP ACTIVITIES

A

CAPÍTULO 1

Actividad 1-16. Datos personales

⇆AB **Paso 2.** Now, ask your partner for the information you are missing on the form you have about the language instructor, and provide your partner with the information that you have.

Modelo: E1: —¿El apellido?
 E2: —Lamas Gómez
 E1: —¿Cómo se deletrea "Lamas Gómez"?
 E2: —Se deletrea L – A – M – A – S – G – O con acento – M – E – Z

Estudiante B

Título: __Profesora__   *Nombre*: __Maritza__
Apellido(s): __Lamas Gómez__

Dirección

Oficina ____23____ *Edificio* _____
Número _____ *Calle* _____
Ciudad : __Rochester__ *Estado*: __MN__ *Código postal*: _____
Número de teléfono: _____(507) 405-9867_____
Correo electrónico _____

Actividad 1-27. ¿Cómo se llama?

⇆AB **Paso 1.** Identify these famous Hispanics, their professions, and their place of birth by asking your partner for the information you are missing according to the example. You will need to use the following questions:

¿Cómo se llama... (la actriz (*the actress*) or la persona de los Estados Unidos)?
¿Cuál es la profesión de... (Jennifer López or la persona de los Estados Unidos)?
¿De dónde es... (Jennifer López or la actriz)?

Modelo: E1: —¿De dónde es Jennifer López? or ¿De dónde es la actriz/la cantante?
E2: —Es de los Estados Unidos.

Jennifer López
Actriz y cantante
_____

Estudiante B

Carolina Herrera
_____
Venezuela

Marc Anthony
Cantante y actor
_____

_____
cantante
Colombia

Michelle Bachelet
_____
Argentina

Carlos Fuentes
Autor
_____

_____
beisbolista
Estados Unidos

Actividad 1-49. Boy, Bus and Blond

⇆AB **Paso 1.** Consult with your partner to find out as many variations as you can about the Spanish translation for the following words: *little boy*, *bus*, and *blond*.

Modelo:　E1: —¿Cómo se dice *bus* en México?
　　　　　　E2: —Se dice *camión*.

Estudiante B

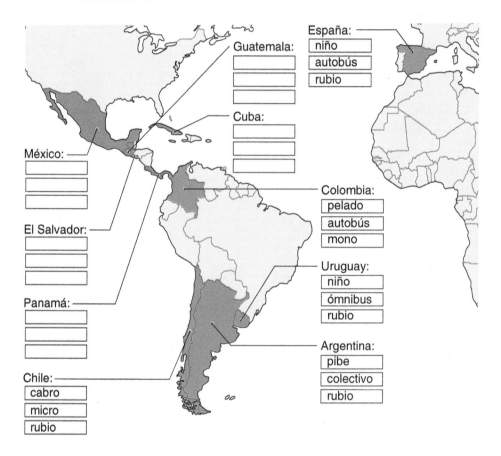

España:
niño
autobús
rubio

Guatemala:

Cuba:

México:

El Salvador:

Panamá:

Chile:
cabro
micro
rubio

Colombia:
pelado
autobús
mono

Uruguay:
niño
ómnibus
rubio

Argentina:
pibe
colectivo
rubio

CAPÍTULO 2

Actividad 2-19. ¿Cuántas personas viven en...?

⇆AB **Paso 1.** Interview your partner to find out the population of the countries for which you do not have such data.

Modelo: E1: —¿Cuántos habitantes hay en México?
          E2: —Hay cien millones de habitantes.

Estudiante B

España: 40 millones 100 mil
Cuba: 11 millones 300 mil
República Dominicana: ___
Puerto Rico: 4 millones 200 mil

México: ___
Guatemala: 12 millones 900 mil
El Salvador: 6 millones 100 mil
Honduras: 6 millones 300 mil
Costa Rica: 3 millones 800 mil
Panamá: 2 millones 900 mil
Colombia: 40 millones 300 mil
Ecuador: 12 millones 800 mil
Perú: ___
Bolivia: 9 millones 400 mil
Chile: ___

Guinea Ecuatorial: 520 mil
Venezuela: 24 millones 400 mil
Paraguay: 5 millones 900 mil
Uruguay: 3 millones 300 mil
Argentina: ___

Actividad 2-29. ¿Quién está en la biblioteca?

⇆AB **Paso 1.** In your drawing you can see five people in five different places. Five other people are missing. Your partner has information about them. Ask him/her who else is in each place and how they are feeling. Write your answers in complete sentences in the table.

Modelo: E1: —¿Dónde está Lucio?
               E2: —Lucio está en la biblioteca.
               E1: —¿Cómo está?
               E2: —Está contento.

Estudiante B

Consuelo/la biblioteca

Concepción/el gimnasio

Carlos/la clase

Diego/el teatro

Miriam/la cafetería

¿Quién?	¿Dónde está?	¿Cómo está?
Manuel		
Marta		
Ana María		
Alberto		
Carmen		

CAPÍTULO 3

Actividad 3-17. ¿Qué materias les gustan?

⇆AB **Paso 1.** Primero, lee la información para completar tu tabla. Luego, por turnos, entrevista a tu compañero/a para obtener la información que necesitas para rellenar tu tabla.

Modelo: E1: —¿De dónde son Rosalía y Mariela?
E2: —Son de Caracas, Venezuela.
E1: —¿Qué les gusta?
E2: —Les gustan las matemáticas.
E1: —¿Qué no les gusta?
E2: —No les gustan las humanidades.

Nombre y Apellido	Es/Son de	Le/Les gusta(n)	No le/les gusta(n)
Rosalía y Mariela García			
Agustín Fernández			
Rafael Callejas			
Carlos/Gabriela Oviedo			
Clara Ordóñez	Quito, Ecuador	biología/química	filosofía
Arturo/Ricardo Fuentes			
Andrea/Sebastián Ballesteros			
Carlos Aguirre			

Estudiante B

1. Mi nombre es Clara Ordóñez. Soy de Quito, Ecuador. Me gustan las clases de biología y química, pero no me gusta la clase de filosofía.
2. Él se llama Arturo. Es mi hermano. Y yo me llamo Ricardo Fuentes. Somos de Medellín, Colombia. Nos gustan las clases de idiomas, especialmente inglés. No nos gustan las clases de ciencias, como la física y la biología.
3. Yo soy Andrea Ballesteros y él es mi hermano Sebastián. Nacimos en Cuba, pero vivimos ahora en Chicago. Nos gusta mucho estudiar ciencias, pero no nos gustan las clases de computación.
4. Me llamo Carlos Aguirre. Soy de Miami. A mí me gusta mucho estudiar historia, filosofía y ciencias sociales. No me gustan mucho las matemáticas. Quiero ser abogado.

CAPÍTULO 4

Actividad 4-2. ¿Qué haces? ¿Dónde trabajas?

⇆AB **Paso 1.** Usa el modelo para hacerle preguntas a tu compañero/a
para descubrir la información que no tienes en la tabla. Contesta sus
preguntas también.

Modelo:

Estudiante A:

Descripción	Lugar	Ocupación
atiende a los pacientes que tienen problemas con su dentadura	un consultorio	el/la dentista

Estudiante B:

Descripción	Lugar	Ocupación
atiende a los pacientes que tienen problemas con su dentadura	_____	_____

Estudiante B: —¿Quién atiende a los pacientes que tienen problemas
con su dentadura?

Estudiante A: —El dentista o la dentista.

Estudiante B: —¿Dónde trabaja?

Estudiante A: —En un consultorio.

Estudiante B: —¿Cómo se escribe?

Estudiante A: —Se escribe C-O-N-S-U-L-T-O-R-I-O.

Estudiante B:

Descripción	Lugar	Ocupación	
1. _____	en un restaurante	el/la cocinero/a (el/la chef)	
2. Atiende a los clientes	_____	el/la dependiente (el/la vendedor/a)	

3. Repara automóviles	en el taller	_____
4. _____	en una escuela primaria	el/la maestro/a
5. Cuida a los enfermos	en el hospital	_____
6. Escribe cartas y habla por teléfono	_____	el/la secretario/a
7. Le corta el pelo a los clientes	_____	el/la peluquero/a
8. Les sirve comida a los clientes	en un restaurante	_____
9. _____	en casas y edificios	el/la electricista
10. Construye casas y edificios	en las obras (*work sites*)	_____
11. Extingue incendios	_____	el/la bombero/a
12. _____	en las calles	el policía/la mujer policía

Actividad 4-21. Encuentra la diferencia.

⇆AB **Paso 1.** Escribe algunas oraciones para describir lo que están haciendo las personas de tus dibujos. Agrega más información sobre (1) su profesión u oficio, (2) dónde están y (3) qué ropa llevan.

Modelo: El hombre de la Escena Modelo está leyendo. Es doctor. Está en una oficina. Lleva una camisa azul, una corbata, y pantalones azules.

Modelo

Escena 1

Escena 2

Escena 3

Escena 4

Paso 2. Hazle preguntas a tu compañero/a de clase para encontrar las diferencias entre tu dibujo y el de tu compañero/a.

Modelo: E1: —¿Qué está haciendo la persona en la escena modelo?
E2: —Está leyendo. Pienso que es doctor.
E1: —La persona de mi dibujo también. ¿Dónde está?
E2: —Está en una oficina.
E1: —En mi dibujo también. Lleva una camisa, pantalones azules y una bata blanca.
E2: —La diferencia es la ropa, entonces. En mi dibujo lleva una camisa azul, una corbata, y pantalones azules.

CAPÍTULO 5

Actividad 5-13. Las fiestas y las
celebraciones en países hispanohablantes

⇆AB **Paso 1.** Pregúntale a tu compañero/a si sabe las fechas en que se celebran las fiestas de tu calendario que no están marcadas. Contesta sus preguntas también.

Modelo: E1: —¿Qué fiesta celebran los puertorriqueños el segundo lunes de enero?
E2: —Celebran el Natalicio (*birth date celebration*) de Eugenio María de Hostos.
E1: —¿Por qué celebran el Natalicio de Eugenio María de Hostos?
E2: —De Hostos luchó (*fought*) por la independencia de Puerto Rico y la abolición de la esclavitud (*slavery*).

ENERO 2015

1. Segundo lunes del mes enero = Natalicio de Eugenio María de Hostos. En una fiesta oficial del Estado Libre Asociado de Puerto Rico (Commonwealth of Puerto Rico). De Hostos (1839–1903) fue (was) un escritor y político que luchó (fought) por la independencia de Puerto Rico y la abolición de la esclavitud.

Estudiante B

1. Tercer lunes del mes de enero = _____

_____

ENERO 2015

FEBRERO 2015

2. Tercer lunes del mes de febrero = el 18 de febrero fue el Natalicio de Luis Muñoz Marín. Luis Muñoz Marín (1898–1980), fue el primer gobernador democrático de Puerto Rico. Fundó el Partido Popular Democrático, y fue gobernador por cuatro períodos. Su natalicio se celebra con los de natalicios de Washington y Lincoln.

3. 22 de marzo = _____

MARZO 2015

MAYO 2015

4. Último lunes del mes de mayo = Recordación de los Muertos de la Guerra. Fiesta en común con el resto de EE.UU. para celebrar a las personas que murieron por la defensa de los EE.UU.

5. 23 de junio = Día de San Juan Bautista. San Juan Bautista es el santo patrono de la isla (la capital se llama San Juan). La fiesta se celebra con fiestas en la playa.

JUNIO 2015

SETIEMBRE 2015

6. Primer lunes del mes de setiembre = _____

_____

7. 12 de octubre = Día del Descubrimiento de América y Día de la Raza. Cristóbal Colón (Christopher Columbus) llegó a América en el año 1492.

OCTUBRE 2015

NOVIEMBRE 2015

8. 19 de noviembre = _____

_____

CAPÍTULO 6

Actividad 6-11. Descripciones de platos del menú

Paso 1. Por turnos, un estudiante hace el papel de cliente y pregunta sobre los platos que no tienen descripción. El/La otro/a estudiante hace el papel de camarero/a y responde con la descripción del plato.

Modelo: Cliente: —Perdone, ¿qué es un San Jacobo?
Camarero/a: —El San Jacobo es un tipo de carne rellena con jamón y queso.

Estudiante B

Plato	Descripción
Gazpacho	_____
Paella	Arroz preparado con carne, pollo, mariscos, tomate, ajo, azafrán y verduras.
Ensaladilla rusa	_____
Cocido madrileño	Guiso (*stew*) preparado con garbanzos, carne, tocino y verduras.
Tortilla de patata	_____
Empanada gallega	Dos capas de pan o de hojaldre (*puff pastry*) cocidas y rellenas de carne o de bonito (*striped tunny*) con tomate.

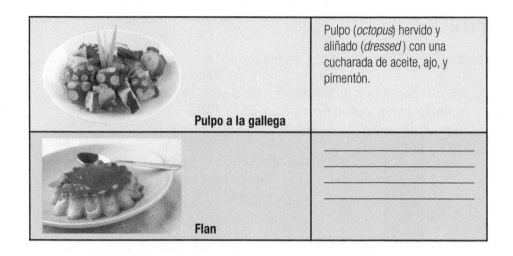

Pulpo a la gallega	Pulpo (*octopus*) hervido y aliñado (*dressed*) con una cucharada de aceite, ajo, y pimentón.
Flan	

Actividad 6-35. Una influencia de la cocina española en Washington, D.C.

⇆AB **Paso 1.** Tu compañero/a de clase y tú están pasando el fin de semana en Washington, D.C. y quieren ir a Jaleo, el restaurante del famoso asturiano José Andrés. Además, quieren aprovechar para visitar el Smithsonian American Art Museum, que también está en la zona. El mapa de cada uno/a tiene señalado (*marked*) el lugar donde está su hotel en Pennsylvania Ave. y la ruta a uno de estos lugares. Pide instrucciones a tu compañero/a de cómo llegar desde el hotel al lugar que no tiene una ruta trazada (*drawn*) en tu mapa.

Modelo: E1: —¿Cómo voy/llego al restaurante Jaleo?
E2: —¿Dónde está tu hotel?... De allí, toma la calle...

Estudiante B

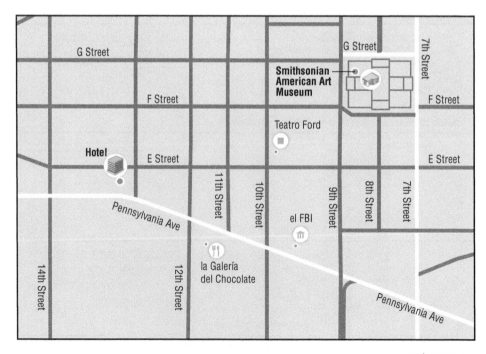

CAPÍTULO 7

Actividad 7-10. ¡Encuentra las diferencias!

SAB **Paso 1.** Entrevista a tu compañero/a para encontrar siete diferencias que existen entre tu dibujo y el dibujo de tu compañero.

Estudiante B

Modelo: E1: —En el apartamento 1, una persona está tocando el acordeón.

E2: —En mi dibujo también. ¿En tu dibujo también hay una mujer que está tocando la guitarra en ese apartamento?...

CAPÍTULO 8

Actividad 8-26. Otras presidentas del mundo hispanohablante

⇆AB **Paso 1.** Entrevista a tu compañero/a de clase para encontrar la información que te falta para llenar la tabla con los datos de estas dos presidentas americanas.

Estudiante B

Preguntas	Cristina Fernández	Laura Chinchilla
1. ¿Qué estudió en la universidad?	Abogacía	_____
2. ¿En qué universidad estudió?	_____	Universidad Nacional de Costa Rica
3. ¿Hizo estudios de postgrado? ¿Dónde?	No	Sí, en la universidad Georgetown, EE.UU.
4. ¿En qué año asumió la presidencia? ¿En qué país?	_____	En el año 2010 en Costa Rica
5. ¿Qué cargo gubernamental tuvo y en qué período?	Ninguno	_____
6. ¿Fue senadora o diputada y en qué período?	Senadora Entre los años 1995 y 1997 y 2001 a 2005	_____
7. ¿Es casada, soltera, divorciada o viuda? ¿En qué año se casó/divorció o enviudó?	_____	Está casada con José María Rico. Se casaron en el año 2000.
8. ¿Tiene hijos o hijas? ¿Cómo se llaman?	Tiene dos. Se llaman Máximo y Florencia.	_____

CAPÍTULO 9

Actividad 9-43. El Gabo

SAB **Paso 1.** Entrevista a tu compañero/a de clase para encontrar la información que te falta para llenar la tabla con los datos de la vida del escritor colombiano Gabriel García Márquez ("El Gabo"). Vas a utilizar esta información para escribir una biografía de este escritor.

Modelo: ¿En qué año escribió su primera novela?
¿Qué sucedió en el año 1947?

Gabriel García Márquez recibiendo el Premio Nobel en 1982

Gabriel García Márquez en 2013

Estudiante B

6 de marzo del 1927 = Gabriel nace en Aracataca.

1927–1936 = Vive con su abuelo y sus tías.

1932 = Aprende a escribir en el colegio Montessori de Aracataca.

1936 = _____

1947 = Va a estudiar abogacía a Bogotá.

____ = Abandona abogacía y se traslada a la ciudad de Cartagena de Indias.

1949 = Comienza a trabajar para un periódico en la ciudad de Barranquilla.

1954 = _____

1955 = Publica su primera novela "La hojarasca". Además, viaja a París, Londres y Roma como corresponsal del diario.

____ = Se casa con Mercedes Barcha y tiene dos hijos.

1960 = _____

1967 = Se publica "Cien años de soledad" y se venden más de 500.000 ejemplares en menos de tres años.

1982 = _____

2002 = Presenta sus memorias en el libro "Vivir para contarla".

17 de abril de 2014 = Gabo muere en su casa, en la Ciudad de México.

CAPÍTULO 10

Actividad 10-10. ¿Qué utensilios faltan en mi servicio de mesa?

AB **Paso 1.** Observa por unos minutos la mesa del dibujo B. Tu compañero/a va a observar el dibujo A de la misma escena. Las dos mesas son de un restaurante y tienen cuatro servicios, pero a cada servicio le faltan algunas piezas. Sin mirar el dibujo de tu compañero/a, intercambien información para poder acabar de poner las mesas.

Modelo: E1: —Mi servicio de mesa (1) tiene dos platos, un cuchillo, una cucharilla, un vaso, una servilleta y un servicio de café. ¿Qué falta (*what's missing*)?
           E2: —Falta una cuchara.

Estudiante B

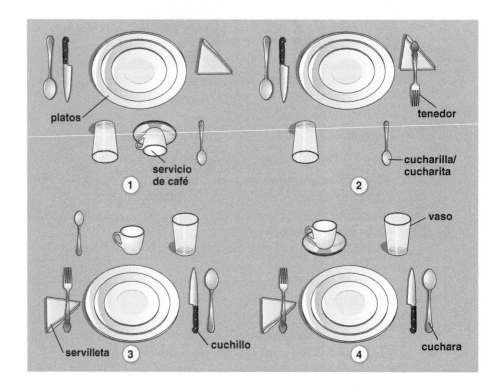

Actividad 10-32. ¿Me puedes echar una mano? Necesito tu ayuda

⇆AB **Paso 1.** Tú y tu compañero/a tienen objetivos que la otra persona no conoce. Por eso, no pueden mirar las instrucciones de la otra persona. Negocien la situación como en una conversación normal. Usen varias de las expresiones que se presentan en la tabla en la página 529.

Estudiante B

Lugar: —En la biblioteca

Situación: —Tienes un examen mañana y viniste a la biblioteca a estudiar. No tienes mucho tiempo para estudiar, porque tienes que ir a trabajar en una hora. Ves a un compañero/a de clase, con quien nunca has conversado desde que comenzó el curso. En realidad, ese/a compañero/a no te cae muy bien, pero en general te gusta ser amable con todos.

CAPÍTULO 11

Actividad 11-7. El ahorcado con palabras del cuerpo y de las enfermedades

⇆AB Vamos a jugar al ahorcado (*hang man*) con los nombres de las partes del cuerpo y de las enfermedades. Consulta a tu compañero/a de clase para rellenar los espacios en blanco con las letras que faltan para nombrar varios síntomas y enfermedades. Por cada letra incorrecta vas a dibujar una parte del cuerpo del ahorcado (dos piernas, dos brazos, un tronco y una cabeza).

Modelo: E1: —¿La letra P va en la palabra 2?
         E2: —Sí, la letra P va en el cuarto espacio de la palabra 2.

Estudiante B

1. _ T _ _ _ _ _ _ _ _ _ _ _ C _
2. _ _ _ P _
3. A P E N D I C I T I S
4. _ _ P _ _ _ _ _ _ _ _ N A _ _ T _ _ _ _
5. _ _ M _
6. A L E R G I A
7. C O N J U N T I V I T I S
8. I N T E S T I N O
9. _ _ _ G _ _ T _
10. C O R A Z Ó N

Actividad 11-37. Ojalá que la atención médica mejore

⇆AB **Paso 1.** Sin mostrar tu tabla, pregunta a tu compañero/a la información que necesitas para completarla.

Modelo: E1: —¿Me puedes decir cuál es la expectativa de vida en Paraguay?
E2: —Sí, ¡cómo no! Es de 76.4 años.
E1: —¿En serio? Es muy alta.

Estudiante B

País	Bolivia	Paraguay	EE.UU.
Población en millones	_____	_____	316.6
Expectativa de vida (2012)	67.9	76.4	78.5
Mortalidad infantil cada 1.000 nacimientos (2012)	40.9	_____	6
Porcentaje de adultos viviendo con SIDA (2009)	0.20	_____	_____
Porcentaje de adultos con obesidad[1]	62.2	64.5	74.3
Consumo anual de cigarrillos por persona (2007)	178	968	1,196
Gastos médicos por cada habitante (2010)[2]	_____	_____	17.9
Número de doctores por 1.000 habitantes (2002)[3]	1.2	1.1	_____

Notas:
1. El nivel de obesidad se calcula en base a un valor de 30% del IMC (Índice de masa corporal) que se calcula dividiendo el peso en kilogramos por la altura en metros.
2. El gasto médico por habitante se calcula en base al porcentaje de gastos con respecto al PBI (Producto Bruto Interno) o GDP en inglés (*Gross Domestic Product*).
3. Como referencia, los países hispanohablantes con el número más alto de doctores por cada 1.000 habitantes son Cuba con 5.91, Uruguay con 3.65 y España con 3.1.

⇆AB **Paso 1.** Escribe preguntas para hacerle a tu compañero/a para completar la información que falta en el texto que narra la biografía del más famoso autor de la literatura paraguaya, Augusto Roa Bastos. Por turnos cada uno hace una pregunta sin mirar el texto del/de la otro/a estudiante.

Modelo: E1: —¿Qué tipos de trabajo hizo Augusto Roa Bastos?
          E2: —Fue narrador, ensayista y guionista.

Estudiante B

1. Augusto Roa Bastos fue narrador, ensayista y guionista. Nació en Asunción. Cuando era joven participó en la Guerra _____. Fue afectado íntimamente por la guerra y su efecto es evidente en sus escritos, en los que defiende a las clases oprimidas.

2. Después de la guerra fue obligado a dejar Asunción debido a la persecución del gobierno. Así, en el año 1947 se trasladó a Buenos Aires, donde fueron publicados sus primeros trabajos.

3. En Argentina fue obligado a exiliarse nuevamente, en este caso en Francia. Mientras vivía en este país, enseñó _____.

4. Su carrera literaria comenzó con el estreno de piezas teatrales. Pero su denuncia contra _____ fue hecha en una trilogía de novelas: *Hijo de Hombre, Yo, el supremo* (1972) *y El fiscal* (1993).

CAPÍTULO 12

Actividad 12-7. ¿Confirmas o niegas tus palabras con una expresión?

⇆AB **Paso 2.** Túrnate con el/la compañero/a para usar gestos, expresiones faciales o acciones (sin hablar) para comunicar las ideas en la Columna A. Usa la lista de expresiones en la Columna B para adivinar cuál de las ideas te está comunicando tu compañero/a en su turno.

Estudiante B

Columna A
(para expresar sin palabras)

No.

Silencio, por favor.

¡Mira!

Adelante.

Te llamo, ¿sí?

Un momento, por favor.

Perdón, no te escuché.

Columna B
(para adivinar)

¡Cuidado!
Dinero/No tengo dinero.
¡Es delicioso!/¡Para chuparse los dedos!
Estoy mal.
¿Puedes manejar tú?
Sí.
Ven.

Actividad 12-18. ¿Qué estarán haciendo?

⇆AB Por turnos, cada estudiante va a preguntar dónde estarán las cuatro
personas sobre las cuales no tienen información. Teniendo en cuenta
dónde están las personas, traten de adivinar lo que pueden estar
haciendo. El otro/La otra estudiante responde con una respuesta
probable (p.e., estarán dormidos) y una condición que justifique su
respuesta (p.e., no durmieron anoche).

Modelo: E1: —¿Sabes dónde están
Analisa y Pedro?
E2: —Están en la
biblioteca.
E1: —¿Estarán estudiando?
E2: —No, creo que no.
Están dormidos
porque no
durmieron anoche.

Analisa y Pedro

Estudiante B

José Antonio

Las amigas

El mesero

El vendedor

Persona(s)	Lugar	Actividad
Maricarmen		
Lucila		
Los cuatro amigos		
La familia Jaramillo		

APÉNDICE B

VERB CHARTS

Regular Verbs: Simple Tenses

Infinitive Present Participle Past Participle	Subject Pronouns	Indicative					Subjunctive	
		Present	**Imperfect**	**Preterite**	**Future**	**Conditional**	**Present**	**Imperative**
hablar hablando hablado		hablo hablas (hablás) habla hablamos (habláis) hablan	hablaba hablabas hablaba hablábamos (hablabais) hablaban	hablé hablaste habló hablamos (hablasteis) hablaron	hablaré hablarás hablará hablaremos (hablaréis) hablarán	hablaría hablarías hablaría hablaríamos (hablaríais) hablarían	hable hables (hablés) hable hablemos (habléis) hablen	habla tú, no hables (hablá, no hablés) hable usted hablemos (hablad, no habléis) hablen Uds.
comer comiendo comido		como comes (comés) come comemos (coméis) comen	comía comías comía comíamos (comíais) comían	comí comiste comió comimos (comisteis) comieron	comeré comerás comerá comeremos (comeréis) comerán	comería comerías comería comeríamos (comeríais) comerían	coma comas (comás) coma comamos (comáis) coman	come tú, no comas (comé, no comás) coma usted comamos (comed, no comáis) coman Uds.
vivir viviendo vivido		vivo vives (vivís) vive vivimos (vivís) viven	vivía vivías vivía vivíamos (vivíais) vivían	viví viviste vivió vivimos (vivisteis) vivieron	viviré vivirás vivirá viviremos (viviréis) vivirán	viviría vivirías viviría viviríamos (viviríais) vivirían	viva vivas (vivás) viva vivamos (viváis) vivan	vive tú, no vivas (viví, no vivás) viva usted vivamos (vivid, no viváis) vivan Uds.

Regular Verbs: Perfect Tenses

	Indicative					Subjunctive	
	Present Perfect	**Past Perfect**	**Preterite Perfect**	**Future Perfect**	**Conditional Perfect**	**Present Perfect**	**Past Perfect**
	he hablado	había hablado	hube hablado	habré hablado	habría hablado	haya hablado	hubiera hablado
	has comido	habías comido	hubiste comido	habrás comido	habrías comido	hayas comido	hubieras comido
	ha vivido	había vivido	hubo vivido	habrá vivido	habría vivido	haya vivido	hubiera vivido
	hemos	habíamos	hubimos	habremos	habríamos	hayamos	hubiéramos
	(habéis)	(habíais)	(hubisteis)	(habréis)	(habríais)	(hayáis)	(hubierais)
	han	habían	hubieron	habrán	habrían	hayan	hubieran

Irregular, Stem- and Spelling-Changing Verb Forms

(Note: Irregular forms are marked in bold; stem- and spelling-changes are marked in italics.)

Infinitive Present Participle Past Participle	Subject Pronouns	Indicative					Subjunctive	
		Present	**Imperfect**	**Preterite**	**Future**	**Conditional**	**Present**	**Imperative**
andar andando andado		ando	andaba	**anduve**	andaré	andaría	ande	anda tú, no andes
		andas	andabas	**anduviste**	andarás	andarías	andes	
		(andás)					(andés)	
		anda	andaba	**anduvo**	andará	andaría	ande	ande usted
		andamos	andábamos	**anduvimos**	andaremos	andaríamos	andemos	andemos
		(andáis)	(andabais)	**(anduvisteis)**	(andaréis)	(andaríais)	(andéis)	
		andan	andaban	**anduvieron**	andarán	andarían	anden	anden Uds.
caer *cayendo* caído		**caigo**	caía	caí	caeré	caería	caiga	cae tú, no caigas
		caes	caías	caíste	caerás	caerías	caigas	
		(caés)					(caigás)	
		cae	caía	*cayó*	caerá	caería	caiga	caiga usted
		caemos	caíamos	caímos	caeremos	caeríamos	caigamos	caigamos
		(caéis)	(caíais)	(caísteis)	(caeréis)	(caeríais)	(caigáis)	
		caen	caían	*cayeron*	caerán	caerían	caigan	caigan Uds.
dar dando dado		**doy**	daba	**di**	daré	daría	**dé**	da tú, no des
		das	dabas	**diste**	darás	darías	des	
		(das)					(des)	
		da	daba	**dio**	dará	daría	**dé**	**dé** usted
		damos	dábamos	**dimos**	daremos	daríamos	demos	demos
		(dais)	(dabais)	**(disteis)**	(daréis)	(daríais)	(deis)	
		dan	daban	**dieron**	darán	darían	den	den Uds.

Irregular, Stem- and Spelling-Changing Verb Forms (continued)

Infinitive / Present Participle / Past Participle	Subject Pronouns	Indicative Present	Imperfect	Preterite	Future	Conditional	Subjunctive Present	Imperative
decir (i) / diciendo / dicho		**digo** dices (decís) dice decimos (decís) dicen	decía decías decía decíamos (decíais) decían	**dije** **dijiste** **dijo** **dijimos** (dijisteis) **dijeron**	**diré** **dirás** **dirá** **diremos** (diréis) **dirán**	**diría** **dirías** **diría** **diríamos** (diríais) **dirían**	diga digas (digás) diga digamos (digáis) digan	**di** tú, no digas diga usted digamos (decid vosotros, no digáis) digan Uds.
dormir (ue, u) / **durmiendo** / dormido		*duermo* *duermes* (dormís) *duerme* dormimos (dormís) *duermen*	dormía dormías dormía dormíamos (dormíais) dormían	dormí dormiste durmió dormimos (dormisteis) durmieron	dormiré dormirás dormirá dormiremos (dormiréis) dormirán	dormiría dormirías dormiría dormiríamos (dormiríais) dormirían	*duerma* *duermas* **(durmás)** *duerma* *durmamos* **(durmáis)** *duerman*	*duerme tú,* *no duermas* *duerma usted* *durmamos* **(dormid vosotros, no durmáis)** *duerman* Uds.
estar / estando / estado		**estoy** **estás** (estás) **está** estamos (estáis) **están**	estaba estabas estaba estábamos (estabais) estaban	**estuve** **estuviste** **estuvo** **estuvimos** (estuvisteis) **estuvieron**	estaré estarás estará estaremos (estaréis) estarán	estaría estarías estaría estaríamos (estaríais) estarían	**esté** **estés** (estés) **esté** estemos (estéis) **estén**	**está tú, no estés** **esté** usted estemos (estad vosotros, no estéis) **estén** Uds.
haber / habiendo / habido		**he** **has** **ha** **hemos** (habéis) **han**	había habías había habíamos (habíais) habían	**hube** **hubiste** **hubo** **hubimos** (hubisteis) **hubieron**	**habré** **habrás** **habrá** **habremos** (habréis) **habrán**	**habría** **habrías** **habría** **habríamos** (habríais) **habrían**	**haya** **hayas** (hayás) **haya** **hayamos** (hayáis) **hayan**	

Irregular, Stem- and Spelling-Changing Verb Forms (continued)

Infinitive Present Participle Past Participle	Subject Pronouns	Indicative					Subjunctive	
		Present	Imperfect	Preterite	Future	Conditional	Present	Imperative
hacer		**hago**	hacía	**hice**	**haré**	**haría**	haga	
haciendo		haces	hacías	**hiciste**	**harás**	**harías**	hagas	**haz tú, no hagas**
hecho		(hacés)					(hagás)	
		hace	hacía	**hizo**	**hará**	**haría**	haga	haga usted
		hacemos	hacíamos	**hicimos**	**haremos**	**haríamos**	hagamos	hagamos
		(hacéis)	(hacíais)	(hicisteis)	(haréis)	(haríais)	(hagáis)	(haced vosotros, no hagáis)
		hacen	hacían	**hicieron**	**harán**	**harían**	hagan	hagan Uds.
incluir (y)		*incluyo*	incluía	incluí	incluiré	incluiría	*incluya*	*incluye tú,*
incluyendo		*incluyes*	incluías	incluiste	incluirás	incluirías	*incluyas*	*no incluyas*
incluido		(incluís)					(incluyás)	
		incluye	incluía	*incluyó*	incluirá	incluiría	*incluya*	*incluya usted*
		incluimos	incluíamos	incluimos	incluiremos	incluiríamos	incluyamos	incluyamos
		(incluís)	(incluíais)	(incluisteis)	(incluiréis)	(incluiríais)	(incluyáis)	**(incluid vosotros, no incluyáis)**
		incluyen	incluían	*incluyeron*	incluirán	incluirían	incluyan	*incluyan Uds.*
ir		**voy**	**iba**	**fui**	iré	iría	**vaya**	**ve tú, no vayas**
yendo		**vas**	**ibas**	**fuiste**	irás	irías	**vayas**	
ido		(vas)					(vayás)	
		va	**iba**	**fue**	irá	iría	**vaya**	**vaya usted**
		vamos	**íbamos**	**fuimos**	iremos	iríamos	**vayamos**	**vamos (no vayamos)**
		(vais)	(ibais)	(fuisteis)	(iréis)	(iríais)	(vayáis)	(id vosotros, no vayáis)
		van	**iban**	**fueron**	irán	irían	**vayan**	**vayan Uds.**
oír (y)		**oigo**	oía	oí	oiré	oiría	oiga	oye tú, no oigas
oyendo		*oyes*	oías	oíste	oirás	oirías	oigas	
oído		(oís)					(oigás)	
		oye	oía	*oyó*	oirá	oiría	oiga	oiga usted
		oímos	oíamos	oímos	oiremos	oiríamos	oigamos	oigamos
		(oís)	(oíais)	(oísteis)	(oiréis)	(oiríais)	(oigáis)	
		oyen	oían	*oyeron*	oirán	oirían	oigan	oigan Uds.

Irregular, Stem- and Spelling-Changing Verb Forms (continued)

Infinitive Present Participle Past Participle	Subject Pronouns	Indicative					Subjunctive	
		Present	Imperfect	Preterite	Future	Conditional	Present	Imperative
pedir (i, i) *pidiendo* pedido		*pido* *pides* (*pedís*) *pide* pedimos (*pedís*) *piden*	pedía pedías pedía pedíamos (pedíais) pedían	pedí pediste *pidió* pedimos (pedisteis) *pidieron*	pediré pedirás pedirá pediremos (pediréis) pedirán	pediría pedirías pediría pediríamos (pediríais) pedirían	*pida* *pidas* (*pidás*) *pida* *pidamos* (*pidáis*) *pidan*	*pide tú, no pidas* *pida usted* *pidamos* (**pedid vosotros, no pidáis**) *pidan Uds.*
pensar (ie) pensando pensado		*pienso* *piensas* (*pensás*) *piensa* pensamos (*pensáis*) *piensan*	pensaba pensabas pensaba pensábamos (pensabais) pensaban	pensé pensaste pensó pensamos (pensasteis) pensaron	pensaré pensarás pensará pensaremos (pensaréis) pensarán	pensaría pensarías pensaría pensaríamos (pensaríais) pensarían	*piense* *pienses* (*pensés*) *piense* pensemos (*penséis*) *piensen*	*piensa tú, no pienses* *piense usted* *pensemos* (**pensad vosotros, no penséis**) *piensen Uds.*
poder (ue, u) **pudiendo** podido		*puedo* *puedes* (*podés*) *puede* podemos (*podéis*) *pueden*	podía podías podía podíamos (podíais) podían	**pude** **pudiste** **pudo** **pudimos** (**pudisteis**) **pudieron**	**podré** **podrás** **podrá** **podremos** (**podréis**) **podrán**	**podría** **podrías** **podría** **podríamos** (**podríais**) **podrían**	*pueda* *puedas* (*podás*) *pueda* podamos (*podáis*) *puedan*	
poner (u) poniendo **puesto**		**pongo** pones (*ponés*) pone ponemos (*ponéis*) ponen	ponía ponías ponía poníamos (poníais) ponían	**puse** **pusiste** **puso** **pusimos** (**pusisteis**) **pusieron**	**pondré** **pondrás** **pondrá** **pondremos** (**pondréis**) **pondrán**	**pondría** **pondrías** **pondría** **pondríamos** (**pondríais**) **pondrían**	ponga pongas (*pongás*) ponga pongamos (*pongáis*) pongan	**pon** tú, no pongas ponga usted pongamos pongan Uds.

Irregular, Stem- and Spelling-Changing Verb Forms (continued)

Infinitive / Present Participle / Past Participle	Subject Pronouns	Indicative: Present	Imperfect	Preterite	Future	Conditional	Subjunctive: Present	Imperative
producir (zc, j) / produciendo / producido		produzco / produces / (producís) / produce / producimos / (producís) / producen	producía / producías / producía / producíamos / (producíais) / producían	produje / produjiste / produjo / produjimos / (produjisteis) / produjeron	produciré / producirás / producirá / produciremos / (produciréis) / producirán	produciría / producirías / produciría / produciríamos / (produciríais) / producirían	produzca / produzcas / (produzcás) / produzca / produzcamos / (produzcáis) / produzcan	produce tú, no produzcas / produzca usted / produzcamos / (producid vosotros, no produzcáis) / produzcan Uds.
querer (ie, i) / queriendo / querido		quiero / quieres / (querés) / quiere / queremos / (queréis) / quieren	quería / querías / quería / queríamos / (queríais) / querían	quise / quisiste / quiso / quisimos / (quisisteis) / quisieron	querré / querrás / querrá / querremos / (querréis) / querrán	querría / querrías / querría / querríamos / (querríais) / querrían	quiera / quieras / (querás) / quiera / queramos / (queráis) / quieran	quiere tú, no quieras / quiera usted / queramos / quieran Uds.
reír (i) / riendo / reído		río / ríes / (reís) / ríe / reímos / (reís) / ríen	reía / reías / reía / reíamos / (reíais) / reían	reí / reíste / rio / reímos / (reísteis) / rieron	reiré / reirás / reirá / reiremos / (reiréis) / reirán	reiría / reirías / reiría / reiríamos / (reiríais) / reirían	ría / rías / (rías) / ría / riamos / (riáis) / rían	ríe tú, no rías / ría usted / riamos / (reíd vosotros, no riáis) / rían Uds.
saber / sabiendo / sabido		sé / sabes / (sabés) / sabe / sabemos / (sabéis) / saben	sabía / sabías / sabía / sabíamos / (sabíais) / sabían	supe / supiste / supo / supimos / (supisteis) / supieron	sabré / sabrás / sabrá / sabremos / (sabréis) / sabrán	sabría / sabrías / sabría / sabríamos / (sabríais) / sabrían	sepa / sepas / (sepás) / sepa / sepamos / (sepáis) / sepan	sabe tú, no sepas / sepa usted / sepamos / sepan Uds.
salir / saliendo / salido		salgo / sales / (salís) / sale / salimos / (salís) / salen	salía / salías / salía / salíamos / (salíais) / salían	salí / saliste / salió / salimos / (salisteis) / salieron	saldré / saldrás / saldrá / saldremos / (saldréis) / saldrán	saldría / saldrías / saldría / saldríamos / (saldríais) / saldrían	salga / salgas / (salgás) / salga / salgamos / (salgáis) / salgan	sal tú, no salgas / salga usted / salgamos / salgan Uds.

Irregular, Stem- and Spelling-Changing Verb Forms (continued)

Infinitive Present Participle Past Participle	Subject Pronouns	Indicative					Subjunctive	
		Present	Imperfect	Preterite	Future	Conditional	Present	Imperative
seguir (i, i) siguiendo seguido		**sigo** sigues (seguís) sigue seguimos (seguís) siguen	seguía seguías seguía seguíamos (seguíais) seguían	seguí seguiste siguió seguimos (seguisteis) siguieron	seguiré seguirás seguirá seguiremos (seguiréis) seguirán	seguiría seguirías seguiría seguiríamos (seguiríais) seguirían	siga sigas (sigás) siga sigamos (sigáis) sigan	sigue tú, no sigas siga usted sigamos (seguid vosotros, no sigáis) sigan Uds.
sentir (ie, i) sintiendo sentido		siento sientes (sentís) siente sentimos (sentís) sienten	sentía sentías sentía sentíamos (sentíais) sentían	sentí sentiste sintió sentimos (sentisteis) sintieron	sentiré sentirás sentirá sentiremos (sentiréis) sentirán	sentiría sentirías sentiría sentiríamos (sentiríais) sentirían	sienta sientas (sintás) sienta sintamos (sintáis) sientan	siente tú, no sientas sienta usted sintamos (sentid vosotros, no sintáis) sientan Uds.
ser siendo sido		**soy eres** (sos) **es somos** (sois) **son**	**era eras era éramos** (erais) **eran**	**fui fuiste fue fuimos** (fuisteis) **fueron**	**seré serás será seremos** (seréis) **serán**	**sería serías sería seríamos** (seríais) **serían**	**sea seas** (seas) **sea seamos** (seáis) **sean**	**sé tú, no seas sea usted seamos** (sed vosotros, no seáis) **sean Uds.**
tener (ie) teniendo tenido		**tengo** tienes (tenés) tiene tenemos (tenés) tienen	tenía tenías tenía teníamos (teníais) tenían	tuve tuviste tuvo tuvimos (tuvisteis) tuvieron	**tendré tendrás tendrá tendremos** (tendréis) **tendrán**	**tendría tendrías tendría tendríamos** (tendríais) **tendrían**	tenga tengas (tengas) tenga tengamos (tengáis) tengan	**ten tú, no tengas** tenga usted tengamos (tened vosotros, no tengáis) tengan Uds.

Irregular, Stem- and Spelling-Changing Verb Forms (continued)

Infinitive / Present Participle / Past Participle	Subject Pronouns	Indicative — Present	Imperfect	Preterite	Future	Conditional	Subjunctive — Present	Imperative
traer / *trayendo* / traído		**traigo** / traes / (traés) / trae / traemos / (traéis) / traen	traía / traías / traía / traíamos / (traíais) / traían	**traje** / **trajiste** / **trajo** / **trajimos** / (trajisteis) / **trajeron**	traeré / traerás / traerá / traeremos / (traeréis) / traerán	traería / traerías / traería / traeríamos / (traeríais) / traerían	traiga / traigas / (traigas) / traiga / traigamos / (traigáis) / traigan	trae tú, no traigas / traiga usted / traigamos / **(tened vosotros, no tengáis)** / traigan Uds.
venir (ie, i) / **viniendo** / venido		**vengo** / *vienes* / *(venís)* / *viene* / venimos / *(venís)* / *vienen*	venía / venías / venía / veníamos / (veníais) / venían	**vine** / **viniste** / **vino** / **vinimos** / (vinisteis) / **vinieron**	**vendré** / **vendrás** / **vendrá** / **vendremos** / (vendréis) / **vendrán**	**vendría** / **vendrías** / **vendría** / **vendríamos** / (vendríais) / **vendrían**	venga / vengas / (vengas) / venga / vengamos / (vengáis) / vengan	**ven** tú, no vengas / venga usted / vengamos / **(venid vosotros, no vengáis)** / vengan Uds.
ver / viendo / **visto**		**veo** / ves / (ves) / ve / vemos / (veis) / ven	veía / veías / veía / veíamos / (veíais) / veían	**vi** / **viste** / **vio** / **vimos** / (visteis) / **vieron**	veré / verás / verá / veremos / (veréis) / verán	vería / verías / vería / veríamos / (veríais) / verían	vea / veas / (veas) / vea / veamos / (veáis) / vean	ve tú, no veas / vea usted / veamos / **(ved vosotros, no veáis)** / vean Uds.
volver (ue) / volviendo / **vuelto**		*vuelvo* / *vuelves* / *(volvés)* / *vuelve* / volvemos / *(volvéis)* / *vuelven*	volvía / volvías / volvía / volvíamos / (volvíais) / volvían	volví / volviste / volvió / volvimos / (volvisteis) / volvieron	volveré / volverás / volverá / volveremos / (volveréis) / volverán	volvería / volverías / volvería / volveríamos / (volveríais) / volverían	*vuelva* / *vuelvas* / *(volvás)* / *vuelva* / volvamos / *(volváis)* / *vuelvan*	*vuelve tú, no vuelvas* / *vuelva usted* / volvamos / **(volved vosotros, no volváis)** / *vuelvan Uds.*

SPANISH-ENGLISH GLOSSARY

The number following each entry corresponds to the page on which the word was first introduced.

A

abandonar to leave behind 435
el/la abogado/a lawyer 212
abrazar to hug 213
el abrazo hug 213
el abrigo coat 212
abrocharse el cinturón to fasten seatbelts 491
el/la abuelo/a grandfather; grandmother 274, 434
los abuelos maternos maternal grandparents 274
los abuelos paternos paternal grandparents 274
aburrido/a boring 491
acceder to access 664
el acceso inalámbrico wireless 664
el aceite de oliva olive oil 326
la aceituna olive 326
la acidez del estómago acid stomach 609
aconsejar to advise 551, 608
actuar to act 383
adelante/recto/derecho straight ahead 327
el aderezo salad dressing 550
Adiós Goodbye 52
la aduana customs 490
afeitarse to shave 213
el/la aficionado/a fan 382
la agencia de viajes travel agency 490
agotado/a tired 108
agradable nice 108
agregar, añadir to add 551
agrio bitter 327

el agua water 326
el agua con gas, sin gas carbonated, non-carbonated water 326
el/la ahijado/a godson/ goddaughter 274, 434
el ajo garlic 326
la albahaca basil 326
el/la albañil, el/la obrero/a construction worker 212
el albaricoque, damasco apricot 326
alegrarse to feel happy 435, 608
alegre happy 108
el alemán German 158
la alergia allergy 608
alérgico allergic 609
algún/ningún some/any 108
algunos/as some 159
el alimento food item 327
aliviar to alleviate 608
las almejas clams 326
las almendras almonds 550
almorzar to have lunch 159, 327
el almuerzo lunch 327
alquilar to rent 491
alto/a – bajo/a tall/short 108
el/la amante lover 434
amar to love 435
amarillo yellow 108
ambicioso/a ambitious 108
el/la amigo/a friend 52
el analgésico analgesic 609
anaranjado (naranja) orange 108
el ancho de banda width 664
el Año Nuevo New Years Day 274
ansioso/a anxious 108

antes de before 159
los antiácidos antacids 609
el antibiótico antibiotic 609
los antihistamínicos antihistamines 609
antipático/a unpleasant 108
el anuncio del vuelo flight announcement 490
el aparato/dispositivo device 664
el apartahotel apartment + hotel 490
el apellido surname 434
el apéndice appendix 608
la apendicitis appendicitis 608
aperitivo appetizer 327
aplaudir to clap 383
apoyar to support (ideas, positions) 435
aprender to learn 53, 109, 213, 435
el apretón de manos handshake 213
los apuntes class notes 158
aquí here 53
el/la árbitro/a referee 382
el arco goal/net 382
los aretes earrings 212
el/la arquero/a goal keeper 382
el/la arquitecto/a architect 212
arreglar to arrange/to tidy up 159
el arroz rice 326
las articulaciones joints 608
la artritis arthritis 608
asar to roast 551
asistir a to attend, to go to 109
el asma asthma 608
el ataque cardíaco heart attack 608
atender to take care of 213

aterrizar to land 491
el ático attic 490
el atún tuna 326
el aula classroom 109
aumentar to increase,
    augment 664
aunque although/
    even though 159
el auto/carro/coche car 490
el autobús/el micro/el bus/el
    ómnibus bus 490
el auxiliar de vuelo flight
    attendant 490
el avión plane 490
ayudar to help 109, 435
ayunar/practicar el ayuno
    to fast 275
el azafrán saffron 326
el azúcar sugar 326
azul blue 108

B

el bacalao cod (fish) 326
bailar to dance 383
el ballet ballet 383
el baloncesto/
    el básquetbol basketball
    382
bañarse to bathe 213
la bandera the flag 109
el bandoneón concertina 383
el baño bathroom 490
barato/a cheap 108
el barco boat 490
la bata bathrobe 212
la bata médica white coat/
    scrubs 212
el bate bat 382
el/la bateador/a baseball
    batter 382
batear to bat 382
la batería drums 383
la batidora mixer 551
el bautismo baptism 434
beber to drink 109
la bebida drink 327
el béisbol baseball 382
besar to kiss 213
el beso kiss 213

el besugo sea bream
    (type of fish) 326
la biblioteca library 109
Bienvenido/a/os/as
    Welcome! 52
blanco white 108
el blog/la bitácora blog 664
la blusa blouse 212
la boca mouth 109
el bocadillo sandwich 326
la boda o el casamiento
    wedding 434
el boleto de ida one-way trip 490
el boleto de ida y vuelta two-way
    ticket 490
el bolígrafo pen 52
la bollería, el pan bread 326
el/la bombero fireman 212
bonito/a, pretty 108
el borrador eraser 52
las botas boots 212
el botiquín de primeros
    auxilios first aid kit 609
el brazo arm 109
el brócoli broccoli 550
Buenas noches Good evening/
    Good night 52
Buenas tardes
    Good afternoon 52
Buenos días Good morning
    52
la bufanda scarf 212

C

el cacahuate/el maní
    peanut 550
la cacerola pot 551
caerse to fall down (onseself)
    608
el café coffee 550
café brown 108
la cafetera coffee maker 551
la cafetería cafeteria 109
el/la cajero/a cashier 212
calentar to warm, to heat 551
caliente hot 550
calmado/a relaxed 108
calmo relaxed, calm 108
el camarero waiter 327

los camarones, las gambas
    shrimps 326
cambiar to change 435
en cambio in contrast 159
caminar to walk 109
la camisa (de vestir/de manga
    larga) dress/long-sleeved
    shirt 212
la camisa de, manga corta short-
    sleeved 212
la camiseta T-shirt 212, 382
el campeonato/la competición
    championship/competition 382
la campera jacket 212
el campo (de estudios) field of
    study 212
el campo de juego
    playing field/ 382
la canasta basket/hoop 382
la canasta de baloncesto net 382
el cáncer cancer 608
la cancha court 382
la canción song 383
la canela en polvo cinnamon
    powder 326
cansado/a tired 108
cantar to sing 383
el capítulo chapter 53
la cara face 109
cara a cara face to face 664
los caracoles snails 326
el Carnaval Mardi Gras 274
la carne meat 326
la carne de cerdo pork 326
la carne de puerco pork 550
la carne de res beef 326
carnicería butcher shop 327
caro/a expensive 108
el/la carpintero/a carpenter 212
la carrera career 158
la carta letter 212
la carta menu 327
la casa house 53, 109
casarse to marry 435
la cebolla onion 326
celebrar to celebrate 275
celeste sky blue 108
el celular cellphone 664
la cena dinner 327
cenar to have dinner 159, 327

el cereal cereal, grain 550

el cerebro brain 608

la cesta basket 52

los champiñones, hongos mushrooms 326

la chaqueta de cuero, la falda leather jacket, skirt 212

chatear to chat 664

el chorizo sausage 326

la chuleta, el chuletón chops (usually pork, unless specified) 326

el ciclismo cycling 382

el/la ciclista the cyclist 382

el cine movie theater/film (as an art form) 383

la cintura waist 109

la cita appoinment 212

la ciudad city 53, 490

los ciudadanos citizens 109

Claro que sí Of course 158

la clase económica/turista coach 490

el/la cliente customer 212, 327

cocer to boil 551

cocido/a boiled 550

la cocina kitchen 490

cocinar to cook 213, 327, 551

el/la cocinero/a cook 212

la cola line, queue 490

el colador strainer 551

el/la colega colleague 212

el collar necklace 212

colocar to place 551

la comadre godmother of one's son/daughter; mother of one's godson/goddaughter 434

combinar to combine, mix 551

el comedor dining room 490

el/la comensal diner 327

el/la comentarista deportivo/ de deportes sports commentator 382

comer to eat 109, 327

la comida meal 327

¿Cómo está usted? How are you? (formal) 52

¿Cómo estás? How are you? (informal) 52

¿Cómo se escribe? How do you write? 53

¿Cómo se llama usted? What's your name? (formal) 52

¿Cómo te llamas? What's your name? (informal) 52

cómodo/a comfortable 491

el compadre godfather of one's son daughter; father of one's godson/goddaughter 434

el/la compañero/a de clase classmate 53, 158

completar/terminar/finalizar to finish 159

comprar to buy 109, 275

comprometerse to be engaged 435

la computadora/el ordenador computer 52, 664

la computadora portátil/el laptop laptop 664

la (primera) comunión first communion 434

el concierto de guitarra guitar concert 383

concuñado/a in-laws 274

el/la concuñado/a el/la concuño/a relationship between sisters-in-law or brothers-in-law; or both 274, 434

conectarse to connect to/ with 664

la conjuntivitis conjunctivitis 608

conmemorar to celebrate 275

conmigo with me 53

conocer to know 213

conseguir to get/to achieve/ accomplish 435

conservador/a conservative 108

el/la consuegro/a father- and mother-inlaw of one's son/ daughter 434

consumir to consume 551

la contabilidad accounting 158

al contado cash 490

contento/a content 108

contigo with you 53

el continente continent 53

continuar continue 327

la contraseña password 664

la conversación the conversation 53, 109

convertirse to get to be 435

convivir to live with someone 435

la copa wine glass 550

el corazón heart 608

la corbata tie 212

los cordones de zapatos shoelaces 212

el correo electrónico email 664

correr to run 109, 382

cortar to cut 551

corto short 108

la cosa thing 53

las costillas ribs 326

crear to create 159

la crema de leche cream 550

criticar to criticize 159

crudo/a raw 550

cruzar cross 327

el cuaderno notebook 52

las cualificaciones (para el trabajo) qualifications, credentials 212

cuando when 159

¿Cúantos/as ___ hay? How many___ are there? 53

la Cuaresma Lent 274

y cuarto a quarter after (*Son las dos y cuarto*) 158

la cuchara spoon 550

la cucharita/cucharilla little spoon 550

el cucharón serving spoon 551

el cuchillo knife 550

el cuello neck 109

el cuenco bowl 550

la cuenta account 664

cuidar to take care of 213, 435

cuidarse to take care of (oneself) 608

la cultura culture 53

el cumpleaños/ El Día del Santo birthday 274, 434

el/la cuñado/a brother-in-law/ sister-in-law 274, 434

la cura cure 609

curar to cure 608
la curita band-aid 609

D

la danza dance 383
danzar to dance 383
dar to give 435
dar un apretón/de manos to shake hands 213
dar una caminata go for a walk 159
darse cuenta de to realize 435
los datos personales personal data 664
¿De dónde eres? Where are you from? (informal) 52
¿De dónde es usted? Where are you from? (formal) 52
De nada You're welcome 158
los deberes/la tarea homework 158
decir to say 159, 435
el/la defensor/a defender 382
dejar to lend (something to someone) or to leave (something somewhere) 159
dejar to leave (behind) 435
el/la delantero/a forward 382
delgado/a – gordo/a thin/fat 108
delicioso delicious 327
el/la dentista dentist 212
depender de to depend on 435
el/la dependiente shop assistant or salesperson 212
derecha right 327
el derrame cerebral (embolia) stroke 608
desayunar to have breakfast 159, 327
el desayuno breakfast 327
desmayarse to faint 608
despedirse to say goodbye 213
despegar, decolar to take off 491
despertarse to wake up 213
después (de) afterwards 159
detrás de behind 327
devolver to return (something) 159

el Día de, la Independencia Independence Day 274
el Día de Acción de Gracias Thanksgiving Day 274
el Día de la Madre/del Padre Mother's/Father's Day 274
el Día de las Brujas Halloween 274
el Día de los Enamorados Valentine's Day 274
el Día de los Muertos Day of the Dead 274
el Día de los Reyes Magos Epiphany 274
el Día de los Veteranos Veteran's day 274
el Día de Todos los Santos All Saint's Day 274
la diarrea diarrhea 609
dibujar to draw 159, 383
el dibujo drawing 383
el diccionario dictionary 52
dictar (sentencias judiciales) to pronounce (a verdict) 213
los dientes teeth 109
Disculpe Excuse me, Forgive me 158
diseñar to design 213
el disfraz costume 274
disfrazarse to put on a costume 275
disminuir to diminish, reduce 664
disolver to dissolve 551
divorciarse to get divorced 435
doblar turn 327
doler to hurt 608
el dolor de cabeza/ estómago headache/stomach ache 609
doloroso painful 609
el domingo Sunday 158
dorar to bake to golden color 551
el dormitorio/la habitación bedroom 109, 490
dos días a la/por semana two days a week 158
ducharse to take a shower 213

dudar to doubt 608
los dulces sweets 326
el durazno/el melocotón peach 326

E

el edificio building 53, 109
educado/a polite, well mannered 108
en efectivo cash 490
egoísta selfish 108
el/la electricista electrician 212
el embarazo pregnancy 434
emocionado/a excited 108
los emoticonos emoticons 664
empezar to begin 435
el empleado/la empleada doméstica housekeeper/maid 490
la empresa company 212
Encantada/o Delighted 52
encender to light (a candle) 275
enérgico/a vigorous 108
enfermarse to become sick 608
la enfermedad illness, sickness 609
el/la enfermero/a nurse 212, 275
enfrente de in front of 327
enlace link 664
enojado/a angry 108
enseñar to teach 213
entender to understand 159
el entierro burial 434
el entrante hors d'oeuvres 327
entrar to enter, to go in 159
entre semana weekdays 158
el/la entrenador/a coach/trainer 382
entrenarse to train 382
la entrevista interview 212
enviudar to become a widow/er 435
equilibrado balanced 550
el equipaje luggage 490
el equipo team 382
¡Es muy tarde! It's very late! 158

¡Es muy temprano! It's very early! 158

Es un placer It's a pleasure 52

los escalofríos chills 609

escanear to scan 664

escoger to choose 664

escribir to write 109, 213

escribir un mensaje de texto/ correo electrónico write a text message/email 664

escribir una actualización en una red social write an update/ post 664

el escritorio desk 52

escuchar to listen 109

la escuela school 158

la escuela secundaria/el colegio/ el liceo secondary school 158

la escultura sculpture 383

la espalda back 109

la espátula de plástico spatula 551

especializarse (en) to specialize (in) 213

la espinaca spinach 550

la esposa o la mujer wife 434

el esposo o el marido husband 434

el/la esposo/a husband/ wife 274

el esquí skiing 382

esquiar (hacer esquí nórdico/ alpino) to ski 382

la esquina corner 109

está nublado it's cloudy 275

está tronando/truena it's thundering 275

establecer to establish 664

el estadio stadium 382

estar to be 109

el estómago stomach 109, 608

el estornudo sneeze 609

estrenar to try on/ to rehearse 275

el estreñimiento constipation 609

el/la estudiante student 53

estudiar to study 53, 109

el estudio study 490

exigir to require/to demand 435

la exposición exhibition 383

la exposición de pintura painting exhibition 383

expulsar to expel 435

extrovertido/a outgoing 108

F

la facturación checking in 490

facturar el equipaje to check-in luggage 491

la facultad (de leyes/ derecho) (Law) school 159

la falda skirt 212

fallecer to pass away 435

los familiares relatives 274

la faringitis laryngitis 608

la fecha date 490

feliz happy 108

feo ugly 108

festejar to celebrate 275

la fiebre fever 609

la fiesta judía Jewish holiday/ festivity 274

la fiesta musulmana Muslim holiday/festivity 274

el fin de semana weekend 158

la física physics 158

el/la fontanero/a, o plomero/a plumber 212

la fotografía photography 383

freír to fry 551

frente a facing/in front of 327

las fresas strawberries 326

los frijoles beans 326

frío cold 550

la fruta fruit 550

los fuegos artificiales fireworks 274

el fútbol soccer 382

el fútbol americano football 382

G

la galleta (de sal) cookie, cracker 326

ganar (dinero) to win, make money 213

la garganta throat 608

la gasa gauze 609

los gastos expenses 490

el gazpacho cold soup with bread, tomatoes, and garlic 326

los/las gemelos/as identical twins 434

la gente the people 109

el gesto gesture 213

el gimnasio gymnasium 109

el golf golf 382

el/la golfista golf player 382

grabar to record 159

Gracias Thank you 158

grande/pequeño/a big/small 108

el grano grain 550

la grasa fat 550

grasiento fatty/greasy 327

gratinar to bake to golden color 551

grave (serio) serious 609

la gripe flu 608

gris gray 108

los grupos alimenticios food groups 550

el guante glove 382

la guitarra guitar 383

gustar to please 159

H

las habas beans 326

las habichuelas beans 326

la habitación room 490

los habitantes inhabitants 109

hablar to speak, to talk 53

hace calor it's hot 275

hace frío it's cold 275

hace sol it's sunny 275

hacer to do, to make 159

hacer a la plancha to grill 551

hacer cola to wait in line 159, 491

hacer ejercicio aeróbico (hacer aerobics) to do aerobics 382

hacer esquí acuático to water ski 382

hacer jogging to run 382

hacer paracaidismo to skydive 382

hacer una (video) llamada video call 664

hacer una reserva to make a reservation 491

hacer windsurf to windsurf 382

hacer yoga to do yoga 382

Hasta la vista See you around 52

Hasta luego See you later 52

hay there is, there are 53

hay relámpagos it's lightning 275

hay viento it's windy 275

el helado ice cream 326

la hepatitis hepatitis 608

la herida wound/cut 608

el/la hermanastro/a stepbrother; stepsister 434

la hermanastra stepsister 274

el hermanastro stepbrother 274

el/la hermano/a brother; sister 274, 434

hervir to boil 551

el hígado liver 608

el/la hijastro/a stepson; stepdaughter 274, 434

el hijo único/la hija única only child 434

el/la hijo/a son; daughter 274, 434

hinchado swollen 609

la hipertensión arterial high blood pressure 608

el hipo hiccups 609

hispanohablante Spanish speaker 53

el hockey hockey 382

Hola Hello 52

Hola, ¿qué tal? Hi, how is it going? 52

el hombro shoulder 109

el horario schedule 159

hornear to cook in the oven 551

el hospedaje/ alojamiento lodging 490

hospedarse, alojarse to lodge, rent a room 491

el hospital hospital 109

los huesos bones 608

el/la huésped guest 490

los huevos eggs

I

el idioma language 53

la iglesia church 434

Igualmente Likewise 52

el impermeable raincoat 212

inflamado inflamed 609

la informática computer science 158

la ingeniería engineering 158

el/la ingeniero/a engineer 212

ingresar to enroll 159

intercambiar to exchange (gifts) 275

interesar to interest 159

el internauta Internet user 664

interrumpir to interrupt 159

el intestino intestine 608

el invierno winter 275

ir to go 109, 159

ir de compras to go shopping 159

izquierda left 327

J

el jamón ham 326

Janucá Hanukkah 274

el jarabe para la tos cough medicine 609

el jardín garden/yard 490

el/la jefe/a boss 212

la jeringa the syringe 609

el jonrón home run 382

joven young (for a person) 108

los jóvenes young adults 159

el juego de ollas set of pots 551

el jueves Thursday 158

el/la juez/a judge 212

el/la jugador/a player 382

jugar to play 159

jugar al baloncesto/ to play basketball 382

jugar al fútbol to play soccer 382

jugar al golf to play golf 383

jugar al voleibol to play volleyball 383

jugar hockey sobre césped to play hockey on grass 383

jugar hockey sobre hielo to play ice ski 383

jugar tenis to play tennis 383

juntarse/reunirse to get together 275

juntos together 53

L

la langosta lobster 326

el/la lanzador/a pitcher 382

el lápiz pencil 52

largo long 108

la laringitis laryngitis 608

a las 5 at five o'clock 158

lavar to wash 109

lavarse to wash (oneself) 213

el laxante laxative 609

la leche milk 326

la leche condensada condensed milk 550

la lechuga lettuce 326

leer to read 53

legumbres, vegetales legumes, vegetables 326

las lentejas lentils 550

lento/a slow 108, 491

la letra letter 53

la letra de la canción lyrics (of the song) 383

la leucemia leukemia 608

levantar pesas to lift weights 382, 383

levantarse to get up 213

leve minor 609

liberal liberal 108

la librería bookstore 109

el libro book 52

la licuadora blender 551

el limón lemon 550

lindo/a, pretty 108

la línea aérea airline 490

literatura literature 383

el living living room 490

la llamada call 212

la llamada telefónica phone call 664

llamar por teléfono make a phone call 664

llamarse to be called 109

la llave USB/la memoria USB flash drive 52

llegar to arrive 159

llegar a ser to become 435

lleno full 327

llevar to bring (also can be to wear) 275

llevar to take someone somewhere 327

llorar to cry 435

llueve/está lloviendo it's raining 275

el lugar place 490

el lunes on Monday 158

los lunes on Mondays 158

el lunes Monday 158

M

de la mañana in the morning 158

la madrastra stepmother 274, 434

la madre mother 274, 434

la madrina godmother 274, 434

la madrugada dawn, early morning 158

el/la maestro/a teacher 159, 212

el maíz corn 326

la maletas/las valijas suitcases (luggage) 490

la mamá/mami mom 274

el mameluco overall 212

mandar to send 435, 664

mandar un tuit/mensaje de texto/correo electrónico send a tweet/text message/email 664

manejar to drive 159

la mano hand 109

el mantel table cloth 550

mantenerse to support oneself (by making a living) 435

la mantequilla butter 326

la manzana apple, block (as in around the block) 326

el mapa map 52

maquillarse to put on makeup 213

marcar un gol to score (a goal) 383

mareado dizzy, nauseated 609

marearse to become dizzy 608

el mareo dizziness 609

los mariscos seafood 326

marrón brown 108

el martes Tuesday 158

más more/plus 53

Más o menos So so 52

el matrimonio the marriage 434

Me llamo _____ My name is _____ 52

¿Me puede decir la hora? Could you tell me the time? 158

el/la mecánico/la mujer mecánico mechanic 212

la medalla medal 382

y media half past (*Son las dos y media*) 158

la media hermana half sister 274

medianoche midnight 158

el/la médico/a o, el/la doctor/a doctor 212

el medio hermano half brother 274

mediodía noon 158

los mejillones mussels 326

los/las mellizos/as fraternal twins 434

el melocotón/el durazno peach 326

la meningitis meningitis 608

menos less/minus 53

menos cuarto a quarter till (*Son las dos menos cuarto*) 158

el mensaje de texto text message 664

el mensaje instantáneo instant message 664

el menú menu 327

la mercadotecnia o el marketing marketing 158

merendar to have a snack 327

la merienda snack 327

la merluza hake 326

la mermelada jelly or jam, marmalade 326

la mesa table 52

el/la mesero waiter 212

la mezquita mosque 434

Mi nombre es _____ My name is _____ 52

la miel honey 550

mientras que while 159

el miércoles Wednesday 158

el miércoles de Ceniza Ash Wednesday 274

mirar to watch, to see 53

la Misa del Gallo Midnight mass 274

la mochila backpack 52

el/la modelo model 212

el módem modem 664

molestar to bother/annoy 435, 608

montar/andar en bicicleta to ride a bicycle 383

morado purple 108

moreno/a dark hair; brunette 108

morir to die 435

la moto(cicleta) motorcycle 490

el móvil cellphone 664

el mozo waiter 327

mucho a lot 53

Mucho gusto Nice to meet you 52

muchos/pocos many/a few 108

la música clásica classical music 383

la música country country music 383

la música popular popular music 383

la música rock rock music 383

Muy bien, gracias Very well, thank you 52

N

nacer to be born 435

el nacimiento birth 434

nadar (hacer natación) to swim 383

la naranja orange 326

la nariz nose 109

la natación swimming 382

la náusea nausea 609

el navegador browser 664

la **Navidad** Christmas 274
necesitar to need 159
los **negocios** business 158
negro black 108
el/la **nieto/a** grandson; granddaughter 274, 434
nieva/está nevando it's snowing, 275
noche evening 158
la **Noche Buena** Christmas Eve 274
la **Noche Vieja** New Year's Eve 274
el **nombre de usuario** user name 664
el **noviazgo** courtship 434
el/la **novio/a** boyfriend; girlfriend 274, 434
la **nuera** daughter-in-law 274, 434
nuevo new (for an object) 108
la **nuez** walnut 550
nunca never 158
nutritivo nutritious 550

O

la **obra de teatro** play 383
ofrecer to offer 664
el **oído** ear (internal parts) 608
oír to listen 159
los **ojos** eyes 109
la **olla a presión** pressure cooker 551
la **ópera** opera 383
la **oración** sentence 53
orar to pray 275
la **oreja** ear 109
orgulloso/a proud 108
la **orquesta sinfónica** symphonic orchestra 383
las **ostras** oysters 326
el **otoño** autumn or fall 275

P

el **padrastro** stepfather 274, 434
el **padre** father 274, 434
los **padres** parents 274, 434

el **padrino** godfather 274, 434
la **paella** rice with meat, seafood, and vegetables 326
pagar to pay 491
el **país** country 53
la **palabra** word 53
el **palo de golf** golf club 382
el **pan** bread 326
el **pan integral** whole grain bread 550
panadería bakery 327
el **páncreas** pancreas 608
la **pantalla** a screen 52
la **pantalla táctil** touch screen 664
los **pantalones cortos/shorts** shorts 212
los **pantalones (largos)** pants or trousers 212
el **papá/papi** dad 274
el **papel** paper 52
la **pareja** couple 434
los **parientes** relatives 274
partir to leave 435
el **pasaje o boleto** ticket 490
pasar (tiempo) to spend (time) 435, 491
las **pasas** raisins 326
la **Pascua** Easter 274
el **pasillo** hallway 490
el **pastel, torta** cake 326
la **pastilla** the pill 609
los **patines (con ruedas)** rollerskates 490
el **patio** patio 490
el **pavo** turkey 326
el **pecho** chest 109
pedir to ask for 159, 551
pedir to order (food) 327
peinarse to comb (one´s hair) 213
el **pelador** peeler 551
pelearse to fight 435
la **película** movie 383
el **pelo** hair 109
la **pelota** ball 382
el/la **peluquero/a** barber 212
pensar to think 159
el **pepino** cucumber 550
el **perejil** parsley 326

perezoso lazy 108
el **perfil** profile 664
el/la **periodista** newspaper writer 212
pescadería fishmonger 327
el **pescado** fish 326
pesimista pessimistic 108
el **piano** piano 383
la **picadura** bite/sting 608
picante spicy/hot 327
picar to chop 551
el **pie** foot 109
la **piel** skin 109, 608
la **pierna** leg 109
el/la **piloto** pilot 212
la **pimienta negra** black pepper 326
el **pimiento o pimentón** pepper 326
los **pinchos morunos** shish kebab 326
pintar to paint 383
la **pintura** painting 383
las **pinzas** tongs 551
la **piscina (la alberca, la pileta)** swimming pool 382
el **piso** floor 490
el **piyama (pijama)** pajamas 212
la **pizarra** chalkboard 52
la **planta baja** ground floor 490
el **plato** dish/menu item 327
la **población** population 53
pobre poor 108
poco/a a little 53
poder can, be able to 159
poesía poetry 383
el/la **policía, mujer policía** policeman 212
el **pollo** chicken 326
poner to put 159
por through 327
por ejemplo (p.e.) for example 53
Por favor Please 158
por la mañana/tarde/noche in the morning/afternoon/evening 158
los **porotos** beans 326
porque because 159

preescolar preschool 159
la pregunta question 53
prender to light (a candle) 275
preocupado/a preoccupied 108
preocuparse to worry 213
preocuparse (de) to worry (about) 608
prepararse to get ready 213
la presentación de presentation of 383
prestar to loan 664
prevenir to prevent 608
la primavera spring 275
el/la primo/a cousin 274, 434
probar to try 551
el/la profesor/a secondary school teacher; college profesor 159
el/la prometido/a fiance; fiancée 434
el protector/el filtro/la crema solar filter/sunscreen 609
la proteína protein 550
la psicología psychology 158
publicar to post/to publish 664
la puerta door 52
el puesto position, job 212
los pulmones lungs 608
la pulmonía pneumonia 608
en punto (Son las dos en punto) on the dot 158
el pupitre student desk 52

Q

qudarse to stay 435
¿Qué hay en _____? What's in _____? 53
¿A qué hora? At what time? 158
¡Qué tarde! How late it is! 158
¡Qué temprano! How early it is! 158
quedarse to stay 213
quejarse (de) to complain 608
la quemadura burn 608
querer (quiere) to want (s/he wants) 53
la química chemistry 158
la quinceañera 15-year-old girl's celebration 434

R

el rallador shredder 551
rallar to grate 551
Ramadán Ramadan 274
rápido/a fast 108, 491
el rastreo tracking 664
el ratón mouse 664
realista realistic, realist 108
rebelde rebellious 108
recetar to prescribe 608
rechazar to reject 275
recibir to receive 159
recoger to pick up 551
recoger las maletas to pick up luggage 491
recomendar to recommend 551, 608
las redes sociales social networks 664
el refresco soda 326
regalar to give a gift 275
el regalo present 274
regresar to return, to go back 159
relajante relaxing 491
relajarse to relax 213
el reloj wristwatch 213
el remedio remedy, cure 609
repetir to repeat 159
la reserva reservation 490
resfriarse to catch a cold 608
el resfrío (resfriado) cold 608
la residencia estudiantil dorm 109
respirar to breathe 608
la respuesta the answer 109
revolver to stir up, to mix up 551
rico/sabroso tasty 327
rico/a rich 108
el riñón kidney 608
rizado/a– lacio, liso curly/ straight 108
la rodilla knee 109
rojo red 108
romperse/quebrarse to break (oneself) 608
la ropa interior underwear 213
rosado (rosa) pink 108
rubio blond hair 108

S

el sábado Saturday 158
saber to know 213
sacar buenas/malas notas to get good/bad grades 159
el saco suit/sport coat 213
la sal salt 550
la sala living room 490
salir to go out 159
salir de vacaciones to go on vacation 491
saltear to stir-fry 551
saludable healthy 550
saludar to greet 159
el saludo greeting 213
el/la salvavidas lifeguard 382
las/un par de sandalias sandals 213
la sandía, patilla watermelon 326
la sangre blood 608
el sartén de teflón frying pan 551
sazonar to season 551
el/la secretario/a secretary 212
la Semana Santa Holy Week 274
Señor Mister/Sir 158
Señora Madam/Ma'am 158
sentirse to feel 435
separarse to separate (a couple) 435
ser to be 53, 109
el servicio de mesa table setting 550
la servilleta napkin 550
servir to serve food 327
el SIDA AIDS 608
siempre always 158
la silla chair 52
la sinagoga synagogue 434
el síntoma symptom 609
el/la sobrino/a nephew; niece 274, 434
sofreír to stir-fry 551
uno/a solamente just one 159
soltero/a single 434
soñador/a dreamer 108
soñar to dream 159
sonreír to smile 435
soso bland 327

el sótano basement 490

Soy _____ I am
_____ 52

Soy de _____ I am from
_____ 52

la sudadera sweat shirt 213

el sudor sweat 609

el/la suegro/a father-in-law/
mother-in-law 274, 434

el sueldo salary 212

el sueño tiredness 609

el suéter sweater 213

sufrir to suffer 608

sugerir to suggest 608

el sujeto (de la oración)
subject 53

T

la tabla de picar cutting
board 551

la tableta tablet 664

las tabletas de Pepto-
Bismol Pepto-Bismol
tablets 609

los tacones/los zapatos
high-heeled shoes de
tacón alto 213

tallar to carve/sculpt 383

tarde afternoon 158

la tarjeta de crédito credit
card 490

la taza cup 550

el tazón bowl 550

el té tea 550

Te/Le/Les I would like to
introduce presento a _____ you
to _____ (inform/sing. form/
sing. form/plural) 52

el teléfono fijo landline 664

el teléfono inteligente smart
phone 664

la televisión television 52

el tenedor fork 550

tener to have 109

tener (tiene) to have (s/he has) 53

Tener que + infinitive to have to
do something 213

la tetera tea pot 551

tierno/a tender 550

tímido/a timid 108

el/la tío/a uncle; aunt 274, 434

el título title, degree 159

la tiza piece of chalk 52

tocar (un instrumento
musical) to play
(a musical instrument) 383

tocar el piano to play the
piano 383

¿Todo bien? [Is] everything all
right? 52

todos/as all/everyone 159

tomar to drink 327

tomar (el bus, una clase, una
bebida) to take (the bus,
a class, a drink) 159

tonto/a silly 108

la tos cough 609

toser to cough 608

el tostador/la tostadora
toaster 551

tostar to toast 551

el/la trabajador/a hard-working
108

trabajar to work 53

traducir to translate 159

traer to bring 159

trabajador/a hard-working 108

el traje suit 213

el traje de baño swimsuit 382

el trampolín diving board 382

el transporte transportation 490

tratar to treat 435

el tren train 490

triste sad 108

el trofeo trophy 382

la trucha trout 326

tuitear tweet 664

U

el uniforme de policía police
uniform 213

usar to use 159

el usuario user 664

las uvas grapes 326

V

un par de vaqueros/los jeans/
pantalones de mezclilla
jeans 213

el vaso glass 550

a veces sometimes 158

las velas candles 274

el velorio wake 434

el vendaje bandages 609

el/la vendedor/a salesperson 212

vender to sell 213

la ventana window 52

ver to watch, to see 109

el verano summer 275

verde green 108

el vestido dress 213

vestir to dress 435

vestirse to get dressed 213

viajar to travel 491

el viaje trip 490

el viaje de negocios business
trip 490

la video llamada video call
664

viejo old (for a person) 108

el viernes Friday 158

el vinagre vinegar 326

el vínculo link 664

el vino wine 550

violeta purple 108

el violín violin 383

visitar to visit 159

vivir to live 53, 109

el voleibol/
vóleibol volleyball 382

vomitar to throw up 608

Y

¿Y tú/usted? And you? 52

el yerno son-in-law 274, 434

el yogur yogurt 550

Z

las zanahorias carrots 326

los zapatos shoes 213

los zapatos
tenis/ sneakers 213

ENGLISH-SPANISH GLOSSARY

APÉNDICE

15-year-old girl's celebration la quinceañera 434

A

to access acceder 664
account la cuenta 664
accounting la contabilidad 158
acid stomach la acidez de estómago 609
to act actuar 383
to add agregar, añadir 551
to advise aconsejar 551, 608
afternoon tarde 158
afterwards después (de) 159
AIDS el SIDA 608
airline la línea aérea 490
All Saint's Day el Día de Todos los Santos 274
all/everyone todos/as 159
allergic alérgico 609
allergy la alergia 608
to alleviate aliviar 608
almonds las almendras 550
although/even though aunque 159
always siempre 158
ambitious ambicioso/a 108
analgesic el analgésico 609
And you? ¿Y tú/usted? 52
angry enojado/a 108
answer la respuesta 109
antacids los antiácidos 609
antibiotic el antibiótico 609
antihistamines los antihistamínicos 609
anxious ansioso/a 108

apartment + hotel el apartahotel 490
appendicitis la apendicitis 608
appendix el apéndice 608
appetizer aperitivo 327
apple, block (as in around the block) la manzana 326
appoinment la cita 212
apricot el albaricoque, damasco 326
architect el/la arquitecto/a 212
arm el brazo 109
to arrange/to tidy up arreglar 159
to arrive llegar 159
arthritis la artritis 608
Ash Wednesday el miércoles de Ceniza 274
to ask for pedir 159, 551
asthma el asma 608
at five o'clock a las 5 158
At what time? ¿A qué hora? 158
to attend, to go to asistir a 109
attic el ático 490
autumn or fall el otoño 275

B

back la espalda 109
backpack la mochila 52
to bake to golden color dorar/gratinar 551
bakery la panadería 327
balanced equilibrado 550
ball la pelota 382
ballet el ballet 383
bandages el vendaje 609
band-aid la curita 609

baptism el bautismo 434
barber el/la peluquero/a 212
baseball el béisbol 382
baseball batter el/la bateador/a 382
basement el sótano 490
basil la albahaca 326
basket la cesta 52
basket/hoop la canasta 382
basketball el baloncesto/el básquetbol 382
bat el bate 382
to bat batear 382
to bathe bañarse 213
bathrobe la bata 212
bathroom el baño 490
to be estar 109
to be ser 53, 109
beans las habas, las habichuelas, los frijoles, los porotos 326
because porque 159
to become llegar a ser 435
to become a widow/er enviudar 435
to become dizzy marearse 608
to become sick enfermarse 608
bedroom el dormitorio/la habitación 109, 490
beef la carne de res 326
before antes de 159
to begin empezar 435
behind detrás de 327
big/small grande/pequeño/a 108
birth el nacimiento 434
birthday el cumpleaños/El Día del Santo 274, 434

bite/sting la picadura 608
bitter agrio 327
black negro 108
black pepper la pimienta negra 326
bland soso 327
blender la licuadora 551
blog el blog/la bitácora 664
blond hair rubio 108
blood la sangre 608
blouse la blusa 212
blue azul 108
boat el barco 490
to boil cocer 551
to boil hervir 551
boiled cocido/a 550
bones los huesos 608
book el libro 52
bookstore la librería 109
boots las botas 212
boring aburrido/a 491
to be born nacer 435
boss el/la jefe/a 212
to bother/annoy molestar 435, 608
bowl el cuenco 550
bowl el tazón 550
boyfriend; girlfriend el/la novio/a 274, 434
brain el cerebro 608
bread el pan 326
bread la bollería, el pan 326
to break (oneself) romperse/quebrarse 608
breakfast el desayuno 327
to breathe respirar 608
to bring (also can be to wear) llevar 275
to bring traer 159
broccoli el brócoli 550
brother; sister el/la hermano/a 274, 434
brother-in-law/sister-in-law el/la cuñado/a 274, 434
brown café 108
brown marrón 108
browser el navegador 664
Buenas tardes Good afternoon 52
Buenos días Good morning 52
building el edificio 53, 109

burial el entierro 434
burn la quemadura 608
bus el autobús/el micro/el bus/el ómnibus 490
business los negocios 158
business trip el viaje de negocios 490
butcher shop la carnicería 327
butter la mantequilla 326
to buy comprar 109, 275

C

cafeteria la cafetería 109
cake el pastel, la torta 326
call la llamada 212
to be called llamarse 109
can, be able to poder 159
cancer el cáncer 608
candles las velas 274
car el auto/carro/coche 490
carbonated, non-carbonated water el agua con gas, sin gas 326
career la carrera 158
carpenter el/la carpintero/a 212
carrots las zanahorias 326
to carve/sculpt tallar 383
cash al contado 490
cash en efectivo 490
cashier el/la cajero/a 212
to catch a cold resfriarse 608
to celebrate celebrar 275
to celebrate conmemorar 275
to celebrate festejar 275
cellphone el celular 664
cellphone el móvil 664
cereal, grain el cereal 550
chair la silla 52
chalkboard la pizarra 52
championship/competition el campeonato/la competición 382
to change cambiar 435
chapter el capítulo 53
to chat chatear 664
cheap barato/a 108
to check-in luggage facturar el equipaje 491
checking in la facturación 490

chemistry la química 158
chest el pecho 109
chicken el pollo 326
chills los escalofríos 609
to choose escoger 664
to chop picar 551
chops (usually pork, unless specified) la chuleta, el chuletón 326
Christmas la Navidad 274
Christmas Eve la Noche Buena 274
church la iglesia 434
cinnamon powder la canela en polvo 326
citizens los ciudadanos 109
city la ciudad 53, 490
clams las almejas 326
to clap aplaudir 383
class notes los apuntes 158
classical music la música clásica 383
classmate el/la compañero/a de clase 53, 158
classroom el aula 109
coach la clase económica/turista 490
coach/trainer el/la entrenador/a 382
coat el abrigo 212
cod (fish) el bacalao 326
coffee el café 550
coffee maker la cafetera 551
cold soup with bread, tomatoes, and garlic el gazpacho 326
cold el resfrío (resfriado) 608
cold frío 550
colleague el/la colega 212
to comb (one's hair) peinarse 213
to combine, mix combinar 551
comfortable cómodo/a 491
company la empresa 212
to complain quejarse (de) 608
computer la computadora/el ordenador 52, 664
computer science la informática 158
concertina el bandoneón 383
condensed milk la leche condensada 550

conjunctivitis la conjuntivitis 608

to connect to/with conectarse 664

conservative conservador/a 108

constipation el estreñimiento 609

construction worker el/la albañil, el/la obrero/a 212

to consume consumir 551

content contento/a 108

continent el continente 53

continue continuar 327

conversation la conversación 53, 109

cook el/la cocinero/a 212

to cook cocinar 213, 327, 551

to cook in the oven hornear 551

cookie, cracker la galleta/la galleta de sal 326

corn el maíz 326

corner la esquina 109

costume el disfraz 274

cough la tos 609

to cough toser 608

cough medicine el jarabe para la tos 609

Could you tell me the time? ¿Me puede decir la hora? 158

country el país 53

country music la música country 383

couple la pareja 434

court la cancha 382

courtship el noviazgo 434

cousin el/la primo/a 274, 434

cream la crema de leche 550

to create crear 159

credit card la tarjeta de crédito 490

to criticize criticar 159

cross cruzar 327

to cry llorar 435

cucumber el pepino 550

culture la cultura 53

cup la taza 550

cure la cura 609

to cure curar 608

curly/straight rizado/a– lacio, liso 108

customer el/la cliente 212, 327

customs la aduana 490

to cut cortar 551

cutting board la tabla de picar 551

cycling el ciclismo 382

cyclist el/la ciclista 382

D

dad el papá/papi 274

dance la danza/danzar 383

to dance bailar 383

to dance danzar 383

dark hair; brunette moreno/a 108

date la fecha 490

daughter-in-law la nuera 274, 434

dawn, early morning la madrugada 158

Day of the Dead el Día de los Muertos 274

defender el/la defensor/a 382

delicious delicioso 327

Delighted Encantada/o 52

dentist el/la dentista 212

to depend on depender de 435

to design diseñar 213

desk el escritorio 52

device el aparato/dispositivo 664

diarrhea la diarrea 609

dictionary el diccionario 52

to die morir 435

to diminish, reduce disminuir 664

diner el/la comensal 327

dining room el comedor 490

dinner la cena 327

dish/menu item el plato 327

to dissolve disolver 551

diving board el trampolín 382

dizziness el mareo 609

dizzy, nauseated mareado 609

to do aerobics hacer ejercicio aeróbico (hacer aerobics) 382

to do yoga hacer yoga 382

to do, to make hacer 159

doctor el/la médico/a o, el/la doctor/a 212

door la puerta 52

dorm la residencia estudiantil 109

to doubt dudar 608

to draw dibujar 159, 383

drawing el dibujo 383

to dream soñar 159

dreamer soñador/a 108

dress el vestido 213

to dress vestir 435

dress/long-sleeved shirt la camisa (de vestir/de manga larga) 212

drink la bebida 327

to drink beber 109

to drink tomar 327

to drive manejar 159

drums la batería 383

E

ear (internal parts) el oído 608

ear la oreja 109

earrings los aretes 212

Easter la Pascua 274

to eat comer 109, 327

eggs los huevos, 326

electrician el/la electricista 212

email el correo electrónico 664

emoticons los emoticonos 664

to be engaged comprometerse 435

engineer el/la ingeniero/a 212

engineering la ingeniería 158

to enroll ingresar 159

to enter, to go in entrar 159

Epiphany el Día de los Reyes Magos 274

eraser el borrador 52

to establish establecer 664

evening noche 158

[Is] everything all right? ¿Todo bien? 52

to exchange (gifts) intercambiar 275

excited emocionado/a 108

Excuse me, Forgive me Disculpe 158

exhibition la exposición 383

to expel expulsar 435
expenses los gastos 490
expensive caro/a 108
eyes los ojos 109

F

face la cara 109
face to face cara a cara 664
facing/in front of frente a 327
to faint desmayarse 608
to fall down (onseself) caerse 608
fan el/la aficionado/a 382
fast rápido/a 108, 491
to fast ayunar/practicar el ayuno 275
to fasten seatbelts abrocharse el cinturón 491
fat la grasa 550
father- and mother-in-law of one's son/daughter el/la consuegro/a 434
father el padre 274, 434
father-in-law/mother-in-law el/la suegro/a 274, 434
fatty/greasy grasiento 327
to feel sentirse 435
to feel happy alegrarse 435, 608
fever la fiebre 609
fiance; fiancée el/la prometido/a 434
field of study el campo (de estudios) 212
to fight pelearse 435
filter/sunscreen el protector/el filtro/la crema solar 609
to finish completar/terminar/finalizar 159
fireman el/la bombero 212
fireworks los fuegos artificiales 274
first aid kit el botiquín de primeros auxilios 609
first communion la (primera) comunión 434
fish el pescado 326
fishmonger pescadería 327
flag la bandera 109
flash drive la llave USB/la memoria USB 52

flight announcement el anuncio del vuelo 490
flight attendant el auxiliar de vuelo 490
floor el piso 490
flu la gripe 608
food groups los grupos alimenticios 550
food item el alimento 327
foot el pie 109
football el fútbol americano 382
for example por ejemplo (p.e.) 53
fork el tenedor 550
forward el/la delantero/a 382
fraternal twins los/las mellizos/as 434
Friday el viernes 158
friend el/la amigo/a 52
fruit la fruta 550
to fry freír 551
frying pan el sartén de teflón 551
full lleno 327

G

garden/yard el jardín 490
garlic el ajo 326
gauze la gasa 609
German el alemán 158
gesture el gesto 213
to get divorced divorciarse 435
to get dressed vestirse 213
to get good/bad grades sacar buenas/malas notas 159
to get ready prepararse 213
to get to be convertirse 435
to get together juntarse/reunirse 275
to get up levantarse 213
to get/to achieve/accomplish conseguir 435
to give dar 435
to give a gift regalar 275
glass el vaso 550
glove el guante 382
go for a walk dar una caminata 159
to go ir 109, 159
to go on vacation salir de vacaciones 491

to go out salir 159
to go shopping ir de compras 159
goal keeper el/la arquero/a 382
goal/net el arco 382
godfather of one's son daughter; father of one's godson/goddaughter el compadre 434
godfather el padrino 274, 434
godmother la madrina 274, 434
godmother of one's son/daughter; mother of one's godson/goddaughter la comadre 434
godson/goddaughter el/la ahijado/a 274, 434
golf el golf 382
golf club el palo de golf 382
golf player el/la golfista 382
Good evening/Good night Buenas noches 52
Goodbye Adiós 52
grain el grano 550
grandfather; grandmother el/la abuelo/a 274, 434
grandson; granddaughter el/la nieto/a 274, 434
grapes las uvas 326
to grate rallar 551
gray gris 108
green verde 108
to greet saludar 159
greeting el saludo 213
to grill hacer a la plancha 551
ground floor la planta baja 490
guest el/la huésped 490
guitar concert el concierto de guitarra 383
guitar la guitarra 383
gymnasium el gimnasio 109

H

hair el pelo 109
hake la merluza 326
half brother el medio hermano 274
half past (Son las dos y media) y media 158
half sister la media hermana 274

Halloween el Día de las Brujas 274

hallway el pasillo 490

ham el jamón 326

hand la mano 109

handshake el apretón de manos 213

Hanukkah Janucá 274

happy alegre 108

happy feliz 108

hard-working el/la trabajador/a 108

hard-working trabajador/a 108

to have tener 109

to have (s/he has) tener (tiene) 53

to have breakfast desayunar 159, 327

to have dinner cenar 159, 327

to have lunch almorzar 159, 327

to have a snack merendar 327

to have to do something Tener que + infinitive 213

headache/stomach ache el dolor de cabeza/estómago 609

healthy saludable 550

heart attack el ataque cardíaco 608

heart el corazón 608

Hello Hola 52

to help ayudar 109, 435

hepatitis la hepatitis 608

here aquí 53

Hi, how is it going? Hola, ¿qué tal? 52

hiccups el hipo 609

high blood pressure la hipertensión arterial 608

high-heeled shoes los tacones/ los zapatos/de tacón alto 213

hockey el hockey 382

Holy Week la Semana Santa 274

home run el jonrón 382

homework los deberes/la tarea 158

Honey la miel 550

hors d'oeuvres el entrante 327

hospital el hospital 109

hot caliente 550

house la casa 53, 109

housekeeper/maid el empleado/ la empleada doméstica 490

How are you? (formal) ¿Cómo está usted? 52

How are you? (informal) ¿Cómo estás? 52

How do you write? Cómo se escribe? 53

How early it is! ¡Qué temprano! 158

How late it is! ¡Qué tarde! 158

How many___ are there? ¿Cúantos/as ___ hay? 53

hug el abrazo 213

to hug abrazar 213

to hurt doler 608

husband el esposo o el marido 434

husband/wife el/la esposo/a 274

I

I am _____ Soy _____ 52

I am from _____ Soy de _____ 52

I would like to introduce you to ____ (inform/sing. form/ sing. form/plural) Te/Le/Les presento a ____ 52

ice cream el helado 326

identical twins los/las gemelos/ as 434

illness, sickness la enfermedad 609

in contrast en cambio 159

in front of enfrente de 327

in the morning de la mañana 158

in the morning/afternoon/ evening por la mañana/tarde/ noche 158

to increase, augment aumentar 664

Independence Day el Día de, la Independencia 274

inflamed inflamado 609

inhabitants los habitantes 109

in-laws concuñado/a 274

instant message el mensaje instantáneo 664

to interest interesar 159

Internet user el internauta 664

to interrupt interrumpir 159

interview la entrevista 212

intestine el intestino 608

It's a pleasure Es un placer 52

it's cloudy está nublado 275

it's cold hace frío 275

it's hot hace calor 275

it's lightning hay relámpagos 275

it's raining llueve/está lloviendo 275

it's snowing, nieva/está nevando 275

it's sunny hace sol 275

it's thundering está tronando/ truena 275

It's very early! ¡Es muy temprano! 158

It's very late! ¡Es muy tarde! 158

it's windy hay viento 275

J

jacket la campera 212

jeans un par de vaqueros/los jeans/pantalones de mezclilla 213

jelly or jam, marmalade la mermelada 326

Jewish holiday/festivity la fiesta judía 274

joints las articulaciones 608

judge el/la juez/a 212

just one uno/a solamente 159

K

kidney el riñón 608

kiss el beso 213

to kiss besar 213

kitchen la cocina 490

knee la rodilla 109

knife el cuchillo 550

to know conocer 213

to know saber 213

L

to land aterrizar 491
landline el teléfono fijo 664
language el idioma 53
laptop la computadora portátil/el laptop 664
laryngitis la faringitis 608
lawyer el/la abogado/a 212
laxative el laxante 609
lazy perezoso 108
to learn aprender 53, 109, 213, 435
leather jacket, skirt la chaqueta de cuero, la falda 212
to leave partir 435
to leave (behind) dejar 435
to leave behind abandonar 435
left izquierda 327
leg la pierna 109
legumes, vegetables legumbres, vegetales 326
lemon el limón 550
to lend (something to someone) or to leave (something somewhere) dejar 159
Lent la Cuaresma 274
lentils las lentejas 550
less/minus menos 53
letter la carta 212
letter la letra 53
lettuce la lechuga 326
leukemia la leucemia 608
liberal liberal 108
library la biblioteca 109
lifeguard el/la salvavidas 382
to lift weights levantar pesas 382, 383
to light (a candle) encender 275
to light (a candle) prender 275
Likewise Igualmente 52
line, queue la cola 490
link el vínculo 664
link enlace 664
to listen escuchar 109
to listen oír 159
literature literatura 383
little poco/a 53

little spoon la cucharita/cucharilla 550
to live vivir 53, 109
to live with someone convivir 435
liver el hígado 608
living room el living 490
living room la sala 490
to loan prestar 664
lobster la langosta 326
to lodge, rent a room hospedarse, alojarse 491
lodging el hospedaje/alojamiento 490
long largo 108
lot mucho 53
to love amar 435
lover el/la amante 434
luggage el equipaje 490
lunch el almuerzo 327
lungs los pulmones 608
lyrics (of the song) la letra de la canción 383

M

Madam/Ma'am Señora 158
make a phone call llamar por teléfono 664
to make a reservation hacer una reserva 491
many/a few muchos/pocos 108
map el mapa 52
Mardi Gras el Carnaval 274
marketing la mercadotecnia o el marketing 158
marriage el matrimonio 434
to marry casarse 435
maternal grandparents los abuelos maternos 274
meal la comida 327
meat la carne 326
mechanic el/la mecánico/la, mujer mecánico 212
medal la medalla 382
meningitis la meningitis 608
menu el menú 327
menu la carta 327
midnight medianoche 158

Midnight mass la Misa del Gallo 274
milk la leche 326
to mind molestar 435
minor leve 609
Mister/Sir Señor 158
mixer la batidora 551
model el/la modelo 212
modem el módem 664
mom la mamá/mami 274
Monday el lunes 158
more/plus más 53
mosque la mezquita 434
mother la madre 274, 434
Mother's/Father's Day el Día de la Madre/del Padre 274
motorcycle la moto(cicleta) 490
mouse el ratón 664
mouth la boca 109
movie la película 383
movie theater/film (as an art form) el cine 383
Muslim holiday/festivity la fiesta musulmana 274
mushrooms los champiñones, hongos 326
mussels los mejillones 326
My name is _____ Mi nombre es _____ 52
My name is _____? Me llamo _____52

N

nacer to be born 435
napkin la servilleta 550
nausea la náusea 609
neck el cuello 109
necklace el collar 212
to need necesitar 159
nephew; niece el/la sobrino/a 274, 434
net la canasta de baloncesto 382
never nunca 158
new (for an object) nuevo 108
New Year's Eve la Noche Vieja 274
New Years Day el Año Nuevo 274

newspaper writer el/la periodista 212

Nice to meet you Mucho gusto 52

nice agradable 108

noon mediodía 158

nose la nariz 109

notebook el cuadernoa 52

nurse el/la enfermero/a 212, 275

nutritious nutritivo 550

O

Of course Claro que sí 158

to offer ofrecer 664

old (for a person) viejo 108

olive la aceituna 326

olive oil el aceite de oliva 326

on Monday el lunes 158

on Mondays los lunes 158

on the dot en punto (Son las dos en punto) 158

one-way trip el boleto de ida 490

onion la cebolla 326

only child el hijo único/la hija única 434

opera la opera 383

orange anaranjado (naranja) 108

orange la naranja 326

to order (food) pedir 327

outgoing extrovertido/a 108

overall el mameluco 212

oysters las ostras 326

P

painful doloroso 609

to paint pintar 383

painting la pintura 383

painting exhibition la exposición de pintura 383

pajamas el piyama (pijama) 212

pancreas el páncreas 608

pants or trousers los pantalones (largos) 212

paper el papel 52

parents los padres 274, 434

parsley el perejil 326

to pass away fallecer 435

password la contraseña 664

paternal grandparents abuelos paternos 274

patio el patio 490

to pay pagar 491

peach el durazno/el melocotón 326

peanut el cacahuate/el maní 550

peeler el pelador 551

pen el bolígrafo 52

pencil el lápiz 52

people la gente 109

pepper el pimiento o pimentón 326

Pepto-Bismol tablets las tabletas de Pepto-Bismol 609

personal data los datos personales 664

pessimistic pesimista 108

phone call la llamada telefónica 664

photography la fotografía 383

physics la física 158

piano el piano 383

to pick up recoger 551

to pick up luggage recoger las maletas 491

piece of chalk la tiza 52

pill la pastilla 609

pilot el/la piloto 212

pink rosado (rosa) 108

pitcher el/la lanzador/a 382

place el lugar 490

to place colocar 551

plane el avión 490

play la obra de teatro 383

to play jugar 159

to play basketball jugar al baloncesto/ 382

to play golf jugar al golf 383

to play hockey on grass jugar hockey sobre césped 383

to play ice ski jugar hockey sobre hielo 383

to play (a musical instrument) tocar (un instrumento musical) la tiza 383

to play the piano tocar el piano 383

to play soccer jugar al fútbol 382

to play tennis jugar al tenis 383

to play volleyball jugar al voleibol 383

player el/la jugador/a 382

playing field/ el campo de juego/ 382

Please Por favor 158

to please gustar 159

plumber el/la fontanero/a, o plomero/a 212

pneumonia la pulmonía 608

poetry poesía 383

police uniform el uniforme de policía 213

policeman el/la policía, mujer policía 212

polite, well mannered educado/a 108

poor pobre 108

popular music la música popular 383

population la población 53

pork la carne de cerdo 326

pork la carne de puerco 550

position, job el puesto 212

to post/to publish publicar 664

pot la cacerola 551

to pray orar 275

pregnancy el embarazo 434

preoccupied preocupado/a 108

preschool preescolar 159

to prescribe recetar 608

present el regalo 274

presentation of la presentación de 383

pressure cooker la olla a presión 551

pretty bonito/a, 108

pretty lindo/a, 108

to prevent prevenir 608

profile el perfil 664

to pronounce (a verdict) dictar (sentencias judiciales) 213

protein la proteína 550

proud orgulloso/a 108

psychology la psicología 158

purple morado 108
purple violeta 108
to put poner 159
to put on a costume disfrazarse 275
to put on makeup maquillarse 213

Q

qualifications, credentials las cualificaciones (para el trabajo) 212
quarter after (Son las dos y cuarto) y cuarto 158
quarter till (Son las dos menos cuarto) menos cuarto 158
question la pregunta 53

R

raincoat el impermeable 212
raisins las pasas 326
Ramadan Ramadán 274
raw crudo/a 550
to read leer 53
realistic, realist realista 108
to realize darse cuenta de 435
rebellious rebelde 108
to receive recibir 159
to recommend recomendar 551, 608
to record grabar 159
red rojo 108
referee el/la árbitro/a 382
to reject rechazar 275
relationship between sisters-in-law or brothers-in-law; or both el/la concuñado/a el/la concuño/a 274, 434
relatives los familiares 274
relatives los parientes 274
to relax relajarse 213
relaxed calmado/a 108
relaxed, calm calmo 108
relaxing relajante 491
remedy, cure el remedio 609
to rent alquilar 491
to repeat repetir 159
to require/to demand exigir 435

reservation la reserva 490
to return (something) devolver 159
to return, to go back regresar 159
ribs las costillas 326
rice el arroz 326
rice with meat, seafood, and vegetables la paella 326
rich rico/a 108
to ride a bicycle montar/andar en bicicleta 383
right derecha 327
to roast asar 551
rock music la música rock 383
rollerskates los patines (con ruedas) 490
room la habitación 490
to run correr 109, 382
to run hacer jogging 382

S

sad triste 108
saffron el azafrán 326
salad dressing el aderezo 550
salary el sueldo 212
salesperson el/la vendedor/a 212
salt la sal 550
sandals las/un par de sandalias 213
sandwich el bocadillo 326
Saturday el sábado 158
sausage el chorizo 326
to say decir 159, 435
to say goodbye despedirse 213
to scan escanear 664
scarf la bufanda 212
schedule el horario 159
school la escuela 158
(Law) school la facultad (de leyes/derecho) 159
to score (a goal) marcar un gol 383
screen la pantalla 52
sculpture la escultura 383
sea bream (type of fish) el besugo 326
seafood los mariscos 326
to season sazonar 551

secondary school teacher; college profesor el/la profesor/a 159
secondary school la escuela secundaria/el colegio/el liceo 158
secretary el/la secretario/a 212
See you around Hasta la vista 52
See you later Hasta luego 52
selfish egoísta 108
to sell vender 213
to send mandar 435, 664
send a tweet/text message/email mandar un tuit/mensaje de texto/correo electrónico 664
sentence la oración 53
to separate (a couple) separarse 435
serious grave (serio) 609
to serve food servir 327
serving spoon el cucharón 551
set of pots el juego de ollas 551
to shake hands dar un apretón/de manos 213
to shave afeitarse 213
shish kebab los pinchos morunos 326
shoelaces los cordones de zapatos 212
shoes los zapatos 213
shop assistant or salesperson el/la dependiente 212
short corto 108
shorts los pantalones cortos 212
short-sleeved la camisa de manga corta 212
shoulder el hombro 109
shredder el rallador 551
shrimps los camarones, las gambas 326
silly tonto/a 108
to sing cantar 383
single soltero/a 434
to ski esquiar (hacer esquí nórdico/alpino) 382
skiing el esquí 382
skin la piel 109, 608
skirt la falda 212
sky blue celeste 108
to skydive hacer paracaidismo 382

slow lento/a 108, 491

smart phone el teléfono inteligente 664

to smile sonreír 435

snack la merienda 327

snails los caracoles 326

sneakers los zapatos tennis 213

sneeze el estornudo 609

So so Más o menos 52

soccer el fútbol 382

social networks las redes sociales 664

soda el refresco 326

some algunos/as 159

some/any algún/ningún 108

sometimes a veces 158

son; daughter el/la hijo/a 274, 434

song la canción 383

son-in-law el yerno 274, 434

Spanish speaker hispanohablante 53

spatula la espátula de plástico 551

to speak, to talk hablar 53

to specialize (in) especializarse (en) 213

to spend (time) pasar (tiempo) 435, 491

spicy/hot picante 327

spinach la espinaca 550

spoon la cuchara 550

sports commentator el/la comentarista deportivo/de deportes 382

spring la primavera 275

stadium el estadio 382

to stay quedarse 213, 435

stepbrother hermanastro 274

stepbrother; stepsister el/la hermanastro/a 434

stepfather el padrastro 274, 434

stepmother la madrastra 274, 434

stepsister la hermanastra 274

stepson; stepdaughter el/la hijastro/a 274, 434

to stir up, to mix up revolver 551

to stir-fry saltear 551

to stir-fry sofreír 551

stomach el estómago 109, 608

straight ahead adelante/recto/derecho 327

strainer el colador 551

strawberries las fresas 326

stroke el derrame cerebral (embolia) 608

student desk el pupitre 52

student el/la estudiante 53

study el estudio 490

to study estudiar 53, 109

subject el sujeto (de la oración) 53

to suffer sufrir 608

sugar el azúcar 326

to suggest sugerir 608

suit el traje 213

suit/sport coat el saco 213

suitcases (luggage) la maletas/las valijas 490

summer el verano 275

Sunday el domingo 158

to support (ideas, positions) apoyar 435

to support oneself (by making a living) mantenerse 435

surname el apellido 434

sweat el sudor 609

sweater el suéter 213

sweets los dulces 326

sweat shirt la sudadera 213

to swim nadar (hacer natación) 383

swimming la natación 382

swimming pool la piscina (la alberca, la pileta) 382

swimsuit el traje de baño 382

swollen hinchado 609

symphonic orchestra la orquesta sinfónica 383

symptom el síntoma 609

synagogue la sinagoga 434

syringe la jeringa 609

T

table la mesa 52

table cloth el mantel 550

table setting el servicio de mesa 550

tablet la tableta 664

to take (the bus, a class, a drink) tomar (el bus, una clase, una bebida) 159

to take care of atender 213

to take care of cuidar 213, 435

to take care of (oneself) cuidarse 608

to take a shower ducharse 213

to take off despegar, decolar 491

to take someone somewhere llevar 327

tall/short alto/a – bajo/a 108

tasty rico/sabroso 327

tea el té 550

tea pot la tetera 551

to teach enseñar 213

teacher el/la maestro/a 159, 212

team el equipo 382

teeth los dientes 109

television la televisión 52

tender tierno/a 550

text message el mensaje de texto 664

Thank you Gracias 158

Thanksgiving Day el Día de Acción de Gracias 274

there is, there are hay 53

thin/fat delgado/a – gordo/a 108

thing la cosa 53

to think pensar 159

throat la garganta 608

through por 327

to throw up vomitar 608

Thursday el jueves 158

ticket el pasaje o boleto 490

tie la corbata 212

timid tímido/a 108

tired agotado/a 108

tired cansado/a 108

tiredness el sueño 609

title, degree el título 159

to toast tostar 551

toaster el tostador/la tostadora 551

together juntos 53

tongs las pinzas 551

touch screen la pantalla táctil 664

tracking el rastreo 664

train el tren 490

to train entrenarse 382

to translate traducir 159

transportation el transporte 490

travel agency la agencia de viajes 490

to travel viajar 491

to treat tratar 435

trip el viaje 490

trophy el trofeo 382

trout la trucha 326

to try probar 551

to try on/to rehearse estrenar 275

T-shirt la camiseta 212, 382

Tuesday el martes 158

tuna el atún 326

turkey el pavo 326

turn doblar 327

tweet tuitear 664

two days a week dos días a la/por semana 158

two-way ticket el boleto de ida y vuelta 490

U

ugly feo 108

uncle; aunt el/la tío/a 274, 434

to understand entender 159

underwear la ropa interior 213

unpleasant antipático/a 108

to use usar 159

user el usuario 664

user name el nombre de usuario 664

V

Valentine's Day el Día de los Enamorados 274

Very well, thank you Muy bien, gracias 52

Veteran's day el Día de los Veteranos 274

video call hacer una (video) llamada 664

video call la video llamada 664

vigorous enérgico/a 108

vinegar el vinagre 326

violin el violín 383

to visit visitar 159

volleyball el voleibol/vóleibol 382

W

waist la cintura 109

to wait in line hacer cola 159, 491

waiter el camarero 327

waiter el mozo 327

waiter el/la mesero 212

wake el velorio 434

to wake up despertarse 213

walk caminar 109

walnut la nuez 550

to want (s/he wants) querer (quiere) 53

to warm, to heat calentar 551

to wash (oneself) lavarse 213

to wash lavar 109

to watch, to see mirar 53

to watch, to see ver 109

water el agua 326

to water ski hacer esquí acuático 382

watermelon la sandía, patilla 326

wedding la boda o el casamiento 434

Wednesday el miércoles 158

weekdays entre semana 158

weekend el fin de semana 158

Welcome! Bienvenido/a/os/as 52

What's in _____? ¿Qué hay en _____? 53

What's your name? (formal) ¿Cómo se llama usted? 52

What's your name? (informal) ¿Cómo te llamas? 52

when cuando 159

Where are you from? ¿De dónde es usted? (formal) 52

Where are you from? (informal) ¿De dónde eres? 52

while mientras que 159

white coat/scrubs la bata médica 212

white blanco 108

whole grain bread el pan integral 550

width el ancho de banda 664

wife la esposa o la mujer 434

to win, make money ganar (dinero) 213

window la ventana 52

to windsurf hacer windsurf 382

wine el vino 550

wine glass la copa 550

winter el invierno 275

wireless el acceso inalámbrico 664

with me conmigo 53

with you contigo 53

word la palabra 53

to work trabajar 53

to worry preocuparse 213

to worry (about) preocuparse (de) 608

wound/cut la herida 608

wristwatch el reloj 213

to write escribir 109, 213

write a text message/email escribir un mensaje de texto/correo electrónico 664

write an update/post escribir una actualización en una red social 664

Y

yellow amarillo 108

yogurt el yogur 550

You're welcome De nada 158

young (for a person) joven 108

young adults los jóvenes 159

CRÉDITOS

TEXT CREDITS

p. 267 From *The Storyteller's Candle/La Velita De Los Cuentos* by Lucía González. Text Copyright © 2008 by Lucía González. Permission arranged with Children's Book Press, an imprint of LEE & LOW BOOKS, Inc., New York, NY 10016. All rights not specifically granted herein are reserved; **425** From *Un viejo que leía novelas de amor* by Luis Sepúlveda. Copyright © 1989 by Luis Sepúlveda. Reprinted by permission; **544** Reprinted by permission of Johnny Payne.

PHOTO CREDITS

p. 3 Courtesy of the author; **4** © Henglein and Steets/cultura/Corbis; **10, 15** © Kendall Hunt Publishing Company; **16** BALDO © Baldo Partnership. Dist. by UNIVERSAL UCLICK. Reprinted with permission. All rights reserved.; **18** © Kendall Hunt Publishing Company; **20, 24** From Impresiones de Guadalupe. Copyright © 2004 Pearson Education, Inc. Reprinted by permission.; **26** © Kendall Hunt Publishing Company; **28** © Moises Castillo/AP/Corbis; **28** © INTERFOTO/Alamy; **31** © Ed Kashi/Corbis; **31** © Bettmann/CORBIS; **31** Frida Kahlo in Tehuana Costume, 1940 (gelatin silver print), Silberstein, Bernard (1905-99)/Cincinnati Art Museum, Ohio, USA/Gift of the Artist/The Bridgeman Art Library; **31** © Tim Mosenfelder/Corbis; **33, 34, 38, 39, 41, 44** © Kendall Hunt Publishing Company; **45** © Joaquín Salvador Lavado (QUINO) Toda Mafalda—Ediciones de La Flor, 1993; **49** © Kendall Hunt Publishing Company; **50** From Impresiones de Guadalupe. Copyright © 2004 Pearson Education, Inc. Reprinted by permission.; **55** (all figures) © Kendall Hunt Publishing Company; **56** From Impresiones de Guadalupe. Copyright © 2004 Pearson Education, Inc. Reprinted by permission.; **58, 59, 60** © Kendall Hunt Publishing Company; **64** GATURRO © 2006. Dist. by UNIVERSAL UCLICK. Reprinted with permission. All rights reserved.; **66, 67, 71** © Kendall Hunt Publishing Company; **73** The Musicians, 1979 (oil on canvas), Botero, Fernando (b. 1932)/Private Collection/Photo © Christie's Image/The Bridgeman Art Library. © Fernando Botero, courtesy Marlborough Gallery, New York.; **74** The Flower Seller, 1942, Rivera, Diego (1886-1957)/Private Collection/Index/The Bridgeman Art Library. © 2013 Banco de Mexico Diego Rivera Frida Kahlo Museums Trust, Mexico, D.F./Artists Rights Society (ARS), New York; **74** Colonisation, "The Great City of Tenochtitlan," detail from the mural, "Pre-Hispanic and Colonial Mexico," north wall, 1945-52 (mural painting), Rivera, Diego (1886-1957)/Palacio Nacional, Mexico City, Mexico/Sean Sprague/Mexicolore/The Bridgeman Art Library. © 2013 Banco de México

Diego Rivera Frida Kahlo Museums Trust, Mexico, D.F./Artists Rights Society (ARS), New York; **78** (All four photos) From Impresiones de Guadalupe. Copyright © 2004 Pearson Education, Inc. Reprinted by permission.; **80** (all figures), **81, 82, 84, 85** © Kendall Hunt Publishing Company; **95** BALDO © Baldo Partnership. Dist. by UNIVERSAL UCLICK. Reprinted with permission. All rights reserved.; **99** © Kendall Hunt Publishing Company; **100** (all figures), **101** © Kendall Hunt Publishing Company; **103**© Hulton-Deutsch Collection/CORBIS; **103** © Reuters/CORBIS; **103** © CORBIS; **103** (Top left, center) © Bettmann/CORBIS; **105** © Kendall Hunt Publishing Company; **106** (two photos) From Impresiones de Guadalupe. Copyright © 2004 Pearson Education, Inc. Reprinted by permission.; **115, 117, 118, 119** (all figures), **120, 121, 125, 127, 129, 130, 144, 145** © Kendall Hunt Publishing Company; **145** © Robert Fried/Alamy; **146, 149** © Kendall Hunt Publishing Company; **152** © Alfredo Dagli Orti/The Art Archive/Corbis; **154** © Kendall Hunt Publishing Company; **156** (All four photos) From Impresiones de Guadalupe. Copyright © 2004 Pearson Education, Inc. Reprinted by permission.; **164, 165** © Kendall Hunt Publishing Company; **171** © Melissa Lyttle/ZUMA Press/Corbis; **173, 175, 179** © Kendall Hunt Publishing Company; **181** BALDO © Baldo Partnership. Dist. by UNIVERSAL UCLICK. Reprinted with permission. All rights reserved.; **183, 184** © Kendall Hunt Publishing Company; **185** © Joaquín Salvador Lavado (QUINO) Esto No Es Todo—Ediciones de La Flor, 2001; **189** CALVIN AND HOBBES © 1990 Watterson. Dist. by UNIVERSAL UCLICK. Reprinted with permission. All rights reserved.; **192** © Tim Pannell/Corbis; **192** © Thomas Kruesselmann/Corbis; **192** © Ocean/Corbis; **194, 195** (all figures), **196, 198** (all figures), **200** © Kendall Hunt Publishing Company; **210** (Two photos) From Impresiones de Guadalupe. Copyright © 2004 Pearson Education, Inc. Reprinted by permission.; **216, 218, 219, 220** © Kendall Hunt Publishing Company; **221** © Ahmad Elatab/Splash News/Corbis; **221** © White House/Handout/CNP/Corbis; **223, 224, 225** © Kendall Hunt Publishing Company; **227**© MARTIN ALIPAZ/epa/Corbis; **227** Courtesy of the author; **228, 229** © Kendall Hunt Publishing Company; **233** © Chinch Gryniewicz / The Bridgeman Art Library; **233** © Jeremy Horner/Corbis; **234, 237, 241** © Kendall Hunt Publishing Company; **245** © Keith Dannemiller/Corbis; **245** © JUAN HERRERO/epa/Corbis; **247** (all figures) © Kendall Hunt Publishing Company; **256** (all figures) © Stephanie Maze/CORBIS; **256** © ANDRES LEIGHTON/AP/Corbis; **262, 278, 281** © Kendall Hunt Publishing Company; **284** © Sylvain Sonnet/Corbis; **285** (Two photos) © Maitena 2002; **286, 292, 297, 303, 304, 308, 309, 312, 313, 317,** © Kendall Hunt Publishing Company; **324** (Three photos) From Impresiones de Guadalupe. Copyright © 2004 Pearson Education, Inc. Reprinted by permission.; **332, 339, 340** (all figures), **341** (all figures), **345** (all six figures), **347** © Kendall Hunt Publishing Company; **347** © Horacio Villalobos/Corbis; **348** © Kendall Hunt Publishing Company; **353** © John Gress/Reuters/Corbis; **360** © Kendall Hunt Publishing Company; **360** © Joaquín Salvador Lavado (QUINO) Toda Mafalda—Ediciones de La Flor, 1993; **362** (all figures), **365** © Kendall Hunt Publishing Company; **369** © [e]MARTIN ZABALA/Xinhua Press/Corbis; **376** © Kendall Hunt Publishing Company; **378** © Maitena 2002; **380** (All three photos), **381** From Impresiones de Guadalupe. Copyright © 2004 Pearson Education, Inc. Reprinted by permission.; **385** © Nancy Coste/Corbis; **385** © LEO LA VALLE/epa/Corbis; **385** © Paolo Aguilar/epa/Corbis;

386 © Kristoffer Tripplaar/dpa/Corbis; 389 © Greg Smith/CORBIS; 390, 394 © Kendall Hunt Publishing Company; 396 © Keith Dannemiller/Corbis; 396 © Ocean/Corbis; 402, 410 © Kendall Hunt Publishing Company; 411 (top two figures) © JOSE LUIS SAAVEDRA/Reuters/Corbis; (third photo) © Marcelo Hernandez/dpa/Corbis; (bottom) © CARLOS BARRIA/Reuters/Corbis; 413 © ZACARIAS GARCIA/epa/Corbis; 414 © Diego Giudice/Corbis; 414 © Michel Euler/AP/Corbis; 420 (All three photos) From Impresiones de Guadalupe. Copyright © 2004 Pearson Education, Inc. Reprinted by permission.; 421 GATURRO © 2009. Dist. by UNIVERSAL UCLICK. Reprinted with permission. All rights reserved.; 424 CONDORITO © World Editors Inc. Reprinted with permission of UNIVERSAL UCLICK. All rights reserved.; 425 © NACHO GALLEGO/epa/Corbis; 426 © Kendall Hunt Publishing Company; 432, 433 From Impresiones de Guadalupe. Copyright © 2004 Pearson Education, Inc. Reprinted by permission.; 438 © Joaquín Salvador Lavado Tejón (QUINO); 440, 442, 447, 448, 450 (all figures), 456, 459 (all figures), 459, 464, 467 © Kendall Hunt Publishing Company; 467 © Ocean/Corbis; 467 © Andrew Holbrooke/Corbis; 481 © Kendall Hunt Publishing Company; 482 (Two photos) Courtesy of the author; 482 © Bettmann/CORBIS; 482 © MARIO GUZMAN/epa/Corbis; 484 © Kendall Hunt Publishing Company; 484 © Karl-Heinz Eiferle/dpa/Corbis; 488 (Two photos) From Impresiones de Guadalupe. Copyright © 2004 Pearson Education, Inc. Reprinted by permission.; 489 From Impresiones de Guadalupe. Copyright © 2004 Pearson Education, Inc. Reprinted by permission.; 497 (all figures), 498 © Kendall Hunt Publishing Company; 504 By permission of John L. Hart FLP and Creators Syndicate, Inc.; 504 BALDO © Baldo Partnership. Dist. by UNIVERSAL UCLICK. Reprinted with permission. All rights reserved.; 505, 506 © Kendall Hunt Publishing Company; 507 CALVIN AND HOBBES © 1990 Watterson. Dist. by UNIVERSAL UCLICK. Reprinted with permission. All rights reserved.; 515 © Kendall Hunt Publishing Company; 523 BALDO © Baldo Partnership. Dist. by UNIVERSAL UCLICK. Reprinted with permission. All rights reserved.; 526 © Kendall Hunt Publishing Company; 526 www.choosemyplate.gov/en-espanol.html; 530, 531, 536, 538, 540, 541, 543 © Kendall Hunt Publishing Company; 548, 549 From Impresiones de Guadalupe. Copyright © 2004 Pearson Education, Inc. Reprinted by permission.; 559 © Kendall Hunt Publishing Company; 572 GATURRO © 2009. Dist. by UNIVERSAL UCLICK. Reprinted with permission. All rights reserved.; 590 © Kendall Hunt Publishing Company; 602 © Maitena 2002; 603 © Sophie Bassouls/Sygma/Corbis; 611 © Kendall Hunt Publishing Company; 611 © Arnulfo Franco/AP/Corbis; 612 Courtesy of Claire Meadows; 613, 615, 616, 617, 621 © Kendall Hunt Publishing Company; 626 (All photos) Courtesy of the author; 628, 629 © Kendall Hunt Publishing Company; 630 BALDO © Baldo Partnership. Dist. by UNIVERSAL UCLICK. Reprinted with permission. All rights reserved.; 631, 638, 641, 643, 646 © Kendall Hunt Publishing Company; 649 GATURRO © 2009. Dist. by UNIVERSAL UCLICK. Reprinted with permission. All rights reserved.; 651 © Kendall Hunt Publishing Company; 656 © Micheline Pelletier/Sygma/Corbis; 662 From Impresiones de Guadalupe. Copyright © 2004 Pearson Education, Inc. Reprinted by permission.; 667, 668, 669, 672-673, 674, 675, 677, 678, 681 © Kendall Hunt Publishing Company

All images not credited to other sources are © Shutterstock, Inc.